中国近代思想家文库

◎

廖平卷

蒙默 蒙怀敬 编

中国人民大学出版社
·北京·

廖平

廖平

总 序

对于近代的理解，虽不见得所有人都是一致的，但总的说来，对于近代这个词所涵的基本意义，人们还是有共识的。一个国家、一个民族走入近代，就意味着以工业化为主导的经济取代了以地主经济、领主经济或自然经济为主导的中世纪的经济形态，也还意味着，它不再是孤立的或是封闭与半封闭的，而是以某种形式加入到世界总的发展进程。尤其重要的是，它以某种形式的民主制度取代君主专制或其他不同形式的专制制度。中国是个幅员广大、人口众多、历史悠久的多民族国家，由于长期历史发展是自成一体的，与外界的交往比较有限，其生产方式的代谢迟缓了一些。如果说，世界的近代是从17世纪开始的，那么中国的近代则是从19世纪中期才开始的。现在国内学界比较一致的认识，是把1840年到1949年视为中国的近代。

中国的近代起始的标志是1840年的鸦片战争。原来相对封闭的国门被拥有近代种种优势的英帝国以军舰、大炮再加上种种卑鄙的欺诈打开了。从此，中国不情愿地加入到世界秩序中，沦为半殖民地。原来独立的大一统的中央集权的君主专制国家，如今独立已经极大地被限制，大一统也逐渐残缺不全，中央集权因列强的侵夺也不完全名实相符了。后来因太平天国运动，地方军政势力崛起，形成内轻外重的形势，也使中央集权被弱化。经历第二次鸦片战争、中法战争、甲午战争、八国联军入侵的战争以及辛亥革命后的多次内外战争，直至日本全面侵略中国的战争，致使中国的经济、政治、教育、文化，都无法顺利走上近代发展的轨道。古今之间，新旧之间，中外之间，混杂、矛盾、冲突。总之，鸦片战争后的中国，既未能成为近代国家，更不能维持原有的统治秩序。而外患内忧咄咄逼人，人们都有某种程度“国将不国”的忧虑。

“天下兴亡，匹夫有责”，读书明理的士大夫，或今所谓知识分子，尤为敏感，在空前的危机与挑战面前，皆思有所献替。于是发生种种救亡图存的思想与主张。有的从所能见及的西方国家发展的经验中借鉴某些东西，形成自己的改革方案；有的从历史回忆中拾取某些智慧，形成某种民族复兴的设想；有的则力图把西方的和中国所固有的一些东西加以调和或结合，形成某种救亡图强的主张。这些方案、设想、主张，从世界上“最先进的”，到“最落后的”，几乎样样都有。就提出这些方案、设想、主张者的初衷而言，绝大多数都含着几分救国的意愿。其先进与落后，是否可行，能否成功，尽可充分讨论，但可不必过为诛心之论。显而易见，既然救国的问题最为紧迫，人们所心营目注者自然是种种与救国的方案直接相关的思想学说，而作为产生这些学说的更基础性的理论，及其他各种知识、思想，则关注者少。

围绕着救国、强国的大议题，知识精英们参考世界上种种思想学说，加以研究、选择，认为其中比较适用的思想学说，拿来向国人宣传，并赢得一部分人的认可。于是互相推引，互相激励，更加发挥，演而成潮。在近代中国，曾经得到比较广泛的传播的思想学说，或者够得上思潮的，主要有以下几种：

（一）进化论。近代西方思想较早被引介到中国，而又发生绝大影响的，要属进化论。中国人逐渐相信，进化是宇宙之铁则，不进化就必遭淘汰。以此思想警醒国人，颇曾有助于振作民族精神。但随后不久，社会达尔文主义伴随而来，不免发生一些负面的影响。人们对进化的了解，也存在某些片面性，有时把进化理解为一条简单的直线。辩证法思想帮助人们形成内容更丰富和更加符合实际的发展观念，减少或避免片面性的进化观念的某些负面影响。

（二）民族主义。中国古代的民族主义思想，其核心是“非我族类，其心必异”，所以最重“华夷之辨”。鸦片战争前后一段时期，中国人的民族思想，大体仍是如此。后来渐渐认识到“今之夷狄，非古之夷狄”，“西人治国有法度，不得以古旧之夷狄视之”。但当时中国正遭受西方列强的侵略和掠夺，追求民族独立是民族主义之第一义。20世纪初，中国知识精英开始有了“中华民族”的概念。于是，渐渐形成以建立近代民族国家为核心的近代民族主义。结束清朝君主专制，创立中华民国，是这一思想的初步实现。第一次世界大战爆发，中国加入“协约国”，第一次以主动的姿态参与世界事务，接着俄国十月革命爆发，这两件事对近代中国的发展历程造成绝大影响。同时也将中国人的民族主义提升到一个新的层次，即与国际主义（或世界主义）发生紧密联系。也可以说，中国人更加自觉地用世界的眼光来观察中国的问题。新生的中国共产党和改组后的国民党都是如此。民族主义成为中国的知识精英用来应对近代中国所面临的种种危机和种种挑战的一个重要的思想武器。

（三）社会主义。社会主义作为一种模糊的理想是早在古代就有的，而且不论东方和西方都曾有过。但作为近代思潮，它是于 19 世纪在批判近代资本主义的基础上产生的。起初仍带有空想的性质，直到马克思和恩格斯才创立起科学社会主义。20 世纪初期，社会主义开始传入中国。当时的传播者不太了解科学社会主义与以往的社会主义学说的本质区别。有一部分人，明显地受到无政府主义的强烈影响，更远离科学社会主义。直到五四新文化运动兴起之后，中国人始较严格地引介、宣传科学社会主义。但有一段时间，无政府主义仍是一股很大的思想潮流。中国共产党的成立，从思想上说，是战胜无政府主义的结果。中国共产党把在中国实现社会主义乃至共产主义作为自己的奋斗目标。此后，社会主义者，多次同各种非科学社会主义思想的信仰者进行论争并不断克服种种非科学社会主义思想的影响。

（四）自由主义。自由主义也是从清末就被介绍到中国来，只是信从者一直寥寥。直到五四新文化运动兴起，具有欧美教育背景的知识精英的数量渐渐多起来，自由主义始渐渐形成一股思想潮流。自由主义强调个性解放、意志自由和自己承担责任，在政治上反对一切专制主义。在中国的社会条件下，自由主义缺乏社会基础。在政治激烈动荡的时候，自由主义者很难凝聚成一股有组织的力量；在稍稍平和的时候，他们往往更多沉浸在自己的专业中。所以，在中国近代史上，自由主义不曾有，也不可能有大的作为。

（五）激进主义与保守主义。处于转型期的社会，旧的东西尚未完全退出舞台，新的东西也还未能巩固地树立起来，新旧冲突往往要持续很长的时间，有时甚至达到很激烈的程度。凡助推新东西成长的，人们便视为进步的；凡帮助旧东西排斥新东西的，人们便视为保守的。其实，与保守主义对应的，应是进步主义；与顽固主义相对的则应是激进主义。不过在通常话语环境中人们不太严格加以区分。中国历史悠久，特别是君主专制制度持续两千余年，旧东西积累异常丰富，社会转型极其不易。而世界的发展却进步甚速。中国的一部分精英分子往往特别急切地想改造中国社会，总想找出最厉害的手段，选一条最捷近的路，以最快的速度实现全盘改造。这类思想、主张及其采取的行动，皆属激进主义。在中共党史上，它表现为“左”倾或极左的机会主义。从极端的激进主义到极端的顽固主义，中间有着各种程度的进步与保守的流派。社会的稳定，或社会和平改革的成功，都依赖有一个实力雄厚的中间力量。但因种种原因，中国社会的中间力量一直未能成长到足够的程度。进步主义与保守主义，以及激进主义与顽固主义，不断进行斗争，而实际所获进步不大。

（六）革命与和平改革。中国近代史上，革命运动与和平改革运动交替进行，有时又是平行发展。两者的宗旨都是为改变原有的君主专制制度而代之以某种形式的近代民主制度。有很长一个时期，有两种错误的观念，一是把革命理解为仅仅是指以暴力取得政权的行动，二是与此相关联，把暴力革命与和平改革对立起来，认为革命是推动历史进步的，而改革是维护旧有统治秩序的。这两种论调既无理论根据，也不合历史实际。凡是有助于改变君主专制制度的探索，无论暴力的或和平的改革都是应予肯定的。

中国近代揭幕之时，西方列强正在疯狂地侵略与掠夺殖民地和半殖民地，中国是它们互相争夺的最后一块、也是最大的资源地。而这时的中国，沿袭了两千年的君主专制制度已到了奄奄一息的末日，统治当局腐朽无能，对外不足以御侮，对内不足以言治，其统治的合法性和统治的能力均招致怀疑。革命运动与改革的呼声，以及自发的民变接连不断。国家、民族的命运真的到了千钧一发之际，危机极端紧迫。先觉分子救国之心切，每遇稍具新意义的思想学说便急不可待地学习引介。于是西方思想学说纷纷涌进中国，各阶层、各领域，凡能读书读报者，受其影响，各依其家庭、职业、教育之不同背景而选择自以为不错的一种，接受之，信仰之，传播之。于是西方几百年里相继风行的思想学说，在短时期内纷纷涌进中国。在清末最后的十几年里是这样，五四时期在较高的水准上重复出现这种情况。

这种情况直接造成两个重要的历史现象：一个是中国社会的实际代谢过程（亦即社会转型过程）相对迟缓，而思想的代谢过程却来得格外神速。另一个是在西方原是差不多三百年的历史中渐次出现的各种思想学说，集中在几年或十几年的时间里狂泻而来，人们不及深入研究、审慎抉择，便匆忙引介、传播，引介者、传播者、听闻者，都难免有些消化不良。其实，这种情况在清末，在五四时期，都已有人觉察。我们现在指出这些问题并非苛求前人，而是要引为教训。

同时我们也看到，中国近代思想无比的多样性与复杂性呈现出绚丽多彩的姿态，各种思想持续不断地展开论争，这又构成中国近代思想史的一个突出特点。有些论争为我们留下了非常丰富的思想资料。如兴洋务与反洋务之争，变法与反变法之争，革命与改良之争，共和与立宪之争，东西文化之争，文言与白话之争，新旧伦理之争，科学与人生观之争，中国社会性质的论争，社会史的论争，人权与约法之争，全盘西化与本位文化之争，民主与独裁之争，等等。这些争论都不同程度地关联着一直影响甚至困扰着中国人的几个核心问题，即所谓中西问题、古今问题与心物关系问题。

中国近代思想的光谱虽比较齐全，但各种思想的存在状态及其影响力是很不平衡的。有些思想信从者多，言论著作亦多，且略成系统；有些可能只有很少的人做过介绍或略加研究；有的还可能因种种原因，只存在私人载记中，当时未及面世。然这些思想，其中有很多并不因时间久远而失去其价值。因为就总的情况说，我们还没有完成社会的近代转型，所以先贤们对某些问题的思考，在今天对我们仍有参考借鉴的价值。我们编辑这套《中国近代思想家文库》，希望尽可能全面地、系统地整理出近代中国思想家的思想成果，一则借以保存这份珍贵遗产，再则为研究思想史提供方便，三则为有心于中国思想文化建设者提供参考借鉴的便利。

考虑到中国近代思想的上述诸特点，我们编辑本《文库》时，对于思想家不取太严格的界定，凡在某一学科、某一领域，有其独立思考、提出特别见解和主张者，都尽量收入。虽然其中有些主张与表述有时代和个人的局限，但为反映近代思想发展的轨迹，以供今人参考，我们亦保留其原貌。所以本《文库》实为“中国近代思想集成”。

本《文库》入选的思想家，主要是活跃在1840年至1949年之间的思想人物。但中共领袖人物，因有较为丰富的研究著述，本《文库》则未收入。

编辑如此规模的《文库》，对象范围的确定，材料的搜集，版本的比勘，体例的斟酌，在在皆非易事。限于我们的水平，容有瑕隙，敬请方家指正。

《中国近代思想家文库》编纂委员会

目　录

导 言

廖先生名平，字季平，四川井研人，清咸丰二年（1852 年）生，家贫。1872 年，年甫二十一，即设帐授徒。1874 年，中秀才。次年，尊经书院立，择府县高材生肄业其中。又次年，先生应科试，以优等补廪饩，调读尊经书院。1889 年成进士。历任蜀龙安、绥定府教授，尊经书院襄校，嘉定九峰书院、资州艺风书院、安岳凤山书院山长。入民国，任四川国学专门学校校长。1919 年，病风痹，虽愈而偏瘫。1922 年，辞国专校长职，两年后，返井研，1932 年卒，享年八十一岁。终生从事教育治学，著述达百余种，以讲今文学著称。范文澜先生《中国经学史的演变》中说："始终专心讲论，堪称今文学大师的要算井研廖平"，是也。

（一）

先生逝世已八十余年，先生终生从事之经学研究，亦多年无人道及，而在上世纪 80 年代开始，忽渐有人研究先生，杂志上有文章论及先生，出版社有先生文集和评传出版，是先生尚未为学林淡忘，亦云幸矣。

各种作品对先生之学术评价颇不同，学术乃天下公器，见仁见智，各有自由。然有一说法颇令人难解。"廖平的经学六变，标志着经学到此终结。"（《廖平学术思想研究》）"四变以后……往往荒诞可笑，正说明经学到了终点，这条路行不通了。"（《四川思想家・廖平》）"廖平的经学理论有着自己的意蕴，这就是无情地宣告了经学的终结。"（《廖平评传》）此种异口同声将先生与经学终结联系在一起之说，实为令人难于理解。先生之学多变，后期愈变愈奇，幼眇难知，此先生之个人学术风格与思想方法，究与经学这门学科的终结有何内在联系？当时尚有被称为最后一位古文学大师的章太炎先生，名气比廖先生更大，又无廖先生之多变与幼眇，为何竟不能挽回“经学终结”（如果经学真的终结的话）？任何学术之产生、发展、变化皆受时代之制约，个人对学术之影响虽皆存在，但任何个人皆不可能影响某种学术使之“终结”，对廖先生给予此种评价，实毫无意义。

廖先生之学确为多变，后期尤为奇纵难知，遂致学人常因此而无法把握先生学术之核心。然先生多变之中有无不变者在？学者率多能以先生之言：“某毕生学说，专以尊经尊孔为主”作答。然此尊经尊孔之具体内核为何？则多茫然。其实，先生对此亦自有回答，先生《廖氏经学丛书百种解题·序》言：

> ……或曰：学已三变，安知后来更无异同？曰：至变之中有不易者存。故十年以内学已再易，而三传原编尚仍旧贯。唯大统各经以宗旨未明，不敢编定。名曰三变，但见其求深，初未尝削札。（《光绪井研志·艺文》）

先生于此明确指出：“至变之中有不易者存”。学虽三变而三传则其未变者。三传为三部大书，内容至为复杂，此“不易者存”之所“存”为何？《经话》甲编卷二言：

> 改制为《春秋》大门，自来先师多不得其意。凡《春秋》所讥“非礼”皆周制。《春秋》斟酌四代以定一尊，故即事见讥，以起改制之意。……

很清楚，《春秋》主旨即为改制。而《春秋》三传尤以《公羊》所言最多。《〈公羊补证〉凡例》言：

> 今于卷首刊《改制宗旨三十问题》以明旨趣……

此《改制宗旨三十问题》，《家学树坊》作《素王改制本旨三十题》，而在《公羊补证》刻本中则又改作《素王制作宗旨四十问题》，于此可知，“改制”与“制作”实为同义词。先生于《〈榖梁古义疏〉凡例》又言：

> 《春秋》改时制，所谓因监损益、择善而从。托之六艺，于时事无关。人多不明此意，流弊甚多，今于各条间辑周制遗文佚事，以见《春秋》改制之迹。

《春秋》虽以改制为主，然改制之事并不限于《春秋》。故先生又言：

> 经学以素王为主，受命改制乃群经大纲，非《公羊》一家之言，惟《公羊》盛行于汉，故其说独详耳。今以此为微言。(《群经凡例·〈公羊补证〉凡例》)

此处指出，此贯穿群经之"改制"，同时又被称为"微言"。吾人皆知，"微言大义"为今文经学之特点，然"微言"者何？或释为："精微之言"，或释为"隐微之言"，皆可。然"微言"之具体内涵为何？先生《王制学凡例》言：

> 孔子以匹夫制作，行事具于《春秋》，复推其意于五经。孔子已殁，弟子纪其制度以为《王制》。《论语谶》：子夏六十四人撰仲尼微言以事素王，即《王制》也。此篇皆改制事，不敢讼言；所谓微言，王即素王也。(《群经凡例》)

此处"制作"亦即"改制"之同义词（同前），"讼言"即"明言"、"公言"之意。此不能明言、公言之内容亦即改制。此处并言，改制亦不仅具于《春秋》，同时亦"推其意于五经"。故先生又言："孔子修述六艺，其道则一，六艺皆孔子新订之制，迥非四代旧典。"(《群经凡例·〈四代古制佚存〉凡例》)《素王制作宗旨四十问题》又说："改制为圣人微言，自明心迹"，"译改之制，全在六经。空言立说，非干预时政"。是"空言"亦即"改制"之言。《今古学考》言："《论语》因革、损益，唯在制度"。是"因革"、"损益"亦皆"改制"之同义词。

在先生书中，"改制"或称"孔子改制"，或称"素王改制"，又或称"孔子素王改制"，其义皆同。先生又以孔子倡言改制乃受命于天，故又多作"受命改制"，或"受命制作"。《知圣篇》言：

> 孔子受命制作，为生知，为素王，此经学微言传授大义。帝王见诸事实，孔子徒托空言，六艺即其典章制度，与今六部则例相同。素王一义为六经之根株纲领，此义一立，则群经皆有统宗……

先生此文将"受命改制"在经学中之核心地位及其统领作用言之极明，苟能把握此旨以读先生之书，则欲通晓先生之学固非大难矣。

(二)

改制为廖先生经学思想核心之义既明，则将进而考察廖学六变与改制学说之关系。

先生言经初变之学为“平分今古”。盖经学以汉代最盛，自武帝立五经博士、罢黜百家，而经学独居学术统治地位。至西京之末，刘歆倚王莽之势于平帝时增立《古文尚书》、《毛诗》、《周官》、《左氏春秋》四博士。然莽末丧乱，诸家博士皆不存。至东汉中兴复立学官，歆学四博士未得复立，虽数次争立，皆未如愿。然其学大行民间，世称古学。而立于学官之今学十四博士则日益衰微，魏晋而后，两京博士之学殆成绝响，唯《公》、《穀》二家偶见孑遗。由行世而立于学官者皆为古学。嗣经学中历衰落者千数百年，学者竟渐不复知有“今、古”之事，“微言大义”之旨亦不复明。故先生以分今古为两千年不传之绝学。至于清代，经学再盛，然亦不知今古之别，乾嘉汉学鼎盛，常州有庄存与者，喜好《公羊》，著《公羊正辞》，专求微言大义，不事训诂名物，与当时戴段显学大异。然尚不明家法，同时犹治《毛诗》、《周官》。其从子述祖始略知今古之说，传学其甥刘逢禄，逢禄尝言：“后从舅氏庄先生治经，始知两汉今古文流别。”所著有《春秋公羊经传何氏释例》、《左氏春秋考证》，颇为学者所重。庄氏另甥宋翔凤亦从庄氏学，著《汉学今文古文考》、《拟汉博士答刘歆书》等，以反对古文经学，于是今文之帜乃张。庄、刘、宋皆常州人，而常州学派之名遂扬于远近。刘弟子龚自珍、宋弟子戴望并善说《公羊》，其后魏源著诗、书《古微》，《公羊春秋论》，皆以讥刺时政、经世致用为归依。而是时国事日非，今文之学乃日昌，尤以南方各省为盛。此清世今文学兴起、发展之事，近世学者类皆能详。廖先生为晚清今学之殿，然于常州之学无与，对其影响最大者为张之洞，然张非学人，导其治学之启蒙而已。后湘潭王闿运来长尊经书院，“闿运以治《公羊》闻于时，故文人耳，经学所造甚浅；其所著《公羊笺》，尚不逮孔广森”（梁启超《清代学术概论》）。王初来，先生从王治《公羊》，乃知今古事，殊不久即与王不合，次年转治《穀梁》，时在1880年，当年即纂《穀梁先师遗说考》四卷。次年，为《穀梁注》，成书八卷，1884年改为《穀梁春秋经传古义疏》十一卷，嗣编定《穀梁春秋内外编目录》三十七种，都五十卷。先生治《穀梁》专明大义、求古说，分别三传异同，于是乃见家法之事，遂能度越前贤成一家之学。先生以治《穀梁》读《王制》，见《王制》与《穀梁》所载礼制无有不合，乃悟《王制》于治经之重，嗣治《王制》，时引《穀梁》以相印证，偶参《五经异义》，见其多载今古制度异同之事，乃作《〈异义〉今古学异同表》，“初以为十四博士必相参杂，乃古与古同，今与今同，虽小有不合，非其巨纲，然后恍然悟博士同为一家，古学又别为一家也。遍考诸书，历历不爽，始定今古异同之论”。于是乃著为《今古学考》。前此之言今古者，虽论争数十年，皆未知其立异之根本所在。学者或以文字为说，于是有“今文”“古文”之名，实则今古家之五经文本并出古文，所异者个别文字耳，故以文字论，则或今与今不同，古与古不同，此显不足以别古今之为异派。学者又或以是否立学官为判，而不别义例，则更不足训。先生据许、郑《五经异义》，所载几尽礼制，故先生言：“今古之分以礼制为主”，“不在异文”。“今古礼制，以《王制》、《周礼》有明文者为正宗。”《学考》刊出三年，先生过苏州，谒当时古文大师俞樾，樾亟称“不刊之书”。入民国，古学大师章太炎亦言：“井研廖平说经，善于分别今古，盖惠（栋）、戴（震）、凌（曙）、刘（逢禄）所不能上。”“廖平之学，与余绝相反，然其分别今古，确然不易。”（《程师》）刘师培先生亦古文大师，“方其作《王制集证》，犹不信有今古之分，及既接廖氏，晚成《周官古注集疏》、《礼经旧说考略》，遂专以礼为宗”（《经学抉原》）。而先君子又言：“先生依许、郑《五经异义》以明今古之辨在礼制，而归纳于《王制》、《周官》……平分江河，若示诸掌，千载之惑，一旦冰解。”后之学者“胥循此轨以造说，虽宗今宗古之见有殊，而今古之分在礼，则皆决于先生说也”（《廖季平先生传》）。近世以来之论清代经学者，莫不述及道咸以后之今文学，虽其评价有殊，其今古并论，则莫之能易也。然学者中亦似有持异议者，钱宾四先生在其《两汉经学今古文平议·自序》中言：“本书所收四文……皆为两汉今古文问题，其实此问题仅起于道咸以下，而百年来掩胁学术界，几乎不主杨、则主墨，各持门户，互争是非，渺不得定论所见，而夷求之两汉经学之实况，则并无如此所云云也。”“盖今古文之分，本出晚清学者之偏见。”先生此语，含义模糊，把握为难。或据先生此言，谓：“可见，钱先生认为两汉经学本无今古文两派之争的事实。”余以为，如此理解未必符合钱先生之本意，盖先生于《自序》中使用“门户之见”及“门户之偏见”二词，二词含义显不同，不可混淆。首言“门户”，古言“门户”犹今言“学派”、“派别”。此为古今事实之不可避免者。学派、派别之不同，则其对某事物之认识、理解亦必不同（或不全同），认识、理解不同，其见解亦不同，此可谓“门户之见”，此亦不可避免者。然由于门户不同、见解不同，而又掺和“标新立异为自表褼之资”，杂以门户意气之私，此等见解则为“门户之偏见”，此则处于可避免、不可避免之间。而余则认为：门户之偏见不可有，门户之见不能无。不可因门户之见而滋生门户之偏见，亦不可因门户之偏见而否定门户之见。余读先生《自序》，揣其本意，当谓：晚清经师，无论主张今文经师之所说，抑主张古文经师之所说，皆不可信。盖其今古文之分，本出于今（古）文学者门户之偏见。其间杂有“标新立异为自表褼之资，而又杂有门户意气之私”，所说都不符合“两汉经学之实况”，故“同样不可信”而非“两汉经学本无今古文两派之争的事实”。苟谓余不信，请共读钱先生《两汉博士家法考》一文。

世俗所称两汉经学中之“今文学”、“古文学”皆为误以其起源于文本之为“今文”、“古文”，此种误解早已为学者辨明（龚自珍、吴汝纶皆有文），实当弃置毋论，然此名沿用已久，学人皆心知肚明其实指当为“今学”、“古学”，可毋庸置辨。钱先生对此亦知之甚悉，于文中亦言之至明。先生文中明确指出：文字之古今，“本不为当时所重，当时辨学术分野，则必曰‘古学’、‘今学’，不称‘古文’，‘今文’”。又言：“‘今学’、‘古学’之辨，此东汉经学一大分野，亦不可不知也。”二学分野既大，且今学虽立学官，而古学则朝野并盛，则二学之争势所难免，故钱先生文中亦特立有“白虎观议奏与今古学争议”一节，专论其事。其他数次争论，文中亦皆略有道及。由此不难见出，钱先生必不会在《自序》中提出与经过修订而汇刊之论文中相反之论断。对钱《序》作“两汉经学本无今古文两派之争的事实”之理解，显为误解。此误解之产生，可能因钱《序》措辞有欠准确明白之故。

廖先生分今古之学，盖上承汉末两千年不传之绝学，竭二十年之力扶而复之，使儒经微言大义之宗旨复明于天下，故学者多赞之，以之比于顾亭林之发明古音、阎百诗之攻《伪古文尚书》，“专精《王制》，恢复今古旧学，虽原本汉人，然其直探根本，分晰条流，规画乃在伏贾之间，西汉以来无此识力。以之比于顾、阎二君，未审何似”（《何氏〈公羊解诂〉三十论》萧藩跋）此言是也。先生之分今古确为经学历史之一大贡献，然仅就“平分今古”以尊先生，远不足以尽先生，盖平分今古只为经学之一学派问题，乃其表层意义，而分今古之深处，则更有经学思想之精微者存焉。先生之分今古盖基于礼制，而今古之礼制则显然大异，廖先生言：古礼为周制，今礼为新制，“周制到晚末，积弊最多。孔子以继周当改，故寓其事于《王制》”。而改制之说创焉。《今古学考》

为专言分今古之作，卷上为二十表，专以示今古之异同盛衰，卷下为经话，其一一〇条，所以演今古异同之关系，其中言及改制者竟达三十处之多，明确指出：孔子之时弑君灭国者接踵，礼坏乐崩者相继，孔子感到实有不得不改之苦衷，欲改周文以相救，书之《王制》，寓之《春秋》，并数言："改制之文全在《王制》"。"为孔子手订之书，乃改周救文大法"。"《王制》所言皆素王新制，改周从质，见于《春秋》"。故先生之学，特重《王制》、《春秋》二书。《王制》虽为《礼记》之一篇，而其内容则囊括治国全局，先生概括为："以后来书志推之：其言爵禄，则职官志也；其言封建九州，则地理志也；其言命官、兴学，则选举志也；其言巡狩、吉凶、军宾，则礼乐志也；其言国用，则食货志也；其言司马所掌，则兵志也；其言司寇，则刑法志也；其言四夷，则外夷诸传也。大约宏纲巨领，皆已具此，宜其为一王大法欤!"故先生又言："孔子所改皆大纲，如爵禄、选举、建国、职官、食货、礼乐之类"，"至于仪礼节目与一切琐细威仪，皆仍而不改。以其事文郁足法，非利弊所关，全用周制"。

先生经学一变之时，自今古礼制之异，乃悟孔子见周制积久弊多，继周当改，创立改制理论，订《王制》为改制标本。

（三）

《今古学考》刊行后，次年又写《续今古学考》，多变旧说。1888年分写为《知圣》、《辟刘》二篇，皆未即刊。1889年，先生应张之洞召去广州，住广雅书局，康有为（字长素）曾来相访。《经话》甲编尝记其事：

> 广州康长素，奇才博识，精力绝人，平生专以制度说经。戊己间从沈君子丰处得《学考》，谬引为知己。及还羊城，同黄季度过广雅书局相访。余以《知圣篇》示之，驰书相戒，近万余言，斥为好名骛外，轻变前说，急当焚毁。当时答以面谈再决行止。后访之城南安徽会馆，黄季度病未至，两心相协，谈论移晷。明年，闻江叔海得俞荫老书，而《新学伪经考》成矣。（《新学伪经考》刊于1891年，《孔子改制考》刊于1898年——笔者注）

《辟刘篇》、《知圣篇》为先生经学二变之代表作，《辟刘篇》后改为《古学考》，1897年付梓；《知圣篇》于1902年成续篇，同年一并付梓。先生自谓：《辟刘篇》所言为辟古，《知圣篇》所言为尊今。世人喜用“尊今抑古”以概括先生二变之旨，然先生所著《孔经哲学发微》引已酉本则作“尊今伪古”，明斥古学为伪，实即不承认其经学地位，此意实早已萌芽于《今古学考》，其《今、古学宗旨不同表》已明言：“今为经学派，古为史学派”。书中虽言“从周”为孔子少壮之说，燕赵弟子未修《春秋》以前辞而先返，唯闻孔子从周之言，是为古学起源，故“专用《周礼》”，而“古经多学古者润色史册”。是皆以史学派视之，不以其为经学派也。而《古学考》中则更谓“弟子亦无闻古学先归之事”，且言“古学始于刘氏”，是所谓“古学不祖孔子”也。又谓“刘歆取《佚礼·官职篇》删补羼改，以成《周礼》”，“以为新宝法”，此所谓“新学伪经”也。又言“刘氏弟子乃推其书以说《诗》、《书》、《孝经》、《论语》，此皆东汉事。马融以后，古乃成家”。且更进而否定“古学亦皆有经”之说，谓“凡经皆今学，即《孝经》、《论语》、《左传》、《国语》亦然，则固无古经矣”。又言“今、古学之分，师说、训诂亦其大端。今学有授受，故师说详明。古学出于臆造，故无师说。……古学无师承，专以难字见长，其书难读，不得不多用训诂；本无师说，不得不以说字见长。师说多得本源实义，训诂则望文生训，铢称寸量，多乖实义”。苟古学真如此说，其为“伪学”尚何足疑。

兹再论《知圣篇》之所以“尊今”。《古学考》首句即言：“旧著《知圣篇》专明改制之事”。钱宾四先生《中国近三百年学术史》言：“今刻《知圣篇》，非廖氏原著。原书稿本今藏康家，则颇多孔子改制说，顾颉刚亲见之。”原本显当有不少精彩改制议论，惜今已不可得见。今本刻于戊戌之后，戊戌变法失败后，参与变法之六君子惨遭杀害，变法首领康有为亦遭通缉，避难海外，六君子中之杨锐、刘光第皆廖先生挚友，变闻，先生“俯首伏案，悲不自胜。旋门人施焕自重庆急促附书至，谓清廷株连甚广，外间盛传康说始于先生，请速焚有关诸书，于是新撰之《地球新义》稿亦付之一炬”（《六译先生年谱》）。是否尚有他书遭同焚不可知，然专明改制之《知圣篇》虽幸存而付剞劂前必经删削以求免祸则无疑也。

《今古学考》最重《王制》，以为孔子手订之改制标本，而《古学考》则言：《王制》为“弟子推本孔经，作为大传”。虽仍为群经大传，“六经制度，全同此书”，而《知圣篇》则更重六经，以六经为孔圣所作。经为孔作之说虽已见《今古学考》，然仅载《今、古学宗旨不同表》

一语，无他讲论，先生所作《孔子作六艺考》今又不传，唯据《知圣篇》所载为说：

> “《春秋》，天子之事”，诸经亦然。一人一心之作，不可判而为二。《春秋》未修之先，有鲁之《春秋》；《书》、《诗》、《礼》、《乐》未修之先，亦有帝王之《书》、《诗》、《礼》、《乐》。修《春秋》，笔削全由孔子；修《诗》、《书》、《礼》、《乐》，笔削亦全由孔子。

此外，篇中载“六艺皆孔子所作”、“六经，孔子一人之书”等简明词语尚多，毋庸赘引。六经既为孔圣所作，当即孔子改制微言：《知圣篇》又言：

> 盖天命孔子，不能不作，然有德无位，不能实见施行，则以所作者存空言于六经，托之帝王，为复古反本之说。与局外言，则以为反古；与弟子商榷，特留制作之意。总之，孔子实作也，不可径言作，故托于述。
>
> 孔子受命制作，为生知，为素王，此经学微言传授大义。帝王见诸事实，孔子徒托空言，六艺即其典章制度。

六艺既为孔子所作，而又即其改制之典章制度，此典章制度又系托为五帝三王之事实，作为复古反本之资源，是即所谓“托古改制”之说也。其资源既来自虞夏四代，其规模亦更为宏大完备，其意义亦更深远也。

是先生改制之说，一变据今古礼制之异而创为孔子改制之说，至二变则自以《王制》为标本之改时制，发展而为以六艺为标本、托之帝王之事实而提出“托古改制”之新说。

前文已陈，1889 年，康有为于广州读得《辟刘》、《知圣》二稿，并抢先成书问世，风行天下，骤得盛誉，其社会地位亦随之提升，康弟子梁启超尝再述其事：

> 井研廖季平著书百种，初言古文为周公，今文学为孔子，次言今文为孔之真，古文为刘之伪，最后乃言今文为小统，古文为大统。其最后说，则戊戌以后惧祸而支离之也。早岁实有所心得，俨然有开拓千古、推倒一时之概……固集数十年来今学之大成者，好学深思之誉不能没也。……康先生之治《公羊》治今文也，其渊源颇出自井研，不可诬也。然所治同，而所以治之者不同。畴昔治《公羊》者皆言例，南海则言义。……以改制言《春秋》，以三世言

《春秋》者，自南海也。(《论中国学术思想变迁之大势》)

有为早年，酷好《周礼》，尝著《政学通议》，后见廖平所著书，乃尽弃其旧说。廖平所著……《四益馆经学丛书》十数种，颇知守今文家法，晚年受张之洞贿通，复著书自驳，其人固不足道，有为之思想受其影响，不可诬也。(《清代学术概论》)

梁氏一再言：有为学术渊源出自井研、有为之思想受影响于井研，为“不可诬也”。然梁氏并未明白道出究系何种思想影响有为？就上述对廖先生二变思想之分析，其言“古文为刘之伪”，岂不即《新学伪经考》之话外音，其言“以改制言《春秋》……自南海”，岂不即《孔子改制考》之“此地无银三百两”。此实不啻为康氏二《考》剽自廖先生之自供状。

廖先生对康氏之影响，亦可自 1897 年 7 月当时湖广总督张之洞发予湖南巡抚陈宝箴、提学使江标之电报略见其状，电报略云：

……《湘学报》卷首即有素王改制……尔后又复两见。此说乃近日《公羊》家新说，创始于四川廖平，而大盛于广东康有为。此说过奇，甚骇人听。窃思孔子新周、王鲁、为汉制作，乃汉代经生附会增出之说，传文并无此语，先儒已先议之，然犹仅就《春秋》本经言。近日廖、康之说乃举谓六经皆孔子所自造，唐虞夏商周一切制度事实，皆孔子所订治世之法，托名五帝三王，此所谓素王改制也。是圣人僭妄而又作伪，似不近理……以后《湘报》中勿陈此义，如报馆主笔人有精思奥义易致骇俗者，似可藏之箧衍，存诸私集，勿入报章。(《六译先生年谱》)

电文所说，与廖先生所著尽会，其指素王改制为廖先生所创而康氏大倡之，当亦非张之洞一人之私见。梁氏知其事之不可以一手掩尽天下人耳目，故在述说中含糊其辞，又更明言“改制”乃康氏所创，实乃为其师之污行打掩护耳。廖先生僻居西蜀，其书外传不易，世多不明真相，于是或有于述变法运动事竟对先生不置一词，或一笔带过，显非公正之论。梁氏非仅不置一词，又更以“受张之洞贿通，复著书自驳”相诬，实乃欺人太甚，钱先生读梁氏书，谓“长素书出于季平，长素自讳之，长素弟子不为其师讳也”(《中国近三百年学术史》)。似以梁氏犹有谅直之行，实则先生受梁氏之骗深矣。

(四)

当张之洞电陈宝箴、江标戒报章勿载改制骇俗之议后，又命宋育仁再传“风疾马良，去道愈远”之戒，并命不可讲今古学及《王制》并攻驳《周礼》，先生奉闻，为之忘餐废寝者累月（见廖《谱》）。适先生《删刘》之条陆续通解，并作《五等封国说》、《三服、五服、九服、九畿考》等数文以解说之。又削去《删刘》斥歆之语，嗣又并复函张、宋二氏，虽犹持己见，亦不能不有所退让，致宋函词语犹倔，而致张者则词情谦抑，谓“平日以为万不能通之九畿、九州、五等封诸条，皆考其踪迹有以通之。诸经既统归于一是，则不必更立今古之名”。至于《王制》，则谓：“无论何经，自有本说，虽非《王制》，而《王制》之制已在其中，不必别求助于《王制》。诚为不言今古、《王制》，其立国也如故，非去此遂不足以自存也。”（节引）显然仅系改其名而未变其实。《周礼删刘》之条，既得《大戴》、《管子》佐证，则化腐朽为神奇，不仅不再受攻，且更奉为大统之书。“改今古之名为小大，《王制》治内，以海外全球全以属之《周礼》，一小一大，一内一外，相反相成，各得其所，于经学中开此无疆之世界，孔子乃得为全球之神圣，六经乃得为宇宙之公言。”（此引《三变记》见廖《谱》）于是小统大统之学乃渐成，而先生经学乃进入三变之域矣。此变固有张之洞所施之压力，而清廷镇压戊戌变法之残酷或尤更强大也。

三变改今古为小大，论说内容虽无大变，然既以大统治海外，则不结不有以说之，于是有《地球新义》、《皇帝疆域图》之作，则必驳严又陵“地球，周孔未尝梦见，海外，周孔未尝经营”之言，而穿凿附会之说丛生矣，其召天下之嘲讽，以此为大，世人周知，可毋赘言。其《图》至1915年始成，其事之难可知。

攻刘之事虽至三变而泯，而改制之事亦因戊戌之变而受挫，然不数年间清廷迫于内外之厄，不得已而再下变法之令，于是改制之议再起，虽毁誉各殊，而言路则开，先生乃命其子作《家学树坊》，力辩时论素王改制有流弊之议，阐扬孔子受命改制系为万世立法，在当时有不得不改之苦衷，《公羊》亦上传古制，汉世大臣之以《公羊》仕进者比比，何得谓为教叛之书。殷之改夏，周之改殷，秦汉之改周，无不有沿革损益之事，何足骇异。此实又为对素王改制之宣传。

三变之改今古为小大，由小推大，由中推外，六经之义亦面向全球五洲，改制之说不能不有所应对，而"改文从质"之义遂亦随时代而发展。《今古学考》用殷质之义而取素王之说以为改制之主。《知圣篇》取文为文家之义，以"中国古无质家，所谓质，皆指海外"，"'文、质'即中外、华洋之替字。……一文一质，谓中外互相取法"。然此仅启其端绪，盖所重不在此也。戊戌进入三变，先生作《改文从质说》，乃大张中文外质之说，谓两千余年"中国文弊已深，不能不改"，而"中外各自有长短弃取"，不得谓"我之师法专在质"，"以文质而论，彼此当互师"，"中取其形下之器，西取我形上之道"。当今"时务之学，当分二途，学人之事，官吏主之；教人之事，师儒主之。……百僚当北面师考其养育富强文明之治功，师儒一如该国，立校讲学"。此先生于三变中外开通之际，突破囿于中华之改制，提出中西互师之说，其言"百僚当北面师考其养育富强文明之治功"，尚有可行性，其言派师儒出国"立校讲学"，则梦呓耳。

完成于1903年之《公羊春秋经传验推补证》为先生所著历时最久字数最多内涵最富之重头作品。1886年完成《何氏〈公羊解诂〉三十论》，赓即为《公羊》作注，1888年成《公羊补义》十一卷，原意在通三传之义，嗣以《穀梁》、《左氏》既各自成书，则《公羊》亦当自成一家，故削去旁通二传之言，另起义例，至1902年成书十一卷，前后历时十六年，书中载有义和团、唐才常事，是十六年间曾经多次补充修改，除根据经传之讥贬立改制义例外，更于"孔子改制外"多所阐发，故内容甚丰，意蕴颇繁，胜义亦富，为先生论说改制集大成之作。先生后期喜读西书，尝言"今中西开通，必兼读西书"。故书中颇涉西义西事。其基调虽仍为"改文从质"，然已不再仅为"学艺"，而已向"学政"、"学术"前进。先生于书中时予指出："中儒固当钻研泰西君相，尤宜讲求以为师法"。是其特别重视泰西君相之政术。先生于读西书后亦曾有所评述：

> 泰西言大同之学者著有专书数十种，大抵皆出于教宗，本于墨子兼爱，与张子《西铭》之旨相同，推博爱之指归，固有天下一家中国一人识量……泰西国度正当，童稚锐意善进，其言大同乃主尊敬，无论学术政事皆以争胜为进步之本，不知皇帝专务化争，贤贤亲亲，乐乐利利，各适愿无争……（《补证》卷一）

不难看出，先生于泰西政俗尚无偏见。而于西方艳称之议院，先生亦具特识：

> 泰西议院宗旨专在民权，皇帝之学则未尝思想及之。考议院尝用《洪范》三人占从二人之说，以人多者为主。考汉朝廷议，每当大事，多由末职微员一人献议，举朝廷卿相舍己相从，即《左传》以一人为善为多之说。西人困勉，不能有此超妙作用。如英国外交，牵掣于庸耳俗目，屡见报章。语曰：千人之诺诺，不如一士之谔谔。西士高远者每苦议院牵掣，盖议院寻行数墨则有余，谈言微中则不足。以今日论，固已在功过相半之地。(《补证》卷八)
>
> 泰西议院，通达民隐之善政。考《王制》养老乞言……即议院之制。养国老于上庠，养庶老于下庠，即所谓上下议院。……泰西革命，因压制激而成。西报议院流弊，分党贿成，牵掣阻挠，流弊亦可概见。窃以压制甚深，议院固救时良法。……今为此说，非废议院，盖议院外别有深远作用。(《补证》卷十)

先生以牵掣为议院之流弊，实为对议院之民权作用认识不足；而以议院与“养老乞言”相比，则议院仅为通达民隐之咨询机构。是先生于议院在民主政治中地位之理解尚有一步之隔。然尚能知“议院外别有深远作用”，则亦非易易也。

先生又言：

> 《易经》之所以名易，即交易通商。地球诸国，以其所有易其所无，海外以商立国，下方名商颂者，初以通商易财货，后以颠倒易性情。鲁古文作旅字，行旅皆愿出于其途，商旅皆愿藏于其市，上方曰旅人，下方曰商人，以地中为市，彼此往来，交易而退，以有易无，各得其所。……即《诗》之爰得我所。故通商为开化地球之一大问题。(《补证》卷八)

能知“通商为开化地球之一大问题”，是亦一卓识也。

自上言之，是先生之素王改制思想不仅有取于六经，亦且有取于泰西政学，特以对作为近代资本主义民主制基础之议院，以及作为近代资本主义生产基础之通商皆能有独特认识，而在讲论六经六纬时又曾指出“中国欲强，必先变法”，亦属真知。是先生之变法改制学说显已日益进步，并已开始迈步走上近代化方向。

(五)

1902 年，先生之学进入第四变天人之学。1918 年进入第五变，小大天人。1921年进入第六变，以五运六气说《诗》、《易》。自《四变记》、《五变记》、《六变记》考之，虽号曰天人，实尽言天、罕言人：虽偶亦言“天人合一”、“由人企天”，而实皆天、人两橛，索解不得。所作论著多为岐黄堪舆之论，余不学，不能读此。章太炎先生曰：“先生之学凡六变，其后三变杂梵书及医经、刑法诸家，往往出儒术外。”诚然。先君子亦言：“晚年来学者，悉诏以小大天人之说，语汪洋不可涯涘，闻者惊异，则益为奇语以嘲之，非沉思不能得其根荄，故世鲜能明其旨意之所在。”余并不敢论。然犹偶得先生四变后论六艺经传之书数种，其论天者固幼眇难知，而其论世事虽多惊奇语，然犹有可解者，请试读之。

1905年，清廷下令罢科举、办学校，次年，先生应成都各校经学讲席之邀，编《群经总义讲义》二册以为讲授之用。其中部分章节系就当时对经学之新解而作，颇有新意：

第一册第五课为“大小六艺”，先生言：《周礼·保氏》六艺曰：礼、乐、射、御、书、数；《汉·艺文志》六艺曰：《易》、《书》、《诗》、《礼》、《乐》、《春秋》。二者同称六艺，当有大小之分。《保氏》为小，小学用之，所谓小道小节；《汉志》为古大学之教，所谓大道大节，今必高等以上乃系此科。若系普通国民教育，即专在小六艺，小学卒业后，分途谋生，出类拔萃者始入大学，以备国家人才之选，如汉之博士弟子员，今仕宦政治学堂与通儒院，入学后，因才质所近分经入学，故《学礼》言帝入五学（东、西、南、北），必其时诸经乃皆有用。先生评科举制度云：科举入学，先读四书五经，卒业后，改习他业，书皆无用，国民日用必需之科学，如《保氏》六艺者，反致抛荒或未学。其最大之害，尤在四书五经入手就由童蒙之见解以立说，以致圣人穷天极地治国化民之大经大法，尽变为市井乡村之鄙言，遂致经术败坏，所以中国无人才。害在下层社会，习非所用，民智不开，害虽在下，而流毒甚广。害主在上流社会，白头宰辅，与村蒙见解相同，所以老大帝国种与教几不能保。故先生提出将大小六艺分开，国民习小六艺，应读之书、应讲之学极力求全，“六经虽不读可也”。必入大学后，专求安上治民、移风易俗之学问，乃习六经，老大宰官不复以蒙事之见相夸耀，此成己成物之分、大小六艺不可混同也。先生力批科举之害，而对普通国民教育则以“专在小六艺”，“六经虽不读可也”。身为经学大师，而出言若此，则是六经究有何用？六经究当如何用？皆吾人所应深思者也。

第二册的一篇名为《新政真诠康者后篇》文中，先生提出一经义与变法关系之新解。批评康君公然对经义扬厉其辞："谓泰西之能保民、养民、教民，以其所为与吾经义相合之故……不知保民、养民、教民何须经义？外洋诸国唯不用经义，故能为所当为，亦犹尧舜三代时无经义，故能日新其德。今欲取二千余年以前一国自为之事，施诸二千余年以后五洲交涉之时，吾知其必扞格而不相入矣。中国之不能变，盖经义累之也。"先生之意盖谓六经之义当须活用，不能活用则扞格不通，反为中国改制变法之阻力。然如何始为活用？又如何始能活用？是又为倡通经致用者提出一大问题也。惜《讲义》第二册今不可见，此节仅见廖《谱》所引，书中当更多精奇之论也。

今存先生暮年说经之书，唯 1909 年所撰《尊孔篇》及 1913 年所撰《孔经哲学发微》二作。《发微》虽后作，其精审反不及《尊孔》。《尊孔篇·序》言："学经四变，书著百种，而尊孔宗旨前后如一，散见各篇中。或以寻览为难，乃综核大纲"，写为此篇，分为微言、寓言、御侮、祛误四门。"言经必先微言，微言者即素王制作，不可颂言，私相授受。"故四门之首即为微言，微言即是素王改制，是先生讲经数十年，虽至暮岁犹首重改制，是改制为先生治经一贯宗旨，岂不信欤！先生在篇中除重申微言（改制）为尊孔首务外，又提出一教化问题。先生言："教亡而国何以自立"，盖以教化为立国之本，苟教化犹存，则其国虽亡，而"爱国保种之念自油然而生"，是其国犹可把握时机乘势复国。苟若教、国后先并亡，则其国将万劫不可复矣。如古埃及、古希腊、古墨西哥，其国虽今日犹存，地犹其地，人犹其人，而其文明教化早已非旧，典非其典，教非其教，虽见其祖，已弗能识，是其犹得谓为古埃及、古希腊、古墨西哥之国乎？即其种亦渐变而不可保矣。故保国、保教、保种三者，保教最为重要，实为其核心焉。我中华"教化始于孔子"，立于孔子，传于孔子，故保教则必尊孔；六经为中华教化之核心载体，故保教亦必尊经。苟能保教，则爱国保种之念自油然而生，则国（国家）、种（民族）亦必随之而存。是先生所言尊孔乃其旗号，尊经乃其方法，保教乃其实质，故读先生此篇必明此义，知尊孔非仅尊崇孔子其人，而更重在尊奉孔子所创之教，方不辜负先生迟暮之年犹为讲说此"教"之一片苦心也。

最后，略言先生晚期"革命"之说。1916 年，王闿运《跋竹庵诗录》言："廖倡新说，谈革命，遂令天下纷扰。"唯不知王翁具体所指。

廖《谱》载：1923年，“宗泽回井研，令将《公羊补证》中与革命有关文字录出，作为《外编》，未果”。是先生晚年确有谈论革命之事，且有意作论革命之书。经检《公羊补证》，其于泰西革命之事固略有道及，而于江浙学人谈论革命之说亦略有所评，然皆远不足与王翁之责相符，此实足惜。唯《补证》中于“弑君称人”之例则颇有特释：

> 今天下学术趋重贵民轻君之说，孟子民为贵、社稷次之、君为轻，得乎丘民为天子，与土芥、寇仇云云。按此乃经传常言，非孟子所独传……（《春秋》）凡弑称人为君无道，讨贼称人为众辞，君无道许复仇，记溃为许下叛上，重民之义与泰西同，非许君专制于上，不奉法度，苛虐小民。（《补证》卷一）
>
> 《春秋》之义，弑君无道称人，所以伸民气、孤君权也。立君以为民，若酷虐以害民，则许臣下得仇之，孟子所谓寇仇。《春秋》所以许报仇，泰西力信民权，与《春秋》之义同……（《补证》卷八）
>
> ……一人肆虐，民不聊生，汤武之事，经未尝不主革命。（《补证》卷一）

类此之说尚有多条，未审如此论说可以当先生“谈革命”之义否？明洪武时，孟子以民贵君轻之论，几被撵出文庙，而先生竟敢在清廷专制统治下发表此等言论，诚可谓为保国、保教、保种而“无私无畏”者矣！

“改制”为先生终生说经之宗旨、讲论之大义，且能随时代之变易而发展其讲说之义旨，晚年更由“倡改制”而“谈革命”，虽其详已不可得闻，而此固思想发展之趋势也。世之言廖先生思想学术者，咸多仅知六变天人小大之说，而旁置精金美玉之理于不顾，今谨略为读者陈之，是耶！非耶！幸有以教之。

今古学考*

按：《艺文志》博士经传及古经本，溯古学之所以名也。《异义》今古名目，明东汉已今古并称也。《异义》条说之不同，先师著书之各异，使知今古学旧不相杂也。凡此皆从前之旧说也。至于《统宗表》，详其源也。《宗旨不同表》，说其意也。《损益》、《因仍》二表，明今之所以变古也。《流派篇目表》，理其委也。《〈戴记〉篇

---

* 《今古学考》为廖氏经学初变时期代表作，主要论述经今、古文学之区分。经今、古文之争起于汉代，亦烈于汉代。自汉末郑玄混淆今、古而今、古界畔不明者千数百年。清代汉学昌盛，而今、古之辨亦以渐起。然学者虽以今、古相尚相非，而于今、古两派立异之故，根源所在，迄未能明。廖氏自许慎、郑玄《五经异义》中悟出汉代今、古文之分不在文字，不在义理，而在于礼制。其思想孕育于 1883 年，至 1886 年而成《今古学考》，全书列表 20，经话 110 则。自谓其说"无往非因，亦无往非创"，亦即皆为前人基础上之创见。书中提出"今学同祖《王制》，万变不能离宗"，"古学主《周礼》，隐与今学为敌"。今祖孔子，古祖周公；今主改制，古主从周；今为经学派，古为史学派。且以两派皆源出孔子：今为孔子晚年之说，古为孔子壮年之说。认为今、古二派虽不同，然如舟车之不可偏废，好为争辩申难者"则莫非门户之见，徒为纷更而已"。于今、古二派无所轩轾、无所偏袒。此书于廖氏最为杰作，对学术界影响至大，不仅康有为、皮锡瑞等今文家据以为说，古文家刘申叔、章太炎等人亦持以为说。刘氏称赞廖氏"长于《春秋》，善说礼制……自魏晋以来未之有也"。章氏亦言："井研廖平说经，善于分别今古，盖惠（栋）、戴（震）、凌（曙）、刘（逢禄）所不能上。""廖平之学，与余绝相反，然其分别今古，确然不易。"先君亦言："寻廖氏之学，则能知后郑（玄）之殊乎贾（逵）、马（融），而贾、马之别乎刘歆，刘歆之别乎董（仲舒）、伏（生）、二戴（戴德、戴圣），而汉儒说经分合之故可得而言。"于研究汉代经学贡献重大。

《今古学考》除《新订六译馆丛书》本以外，有蛰云雷斋本，光绪中刊；有张氏《适园丛书》本，于 1911 年由上海国学扶轮社印行；有北京资研社本，1928 年排印出版。巴蜀书社 1989 年出版李耀仙主编之《廖平学术论著选集》选有此书。

目》、《今古书目表》二表，严其界使不相混也。《改从》、《有亡》，辨其出入。《名实同异》，究其交互。凡此皆鄙人之新说求深于古者也。更录三家经传，明齐学之中处；《今古废绝》，详郑君之变法；《今古盛衰》，所以示今学之微；《经传存佚》，所以伤旧学之坠。至于此而今古之说备矣。所有详论，并见下篇。丙戌六月朔日，编成识此。

井研廖平

卷 上

《汉艺文志》今、古学经传师法表

《易》，施、孟、梁邱、京、高。按：此五家，今学也。班于今学皆不加今字。

《易》，费。按：此一家，古学也。班不言古经。

班曰："汉兴，田和传之。讫于宣、元，有施、孟、梁邱、京氏，列于学官。而民间有费、高二家之说。刘向以中《古文易经》校施、孟、梁邱经，师古曰："中者，天子之书也。言中，以别于外。"或脱去'无咎'、'悔亡'。唯费氏经与古文同。"

《尚书经》二十九卷。班注："大小夏侯二家，欧阳经三十二卷。"师古曰："此二十九卷，伏生传授者。"按：此今学。

《尚书古文经》四十六卷。班注："为五十七篇。"按：此古学，班言古经。

班曰："秦燔书禁学，济南伏生独壁藏之。汉兴亡失，求得二十九篇，以教齐鲁之间。讫孝宣世，有欧阳、大小夏侯氏，立于学官。《古文尚书》者，出孔子壁中。武帝末，鲁共王坏孔子宅，欲以广其宫，而得《古文尚书》及《礼记》、《论语》、《孝经》凡数十篇①，皆古字也。孔安国者，孔子后也。悉得其书，以考二十九篇，得多十六篇。安国献之。遭巫蛊事，未列于学官。刘向以中古文校欧阳、大小夏侯三家经文，《酒诰》脱简一，《召诰》脱简二。率简二十五字者，脱亦二十五字；简二十二字者，脱亦二十

① "凡数十篇"前原衍"二"字，据《汉志》删。

二字。文字异者七百有余，脱字数十。”

《诗经》二十八卷，鲁、齐、韩三家。按：此三家，今学。
《毛诗》二十九卷。按：此古学，班不言古经。

班曰：“汉兴，鲁申公为《诗训故》，而齐辕固、燕韩生，皆为之传。三家皆列于学官。又有毛公之学，自谓子夏所传，而河间献王好之，未得立。”

《礼经》七十篇。后氏、戴氏。《记》百三十一篇。七十子后学所记也。《明堂阴阳》三十三篇。古明堂之遗事。《王史氏》二十一篇。七十子后学者。刘向《别录》云，“六国时人也”。《曲台后仓》九篇。按：此今学。
《古经》五十六卷。《周官经》六篇。王莽时刘歆置博士。师古曰：“即今之《周官礼》也。亡其《冬官》，以《考工记》充之。”按：此古学，班言古经。

班曰：“汉兴，鲁高堂生传《士礼》十七篇。讫孝宣世，后仓最明。戴德、戴圣、庆普皆其弟子，三家立于学官。《礼古经》出于鲁淹中。”

《春秋经》十一卷。公羊、穀梁二家。《公羊传》十一卷。《穀梁传》十一卷。公羊子，齐人。穀梁子，鲁人。按：此今经。
《古经》十二篇。《左氏传》三十卷。左丘明，鲁太史。按：此古学，班言古经。

班曰：“《公羊》、《穀梁》立于学官。”

《论语》，《鲁》二十篇。《齐》二十二篇。多《问王》、《知道》。按：此今经。
《古》二十一篇。出孔子壁中，两《子张》。按：此古学，班言古经。

班曰：“汉兴，有鲁、齐之说。传《齐论》者，昌邑中尉王吉、少府宋畸、御史大夫贡禹、尚书令五鹿充宗、胶东庸生，唯王阳名家。传《鲁论语》者，常山都尉龚奋、长信少府夏侯胜、丞相韦贤、鲁扶卿、前将军萧望之、安昌侯张禹，皆名家。张氏最后，而行于世。”

《孝经》一篇。十八章。长孙氏、江氏、后氏①、翼氏四家。按：此今学。

---

① “后氏”二字间原衍“一”字，据《汉志》删。

《古孔氏》一篇。二十二章。刘向云："古文字也。《庶人》章分为二也，《曾子敢问》章为三，又多一章，凡二十二章。"按：此古学。

班曰："汉兴，长孙氏、博士江翁、少府后仓、谏大夫翼奉、安昌侯张禹传之，各自名家，经文皆同。唯孔氏壁中古文为异。'父母生之，续莫大焉'，'故亲生之膝下'，诸家说不安处，古文字读皆异。"

按：此汉人今古分派之始也。经在先秦已有二派，一主孔子，一主周公，如三《传》是也。齐、鲁，今学；燕、赵，古学。汉初儒生，达者皆齐鲁，以古学为异派，抑之，故致微绝。当时今学已立学官，而民间古学，间有传者。如《毛诗》、《费易》。后孔壁古经出，好古之士复据此与今学相难，今学亦无以夺之。虽不立学官，隐有相敌之势。至于刘歆校书得古文，古学愈显。世以孔壁所出经皆古字，别异于今学，号曰"古经"，与博士本并行。至后汉，而今、古之名立矣。

《五经异义》今、古学名目表

今《易》京、孟说	古《周礼》说
今《尚书》夏侯、欧阳说	古《尚书》说
今鲁齐韩《诗》说	古《毛诗》说
今《春秋》公羊、穀梁说	古《左氏》说
今《礼》戴说	古《孝经》说
今《孝经》说	
今《论语》说	

许氏《说文序》，其称《易孟氏》、《书孔氏》、《诗毛氏》、《礼周官》、《春秋左氏》、《论语》、《孝经》，皆古文也。按：《汉书·艺文志》，孟当作费。

按：西汉今学立在学官，古学传之民间，当时学者称古学为"古文"。盖博士说通行，惟古为异，故加号别异，目为古也。至于东汉，古学甚盛，遂乃加博士说以"今"字。故班氏以前，犹无今号，至许氏《异义》，乃今古并称。古号得于西京，今号加于东汉，合而观之，端委可寻矣。

《五经异义》今与今同、古与古同表

许君《五经异义》，胪列今古师说，以相折中。今与今同，古与古同，二者不相出入，足见师法之严。今就陈本，标厥名目，以见本原，条其异同，使知旧本二派，自郑君以后乃乱之也。

今《易》京氏说一

《易》孟、京说一

《易》孟、京，《春秋》公羊说一

《易》孟氏，《韩诗》说一

按：以上今《易》孟、京说，全与古学异，与今学《春秋》、《诗》同。

今《尚书》欧阳说二

今《尚书》欧阳、夏侯说四

夏侯、欧阳说一

按：以上今《尚书》欧阳、夏侯说，全与古学说不同。

今《韩诗》说一

今《诗》韩、鲁说一

《诗》齐、鲁、韩，《春秋》公羊说一

《韩诗》说二

《诗》齐说丞相匡衡说一

治《鲁诗》丞相韦玄成说一

按：以上今《诗》鲁、齐、韩三家说，全与古学异，与今学《春秋公羊》同。

今《春秋公羊》说七

《春秋公羊》说四

《春秋公羊》、《穀梁》说二

《公羊》说二十三

《穀梁》说二

《春秋公羊》董仲舒说一

《公羊》以为《穀梁》亦以为一

大鸿胪眭生说一

议郎尹更始、待诏刘更生等议一

按：以上今《春秋穀梁》、《公羊》说，与古学全异。

今《礼戴》说三

今《大戴礼》说二

今《礼戴》、《尚书欧阳》说一

《礼戴》及匡衡说一

《大戴》说一

《戴》说一

《戴礼》及《韩诗》说一

《礼戴》说一

《戴礼》、《公羊》说一

按：以上今《礼戴》说，全与古学异，与今《尚书》、《诗》同。

今《孝经》说二

《孝经》说一

今《论语》说一

按：以上今《孝经》、《论语[①]》说，与古学全异。

古《尚书》说九

古《毛诗》说三

《毛诗》说六

古《左氏》说二

古《春秋左氏》说五

古《春秋左氏传》说二

《春秋左氏》说三

《左氏传》四

《左氏》说二十四

奉德侯陈钦说一

古《周礼》说十二

古《周礼》、《孝经》说一

《周礼》说二

侍中骑都尉贾逵说一

按：以上古《尚书》、《毛诗》、《左氏春秋》、《周礼》说，全与今礼异，而自相同。审此，足见古礼自为古礼一派，与今异也。其有误说三条，一为《穀梁》、《公羊》与《左氏》同，一为贡禹与

---

① “论”后原无“语”字，从巴蜀书社李耀仙《廖平学术论著选集》（下省称《选集》）按文“论语”与“孝经”对举，补。

《古文尚书》同，驳见下卷。

郑君以前今、古诸书各自为家不相杂乱表

今	古
《尚书》欧阳、夏侯说 三家《诗》故传 《韩诗》薛侯说 《春秋》严、颜、尹、刘说 《公羊》何氏解诂 《孝经》后、张、长孙说 《论语》张、包说 按：以上各家皆今学。所著书除何氏《解诂》以外，见于玉函山房辑本所引用，全本于《王制》，不杂用古学说。不如范氏注《穀梁》，据《周礼》古学说以攻《传》。可知东汉以前，今学与今学自为一派，与古别行，不求强同。以古乱今者，皆郑君以后之派，旧原不如此也。	《尚书》贾、马注 《毛诗故训传》 《周礼》二郑、杜、贾、马注 《礼记》马、卢注 《左传》刘、郑、贾、马、服、颖、许注 《论语》马氏训说 《国语》贾注 《说文解字》 按：以上皆出古学。所著书除《说文解字》外，皆见于马辑本所引用，全本于古学各书，不用博士说。不如郑君注《周礼》、《毛诗》，杂用今礼。可知秦汉以来，古学独行，自为一派，不相混杂。考之古书，证以往事，莫不皆然。非予一人之私言，乃秦汉先师之旧法也。

今、古学统宗表

今	古
《王制》为今学之主 《穀梁》全同《王制》 　　《仪礼记》为今学 　　《戴礼》有今学篇 　　《公羊》时参古学 　　《鲁诗》 　　《鲁论语》　以上鲁 《杨氏易》 《施氏易》 《孟氏易》 《梁邱氏易》 《京氏易》 《高氏易》 《欧阳氏尚书》 《大夏侯氏尚书》 《小夏侯氏尚书》 《齐诗》 《齐论语》以上齐 《韩氏易》 《韩氏书》 《韩氏诗》以上韩 《今孝经》	《周礼》为古学之主 《孝经》为古学 　　《仪礼经》为古学 　　《戴记》有古学篇 　　《左传》时有缘经异说 　　《逸礼》古学 《费氏易》 《古文尚书》 《毛诗》 《古论语》

续前表

今	古
按：《公羊》以前皆经，本今学先师依经立说者也。以下十七家，则皆据《王制》说推衍比附于诸经者也。今经为孔子晚年之书，故弟子笃信谨守，欲以遍说群经。此今学统宗之沿变，事详《王制义证》。	按：《逸礼》以上皆经，本古学先师依经立说者也。以下四家，则皆据《古礼》说推衍比附以说群经者也。古经出壁中，较今经多。博士抑之不得立。好古之士嫉博士如仇，故解四经亦用古说，以与今为难。故不惟古经用古说，即无今古之分者亦用古说，此后来之变也。至于古经，汉初亦有传习，其说与今异者，则又好古之士与今学树敌，在先秦已如此也。

今、古学宗旨不同表

今	古
今祖孔子。	古祖周公。
今，《王制》为主。	古，《周礼》为主。
今主因革。参用四代礼。	古主从周。专用周礼。
今用质家。	古用文家。
今多本伊尹。	古原本周公。
今，孔子晚年之说。	古，孔子壮年主之。
今经皆孔子所作。	古经多学古者润色史册。
今始于鲁人，齐附之。	古成于燕、赵人。
今皆受业弟子。	古不皆受业。
今为经学派。	古为史学派。
今意同《庄》、《墨》。	古意同史佚。
今学意主救文弊。	古学意主守时制。
今学近于王。	古学师乎伯。
今，异姓兴王之事。	古，一姓中兴之事。
今，西汉皆立博士。	古，西汉多行之民间。
今经、传立学，皆在古前。	古经、传立学，皆在今后。
今由乡土分异派。	古因经分异派。
今礼少，所无皆同古礼。	古礼多，所多皆同今学。
今所改，皆周制流弊。	古所传，多礼家节目。
今，汉初皆有经本，非口受。	古，汉初皆有师，后有废绝。
今以《春秋》为正宗。余皆推衍《春秋》之法以说之者。	古惟《周礼》为正宗。即《左传》亦推衍以说之者，余经无论矣。
今多主纬候。	古多主史册。
今学出于春秋时。	古学成于战国时。
先秦子书多今学。	先秦史册皆古学
今，秦以前无杂派。	古，秦以前已有异说。
今无缘经立说之传。	古有缘经立说之传。
今无仪注，皆用周旧仪。	古有专说，不通别经。
今经唯《王制》无古学。余经皆有推衍古派。	古经唯《周礼》无今说。余经皆有推衍今派。

续前表

今	古
《孝经》本无今说。 今经唯存《公》、《穀》，范氏以古疑今。 注今经，李、何以前不杂古。 《戴礼》古多于今，汉儒误以为今学。 《古仪礼经》，汉初误以为今。 以上说皆见下卷	《春秋》本无古学。 古经皆存，郑君以今杂古学。 注古经，马、许以前不杂今。 子纬皆今学，汉儒误以为古学， 今《王制》，先师误以为周。 以上说见下卷。

今学损益古学礼制表 此专表今古不同者

古	今
古：封公方五百里；侯方四百里；伯方三百里；子方二百里；男方一百里。地五等。	今：封公、侯方百里；伯方七十里；子、男方五十里。地三等。
古，一甸出一车。①	今，十井出一车。
古，六卿、大夫、士员无定数。	今，公卿、大夫、士皆三辅一。
古，畿内不封国。	今，畿内封国。
古有世卿无选举。	今无世卿有选举。
古，《周礼》十二年一巡守。	今，《王制》五年一巡守。
古，天子下聘，不亲迎。	今，天子不下聘，有亲迎。
古，禘大于郊，无祫祭。	今，禘为时祭，有祫祭。
古，天子无大庙，有明堂。	今，天子有大庙，无明堂。
古，刑余为阍人。	今，刑余不为阍人。
古，社稷皆人鬼。	今，社稷皆天神。
古，田税以远分上下。	今，皆什一分远近。
古，山泽皆入官家。	今，山泽无禁。
古，厚葬。	今，薄葬。
古，七庙祭有日、月、时之分。	今，七庙皆时祭。

按：今异于古，皆孔子损因周制之事。拟撰《今古礼制不同表》，姑发其凡，以示义例。

今学因仍古学礼制表 此专表今古相同者

古	今
古，《曲礼》有二伯、州牧、庶邦小侯。	今，《王制》有二伯、方伯、卒正。
古，《周礼》：州牧立监。	今，《王制》：方伯有监。
古，《周礼》：天子六军，大国三军，次国二军，小国一军。	今，《王制》同。
古，《周礼》有冢宰、司徒、司马、司寇、司空官。	今，《王制》同有。惟冢宰、司徒兼职，司寇属于司马；不同。

① 《选集》校曰：“‘古，一甸出一车’句，原本在前条‘地五等’下，今据表例独立”，今据正。

续前表

今	古
古，《内则》养老仪节。 古，《仪礼经》五礼仪节。 古，《周礼》明堂参用四代礼乐彝器。 古，《左传》文襄制：诸侯比年小聘，三年大聘，五年一朝。 古，《周礼》：亲耕田猎。 古，《祭义》祭庙仪节。	今，《王制》同。 今，《仪礼记》同。 今，《三朝记》四代同。 今，《王制》同。 今，《王制》同。 今，《祭统》同。

按：今古相同，此孔子因仍周制不改者也。拟撰《今古礼制通用表》，姑发其凡，以示义例。

今、古学流派表

今	古
今鲁派 今齐派 今韩派 今纬派 今《易》、《尚书》、《诗》、《孝经》、《论语》派。 按：今学旧本一派，传习者因地而异，故流为齐、韩派。大约齐学多主纬说。至于《易》、《尚书》、《诗》、《孝经》、《论语》，本不为今派，学者推今礼以遍说群经，乃有此流变，则亦如古学之缘经立说也。今派全由乡土致歧异。	古《周礼》派 古《国语》派 古《左传》派 古《孝经》派 古《易》、《尚书》、《诗》、《论语》派。 按：古学旧有四派，皆缘经立说。《周礼》、《国语》自为派。《左传》、《孝经》因经而异，故不能同。至于《易》、《尚书》、《诗》、《论语》，本不为古派，学者推古礼以遍说群经，乃有此流变，则纯为缘经立说者矣。古学无因乡土而异之事，各门皆专派。

两《戴记》今、古篇目表

今	古	今、古杂	今、古同
《王制》 《千乘》 《四代》 《虞戴德》 《冠义》 《昏义》 《乡饮酒义》 《射义》 《燕义》 《聘礼》 《祭统》 《主言》	《玉藻》 《深衣》 《盛德》 《朝事》以上《周礼》 《祭法》 《曲礼》 《檀弓》 《杂记》以上《左传》 《祭义》 《曾子·立事》	《文王世子》小学 《中庸》 《本命》以上儒家 《乐记》乐 《月令》阴阳家	《武王践阼》 《文王官人》 《五帝德》 《帝系姓》以上史学 《大学》 《学记》 《劝学》 《卫将军文子》以上学问 《经解》 《缁衣》

续前表

今	古	今、古杂	今、古同
《哀公问于孔子》 《礼三本》 《丧服四制》	《本孝》、《立孝》、《大孝》、《事父母》、《制言》三、《疾病》、《天圆》。以上《孝经》 《内则》 《少仪》 《保傅》以上小学 《礼运》 《礼器》 《郊特牲》以上《诗》礼 《明堂》 《明堂位》 《诸侯迁庙》 《诸侯衅庙》 《投壶》二篇 《公冠》以上《逸礼》 《奔丧》 《曾子问》 《丧大记》 《问丧》以上丧礼 《丧服小记》 《大传》 《服问》 《间传》 《三年问》以上丧服		《坊记》 《表记》以上经学 《儒行》 《子张问入官》① 《哀公问五义》 《仲尼燕居》 《孔子闲居》 《礼察》 《小辨》 《用兵》 《少间》 《易本命》 《诰志》 《哀公问》以上儒家 《夏小正》阴阳家

今、古学专门书目表②

今学书目表治今学者只许据此表书，不得杂古学。	古学书目表治古学者只许据此表书，不得杂今学。
《王制》	《周礼》
《穀梁春秋》	《左氏春秋》
《公羊春秋》	
《仪礼记》	《仪礼经》
《戴记》今学各篇	《戴记》古学各篇
《孟子》	《逸周书》

---

① “子张问入官”原脱“问”字，从《选集》据《大戴礼记》补。

② “今、古学专门书目表”，原缺此标题，据目录补。

续前表

今学书目表治今学者只许据此表书，不得杂古学。	古学书目表治古学者只许据此表书，不得杂今学。
《荀子》	《国语》
《墨子》	《说文》以上今存本
《司马法》	
《韩非子》	
《吴子》	
《易纬》	
《尚书大传》	
《春秋繁露》	
《韩诗外传》	
《公羊何氏解诂》以上今存本	
《易》	《易》
《子夏易传》汉韩婴	《古五子易传》
《薛氏记》薛虞	《费氏易》汉费直
《蔡氏易说》蔡景居	《费氏易林》汉费直
《丁氏易传》汉丁宽	《周易分野》汉费直
《韩氏易传》汉韩婴	《马氏注》后汉马融
《淮南九师道训》汉刘安	
《施氏章句》汉施雠	
《孟氏章句》汉孟喜	
《梁邱氏章句》汉梁邱贺	
《京氏章句》汉京房	
《书》	《书》
《今文尚书》	《古文尚书》
《欧阳章句》汉欧阳和伯	《古文训》汉贾逵
《大夏侯章句》汉夏侯胜	《马氏传》汉马融
《小夏侯章句》汉夏侯建	
《尚书纬六种》马辑本，郑注。	
《诗》	《诗》
《鲁诗故》汉申培	《毛诗马氏传》后汉马融
《齐诗传》汉后苍	
《齐诗翼奉学》汉翼奉	
《韩诗故》汉韩婴	
《韩诗内传》汉韩婴	
《韩诗说》汉韩婴	
《韩诗薛君章句》汉薛汉	
《韩诗翼要》汉侯苞	
《诗纬三种》马辑本，宋注。	《周官礼》
	《郑大夫解诂》汉郑兴
	《郑司农解诂》汉郑众
	《杜氏注》汉杜子春
	《贾氏解诂》汉贾逵
	《周官传》汉马融
《仪礼》	《仪礼》
《大戴丧服变除》汉戴德	《婚礼谒文》汉郑众

续前表

今学书目表治今学者只许据此表书，不得杂古学。	古学书目表治古学者只许据此表书，不得杂今学。
《石渠礼论》同上 《冠礼约制》汉何休 《礼记》 《礼传》后汉荀爽 《月令章句》后汉蔡邕 《月令问答》同上 《礼纬三种》。马辑本，宋注。 附：《乐纬三种》宋注，马辑本。 《春秋》 《春秋大传》 《春秋决事》汉董仲舒 《公羊严氏春秋》汉严彭祖 《公羊颜氏记》汉颜安乐 《穀梁传尹氏章句》汉尹更始 《穀梁传说》汉刘向 《解疑论》后汉戴宏 《公羊文谥例》后汉何休 《春秋纬十五种》马辑本，宋注。 《孝经》 《孝经传》魏文侯 《后氏说》汉后苍 《安昌侯说》汉张禹 《长孙氏说》汉长孙氏 《孝经纬九种》宋注，马辑本。 《论语》 《齐论语》 《安昌侯论语》汉张禹 《包氏章句》后汉包咸 《周氏章句》后汉周氏 《论语纬一种》宋注，马辑本。 以上原书皆亡，今据马、陈辑本补录。今学诸书皆为《王制》派，可以《王制》统诸书也。	《丧服经传》后汉马融 《礼记》 《礼记马氏注》后汉马融 《礼记卢氏注》后汉卢植 附：《乐经》汉刘歆 《乐记》同上 《乐元语》同上 《钟纬书》同上 《春秋》 《左传刘氏注》汉刘歆 《春秋牒例章句》后汉郑众 《左氏传解诂》后汉贾逵 《左氏长经》后汉贾逵 《三传异同说》后汉马融 《左传解谊》后汉服虔 《春秋成长义》 《左氏膏肓释痾》并服虔，附《解谊》后 《春秋释例》后汉颍容 《春秋奇说》后汉彭汪 《左传许氏注》后汉许淑 《论语》 《古论语》 《孔氏训解》汉孔安国 《马氏训说》后汉马融 以上原书皆亡，今据马辑本补录。郑康成注、笺杂有今学，不录。古学诸书皆为《周礼》派，可以《周礼》统诸书也。

今、古兼用杂同经史子集书目表①

今多于古	古多于今	今古杂	今古同
《五经通义》 《石渠论》	郑注《周礼》 郑笺《毛诗》	郑注《礼记》 郑《驳异义》	《尔雅》 《急就章》

① 本表又可称为《今古兼用、今古所同经史子书目表》。

续前表

今多于古	古多于今	今古杂	今古同
《白虎通》 《孔子集语》 《训纂》 《古文官书》	郑注《周易》 郑注《尚书》 郑注《论语》 郑注《孝经》 《五经异义》 《三仓》 《仓颉》 《凡将》	郑《攻膏肓》、《起废疾》、《发墨守》 《郑志》 《杜左传注》 《六艺论》 《鲁禘祫义》 《家语》 《孔丛》 《圣证论》 《伪孔传》 《释名》以上经部。	《方言》 《博雅》 《埤仓》 《古今字诂》
《史记》 《汉书》 《列女传》 《新序》 《说苑》	《后汉书》 《三国志》		《战国策》 《世本》 《山海经》 《竹书纪年》 《穆天子传》 《越绝书》 《吴越春秋》 《晏子春秋》 《虞氏春秋》 《古史考》以上史部
《公孙龙子》 《庄子》 《尹文子》 《老子》 《关尹子》 《列子》 《文子》 《太玄》 《法言》 《盐铁论》 《新论》 《独断》以上子部	《商子》 《邓析》 《鬼谷子》 《新语》 《新书》 《论衡》 《潜夫论》 《申鉴》 《风俗通义》	《尸子》 《鹖冠子》 《燕丹子》 《吕氏春秋》 《淮南子》	《孙子》 《六韬》 《管子》 《慎子》 《素问》 《周髀》
		《楚辞》集部	

《公羊》改今从古、《左传》改古从今表①

《公羊》改今从古表	《左传》改古从今表
《王制》、《穀梁》：禘为时祭。《公羊》以为殷祭。	《国语》：禘于圜丘，称禘郊。《左传》：禘于太庙，祀文王。

① “《公羊》改今从古、《左传》改古从今表”，原缺此标题，据目录补。

续前表

《公羊》改今从古表	《左传》改古从今表
《王制》、《穀梁》：妾母不得为夫人。《公羊》：妾母为夫人	《祭法》有祧庙，无世室。《左传》有世室，无祧庙。
《王制》、《穀梁》：葬不为雨止。《公羊》：雨不克葬，谓天子诸侯。	《祭法》无太庙，祖宗在明堂。《左传》有太庙无明堂。
《穀梁》：夫人不归宁。同《左传》。	《周礼》：大夫有刑。《左传》：刑不上大夫。
《王制》、《穀梁》：二伯。《公羊》以为五伯。从《左传》。	《周礼》：刖者为阍。《左传》：刑人不在君侧。
《穀梁》言用皆不得礼。《公羊》于用下有合礼不合礼。	《国语》：日祭、月享、时祀。《左传》用时祭，无日、月祭。

按：《公羊》今学，有改今从古之条；《左传》古学，有从今改古之条。盖《公羊》居近燕、赵，有杂采；《左传》屈于经文，不能不宛转求通。二家其事相同，一因乎地，一求合于经之故也。姑发其例如此，不详录也。《王制》、《周礼》、《国语》、《孝经》皆自成一说，不求合于人，故与二传不同。

今、古各经礼制有无表

	今《穀梁》	今《公羊》	古《周礼》	古《左传》	古《国语》	古《孝经》
同会同	无	无	有	无	不见	无
祧庙	无	无	有	有	有	无
坛墠	无	无	有	有	有	无
太庙	有	有	无	有	无	不见
明堂	无	无	有	有	有	有
世室	有	有	无	有	无	不见
禘	有	有	无	有	有	有
祫	有	有	无	无	无	无
原庙	无	无	有	有	有	不见
宗	无	无	有	无	有	不见
遇	无	无	有	无	有	不见
祔主	无	无	有	有	有	不见
三公	有	有	有而不同			不见
六卿	无	无	有	有	有	不见
监	有	有	有	无	无	不见

按：以上礼制有无，旧说多牵掍言之。今表其有无，无者，即可不言此礼。拟通撰定一表，姑发其例如此。

今、古各经礼制同名异实表

	今《穀梁》	今《公羊》	古《周礼》	古《左传》	古《国语》	古《孝经》
禘	夏祭	大祀太庙	不见	大祀太庙	祀天帝	春祭
郊	祀天	祀天，配人鬼。	不见	祈谷，祀后稷。	祀天帝	祀后稷以配天
社	祀地祇	同前	祀人鬼	同前	同前	祀地祇
雩	祈雨	同前	祈雨，祈谷。	同前	同前	不见
五等爵名	非实爵	同前	实爵	非实爵	实爵	同前
五等封地	三等	同前	五等	五等	五等	同前
三公	司徒、司马、司空。	同前	太师、太傅、太保。	同前	同前	同前
丧中不祭	群庙皆不祭	同前	惟新祔①主不祭	同前	同前	不见
丧中祭	郊天不废	同前	群庙皆祭	同前	同前	不见
三军	方百里所出	同前	方五百里所出	同前	同前	不见
七庙	太祖、三昭、三穆。	同前	不见	考庙、四。亲庙、二。祧。	同前	不见
服	三服	同前	五服	同前	同前	不见
附庸	不及方五十里	同前	不见	同前	同前	不见
公	执事	同前	不执事	执事	不执事	不见
卿	在古学为大夫	同前	在今学为公	同前	同前	不见

按：以上各经同名异实者，此当分别观之。后儒不知，混为一说，则名实淆矣。拟撰《群经同名异实表》，姑发其例如此。

今、古各经礼制同实异名表

	今《穀梁》	今《公羊》	古《周礼》	古《左传》	古《国语》	古《孝经》
春祭	祠	礿	同前	郊	不见	禘
夏祭	禘	祠	禴	雩	不见	无
太庙	太庙	同前	郊	太庙	郊	郊
宗庙	世室	同前	明堂	世室	明堂	明堂
礼官	司徒	同前	宗伯	同前	同前	不见
功德祭	因祭	同前	五祀	同前	同前	不见
朝	四时同名	同前	四时异名	四时同名	四时异名	不见
	庶人在官	同前	府史胥徒			不见
方伯	方伯	同前	牧	州牧	牧	不见
井田	一井八家	同前	一井九家	同前	同前	不见

按：以上各经同实异名者，此当分别观之。后儒不知，混为一说，则名实淆矣。拟撰《群经同实异名表》，姑发其例如此。

① “祔”原讹作“坿”，从《选集》据前《今、古各经礼制有无表》“祔主”改。

今、古学鲁、齐、古三家经传表

鲁	齐	古
《易》亡	《田何易》	《费易》
《书》亡	《伏生尚书》	《古文尚书》
《鲁诗》	《齐诗》附《韩诗》	《毛诗》
《穀梁春秋》	《公羊春秋》	《左传春秋》
《高堂仪礼》	《后苍大小戴记》	《周礼》
《今孝经》不分鲁齐	同前	《古孝经》孔氏
《鲁论语》	《齐论语》	《古论语》

按：今古之分，鲁笃守《王制》，于今学为纯。古学全用《周礼》，于古为纯。南北相驰，辛甘异味。齐学本由鲁出，间居两大之间，不能不小用古学，如《公羊》是也。汉博士唯齐学盛，以伏生、公孙弘皆齐学也。鲁学《易》、《书》皆不传，盖亡在汉初，非旧亡也。今立此表以明三派，以鲁、古为准，齐消息于其中。亦如《春秋》日、月、时例，月在中无正例，三学之齐即《春秋》之月例也。

郑君以后今、古学废绝表

武帝	宣帝	元帝	平帝	光武	章帝	魏	晋
杨氏	施氏 孟氏 梁邱氏	同前 同前 同前 京氏	同前 同前 同前 同前	施氏 孟氏 梁邱氏 京氏	同前 同前 同前 同前	郑《易注》 亡 亡	郑《易注》 王《易注》
欧阳氏	同前 大小夏侯	同前 同前	同前 同前 《古文》	欧阳氏 大小夏侯 不立	同前 同前 《古文》。受学。	 郑《书注》	 郑《书注》
鲁 齐 韩	同前 同前 同前	同前 同前 同前	同前 同前 同前 毛	鲁 齐 韩 不立	同前 同前 同前 毛。受学。	 不立 不立 郑《毛诗笺》	 亡 亡 同前
后氏	大小戴氏	同前	同前 《逸礼》 《周礼》	大小戴氏 不立 不立 不立	同前 同前 同前 同前	郑《礼记注》 郑《仪礼注》 亡 郑《周礼注》	同前 同前 同前
公羊	同前 穀梁	同前 同前	同前 同前 《左氏》	颜氏 严氏 不立 《左氏》后废	同前 同前 穀梁。受学。 《左氏》受学。	何注 贾、服注	同前 范注 贾、服注 杜注

今学盛于西汉、古学盛于东汉表

今　　学	古　　学
《杨氏易》。武帝时立，光武时未立。 《施氏易》。孝宣时立，光武时复立。 《孟氏易》。孝宣时立，光武时复立。 《梁邱氏易》。孝宣时立，光武时复立。 《京氏易》。元帝时立，光武时复立。	《费氏易》。西汉未立。东汉陈元、郑众传其学。马融作传。郑玄作注。
《欧阳尚书》。武帝时立，光武时复立。 大小《夏侯尚书》。孝宣时立，光武时复立。	《孔氏古文尚书》。平帝时立，光武时未立。肃宗时诏高才生受杜林传其学。贾逵作训。马融作传。郑玄作注。
《鲁诗》。文帝时立，光武时复立。 《齐诗》。孝宣时立，光武时复立。 《韩诗》。孝文时立，光武时复立。	《毛诗》。平帝时立，光武时复立。肃宗时诏高才生受卫宏，郑众好其学。卫宏作序。马融作传。郑玄作笺。
《大戴礼》。孝宣时立，光武时复立。 《小戴礼》。孝宣时立，光武时复立。 《庆氏礼》。未立。 《公羊春秋》。宣帝时立，光武时复立。 《穀梁春秋》。孝宣时立，光武时未立。	《周官礼》。王莽时立。中兴，郑众传其学。马融作传。郑玄作注。 《左氏春秋》。平帝时立。光武时立，后罢。肃宗时，诏高才生受郑兴，陈元传其学。贾逵作训。服虔作注。
附： 《高氏易》。未立。 《今孝经》。① 《今论语》。赵岐说有博士。	附： 《古孝经》。未立。 《古论语》。未立。

按：今学盛于西汉，屏斥古学不得显。古学盛于东汉，今学浸微。二学积为仇敌，相与参商。马融指博士为俗儒，何休诋古文为俗学。可见郑君以前，二学自为水火，不苟同也。

今、古学经传存佚表

今	古
《杨氏易》。《汉志》不著录。 《施氏易》。《隋志》：亡于西晋。 《孟氏易》。《隋志》：八卷，残缺。梁十卷。《旧唐志》有十卷。《宋志》无。 《梁邱氏易》。《隋志》：亡于西晋。 《京氏易》。《隋志》有十卷。《宋志》无。 《高氏易》。《隋志》：亡于西晋。	《费氏易》。《隋志》无。《旧唐志》有。《宋志》无。
《欧阳尚书》。《隋志》：亡于永嘉之乱。 大小《夏侯尚书》。《隋志》：亡于永嘉之乱。 《鲁诗》。《隋志》：亡于西晋。 《齐诗》。《隋志》：魏代已亡。	《孔氏古文尚书》。《隋志》，《旧唐志》有马注。《宋志》无。 《毛诗》。今存。

① 《选集》校曰："'今孝经'下脱'赵岐说有博士'六字。"是也。

续前表

今	古
《韩诗》。《隋志》有二十二卷，无传之者。今存《外传》。	
《大戴礼》。今存。	《周官礼》。今存。
《小戴礼》。《礼记》今存。	
《庆氏礼》。《仪礼》今存。	《左氏春秋》。今存。
《公羊春秋》。今存。	
《穀梁春秋》。今存。	《古孝经》。今存。
《今孝经张禹注》。《隋志》已无。	《古论语》。今存。
《今论语张禹注》。《隋志》已无。	
按：今学书，今唯存《韩诗外传》、大小《戴》、《庆礼》、《公羊》、《穀梁春秋》五家，余十二家亡。	按：古学书，唯《易》、《尚书》亡，余今皆存。盖今学盛于西汉，至于哀、平，古学乃兴，以后皆古学弟子，故今学浸微。魏晋之后，今经遂亡。郑注古学，兼采今学，今学之亡，郑氏之过也。

卷　下

经　话

旧拟今古学三十论目，欲条说之，仓卒未能撰述。谨就《经话》中取其论今、古学者，以为此卷。中多未定之说，俟有续解，再从补正。

今古二派，各自为家，如水火、阴阳，相妨相济。原当听其别行，不必强为混合。许君《异义》，本如《石渠》、《白虎》，为汉制作。欲于今、古之中，择其与汉制相同者，以便临事缘饰经义，故累引汉事为断。又言叔孙通制礼云云，皆为行事计耳。至书之并行，两不相背，则不欲混同之也。郑君驳《异议》时，犹知今古不同，各自成家，至于撰述，乃忘斯旨。注古《周礼》用《王制》，笺《毛传》用《韩诗》，注《古文尚书》用夏侯、欧阳说。夫说经之道，与议礼不同。议礼可以斟酌古今，择善而从；说经则当墨守家法，虽有可疑，不能改易，更据别家为说。今注古学，乃欲兼有今学之长，采今易古。正如相者嫌一人耳目不好，乃割别人耳目补之，不惟无功，而且见过。使郑君作注时，犹存驳《异义》之见，则分别今古，先师之法不致尽绝。乃前后异辙，使今古之派，遂至汉末而绝也。惜哉！

许君虽于今、古互有取舍，不过为汉制缘饰。至于各经家法，听其别行，不欲牵合之也。如明堂说，许案云："今礼、古礼，各以其义说，无明文以知之。"又《公羊》、《左氏》说朝聘不同，许案云："《公羊》说，虞夏制；《左氏》说，周礼。《传》曰：'三代不同物'，明古今异说。"是许以今、古不同，不欲混通也。又诸侯夫人丧，《公羊》、《左氏》异说。许案云："《公羊》说，同盟诸侯薨，君会葬；其夫人薨，又会葬。是不遑国政，而常在路。《公羊》、《左氏》说，俱不别同姓、异姓。《公羊》言当会，以为同姓也；《左氏》云不当会，据异姓也。"是许以今古各有所据，不欲强同也。至其余条，或云从《左氏》，或云从《周礼》，亦自定一尊，不欲含混。至郑氏著书，乃全与此意反矣。

《异义》久亡，今就陈氏辑本考之，所存近百条。今与今同，古与古同，各为朋党，互相难诘，以其门户原异，故致相歧也。中惟三条古与今同者。《穀梁》说："葬不为雨止"，统尊卑而言；《左氏》说："庶人不为雨止。"《公羊》说："雨不克葬，谓天子诸侯也。卿大夫臣贱，不能以雨止。"此《公羊》参用古学之言也。《公羊》说："臣子先死，君父名之"；《左氏》说："既没，称字而不名"。许以为《穀梁》同《左氏》。按此皆后师附会之说，于经传无明文，同异无关于今古礼制者也。又引《鲁诗》说丞相匡衡以为"宗庙宜毁"；《古文尚书》说"宗庙不毁"。许据《公羊》御史大夫贡禹说同《古文尚书》不毁。按毁与不毁，经无其证，凡此所同，皆无明据，至于大纲，无或参差也。

孔子初年问礼，有"从周"之言，是尊王命、畏大人之意也。至于晚年，哀道不行，不得假手自行其意，以挽弊补偏；于是以心所欲为者，书之《王制》，寓之《春秋》，当时名流莫不同此议论，所谓因革继周之事也。后来传经弟子因为孔子手订之文，专学此派，同祖《王制》。其实孔子一人之言，前后不同。予谓从周为孔子少壮之学，因革为孔子晚年之意者，此也。

郑君注《礼记》，凡遇参差，皆以为殷、周异制。原今、古之分，实即此义。郑不以为今、古派者，盖两汉经师，已不识《王制》为今学之祖。故许君以《公羊》"朝聘"为虞夏制，郑君以《王制》为殷礼。但知与《周礼》不合，而不知此为孔子手订之书，乃改周救文大法，非一代所专，即今学之本也。今于数千年后得其根源，继绝扶微，存真去伪，虽清划繁难，固有不能辞者矣。

《王制》、《祭统》，今学；《祭法》，古学。二者庙制、祭时，一切不同，且故意相反。两汉经师言庙制、祭仪，皆牵混说之。特以之注经，则自郑君始。议礼之事各有意见，多采辑诸说以调停其间，不能由一人之意，此议礼之说多不可据也。

今古经本不同，人知者多。至于学官皆今学，民间皆古学，则知者鲜矣。知今学为齐鲁派，十四博士同源共贯，不自相异；古学为燕赵派，群经共为一家，与今学为敌，而不自相异；则知者更鲜矣。知今学同祖《王制》，万变不能离宗；《戴礼》今古杂有，非一家之说；今古不当以立学不立学为断；古学主《周礼》，隐与今学为敌；今礼少，古礼多；今礼所异皆改古礼等说，则西汉大儒均不识此义矣，何论许、郑乎！

鲁、齐、古三学分途，以乡土而异。邹与鲁近，孟子云："去圣人居，若此其近"，盖以鲁学自负也。荀子赵人，而游学于齐，为齐学。《韩诗》燕人，传今学而兼用古义，大约游学于齐所传也。《儒林传》谓其说颇异，而其归同。盖同乡皆讲古学，一齐众楚，不能自坚，时有改异，此韩之所以变齐也。而齐之所以变鲁者，正亦如此。予谓学派由乡土风气而变者，盖谓此也。

群经之中，古多于今，然所以能定其为今学派者，全据《王制》为断。《三朝记》知其为今学者，以与《王制》合也。《礼记》冠、昏、乡饮、射义所以知为今学者，以与《王制》同也。同者从同，异者自应从异，故旧说渊源，皆不足据。盖两汉末流，此意遂失，混合古今，虽大家不免。如刘子政有古礼制，马融说六宗偶同伏说是也。审淄渑，定宫徵，毫厘之差，千里之失，不亦难哉！

初疑今派多于古，继乃知古派多于今。古学《周礼》与《左传》不同，《左传》又与《国语》不同，至于《书》、《诗》所言，更无论矣。盖《周礼》既与《国语》、《周书》不同，《左传》又多缘经立义之说。且古学皆主史册，周历年久，掌故事实，多不免歧出，故各就所见立说，不能不多门。至于今学，则全祖孔子改制之意，只有一派，虽后来小有流变，然其大旨相同，不如古学之纷繁也。

《论语》："周监于二代，郁郁乎文哉！吾从周。"此孔子初年之言，古学所祖也。"行夏之时，乘殷之辂，服周之冕，乐则《韶舞》。"此孔子晚年之言，今学所祖也。又言夏殷因革、继周者百世可知。按《王制》即所谓继周之王也。因于《周礼》即今学所不改而古今同者也。其损益可知。《王制》改周制，皆以救文胜之弊，因其偏胜，知其救药也。年岁不同，议论遂异。春秋时诸君子皆欲改周文以相救，孔子《王制》

即用此意，为今学之本旨。何君解今礼，以为《春秋》有改制之文，即此意也。特不知所改之文，全在《王制》耳。

今、古之分，郑君以前无人不守此界畔。伏《尚书》、三家《诗》无论矣。何君《公羊解诂》不用古说，其解与《周礼》不同者，皆以为《春秋》有改制之事，不强同《周礼》，此今学之派也。至于许君《说文》用古义，凡今文家皆以博士说目之，屏为异义。至于杜、郑兴、众父子、贾、马，其注《周礼》、《左传》、《尚书》，皆不用博士说片言只字。《五经异义》：马有以今学长于古义一条目。今说既为俗儒，不可据以为用今学也。至于引用诸书，亦惟用古派，从不用《王制》。其分别异同，有如阴阳、水火之不能强同。郑司农注大司徒五等封地，全就本经立说，不牵涉《王制》。其注诸男方百里一条云："诸男食者四之一，适方五十里。独此与《五经》家说合耳。"其所谓之《五经》家者，即《王制》子、男五十里之说也。《异义》谓之今文，《说文》目为博士，斥为异说，不求雷同。即此可见东汉分别今古之严。自郑康成出，乃混合之。可含混者，则含混说之；文义分明者，则臆断今说以为殷礼。甚至《曲礼》古文异派，亦以为殷礼。郑君受贾、马之学而兼采今文，今欲删其混合以反杜、马之旧。须知此非予一人之私言，乃两京之旧法，试为考释，必知不谬矣。

今、古之混乱，始于郑君，而成于王子雍。大约汉人分别古今甚严，魏晋之间厌其纷争，同思画一。郑君既主今、古混合，王子雍苟欲争胜，力返古法，足以摧击郑君矣。殊乃尤而效之，更且加厉。《家语》、《孔丛》皆其伪撰，乃将群经今古不同之礼，托于孔子说而牵合之。如《王制》庙制，今说也；《祭法》庙制，古说也；各为规模，万难强同者也。而《家语》、《孔丛》之言庙制者，则糅杂二书为一说。郑君之说，犹各自为书；至于王氏，则并其堤防而全溃之。后人读其书，愈以迷乱，不能复理旧业，皆王氏之过也。故其混乱之罪，尤在郑君之上。欲求胜人，而不知择术，亦愚矣哉！

郑君以前，古学家著书，不惟不引据《王制》师说，并《公》《穀》二传、三家《诗》、《今文尚书》、《今易》，凡今学之言，避之如洪水猛兽。惟其书今、古杂有，或原无今古派之分者，乃用之。如杜、郑、贾、马之引《孟子》、《论语》、《礼记》是也。引《春秋》，则惟《左氏传》。至于引二传"跛者迓跛者"条，则亦但引其文句而不言书名，皆足见其门户之峻厉也。

《礼运》、《礼器》、《郊特牲》、孔子告子游，皆古学说，此孔子未作《春秋》以前“从周”之言。至于作《春秋》以后，则全主今学，如《大戴》告哀公之《三朝记》，全与《王制》、《穀梁》合是也。孔子传今学派时，受业早归者未闻，故弟子有专用古学者。又或别为不受业之隐君子所为。然大约出于受业者多，因欲与受业之今学分别，故权以古学为不受业，非弟子遽无古学者也。

《纬》云：“志在《春秋》，行在《孝经》。”《孝经》皆已成之迹，《春秋》则虚托空言。故予意以《孝经》为古学，《春秋》为今学，《论语》为今古杂。以《孝》属行，行必从周；《春秋》属志，志有损益；《论语》少壮、晚年之语皆有，故不一律，大约从今者多。至于《孝经》有今学，《春秋》有古学，《论语》有今、古两派，此皆后来附会流派，孔子当日不如此分别也。

《论语》因革、损益，唯在制度，至于伦常义理，百世可知。故今、古之分，全在制度，不在义理，以义理今、古同也。至于弟子之大义，经师之推衍，乃有取舍不同、是非异致之说。揆之于初，无此分别。《异义》所录师说，半皆东汉注解家言，索虚为实，化无为有，种种附会，都非原旨。然既欲各立门户，则好恶取舍，亦不能不小有改动。言各异端，亦不必强同，但读者须知此非今古正义，不蔽锢于许说，可也。近言今、古派者皆本原于《异义》，今不尽据之。

今、古之分，或颇骇怪，不知质而言之，沿革耳，损益耳。明之制不能不异于元；元之制不能不异于唐宋。今学多用殷礼，即仲弓“居敬”之意；古学多用周礼，即《中庸》“从周”之意。今制与古不同，古制与今异派，在末流不能不有缘饰附会之说。试考本义，则如斯而已，故不必色骇而走也。

鲁为今学正宗，燕赵为古学正宗，其支流分派虽小有不同，然大旨一也。鲁乃孔子乡国，弟子多孔子晚年说，学者以为定论，汉人经学，以先师寿终之传为贵，亦如佛家衣钵真传之说也。故笃信遵守。初本以解《春秋》，习久不察，各是所长，遂以遍说群经。此鲁之今学为孔子同乡宗晚年说，以为宗派者也。燕赵弟子，未修《春秋》以前，辞而先反，惟闻孔子从周之言；已后改制之说未经面领，因与前说相反，遂疑鲁弟子伪为此言依托孔子。如汉人传经别杂异端，乃自托于师终时手授其传，故弟子不信其书之比。故笃守前说，与鲁学相难。一时隐君子习闻周家故事，亦相与佐证，不信今学而攻驳之，乃有《周礼》、《左传》、《毛诗》之作。

自为朋党，树立异帜，以求合于孔子初年之说，此古学派为远于孔子兼采时制，流为别派者也。其实今学改者少，不改者多。今所不改，自当从古。凡解经，苟今学所不足，以古学补之可也。齐人间于二学之间，为乡土闻见所囿，不能不杂采。乃心欲兼善，遂失所绳尺。不惟用今学所无，并今学有明文者，亦皆喜新好异，杂入古说，今不为今，古不为古，不能施行。然九家之中有杂家一派，兼收并蓄，志在包罗，亦学人积习也。昔人云："仲尼没而微言绝，七十子没而大义乖。"此之纷纭，大约七十子没之后乎！皆不善学者之所致耳。

《易》、《书》、《诗》、《春秋》、《仪礼》、《周礼》、《孝经》、《论语》今、古之分，古人有成说矣；唯《戴记》两书中诸篇目有今古，则无人能分别其说。盖《戴记》所传八十余篇，皆汉初求书官私所得，有先师经说，有子史杂钞，最为驳杂。其采自今学者，则为今学家言；采自古学者，则为古学家言。汉人以其书出在古文之先，立有博士，遂同以为今学。此今古所以混淆之始，非郑康成之过也。然考《异义》，虽以《戴礼》为今说，而杜、贾诸家注《周礼》、《左传》，于《戴记》有引用之篇，有不引用之篇。是当时虽以《戴礼》为今学，而古文家未尝不用其说，足见其书之今、古并存矣。今之分别今古，得力尤在将《戴礼》中各篇今古不同者归还本家，《戴记》今古定，群经之今古无不定矣。予以《王制》为今学之祖，取《祭统》、《千乘》、《虞戴德》、《冠义》、《昏义》、《射义》、《聘义》、《乡饮酒义》、《燕义》等篇注之，附于今派。取《祭法》篇为古《国语》说；又取《玉藻》、《盛德》、《朝事》等篇为古《周礼》说；又以《曲礼》、《檀弓》、《杂记》为古《春秋左氏》说。详见《礼记今古篇目表》。至于其余，或为《仪礼》说，或为《诗》、《礼》、《孝经》说，阴阳五行说。学问派、子史派、阴阳五行派，无今古之分及今古杂用者，都为考订。每篇各自为注，以类相从。再不求通别家，牵混异解。《戴记》一明，则群经无不大明。盖以《记》中诸篇经说居十之七八，自别入《记》中，经不得记不能明，记不得经无以证，仳离两伤，甚至援引异说以相比附，故注解愈多，经意愈晦，经学亦愈乱。今为合之，如母得子，如石引针，瓜分系别，门户改观，群经因此大明。故云得力处全在解得《戴记》。予以《王制》解《春秋》，无一字不合，自胡、董以来绝无此说。至以《戴记》分隶诸经，分其今古，此亦二千年不传之绝学。微言大义，幸得粗窥，故急欲成之。或以此说为过奇，不知皆有所本，无自创之条，特初说浅而不深，偏而不全，心有余而力不足，形近是而实则非。久乃包罗小大，贯穿终始，采花为蜜，集腋成裘，无一说不本前人，无一义仍袭旧说，积劳苦思，历数年之久。于盘根错节，外侮内忧，初得弥缝完善，而其得力尤在分隶《戴记》。观前表及《两戴章句凡例》可见。

或问：《王制》制度，孔子全用殷礼，抑亦别有所本？曰：孔子答颜子参用四代，《王制》言巡狩与《尧典》合，则不独殷礼矣。又《纬》云殷五庙，周七庙；尹更始说《縠梁》七庙，据周；天子称崩，刘向说亦云据周；是《王制》参用四代之证。然《中庸》云："吾说夏礼，杞不足征；吾说殷礼，有宋存焉。"是春秋时，夏以前礼制皆残缺不可考。大约孔子意在改制救弊，而虞乐、夏时以外多不可考，故建国立官，多用殷制。《纬》云《春秋》用殷制，是也。《说苑》引伊尹说三公、九卿、二十七大夫事，与董子同，是立官用殷礼也。《纬》云：殷爵三等，周爵五等；今爵五而地三，是亦用殷礼也。《春秋》有故宋之说；《縠梁》主王后其先殷人二义；孔子卒，殡用殷礼。故《春秋》见司马、司城二官，明改制用殷礼三公也。《殷本纪》：伊尹说汤以素王之法，与《春秋》素王义同。史公素王妙论，亦以伊尹为主，岂素王二字亦从伊尹来耶？说者以素为从质之意，史公论范、计，亦质家意，岂素王为伊尹说朴质之教，孔子欲改周文，仿于伊尹从质之意而取素王，故《春秋》多用殷礼耶？

或以今、古为新派。曰：此两汉经师之旧法也。详见前卷。以《王制》主今学无据。曰：俞荫甫先生有成说矣。以《国语》在《左传》先为无考。曰：此二书为二人作，赵瓯北等早言之矣。《戴记》有今有古，郑、马注《周礼》、《左传》已有此决择矣。今古二家各不相蒙，今古先师早有此泾渭矣。以今古分别礼说，陈左海、陈卓人已立此宗旨矣。解经各还家法，不可混乱，则段玉裁、陈奂、王劼注《毛诗》已删去郑笺矣。以《礼记》分篇治之，则《隋志》已有《中庸》、《丧服》、《月令》单行之解矣。今与今合，古与古合，不相通，许君《异义》早以类相从矣。考订《戴记》简篇，则刘子政、郑康成已有分别矣。今之为说，无往非因，亦无往非创；举汉至今家法融会而贯通之，以求得其主宰。举今古存佚群经，博览而会通，务还其门面，并行而不害，一视而同仁。彼群经今古之乱，不尽由康成一人。今欲探抉悬解，直接卜、左，则举凡经学蒙混之处，皆欲积精累力以通之，此作《今古考》之意也。

今、古之分，于经传以《王制》、《周礼》、三《传》、《戴记》为证，于礼制以宗庙、禘祫、田税、命官、制禄为证，可谓详明。然此别其异同，试以“会同”明其意旨。《论语》有会同，是当时本有会同，故公西举之，此《论语》据古学之证也。《周礼》有会同，合于《论语》，是《周礼》用旧仪典册之证也。《春秋》无同，是孔子不守周礼，自立新制之证也。《左传》无同，是《左传》缘经立说，经所无者不能有之证也。《书·禹》、《诗·车攻》有会同，此夏周有会同之旁证也。《国语》、《孝经》无会同，此别派异于《周礼》之证也。即此一事考之，前后沿革，本原派别，皆可由之而悟。语简事繁，学者当举一反三也。

予撰今、古礼制分类钞，以徐、秦《通考》为蓝本，分今为五派，古为六派。详见前《流派表》中。以为正宗。凡古有今无、今古同、今古杂者，别立三门收之。子、纬亦附焉。至《易》、《书》、《诗》，旧皆同列，既无明文，惟据注疏分隶；今尽削落，不以为据，其有明文者，分为四代制，以入《沿革表》。《论语》今古兼有，亦如《礼记》分篇例，各从其类。汉人《易》、《书》、《诗》、《孝经》皆分今古，误说也。以《易》、《诗》证礼制，亦误据也。《礼记》兼有今古，以隶今学，误也。《论语》今古杂，今古二家立二派，各为家法说之，亦误也。今尽汰误说，别立新门。学者据此分钞，分说礼制，泾渭判然，不啻江河。执此治经，庶有澄清之效。

《司马法》司马主兵，《王制》之传也。其言兵制出师，与《周礼》不合，盖全主《王制》也。《孔丛子·军制篇》间于今古之间，有用《周礼》之文，有用《司马法》之文。今凡与《王制》、《司马法》同者，则以入《王制》；与《周礼》同者，入古学也。又考《司马》逸文与《王制》同见于孔、贾诸疏所引者，今本乃无之。岂孔、贾所引别一书，今存本乃《穰苴书》欤?

三统循环，由周而夏，此质家矫枉之言，孔子不主此义。周末名流，竞欲救文。老、尹、桑、庄，厌弃文敝，至于排仁义，不衣冠。矫枉者必过其正，此诸贤之苦心，救世之良药也。然风气日开，文明渐备，宜俗所安，君子不改，情文交尽，来往为宜，若欲改周从夏，不惟明备可惜，亦势所不行。继周不能夏制，亦如继唐虞之不能用羲、轩也。子桑伯子，欲复夏礼者也。《说苑》言孔子往见论文质之事。《论语》所谓“简”，谓夏制也；“敬”，谓殷制也。孔子许伯子之质，仲弓以继周不能用夏，惟当用殷，小参夏意，深明损益，洞达治体，与孔子语颜子意相合。故夫子以南面嘉之，谓可与言继周之事。《王制》用殷礼，仲弓有启予之助。又孔子言服周冕，非独取一冕，凡仪注、等威、章服、文藻之事，皆从冕推之，故仪礼以及威仪皆不改也。“乘殷辂”、“辂”取实用，务于致远，凡制官、爵命《王制》所改之事，皆其太甚，有害无益者也。至于夏制，所取者少，人事日文，不能复古。惟天道尚质，行时郊祀，大约皆夏正也，假时、辂、冕以示其例而已。四科之中，颜子、仲弓以德行见。制作精意，二子得闻，以下偏才，舍大谋细矣。所改者今，不改者古，观其因革之原，而今古之事思过半矣。

周制到晚末，积弊最多。孔子以继周当改，故寓其事于《王制》。如因尹、崔世卿之事，乃立选举之政；因阍弑吴子之事，乃不使刑者守门；因诸侯争战，乃使二伯统制之；国大易为乱，乃限以百里；日月祭之渎祀，乃订为四时祫祭；厚葬之致祸，乃专主薄葬。凡其所改，专为救弊，此今学所以异古之由。至于仪礼节目与一切琐细威仪，皆仍而不改。以其事文郁足法，非利弊所关，全用周制，故今学《祭统》祭礼仪注与古学《祭义》同也。凡今学改者少，其不改者，皆今古同仪。《礼记》虽为今学，然所言与经不相倍，以此仍用周制之故。通考分类钞，凡今无者，别为一册。入此门者，皆今古所同者也。

今学只一派。虽齐、韩参用古学，然其主今学处无异说也。古学则在经已有数派，不能同。故今古分类钞，凡专派与所无，皆为注明。如会同为《周礼》专派，禘尝为《孝经》专派。他家所无者，入之。又《周礼》无禘祫；《左》、《国》无祫；《周礼》朝、觐、宗、遇分四时，为专派；《左》、《国》有朝无觐、宗、遇，并为注明分隶。治古学者当守此界限，亦如今古之严。不可但因其俱为古学，遂蒙混而说之，如前人之混乱今古也。

今古之分，本以礼制为主。至于先师异解，汉人因其异师，亦以为有今古之别，实则非也。如爵制之大小，畳制之异同，六宗之名目，社主之松柏，既无所据，何分古今？又《尚书》稽古有“同天”、“顺考”之异说，然无关礼制，随便可也。因“同天”偶为今学家言，“顺考”偶为古学家言，学者亦遂以为今古有所分别，实则不然。今学附庸，古《周礼》无附庸。《异义》古学说有附庸，此亦后师误说。许氏有从今改古之条，皆此类也。

今学礼，汉以前有《孟》、《荀》、《墨》、《韩》可考。古学则《国语》、《周书》外，引用者不少[①]。汉初燕赵之书不盛传，贾、张以外少

---

① “不少”之“不”字疑衍。

所引用，然不能谓其出于晚近也。

今天下分北、南、中三皿，予取以为今古学由地而分之喻，古为北皿，鲁为南皿，齐为中皿。北人刚强质朴，耐劳食苦，此古派也。南人宽柔敦厚，温文尔雅，此鲁派也。中皿间于二者之间，舟车并用，麦稻交储，习见习闻，渐染中立，此中皿派也。齐学之兼取古今义正如此。

《孝经》、《论语》、《汉志》有今、古之分。今欲复二派之旧，其事颇难。《孝经》为古派，全书自成首尾。《论语》则采录博杂，有为今学所祖，有为古学所祖。欲一律牵合，于今古说必多削足合履之失。然旧有古今二派，又不能强合之，窃欲仍分为二家。《论语》今学详今，古学详古，凡异说皆注明，如附解存异之例。至于《孝经》，纯以今学说之，则又用《左传》以古礼说《春秋》之法。好学深思之士，必能成此书也。

今、古经传，唯存《春秋》。《王制》、《周礼》皆三《传》所据以为今古之分者。四家为今古之正宗，同异之原始。二门既别，然后先师各囿所习，推以说《易》、《书》、《诗》、《论语》、《孝经》。凡此五经今、古之说，皆后来附会之谈，非本义也。说《春秋》得孔子修撰之旨者，三《传》之中唯《穀梁》。说《易》、《书》、《诗》、《论语》、《孝经》，皆当力求秦汉以前之说。故五经今古先师之说，多与以前同。今当以秦以前者为正义，汉以后者为晚说也。

《艺文志》《孝经》下云："各家经文皆同，惟孔氏壁中古文为异。'父母生之，续莫大焉'，'故亲生之膝下'，诸家说不安处，古文皆异。"《孝经》古文异今文，不审是先秦原文，抑汉后译改？然必有不安，其说乃异，是今文自招之也。《左传》破今学，其所以立异之处，亦如《孝经》多由今说不安，或弟子主张太过，或义例繁难不能画一之处，古传则必别立一说以易之。如何氏《日月例》，何怪唐宋人极诋之？《范注》不知《春秋》用《王制》，何怪其据《周礼》以驳传？苟能尽明今学，则事理平实，人亦何苦而思易之。空穴之风，终当自尤也。

今以《穀梁》、《左氏》为今古学根本，根本已固，然后及《礼》与《易》、《书》、《诗》等经。盖古今起于《春秋》与《王制》、《周礼》，余皆先师推所习以说之者。《统宗表》即此意也。根本已立，然后约集同人以分治群经，人多经少，当易成也。

今、古说，其见《异义》者，多非其实。大约出于本书者为上，其称某家说者多附会之谈。许君于其互异者，每以有明文、无明文为说。

是有明文为可据，无明文为不足据也。而明文之说，又以平实者为正，如三公、九卿之类是也。推例为附会，如《易》家以六龙定六马，《诗》家以谭公为称公是也。学者不察，则附会之说最易误人。凡人说一事，口之所出多流为歧异，如明堂、郊、禘诸说纷纭是矣。又六宗之说，至二十余家不同。有何明文？皆意为之。此不足据也。先师主持一说，末流每至附会。如《公羊》本素王，因素王之义遂附会以为王鲁是也。有震警张皇之色，乃过情虚拟之词。今者细为分出，务使源流派别，一览而明。其于《异义》所言，不无千虑一得矣。

《诗》、《书》有四代异制，以今、古学说之，皆非也。然先师既主此说，不能不婉转以求通，所谓削足适屦之事，每不免焉。如九州之制，《王制》所言共五千里，《周礼》所言则万里，此今古礼制之分也。特二学皆就春秋制度言之，不必通说四代也。而《尚书》有五服之文，本与《王制》三服、《周礼》十服不合。而先师欲各合其礼制，故今学之欧阳、大小夏侯说则以五百里为一服，五五二千五百里，合南北得五千里，减省里数以求合《王制》之说也。古学之杜、马说，则以为千里为一服，五服五千里，合南北为万里，加多里数以求合《周礼》之说也。实则《王制》、《周礼》之说，皆与《尚书》夏制不相关。而今古先师乃欲抱其《王制》、《周礼》之说，以遍说群经，统括沿革。其中左支右绌、朝四暮三之踪迹，班班可考。今诚各知其所据以推考求通之意，则我用我法，得失易明。若不知其所据，震警其异同，必求有所以折其中，或于其中更欲有左右焉。此岂能合也哉？予确知先师折中求合之说都非本义，故欲以四代沿革补正其误，使知此皆后师推衍之说。不明此意，经意何由得哉！

三《传》著录，皆先秦以前。《穀梁》鲁人；《左传》燕赵人。故《公羊》出入二家，兼收燕、鲁，特从今学者多耳。今学二伯；古学五伯。《公羊》从五伯之说。他如仲子为桓母，改蔡侯东为朱，凡此皆事实之变异者。至于礼制，则说禘说郊，时杂古制。盖以齐居鲁与燕之间，又著录稍晚，故其所言如此。好学深思者，当自得之。

《左传》出于今学方盛之时，故虽有简编，无人诵习，仅存秘府而已。至于哀、平之间，今学已盛而将微，古学方兴而未艾，刘子骏目见此编，遂据以为今学之敌，倡言求立。至于东汉，遂古盛而今微，此风气盛衰迭变之所由也。

今学传孔子，本始于鲁。《公羊》始师齐人。受业于鲁，归以教授，当其始仍《穀梁》派也。如荀子游学于齐，学于《公羊》，始师其说。《春秋》多同《穀梁》，是齐学初不异于鲁学之证。至于归以教授，齐俗喜夸好辩，又与燕赵近，游士稷下之风最盛，故不肯笃守师说，时加新意，耳濡目染，不能不为所移。齐学之参杂于今古之间，职是故也。《儒林传》言，伏生口授《尚书》有壁藏书，《公羊》有齐语，故人以为旧由口授，至汉乃著竹帛。实则群经著录，皆在先秦以前。《公羊》之有齐语，是秦前先师，非汉后晚师。不如旧说孔子畏祸远言，不著竹帛也。

鲁恭王坏宅所得之书，不止古学，即今学亦有，以其书已先行，故不言耳。壁中诸书，皆鲁学也。伏生口授《尚书》，世已尊行；鲁壁中古文出，孔氏借以写定，鲁《书》遂变为古学矣。《春秋公羊》由齐传授，壁中所出，当即《穀梁》。《穀梁》传而壁中鲁学《尚书》之本文不传，遂使人疑非其比，岂不可惜哉！

壁中《尚书》出，东汉诸儒以古学说之，亦如《仪礼》古文而西汉诸儒以今学说之也。二书本无今、古之分，其以今古分门户，先师附会之说也。

鲁人不喜为汉用，汉家因少抑之。鲁学又无显者。《公羊》之盛，全由公孙弘。《穀梁》经传皆先秦之遗。史公云："秦虽焚书，而邹鲁弦诵之声不绝。"故汉初征鲁生讲礼，鲁书未亡。汉抑鲁学，可由史公之言悟之。其后既久，乃兴鲁学，而犹假借坏宅得书以为说者，则又史臣回护之言，不尽事实也。

鲁书未亡，学犹盛，故《鲁诗》、《穀梁》，江公能传之。不然，则江公何以崛起？鲁《书》学之亡，则以世无达者，不幸而亡。《穀梁》虽存，终汉乃得立，此鲁学之所以微也。鲁《尚书》家不传，《班书》谓《伏书》传于齐鲁，非也。鲁自有《尚书》，不传于世，班意欲周旋此事耳。

汉初，齐人以经术贵显者，始于伏生，继以公孙弘，故齐学盛。鲁无显达，故以寖微。至于重鲁轻齐，则宣、元以后风气改变之言，亦赖当时天子、丞相之力耳。不然，终汉不得立也。

汉初，经学分三派，鲁、齐、古是也。分二派，今古是也。分三派者，《诗》、《鲁诗》、《齐诗》、《韩诗》、《毛诗》。《春秋》、《穀梁》鲁；《公羊》齐；《左传》古。《礼》、鲁高堂生传《士礼》；齐后苍，古《周礼》。《论语》《鲁论》、《齐论》、《论语古》也。四经是也。分二派者，《易》、《尚书》、《孝经》三经是也。《尚书》今学，出于伏生，齐学也。《易》传于田和，亦齐学也。《孝经》后苍、翼奉[①]，亦皆齐学也。然则七经中，齐古学皆全。所缺者，鲁之《易》、《书》、《孝经》三经说也。汉初，齐盛鲁微，故失其三经之传。而古学行于民间，乃能与齐学相敌。则以古与今异，齐鲁同道，故存齐而鲁佚与？

《毛诗》说田猎，与《穀梁》同文，此古今学所同之礼制。故予谓今学所不改者，皆用《周礼》是也，柳氏《大义》不察，乃以《毛诗》与《穀梁》同师，则合胡越为一家矣。古、今学所同之礼，当由此推之也。

汉儒著书，初守一家之说；至于宣、元以后，则不能主一家。如刘子政学《穀梁》，而《五经通义》、《新序》、《说苑》中所载礼制，乃有与古学同、今学异者。是不专主一家之证。

汉初古学不显，而《公羊》中乃多用古礼，此古学先师在《公羊》著录以前已经大行之证。因《公羊》之录用其说，足知其书出在秦以前矣。

《穀梁传》言："誓、诰不及五帝；盟诅不及三王；交质子不及二伯。"与《荀子》同。据此说，则今说谓周初无盟，桓、文不交质也。《周礼》有盟，《左传》有交质，此即实事，亦不与今说相妨。《周礼》非周公手定，《左传》桓、文亦无交质事，疏家乃以《穀梁》为汉初人著录，不见古籍而然。如此说，则何以解于《荀子》？又《穀梁》为汉人作，从何得来？凭空臆造，全无实据，然疏家说不足驳斥也。

《春秋》去文从质、因时救弊，意本于老子，而流派为子桑、惠、庄之流。墨子学于孔子，以其性近，专主此说。用夏礼改周制，本之于《春秋》，如"薄葬"即《王制》不封不树之意。特未免流于偏激，一用夏礼，遂欲全改周礼，与孔子之意相左矣。春秋时有志之士皆欲改周文，正如今之言治，莫不欲改弦更张也。《论语》"禹无间然"一章，全为《墨子》所祖，所谓崇俭、务农、敬鬼、从质，皆从此出。然孔子美黻冕，墨子则并此亦欲改之。当时如墨说者不下数十家，特惟墨行耳。

礼学之有古、今派，是也。然七十子之徒，文质易见，异同最多。所言之事，有不见于《周礼》、《仪礼》、《王制》者，此等礼制不能归入于今，亦不能归入于古。窃以此类亦有数例。有为经中未详之义，补经未备，如《仪礼》诸记之类是也。有为缘经起义，如《诗》、《书》有此

---

① "翼"下原脱"奉"字，今补。

说，先师存此义，为《礼经》所不详，如《王制》言天子大夫为监之类是也。有为沿革佚文者，《周礼》、《仪礼》皆一时之书，一代典礼，每有修改；《礼纬》言周初庙制，与后来不同，此亦修改之例；不知《周礼》为何时之书，《仪礼》为何时之书，则其中不无修改刊落之文，如《左氏》言文、襄之礼之类是也。有异说别录者，古人习礼，质文随意，有既从一家而其异说亦偶存之，如子游、子夏之裼袭不同是也。有为士君子一人之事不合时制者，如《乡党》记孔子之事，张盟生说此皆孔子一人之事，与常不合者，使常义则可不见，又其事为朝廷所不详之事，故随人而改是也。有为训诫之事，如《幼仪》[①]、《弟子职》之类，并非国家一定典礼，私家编此以训童蒙，言人人殊，详略随意之类是也。有礼家虚存此说，欲改时制，未见施行者。有因缘失本，误据为典要，实与礼制不合者。有残篇断简，文义不全者。有经传混淆，前后失次者。有句读偶误，断续非真者。门目既多，岂能必所言之皆合本义？故说经以《礼记》为繁杂难通。然既得其大纲，再为细分节目，有所不解则姑阙疑，就所立门目以求之，想当十得八九矣。

《周礼》之书，疑是燕赵人在六国时因周礼不存，据己意、采简册摹仿为之者。其先后大约与《左传》、《毛诗》同，非周初之书也。何以言之？其所言之制与《尚书》典礼不合，又与秦以前子书不同。且《孟子》言："诸侯恶其害己，而去其籍。"无缘当时复有如此巨帙传流。故予以为当时博雅君子所作，以与《王制》相异。亦如《左传》之意。其书不为今学所重，故《荀》、《孟》皆不引用。其中礼制与《左传》不同，必非一人之作。但不识二书孰在前，孰在后，孰为主，孰为宾也。

《仪礼经》为古学，《记》为今学，此一定者也。今不能于二者之中而分之。大约高堂传《经》以后，已为今学。后《古经》虽多廿余篇，无师不习，是《经》亦今学之经矣。于此经欲立今、古二派，殊难措手。然细考《记》文，颇有与本经不同者，则《经》为古学，《记》为今学，亦不妨稍分别之，以示源委区别之意。

西汉今学盛，东汉古学盛。后盛者昌，而《易》、《尚书》、《诗》、《礼》之今学全佚，而惟存古学，无以见今学本来面目。犹幸《春秋》今学之二传独存，与古相抗，今学全由《春秋》而生，又孔子所手定之书，其所以不亡，或者鬼神为之呵护。予立今学门户，全据二传为主。

---

① 《选集》校曰："《幼仪》当为《礼记·少仪》。"

至今学所亡诸书，皆以二传与《左传》相异之例推之，以成存亡继绝之功，准绳全操于此。此又治经之一大幸也。

《异义》引今、古说，有经传、师说二例。师说多于经传十分之七八，非议礼之口说，则章句之繁文，未足为据。汉廷议礼，视丞相所学。苟与之同，虽屈而可伸；倘或异家，即长亦见绌。半以势力辩呐定优劣，无公道也。又东汉以后，今学与古学争，如《异义》所载是也。西汉以前，则今学自与今学争。夫一家之中，何有长短？乃意气报复，自生荆棘。如辕固、黄生之论汤武，彭祖、安乐之持所见，必于家室之中，别图门户之见。盖诸人贪立太常，邀求博士。汉法：凡弟子传先师说，苟其同也，则立其师；倘有同异，则分立弟子。故当时恒希变异以求立。严、颜因此得并在学官。大小夏侯，大小戴，意亦如此。其分门为利禄也。以此倡导学者，宜乎人思立异。实本一家，而夺席廷争，务欲取巧，遂致同室操戈。后来古学太盛，今学遂不自攻而深相结纳，以御外侮，而已有不敌之势。无事则相攻，有事乃相结，《唐棣》之诗，何不早诵乎！

予约集同人，撰《王制义证》。以《王制》为经，取《戴记》九篇外，《公》《穀》传、《孟》、《荀》、《墨》、《韩》、《司马》，及《尚书大传》、《春秋繁露》、《韩诗外传》、纬候今学各经旧注，据马辑本。并及两汉今学先师旧说。《今文尚书》、三家《诗》用陈氏辑本。至于《春秋》、《孝经》、《论语》、《易》、《礼》尚须再辑。务使详备，足以统帅今学诸经。更附录古学之异者，以备参考。此书指日可成，以后凡注今学群经礼制，不必详说，但云见《义证》足矣。如今《易》、《尚书》、《春秋》、《公》、《穀》、《诗》鲁齐韩、《孝经》、《论语》皆统于《王制》，可以省无数疏解。习今学者但先看《王制》，以下便迎刃而解。起视学官注疏，不惟味同嚼蜡，而且胶葛支离，自生荆棘。一俟此书已成，再作《周礼义》以统古学。而其中节目详细，均见于《经话》中。

地理家有鸟道之说，翦迂斜为直径。余分今、古学，意颇似此。然直求径道，特为便于再加高深；倘因此简易，日肆苟安，则尚不如故迂其途之足以使人心存畏敬。然二派之外又有无数小派，稽其数目不下八九家。苟欲博通周揽，则亦非易事。

郑君号精通三礼，其《王制注》或周或殷，一篇数易。注《王制》采《祭法》，注《祭法》用《王制》，徒劳唇舌，空掷简札，说愈繁而经以愈乱，大约意在混同江河，归并华岱，自谓如天之大，无所不通，乃致非类之伤，各失其要也。《后书·儒林传》：中兴，郑众传《周官经》。后马融作《周官传》，郑玄作《周官注》。玄本习《小戴礼》，后以《古礼经》校之，取其义长者，故为郑氏学。按：此谓郑君混合今、古也。

今、古不同，针锋相迕，东汉诸儒持此门户犹严。许叔重治古学，《五经异义》是古非今，《说文解字》不用今学；杜、郑、贾、马所注《周礼》、《左传》等书，不用今说；何君《公羊注》不用《周礼》；是其证也。郑君生古盛今微之后，希要博通之名，欲化彼此之界，为何以笺《诗》，欲以今学入古也。为何以注《周礼》，欲以今说补古也。为何以注《尚书》，欲以今文附古也。今、古之分，自郑君一人而斩，尊奉古学而欲兼收今文，故《礼记》、《仪礼》今、古之文，一律解之，皆其集大成一念害之也。魏晋学者尊信其书，今、古旧法遂以断绝，晋儒林所传，遂无汉法，且书亦因此佚亡，不能不归过于郑君。盖其书不高不卑，今、古并有，便于诵习，以前今、古分门之书皆可不习，故后学甚便之，而今、古学因之以亡。观于表说可以见之，不可不急正者也。

郑君之学，主意在混合今、古。予之治经，力与郑反，意在将其所误合之处，悉为分出。经学至郑一大变，至今又一大变。郑变而违古，今变而合古。离之两美，合之两伤，得其要领，以御繁难，有识者自能别之。

予创为今、古二派，以复西京之旧，欲集同人之力，统著《十八经注疏》，《今文尚书》、《齐诗》、《鲁诗》、《韩诗》、《戴礼》、《仪礼记》、《公羊》、《穀梁》、《孝经》、《论语》、《古文尚书》、《周官》、《毛诗》、《左传》、《仪礼经》、《孝经》、《论语》、《戴礼》。《易》学不在此数。以成蜀学。见成《穀梁》一种。然心志有余，时事难就，是以初成一经而止。因旧欲约友人分经合作，故先作《十八经注疏凡例》。既以相约同志，并以求正高明，特多未定之说，一俟纂述，当再加商订也。昔陈奂、陈立、刘宝楠、胡培翚诸人在金陵贡院中，分约治诸经疏，今皆成书。予之所约，则并欲作注耳。

予治经以分今、古为大纲，然雅不喜近人专就文字异同言之。二陈虽无主宰，犹承旧说，以礼制为主。道、咸以来，著作愈多。试以《尚书》一经言之，其言今、古文字不同者，不下千百条。盖近来金石剽窃之流，好怪喜新，不务师古，专拾怪僻，以矜雅博。夫文人制词，多用通假，既取辟熟，又或随文，其中异同，难言家法。两汉碑文，杂著异字，已难为据；况乃滥及六朝碑铭，新出残篇。偶见便欲穿凿附会，著录简书，摭其中引用经语异文异说，强分此今文说，此古文说。不知今、古之学，魏、晋已绝，解说虽详，毛将安附，此大蔽也。石经以前，经多译改，今、古之分，不在异文，明证在前，无俟胪证。陈左海以异字通假为今、古之分，亦不得已之举①，徒取简编宏富，非正法也。古、今异字，必系不能通假有意改变者，方足为据。如《左传》之改“逆”为“送”，改“尹”为“君”，改“伯”为“帛”之类，实义全反，然后为异。不然则毕录异同，亦但取渲染耳。若词人之便文，晚近之误夺，牛毛茧丝，吾所不取。

大小《戴记》九十余篇，凡《礼经》记文不下十篇，以此推之，则别经之记当亦有编入者。今定《王制》为《穀梁》、《公羊》记；《曲礼》上半小学、下半为《春秋》；《檀弓》、《祭法》、《杂记》为《左传》记；《玉藻》、《深衣》、《朝事》、《盛德》为《周礼》记；《祭义》、《曾子》十篇为《孝经》记；《经解》、《表记》、《坊记》、《缁衣》为经学说之类。详见《两〈戴记〉今、古篇目表》。经、记互证，合则两美，离则两伤，此千年未发之覆也。又《礼运》三篇，有经有传，当合为一大传。《大传》为经，《服问》、《丧服小记》二篇为传，当合为一。窃意此《礼运》三篇旧本一事，乃记夫子与子游论礼之言。子游习礼，此其授受之证也。后来先师各加注记。后因文多，分为三篇，经、传混淆，前后错杂，使读者如散钱满屋，不知端委。今因《王制》例推之，分为经、传，便有统制。至于《大传》为经，《服问》、《小记》为记，观其篇目命名，已得其大概矣。

俞荫甫先生以《王制》为《公羊》礼，其说是也。壬秋师以其与《大传》同，不言封禅，非博士所撰之《王制》，亦是也。盖《王制》孔子所作，以为《春秋》礼传。孟、荀著书，已全祖此立说。汉博士之言如《大传》，特以发明《王制》而已。岂可与《王制》相比？精粹完备，统宗子纬，鲁齐博士皆依附其说，决非汉人所作。卢子幹因不能通其说，故以为博士作，以便其出入，实则非也。

《王制》有经有传，并有传文佚在别篇者。至于本篇经传之外，并有先师加注记之文，如说尺亩，据汉制今田为说，是也。此固为戴氏所补，至目为博士手笔，则误读《史记》矣。

《王制》无一条不与《穀梁春秋》相同。说详《义证》。二书皆蚀蒙已久，一旦明澈，可喜何如？不封不树不贰事，郑以为庶人礼，不知《穀梁传》已有明文。讥世卿、非下聘、恶盟，尊齐、晋为二伯，以曹以下

① 《适园丛书》本句下有“所取汉人辞赋之异文”九字，《新订六译馆丛书》本挖去，今从《新订六译馆丛书》本。

为卒正，以冢宰、司马、司城为三公，亦莫不相合。至于单伯、祭仲、女叔诸人使非为监之说，则听《左氏》、何君之互争，不能一断决。范氏据《周礼》以驳传，亦无以折之矣。

《春秋》之书以正将来，非以诛已往。《王制》一篇即为邦数语，道不行乃思著书，其意颇与《潜夫》、《罪言》相近，愤不得假手以救弊振衰，则欲将此意笔之于书。又以徒托空言，仅如《王制》则不明切，不得已乃借春秋时事以衍《王制》之制度。司马迁言之详矣。《王制》所言皆素王新制，改周从质，见于《春秋》者也。凡所不改，一概从周。范氏注《穀梁》，以《周礼》疑《王制》，据周制驳《春秋》，是呓语耳。又孔子所改皆大纲，如爵禄、选举、建国、职官、食货、礼乐之类。余琐细，悉不改。其意全在救弊，故《春秋》说皆以为从质是也。

今学、古学之分，二陈已知其流别矣。至于以《王制》为今学所祖，尽括今学，则或疑过于奇。窃《王制》后人疑为汉人撰，岂不知而好为奇论？盖尝积疑三四年，经七八转变，然后乃为此说。疑之久，思之深，至苦矣！辛巳秋，检《曲礼》“天子不言出”、“诸侯不生名”数节，文与《春秋传》同，又非礼制，因《郊特牲》、《乐记》一篇有数篇、数十篇之说，疑此数节为先师《春秋》说，错简入《曲礼》者也。癸未在都，因《传》有二伯之言，《白虎通》说五伯首说主兼三代，《穀梁》以同为尊周外楚，定《穀梁》为二伯，《公羊》为五伯。当时不胜欢庆，以为此千古未发之覆也。又尝疑曹以下，何以皆山东国称伯、称子，又与郑、秦、吴、楚同制？爵五等，乃许男在曹伯之上？考之书，书无此疑；询之人，人不能答。日夜焦思，刻无停虑，盖不啻数十说，而皆不能通，唯阙疑而已。甲申，考大夫制，检《王制》，见其大国、次国、小国之说，主此立论，犹未之奇也。及考其二伯、方伯之制，然后悟《穀梁》二伯乃旧制如此，假之于齐晋耳。考其寰内诸侯称伯及三监之说，然后悟郑、秦称伯，单伯、祭仲、女叔之为天子大夫，则愈奇之矣。犹未敢以为《春秋》说也。及录《穀梁》旧稿，悉用其说，苟或未安，沈思即得，然后以此为素王改制之书，《春秋》之别传也。乙酉春，将《王制》分经传写钞，欲作《义证》，时不过引《穀梁传》文以相应证耳。偶抄《〈异义〉今古学异同表》，初以为十四博士必相参杂，乃古与古同，今与今同，虽小有不合，非其巨纲，然后恍然悟博士同为一家，古学又别为一家也。遍考诸书，历历不爽，始定今古异同之论。久之，悟孔子作《春秋》、定《王制》为晚年说，弟子多主此义，推以遍说群经。汉初博士皆弟子之支派，故同主《王制》立说。乃定《王制》为今学之祖，立表说以明之。蚁穿九曲，予盖不止九曲，虽数十百曲有矣。当其已明，则数言可了；当其未明，则百思不得。西人制一器，有经数十年父子相继然后成者。尝见其石印，转变数过，然后乃成，不知其始何以奇想至此。予于今古同异，颇有此况。人闻石印，莫不始疑而终信，犹归功于药料。此则并药料无之，将何以取信天下乎！

史公不见《左传》，则天汉以前固无其书。然《前汉·儒林传》谓张苍、贾谊传《左传》学，为作训解；《艺文志》无其书，则其说亦误袭古学家言也。按《国语》蚤出而《左传》晚兴，张、贾所见皆为《国语》。因其为左氏所辑，言皆记事，与《虞氏》、《吕氏》同有《春秋》之名。其称《左氏春秋》者，即谓《国语》，不谓《左传》。《左传》既出之后，因其全祖《国语》，遂冒“左氏”名为《左氏传》。又以其传《春秋》，遂掍《左氏春秋》之名。后人闻传《左氏春秋》，不以为《国语》而以为《左传》，遂谓张、贾皆习《左传》，此其冒名掍实之所由也。使当时有《左传》以传经，又有师说，张、贾贵显，何不求立学官？纵不立学官，何以刘子骏之前无一人见之？太史公博极群书，只据《国语》。刘子骏《移太常书》只云臧生等与同，不云其书先见。班书又云，歆校书见《左传》而好之。是歆未校书以前不见《左传》也。观此，则张、贾不习《左传》明矣。前亦颇疑《左传》为河间人所伪造，有数事可证其为先秦之书者：其书体大思精，鸿篇巨帙，汉人无此才，一也。刘子骏为汉人好古之最，犹不能得其意旨所在，则必非近作，二也。使果一人所为，则既成此书必不忍弃置；且积久乃成书，力不易，亦必有人治其学传其事；书成以后不授学者，而以全部送之秘府，又无别本，使非刘子骏，将与《古文尚书》同亡。至重不忍轻弃，三也。《曲礼》出在汉初，已为传记，则原书必不在文、景之后，四也。西汉今学盛，使果西汉人作，必依附二家，不敢如此立异，五也。以旧说论之，驳《左》者谓成于建始，则不若是之迟；尊《左》者谓出于汉初，则不若是之蚤。能知迟蚤成出之原，则庶乎可与谈《左》学矣。

汉人今、古之说，出于明文者少，出于推例者多。《白虎通》所引《尚书》说之敛后称王，《公羊》说之三年称王，《诗》、《春秋》之五不名、五等皆称公，皆推例之说也。然明文之说，亦多出于推例。如《公羊》之由经推礼，与《左传》之由经推礼。同一经也，有世卿、无世卿异；讥丧娶、不讥丧娶异；此又明文中推例得之者。然有明文之推例，皆先师说；无明文者之推例，皆后师说。后师推例虽同先师，然附会失解者多于先师，以其学不如先师也。故予今、古礼制，以《王制》、《周礼》有明文者为正宗，以三《传》推例有明文者为辅佐。至于后师无明文之说，则去取参半。若《易》、《尚书》、《诗》、《论语》、《孝经》诸先儒说，除《礼记》本记诸篇外，则全由据《王制》、《周礼》以推之者。此于今、古学为异派，其中或同或异，或因或革，则又立《流派表》以统之。

始因《白虎通》胪列各经师说，欲将其说列为一表，名曰《五经礼制异同表》。后作《群经今、古礼制异同表》，以为足以包括群籍，遂不作《五经表》。今按：此表不能不作。何以言之？诸经异说，有迥不相同、不关今古之分者，如《今春秋》天子即位三年乃称王，而《尚书》说则据《顾命》以为初丧称子，钊敛后称王。据经为说，则无论今、古文《尚书》皆不能立异，与《春秋》三年称王之说不同。《春秋》据逾年称公，以为逾年称王，此据经也。《尚书》据“王麻冕”，以为敛后称王，此亦据经也。诸经如此类者实众，不立此表，则此类无所归宿，又必在今、古学中为难矣。

博士言礼，据礼文者半，推经例者半。大约推例者皆当入《五经表》。何以言之？今学《王制》明文与古学不同者少，凡非明文则半多推例而得者，若以入《古、今表》，反是以无为有，此当入《五经表》。见此异同，非三代之不同，非今、古之异制，皆先师缘饰经义意造之说。又《礼记》中所言异同，有二家异说者，有文义小变者。此二派又足为《今、古表》之陈涉、吴广，亦必求所以安顿之。二家说异者，立一表附《古、今表》后。至于《曲礼》，本古文家说也，然所言六大、五官、六工之事，又全与《周礼》相反。足见古礼学中原有数派，但不用三公九卿，俱为古学也。大约《今、古表》中今学只一派，古学流派多，以其书多人杂，不似今学少而专一也。

《异义》采录今、古说，多非明文，后师附会盖居其半。夫今、古异同，当以《王制》、《周礼》为纲领，《公》、《穀》、《左氏》为辅佐。但据经传，不录晚说，唯议明文，不征影响。今许所录可据者半，不可据者半。大约今、古分别，两汉皆不能心知其源。至于晚末，其派愈乱，如以今学说圣人皆无父而生，古学说圣人皆有父，岂不可笑！又《公羊》说引《易》“时乘六龙以驭天”，知天子驾六；未逾年，君有子则庙，无子则否。皆误说也，而亦征录。又引《公羊》以郑伯伐许为讥，《左》说郑伯伐许以王事称爵，皆非经意，为余所驳者也。大抵许君生当晚近，有志复古而囿于俗说。其作此书，亦如其《说文解字》真赝杂采，纯驳各半，屈于时势，莫可如何。然其采虽杂，今犹与今为一党，古犹与古为一党，不自相攻击。盖其始则同有乡人之义，继则同为博士党同伐异，视古学如雠仇，惟恐其进与为难。故虽自立异，仍不敢援之以自树敌，故说犹同也。

《异义》所录《左氏》，亦有异同。大约《左氏》亦有数家，故致歧出。如既言："《左氏》说，麟是中央轩辕大角兽，孔子作《春秋》者，礼修以致其子，故麟来为孔子瑞。"又采陈钦说："麟，西方毛虫。孔子作《春秋》，有立言。西方兑，兑为口，故麟来。"陈钦，《左氏》先师也。是《左氏》固非止一家，故说不同也。又言《左氏》说："施于夷狄称天子；施于诸夏称天王；施于京师称王。"载籍不传此义，此盖用《曲礼》说《左传》也，而文事与《曲礼》小异。此则未必异说之不同，盖《左氏》旧用《曲礼》说，后久失传，晚师无知者，而其初传授之义，犹相墨守，久而讹脱，故与《曲礼》殊异。亦如《公羊》言桓公盟词及孔子说，较之《孟子》多有讹脱是也。此《曲礼》为《左氏》说之起文，亦如《孟子》为鲁学《春秋》之起文也。

初不得古学原始，疑皆哀、平之际学人所开。不然，何以汉初惟传今学，不习古文？继乃知古学汉初与今学并传，皆有传授。所以微绝，则以文帝所求伏生，武帝所用公孙弘，皆今文先师，党同伐异，古学世无显达，因此不敌。《毛诗》假河间献王之力，犹存授受。至于《左传》、《周礼》，遂以绝焉。西汉今学甚盛，皆以古学为怪，恶闻其说，习之何益，故不再传而绝。观刘子骏争立，诸儒仇之，可知古学之微，非旧无传，盖以非当时所贵尔。

古学微绝，以非时尚，然其书犹阴行于民间。《异义》言叔孙通制礼有日祭，是为古说。又云叔孙通制礼以为天子无亲迎，从《左氏》义。陆贾著书议礼，实多用其说，特未立学官耳。此为孤芳，彼有利禄，人孰肯舍此就彼。数传之后，今学至大师数千，古学之绝也不亦宜乎！

孔子作《春秋》，无即自作传之理，故以口授子夏。《左氏传》则承史文而传之，亦非鲁史自作传也。今、古二家，孔子与鲁史比，子夏与《左氏》比，以为口说则皆口说，以为传记则皆传记，分别言之，皆未窥其原也。甲申，拟博士答刘子骏书，尚未悟此理，寻当改作也。今古诸经，汉初皆有传本传授。其中显晦升沉，存亡行绝，亦如人生命运，传不传，有幸不幸。诸说后来或分口说、载籍，或以为有师无师，皆谬也。《仪礼》，班氏以为孔子时已不全，其说是也。

汉初，古文行于民间，其授受不传。然《尚书》、《史记》所引多古文说，则武帝时有古《尚书》师也。毛公为河间献王博士，则古《诗》有师。古《周礼》说多见于《戴记》师说①，当时尚多引用，是《周礼》亦有传也②。暇时当辑为《汉初古文群经先师遗说考》，以明古文之授受非汉人伪作也。

予读《儒林传》，未尝不叹学人之重利禄也。古今本同授受，因古文未立学官，不惟当时先师名字遗说不可考，其有无是学，亦几不能决。岂不可痛惜乎！

《艺文志》有《周礼传》四篇，不知撰者何人。若在武、宣以后，必传名氏，岂秦、汉先师遗说之存者欤？《五行志》引《左传》说，亦不详为何人之作。或疑为刘子骏说。按刘语当著名氏，此亦秦汉先师说之偶存者。《戴记》中有二经师说，又当如今文《春秋》之《王制》，为先秦以前之书，为二经祖本矣。

《王制》：天子大夫为监于方伯国。《春秋》之单伯等是也。《左传》不用其说。而《周礼》云：作之牧，立之监。其所云立监者，盖即与《王制》同，是古《周礼》亦有此说。《左传》异之者，盖为监实非当时故事，《周礼》新撰，偶同《王制》耳。

古说有与今说相反。今说大明，遂足以夺古学之说。纵有明据，解者皆依违不敢主张，显与今学为敌。如《左传》之“元年取元妃，卒哭行祭”是也。今学讥丧娶、丧中祭，此变古礼也。《左传》礼，元年娶元妃。文二年，公子遂如齐纳币。《传》云：“礼也。凡君即位，好舅甥，修婚姻，娶元妃奉粢盛，孝也。孝，礼之始也。”宣元年，“公子遂如齐逆女”。《传》无讥文，此《左传》即位娶元妃之证也。《传》云“娶元妃以奉粢盛”，明婚为祭，此丧祭之明证也。外如杜氏所引：襄十五年，晋悼公卒；十六年。晋烝于曲沃。郑公孙侨云：“溴梁之明年，公孙夏从寡君以朝于君，见于尝酎，与执膰焉。”皆足为证。又僖三十

---

① “师说”上各本皆空两格，《选集》校曰：“细推文意，当为‘古学’二字。”无二字亦通，今不补。

② “亦有传也”上各本皆空二格，《选集》校曰：“寻文之义，当为‘汉初’二字。”无二字亦通，今不补。

三年，《传》云："葬僖公，缓，作主，非礼也。凡君薨卒哭而祔，祔而作主，特祀于主，烝、尝禘于庙。"① 按古礼重祔，今学不言祔；今学言祀主于寝，古学言祀主于庙，二者各异不相通。古学作主以后，即祔于庙中。凡小祀日祭则但祀新主祔者，唯烝、尝、禘大祀乃于庙行事，非不祭也。其讥吉禘庄公者，谓于祔主行禘祭，故讥之，非谓余庙皆不祭也。特祀于主，烝、尝、禘于庙，全从禘于庄公出来。后世学者以今混古，各相蒙乱，左右支吾，皆不能通矣。

古学亦用三年不祭之说，特谓新主耳。今学亦有丧不废祭之事，谓郊天耳。二家各有所据，其分析处甚微。《周礼》亦主丧祭，其说特为注家所掩耳。如丧中用乐，《周礼》有之，后人皆不敢主其说，亦是也。

鲁共王坏宅所得书，各家数目不同。《史记》不详其事。刘子骏以为有《左传》。《汉书·河间献王传》言：求得书皆古文先秦旧书，《周官》、《尚书》、《礼记》、《孟子》、《老子》之属，皆经传说记，七十子之徒所论。立《毛氏诗》、《左氏春秋》博士。《鲁恭王传》言得古文经传，无书名。《艺文志》云：得《古文尚书》及《礼记》、《论语》、《孝经》凡数十篇，皆古字也。按以《汉书》证之，恐有《左传》是刘子骏依附之说。传古学者燕赵人，多不行于鲁，当由今学与之为难，故托言其书出于鲁，以见鲁旧传其学之意，非实事也。

今古学人好言今、古学得失，争辨申难，无所折中。窃以为虽汉已如此，然皆非也。今学如陆道，古学如水路，各有利害。实皆因地制宜，自然之致，自有陆水，便不能偏废舟车。今驾车者诋舟船之弊，行舟者鄙车马之劳，于人则掩善而著恶，于己则盖短而暴长。自旁观言之，则莫非门户之见，徒为纷更而已。

学礼烦难，今、古不足以统之，故表中多立门目。然其中有文字异同一例，本为一家，传习既久，文字小异，此当求同不可求异者也。如《王制》与《孟子》，《祭法》与《国语》，宜无不合矣。其中乃有小异处，后人遂张皇而不谓《孟子》与《王制》、《祭法》与《国语》有合②，此则大非也。何以言之？《孟子》言葵邱盟词，当即《穀梁》所言，乃《孟子》详而《穀梁》略。《公羊》不在葵邱，所引则又略矣。《孟

---

① "君薨"原讹作"君葬"，"特祀"原讹作"时祀"，"烝、尝"原讹作"烝、常"，皆据《左传》正。

② "张皇而不谓"原作"张皇山不为"，《适园》本曰："山、为二字疑误。"《选集》校曰："据文意，'山'当为'而'字之讹，'为'通'谓'。"今据改。

子》引孔子“其事则齐桓晋文”一节，当即《公羊》“纳北燕伯于阳”传所引，乃《公羊》与《孟子》互异。又《公羊》定元年引沈子，即《穀梁》定元年所引之沈子也。同引一师，同说一事，而文句不同。又如《左》、《国》、《礼记》、诸子之记申生事，本一事也，而所记各异。《孔子集语》集孔子之言，同一说也，而文义详略乃至大相反。此皆当求其同，而不当求其异。然此以知其源为难，苟不知其源而惟求不异，则未有不为害者矣。郑君是也。

汉初叔孙通制礼，多用古说，原庙之制，此古礼也。《周礼》祀文王于明堂，而方岳之下亦立明堂，如齐之明堂是也。《左传》有先君之庙曰都，无先君之庙曰邑，此亦原庙明堂之制。惟今学乃不言明堂，立太庙，不立原庙也。古学，天子宗庙中无太庙，惟别立明堂，诸侯不立明堂曰太庙。今学则天子诸侯同曰太庙也。今学家间有说古礼者，旧颇难于统属。今立一法以明之，以为讲今学者时说古学，如《孟子》、《荀子》皆言明堂是也。此如《春秋》曲存时制之例。

古学，禘为祀天地，郊为祈谷，禘重于郊。禘者，示帝也，故谓鲁禘非礼。《穀梁》不言禘非礼。古学无祫祭。《公羊》说禘用古学，说祫用今学。今学不以禘为大祭。古学每年一禘，亦无三年一祭，五年再祭之说。

讲禘祫须先知庙制。今先作《今古学庙制图》，便知古无祫祭，今无配天禘祫之说，本数言可了，先儒含混言之，遂致纠葛耳。《左传》不立四时祭之名，《周礼》则有之。《左传》雩为祈谷，与《周礼》同，又有求雨之雩。今礼则雩专为求雨，无祈谷说。《左传》移动今学时祭，以郊、雩、烝、尝当之。四者皆为农事，所谓春祈秋赛，不专在宗庙行事者也。此《周礼》、《左传》所以不同。欲分今、古礼，须先将其名目考清。某礼于古为某事，于今为某事；某礼为今、古学所有，某礼为今、古学所无；某礼无其事而有名，某礼有其实而异其号。须先考正名实，然后求细目。不先知此，则礼制不能分也。

古礼门目多，今礼仪节少。今礼如建国、爵禄、立官、选举外，其改动古学者可以计数。至于一切仪节名物，多从古说。故凡所不改者，皆今古同者也。今为一表以收今古不同者。以外有古无今者，则均附此篇之后。所录虽属古文，实则今礼亦如此也。

《月令》说：脾为木，肺为火，心为土，肝为金，肾为水。此古文说也。博士说：肝木，心火，脾土，肺金，肾水。今医家皆祖博士，而古文无知之者。以高下相生为序：脾居中，主生为木，次肺火，次心土，次肝金，次肾水[①]。肾生脾，又始焉，甚有理。然予说藏府，不以配五行。脾胃为中，肺心在上，肝胆在下。脾与胃对，肺与肝对，心与胆对。脾胃主消纳，肺受而为气，肝受而为血，心为气精，胆为血精。肺肝主形质，心胆主精华。气血已盛，然后肾生；气血将衰，则肾先死。肾如树木花实之性，乃五藏之精华，以为生发之机者，古书当有此说。

《周礼》封建之制与《王制》相较，一公所封多至二十四倍，此必不能合者。《孟子》以齐鲁皆百里，初以为今学门面语也。然下云今鲁方百里者五，以为大，似确是当时实事，继乃悟周初封国实不如《王制》之小，诸侯封大易为乱，故《王制》改为百里。鲁旧本大，《诗》有七百里之说是也。至孟子时多所侵削，所谓"鲁之削也滋甚"，非鲁多灭小国，乃仅此方百里者五也。周礼本非百里，《孟子》以《王制》为周礼，皆因主其说久，周礼不可闻，故即以为是周礼。董子亦以《王制》为周礼，封建之制，变为郡县，郡之大者方广得四五百里，汉初封国大者亦四五百里，此所本也。《王制》则众建诸侯而小其力之说也。总之，《周礼》之书与《王制》同意，均非周本制，特《周礼》摭拾时事处多，《王制》则于时制多所改变尔。

今学有大庙，古学无大庙。《明堂位记》因《春秋》有大庙，缘经为说，故曰"大庙，天子明堂"。以明堂、大庙分为天子、诸侯制，顺《春秋》大庙之文也。今学禘在大庙，古学禘不在大庙。郑曰行于圆丘。《春秋》有禘于大庙，当缘经为说，故《左传》曰："季夏六月，以禘礼祀周公于大庙。"[②] 言天子禘于圆丘，诸侯则禘于大庙，以顺《春秋》禘于大庙之文也。此《左氏》缘经立说之事也。

予言今、古，用《异义》说也。然既有许义而更别有异同者，则予以礼制为主，许以书人为据。许以后出古文为古，先出博士为今，不知《戴记》今古并存，以其先出有博士，遂目为今学，此大误也。其中篇帙，古说数倍于今，不究其心，但相其面，宜其有此也。《异义》明堂制，今《戴礼》说明堂篇曰云云；又引古《周礼》、《孝经》说明堂文王之庙云云。按，今学不言明堂，言明堂皆古学，刘子骏所说是也。《戴

---

① "次肾"下原脱"水"字，兹以意补。

② 此句乃《礼记·明堂位》文。

记》四说皆古学之流派，非今学也。且其四说有一说以明堂为文王之庙，即许君所引古《周礼》、《孝经》说也。安见其说在《周礼》便为古，在《戴记》便为今？大小《戴记》凡合于《周礼》、《左传》、《毛诗》者，尽为古学；合于《王制》者，尽为今学。一书兼存二家。此不以实义为主；乃以所传之先后为主，使当时《周礼》早出得立博士，或《戴记》晚出不得立，不又将以《周礼》为今，《戴记》为古乎？盖汉人今、古纷争积成仇隙，博士先立，古学之士嫉之如仇。凡未立者引为一党，已立者别为一党，但问已立未立，不问所说云何。东汉之末，此风犹存。故许右古左今，著为《异义》，以《戴记》先立，尚挟忿排斥以为异端。今则无所疑嫌，平心而睹，源流悉见。康成和解两家，意亦如此。然康成合混，予主分别。合混难而拙，分别易而巧。然既合混之后，又历数千年之久，则其分之也，转难于康成昔日之合之矣。

《异义》引《左氏》说曰：古者先王日祭于祖、考，月祀于高、曾，时享及二祧，岁祫于坛墠，终禘及郊宗石室。按，此说《左传》者之言也，其言本于《国语》、《祭法》而不尽合。《祭法》言亲庙有五，其庙制以考为总汇，当是日祭考、月祀四亲庙，故下有下祭五殇之文。以上祭五代，故下亦得同。今说日祭祖、考，月祀高、曾，此则改五代以为四代也。至于以岁祫终禘为说，则更非《左》意矣。《国语》虽有岁、终之文，岁犹可言，终当不能定为常典，其谓王终耶，抑谓外藩之终耶？此恐当从外藩说，事无定，不能言时日也。至于岁一行祫，亦与烝尝禘于庙不合。大约此言亦误解纬说，妄附祫禘，而不知《左传》本义不如此也。

《礼记·冠义》、《昏义》、《乡饮酒》、《射义》与《仪礼记》异篇。旧以为异师重篇，今乃知此《王制》今学六礼记也。以《昏义》言之，内官百二十人，与外官同，此今说。又《仪礼》为士礼，此独详王后事，可知此《王制》说。又《射义》“天子以射选诸侯、卿、大夫、士”，“古者天子之制，诸侯岁献贡士于天子”，试之于射宫，射中多者得与于祭云云，及庆让益地、削地之说，全与《穀梁》、《大传》、《繁露》等书同，此亦今学也。① 古学则不贡士，皆世官，亦不以射为选举，此可知也。又《昏义》云：“夫礼始于冠，本于昏，重于丧祭，尊

---

① “以射选”原讹作“射以选”，“与于祭”原讹作“与于义”，“益地”原讹作“余地”，皆据《射义》正。

于朝聘，和于乡射。”《王制》则云：“六礼：冠，昏，丧，祭，乡，相见。”按，《王制》之相见即《昏义》之朝聘也，于士为相见，于天子为朝聘。《王制》之乡即《昏义》之乡射也。

予学礼，初欲从《戴记》始，然后反归于《周礼》、《仪礼》。纵观博考，乃知其书浩博无涯涘，不能由支流以溯原，故以《王制》主今学，《周礼》、《仪礼》主古学。先立二帜，然后招集流亡，各归部属。其有不归二派者，别量隙地处之，为立杂派。再有歧途，则为各经专说。《易》、《诗》、《论语》，言多寄托，大约可以今、古统之。至《尚书》、《左传》、《公羊》、《孝经》，则每经各为一书，专属一人理之。《尚书》为史派，有沿革不同，以统《国语》及三代异制等说。庶几有所统驭，不劳而理也。

《王制》似有佚文在别篇，疑《文王世子》其一也。今观《千乘篇》，其说四辅全与《王制》文同，此孔子晚年告哀公用《春秋》说也。予初以《王制》后篇分为三公，今此篇乃以四官分主四时，今用其说主四官，特司寇不入三公数耳。又《王制》言大司徒以教士车甲，《千乘》作司马是也。上下文同，司马主兵，知司马义长。不然，《王制》说司马主兵者不见矣。今取为注，则官职之事详矣。得此辅证，又一字千金也。

孔子《三朝记》皆晚年之说，故多同《王制》、《千乘》、《四代》、《虞戴德》等篇是也。故《虞戴德》多与《穀梁》合。如天子朝日，“诸侯相见，卿为介，以其教士行，使仁守”。及射礼、庆让诸节，此其文义皆同《穀梁传》，文与今学合者。旧多失引，一俟《王制义证》成，再为补改也。

《千乘篇》者，《王制》说也。《王制》言三公，而《千乘》多司寇，分主四时。《王制》言司寇事甚详，既不得谓《千乘》与《王制》不合，又不得谓司寇非秋官，疑当依《千乘》作四官。司寇既掌四时，其不与三公敌体者，乃任德不任刑之意。故其所掌与三公同，而退班在三公后。《王制》：司寇献狱之成于三公，而三公听之，然后献于王，此司寇受制三公之证也。盖乐正，司徒之副；司寇，司马之副①；市，司空之副。三者为九卿之首，然乐正犹为上公佐，司寇乃为中公佐。一主教，一主刑，刑不先教，虽司寇不敌乐正之尊，此孔子任德不任刑之意也。

① “司马之副”原讹作“司马之附”，据上下句改。

董子之说，盖原本于是矣。

人见庐山图，皆知其只一面，而全山不见也。然习见此图，目中虽为一面，而心中遂以为足以尽庐山，故见其左右及后面之图，则骇然以为别山而非庐，此人情也。人日读《王制》，以为此正面也。及观《孟》、《荀》、《大传》、《繁露》、《外传》、纬候制度，则以为别山而非庐，此又人情也。故凡《孟》、《荀》、《书》、《诗》、《春秋》师说、纬候之文，多各异端，不能得其纲领，不以为异说则以为伪撰，不以为传闻则以为讹挩，而孰知其即庐山之别面也哉！予故类集而推考之，诸书各说一面，合之乃全，或左或右，或全或后，于是向之扁而不圆者，今乃有楞象，其中曲折，亦俱全备。譬之人身，《王制》其面目四体而已，诸书乃其藏府肠胃、经络脉理。今但言面目四体，则是木偶；必顺得其藏府清和，经络通鬯，乃知行步饮食，出谋发言。苟不及诸书，则是木偶《王制》而已。

《王制》一篇，以后来书志推之：其言爵禄，则职官志也；其言封建九州，则地理志也；其言命官、兴学，则选举志也；其言巡狩、吉凶、军宾，则礼乐志也；其言国用，则食货志也；其言司马所掌，则兵志也；其言司寇，则刑法志也；其言四夷，则外夷诸传也。大约宏纲巨领，皆已具此，宜其为一王大法欤！

古学六卿，今六部之所仿也。今学则只三公。司徒主教，礼部是也。司空主养，户部是也。其余吏、兵、刑、工四部，今学皆以司马一官统之。可见其专力于养教之事。古学分一司马为四官，今反重吏、兵、刑为繁缺，毋怪教养之政，膜不相关也。

《王制义证》中当有图表，如九州图，建国九十三图，二百一十国图，制爵表，制禄表。务使此书隐微曲折，无不备见，又皆可推行，虽耗岁月所不辞也。

或疑古学出于燕、赵为无据，曰：荀子赵人，《韩诗》燕人，皆为今学，岂能必燕、赵为古？叔孙通、贾子亦非燕、赵人，此可疑者也。然古学秦前无考，汉初不成家，先师姓名俱不传，又何能定其地？西汉古学，惟《毛诗》早出成家，今据以立说者，特以《毛诗》为主。毛公赵人，又为河间博士，且鲁无古说，齐则有兼采，以此推之，必在齐北，此可以义起者也。今、古之分，亦非拘墟所能尽，以乡土立义，取人易明耳。至于实考其源，则书缺有间，除《毛诗》以外，未能实指也。

古学考*

丙戌刊《学考》，求正师友。当时谨守汉法，中分二派。八年以来，历经通人指摘，不能自坚前说。谨次所闻，录为此册。以古学为目者，既明古学之伪，则今学大同，无待详说。敬录师友，以不没教谕苦心。倘能再有深造，将再改订，海内通人不吝金玉，是为切望。

甲午四月廖平记

旧著《知圣篇》专明改制之事，说者颇疑之。然既曰微言，则但取心知其意，不必大声疾呼，以骇观听。今则就经言经，六艺明文，但凭目见。或为择善取同，或为新义创制，不能质言，都从盖阙。专述经

---

* 《古学考》与《知圣篇》为廖氏经学二变时期（1887—1897年）之代表作。二变为自平分今、古变为尊今抑古，尊今者为《知圣篇》，抑古者为《辟刘篇》。《辟刘篇》写于1888年，1897年始由尊经书局付梓，改名《古学考》，内容亦略有增改。书中以古学之起归狱刘歆，强调“西汉无古学”，“刘歆以前实无古学派”，“古学始于刘氏”，刘歆取《仪礼·官职篇》删补羼改，以成《周礼》，“创为邪说，颠倒五经”、“为迎合莽意所造”。其弟子推其书以遍说群经，马融以后，古乃成家，“许、郑方有今、古之名”，非秦汉以来即两派并行。是以古学于西汉以前无师承传授，《史记》、《汉书》、《后汉书》、《经典释文》、《隋书·经籍志》等亦为后人多所羼改，“所指师传，皆为伪托”。1889年，廖氏至广州，以《知圣篇》、《辟刘篇》示康有为。康初“斥为好名骛外，轻变前说，急当焚毁”，嗣廖与面谈，“两心相协，谈论移晷”。次年，廖氏《古学考》尚未定稿，而康氏之《新学伪经考》已成书，大体承廖氏之说而有所发展，为近世辨伪之学所肇始，影响颇为深远。唯康书于廖讳莫如深，而《古学考》则两称康说。学者谓：“康书不称廖著，在掠廖著之美；廖著迭举康书，在不掩康书之善。”（李耀仙：《廖平与近代经学》）斯为持平之论。书末附《周礼删刘》，即廖氏所指为刘歆所羼补于《周礼》之各条。

《古学考》除《新订六译馆丛书》本外，尚有北京景山书社《辨伪丛书》本，张西堂校点，1931年印行。巴蜀书社1989年出版李耀仙主编之《廖平学术论著选集》选有此书。

言，不详孔意。非仅恐滋疑窦，抑以别有专篇也。

旧以《王制》为孔子为《春秋》而作。崧师云："此弟子本六艺而作，未必专为《春秋》与自撰。"按旧说误也。《文选注》引《论语谶》："子夏等六十四人撰仲尼微言以事素王。"由《论语》可推《王制》。凡《王制》所言，皆六艺之纲领，仲尼没，弟子乃集录之。六经制度，全同此书。当删定时，不审其为旧文新义。但六艺皆明王法，而此乃王者之制，宜无不同。圣作为经，此篇在记。自系弟子推本孔经，作为大传，以诸经纲领，不必定为孔笔。孟、荀于此书指为周制者，则以六经周事为多。就经说经，自为时王之制。《左》、《国》为六艺事传。凡系经说皆寓之时事，与董子"因时事加王心"之说实同，皆以发明经义。圣作为经，贤述为传。《王制》既不为经，则是群经大传，出于弟子无疑。

旧说以《诗》、《书》礼制有沿革，不入今古派，皆先师各据所学以说之者。周宇仁以为四代同制，全合《王制》。按其说是也。《诗》、《书》与他经，汉十四博士同据《王制》说之，别无异制，可见其同。及经同学细考《书》、《诗》所言礼制，与《王制》无丝毫出入。今《尚书》、三家《诗》说可证也。又《书》有四代之文，《诗》兼二代、列国，而礼制并无沿革。唐虞旧典，下同《春秋》。《古书》、《毛诗》乃尽弃今学而参以《周礼》，然每与经不合。马、郑不能如伏、韩详备者，勉强自然，真伪各异。旧以二经有沿革，不入今、古学派；既实知其沿革与今礼符合，故不得不归入今学也。说详《〈书〉、〈诗〉二经凡例》。

旧说以《周礼》与《左传》同时，为先秦以前之古学。宜宾陈锡昌疑《周礼》专条，古皆无征。今按：前说误也。此书乃刘歆本《佚礼》羼臆说糅合而成者，非古书也。何以言之？此书如果古书，必系成典，实见行事者。即使为一人拟作私书，亦必首尾相贯，实能举行。今其书所言制度，惟其本之《王制》今礼者，尚有片段。至其专条，如封国、爵禄、职官之类，皆不完具，不能举行，又无不自相矛盾。如建国五等、出车三等之类。且今学明说，见之载籍者，每条无虑数千百见。至《周礼》专条则绝无一证佐。如今学言封国三等，言三公九卿，毋虑千条。而《周礼》言地五等，以天地四时分六卿，则自古绝无一相合之明证。此可知其书不出于先秦。拟将其书分为二集：凡《佚礼》原文，辑出归还今学；至刘氏所羼补之条，删出归之古学。故今定《周礼》为王莽以后之书，不能与《左氏》比也。说详《周礼删刘》与《官礼凡例》。

旧表以《乐》与《古书》、《毛诗》为古学，非也。《乐》为六艺之一，既经手定，则同属五经；以《韶》为宗，则迥非周旧矣。孔氏写定《尚书》，以今文数篇推其异者写成隶字耳，有经无说。《毛公诗》，班云：自以为子夏所传。此二家亦今学也。孔、毛西汉之书，皆为今学而不传。东汉之漆书《毛传》，则杜、贾、谢、卫托始于孔、毛以求胜，与西汉别为一家。前今后古，不得因后以改前。说详《古文尚书、毛诗凡例》。

旧以《仪礼》经为古学，记为今学。新津胡敬亭以为皆今学。今按：其说是也。《仪礼》为孔子所作，孺悲所传，《士丧礼》可证为《王制》司徒六礼之教，与《春秋》莫不合，此亦全为今派，非果周之旧文尚为古派，而记乃弟子所记也。今将经记同改入今学，以此即为“经礼三百”，先师所谓“制礼正乐”是也。详说《仪礼凡例》。

旧说礼制以不同《王制》为古派，以《左传》、《周礼》与《王制》同者为今古所同。同邑胡哲波以为不如分经。今按：旧说误也。孔子以后惟今说盛传，《左传》及《官礼》皆为今学，其与《王制》不同者①，则仪节参差，一书不能全备，参差互见，润泽经说以补之，非异说也。今《王制》与《穀梁》为鲁学，然实为今学一家，不能尽天下变，弟子七十人各尊所闻，异地传授，彼此各详，不必皆同。如《公羊》，今学也，而礼与《穀梁》不尽同；《国语》，今学也，而庙祭与《王制》相迕。此非互文补义即三统异说。六经既定一尊，又以三统通其变，弟子各据所闻以立说，故异说亦引据孔子语可证。《王制》统言纲领，文多不具；《春秋》、《诗》、《书》、《仪礼》、《礼记》所言节目，多出其外，实为《王制》细节佚典，貌异心同，如明堂、灵台、月令之类，此佚脱之仪节也。《孟子》云：“此其大略，若夫润泽之，则在君与子。”《王制》所言，大略也；先师乃据各经所见，以相润泽。故《王制义证》所采董子爵国、官职等详细节目，文多互异。此在《王制》虽无明文，各经别有详说。如今之祭祀祖先，本有日、月、时、岁之不同，必详乃为全文，此一定之理也。乃诸书多言时祭，而略于日、月、三年，此举中以包上下也。《孝经》独言春、秋二祭，则以诸侯岁只二祭，错举以见之。《国语》言日祀、月享、时祭、岁殷、终王，乃为全文，特其中各有隆杀等差耳。今孔庙朔望皆行香，使谓祖庙一年只临祭二次，未免过

① “王制”前原无“与”字，以意补。

于疏略，非人情。一日一临，又过琐细。大约日祀为庙祝所行，或如今礼于宫中别有日祀之事，皆未可知。总之，诸经所言礼节，苦不能全，必相参合，乃为详备。以今列古礼，缘人情，不能是丹非素，拘泥一家，非斥异己。此例一明，然后知今礼广博，无所不包。今于刘歆以前异礼，统以参差例归之。不立古学者，以其时尚无古学也。故今同一例，亦并删之。

旧说《仪礼》谓孔子所改者少，不改者多，不能据实。今以六艺为断，凡见于六艺者，统归经制，不复问其改与不改。至于古书所言周之佚闻行事，其与六艺不合者，则别入《四代礼制佚存》中，当时有此行事，未必即周旧典，亦未必人皆如此。马、郑虽尝本此求异今学，然此为误解例，非古学之根原，其事亦不尽为古学所祖。故别为一书，不使古学家得专之也。

旧以鲁、齐、古为乡土异学，今、古为孔子初年、晚年异义。同年黄仲韬不以为然。今按：西汉既无古学，则无论齐、赵，既立参差例，孔语实归一途。《公羊》与《穀梁》异义，旧以为《公羊》用古学，今合勘之，乃得其详。《左》、《国》全本六艺佚礼，亦属经说。西汉以前，道一风同，更无歧路，则乡土未定之说皆可删之。

旧以《孝经》为古学，因其礼制与《王制》有异也。今按：《孝经》既为孔子所传，其中所言祭祀、明堂虽与《王制》小异，然其说时见于他传记，不应独为古学。今定《孝经》与六艺同为今学。至其仪节异同，则统以补证《王制》。说经以异说为贵，可以备证，非礼制偶异，便为古学。又当时实无古派，谓后人以此求异则可，谓《孝经》为古学家则不可也。

旧表以《逸礼》、《费易》为古学，非也。《逸礼》即《周礼》之原文，礼经非古，则逸者可知。又其文散见者，皆今学也。《易》西汉无古学，《费氏》虽经有异文，然其说礼制仍今学。故《异义》无《古易》，《艺文志》于《费易》亦不云古，可见《易》无古学。总之，刘歆以前不可立古名，建武后古学乃成，则不得以《逸礼》、《费易》为古学也。

旧以孔子晚、壮为今古之分。铁江师以为未合。此因说有两歧，误为此说。实则“从周”之言，专指仪节底册，成宪足征，据此改定。不如夏、殷简陋废坠，故以“从周”为言，即“服周冕”之意。《公羊》专主改周从质立说，实则孔子于周有损益，非但损无益也。旧表以今学主薄葬，富顺陈子元以为疑，今从改正。如三年丧、亲迎等事，皆繁难过于古制，可见非专主从简。古用世卿，《王制》学礼乃兴学校、开选举，踵事增华，与无为俭朴相反。实晚年亦不尽主质。盖孔子自五十知命以后，已著四教以教人，诸书所录皆作述以后之言，又多由没世后弟子所记，宗主孔子，无敢异同，纵语有参差，义无出入，不能于圣言强分壮、晚也。

旧以今礼少、古礼多。李岑秋中书以为失实。其说是也。盖以《左传》、《仪礼》、《周礼》皆为古学，古学多；今学只一《王制》，则今少于古。今考定六艺与《左》、《国》皆今学，并取《佚礼》原文归入，则古不过刘歆所羼千余字耳。且百家不折中于孔子者，书皆不传；搢绅所言，皆为孔义，传记实无古名，何论多少？古学后兴，浸淫《诗》、《书》，故异礼古多于今。然非其实，当正之者也。

旧表以今用质，古用文，今主救文弊，古主守时制。同邑董南宣以为疑。今按：前误也。孔子于周有所加隆，非因陋就简，惟求质朴。故《论语》以损益为言，而《荀子》主尚文为说。从质义本三统，孔子既定一尊，又以三统通其变，皆指后王法夏、法殷而言，非谓既往之夏、殷、周。又其所用之法，亦于经制中分立三品。如社之松、柏、栗，如官职唐虞五十、夏一百、殷二百、周三百①，既已三百之后，则难改为一百也。古书三代之说，有可循环者，有不能循环者，皆经说之三品，以为后王之法者。盖忠质与文，本从后相较品骘之语。在三代皆为因时制宜，非夏、商有文乃抑而不用，至周故意改文也。文明日开，不能复守太素，非夏、殷旧制实可用，特为三统而改，继周不能用夏礼，亦不能用殷礼，踵事增华。夏末已异禹制，汤承而用之。商末已变殷制，周承而用之。周末又渐改，孔子承而用之，故有加文之事。三统之说，惟服色可变，以新民志；至人事宜俗，不能相循。孔子定制，既改獉狉余习，又补彬雅节目，文质合中，无复可易。《论语》云“百世可知”，《中庸》云：“百世以俟圣人而不惑。”既臻美善，虽百世不改。若如旧说，则孔子用殷，继乃用周，何以答颜子兼用四代，并屡有从周之言，今取周礼较多二代乎？大抵定制折中，一是可永行。三统主通变，亦五运、五德之说。上古文明未备，可以改易，后则不能改制以新耳目。惟旗帜服色，后世互用之则可，若典制相循，秦汉以来全无改易矣。

---

① 后二“百”字原皆讹作“官”，今从张校本改。

《尔雅》旧不知归隶何学。崇庆杨子纯以为声音训诂①，无分今古。是也。盖《尔雅》成于先秦，尚无古学名目，当归今学为是。虽与《王制》间有小异，是为异义，不比《说文》成于古学已成之后。然《尔雅》虽为今学，古学取用训诂则无有不可。今古之分，不在此也。

《论语》旧以为今、古皆有。仁寿蒋芰塘以为皆今学。其说是也。孔子撰六艺，此篇乃多论述作之旨，又为弟子所记，皆传今学，不能谓为古也。虽间有参差，然多同实异名。

《两戴记凡例》以各篇分隶今古。同邑杨静斋尝疑之。今按：书出先秦，时无古学，篇章繁博，自非《王制》能尽。然当归之异义；纵为古学所宗，亦不能谓之为古。如《祭法》专主《国语》，《左》、《国》皆为今学。《曲礼》六大、五官、六府、六工为《周礼》旧目，《逸礼》、《孝经》诸说概②同隶于今。《武王践阼》、《五帝德》、《帝系姓》等篇皆为《尚书》师说。《丧礼》、《丧服》、《诗》、《礼》小学，原于六艺，即同《周礼》之《玉藻》、《深衣》、《盛德》，仍为今学。他如《朝事篇》所言朝、觐、宗、遇与巡狩年限，文与《周礼》相同，然郑注《周礼》不引以为据，是郑所见《朝事》无此语可知。今本所有，不审卢注误入经文，抑古文家所羼改也。外如阴阳五行、经学儒家无论矣。总之，秦以前古学已成，则此类当归附于古；其时既无古名，不过同气之中各有门庭，一源之流其分两派。若遂指为异族，势等雠仇，不惟前后失序，又且分合不明。今故以六艺定经学，不专主《王制》一篇，所有同异，悉为融化，于《戴记》削去古学一例。

旧以为今古同重。李命三以为古不如今。其说是也。六艺皆孔子作，礼亦为孔子所传，本同一源，纤毫悉合。以今礼说六艺，首尾贯通，无待勉强。又秦汉皆今学，诸子博士莫非此派。义证详多，今学所长也。《古书》、《毛诗》本以立异，意主释经，今礼即由经文推出，欲树别义，必背经文，古学受制于经之事也。明著之条，苦不能变，则于其细微枝节处变之。而辅以异例、异说以求自别。然其改变，不过十中之二三，所改既于经嫌强合，又与不变之条每相龃龉，此《古书》、《毛诗》之所以不如今学也。至于《周礼》出于羼补，《王制》纲领贯串，节目详明，实可举行，而经传载记、子、纬、史、志，符合师说，不可

① “训”下原无“诂”字，今据下文补。

② “概”原讹作“既”，今正。

胜计。长寿李命三《王制集说》可考。《周礼》其为《佚礼》原文者无足论，其专条不惟纲领不能寻求，且与本书亦相矛盾。即如封建、爵禄之类，全不能行，且诸书并无一明文确证。《周礼》本依托《王制》以行，若提出今学明条，更无以自立。至于《诗》、《书》经文，全同今学。古学乃以《周礼》推说《诗》、《书》，自张门户。而经文与师说明说今欲变之，亦如《周礼》之变《王制》。故杜、贾、谢、卫诸家先录经文旧说，不能骤改，取其可以通融之条简略注之。至于《马传》，更加礼说；郑君继起，乃稍明备。然所加与经不符，勉强衍说，臆撰无征。以《尚书》五服马、郑注考之，其义自见。今经专条，则避难不说，此其短也。今本《毛传》略存训诂，礼制缺略，此谢、卫开宗之本，杜子春说《周礼》与之略同。说者不识此意，以为古学简略。按秦传记莫如两《戴》，西汉之作则伏、董、韩、刘，莫不详明，何尝似此简陋？今欲解经悉合古说，岂不大难？至《孝经》、《论语》，不过意取备对，与今学相配，彼时未成家矣。盖是非本有一定，今学既为正宗，而谓别派亦精确详审与之相比，固非情理所有。若能精思果力，再补义例，突过前贤，亦势所能。若谓足敌今学，则恐终难，愿与治今、古者共勉之。

旧以今学无异说，古多异说。周宇仁以为今多古少。其说是也。今学弟子人多，数经不同，又历年久远，不能不有异义。曾子与子游裼袭异同，儒家分为五派，此其验也。古学本只《周礼》，乃多与《诗》、《书》不同，何况今学？旧说过拘《王制》，凡有异说皆归古学。今于哀、平以前不立古学名目，则凡异说统归今派，不必拘定《王制》，以六艺为断，为得其实也。

旧说以《周礼》、《毛诗》、《左传》、《古书》为一派相传。新繁杨静亭以为《毛诗》在后。是也。《左传》建国立官，多仍今义，而《周礼》则故与相反，此二书不同之证。古文以其传于刘歆，遂自为古，非也。《古书》、《毛传》则经无明文，徒取《周礼》古制之专条，推以说之；二书今学各条，反致不敢直用。盖欲取之以为说，则适与今同，无以自成门户。凡所主张皆古学专条，此述者之事，不能自由之苦衷也。其始虽欲立异，门户尚未分明；其后门户既改，从违不得不严，反于今学不敢袭用。此四书有明文、无明文，用今学、不用今学之分。所以古学之中又自有异同也。

旧以今、古学皆有经。富顺王复东疑其说。今按：前说误也。经为孔子所传，凡经皆今学，即《孝经》、《论语》、《左传》、《国语》亦然，则固无古经矣。《周礼》本为传记，今蒙经名，然其原本今学，不过刘歆所改数条乃为异耳，不得为经。《书》、《诗》与《易》，更无论矣。今定凡经皆为今学，即官礼亦为今学，古学惟歆所羼改数条，古之所以不如今，以其出于附会羼改也。

旧以古学汉初有传授。刘介卿以为始于刘歆。其说是也。古学以《周礼》为主，虽《左传》早出，非古学。古学始《周礼》，《汉书·河间献王传》有得《周礼》之文，出于校补。刘歆颂莽功德云“发得周礼，以明因监”，可知《周礼》出于歆手，以为新室制作。其书晚出，故专条西汉无一引用，《移博士书》亦不援以自助。孔氏《书》有经无说。毛公本传子夏。东汉以后之《古书》、《毛传》非西汉之旧。《费易》亦后来以配古学，实失其实，西汉无古学可知。虽叔孙通定礼有与《左传》相同之处，然此乃今学，非实古学专书。古文家所指之张丞相、贾子、孔氏、太史公、毛公皆实为今学，得此考定，然后今、古之说乃明。

旧以今学于古学有因革，于孔子前已立古名，孔子损益，乃为今学，则先古后今矣。不知古学至东汉乃成，虽《左传》出于先秦，然其书兼传六艺，据《王制》立说，由刘歆立古学，援《左传》以为助，与《礼记》无异。歆所详《周礼》本于《佚礼》，是古全由今学生，非古在今前也。旧误以周制为古学，故致颠倒，实在周制本不可考。《左传》全用六艺师说，虽间有为古文家所点窜，然其大纲不能有异，凡异处谓其生于今学可也。不得以古前今后，失先后之实。

旧以传古学者亦有弟子。此说非也。弟子本不止一说，然皆传孔学，自当同为今派。《左传》经说亦为弟子，孔子教授多在著述以后，弟子亦无闻古学先归之事。《周礼》、《书》、《诗》事从后起者，更不待论矣。

《诗》之鲁、齐、韩三家，旧以鲁纯今学，齐、韩皆参用古学。按其时尚无古学，何缘参之？盖多互文见义耳。《公羊》之与《穀梁》，亦同此例。今以《穀梁》、《鲁诗》为鲁学，《公羊》、齐韩《诗》为齐学，不尊鲁而薄齐，特以此示异同之例。齐学同祖孔子，特文义参差，后人不明此义，强为分别耳。今以韩附于齐，只分二派，以乡土说之。至于古学，当时未成，东汉以后亦非乡土所拘，不入乡土之例，示区别焉。

旧以孔子前子书归入古学。华阳范玉宾以为非。今按：范说是也。子书多春秋以后处士托名，管、晏未必自撰，半由后儒掇拾。又子书多采古书，如《管子》之《弟子职》及《地员》等篇，非《管子》书，或集《管子》者之采入，抑或汉以来乃附入，其中实多今学专家之语。今当逐书细考，不能据人据时以为断。至于兵谋、纵横等书，本不入派，如[①]其中有为今、古学所同者，摘钞备证可也。

旧用古说，以为五经皆为焚书，有佚。康长素非之。今按：康说是也。博士以《尚书》为备，歆愤其语，遂以为五经皆有佚缺，然后古文可贵。《易》有《连山》、《归藏》，《书》有《百篇序》，《诗》有赋、比、兴、笙诗，《春秋》有邹、夹，《礼》有《佚礼》，托之壁墓，尊为蝌蚪，群仍其误，以为经缺，千年不悟。近来诸儒讲西汉之学，牟、邵诸家乃发经全之说，信而有征。文详各经凡例，足相发明。

旧以《春秋》为孔作，《诗》、《书》、《易》、《礼》则为文王、为国史、为周公之遗，以四经与《春秋》不类。使孔但作《春秋》，则四经当为旧制，必有异同。今一贯同原，知无新旧之异。六经垂教，不能参差；四代[②]同文，必由一人手定可知。歆《移书》犹以经归孔子；以后报怨，援周公以与孔子为敌，遂以《易》为文王、周公作，《春秋》为鲁史，《仪礼》出于周公，《书》为历代史笔，《诗》国史所存，捋掇仲尼，致使洁身而去。东汉以后，虽曰治经，实则全祖歆说。

旧以史册为古学。华阳张盟孙以为不然。是也。古学托始《左传》，其书实以今礼为本，非据史册为说。其据史册为说者皆异例，非异礼也，须辨之。既不能加古名，安能指史册与《左传》同类？谓古学家祖之，则可；遂以史册为古学，不可也。凡属史册，今不以归二派，旧例今、古同者亦附焉。

旧专据《王制》以为今学，凡节目小异者遂归入古学。胡敬亭以为文异义同。其说是也。盖当时拘泥《王制》、《穀梁》鲁学为今学专门，凡文不见二书者，不敢据为己有。又以《左传》为古学，其文与鲁学小异者，皆以为古学。《周礼》、《国语》多同孔语，故以为孔子实传古学。刘歆以前，如张苍、贾谊、毛公皆传古学，代有授受。及细考之，乃知《左》、《国》全为今学，其书早行，未经刘歆羼乱。《周礼》亦惟专条乃为刘语，其与《戴记》[③] 同者皆为今学。实古学之所以立者，全在今《周礼》羼改数条，歆以前实无此等议论。今学广大，不能仅据《王制》

---

① “如”原讹作“为”，今从张校本改。

② “四代”原讹作“四伐”，今从张校本改。

③ “戴记”原讹作“载记”，今从《选集》改。

明文，有言有不言，要之皆其所统。由此观之，则西汉以上无不为今学者。《周礼》古文之学实至东汉中叶乃盛行。所指师传，皆为伪托。如《祭法》庙制、祭仪与《国语》同，而《荀子》亦有此说。《祭法》有祧、有明堂，《王制》无之，孔子之言祧、言明堂者不一而足，此不能尽屏为异说也。盖事理繁博，诸经每详一端；细节门目，必须参合，乃能全备。大纲之封国、职官、选举、学校，群书皆同，而细节文多互见。即以庙制言，大纲之七庙，祀天神、人鬼莫不同，而祭期则小异。《诗》与《王制》详四时，《祭法》有日、月、岁、终，《孝经》只春、秋二祭，《公羊》则言禘、祫，说各相歧。必合通乃为全义。言大纲者则参互者传记之细节。《王制》虽大纲略备，然事理非一书能详，其大纲同，而节目不无小异。治《孝经》、《国语》者亦然。又汉去春秋久，《王制》为先师之本，《公羊》传严、颜二本，犹自不同。考《白虎通》有《王度记》，《王度》当为《王制》副篇。《王度》有记，则《王制》有记可知。举一家之本，以尽括今学，势所不能。今欲举《王制》括群经，则以大纲为主。如以《王制》说《公羊传》，传文不同者，则以尊卑异仪，差互见义，略举示例。文异义同诸例之至群经亦同，然后《王制》广大，足以包括群经，不致小有异同，辄屏为异说。如《礼记》孔子礼说与《王制》多异，固有依托；然其说多与六艺合，则不能不以为孔子说。必有此例，然后《王制》足以包之。如《曾子问》、《檀弓》所言礼制多与《王制》不同之类。然此为专治《王制》言之。若各举一经以合《王制》，宜专明本经，不关异说。若再牵涉，徒滋烦扰。师说参差，莫如《戴记》，今即以治《戴记》之法治《王制》，参观以求，思过半矣。

治经须有次第，亦有年限，今略定为此说，以待治经者之采择焉。《王制》以后世史书推之，其言爵禄，则职官志也；其言封建九州、五服，则地理志也；其言兴学选举，则选举志也；其言巡狩、吉凶诸事，则礼乐志也；其言国用财富，则食货志也；其言司马所掌，则兵志也；其言司寇所掌，则刑法志也；其言四夷，则外夷诸传也。大约宏纲巨领，皆具于此，宜为一王大法。今立此纲，凡治经者，先须从此入手。此书已通，然后治《诗》。《诗》之东西通畿，大伯、二卿、四岳、两卒正，此陈九州风俗以待治也。《尚书》之周公篇与末四岳横说与此同。《大雅》王事应三《颂》，《小雅》应《国风》，移风易俗，所谓平治之具也。此一代一王之法。三《颂》者通其书于三统也，如《尚书》之四代。治《诗》以后，可以治《尚书》。《尚书》专明三统，《帝典》规模全与《王制》相合，俨然一代之制。以下二十七篇则《帝典》之细节。三代之文甚略，以《帝典》推之，列序三代，即《诗》三统之意。《书》中又分礼制、行事二门。礼制专言制度，如《立政》言选举、官人之法，《禹贡》言九州、五服之制，《吕刑》言司寇之事，《禹誓》、《费誓》言司马出征之事，《文侯之命》言加命之事，《顾命》言继位之礼，《洪范》言阴阳五行之事，为全书大例。此数篇以制度为主，朝廷典制，故文从字顺。《商盘》、《周诰》则多述时事，告下之文，故不易读。言时事者近于国风，言制度者近于雅、颂。《诗》、《书》已明，然后习礼乐。《仪礼》者，《王制》司徒所掌六礼之节文，异说甚少，全为仪注之事，治之甚易。乐者，《王制》大乐所掌之实事，言止一端，易于循求。礼乐已明，然后治《官礼》。据《周礼》删去伪羼之条，易今名以别之。《官礼》者即《佚礼》原文，立官与[①]《王制》冢宰三公相同，《曲礼》六大、五官、六府、六工即其旧目。《王制》于诸官举其大纲，此为专书加详，二书重规叠矩。《王制》已明，此书迎刃而解。然后可治《春秋》。《春秋》者举《王制》之意衍为行事，制度纲目全同《王制》。《王制》如宫室图样，《春秋》则营造已成者。群经已明，《春秋》易治。然后治《戴记》、《左》、《国》。《戴记》者群经传记。《王制》为大宗，又分类附各经，则说已大明，不嫌繁难矣。《左》、《国》虽主《春秋》，群经传说经说皆见于本经，更以类相从，事最易举。统计以三年学《王制》，《诗》、《书》、《礼》、《乐》、《官礼》、《春秋》、《礼记》、《左》、《国》，一年治一经，十二年而群经皆通。古之学者耕且养，三年通一经；今之学者终身不能一经，皆由失此秘钥故也。

六经相通之事，如《春秋》亲迎，《诗》、《礼》莫不同。《春秋》三年丧，《诗》、《书》、《礼》皆同。《春秋》讥世卿，开选举，《书》、《礼》皆同。《春秋》九州、二伯、方伯，《诗》、《书》、《礼》莫不相同。《春秋》讥再娶娣侄，《诗》、《礼》皆有明文。约举数端，余可类推。三公九卿，群经皆同，惟伪《周礼》独异耳。又九州五服，群经皆同，亦惟《周礼》独异，并无时代乡土之异。又即《尚书》而论，《禹贡》与典、谟同，《吕刑》与《帝典》同。《尚书》四代礼制实无沿革，使非孔制，

---

① “与”原讹作“为”，今从张校本改。

四代当有异同，即一经中不自矛盾乎？伏君《大传》又何为据《王制》以遍说四代乎？惟六经合为一书，故此经所详，彼经所略。如明堂辟雍，大典礼也，《诗》言之而《春秋》、《书》、《礼》可从略。制爵班禄，《春秋》详之，而《诗》、《书》、《礼》不详言。相济相成，乃能全备。后人专学一经，便有所穷。故博士议礼，本经所无，则从阙略。经学须博通，乃备一王之制也。汉人博士据《王制》以遍说群经，使非相通，万不能一律相合，观十四博士同一制度，则经学之相通无疑矣。

自春秋至哀、平之际，其间诸贤诸子、经师博士，尊经法古，道一风同，皆今学也。虽其仁知异见，乡土殊派，然谭六经必主孔子，论制度必守《王制》，无有不同。刘歆报复博士，创为邪说，颠倒五经。改《周礼》而《王制》毁，言邹、夹而三《传》阙，有《毛诗》而三家绝，有马、郑而今文佚，经学真传由歆一人而斩，所存二传、二礼，又皆乱于歆说。东汉以来皆受其欺，甚且助虐。故自西汉以后，六经分裂，不能相通，经礼纠纷，徒滋聚讼。今欲正千余年谬误，不能不首重巨魁，胪其罪状，与天下后世共证之也。

王子雍与郑君争不胜，造伪书以自助；刘歆与博士争不胜，改变古书以自助，其智同也。初则博士假朝廷之权以遏抑歆，后则歆假王莽之势摧击博士。歆掌儒林，既负权势，得以自由，又淹博有作伪之才，遂足以翳蔽孔子，颠倒五经。自有刘歆，经学遂驳杂不纯，掩蔽圣心，使后来治经者，无一人能窥见尼山微意。今删汰古学四经，然后六经同源，微言可显。

刘歆官司儒林，职掌秘籍。方其改羼《佚礼》以为《周礼》，并因博士以“尚书为备”一语，遂诋六经皆非全书。弟子恐其无本，则私改史书、纬书以自助。如《七略》之有《周礼》、《左氏》、《古书》、《毛诗训诂传》，此刘歆所改。他如《刘歆传》、《河间献王传》、《后汉书·儒林传》之《毛诗》、《周礼》等字，则为后来校史者所补。又范书以《毛诗传序》为卫、谢作，是晋宋间犹不以《毛诗传序》为西汉以前之书。今《郑笺》、《郑志》别有以《传序》为子夏、毛公作之文，此为后人记识刊本，误以入笺。《孔疏》所引《古书》与古文同者多，多为后人伪造，刘炫好作伪说，当出其手。与六朝人造《左传》渊源同。此等皆伪说，史、纬别有真条。今人治经，先看陆氏《释文序录》、《隋书·经籍》，宜其不得途径。今先考明其真者，然后伪说可祛。必先洗涤伪说，然后司以治经。说详《古学各经渊源证误考》与《释文证误》、《隋书经籍志证误》

中，《新学伪经考》甚详。

刘歆颠倒五经，至今为烈。真为圣门卓、操，庠序天魔。盖其才力既富[①]，又假借莽势，同恶相济，党羽众多，流害深广，不惟翻经作传，改羼《佚礼》而已。至于史书纬候，亦多所改窜，后来流说，愈远愈误，至于不可究诘。今一旦起而正之，或者犹执流俗之经说、羼改之史文以相难。此非好学深思，心知其意，固难为浅见寡闻者道也。

天下之事，是非不能两立。而刘歆伪说乃与孔子六经并立千余年，人不能止其非。虽攻《周礼》者代不乏人，然由于今学未深，不能心知乎真，何能力辨乎伪。故前人所指《周礼》之伪，半多真古书，于其伪者反不敢议，故遗误至今。诚于今学多一分功夫，则古学多露一分破绽。今学大明，则古学不攻自破。惟流误已久，若不辟之，恐不明白；然必于今学实有心得，方知其实。若但知其误，而不能心悟乎真，亦无益也。

六经传于孔子，实与周公无干。哀、平以前，博士全祖孔子，不祖周公。刘歆《移书》亦全归孔子，后来欲攻博士，故牵引周公以敌孔子，古文家说以经皆出周公是也。后人习闻其说，遂以周公、孔子同祀学宫，一为先圣，一为先师，此其误也。古学以《诗》、《书》、《春秋》为国史，《周礼》、《仪礼》为周公手订，《易》爻辞、《尔雅》为周公作，五经全归周公，不过传于孔子，与刘歆《移书》相反，与“作六经贤于尧舜”之文不合，此当急正者也。崔氏《考信录》已驳周公著作诸说。

博士以《尚书》为备，本出微言。详见《尚书二十八篇叙例》。刘歆愤激其语，极力攻之，遂以五经皆为不全。《连山》、《归藏》之说出而《易》不全。六艺之名立而《诗》不全。邹、夹之书录而《春秋》不全。邹、夹无师无书，何以为学？又何以自立？此出歆伪说，欲以攻三《传》不能尽《春秋》耳。《周礼》出而礼不全。于五经之外臆撰经名；于博士经学之外别出师法。后人遂疑孔子之经不全，博士之本未足，经学杂而不纯，博士缺而不备。引周公以攻孔子，造伪说以攻博士，皆歆一人之罪。公孙禄劾其颠倒五经，此之谓也。今学《诗》、《书》皆无序，《百篇书序》出于杜、贾，《毛序[②]》则卫宏仿而为之。旧以今学《诗》、《书》皆有序，非也。

旧以古学刘歆以前有传授，与今学同。德阳刘介卿以为西汉无传

---

① “富”原讹作“当”，今从张校本改。

② “序”原讹作“注”，今据《后汉书·儒林传》改。

授。其说是也[①]。真成、康之政至东迁时已多改异，自孔子作六艺，儒者所传皆孔子说。真周制虽间有存者，学者皆以为变古流失。今《四代古制佚存》中所录是也。《左》、《国》、《戴记》诸子所言，均以孔子为主。刘歆与今学为难，始改《逸礼》以为《周礼》，刘歆以前实无古学派也。秦汉以前，所说礼制有与《王制》小异者，此三统异说之文，实非今学外早有古学专门名家，自成一派。刘歆取《佚礼·官职篇》删补羼改，以成《周礼》。刘氏弟子乃推其书以说《诗》、《书》、《孝经》、《论语》，此皆东汉事。马融以后，古乃成家，始与今学相敌。许、郑方有今、古之名。今学以六艺为宗，古学以《周礼》为首。今学传于游、夏，古学张于刘歆。今学传于周、秦，古学立于东汉。此今、古正变先后之分，非秦、汉以来已两派兼行也。古学皆出东汉，故《后汉书·儒林传》所言《周礼》、《左传》、《毛诗》、《古书》训故传注皆东汉人，无西汉以前师法书籍，《周礼》、《左传》、《古书》其说不误。惟《毛诗传序》流误，以为西汉毛公作，或又以为先秦之人。以三事比之，其例自见。《毛传》与杜林《周礼训》相同，但明训诂而已，非西汉以前之师说也。

古学始于刘氏，当移书博士时，所尊三事，皆为今学，不过求立《左氏春秋》、佚《书》《礼》耳。惜博士胶固，摈不与同。及后得志，乃挟《佚礼》改《周礼》，今学诸经悉受其祸，至今未艾。“人而不仁，疾之已甚，乱也。”今欲见古学晚出，证之《移书》自明。史称《移书》引事直，则无不尽之言，后来古学家羼托之说，皆与此事不合。今特注之，以见《周礼》、《毛诗》、《古书[②]》之出于后起。“是故孔子忧道不行，历国应聘，自卫反鲁，然后乐正，此以乐为孔所订，与古文家以为周公作者不同。《雅》、《颂》各得其所。此以《诗》为孔子作，与以为国史旧闻者不同。修《易》与修《春秋》同，以《易》为本“坤乾”而加笔削，与后以为周文王作、孔子赞十翼不同。序《书》与《诗》同。制作《春秋》，以记帝王之道。盖此以为孔子制作《春秋》，成王道，与博士纬、杜氏说同。《左传》则以为鲁史旧文，周礼旧例。歆此时本同博士之学，后来攻博士，全与此说反。及夫子没而微言绝，七十子终而大义乖。”微言即今学所传文王、素王作六艺改制之说也。不能明言，谓之微言。“至孝文皇帝，始使掌故晁错从伏生受《尚书》，《尚书》初出屋壁，朽折散绝，今

---

① “也”前原脱“是”字，今从张校本补。

② “书”原讹作“事”，今从张校本改。

其书见在，时师传读[①]而已。《诗》始萌芽。天下众书往往颇出，皆诸子传说，犹广立于学官，为置博士。在汉朝之儒，惟贾生而已。据《汉书·儒林传》以张苍、贾生为传《左传》，今不言，足见其伪托。至孝武皇帝，然后邹、鲁、梁、赵颇有《诗》、《礼》[②]、《春秋》先师，皆起于建元之间。据此，则谓张丞相、尹咸、翟方进等传《左传》以相授受者，误矣。当此之时，一人不能独[③]尽其经，或为《雅》，或为《颂》，相合而成。《泰誓》后得，博士集而读之。《泰誓》非博士旧传，伏生只传二十八篇。二十九篇之说，合《泰誓》数之也。《泰誓》盖即十六篇《中候》之一，非真《尚书》文也。故诏书称曰：'礼乐坏崩，书缺简脱，朕甚闵焉。'时汉兴已七八十年，离于全经，固已远矣。及鲁恭王坏孔子宅[④]，欲以为宫，而得古文于坏壁之中。《逸礼》有三十九，《佚礼》即今《周礼》，乃传非经。《书》十六篇。史公所录三代事不见《尚书》者即此，乃传非经。〇据此，则孔壁所得惟《逸礼》、《佚书》二种而已，此二书为今学，博士所传，得孔壁乃全本，博士本不全耳。是当别无河间献王得《周礼》、《毛诗》之说，而《左传》亦不出于孔壁，如王充所云也。天汉之后，孔安国献之，遭巫蛊仓卒之难，未及施行。及《春秋左氏》邱明所修，皆古文经，古字。旧说[⑤]，即解经释例之文，《五行志》引"说曰"是也。多者二十余通，指《说》、《微》而言。藏于秘府，伏而未发。多二十余通者，谓较通行《国语》多二十余篇也。孝成皇帝闵学残文缺，稍离其真，乃陈发秘藏，校理旧文，得此三事。无《毛诗》。以考学官所传，经或脱简，传或间编。[⑥]谓以中古文本校博士本有脱误也。传问民间，则有鲁国桓公、赵国贯公、胶东庸生之遗学与此同[⑦]，得此三事，则校书时秘府书与博士所传不同者，三种而已。校书作《七略》，今《班志》乃有《周礼》、《毛诗》与《左传》同学。何以刘氏不引二书为据？乃引今学之遗。抑而未施。此乃有识者之惜闵，士君子所嗟痛也。[⑧]往者缀学之士，不思废绝之阙，苟因陋就寡，分文析字，烦言碎辞，学者罢老且不能究其一艺。信口说而背传记，是末师而非往古，据桓、贯、庸三家皆传《书》、

---

① "时师传读"原讹作"时诗读传"，从《选集》据《刘歆传》改。
② "礼"原讹作"书"，从《选集》据《刘歆传》改。
③ "独"字原脱，今从《选集》据《刘歆传》补。
④ "宅"前原衍"旧"字，今从《选集》据《刘歆传》删。
⑤ "旧说"《刘歆传》作"旧书"，今从《选集》不改。
⑥ "经或脱简，传或间编"原讹作"或脱简，或间编"，今从《选集》据《刘歆传》补。
⑦ "遗"下原脱"学"字，今从《选集》据《刘歆传》补。
⑧ 二句《刘歆传》作"此乃有识者之所惜闵，士君子之所嗟痛也"。今从《选集》不改。

《礼》之学者，是《左传》并无师也。刘氏舍朝廷执政本师，不引以为据，而远及异学民间之儒生乎？且云遗学与之同，不免附会。何以不引翟方进等为说哉！至于国家将有大事，若立辟雍、封禅、巡狩之仪，则幽冥而莫知其源。犹欲保残守缺，挟恐见破之私意，而无从善服义之公心；或怀妒嫉，不考情实，雷同相从，随声是非，抑此三学，以《尚书》为备，谓《左氏》为不传《春秋》，岂不哀哉！”此攻祺《公》、《穀》二家。专为《左氏》而言。“且以数家之事，皆先帝所亲论，今上所考视。其古文旧书，皆有征验；内外相应，岂苟而已哉。”

据以上所言，特欲于经学外立《左传》古文耳。但云“古文旧书皆有征验，内外相应”。此兼《礼》、《书》言之也。《汉书》以《周礼》、《毛诗》并传于河间，藏在秘府。《左传》皆有师传授受。《后汉·儒林传》以建武立《毛诗》博士，皆六朝以后伪说行世，校史者据误说所羼改。如《后汉书·儒林传》十四博士之有《毛诗》，是其明证。今据此书为证，伪说自破。故以古学成于东汉，以《周礼》为刘氏所删补，《古文尚书》、《毛传》为贾逵、谢曼卿始创之说，非西汉之书也。

初用刘申受说，以《左氏传》刘例，即本传所谓章句出于刘歆。细考《五行志》引“说曰”在刘歆前，史采歆说，可云详矣，今传中无其一语。又歆说例多同二传，今传说、“今说”多与二传不同，简略不全。使歆为之，当不如此。且杜氏所引刘说，多与本传不合，知不然矣。《史记》引解说已十数条，则经说不由歆出，更不待言。说详《左氏凡例》中。考刘歆文集初年全用博士说，晚乃立异。欲知其年限，因考《王莽传》，乃知《周礼》之出，在王莽居摄以后。《王莽传》上言《周礼》者只二事，在居摄后；中、下以后则用《周礼》者十之七。可见《周礼》全为王莽因监而作，居摄以前无之。歆当时意在乱博士礼，报怨悦主，不料后世其说大行，比之于经，并改诸经而从之也。如天子十二女，博士说也；百二十女，《周礼》说也。《莽传》上用十二女说，莽纳女事。传下用《周礼》说。莽自娶一百二十人。使《周礼》早出，抑刘歆早改《周礼》，则当时必本之为说，何以全无引用？是“发得周礼，以明因监”，是时《周礼》始出，中多迎合莽意而作。今定《左传》出于《史》前，《周礼》出于居摄以后。《周礼》未出，《左传》亦为今学。《周礼》出，乃将《左传》亦牵率入古学也。刘歆初本今学，后为古学，考言之甚详。

刘歆作《周礼》，以为新室法。窃取《公羊》为汉制作之语，而《莽传》不尽用其制。如《周礼》已出之后，犹用以三辅一百二十官之说。盖当时今学甚明，不能遂掩，至于引《周礼》，亦寥寥数条。古学之兴，始于郑康成，盛于六朝。史志遂以《周礼》为主，今文附见志中矣。故《莽传》皆今古并用，非全用《周礼》。当作《莽传参用王制、周礼表》以明之。

旧作《周礼删刘》，将诸侯五等封地一条删出，考《史记》于鲁、卫皆云四百里，《明堂位》七百里亦字之误；方三百一十六里出《千乘》，四百里举成数也。是方伯食四百里有明文可证。既知此条实《佚礼》原文，特刘氏有所损益。方伯闲田三百一十六里，此定说。二伯当加，故云五百里。以此推之，三为卒正，二为连帅，百里为属长。《王制》三等指本封，此五等指五长，闲田乃明。互文相起制度，刘损益其文以为实地，则失其旨。今将此条收还今学，则群经皆通，千载疑案涣然冰释矣。

《周礼》不出于王莽居摄以前，于《莽传》又得一确证。《莽传》上实考周爵五等，地四等，有明文。殷爵三等，有其说无其文。《周礼》明以为地五等，与纬书合，无附庸。今以为四等，合附庸而数，是未见《周礼》五等封明文也。又帝娶十二女，与后用《周礼》百二十女之说不合。使《周礼》果出于前，刘歆校书时已得见之，则居摄以前亦当引用，不致前后两歧也。说详《周礼删刘》中。

歆改《周礼》，今为删出明条，不过千余字，又杂有原文，然则合其零星所改，不过千字耳。歆固为攻博士，尤在迎合莽意。莽居摄以前，全用今说；意欲变古以新耳目，且自托于新王，歆乃改《周礼》以迎合之，大约多莽私意所欲为者。如引《周礼》为功显君服缌，为莽娶百二十女。汉疆域大，改为九服万里之说。诸如此类，此歆逢迎莽意而为之者也。

古学以《周礼》为主。《汉书·河间献王传》有得《周礼》之文，出于后人校史者据误说羼补。刘歆等颂莽功德云："发得周礼，以明因[1]监"，可知《周礼》出于居摄以后，以为新室制作。凡《周礼》专条误说，莽皆曾见施行，《王莽传》之文可考。《凡例》中"征莽"一条，即谓此义。其书晚出，故专条不惟西汉无一引用，即居摄以前，莽歆亦不援以自助。《孔氏书》有经无说。毛公本传子夏。东汉以后之《古书》、《毛传》非西汉之旧。《费易》后来以配古学，实失其实，则西汉无古学可知。虽叔孙通定礼有异同，然此为三统参差例，非实有古学通行传习。古文

---

① "因"原讹作"殷"，今从张校本改。

家所指之张丞相、贾子、孔氏、太史公、毛公皆实为今学。

旧以今学于古学有因革，是于孔子前已立古名，孔子损益，乃为今学，则是孔子亦有晚年定论矣。不知古学至东汉乃成。刘歆援《周礼》以为主，其徒党最盛，推之于《诗》、《书》以成古学，是古全由今生，非古在今前。旧误以周制为古学，故致颠倒。实则周制本不可考，古学亦非用周制。不得前古后今，失先后之实。

今、古学之分，师说、训诂亦其大端。今学有授受，故师说详明。古学出于臆造，故无师说。刘歆好奇字，以识古擅长，于是翻用古字以求新奇。盖今学力求浅近，如孔安国之“隶古定”、太史公之易经字是也。古学则好易难字以求古，如《周礼》与《仪礼》古文是也。古学无师承，专以难字见长，其书难读，不得不多用训诂；本无师说，不得不以说字见长。师说多得本源实义；训诂则望文生训，铢称寸量，多乖实义。西汉长于师说，东汉专用训诂。惠、戴以来，多落小学窠臼。陈左海父子与陈卓人乃颇详师说，踵事增华，易为力也。

《春秋大传》褚先生引为例礼传，《春秋谱牒》为事传。太史公据谱牒作世家、年表。此三《传》言事之专书。《春秋》以十九国纪事，《十二诸侯年表》除许、曹、莒、邾、滕、薛、小邾子，七国不数，《杞世家》有明文。此全本《春秋》立说。以周史事例之，则不得独详山东也。经于诸国记卒，故史详其世系。不惟《左氏》同之，即《公》、《穀》言事，亦当据此。史公兼通三《传》，尤为《左氏》本师。故本之为世家年表。有《春秋谱牒》，本为释《春秋》之专书。若《左》、《国》则不独为《春秋》而作，不为《春秋》专书也。

博士以《左氏》不传《春秋》，初以为专以《说》、《微》别行之故，继乃知其书实不独传《春秋》。传由《国语》而出，初名《国语》，后师取《国语》文依经编年，加以《说》、《微》，乃成传本。《春秋》编年，专传当依经编年；今分国为编，其原文并无年月，一也。依经立传，则当首尾同经；今上起穆王，下终哀公，与经不合，二也。《公》、《穀》所言事实，文字简质，朴实述事；今传侈陈经说，制度与纪事之文不同，三也。为《春秋》述事，则当每经有事；今有经无传者多，四也。解经则当严谨；今有经者多阙，乃侈陈杂事琐细，与经多不相干，五也。既为经作传，则始终自当一律；今成、襄以下详，而文宣以上略，远略近详，六也。不详世系与诸侯大夫终始，与谱牒世家之意不合，七也。《春秋》大事盛传于世，载纪纷繁。若于传《春秋》当详人所略，略人所详，乃征实用。今不羞雷同，而略于孤证，八也。有此八证，足见其书不专传《春秋》，盖仿经文“行事加王心”之意为之。经皆有空言、行事二例。《诗》与《易》，空言也；《尚书》与《春秋》，行事也。两《戴记》空言；《国语》行事也。空言未尝不说事，而言为详；行事未尝不载言，而事为主。《尚书》、《春秋》，孔子因事而加王心；《国语》、《左传》，因行事而饰经义。事为实事，言不皆真言，假借行事以存经说，本为六经之传，不区区一家，以为不专传《春秋》，乃尊《左氏》与两《戴》相同，非驳之也。《檀弓》，齐学之传也。传记惟《公羊》与《檀弓》称郲娄，以齐语定之。中言《春秋》例礼与事数十条，言事与《左氏》文皆不同。而兼及他经者亦多。《左氏》之书正如其体。《国语》本为七十弟子所传，与《戴记》[1] 同也。指为邱明，始于史公。与《论语》所言非一人。其书决非史体，其决非史官，万不可以史说之者也。新刊《左传凡例》详之。

《春秋谱牒》乃治《春秋》专书。若当时行事，则传、记、子、纬各有传述，言之甚详。《谱牒》详其世系终始行事，但有纲目，此真正传《春秋》之书。略人所详，详人所略，文字简质，如是已足。若传记所言，则据《谱牒》目而衍成文章。如杀申生一事，传记凡五、六见、言皆不同，事亦不合。此类实繁，不能备举。此书皆借事各抒所闻。见事如题目，记述如文字，人各一篇，不能雷同。如崔杼、赵盾、世子生、践土盟之类。总之今所传者均非史。若周时真事，皆怪力乱神，不可以示后人。如同姓为婚、父纳子妻、弑逐其君、桓公灭卅国、姑姊妹不嫁七人等，背礼伤教之言，乃为真事。当时亦均视为常事，并无非礼失礼之说。孔子全行掩之，而雅言以《诗》、《书》执礼，不得于孔子后仍守史文之说也。《春秋》、《国语》皆经也，惟《谱牒》乃史耳。董子云：《春秋》有诡名、诡实之例：当时所无之制，欲兴之，则不能不诡其人；义所当讳之事，欲掩之，财不能不诡其实。《春秋》所见之监者，当其时并无其人其事。又凡所言夷狄，皆指中国，并非真夷狄也。意不欲言则削之。如郑厉公入栎以后，十数年不一记郑事，数经弑杀，终无其文[2]是也。制所特起则笔之。如三国媵伯姬，当时无此礼，亲迎亦无详录伯姬之类。《春秋》有笔削，凡涉笔削，皆不可以史说之。削者首尾不全，笔者当时尚无其制。后人好以史说《春秋》，而无左氏又非史，则杜氏乃得售其术。故凡大事，众人

---

① “戴记”原讹作“载记”，今从张校本改。

② “文”原讹作“父”，今从张校本改。

所共知，史原事也。至于一切外间小事，鲁国细事，不惟当时多无记录，即使有之，亦其细已甚，史不得详。总之，孔子之修《春秋》，正如刘歆之改《周礼》。《周礼》为刘氏之书，《春秋》亦为孔子之书。《周礼》当复旧观，《春秋》不可复言史法。如欲侈言史，太史为圣人矣，则《通鉴纲目》真可以继尼山之传矣。

《春秋》为孔子修，故为经。杜氏承古文家法以为鲁史。《五十凡》为周公旧例，多存史书原文，则十二公中至少亦经七八人之手。以为据周礼凡例而书，故人多而文不一律。又据外国而书，并不问其得失及本国义例。似此，则真为断烂朝报，无足轻重矣。圣人垂教之大经，至诋为依口代笔之杂说，非圣无法，至此已极。而世乃不悟，悲夫！

《春秋》为孔子继《诗》而作，于史文有笔有削，各有精意。若但据赴告之文，则与今广报、沪报相似，且广、沪报亦自有义例，岂能不论可否，据赴直书之理？即如以十九国为主，余者不记事，全从《王制》立义，与六艺皆通。若但据史文，则当时国多矣，何以只此十九国来赴卒、葬，而宿，乃一赴卒乎？每经皆有师说、义例，在于语言文字之外。如笔削、褒贬、进退、隐见、二伯、方伯、卒正、连帅诸凡义例、礼制四五十类，此《春秋》精意、师说也。《左》例中皆已具之，与二传同，与《周礼》异，此《左传》不可以为古学之实也。

传若为国史原文，则一经应有一传，前后一律，乃为旧文。今传襄公卅年与僖前百年多少相等，且庄公至七年不发一传，此成何史体？又传多不应经，且有无经而传，所以不书之故，则又非史官所得言。故杜氏不敢以传为专据史文，尚属留心，不似后人鲁莽也。国史之说，出于古文家，隐驳孔子作六经之意。一言史，则其弊不可胜言。

《谱牒》为《春秋》事传，《公》、《穀》为《春秋》例传，所谓其事则桓文也；所谓“其义则丘窃取者也”。各详一门，互相启应。今《公》、《穀》每因弟子问录事迹，则《公》、《穀》非不言事也。《春秋大传》今《曲礼》、《繁露》中有其文，与事传初并不与经相连。依经附传，此为后出答问之书，故与今相比，《国语》者，弟子为六艺作，本为今学书，与伪《周礼》专条无一同者。古文家因传歆手，牵为古文，非是。刘歆羼《周礼》而不羼《左传》，以《左传》在前，迎合莽意后乃成，且心慕其书，不忍窜乱之也。

《公羊》、《穀梁》本一家也，由齐鲁而分。刘歆更造为邹、夹之名，则《春秋》有四家矣。今会通齐鲁，合为一家，并收《国语》以补事实，则三《传》精华会萃一书，即邹夹二家之伪说，亦不能自立矣。

周宇仁据《大传》文，生博士二十八篇为备之说，予初不以为然，以《古书》引用者甚多，不能以佚文为非《书》；及考《百篇书序》，然后悟周说为是。如《大传》言五诰，《孟子》引《汤诰》不在五诰中，盖孔子所笔削为经者实二十八篇，其余即孔所论之余，刘向云“周时诰誓号令”是也。及读牟黔人《同文尚书·小传序》力主此说。以二十八篇为孔子删定本，余存尚多，即《艺文志》之《周书》七十一篇也。其《百篇序证案》，以百篇出于卫宏、贾逵。盖圣作之经，不应亡佚过半，且既经笔削，则圣经也。孟子于《武成》，取二三策，以为原文则可，圣经则何以尚待孟子之甄别？当亦非所敢言。《书》分帝王、周公、四岳二十八篇，各有起文，互相照应，其文已足，不能多加一篇。以义理事证包括无遗，不能于外再有所补。经贵简要，传贵详明，人多以传为经。孟子引“放勋曰”云云，或以为《尚书》佚[①]文，顾氏以曰为日，如此之类甚多是也。又《孟子》纪舜事，皆为《尚书》师说，故文体与《尚书》不同。其误源于《百篇序》，《百篇序》以在《史记》而人不敢驳，实则其说皆不通。古无《舜典》，卫、贾创为其名，以凑百篇之数，陈亦韩说，本无别出《舜典》，《大学》引《书》通谓《帝典》。《子华子》、《孔丛子》亦称《帝典》。陈南浦误于序说，并回护伪古文，疑“月正元日”[②]以下，实古之《舜典》。按《帝典》古称《虞书》，以虞包唐。故三统之说言有虞氏而不言唐尧，举虞以包唐，不必别有《舜典》。且尧、舜均称，二典当并重，西汉以前乃无人引其文，无人道其名，万不能轩轾若此，即此可悟古无《舜典》矣。旧本尧、舜并说，合为一篇，名曰《帝典》。《大学》、《子华子》、《孔丛子》所称《帝典》，其本名也。后师因其首言尧，称为《尧典》。诸书之称《尧典》者，非便文，则译改。《百篇序》本古文家仿张霸而作，羼入《史记》，以为征信。考张霸《百两篇》备录经文，其伪显著。刘歆欲攻博士经不全，故本其书作序。有序无经，不示人以瑕。序袭《百两》，非《百两》袭序。《毛序》出于谢，《书序》则刘歆所为。以百篇立名，愤博士二十八篇为备之说耳。伪古文之作，伪《书序》实为之俑。阎氏攻《伪孔》而不攻《书序》，未得罪魁矣。魏默深以《孟子》、《史记·舜本纪》之文为《舜典》，据而补

① “佚”原讹作“佾”，今从张校本改。

② “月正元日”《尧典》作“正月上日”，陈澧《东塾读书记》引作“月正元日”。

之；陈南浦强分“月正元日”以下为《舜典》；皆误于伪序之故。伪古文之《五子之歌》、《咸有一德》等篇，本非书名，杜、贾引以凑百篇之数，乃亦附会其名，而撰为一篇，则不惟其文伪，并其篇名皆伪也。牟黔人分二十八篇为三十一篇可也，以《史记》所引序为真书则非。据云：《书序》不见《史记》者三十七，恐不如此之多，试再考之。

初以《毛诗》为西京以前古书。考之本书，征之《史》、《汉》，积久乃知其不然。使《毛传》果为古书，《移书》何不引以为证？《周礼》出于歆手，今《毛传序》全本之为说，刘歆以前何从得此伪说？同学有《毛诗传序用周礼、左传考》甚详。《艺文志》之《毛传》，《刘歆传》、《河间献王传》、《后汉书·儒林传》之“毛诗”字，皆六朝以后校史者误羼，原文无此。旧有《毛诗渊源证误考》一卷。

《周礼》出于刘歆，《古书》出于东汉，前人皆早疑之，惟以《毛诗》出东汉，古无此说。然《后汉书》明以训为谢曼卿作，序为卫宏作。使魏晋间果以《毛诗》出于西汉，郑君有以《毛序》为子夏、毛公所作之说，范氏何敢以卫、谢当之？《后书·儒林传》：《古书》、《周礼》创始之注皆名“训”，皆马氏传、郑氏注。以二书相比，足见其例。此等为范书真文，后人不能伪改。若十四博士之有“毛诗”字之类，则后来校史者所羼补，误信后说，以改古书。今当由此类推。至于《郑志》等书有以传为毛作者，则又刘炫等之伪说，证之本书，考之本传，有明征者也。牟黔人先生《诗切》主此说，以《毛诗序》为卫宏作，别为序，并以笙诗五篇为纂人之名。

孔子言“诗三百”者不一而足，今《诗》三百，是《诗》备也。刘歆愤博士“以《尚书》为备”一语，欲诋博士之诗不全，于是于《周礼》伪羼六义，于风、雅、颂之外，添出赋、比、兴，其意不过“三易”、《百篇书序》故智。然赋、比、兴之说，古今无人能通，亦别无明证，此必出于伪说无疑。如言“三易”，孔子本“坤乾”作《易》，商得“坤乾”，何缘有《连山》、《归藏》皆六十四卦之说？旧《易》言“坤乾”，孔子修之，改为“乾坤”，扶阳抑阴①之说所由出焉。《书》实只二十八篇，十六篇特为传说。歆创为百篇之序以攻博士，不惟杂凑乖谬，其病百出；即捏造《舜典》、《帝诰》二篇名，已万不能通。《艺文志》邹、夹二家《春秋》，按既言“无书”，则《艺文志》何以列之？无师则不必有书，

① “抑阴”原讹作“阴抑隆”，“阴抑”误倒，“隆”字衍，今正。

即使有书无师，又何列之？而当日桓公、贯公、庸生之书所引用者，乃不收之？既有二家，《移书》何不引之？凡此皆刘氏报复“《尚书》为备”一语之说也。而《毛诗序》首引六义《周礼》之文，传又于诗下加“兴也”字，朱子乃加比、兴。此谢、卫为刘歆弟子，据《周礼》为说之切证也。若《毛诗》为古书，则必实能将六义说清，与“三易”、《百篇序》皆通，然后能信为真西汉以前之毛公，非谢、卫作也。牟黔人先生以六义为刘歆伪说，是其一证。

六经皆为孔子所传，刘歆《移书》亦同博士说，此歆初议也。歆于事莽以前，议礼上书，皆本今学，与博士无异，如庙制用《王制》、《穀梁》是也。至后乃造伪说，以攻博士。《周礼》为周公手订之书，又有“三易”“六诗”，是经全为周公旧文，非孔子作，明矣。《论语》云“雅、颂各得其所”，今歆创为本之周公，而《毛诗》则据国史为说，此亦不可通之明证也。

古无大小毛公之说，始于徐整，此魏晋以下人依仿大、小戴，大、小夏侯伪造而误。且有二说：一同时，一隔代；亨、苌之名，叔侄之分，均不能订。凡此皆伪说。同学《大、小毛公考》已极明矣。《释文》、《隋志》多采六朝人无稽之谈，捏造名字，妄编世代。如《公羊》之数世，《穀梁》之数名，《左传》与《毛诗》之渊源[①]授受，立为二学。经学惟《易》授传可考，《史记》有明文。此等如《唐书·世系表》臆造汉高祖父母之名，与近世地志姓氏俗说相同，不足以为典要。若先入为主，酷信其说，则亦听之耳。河间献王以毛公为博士，亦误说，汉惟天子立博士。

今学《诗》有传，如刘向、董子所引诸条是也。所说多在文字之外，是为一经微言大义。故汉人重师法，如《乐纬》之先周后殷、绌杞故宋之类，亦是也。《毛传》但言训诂，与《周礼》杜林训同，此为谢氏之训。《马传》今有辑本。盖《毛公诗》不传，刘歆弟子以《周礼》、《左传》二经不足以敌博士，乃推其说于《诗》、《书》，务与博士诸经相比。刘歆改《逸礼》为《周礼》，弟子又从三家、欧阳、夏侯本翻改《毛诗》[②]、《古书》。三家《诗》师说详明，礼制俱备，非只言训诂而已。粗言训诂，不足以为经说。今陈辑本与《韩诗外传》可见。谢氏初翻经文，未有师说，欲变博士则不能臆作，欲袭三家则无以自异，故但言训诂，称为训，与《周礼》、《尚书》之称训同也。后来马、郑继起，乃从

---

① “源”原讹作“深”，今从张校本改。

② “毛诗”原讹作“毛经”，今从《选集》改。

而补之。《毛诗》之简陋，正其门户初立，穷窘无聊，非得已也。今欲只就《传序》，欲通《诗》之意，则欲渡无津，势不能行。陈石父疏亦惟有泛滥引用今说以济其穷，非古学之真。或以《毛诗》为古师简奥。夫《论语》、《戴记》、《国语》、《孟子》说《诗》之文多矣，何尝似此钞录《尔雅》，便为经说哉！

刘歆《周礼》中，暗寓攻击圣经之言。除“三易”外，《诗》有“六义”，则经佚其半矣；有“豳雅”、“豳颂”，则《风》不及其半矣；有“九夏”，则《肆夏》只得其一耳。此等说全无依据，歆悍然为之而不顾者，明知其无益，特以此说迷惑后人，使人有疑经之心。故至今千余年①来误说从无人正之也。

东晋伪《古文尚书》，近人皆知其伪，作俑实始于歆造《百篇书序》羼入《史记》，使人疑史公从孔氏问故，必为真序。不知《移书》明云“增多十六篇”，安得有五十九篇之说，使歆不造伪序，后人何从而作伪？且伪书《周官》一篇，直为《周礼》师说，由伪生伪，歆其罪魁矣！《孔丛子》、《家语》伪书也，中多与《周礼》同，即是其伪。哀、平以前，《周礼》专条伪说无一佐验，凡有与《周礼》同者，皆为刘歆以后伪书，可由此决之。《百篇序》为攻“《尚书》为备”，故自作之，《汉志》引用其文，出于歆手无疑。《毛序》则谢曼卿仿而为之。

六朝人物于刘学炎隆之际，笃信不疑。因其无本，反增撰伪说渊源，致成风气。凡《隋志》、《释文》所载，十无一真。即如《伪古文》，当时亦尊信不疑，更为之辞。幸阎氏讲明此事，世知其伪，今并删去《周礼》专条与《毛诗》、《古书》之误说，则道一风同，雾霰消而日月重光矣。

博士说经，皆有传授，经师说为主。西汉中如伏、韩、贾、董、匡、刘诸书，全以经义为主，不徒侈言训诂而已。专言训诂，是为古文派，其学既无本源，又多与经相反，今为考订，其误自见。

附　《周礼删刘》叙例

古今疑《周礼》、删《周礼》者不知凡几。惟其说浅略，故不足以为定谳。今立十二门以证其误。说详凡例。此书乃刘歆本《佚礼》羼臆说糅合而成者，如果古书，必系成典，实见行事。即周公拟作私书，此朱子说。

① “年”字原脱，今从张校本补。

亦必首尾相贯，可见施行。今所言制度，惟其原文同于《王制》者，尚有片段。至其专条如封国、爵禄、职官之类，皆不完具，不能举行，又无不自相矛盾。如建国五等、出车五等之类。且今学明说见之载籍者每条无虑数千百见；至《周礼》专条，则绝无明证。如今学封国三等、三公九卿毋虑千条。而《周礼》地五等，以天地四时分六卿，则古绝无明证。可知其书不出于先秦。今于其中删去伪羼之条，并将原文补入，以还《佚礼》之旧。

《左传》本于《国语》，典制全同《王制》，与《周礼》相反；其云丧祭、丧乐、丧娶之类，多后人误解传意。至《周礼》，则刘歆迎合莽意所造之制，显与今学为难。如纬之殷爵三等、周爵五等、地三等，伪《周礼》则以为五百里迭减。《曲礼》言五官与天官，《盛德》言六官之名，《千乘》以四官配四时，此皆今学家同实异名分配之说也。刘歆本之作六卿，以天地四时分配矣。今学之师、保、傅乃太子官僚，而三公九卿则又明说不可易。刘歆以三太为三公，三少为三卿，配之六卿，以合九卿之数。皆依傍今礼，推例小变，不惟不合《王制》，亦绝无明证。后来《古书》、《毛诗》之学，则专从此异说，以为宗派。其途愈隘，其说愈窘，马、郑继起，尚不明备如今学也。《书》、《诗》于今学明条误为通义者，亦并用之，不相分别矣。

初以《周礼》为战国时作，《考工记》为未修之底本；继以为刘歆采辑古学而成。皆非也。《周礼》原书即孔壁之《逸礼》，本为弟子润泽官职之言，与《荀子》“序官”同为《王制》之节目也。“序官”言名衔之事，其文甚略。《王制》冢宰在三公之外，所属有太史、司会二官，不为三公所统。常疑冢宰别为一官，未必为司徒兼摄，以掌职属官，皆在三公外也，而别无明说以为证。《考工记》一篇与五官文同，他书无此体。百工为司空职，古无其说。故先儒以为命博士作，乃补五官之缺。或又云：缺《冬官》，取《考工记》补之。然《冬官》篇首明云：“国有六职，百工居一”，并不云缺补。若如前说，命博士撰补，则何不据古书司空事，乃言百工乎？若如或说，缺《冬官》即以此记相补，除《考工记》外，他书并无此体。《考工》三十官，《孟子》一书已见十官，确是古书。不惟与本记文不合，于事理亦碍。则《考工》实与五官同一书，特非《冬官》耳。考《曲礼》天官，六大、五官、六府、六工文与《周①礼》合，郑注以为其官皆见《周礼》，疑此与《周礼》合，而名目

① “周”原讹作“同”，今从张校本改。

参差不同，《周礼》六官之名，实本《盛德》。不敢据以为说。蓄疑三四年，乃始悉其故。盖《曲礼》实即《佚礼》官职之旧题也。六大以大宰为首，下五者即其同职。大士，“士”即“工”误文，掌六工之事，后之六工即属之。大卜当为太仆。大宰即制国用之冢宰。六大即董子通佐大夫，董子说七人，今言六大者，未数司会耳。司会掌会计，下六府即其所统者也。此专主天子事。如今宗人、内务、大常、銮仪、太医、钦天、营造诸衙门，不统于部，直隶天子，故曰天官。此《王制》冢宰与三公别为一官之说也。《曾子问》之宰祝、宰史与卿、大夫、士各为一事。又有五官之文，卿、大夫、士即五官之堂属也，与六大异事，即此可见。五官首之司徒、司马、司空，则三公也。下之司士、司寇，则《王制》三官之二也。今学本立三公，《王制[1]》以乐正，司寇、市为三官，三官皆卿也。而《千乘》以司寇配三公为四官。司士名见《夏官》，掌选举者。三公二官，配数则为五官。《盛德篇》、《盛德篇》文有与《周礼》六官同者，有注记混入正文，非《大戴》之旧，故康成注《周礼》不引以为证。《昏义》皆言六官，《昏义》六官，官读如宫。《盛德》之六官[2]则以三公司徒、司马、司空合数司寇与六大之大宰、大宗也。《曾子问》称大宗、宗人，则宗伯当即大宗也。三官、四官、五官名目配合虽不同，然皆为今学说也。正如今之言阁部科道、部院、部科、督抚、司道、道府，随其类而言之例。六府则主为天下理财。即《尚书》之六府也，为司会所统。六工则为天下造器。此为工师所统，序官有工师，非大工是也。此皆别属，不统于三公，不归入六官者也。《曲礼》仅有其名，职掌则全见《佚礼》；《曲礼》为纲，《佚礼》为其详细。此书本弟子所传，故其文与《朝事》、《内则》等篇相合，出孔壁后，与《左传》同藏秘书。《移书》所引《佚礼》，即有此六篇在其内，当时学者不习其书。刘氏因立《左传》与博士积仇，莽将即真，更迎合其意，于是取此六大、五官、六府、六工之文，删去博士之明条，而以己说[3]羼补其间。歆颂莽功德云：“发得周礼，以明因监”，此《周礼》始于莽歆之明文。故方氏苞《周礼辩》主此立说。又不仍旧次，承《盛德篇》六官旧文，以变三公九卿之说，于是以六大为一卿，大宰即冢宰也，天[4]官即仍其号。改司徒礼官为地官，以配天官，取司空所掌职尽

---

① “制”前原无“王”字，以意补。

② “官”原讹作“宫”，今从张校本改。

③ “已说”前原脱“以”字，今从张校本补。

④ “天”原讹作“夫”，今从张校本改。

归之，以合地官之义。宋儒欲取五官之文以备冬官者，此也。即以大宗代司徒主春，司马、司空仍旧文。其不用《曲礼》司士者，以《盛德》言宗伯，不言司士也。至于司空一官，则其职以归司徒，并分见余官，六府可以分隶，而六工不能，故即以司空作叙于首，以百工为六职之一。此刘氏取《佚礼》为《周[1]礼》，变六大、五官、六府、六工以为六卿之实迹也。郑君注《王制》，以《周礼》为真周礼，以《王制》为殷礼；其注《曲礼》，亦犹《王制》，以六大、五官、六府、六工为殷礼。其所以指为殷礼者，乃据刘歆臆撰之言耳。今定为此说，则群疑皆通，刘歆颠倒五经之言，乃有实据。不依此义，则以司徒为主地，司空主百工，天地四时分六官，西汉以前决无一明证。况众证确凿，无可疑乎？按以《周礼》为出《逸礼》，则《逸礼》未尝亡也。

同学所撰《王制辑义》上举六艺，次及传记，又次及子、纬，下及经师。哀、平以前，莫不同条共贯，纲举目张，实可见之施行。至于《周礼》专条，参于[2]《佚礼》之中，不合经传，又无征据。因诵法真文，连及羼伪，明知其说不通，然不能概指为伪，故以为周公拟稿，未见施行。使周公初稿自相矛盾至廿四倍，亦失其圣。何以西周未行废稿，乃流传至于哀、平？况废稿犹传，何以真者反绝？今《王制》全与经制合，何又不以《王制》为周公曾举行之书乎？何又以为三代有沿革，不知为何代书？果如此说，是亦沿变之制，况由百里改方五百里，由五服改九服，纵有奇变，亦万不至此。《佚礼》本为《王制》序，而全合六经，百世不易之制。今为此伪羼数条，乃使其书为废稿，为流失。无论其说无据，究得实其书，亦不足取。是名为尊《周礼》，反以害之。今删去数条，其书便与六经相通，为百世不易之法，真与圣经同尊。不惟[3]经学杜绝争，制度有实迹，且使孔子撰述苦心，不致经掩，道一风同，其乐何极。恶紫乱朱，恶莠乱苗，愿与天下一证之也。

《周礼》真古书，真者多，伪者少。刘歆删去博士各条，参以臆说，以至真伪相杂，彼此两伤。今删去刘说，据博士明文以补之，则针芥相投，合之两美，以复《佚礼》旧观，归还今学。其删出之条，与伪《古文尚书》编为一类并行焉。

刘歆《周礼》之学，在王莽即不尽依，东汉亦不甚行。如《白虎通

---

① “周”原讹作“同”，今从张校本改。
② “于”原讹作“十”，今从张校本改。
③ “惟”原讹作“为”，今从张校本改。

义》用古学者不过百分之一，《班志》用《周礼》者亦十无一焉。《周礼》盛行全在魏晋以后。卢子植以《王制》为伪，郑君注《周礼》，古学日兴，今学浸以微亡，皆在六朝之际。于是古学伪造渊源，自弥其阙。后人习闻其说，几以为周礼自古已有二派者。然此以末为本也，试考《史》、《汉》，自知其事。

《周礼删刘》举例十二证目。己丑作八证，辛卯作十证，甲午乃益为十二，后有结得，再为补益。

违经：

凡歆所改专条，皆与诸经违反。九州、五服、三等封，三公九卿六大之文，本皆详明。伪说皆与相反，今学全与经同，即此可知优劣。或因《周礼》不同经，以为周公之私稿。即能通之，亦与经无相干涉，况其万不可通。

反传：

《左传》传于歆手，古文学家以为古学，乃其制度无一条与《周礼》同者。刘既改《周礼》，何不并改《左传》？歆爱①古籍，不忍乱之。改《周礼》以为莽制作，亦一时好奇喜事之举，初不料遂传为经，支衍为派，流毒至今如此之深。使歆早知如此，必改《左传》以自助。丧心病狂，尚更何忌。歆传二书而自有同异②，同者通义，异者孤文，则是非不待言矣。

无征：

刘歆专条，西汉以上从无明证，此人所共知。或以《明堂位》方七百里说公方五百里，不知其为四字之误。《千乘》亦间田所出，非本封。以学礼师保证三公，不知太子宫官皆兼摄，非本职。又或以《朝事》证会同，不知乃注文误入，故郑注不引之。实则《周礼》专条全出臆撰误读，无一明证也。

原文：

凡歆所改，皆经传之明条大纲，删去一条，删去大纲明条共千余字，附刊于后。乃羼以己意。今其原文皆存，去伪补真，则全书血脉贯通。今删一条，必以原文一条补之，其改易字句者，则改从原文，不胪举其文。

---

① “爱”原讹作“受”，今从张校本改。

② “异”原讹作“意”，今从张校本改。

阙略：

《王制》文少，纲目分明，可举行，以实出圣作贤述也。歆本非制作之才，丧心病狂，迎合莽意，故其所改之新说，皆不能举行，虽马、郑极意求通，亦不能明切。如九服，不知天下若[①]干州、若干国；五等分封，四公一州，究不知其封几公，与大小相维之制；九州则西只一州；北方二州，乃并封幽、并、兖、冀，多少悬殊，乖画井之意。如郑注百二十女分十五夕，弼成五服之为千里，徒为笑柄而已。

改旧：

歆意与博士为难，非博士之名义宏纲不改之。盖恶其显著，乃思立异帜。今于所改之条，各引博士旧说以明之。初本名通，误遭蒙蚀，试加考究，其迹显然。

自异：

刘歆未上《周礼》以前，与以后议论相反。如莽初嫁女十一媵，后娶百二十女；初以六艺归孔子，后全属之周公；初以地合附庸四等，后以地爵皆五等。一人之说，前后不同。盖歆本今学弟子，为莽改《周礼》，兼以报博士怨，故前后不同如此。或乃犹以《周礼》为校书所得，未尝即此考之。

矛盾：

歆删博士明条，乱以己说，删改未尽者，尝有矛盾之事。如以地为五等矣，而大国、次国、小国之文全同《王制》；如以百二十女为内官矣，而九嫔乃与九卿对文。凡新改之文与旧文血脉不能贯通，非其智力有穷，作伪劳拙，势有必至，若《考工记》序本以为《冬官》，后其弟子乃以《冬官》为阙，久而误其非，亦矛盾之一端也。

依托：

刘所改之文，每不标异树的，必取经传可以蒙循之文，依旁为之，以求取信。又时有名同实异之事，以此迷误后学，久而不悟。如六卿之文取《甘誓》，然《甘誓》乃从行之卿，上有三卿，居守者以三孤为卿，仍袭三公九卿之名。师、保为太子官，三公所摄，即以为本职，而又以为不必备。依稀恍惚，似皆有所本。然推考原文，皆不如其所言[②]，辨晰毫厘，要贵精识。

---

① “若”原讹作“共”，今从张校本改。

② “言”原讹作“文”，今从张校本改。

征莽：

《公羊》师说以《春秋》为汉制作，歆改为《周礼》，亦是此意。故云："发得周礼，以明因监。"考《莽传》凡专条皆曾举行与称述之，如百二十女、九畿、五等封、六卿、六遂，九州无梁、徐，加并、幽之类是也。以此证之，足见专为迎合莽意而改，初非欲以《周礼》为经也。

误解：

刘歆所羼之条，本出臆增①，无所考证，故其说不定。如《周礼》之出有数说，《连山》、《归藏》有数说②，赋、比、兴之不可解，《考工记》之非《冬官》，虽马、郑极心推补，终不能明。至于唐、宋以后，尤为疑窦，凡《通典》、《通考》史志书，一涉《周礼》专条，便成歧误。观其解说，其误自明。此例最为繁多，略举是例而已。

流误：

误解其病在《周礼》，流误则因而害于他经。如刘炫之作《连山》、《归藏》，朱子之赋、比、兴，《汉书》之邹、夹，《尚书》之《百篇序》，束皙之《补亡诗》，以及马、郑之《诗》、《书》注，降而至于《释文·序录》，《隋经籍志》，疵谬百出，皆根源于《周礼》。今掘其根株，则枝叶自瘁。

今按：前人删改《周礼》者多矣，皆以意为之，或乃去其真者，许其伪者。今立十二证目为主，必十二证全者乃删之。如不能悉全，亦必有八九证者乃可。略举九服示例，以下可以意推。

九服万国九千里删：

《夏官·大司马》："乃以九畿之籍，施邦国之政职：方千里曰国畿；其外方五百里曰侯畿；又其外方五百里曰甸畿；又其外方五百里曰男畿；又其外方五百里曰采畿；又其外方五百里曰卫畿；又其外方五百里曰蛮畿；又其外方五百里曰夷畿；又其外方五百里曰镇畿；又其外方五百里曰蕃畿。"

《职方氏》："乃辨九服之邦国：方千里曰王畿；其外方五百里曰侯服；又其外方五百里曰甸服；又其外方五百里曰男服；又其外方五百里曰采服；又其外方五百里曰卫服；又其外方五百里曰蛮服；又其外方五

① "臆"下原脱"增"字，今从张校本补。
② "有数"下原脱"说"字，今从张校本补。

百里曰夷服；又其外方五百里曰镇服；又其外方五百里曰蕃服。”

违经：

《尧典》：“咨！四岳。”“咨！十有二牧。”《皋陶谟》：“弼成五服，至于五千，州十有二师。外薄四海，咸建五长。”《康诰》：“侯、甸、男邦、采、卫。”甸不当在侯字之下，“甸”盖“男”字之误，隶书“男”亦作“甸”。《左传》“郑伯甸也”，即郑伯男也。

反传：

《左传》：“侯、甸、男邦、采、卫。”《国语》：“先王之制，邦内畿服，即甸服。邦[①]外侯服，五百里侯服。侯、卫宾服。即绥服。蛮夷要服，戎狄荒服。”

改旧：

《王制》：“千里之内曰甸，千里之外曰采、曰流。”博士说：“王者方五千里。”今《尚书》欧阳、夏侯说：“中国方五千里。”《公羊》说：“殷三千诸侯，周千八百诸侯。”《逸周书·殷祝解》：“汤放桀，而复薄三千诸侯大会。”《孝经说》：“周千八百诸侯，布列五千里[②]内。”《王制正义》引《尚书大传·洛诰传》云：“天下诸侯之来，进受命于周，退见文武，尸者千七百七十三诸侯。”《汉书·地理志》：“周爵五等而土三等，盖千八百国。”卫宏《汉官仪》：“古者诸侯治民，周以上千八百诸侯。”

无征：

西汉前载记无九服之说。

原文：

《禹贡》：“五百里甸服。百里赋纳总，二百里纳铚，三百里纳秸服，四百里粟，五百里米。五百里侯服：百里采，二百里男邦，三百里诸侯。五[③]百里绥服：三百里揆文教，二百里奋武卫。五百里要服：三百里夷，二百里蔡。五百里荒服：三百里蛮，二百里流。东渐于海，西被流沙，朔南暨声教，讫[④]于四海。”

阙略：

唐宋人合九服、五服为一，误说。《尚书》内四岳九州，外夷狄十二州，咸建五长，说最详明。《周礼》不详外州数目。计今学内九州、外十二州，共廿一州。

---

① “邦”原讹作“邹”，今从张校本改。

② “里”字原脱，今据《选集》校补。

③ “五”原讹作“四”，今从《选集》据《禹贡》改。

④ “讫”原讹作“歧”，今从《选集》据《禹贡》改。

《周礼》则九千里，九九八十一州，多今学四分之三。《王制》九州，千七百国。《周礼》多至十倍，当为万七千国矣，其制不详。

自异：

矛盾：

《大行人》："邦畿方千里。其外方五百里谓之侯服，岁一见，其贡祀物；又其外方五百里，谓之甸服，二岁一见，其贡嫔物；又其外方五百里，谓之男服，三岁一见，其贡器物；又其外方五百里，谓之采服，四岁一见，其贡服物；又其外方五百里，谓之卫服，五岁一见，其贡材物；又其外方五百里，谓之要服，六岁一见，其贡货物；九州之外，谓之蕃国，世一见，各以其所贵宝为挚。"《大司马》、《职方》九畿、九服名次相同，《大行人》则为七服，以要易蛮，少夷、镇二服。《职方》方千里为州，九州方三千里。《大行人》九州之外，谓之蕃国，以方七千里为九州。据《职方》方千里为州推之，方七千里当四十九州。今以要服以上为九州。多四十州之地。

依托：

《尧典》"万国"，《左传》："禹合诸侯于涂山，执玉帛者万国。"《淮南·地形训》与此似同实异。《康诰》"侯、甸、男邦、采、卫"。按中五服名目本此，《康诰》用《禹贡》之文，不如所说。《汉地理志》："东西九千三百二里，南北万三千三百六十八里"。

征莽：

《王莽传》中：九州之内县二千二百有三，公作甸侯，是为惟城；诸在侯服，是为惟宁；在采任诸侯，是为惟翰；在宾服，是为惟异；在揆文教，奋武卫，是为惟垣；在九州之外，是为惟藩。各以其方为称，总为万国焉。此与大行人同。

误解：

郑氏注："周公斥大九州之界，七七四十九，而方千里者四十九国。九服合王畿，相距为万里。"按《职方》、《司马》文皆九服，《大行人》乃作七服，尚是有误服。郑注北方七千里为说，非是。当以九千里算之。

流误：

《古尚书说》："五服方五千里，相距万里"。《尚书释文》："至于五千"。马云："面五千里为方万里。"《礼记·王制》《正义》引郑《尚书·咎繇谟》注："禹弼成五服，去王城五百里曰甸服，其弼当侯服，去王城千里。其外五百里为侯服，当甸服，去王城一千五百里；其弼当男服，去王城二千里。又其外五百里为绥服，当采服，去王城二千五百里；其弼当卫服，去王城三千里。又其外五百里为要服，与周要服相当，去王城三千五百里。四面相距为七千里，是九州之内也。要服之弼，当其夷服，去王城四千里。又其外五百里曰荒服，当镇服，其弼当蕃服，去王城五千里；四面相距为方万里也。”郑樵说：“五服九服之制虽若不同，详考制度，无不相合。禹之五服，各五百里，自其一面而数之；《职方》九服，各五百里，自其两面而数之也。大抵周之王畿，即禹之甸服；周之侯、甸，即禹之侯服；周之男、采，即禹之绥服；周之卫、蛮，即禹之要服；周之夷、镇，即禹之荒服；大率二畿当二服。而周镇服之外又有五百里之藩服，去王城二千五百里地，乃九州之外地，增于《禹贡》五百里而已。故《行人》、《职方》言‘九州外谓之藩服’。”

《周礼》删文九服见前，故不录。

《天官冢宰》第一

惟王建国，辨方正位，体国经野，设官分职，以为民极。乃立天官冢宰、使帅其属，而掌邦治，以佐王均邦国。

建邦之六典，以佐王治邦国：一曰治典，以经邦国，以治官府，以纪万民。二曰教典，以安邦国，以教官府，以扰万民。三曰礼典，以和邦国，以统百官，以谐万民。四曰政典，以平邦国，以正百官，以均万民。五曰刑典，以诘邦国，以刑百官，以纠万民。六曰事典，以富邦国，以任百官，以生万民。

以府之六属举邦治：一曰天官，其属六十，掌邦治。二曰地官，其属六十，掌邦教。三曰春官，其属六十，掌邦礼。四曰夏官，其属六十，掌邦政。五曰秋官，其属六十，掌邦刑。六曰冬官，其属六十，掌邦事。大事则从长，小事则专达。

以官府之六职辨邦治：一曰治职，以平邦国，以均万民，以节财用。二曰教职，以安邦国，以宁万民，以怀宾客。三曰礼职，以和邦国，以谐万民，以事鬼神。四曰政职，以服邦国，以正万民，以聚百物。五曰刑职，以诘邦国，以纠万民，以除盗贼。六曰事职，以富邦国，以养万民，以生百物。

《地官司徒》第二

惟王建国，辨方正位，体国经野①，设官分职，以为民极。乃立地官司徒，使帅其属，而掌邦教，以佐王安扰邦国。

---

① “野”原讹作“礼”，今从《选集》据《周礼》改。

诸公之地，封疆方五百里，其食者半。诸侯之地，封疆方四百里，其食者参之一；诸伯之地，封疆方三百里，其食者参之一；诸子之地，封疆方二百里，其食者四之一；诸男之地，封疆方百里，其食者四之一。

《春官宗伯》第三

惟王建国，辨方正位，体国经野，设官分职，以为民极。乃立春官宗伯，使帅其属而掌邦礼，以佐王和邦国。

春见曰朝。夏见曰宗。秋见曰觐。冬见曰遇。时见曰会。殷见曰同。时聘曰问。殷頫曰视。

龡豳雅、龡豳颂。

三易之法：一曰连山，二曰归藏，三曰周易。其经卦皆八，其别皆六十有四。

一曰连山，二曰归藏，三曰周易。

教以六诗，曰风、曰赋、曰比、曰兴、曰雅、曰颂。

《夏官司马》第四

东北曰幽州。

正[①]北曰并州。

凡邦国千里，封公以方五百里则四公；方四百里则六侯；方三百里则七伯；方二百里则二十五子；方百里则百男。

《秋官司寇》第五

春朝诸侯而图天下之事；秋觐以比邦国之功；夏宗以陈天下之谟；冬遇以协诸侯之虑；时会以发四方之禁；殷同以施天下之政；时聘以结诸侯之好；殷頫以除邦国之慝；间问以谕诸侯之志。

邦畿方千里。其外方五百里谓之侯服。岁一见，其贡祀物。又其外方五百里谓之甸服，二岁一见，其贡嫔物。又其外方五百里谓之男服，三岁一见，其贡器物。又其外方五百里谓之采服，四岁一见，其贡服物。又其外方五百里谓之卫服，五岁一见，其贡材物。又其外方五百里谓之要服，六岁一见，其贡货物。九州之外，谓之蕃国，世一见，各以其所贵宝为挚。

十有一岁，达瑞节。

十有二岁，王巡守殷国。

---

① “正”原讹作“南”，今从《选集》据《周礼》改。

凡诸侯之邦交，岁相问也，殷相聘也，世相朝也。

今诸侯春入贡，秋献功，王亲受之，各以其国之籍礼之。凡诸侯入王，则逆劳于畿，及郊劳，眡馆，将币，为承而摈。凡四方之使者，大客则摈，小客则受其币而听其辞。使适四方，协九仪宾客之礼。

朝、觐、宗、遇、会、同，君之礼也；存、頫、省、聘、问，臣之礼也。

《冬官考工记》第六

国有六职，百工与居一焉。或坐而论道；或作而行之；或审曲面势，以饬五材，以辨民器；或通四方之珍异以资之；或饬力以长地财；或治丝麻以成之。坐而论道，谓之王公；作而行之，谓之士大夫；审曲面势以饬五材、以辨民器，谓之百工；通四方之珍异以资之，谓之商旅；饬力以长地财，谓之农夫；给丝麻以成之，谓之妇功。

今按：六官所删成段者于左，单字孤文不列于此。所删之条，如能说通者，可以收入。如豳雅、豳颂之类。以外尚有未尽者，则俟补录。

知圣篇*

知圣篇自序

测天之术，古有三家，秦汉以来，惟传浑、盖。西人创为地动天虚之说，学者不能难之。或者推本其术，以为古之宣夜。征之纬、子，信中国遗法也。六艺①之学，原有本真②。自微言绝息③，异端蜂起，以伪作真，羲辔失驭，妖雾漫空。幽幽千年，积迷不悟，悲夫！援经测圣，正如以管窥天，苟有表见，无妨更端。踵事

* 《知圣篇》为1888年与《辟刘篇》同作之姊妹篇，同为廖氏经学二变时期之代表作。1902年又成《知圣续篇》，是年付梓，与正篇合为《知圣篇》上、下卷。但卷内仍题为《知圣篇》、《知圣续篇》，盖以示二篇非一时之作也。《知圣篇》盖为廖氏"尊今"之作，篇中盛言孔子素王、受命改制之义，且以六经皆孔子为改制而作，言其"存空言于六经，托之帝王，为复古反本之说"。故六经所称之尧、舜、禹、汤、文王，并非"实录其事"，而皆孔子托古改制之言。书中亦多言"四代礼制"、"三统循环"之说，亦皆托古之意。康有为于1889年得此书稿本于广州，遂据之撰为《孔子改制考》，且于廖氏说大有发展。近世学林流行之托古改制说，盖即肇始于此篇。又廖氏于1897年已启大小、皇王以代今、古之论，故1901年重订《知圣篇》时亦羼入大小、皇王之义。廖氏晚年又于家藏本《知圣篇》续有批改，孔子造字等说亦已入之，盖五变时之说也。今从《廖平学术论著选集》校勘中转录存之，以见廖氏晚期思想之一斑。又1902年撰《续篇》之时，已悟天、人之义，故《续篇》不仅盛言大小、皇王，且亦羼入天人六合内外之说，故此篇当视为开启后三变时之作，已多幼眇之论，不复为学林所重矣。

《知圣篇》除《新订六译馆丛书》本外，另有张氏《适园丛书》本，1911年由上海国学扶轮社印行。巴蜀书社1989年出版李耀仙主编之《廖平学术论著选集》选有此书。

① "六艺"：廖氏晚年在其家藏本《知圣篇》（后简称《家藏本》）上改为"六经"，余不尽改。

② "原有本真"：《家藏本》改为"原本孔作"。

③ "自微言绝息"前，《家藏本》加"五十颐卦立颐以言立教"十字。

增华，或可收效锥管。若以重光古法，功同谈天，则力小任重，事方伊始，一知半解，何敢谓然。独是“既竭吾才”，不能自罢，移山填海，区区苦心，当亦为识者所曲谅焉。

光绪戊子季冬，四益主人识于黄陵峡舟次

孔子受命制作，为生知，为素王，此经学微言传授大义。帝王见诸事实，孔子徒托空言，六艺[①]即其典章制度，与今六部则例相同。素王一义为六经之根株纲领[②]，此义一立，则群经皆有统宗，互相启发，针芥相投。自失此义，则形体分裂，南北背驰，六经无复一家之言[③]。以六经分以属帝王[④]、周公、史臣，则孔子遂流为传述家，不过如许、郑之比，何以宰我、子贡以为贤于尧舜，至今天下郡县立庙[⑤]，享以天子礼乐，为古今独绝[⑥]之圣人？《孟子》云：“宰我、子贡，知足以知圣人。”可见圣不易知。今欲删除末流之失，不得不表章微言，以见本来之真。洵能真知孔子，则晚说自不能惑之矣。

据《易纬》、《孟子》、《公羊》以文王为文家之王，文家即所谓中国，质家则为海外。今按：此先师相传旧说也。孔子不有天下，又不能不立教[⑦]，即“天将以为木铎”，“天下有道，庶人不议”之意也。而六艺[⑧]典章，据帝王为蓝本，从四代而改，不便兼主四代，故托之于文王。欲实其人，则以周之文王当之。《中庸》云，“文武之政，布在方策”，“宪章文武”；《论语》云，“文武之政，未坠于地”，“文王既没，文不在兹乎”。除择善而从之外，不能不取己所新创之事，并以为古制，以时制为反古。《论语》之所谓“从周”，“周监二代”，与《孟》、《荀》之所谓“文王”名异实同。盖经传制事，皆有微显、表里二意，孔子制作，里也，微也；托之“文王”，表也，显也。自喻则为作，告人则云述。以表者显者立教，以改作之意为微言，故七十子以后，此义遂隐，皆以《王制》、《春秋》为文王西周之政，不复归之制作。所谓[⑨]“仲尼

---

① “六艺”：《家藏本》作“六经”。
② “纲领”：《家藏本》删此二字。
③ “一家之言”：《家藏本》作“至圣立言”。
④ “帝王”：《家藏本》作“尧舜汤文”。
⑤ “立庙”：《家藏本》作“立大祀庙”。
⑥ “独绝”：《家藏本》作“独一无二”。
⑦ “又不能不立教”：《家藏本》作“又受命为制作”。
⑧ “六艺”：《家藏本》作“六经”。
⑨ “所谓”前，《家藏本》加“即刘歆”三字。

卒而微言绝，七十子没而大义乖”也。

素王之说，义本《商颂》。盖谓少昊[①]。《殷本纪》伊尹说汤以素王之道，“王”当读为“皇”，商法少昊，陈素皇之道，《诗》所谓“皇帝上帝”，“上帝是皇”，伊尹陈素统，商法之为王。此一义也。明文始于《庄子》，云：“在下则为玄圣素王”，所谓空王也。《孟》、《荀》皆以孔子与尧、舜、禹、汤、文、武、周公并言。汉人固持此说，即宋程、朱亦主此义。或据“非天子不议礼，不制度”，孔子自云“从周”，不应以匹夫改时制。然使实为天子，则当见诸施行，今但空存其说于六经，即所谓“不敢作”也。孔子惟托空言，故屡辨作、述。盖天命孔子，不能不作，然有德无位，不能实见施行，则以所作者存空言于六经，托之帝王，为复古反本之说。与局外言，则以为反古；与弟子商榷，特留制作之意。总之，孔子实作也[②]，不可径言作，故托于述。所云“述而不作”，自辨于作也；“不知而作，无是”，“天下有道，则庶人不议”，自任乎作也。意有隐显，故言不一端，且实不作，又何须以述自明乎。

余立意表章微言，一时师友以为骇俗，不知专详大义。因之谓董、何为罪人，子纬为讹说，并斥汉师通为俗儒。然使其言全出于汉师，可驳也。今世所谓精纯者，莫如《四子书》，按《论语》，孔子自言改作者甚详，如告颜子用四代，与子张论百世，自负“斯文在兹”，“庶人不议”，是微言之义实尝以告门人，不欲自掩其迹。孟子相去已远，独传“知我”“罪我”之言，“其义窃取”之说。盖“天生”之语，即不可以告途人，故须托于先王，以取征信。而精微之言一绝，则授受无宗旨，异端蜂起，无所折衷。如东汉以来，以六经归之周史，其说孤行千余年。今之人才学术，其去孔子之意，奚啻霄壤，不惟无儒学，并且乏通才。明效大验，亦可睹矣。如当掩盖，则孔子与诸贤不传此义，后贤何从而窥？奚必再三申明，见于经记。若先入为主，则道不同不相为谋，各尊所闻，各行所知，不辩难驳击，以立门户，亦不敢依阿取悦于世，使微言既申而再晦也。

宰我、子贡以孔子“远过尧舜”，“生民未有”。先儒论其事实，皆以归之六经。旧说以六经为帝王陈迹，庄生所谓“刍狗”，孔子删定而行之。窃以作者谓圣，述者谓贤，使皆旧文，则孔子之修六经，不过如

① “少昊”后，《家藏本》有“《论语》大昴星五老观河洛”十字。

② “实作也”：《家藏本》旁批曰“即颐卦”。

今之评文选诗，纵其选择精审，亦不谓选者远过于作者。夫述旧文，习典礼，两汉贤士大夫与夫史官类优为之，可覆案也，何以天下万世独宗孔子？则所谓立来、绥和、过化、存神之迹，全无所见，安得谓“生民未有”耶？说者不能不进一解，以为孔子继二帝三王之统，斟酌损益，以为一王之法，达则献之王者，穷则传之后世。缵修六经，实是参用四代，有损益于其间，非但钞袭旧文而已。执是说也，是即答颜子兼采四代，《中庸》之“祖述”“宪章”，《孟子》之“有王者起，必来取法”也。然先师改制之说，正谓是矣。如谓孔子尊王从周，则必实得文武之会典，周公之则例，谨守而奉行之。凡唐、虞、夏、殷先代之事，既只字不敢阑入，即成、康以下明君贤相变通补救之成案，亦一概删弃，如是乃可谓之尊王、谓之不改。今既明明参用四代，祖述尧舜，集群圣之大成，垂万世之定制，而犹仅以守府录旧目之，岂有合乎？夫既曰四代，则不能株守周家；既曰损益、折衷，则非仅缮写成案亦明矣。盖改制苟铺张其事，以为必如殷之改夏，周之改殷，秦、汉之改周，革鼎建物，诏敕施行，征之实事，非帝王不能行。若托之空言，本著述之常。春秋时礼坏乐崩，未臻美富，孔子道不能行，乃思垂教，取帝王之成法，斟酌一是，其有时势不合者，间为损益于其间，著之六艺，托之空言，即明告天下，万世亦不得加以不臣悖逆之罪也。祖宗之成法，后世有变通之条；君父之言行，臣子有谏诤之义。岂陈利弊，便为无状之人？论阙失者，悉有腹诽之罪？且孔子时值衰微，所论述者，杂有前代。乃贾生、董子，值汉初兴，指斥先帝所施，涕泣慷慨，而请改建，后世不以为非，反从而贤之。且以今事论之，凡言官之封事，私家之论述，拾遗补阙，思竭愚忱，推类至尽，其与改制之说，不能异也。此说之所以遭诟病者，徒以帝王见诸实事，孔子托诸空言。今欲推求孔子礼乐政德之实迹，不得不以空言为实事。孔子统集群圣之成，以定六艺之制，则六艺自为一人之制，而与帝王相殊。故弟子据此以为“贤于尧舜者远”，实见六艺美善，非古所有。以六经为一王之大典，则不能不有素王之说。以孔子为圣、为王，此因事推衍，亦实理如此。故南宫适以禹、稷相比，子路使门人为臣，孟子屡以孔子与尧、舜、禹、汤、文、武、周公并论，直以《春秋》为天子之事，引“知我”、“罪我”之言，则及门当时实有此说，无怪汉唐诸儒之推波助澜矣。然后说虽表见不虚，非好学深思者，不能心知其意。若改制，则事理平常，今不信古说，而专言著述有损益，亦无不可；至制作之说，亦欲驳之，则先入为主，过于拘墟矣。

《诗》者，《春秋》之大成；《春秋》者，《诗》之嚆矢。孔子六经微意俱同，《诗》，为天；《书》，为人；《春秋》，王伯；《礼》附《书》；《乐》附《诗》；皆取旧文而润色之，非仅删定而已。故《尚书》所言尧、舜、夏、殷，礼制全与《春秋》相同。今《尚书》、三家《诗》诸书可证也。又《书》有四代之文，俗以为有沿革，乃《大传》无异同，有大小之分，无沿革之异。唐虞礼制，下与《春秋》相符，正孔子述作六艺之大例。所谓"其文则史，其义则某窃取之矣"。《古书》、《毛诗》出于东汉，本误读《周礼》，以"大统"说小康，致与经文相舛，故贾、马远不能如伏、董之详备符合。一真一伪，各不相同也。然《禹贡》迄于四海，而"周公篇"与《洪范》则为"大统"之先声，所云"皇帝"、"上帝"、"多方"、"多士"、"小大"、"邦丧"云云者，已为《诗》"大统"开先路。但中外之分甚严，此为周公明堂朝诸侯之事，非皇帝大九州大同之治也。

经学四教，以《诗》为宗。孔子先作《诗》，故《诗》统群经。孔子教人亦重《诗》。《诗》者，志也。即"志在《春秋》"之"志"。获麟以前，意原在《诗》足包《春秋》、《书》、《礼》、《乐》，故欲治经，必从《诗》始。纬云："志在《春秋》，行在《孝经》。"行事中庸，志意神化，《春秋》与《诗》对，本行事也。其又云"志者"，则以对《孝经》言之，实则《诗》与《春秋》虚实不同。《诗》乃志之本，盖《春秋》名分之书，不能任意轩轾；《诗》则言无方物，可以便文起义。《尚书》、《春秋》如今人之文，《诗》、《易》如今人之诗。体例不同，宗旨自别。《公羊》"主人习其读而不知其罪"，此本《诗》说，即后世所谓"言者无罪，闻者足戒"。故凡纬说、子书非常可骇之论，皆《易》、《诗》专说。故欲明《诗》、《易》，须先立此旨。纬云："孔子受命为黑统，即玄鸟、玄王"；《庄子》所谓玄圣、素王之说，从《商颂》而寓之。《文王篇》"本支百世"，即王鲁；"商之孙子"，即素王。故屡言受命、天命，此素王根本也。孟子以周公、仲尼继帝王之后，荀子以周公、仲尼为大儒。此从鲁、殷二《颂》而出者也。三统之说，本于三《颂》，凡一切旧说，皆当以此统之。董子王鲁，制寓于《鲁颂》。周公及"世及"之"及"。武王制礼作乐，故以王寓之。以其说解《诗》，则有征信；董、何以说《春秋》，则不免附会矣。纬书新周，不可说《春秋》，而《诗》以鲁后周，即此意。《诗》明云："其命维新"，是经意直以《周颂》为继周之新周，非果述姬周也。先儒改周之文，从殷之质，亦从此出。“鲁、商”二字即“文、质”，“文、质”即中外、华洋之替字。中国古无质家，所谓质，皆指海外。一文一质，谓中外互相取法。为今之天下言之，非古所有。绌杞之例，亦本于《诗》，《春秋》杞不称公，三《颂》绌杞不言，是其本意。今凡周亡、孔子王，一切骇人听闻之说，皆以归附于《诗》。治经者知此意，然后以读别经，则迎刃而解。他经不复言此，而意已明，方可以收言语、政事、文章之效。《诗》为志，则《书》为行；《春秋》为志，则《孝经》为行。实则《春秋》与《书》同为行，《春秋》、《尚书》皆分《诗》之一体。《周》、《召》伯道，分为《春秋》；《王》、《郑》、《齐》王道，分为《尚书》。特以较《孝经》，则《春秋》为志，而《孝经》为行耳。今本此义，作为义疏，不拘三家之旧，以孔子之微言为主。使学者读《诗》，明本志，而后孟子“以意逆志”之效明。孔子重《诗》之教，显以此为经学之总归，六经之管辖，与《论语》同也。

《孟子》“王者之迹熄而《诗》亾，《诗》亾“亾”当为丨△，丨△古“作”字。[①] 与“亾”字形似而误。然后《春秋》作”。《孟子》此意，即“天下有道，则庶人不议”，《说苑》“周道不亡，《春秋》不作”之意。《孟子》言《诗》以志为说，又引《诗》与《春秋》以证王迹，明《诗》与《春秋》同也。历叙帝王，皆言周公、孔子，周公即王鲁，义本《鲁颂》；孔子即素王，义本《商颂》。周公实尝王，故纬说有素王而无王鲁。周公及武王，成公让志以为摄政，故言《鲁颂》。不如此，则“诗亡”之义不显。

《诗》言皇帝、八王、八监、十六牧事，就大一统言之，此百世以下之制，为全球法者也。《尚书》言四代之制，由一化四，此三统变通之意也。一竖一横，一内一外，皆“治”“平”之教。后以《诗》说百世，未能著明，分《周》、《召》伯道，再作《春秋》以实之。六经重规叠矩，以大包小。《礼》以治外，《乐》以养中，《易》详六合以外，皆自治之事。此外王之学，亦缺一不可。六经之中，三内三外，三天三人，三实三虚，三知三行，而归本于《孝经》。六经统为素王，万世之大法也。[②]

---

① 原作““亾’当为丨△，丨△古‘作’字”，后二“丨△”字当为“丨△”，今正。

② “六经统为素王，万世之大法也”：《家藏本》改为“颐卦六爻配六经，以言大统，为教万世之大法也”。

六经皆经孔子笔削，有翻改旧文之处。或颇震惊其言，不知其说虽新，其理至为平易。夫由尧舜以至成周，初简陋而后文明，代有沿革，见之载记，人心所同信者也。孔子修六艺以为后世法，考三王、俟百世，见之载记，亦人心所同信者也。然洪荒初开，礼制实为简陋，即茅茨、土阶、大羹玄酒等类，若于文备之世，传以为法，不惟宜俗不合，且启人轻薄古昔之心。是“帝典”不能实录其事，亦一定之势也。夫礼家议礼，易滋聚讼，既折衷于圣人，后世犹多龃龉。今使《尚书》实录四代之文，事多沿革，每当廷议，各持一端，则一国三公，何所适从？孔子不能不定一尊以示遵守，亦情势之所必然也。既文质之迥殊，又沿革之互异，必欲斟酌美善，垂范后王，沈思默会，代为孔子筹画，则其笔削之故，有不待辨而自明者矣。

王符云：“圣人天之口，贤者圣之译。”圣人作，贤者述；圣所不备，贤者补之；交相为用者也。《春秋》时，三皇五帝之典策尚多可考[①]，其言多神怪不经，与经相歧，实事实也。孔子翻经，增减制度，变易事实，掩其不善而著其善。但制度不合者人难知，行事不合者人易知。故《孟子》所载时人之论古事，孟子皆据经为说辞而辟之，实则时人所言所载事实也，孟子所言，经教也。使孔子作于前，后无继之者[②]，则六艺何能孤行于后世？故必有贤者出，依经立义，取古人行事，皆缘附六艺，无改作之嫌，并使后人不至援古事以攻驳六艺，此贤者所以为圣译。如《国语》之传《春秋》，传事实之意轻，附礼制之意重，凡一细事皆铺写古事古礼。经说之文，连篇累牍，当日事实，万不如此琐碎。此传者托事以见礼文经义，亦如孔子假时事以取事义也。其于孔子事迹，皆缘六经以说之，合者录之，不合者掩之。古与今合，方免后人据时事以攻六艺，此作者之苦心也。惟其书一意比附，遂足以掩蔽微言。如六艺皆孔子所作，而《左氏》则以为孔前已有。如季札事，将《诗》、《乐》师说衍说一篇，而后人遂以此为未删之本。《易》爻辞为孔子作，其书所言筮辞，皆就《易》师说衍之，读者遂以为此真《周易》，在孔子之先。虽有比附六艺之大功，不无少掩微言之小失。然此不善读者之流弊，若以微言读之，乃转见其发明处不少；心无其义，故书中不见之。贤者于经，如疏家之于注，不敢破之也。或云：自孔子后，

---

① “典策尚多可考”：《家藏本》作“典册实为孔作”。

② “后无继之者”：《家藏本》作“后无贤述之”。

诸贤各思改制立教。最为谬妄！制度之事，惟孔子一人可言之，非诸贤所得言也。

纬云："孔子因道不行，作《春秋》，明王制，专就《春秋》立说。"《孟子》云："《春秋》天子之事。"先师言制作，多就《春秋》言之。《史记》：删《诗》正《乐》在前，因获麟作《春秋》。考其说，似《诗》、《书》、《礼》、《乐》为一书，因获麟乃变前志而修《春秋》。前后若出两歧，然实则非也。孔子知命在周游之前，于畏匡引文王，于桓魋言天生，实是受命。故自卫返鲁，作《诗》言志，以殷末寓素王之义，明三统之法。特后来以《诗》之空言，未能明切，恐后人失其意，故再作《春秋》，实以行事。《孟子》引《诗》与《春秋》明王迹，《史记》引"空言不如行事"，皆此义也。

制作知命，当从五十[1]为断，非因获麟乃起。《诗》、《易》详天事，言无方物，所谓空言。《春秋》、《尚书》乃将天言衍为人事。空言在后，行事在前，事有早迟，其义一也。诸经惟《春秋》晚成，绝笔获麟，师说因以明著。实则诸经皆同，特《春秋》说独显耳。"《春秋》，天子之事"，诸经亦然。一人一心之作，不可判而为二。《春秋》未修之先，有鲁之《春秋》；《书》、《诗》、《礼》、《乐》未修之先，亦有帝王之《书》、《诗》、《礼》、《乐》。修《春秋》，笔削全由孔子；修《诗》、《书》、《礼》、《乐》，笔削亦全由孔子。《春秋》据旧史言，则曰"修"；从取义言之，则曰"作"。修即所谓"述"。当曰翻定六艺，是为圣作，人亦称孔子为作。其云"述而不作"，言"不作"即作也，言"述"即非述也。与"其文则史，其义则窃取"同意。而作述之事，即兼指六经，不独说《春秋》。载记总言孔子事，则云翻定六经，制作六艺，其并称之文，则多以"作"、"修"加《春秋》，于《诗》、《书》、《礼》、《乐》，言"删"、"正"。文变而义同，无所分别。因"作"、"修"多属《春秋》，故同称则六经皆得云"作"、"修，"而并举则惟《春秋》所独。此为异名同实。后来不识此意，望文生训，于《春秋》言"作"、"修"，得之；于删《诗》、《书》，正《礼》、《乐》，"删"则以为如今删定文籍，"正"则以为如今鉴正旧本，遂与"作"、"修"大异。亦如说杀殛为死刑，与投四凶、化四裔之义迥乎不同。不知此义一失，大乖圣人本意，为经学治术之妨害。判《春秋》与诸经为二，离之两伤，一也。以诸经为旧文，非孔子之书，遂卑贱乎《春秋》，二也。诸经失其宗旨，不能自通，三也。

---

[1] "五十"：《家藏本》作"生知"。

离割形气，无贯通之妙，四也。独尊《春秋》，使圣教失宏博之旨，五也。今力辟旧说之误，独申玄解，务使六经同贯，然后经学宏通，圣教尊隆。

孔子翻经以后，真正周制，实无可考①。后世传习，皆孔子之言②。或疑古书不尽亡③，今试为明之。《春秋》诸称号，出孔子笔削，不必实爵，此定说也。乃经所称之侯、伯、子、男，非诸国本爵，考之故书子、纬，所言诸国爵亦与《春秋》同。《史记》据《谱牒》，因《春秋》，书“蔡桓侯葬”。经一称“侯”，《谱牒》遂以“侯”为蔡定称。又时祭烝尝有明文，春夏无之。时祭异说，如《王制》、《公》、《穀》、《礼记》、《左传》、《尔雅》、《孝经》互异，春夏异而秋冬不异。岂非据《春秋》为说，实无遗文可证乎？如以丧服为旧典，承用已久，同母异父之服，公叔木问子游，狄仪问子夏，子夏曰：“无闻乎”。向左向右有明文，何至不守旧而冒昧是从乎？《曾子问》所言变礼，如有旧文，则自向检阅可也；不然，告以寻讨可也，何必刺刺徒劳唇舌乎？鲁行礼自有典册可稽，何行一礼，涉一疑，动向孔子门人请问乎？曾子、子游同习乎礼，何以袭裼始议而终服乎？典礼皆有明文，时祭自为典礼，何以传《孝经》者，仅就经文《春秋》立义，以为二祭乎？丧葬有一定之则，何以孔子往观季札葬？孔子葬，四方来观乎？圣人之葬人，与人之葬圣人，岂圣人一礼，人又一礼乎？礼有成事，乐为世掌，孺悲乃奉命而学，太师反待孔子之语乎？三年、亲迎，王朝旧典，子张、宰我以为疑，哀公、子贡以为问乎？礼乐出乎天子，知政知德，匹夫何有礼乐之可言乎？从可知：自夫子一出，而帝王之德皆变为一人之事，而佚闻实寡；后世所传习，皆孔子之说，而旧典全无。今欲于礼制指其孰为旧也，难矣！

六经旨要，以制度为大纲。而其辨等威，决嫌疑，尤为紧要。盖周制，君臣上下尊卑之分，甚为疏略。大约与今西人相等。诸侯实郊天，大夫实用八佾、反坫、三归。孔子新制，细为分别，故礼以定嫌疑、辨同异为主。《春秋》于大夫、诸侯尊卑仪注，极为区别。礼家、名家之学，全出于《春秋》。故孔子正名，子路犹以为疑，非周公已有此制也。使周公已有之，则人所共明。《春秋》与《礼》，斤斤分别仪注不已细乎！

---

① “实无可考”：《家藏本》作“皆字母书”。

② “之言”：《家藏本》作“古文”。

③ “古书不尽亡”：《家藏本》作“伪经正名”。

子学、名家大有益于治，原出《春秋》、《礼经》可见也。孔子既已创制，不得不以鲁郊为成王赐为失礼；八佾、反坫为僭。在当日，特为应行之礼。盖等威一明，上下分绝，故乱臣贼子惧，失为乱之资。孔子曰："惟名与器，不可假人。"以此。

《诗》以《鲁》为文、《商》为质。文主中国，即六歌之《齐》；质主海外，即六歌之《商》。至新周合文质，乃为极轨，所谓"文质彬彬"也。孔子因旧文而取新义，其意全见于《诗》。《诗》者，六经之始基也。《中庸》"仲尼祖述尧舜，宪章文武"，以匹夫继帝王之统，即《论语·尧曰》章、《孟子》"由尧舜至于汤"章之所谓"闻知"、"见知"，以继帝王者是也。其所云"祖述"、"宪章"者，谓与帝王无出入，兼有其长，合为定制。《中庸》之考而不谬，《论语》之兼用四代是也。帝王之制由六经而定，谓为孔子制，可；谓为帝王制，亦可。惟兼采四代以酌定一尊，垂法百世，以为永鉴；因不尽因，革不尽革，既不可分属四朝，又不能归并一代，则不得不属之孔子。《春秋》因鲁史加笔削，《诗》与《书》、《礼》、《乐》，亦本帝王典礼而加笔削。合者留，不合者去，则《诗》、《书》乃孔子之《诗》、《书》矣。《仪礼》、《容经》，则本周之典籍。夏殷简略，又文献无征，以周为蓝本，自然之势。《论语》"郁郁"、"从周"，就简略言也。《中庸》"今用"、"从周"，就无征言也。由此而加因革，过者抑之，不及加隆，"百世可知"，谓此也。本周礼修为《仪礼》、《容经》，亦作亦述，与《春秋》无异也。乐以《韶》为主，兼用三代，《雅》、《颂》得所，正乐亦同于礼。孔子见世卿之害，教学宜开，于是早定师儒选举之计，预修四教，既行于一时，并欲推万世。四教中，《诗》虽言志，然与《书》为一汇，《礼》、《乐》为一汇。《诗》以言志，《书》以述行，《礼》以治外，《乐》以养中。所言不能参异，一定之势也。四教中以《诗》为纲，以《书》与《礼》、《乐》为目。然《诗》为空言，尚未明著，然后乃作《春秋》，以实《诗》意。所谓"深切著明"者也。孔子之意本在于《诗》，后来《春秋》说盛，遂全以《诗》说《春秋》。言"志在《春秋》"，不言《诗》之志，实则《书》、《春秋》皆统于《诗》。特一为空言，一为行事。《春秋》与《书》、《礼》、《乐》，皆主新制，同为孔子之书，非独《春秋》为然。然《春秋》详人事典制旧文，严于遵守，运用无方之道不与焉，故又作《易》以补之。《易》明变化消长，为天道，与《春秋》全反。一天道，一人事；一循守旧职，一运用无方；一常一变；一内一外。知《春秋》而不知《易》，则拘于成法，无应变之妙。盖《易》专以“通变”、“不倦”为宗旨，故欲知《易》，必先学《春秋》。既学《春秋》，不可不知《易》。既能穷《易》之精微，则内外交修，于治术方无碍。尽人事以通天道，《易》所以总学之成，而不沾沾名物理数之形迹。二者相反相成，《易》不立教，以其与《春秋》同也。六经之道以《春秋》为初功，以《易》为归宿。治经者当先治《春秋》，尽明微言，以四经实之，然后归本于《易》。此孔子作六艺之宗旨也。

孔子“五十知天命”，实有受命之瑞，故动引“天”为说。使非实有征据，则不能如此。受命之说，惟孔子一人得言之。以下如颜、曾、孟、荀皆不敢以此自托。以九流派分，四科一体，原同末异，皆祖孔子。其说甚明。故自卫返鲁[①]，正《乐》删《诗》，非待获麟乃然。群经微言皆寓于《诗》，《春秋》已不能全具，特孔子绝笔获麟，后师以《春秋》为重，遂以微言附会《春秋》，而《诗》反失其说。世卿三代所同，欲变世卿，故开选举，故立学造士。使非选举，则亦不立学矣。作《诗》本为新制。子贡、宰我以孔子贤于尧舜，缘文明之制，由渐而开，自尧舜至于文武，代有圣人为之经营，至周大备。天既屡生圣人，为天子以成此局，不能长袭其事，故笃生一匹夫圣人，受命制作，继往开来，以终其局。而后继体守文，皆得有所遵守。又开教造士以为之辅，故百世可以推行。或以秦汉不用《春秋》之制，不知选举、学校、礼乐、兵刑，无一不本经制。虽井田、封建，礼制仪文，代有改变，然或异名同实，或变通救弊，所有长治久安者，实阴受孔子之惠。且循古今治乱之局，凡合之则安，反之则危。孔庙用天子礼乐，历代王者北面而拜，较古帝陵庙有加。若非天命，岂人力哉！又岂但钞录旧文，便致此神圣之绩哉！

郡县一事，秦以后变易经说者也。似乎经学在可遵、不必遵之间。不知秦改郡县，正合经义，为“大一统”之先声。礼制：王畿不封建，惟八州乃封诸侯。中国于“大统”为王畿，故其地不封诸侯如王畿。诸侯不封而食禄，藩镇部道，又立五长之意。汉制诸侯封国大，易乱之道也。秦之郡县，汉之众建诸侯，正师用《王制》。《王制》：诸侯世，郡县不世。虽似相异，然此正用“不世卿”而推广者也。又如井田，议者动谓不能行，不知《孟子》明云“大略”，润泽则在临时。田多则夫百亩，田少则相时酌减可也。平地则画井，山地则但计亩相授可也。书文简略，

---

① “自卫返鲁”原作“自鲁”，脱“卫返”二字，今从《选集》据《论语》补。

推行别有细章，岂可株泥旧文？今法有甚富甚贫之病，而《王制》无之，按：井田乃百世下“大统”之法，于古实无征。今泰西素有齐贫富之议，将来必出于此。此乃殷法，非孔子特改。当时用井田，孔子万不能改阡陌；今既用阡陌，亦不便强复井田也。此事变之故，不足为井田病。夫治经贵师其意，遗迹则在所轻。除井田、封建外，亦不能拘守旧文而行。必欲行井田，则亦有变通之法在。若王莽、张横渠，得其迹而遗其意者也。

六经，孔子一人之书；学校，素王特立之政。所谓“道冠百王，师表万世”也。刘歆以前，皆主此说，故《移书》以六经皆出于孔子。后来欲攻博士，故牵涉周公以敌孔子，遂以《礼》、《乐》归之周公，《诗》、《书》归之帝王，《春秋》因于史文，《移书》云：“制作《春秋》以记帝王之道。”《易传》仅注前圣。以一人之作，分隶帝王、周公。如此，是六艺不过如选文、选诗。或并删正之说，亦欲驳之，则孔子碌碌无所建树矣。盖师说浸亡，学者以己律人，亦欲将孔子说成一教授、老儒，不过选本多，门徒众；语其事业功效，则虚无惝恍，全无实迹。岂知素王事业[①]，与帝王相同，位号与天子相埒。《易》与《春秋》，则如二公也；《诗》、《书》、《礼》、《乐》[②]，则如四辅条例也。欲为之事，全见六艺。学校之开，当时实能改变风气。学之者多，用其弟子者亦多，所谓立行知来是也。孔子初立四教，效已大显，故欲推而行之。凡六艺学校，古无其事，《国语》、《左传》言以前有之者，皆贤者依经义之说，分仲尼之功，属之帝王以前，托词，非实事也。盖自《春秋》以后，学术治法，全宗素王。天心欲变其局，孔子应运而生。汉、宋诸大儒，皆同此义。实理所在，人心相同者也。

古圣皆有神怪实迹，圣与天通、人与鬼谋，故能成“平定”之功，大禹是也。《山海经》神怪确为[③]实事，故《左传》云：多著神奸，铸鼎作象。至孔子时，先圣开创之功已毕，但用文教，已可长治久安，故力绝神怪，以端人心，而正治法。“子不语”，则以前皆语可知。云“不语”，则实有神怪可知。《禹贡》者，孔子本禹事，以己意润泽者也。禹不必立九州，当时亦无贡篚织缟一切名物。又五服、四岳，与《王制》切合，俨然《王制》传注，此孔子修《书》，亦如作《春秋》，据史文而笔削之实事也。古圣神怪之事，全经孔子所削，故云“不语”。不得因

---

① “素王事业”：《家藏本》改为“六书亦孔子翻经所作”。

② “《诗》、《书》、《礼》、《乐》”下，《家藏本》添“《庄子》以邹鲁之士能言之”。

③ “确为”：《家藏本》作“天学”。

孔子之言，致疑前人之误。盖天人之交，孔子乃隔绝之，以奉法守文，无俟神奇也。

旧以《逸周书》著录《汉书》，为秦汉先师采缀而成，亦如《戴记》。今有《汲冢》旧名，或以为实不出于西晋[①]。然序文浅陋，必系伪作。篇中体制不纯，间涉殷事。及《王子晋》、《职方》、《月令》等篇，必非周书。盖晋人取旧本而别以己意补足成书。中多《司马法》与《书》、《礼》佚文，而杂采古传记者亦不少。其出汲冢，虽无明文，自必当时再出，故加此名。近人坚以为汉出，不知此决非汉本。《竹书》亦同时所得，亦必有旧本。惟其书多蚀脱，各以己意释补，如郲盟、灭夏阳之类，皆以为《左传》之助，至于乖异实事。故《逸周书》非真古书也。

孔子为素王，知命制作，翻定六经，皆微言也[②]。圣门师弟相传，常语如此，《论语》是也。而又有隐微其言者，如周丧期，孔子制作定为三年，三代通同之。《尚书》言三年者，非实事，新制也。宰我、子贡疑其事，孔子答以“古人皆然”。“古人”即指《尧典》“三载，四海遏密八音”事，不明言改制也。曾子问丧，亦有“夏后氏三年”之文，实则孔子为主改帝王以合己，使若帝王实已如此，不过取之为说。孟、荀以来，微言已不尽传，又有缘经立义之传，与之互异。然古师皆传此义，唐后学者误解传义，遂使孔子“作述”全为帝王所夺，《易》、《诗》、《书》、《礼》、《乐》皆变为古书，《春秋》则为旧史，所不夺者，《论语》、《孝经》而已。

六艺本为孔子新义，特自托之于“述”，《左》、《国》则以为皆出于孔子以前。如韩宣子见《易象》[③]，季札观乐歌诗，与《书》、《礼》皆多引用。以六艺当出于孔子前，盖因“述而不作”语，遂举六艺尽归之国史旧文。后人不知此说出于依经立义，指以为实，微言之说，遂全为《左》、《国》所乱矣。

《国语》为六经作传，或以左邱明即子夏。“明”与“商”、“羊”、“梁”同音，左邱即启予，所谓“左邱明”，即“启予商”，左邱丧明，

---

① “西晋”后，《家藏本》有“盖孔子正名乃有古文三代□□□”十四字。因系廖平晚年风疾用左手书写，后三字无法辨认。

② “皆微言也”下，《家藏本》加“颐卦二五爻皆有经，六爻即六经”十三字。

③ “《易象》”下，《家藏本》加“之言尽在鲁，中包《诗》、《书》、《礼》、《乐》，其实六经，故曰：‘周礼全在鲁矣’”二十三字。

即子夏丧明事。三《传》始师，皆为子夏。为文学传经之事，故兼言六艺，不仅传《春秋》。然六艺推之旧文，此欲掩改制之迹，即孔子作而不述之微意也。不言孔子改古书，而言古书合孔子心，本尊向孔子，非欲驳之也。而刘歆乘隙而入，袭此说以攻"今学"，以六艺为旧文，孔子直未造作，于是而素王改制等说全变矣。刘歆之说，实《国语》为之先路。同此一说，而恩怨各别，皆以当时微词隐避，致使大义中绝，圣学晦而不彰。今孔庙既封建王号，用天子礼乐，时势远异。又更无所避忌，正当急张微言，使其明著。不可再行隐避迁就，使异端得借口相攻。况此乃汉、宋先儒旧义，非一人私言。《论语》、《中庸》、《孟子》，先有明文，精确不易。史公云：第弗深究，其所表见皆不虚，信然矣。素王以《诗》说为本根，实即道统之说。先儒误据"从周"、"不议礼、制度、考文"以相驳，篇中已释其义。然试再为申之：云"从周"矣，何以答颜子兼用四代？既云"不作"矣，何以独辨"不知而作"？孔子，周之臣子，从周何待言！居今而言从本朝，岂非梦呓乎？圣人立身出言为万世法，宜何如慎密，今动以天自拟，又云"其或继周"、"如有王者"，与"凤鸟"、"河图"之叹；专礼乐征伐之权，斥言"天下无道"；取亡国夏殷与本朝并论，而议其从违；又自负承先皇文王之统，无论道理不合，其有不贾口舌之祸者乎！庸愚皆知畏法，岂有圣人发陇上之叹，与陈涉、吴广同科，导人以发难乎？子贡以为尧舜犹贤，南宫适以禹稷相比，子路使门人为臣，仲弓许之南面，宰我轻改旧章，孔门弟子岂皆妄希非分、自居不疑乎？孔子，周之臣子，并非宋君，乃敢以殷礼自用。或以为异书不足信，《孟子》明云："《春秋》天子之事"，"王者之迹熄而《诗》亾，《诗》亾然后《春秋》作"。"仲尼不有天下"，又屡以帝王、周公与孔子并论。孔子受命制作，有不得不改之苦衷。若夫尊君亲上，别有明条，并非欲后人学其受命制作。何嫌？何疑？必欲将孔子说为一迂拘老儒乎？孔子教人忠孝，文在别经。许止赵盾，犹蒙恶名，人臣无将，《春秋》名义。若其自处，别有精义；若以此说有乖臣道，则舜、禹、汤、武，为帝王垂法，岂学舜、禹者务求禅让，法汤、武者，专力犯上乎？孔子之志与舜、禹、汤、武同符合贯，学之者，但当自审所处，不必以己之所必无，都为古圣之所断不有。且世之犯刑辟、坐不敬者，又孰为孔子所误哉！

圣人一言，必有一言之效。乃自今视之，多为常语。常语则何待言？又何必传流至今？凡今见为常语者，在当日皆为切要之说。盖言如药物，当时为对症，得圣言而病愈，积久成习，遂视为故常。故学者于常语尤当留意推考，因药求病，足以见当日时事。又《春秋》常于嫌得者见不得列国行事失礼，使乖旧制，人人所知，孔子何为非之？又何以足传为经？可见孔子议贬，皆为时制，众人不知，故讥贬之。如鲁之舞八佾，射之主皮，丧不三年，同姓婚，皆真周制，孔子欲改，故讥之。若人共知其非礼，又从而议之，则人云亦云，徒劳口舌。圣人吐辞为经，故凡所言，都为制作。今立此一例，于《春秋》、《论语》诸经，凡所非议，皆为改制救弊；至当时所共明者，则绝不一语。以此求之，然后圣经可尊，圣功可见也。

三统以《尚书》为本，乃经学大例。观《四代礼制沿革表》、《三统礼制循环表》，可见先儒虽主此说，于经少所依附。今按其说，当于《诗》、《春秋》中求之。四代无沿革，而名号小有异同，此即三统例之大端。至于服色、牲器，犹其小焉者矣。董子云："九而易者，大九州、九洛、九主之说也；五而易者，五帝循环、《小雅》五际说也；四而易者，《尚书》说也；以三而易者，三《颂》说也；以二而易者，《鲁》、《商》中外文质说也。"今以三统立为一专门，先就各经立表，考其同异，更辑传说之有明文者以补之，以为一类。然后掇拾群经异义，可以三统说者，归为《续表》。而《四代真制之表》，附于其后，总为一书。名曰"三统"。不惟经学易明，而孔子"百世可知"之意亦见矣。今已改三统不能循环者为《三世进化表》矣。

三统立说，孔子时已然，非后儒所附会。如宰我言社树，《戴记》中所引孔子言四代者是也。《王制》、《国语》、《祭法》庙制，与《春秋》、《诗》、《孝经》时祭，皆当以三统说之。既知此非真四代制，又知此为百世立法，又推本经书为主，以收传记之说，更推考异义以化畛域。此例一明，而群经因之以明矣。

礼仪与制度有异，礼为司徒所掌，如今之仪注，即《仪礼》是也；制度则经营天下、裁成万类，无所不包，如《王制》是也。制度最大最要，礼仪特其中一门。欲收通经致用之效，急宜从制度一门用功。若沾沾仪节，不惟不能宏通，人亦多至迂腐。刘子政《别录》，制度为专门，与礼仪别出。至《仪礼经传通解》、《礼经纲目》、秦氏《通考》，皆以礼包制度，大失经意。今特升《王制》为制度统宗，礼经仪注之文，归于司徒六礼而已。能悟此旨，经学乃为有用之书。

旧用东汉许、郑说，以同《王制》者为"今"，同《周礼》者为

"古"。丁酉以来始以帝王分门，不用"今、古"之说。盖哀、平以前，博士惟传《王制》，而海外《帝德》之学，隐而未明。自汉以后，囿于海禁，专详《禹贡》五千里之制。自明以后，海禁大开，乃知《帝德》，《诗》、《易》之学，始有统宗。至于王道之学，亦各有宗派。鲁学居近孔子，《穀梁》、《鲁诗》专为鲁学。齐学虽与鲁小异，然实为"今学"。弟子各尊所闻，异地传授，不能皆同。如《公羊》，"今学"也，而礼与《穀梁》不尽同。《国语》，"今学"也，而庙祭与《王制》多反。此中多为三统异说。孔子既定《礼经》，更于其中立三统之制，以尽其变。弟子各据所闻以自立说，皆引孔子为证。《王制》多大纲，故不能尽包群经异义，此为大宗。他如时制可征者，《左传》之世卿、昏同姓、不亲迎、丧不三年，与《孟子》之彻法、鲁滕不行三年丧，此皆当时之行事，与六经不同者也。又《王制》统言纲领，文多不具。《春秋》、《诗》、《书》、《仪礼》、《礼记》所言节目，多出其外，实为《王制》细节佚典，貌异心同。如明堂、灵台、月令之类是也。此类经无明文，各以己意相释，此润泽之异礼也。又今《礼记》多先师由经文推得之文，如诸书皆言四时祭，当为定制，而《孝经》先师只言春秋二祭，则以《孝经》无冬夏明文也。诸书时祭名，烝尝皆同，而春夏祭名互异，则以尝烝经中有明文，而春夏无明文也。凡此皆先师缘饰经文，别以闻见足成，非经之异说也。今于刘歆以前异礼，统以此四例归之，不立"今古"学①名目。

旧专据《王制》以为"今学"，凡节目小异者，遂归入"古学"，当入异义。如《祭法》庙制、祭期，与《国语》同，而《荀子》亦有此说。《祭法》有祧、有明堂，《王制》无之，而孔子言祧、言明堂者，不一而足，此不能尽指为异义说也。盖圣人订制，先立大纲，细节则多备三统之文。大纲之封建、职官、选举、学校，群书皆同，而细节则小异矣。即以庙制言，大纲之七庙祀天神、人鬼莫不同，而细节则小异。《祭法》有日月之祀，《孝经》只春秋二祭，配天郊禘说各不同，此三统文质改变之说也。又汉去春秋久，今本《王制》为先师之一本。严、颜《公羊》二本，犹自不同，欲以一本括尽"今学"，势所不能。今欲举《王制》括"今学"，当以经文为主。如治《公羊》者欲用《王制》，而本传说与《王制》说不同者，则先标举经文，次录传记，以后再录三统

① "'今古'学"：原本无"今"字，当有，据《家藏本》补。

润泽异说。然后《王制》广大，足以包括群经，不致小有异同，辄屏为异说。如《礼记》孔子礼说与《王制》多异，固有依附，然其说多与六艺合，则不能屏为异说。必有此例，然后《王制》足以包之。此为专治《王制》者言。如专家，举一经推合《王制》，则但明本经，不涉异说。若再牵涉，徒滋烦扰。师说参差，莫如《戴记》，今即以治《戴记》之法治《王制》，使归统制，参观以求，思过半矣。

或以诸子皆欲传教，人思改制，以法孔子，此大误也。今考子书，皆春秋后四科流派，托之古人。案以言立教，开于孔子。春秋以前，但有艺术卜筮之书，凡子家皆出于孔子以后。由四科而分九流，皆托名古人，实非古书。又今所传子书，半由掇拾及杂采古书，如《弟子职》、《地员》等篇，乃经传师说，汉初收书秘府，附《管子》以行。《管子》亦非其自作，乃后人为其学祖之，故其中多"今学"专家之语，并有明言《春秋》、《诗》、《书》之教者。今当逐书细考，不能据人据时为断。至于《司马法》、纵横等书，出于政事、言语科，亦为四科流派。苟有会心，所见无非道，不仅于其中摘录足证"今学"，以备考究已也。

欲知《王制》统宗"今学"，观《辑义》自明：欲实明改制之意，非辑四代古制佚说不能。此书辑成，则改制之说不烦言而解。大约《春秋》所讥者，皆改制事。又别以五经为主，凡与经不合者，皆周制。《今古制佚存辑》以《左传》、《国语》为大宗，子史传记纬候皆在所取，与《王制辑证》同。如《孟子》言周人彻，此周人无公田之证；滕鲁不行三年丧、齐宣短丧、公孙丑答以期，皆周丧期之证。俟周制辑全，然后补辑二帝、夏、殷之制，以见《尚书》之译改。如《墨子》夏丧三月，可见《尧典》、高宗三年之文，皆非原文。深通此旨，然后知《王制》为新制，而《周礼》之为海外会典与"古文家"之误说者，亦可见矣。

六经有大小、久暂之分，《春秋》地只三千里，为时二百四十年；《尚书》地只五千里，为时二千年；《诗》地域至三万里，为时百世，所谓"无疆无斁"；《易》则六合以外。《庄子》云："六合以外，圣人存而不论，六合以内，论而不议"；《春秋》，先王之志，圣人切磋而不舍；此六艺大小之所以分。饮器有套杯，大小相容，密合无间。以六艺比之：《易》为大，《诗》为《易》所包，《书》为《诗》所包，《春秋》为《书》所包。《春秋》为最小、最暂，《易》最大、最久。此层次之分，大小之别，而统归于《孝经》。《孝经》一以贯之，总括六艺，归入忠恕。此圣人一贯之学，谓"以孝贯六经"也。

西人《八大帝王传》，亦如《尚书》之说尧、舜、禹、汤、文、武、周公。文字今古，有埃及、希腊之分。孔子翻经，正如西人用埃及古文说八大帝事，实以古言译古书，所以谓之“雅言”，通古今语。而今之谈西事者，谓耶稣以前西教，实同孔子，耶稣因其不便，乃改之。此盖西人入中国久，思欲求胜，遂谓西方古教亦同中国，耶稣改旧教亦如孔子译帝王之书以为经。时人但知今言，不知古语，好古之士，遂可借古文而自行己意。其说虽不足据，然凡立教翻译古书以为说，则同也。

旧以《易》为孔子作，《十翼》为先师作，或疑此说过创。今按：陈东浦已不敢以《易》为文王作矣。以《十翼》为《大传》，始于《史记》。宋庐陵、慈湖皆云非孔子作。黄东发、陈东浦以《说卦》为卦影之学，非解经而作，必非孔子所作，尤与予说相合。《十翼》既非孔子作，则经之为孔子作无疑矣。或疑《十翼》多精语，非先师所能。今按《大传》最古，当出于七十弟子之手，且多引孔子语，宜其精粹。又或疑《十翼》多孔子释《易》之语，必不自作自释。不知《丧服》、《春秋》，皆孔子作，孔子解释，不一而足。若孔子一人自作《十翼》，何以《乾》、《坤》彖、象、文言重复别出，自相解释，毫无义例乎？人但据《系辞》“文王与纣之时”一语，遂误周文王；又因“三易”，《周易》、《左传》引其文在孔子先，遂酷信俗说，经出文、周，孔子但作传翼。故自古至今，迷而不悟也。《经话》乙篇别有详说。

先儒以《易经》为文、周作，皆误解“三易”之《周易》。考《左》、《国》言《周易》，皆一变五爻变。今以“周”为“周游六虚”之“周”，非代名，则文、周之说，自溃败矣。再以十二证明之①：作《易》之人，与文王、纣事相值，故词多忧患，非以为文王自作。今据《大传》不质言文王作，其证一也。《十翼》乃先师记录师说，引孔子语最多，与《公》、《穀》、《丧服传》同例，必非孔子自撰。先儒以经归之文、周，不得不以传归之孔子，二也。爻辞有姬文以后事，必不出于姬文，三也。《十翼》乃传体，注疏之先路，孔子作经，必不为姬文作注，四也。《郊特牲》商得《坤乾》②，此未修《易》之原名蓝本，孔子本之作《易》，亦如本鲁史修《春秋经》，并非文、周作，五也。汲冢本无

---

① “证明之”下，《家藏本》加一证曰：“颐卦二五爻两言经字，六爻配六经，皆孔子作，有断然据。颐卦乃十朋，小过卦乃十翼，孔子作一翼，即小过，一也。”并将下面“证一”至“十二”依次加一为“证二”至“十三”。

② “《郊特牲》商得《坤乾》”：“商得《坤乾》”不见于《郊特牲》，而见于《礼运》。此盖误引。

《十翼》，司马谈称《系辞》为《大传》，与《尚书》、《丧服》同例，即不能谓经文必作于孔子，若《大传》则必不出孔子，六也。初以经属文王，东汉乃添入周公，朱子遂谓“四圣人之《易》各不相同”，后人因割裂四分，《提要》比之杀人行劫，一国不止三公，流弊无穷，七也。三易分三代，说不确，即使果分三代，孔子得之商人，本传以为殷末，亦必非周代之新本，八也。《序卦》、《说卦》，皆先师推演之言，诸家传本各不同。《系辞》体同外传，引孔子说而以《易》证之，必非孔子作，九也。六经皆孔子据旧文，亦作亦述，以《十翼》归之孔子，作传不述经，与五经不一例，十也。必信《左》、《国》，《文言》四德，早见穆姜，《十翼》亦多旧文，十一也。《易》与《诗》同为“大统”下俟百世之书，重规叠矩，互相起发，必出一手。《系辞》文辞杂沓，非一人所作，吴氏曾经审订，十二也。后师反因《系辞》而附会，以为文王作，盖误读《左》、《国》、《周礼》，“三易”文多出孔子以前，因而误为此说故也。

旧于《仪礼》经记分为“今”、“古”，非也。按周时礼仪，上下名分不严。大约如今西人之制。孔子作“礼”，明尊卑，别同异，以去祸乱之源。凡礼多出于孔子，传记以为从周者，托辞也。《仪礼》为孔子所出，孺悲传《士丧礼》可证。盖《仪礼》为《王制》司徒六礼之教，与《春秋》礼制全同。亦为经制，非果周之旧文。而《记》乃孔子弟子所记也。今将经记同为经制，为素王所订之“礼经三百”，先师所云“制礼正乐”者是也。

《论语谶》：子夏等六十四人，撰孔子微言，以事素王。今按：孔子作六艺，撰述微意，全在《论语》。《诗》为五经之凡例，《论语》者，又六艺之凡例也。其中多师弟传心精微隐秘之言，与夫商酌损益之说，故其言改制及六艺者百余章。欲知六艺根源，宜从《论语》始。惟汉以后，此义失传，旧解多误，不可复见本意耳。

《戴记》、《孟》、《荀》所记史事，全本六艺为说，此贤为圣译，缘饰经文，以圣为归者也。其中有时事一例，间与六艺相反。欲纪行事，不能全失其真，固秉笔一定之势。然缘饰例足以收合同之效，而时事例，更以见改制之功。使必全淹没实迹，反使人疑三代真是如此。圣人制作之功，必全淹没不可见。今人读《史记》，皆知记《春秋》以前事全为经说，不可以史例之。乃欲以《国语》为史文，左氏为史官，无论其书非史，其人非史，万不能以史立说！若果存一当时真史，如《元朝秘史》与《纪年》之比，则诚如史公所言“其文不雅驯，荐绅先生难言之”矣。六艺无传记，不能孤行；圣经非贤传，亦难于自立。孔子改旧文以为经，左、戴假六经以为传。经存经义，传存传说，故有素王、素臣之称。素王不传说《春秋》，素臣实亦不可独以《春秋》说之也。故读《左》、《国》当以经说读之，不可以为史文。若《左》、《国》之《三坟》、《五典》、《八索》、《九邱》，又为“大统”师说。盖史公尊信《尚书》以唐虞为断，又因《大戴·帝德》、《帝系姓》，乃作《五帝纪》。则又“大统”道德之说矣。

孔子雅推桓、文，孟子鄙薄五伯，此时势不同故。孟子专言王天下，其言“仲尼之徒，无道桓文之事”，谓鄙薄不屑称法。或遂疑左氏为非弟子，故《公》、《穀》为《春秋》作传例。弟子问及事实，师亦间引答之，不问则不详，非不见事传也。荀子稍后于孟，纪《春秋》遗事甚详，亦《公》、《穀》学。史公学《公羊》，《世家》本《春秋》、谱牒为说；又云铎氏、韩非、吕氏，多本《春秋》。贾子用《左氏》尤多，此《左氏》通行之证也。董子云：“《春秋》重义不重事”，但谓不重，非全不学。《公》、《穀》师说不重事，谓义较事尤重，非先师不传事也。后人重《左氏》者，辄以《左氏》为史官，谓《公》、《穀》不详事。果为史，则一经必有一传，不应详略悬殊。考二《传》说事多出《左氏》外，凡二《传》微文孤义不能详备者，《左传》亦皆无说。如“祭伯来”、“肆大眚①”、“郭公”之类是也。不知《春秋》记大事，以明祸福得失，可以史例，如国史所纪。经所记小事，多详礼制，阐发微义，其细已甚，史所不详。且《春秋》有笔有削，史所有而削之为“削”，史所无而加之为“笔”。传曰“我无加损”，是有“加”例可知。旧无而新创之制，则不得不见。祭伯、祭仲、祭叔、单伯、女叔、原仲，当时诸人，曾否为监？不可知也。此等事乃欲以史法言之，则难矣。故《左氏》原书，本为《国语》，惟有大事，不详琐屑，不能有一经，必有一传也。总之，《春秋》之功，全在定一王之制，以为万世法，不徒刘四骂人。“乱臣贼子惧”，谓其改制作、绝乱源、失为厉之阶，非谓褒贬而已。经传果为史法，则不足重，古史、董狐之书故不传。若以为经学，则不徒以史例责之矣。

《论语》之左邱明，即子夏，所谓“巧言令色足恭，左邱明耻之，

---

① “眚”原讹作“青”，今从《选集》据《左传》、《穀梁传》正。

某亦耻之；匿怨而友其人，左邱明耻之，某亦耻之”者，盖倒装句法，师生一气，贤为圣译，故见解好恶相同。

圣门文学为传经先师，以游、夏为主，即博士之根源，为儒家之统宗。道家专详帝道，后来文学详于王制，自命为孔子嫡派，道家遂自外而别以黄老为主，实则皆弟子所传，为德行科。盖德行皆帝学，流为道家。文学主六经，别为儒家。学者须知二派皆孔子弟子。实则道家地步高于儒家，以所祖颜、闵、冉、仲，固在游、夏之上，所以《列》、《庄》于颜、闵多所推尚。所诟病者，小人儒家之孔子也。

《国语》上始穆王，下终三家分晋，此不传《春秋》之实据。孔子六艺，由旧文而翻新义，《国语》纪事，亦由史事而加润色。孔子举新事托之帝王，贤者举六艺缘饰于史事，其用心正同。今于《左传》分出《春秋》，原书不但传《春秋》，兼足为六艺之传。所言皆佚闻轶节，盖各经师说，《左》实为总括，其书当与《戴记》同重。此为弟子依经立义，非真史文，当时亦绝无此等实事。若当日真史文，则全为《四代礼制佚存》所录，与六艺相反者也。今言《左传》不传《春秋》，乃尊左氏之至，非驳之也。若以为真史文，专为《春秋》而作，则反小视之。且其事不见于经，则史文皆在可删之例矣。

泰西八大帝王，平大灾，御大难，与夫开辟疆宇如华盛顿之类，中国古之帝王，实亦如此。大约孔子未出之先，中国即如今之西人，于保庶兵食之制，详哉言之。而惟伦教未极修明，孔子乃专以言立教，详伦理。六经一出，世俗尽变。以今日之中国论，则诚所谓文敝，先师所谓周末文敝者，为今之天下言也。服习孔教久，则兵食之事多从简略，故百世以下，则以文质合中为一大例。合通地球，不能再出孔子，则以海外通中国，沾孔子教化，即如孔子再生。今日西人闻孔子之教，即与春秋时闻孔子之言相同。学者不见孔子未生以前之中国，观于今之西人，可以悟矣。

《采风记》言：西人希腊教言君臣父子夫妇之纲纪，与中国同，耶稣出而改之。盖采之近人之说。窃以此言为失实。三纲之说，非明备以后不能兴，既兴以后则不能灭。西人旧法不用三纲，恐中人鄙夷之，则以为古实有之，非中国所独有，因其不便，乃改之。则使中国教失所恃，西教乃可专行。中人不察，群然附和，以为耶稣大力，足以改孔子之制，此最为误谬！六经中如《禹贡》言九州平治矣，周初乃“断发文身”、“筚路蓝缕”，以为由中国而变夷狄，则与耶稣改三纲之说同。既经立教，则万无改变之理！缘立教在文明以后，由人情而作，非逼勒强迫。既作之后，人人服习，则亦万无议改之理！今之西人，如春秋以前之中国，兵食之政方极修明，无缘二千年前已有教化。以中国言之，无论远近荒徼，土司瑶僮，凡一经沾被教化，惟有日深一日，从无翻然改变之事。故至于今，中国五千里皆沾圣教，并无夷狄之可言。以一经教化，则从无由夏变夷之理也。

历观前代，聚天下奇才博学，积久必成一绝技，超前绝后，实至名归。唐之诗歌，明之制义，久为定论。国朝诸事不及古，惟经学一门，超轶唐、汉，为一代绝业。汉人虽近古，西汉旧籍，百不存一；东汉囿于古文，贾、马、许、郑，别为新派，不似国朝精心孤诣，直凑单微。由东汉以溯西汉，由西汉以追先秦，人才众多，著述宏富，群力所趋，数十年风气一变。每况愈上，灿然明备，与荀、邹争富美，一扫破碎支离之积习。前人云：神化之事，今不及古，惟算学奕棋，独胜古昔。盖形迹之事，心思日辟日开，前辈所能，后贤可以掇拾，踵事臻华，后来居上。亦如西人格致诸学，日盛一日，其进不已。经学之用心，与算奕同，故风会所趋亦同。西学目前已如此，再数百年后，其休明不知更为何如！诗歌帖括，体用皆不及经学之尊。留此至诣，以待时贤，百世可知。验小推大，天意有在，其孤诣独造，不有默默者为之引导乎！

历代科举专精之业，皆数十年风气一变。唐、宋诗文无论已，明之制义，相传有成、宏、正、嘉、隆、万、天、崇等派，分年画代，不为苟同。亦如唐诗之初、盛、中、晚，宋诗之西昆、元祐、江西、四灵、江湖。国朝经学，大约可分为四派：曰顺康、曰雍乾、曰嘉道、曰咸同。国初承明季空陋之弊，顾、黄、胡、姜、王、万、阎、朱诸老，内宋外汉，考核辨论，不出紫阳窠臼，游心文、周，不知有尼山也。惠、戴挺出，独标汉帜，收残拾坠，零璧断圭，颇近骨董家，名衍汉学，实则宗法莽、歆，与西汉天涯地角，不可同日语。江、段、王、朱诸家，以声音训诂校勘提倡，天下经传，遂遭蹂躏，不读本经，专据《书钞》、《艺文》隐僻诸书，刊写误文，据为古本，改易经字，白首盘旋，不出寻文。诸家勘校，可谓古书忠臣，但毕生勤劳，实未一饱藜藿。二陈著论，渐别“今”、“古”，由粗而精，情势然也。李、张、龚、魏，推寻汉法，讼言攻郑，比之莽、操，罪浮桀、纣，思欲追踪西汉，尚未能抵隙“古文”。咸、同以来，由委溯源，始知尊法孟、荀。开创难工，踵事易效，固其宜耳。综其终始，穷则必通，以横诋纵，后止终胜。廿年以来，读遗书，询师友，昔贤构室，我来安居。旧解已融，新机忽辟，平分“今”、“古”，不废江河。初则周圣、孔师，无所左右；继乃探源竟委，若有短长。博综同学，分类研精，图穷匕首乃见，附缀不类生成。乃如宋、元辟雍钟鼓，独享一人，六艺同原，贯以一孔。斯事重大，岂敢任情。既风会之所趋，又形势之交迫，营室求安，菟裘乃创。师友药言，佩领夙夜，事与心违，未得轻改。由衷之言，有如皦日。风疾马良，时惧背道。

中国谭天家旧法，皆谓天动地静，西人改为地动天虚。中土初闻，莫不河汉其言。积久相习，以为定论。搜考古说，乃多与相同。旧说六经，误据《左》、《国》，以为文、周国史所撰，孔子传述之。今以为孔子所作，托之帝王。地静天动，与地动天虚，节气昼夜，事无二致。其所以斤斤致辩者，亦如西法得之目验，积久推测，确有实验，不能舍实据而谈空理。且征之古书，亦如地有四游，明文朗载，且自东汉以后，皆主文、周。秦火经残，以孔子为传述家，其说孤行二千年，道术分裂，人才困绝，其利弊可数。刘歆《移太常博士书》，于十四博士之外，请更立三事，谓以“广异闻、尊道术”，今新学持之有故，言之成理，岁月积累，居然别成一家。旧说之外，兼存此义，未为不可。如必深固闭绝，殊失博采兼收之道。况留此以待后来审定，安知地动天虚，久之不成为定论？事理无穷，聪明有限，是丹非素，未免不公。先迕后合，事所常有，姑妄言之，何妨妄听之乎？《劝学篇》以开民智为主，此编盖以中法开士智，使不以村学究自画。

德阳刘介卿子雄舍人，心思精锐，好辟新说。因读《今古学考》，遂不肯治经。以为治经不讲“今”、“古”，是为野战；讲“今”、“古”又不免拾人牙慧。故舍经学，专工诗辞。又以《周礼删刘》为阉割之法，于己说相迕，指为窜改，不免武断。必群经传记，无一不通，方为精博。今以“大统”说《周礼》，旧所阉割之条，悉化朽腐为神奇。惜舍人不及见之也！

国初蒋大鸿言墓宅理气之学，独标玄解，宗法古初，力攻明中叶晚出之《玉尺经》。或乃不取其书，诋其以一人臆见，欲尽废相传之旧说，谓前人无一是处，殊属偏执云云。窃以此事当论是非，不当论从违之多寡。如《尚书》三人占则从二人之言，《左传》乃以一人为众，此论是非不计人数之明说。蒋说虽于时术不合，证之古书，实乃相同，则其所欲去者，晚近谬说耳。用备一说，奚不可者？南皮张尚书不喜《今古学考》，谓余但学曾、胡，不必师法虬髯，并谓“洞穴皆各有主，难于自立”。今乃由《春秋》推《尚书》，推《诗》、《易》，六合内外，悉归部属。然皇帝各有分司，愚不过借箸而筹。淮阴之策楚项，诸葛之论魏吴，功成身退，与曾、胡实出一途。杖履逍遥，退耕畎亩。刘秉忠、刘青田，何尝不参预秘谋？亦终不失臣节。

《隋志》、《陆录》所谈各经源流，谬种百出，百无一真。证以《史》、《汉》，其说自破。近人言经学，以纪晓岚为依归。当时谭经诸家，融而未明。纪氏专心唐、宋小说杂闻，未能潜研古昔正书，以辞赋之才，改而说经，终非当行。又以《隋志》、《陆录》为宗旨，故所说经籍，不脱小说谀闻，疑误后学，受患颇深。如说《周礼》以为周公旧稿，后来人非周公，随时修改，久之，当时已不能行云云。是比《政和礼》、《开元礼》犹不足，何足以为经，使人诵习，传之万世？《毛诗序传》出于卫宏，如大小毛公名字、叔侄、官爵等说，皆出《范书》以后，乃误为真。其说二人，真如孙悟空、猪八戒，此等游戏，评诗谈艺则为高手，解经则成儿戏！又如书坊伪《端木诗序》、《申培诗传》，其书窜乱删削，至为陋劣！既明知其伪，乃又摘论其中数条，以为义可兼存。似此犹可存，则又何不可存！大抵纪氏喜记杂书，好行小慧，于史学辞章尚有微长，至于经说非其素业，故于各经论述，几不知世间有博士，何论孔子！时贤推尚纪氏，故略发其说于此。大致悠谬者多，不足与细辨也。

国朝雍乾以后，郑学盛行。误信孔氏“疏不破注”之邪说，宁道周、孔错，不言马、郑非。积习移人，牢不可破。嘉、道以后，龚、李诸贤，始昌言攻之。然亦如晋王子雍，一生专与郑为难，乃全不得其病痛所在。考郑学自魏晋以后，盛行千余年，其人人品高，号为经师完人。至细考其著作，实不见所长。《诗》、《书》二经，推《周礼》以为说，强四代经文以就其误解之《周礼》，固无论矣！平生著述，三礼为优，《周礼》又其本中之本。《大行人注》言：周之疆域方七千里，天子以方千里者一为王畿，州牧各得方千里者六。以一州牧大于天子五倍，似此谬妄，妇孺皆知其非！《周礼》以制度为主，制度以封建为首纲，根本已失，其余均不足观。《王莽传》：莽女为后，十一媵，是天子一娶十二女。王莽晚自娶，则有百二十女①。明系歆等附会误说，然经无明文，尽可改正，郑说六乡、六遂，与《王莽传》不同，是郑君改其说。乃造十

① “百二十女”原讹作“百十二女”，今据《王莽传》正。

五日进御之说。其注百事多略，惟此条最详。推考变节，无所不至！经所称"孤"，本即世子，指《春秋》齐、曹世子而言，乃以为"三孤"；经所见诸"孤"字，皆非王臣，则又伪造"大国孤一人"之说。误中又误，梦中又梦！其注《仪礼》，至以"诸公"为"即大国之孤"，"孤"何得称诸公？飨礼即乡饮酒，明知今古文"飨"皆作"乡"，何不注于题下？乃以飨礼为亡。飨礼，与乡人饮酒礼节隆杀不同。郑明知汉时所行乡人饮酒礼仪节简，为欲实《周礼》"乡"字之说，亦遂以为真乡党所行之礼。李氏但诋其破坏家法，不知即以专家论，郑君于《周礼》、《仪礼》已多不能通，又何论其于"今"、"古"相乱之旁失！考郑于各经大纲，虽多不得本旨，旧颇称其细节，如宫室、衣服仪节，实为精密，然大端已误，细节殊无足取。且进而考其细节，亦多因强附《周礼》而误。余学专欲自明，不喜攻人，但郑空负盛名，实多巨误。后生以之为天人，望洋而叹，莫敢考索。故由郑学入手者，如入迷途，久而迂谬成习，以所注之书，无一明通之条，后人读之，如饮迷药。为后贤祛疑起见，但一言之，以示其例耳。近来谈学校者，力求简约，为士人省力，以为读西书之地。观诸家所列诸书，仍无门径、条理。过简，则谓日月可完；少繁，则老死不能尽。且所列近人义疏，沈没于声音训诂，即使背诵如流，其于致用，奚啻千里！西人谓海王星光十二年方至地球，从诸贤仰望孔子，恐十二年其光仍不能到，以相去不止海王与地球之远也。

近贤论述，皆以小学为治经入手，鄙说乃易以《王制》。通经致用，于政事为近；综大纲，略小节，不旬月而可通。推以读经、读史，更推之近事，迎刃而解。《劝学篇》言学西艺不如西政。近贤声训之学，迂曲不适用，究其所得，一知半解，无济实用，远不及西人之语言文字，可俾实效。读《王制》，则学西政之义，政高于艺。如段氏《说文》、王氏《经传释词》、《经义述闻》，即使全通其说，不过资谈柄，绣槃帨，与帖括之墨调滥套，实为鲁卫之政，语之政事经济，仍属茫昧。国家承平，借为文饰休明之具，与吟风嘲月之诗赋，事同一律，未为不可。若欲由此致用，则炊沙作饭，势所不行。释家有文学派，声训之训，正如《龙龛手鉴》、《一切经音义》，枝中之枝。从《王制》入手，则如直指心原，立得成果。以救时言，《王制》之易小学，亦如策论之易八比试帖也。非禁人治训诂文字，特不可锢没终身耳。

阮刻《学海堂经解》，多嘉、道以前之书，篇目虽重，精华甚少。

一字之说，盈篇屡牍；一句之义，众说纷纭。盖上半无经学，皆不急之考订；下半亦非经学，皆《经籍纂诂》之子孙。凡事有末有本，典章流别，本也；形声字体，末也。诸书循末忘本，纤细破碎，牛毛茧丝，棘猴楮叶，皆为小巧。即《诗经》而论，当考其典章、宗旨，毛、郑所说相去几何，而辩论其异同之书，层见叠出。“乐”之为乐、为疗，“永”之为羕、为泳，有何关系，必不可苟同？以《尚书》论，“今”、“古”二家，宗旨在于制度，文字本可出入。不问辞，专考字；不问篇，专详句；说《尧典》二字三万言，询以羲和是何制度，茫然也。近人集以为《汇解》，一字每条所收数十说，问其得失异同之故，虽老师宿儒不能举。又如用其法以课士，一题说者数十百人，纳卷以后，询以本义究竟如何？旧说孰得孰失？论辨异同之关系何在？皆茫然不能对。盖尝蹈没其中十数年，身受其困，备知其甘苦利害，以为此皆不争之辨，无用之学，故决然舍去，别求所以安身立命之术。积久而得《王制》，握纲领，考源流，无不迎刃而解。以之读群经，乃知康庄大道，都会名区，绝无足音。考求旧游之车辙马迹，亦不可得，徒见荆棘丛中，穷隘巷港，积尸如麻，非黑暗不见天日，则磨旋不得出路，父子师弟，相继冤屈，而不自悟其非。盖得其要领，则枝自明，且悟其旨归，文字可以出入。苟循枝委，则治丝而棼。予深入网罗，幸而佚出，举覆败以为后来告，愿不似余之再入迷人[①]也。为今之计，以人才为主，不愿天下再蹈八比之理学、音训之汉学，以困人才。

初以《王制》说《春秋》，于其中分二伯、八伯、卒正、监者，同学大哗，以为怪诞；师友讥讪、教戒不一而足。予举二伯、方伯，《穀》、《公》传有明文。或乃以为《穀》言二伯，但可言二伯；《公》言方伯，但可言方伯。积久说成，乃不见可怪。近日讲《诗》、《易》，亦群以为言，不知实有所见，不如此万不可通，苟如此，则证据确凿，形神皆合。因多有得[②]，信《诗》说，改名“齐学”，自托于一家，亦以“大统”之说，《齐诗》甚多。非积十数年精力，尽祛群疑，各标精要，不能息众谤而杜群疑。昌黎为文，犹不顾非笑，何况千年绝学，敢徇世俗之情？又初得一说，不免圭角峻峋，久之融化锋锷，渐归平易。使能卒业，如三《传》则安置平地，任人环攻。世俗可与乐成，难与图始。自审十年以后，必能如三《传》之化险为夷，藏锋敛刃，相与雍容揖

① “人”，疑为“途”字之误。

② “得”原刻作“後”，当以形近而讹，兹改作“得”。

让，以共乐其成。不敢因人言而自沮也。

卢、郑之学，专以《周礼》为主，因《王制》与之相连，故卢以为博士所造，郑以为夏殷礼。学者不知为仇口之言，深信其说，入于骨髓。窃治经以求实用为归，违经则虽古书不可用，合经则即近人新作亦可实贵。郑君斥《王制》为古制，本为祖《周礼》以驳异己，乃其《周礼注》内外封国，本经缺略，反引《王制》以补其说。《左》、《国》、《孟》、《荀》，以周人言周制，莫不同于《王制》，与《周礼》迕。北宫锜明问周制，孟子答与《王制》同，则何得以为夏、殷制？盖因畿内封国，二书各举一端，孟子所举上中卿、上中大夫、上中士，《王制》则专指下卿、下大夫、下士。互文相起，其义乃全，《王制图表》中，立表已明。使二书同文，反失其精妙。说者乃谓《王制》误钞《孟子》。此等瞽说，流传已久，虽高明亦颇惑之。此经学所以不明也。且郑因《王制》异《周礼》而恶排之，不知二书不同，亦如《孟子》之异《王制》。《周礼》、《王制》，分主"大小"二统，互文相起，妙义环生。亦如《孟子》、《王制》，妙在不同，彼此缺文，以互见相起。《周礼》非用《王制》大纲，且多缺略不能备。本骨肉至亲，乃视等寇仇，此东汉以下所以无通才，才子之所以不敢苟同昔贤者，正以见二书合通之妙。兄弟夫妇，形体相连，同室操戈，互斗何时了也！

王刻江阴《续经解》，选择不精，由于曲徇情面与表章同乡。前半所选，多阮刻不取之书，故精华甚少。后半道、咸诸书，颇称精要。陈氏父子诗、书《遗说》，虽未经排纂，颇伤繁冗，然独取"今文"，力追西汉，魏晋以来，无此识力。邵《礼经通论》以经本为全，石破天惊，理至平易，超前绝后，为二千年未有之奇书。考东汉以来，惟经残秦火一说，为庠序洪水猛兽，遗害无穷。刘歆《移书》，但请立三事，广异闻，未尝倡言六经为秦火烧残。"古文家"报复博士，乃徐造博士六经不全之说。详《古学考》。妄补篇章，虚拟序目，种种流毒，原是而起。且自经残一说盛行，学人平时追憾秦火，视诸经皆为断简残篇，常有意外得观全文之想。其视经已在可增可减、可存可亡之例，一遇疑难，不再细考求通，有秦火一说可以归狱。故东汉以下，遂无专心致志，推究遗经之人。残经在可解不可解之间，安知所疑所考者，不适在亡篇内？故经残一说为儒门第一魔障！余因邵说，乃持诸经皆全，亦备为孔修。盖授初学一经，首饬之曰：经皆全文，责无旁贷。先求经为全文之所以然，力反残佚俗说，然后专心致志。精诚所至，金石为开，专一之余，鬼神相告。故学者必持经全，扎硬营，打死仗，心思一专，灵境忽辟，大义微言，乃可徐引。故予以邵书为超前绝后，为东汉下暗室明灯。郑以飨礼为亡，不知“飨”即本经之“乡饮酒礼”。别有《飨礼补释》二卷。

已初刊《今古学考》，说者谓为以经解经之专书。天下名流因本许、何，翕无异议。再撰《古学考》，外间不知心苦，以为诡激求名。尝有人持书数千言，力诋改作之非，并要挟以改则削稿，否则入集。一似真有实见，坚不可破者。乃杯酒之间，顿释前疑，改从新法，非《庄子》所谓是非无定，盖马、郑以孤陋不通之说，独行二千年，描声绘影之徒，种种呓梦，如涂涂附。自揣所陈，至为明通。然我所据，彼方持以自助，何能顿化？彼既入迷已深，化虚成是，举国皆狂，反以不狂为狂。然就予所见，海内通人，未尝相迕。盖其先饮迷药，各人所中经络不同，就彼所持，一为点化，皆反戈相向。历考各人受病之方，投之解药，无不立苏。但其积年魔障，偶尔神光，何能竟绝根株？一曝十寒，群邪复聚，所持愈坚。又或如昌黎《原毁》，争意见不论是非，聚蚊成雷，先入固闭，自乐其迷，愿以终老。当此，惟啜糟自裸，和光同尘。盖彼既无求化之心，不能与之庄语。万物浮沈，各有品格，并育并行，何有定解哉！

通经致用，为儒林之标准。汉儒引《春秋》折狱，立明堂，议辟雍，各举本经以对。博士明达政体，其官多至宰辅。余既立《王制》，以扫一切支离破碎无用之说、不急之辨。以《王制》为经，以《典》、《考》诸书为之传说。习《王制》者，先考《通典》，《通典》既通，然后再为推广，提纲挈领，期年即可毕功。《通典》先经后史，源委分明，经史精华，皆在于是。《典》、《考》之学，尤以《舆地》一门为先务。所有职官、封建、井田、学校、选举、兵制、食货，治法大端，舆地在先，而后诸政因舆地而起。古今解经，必先疆域一门，而后诸事随之而立。说《春秋》、《尚书》者，必先考《禹贡图》；说《诗》、《易》者，必先考《车辐图》。今于上卷附《禹贡图》，下卷末附《车辐图》以示学人入门之捷径。《春秋》、《尚书》，皆所以明五千里内之政事；《诗》、《易》，皆所以明方三万里之政事。《典》、《考》既通，如有余力，各随所近，推之别门。不能旁及，但明《典》、《考》，亦不失为通儒。

古人读书，有阙疑、存疑两条，所以爱惜精力，使得专心要理。诸葛武侯读书，但观大意，政事文章，超前绝后，盖以此也。近贤不务大纲，喜矜小巧，如孔子生卒考，旧有两说，参差不同，苟通其意，数言可了。孔氏著为专书，海内矜为秘本，转相传刻，学者阅读已毕，询其所以然之故，诸说纷纭，迄不能明，是有书如无书也。近人《长江图说》，以文字说古地名，辗转附会。苟用其法，虽以《禹贡》全域说在蜀亦可，俗谑所谓“山水迁居”者也。

寿阳祁相国约诸名士，以其先人“祁奚字黄羊”命题，使各撰一篇。诸名士以声音通假说之，将三字互相改变，至数十说，迄无定解。苟用其法，无论诸人各衍一说，使一人操笔，衍为数十百说，亦数日可成。此真所谓画鬼神为儿戏。在寿阳几于玩弄其先人。乃互相传刻，以为美谭。经传草木鸟兽，既今古变种异名，又南北方舆同异，专好矜奇炫博，漫衍鱼龙，即如九谷养生之原，人所易知。《九谷考》演为图说，集成卷帙，说者竟茫然不能指实。邵氏《尔雅》有阙疑不说之条，郝氏乃举其阙略者，悉为衍说。当时以郝氏晚出，后胜于前，积久考其所补诸条，实恍惚无实用，故近人转谓邵胜于郝。“行有余力，则以学文”，使纲举目张，未为不可。乃诸家谦让未遑，以识小自居，谬种流传，遂以小加大，若天地至要至急之物无过于此。不知《典》、《考》之学，纲领最为详明，苟得要领，事半功倍。诸贤所望而生畏者，乃实简要；所择居之下流，乃实万难。此等不急之辨，无用之学，《庄子》比之棘猴楮叶。余于《周礼凡例》，标《阙疑》一门，凡一切古有今无，及古法失传之事，皆存而不论。削除荆棘，自显康庄，不再似前人之说梦铃痴也。

汉人“今”、“古”二派，“今”作、“古”述。窃以述为主《左》、《国》，作为主《列》、《庄》。考《公》、《穀》说经，直称“传说”，以经主孔子，以传主先师。称心而谭，自我作古，此博士专主孔子制作六经之本旨也，其弊也悍肆。游移《左》、《国》，立说以矫之，务以各经归之古人。《易·文言》之“四德”，《春秋》之“义例”，《论语》之“克己复礼”之类。有孔子明文者，皆归之春秋时人，如穆姜、申须、子产、叔向之类，班氏所谓“不以空言说经”者也。“古学”专主此派，举六艺一概归之古人。至于《列》、《庄》，则以六经为刍狗，诸书为糟粕。托辞诋讥，其实所诋，非实孔子，盖谓《左》、《国》所言之孔子。如《左》、《国》以孔子为传述家，杂取皇帝、王伯旧事陈言，收藏传述，如昭明之《文选》、吕东莱之《文鉴》，拾人牙慧，不得与于作者之林。六艺分崩瓦解，残脱割制。如近人经说，于删《诗》、修《春秋》、序《书》，皆攻其说而不信，以六经皆原文，于孔子毫无相干，然其弊也庸昧颟顸。二说辟分两门，互有利弊。《庄》、《列》之说为微言，《左》、《国》之学为大义。“古文家”孤行千余年，其害于学术政事与八股等。微言之学，经始萌芽，行之既久，不能无弊。经说有文质相救之法，文敝继以质，质敝继以文。当其文质初改之日，弊已深，不能不改，亦不敢谓所改者之无弊。阴阳寒暑，循环反复，相反相成。盖《左》、《国》大义近于文，《庄》、《列》微言近于质。中国文法二千余年而易以质，“古文”之说亦二千余年而易以“今”。事实相因，宗旨亦相同也。

经学与史学不同：史以断代为准，经乃百代之书。史泛言考订，录其沿革，故《禹贡锥指》、《春秋大事表》，皆以史说经，不得为经学。读《禹贡》，须知五千里为百世而作，不沾沾为夏禹之一代而言，当与《车辐图》对勘。详内八州，而略要荒十二州，以《禹贡》沿边要荒不更别立州名之内。外十二州山水部属，实附见于内八州中。九州惟豫、兖不见“夷”字，夷蔡皆要荒小服，附见边州，非谓内州之夷。其叙九州，用大乙行九宫法，始东北，终西北，每正方见岳名，余附岳名以见。徐牧附东岳，诸州可例推。五服加三即为九畿图，九畿三倍乃为《车辐图》。《春秋》以九州分中外，是《春秋》以前，疆域尚未及三千里。《春秋》收南服，乃立九州，不及要荒，《尚书》乃成五千里定制。“周公篇”又由海内以推海外，此皆《禹贡》之微言大义。胡氏概不详经义，泛泛考证，故以为史学，而不足以言经学。

经书以物、理为二大门，《尚书·禹贡》为物之主，《洪范》为理之本，以《禹贡》为案，而以《洪范》推行之。《禹贡》略如汉学，《洪范》略如宋学。一实一虚，一物一事。《大学》：“物有本末，事有终始。”据《禹贡》以言物，乃知汉师破碎支离之不足以为学；据《洪范》言理，乃知理由事出，宋人空虚惝恍之不足以为学。《尚书》此二篇，与诸篇体例不同，乃群经之总例，不但为《尚书》发。以此立学，明白简要，与汉、宋同床异梦。

《古制佚存凡例》与春秋时人载记所传，皆言清行浊，故于古制分新旧例。凡古事与经不同者，皆为真古事，以《礼》、《乐》二经出于孔修，如同姓昏、三年丧、亲迎、丧服、烝报诸条，其明证。箌室主人引东昏、齐高、隋炀为据，谓《礼》、《乐》已定之后，未尝无怪诞狂乱之人。窃以拟非其伦，所引诸人，皆后世所谓人面畜鸣，亡身丧家，当时群相叱怪，后世引为大戒。若周穆王、齐桓公、鲁昭公、哀公、子张、子贡所行所疑，何得以恶鸱怪兽相比伦！礼丧必去官，《春秋》记鲁大夫，父死，子即服事出使；礼不世卿，列国卿大夫几无不世者。在当时为通行，与高澄、东昏、隋炀，千万中不得一二者迥殊。因其相攻，本义愈显，故予以春秋以前之中国，即今日之西人。如齐桓姑姊妹不嫁者七人，卫宣、楚灵上烝下报者，西人近绝无其事。盖其通商已近三百年，耳濡目染，渐革旧俗。今日之西人，实较春秋前之中人为文明，是古非今，俗说与情事正相反。

“古学”祖刘歆，以周公为六艺主，孔子为传述家，所言事事与《移书》相反。盖《移书》本用博士旧法，以六艺归之孔修，首以微言大义归之孔门。若如马、郑诸家，既不主孔子，更何有微言大义之可言？每经皆有义例，在文字之外，如数术之卜筮，以及铁板数、《青囊经》，皆别有起例，在本书之外。不得本例，但望文生训，如何能通？不惟经说，即李义山、吴梅村诗集，作注者，必先于本文之外，详其时事、履历、性情、嗜好，并其交游赠答①，当时朝廷盛衰、政辅忠佞，然后能注。区区后人文诗，千万不足与经比，犹于文字外，无限推索，方能得其本旨。乃东汉以下之经学，则不必先求本师，预考文例，但能识字解义，按照本文，详其句读，明其训诂，即为经说。真所谓望文生训！不求其端，不竟其委，但能识丁，便可作传。除《公羊》外，今所行之十二经注疏，一言以蔽之曰：望文生训而已！靳注《吴集》，相去未远，文字之外，究心实多。以今日初识笔画之童蒙，说古昔圣神之微旨，而谓如盲词市簿，一见能解，一闻能知，岂不哀乎！学者亦尝假四字以为说，实则阮王二刻，能逃望文生训者，宁有几人？盖欲求义例，必先有师；不能得师，必先于各经先师传说义例，未读经先考之至精、至熟，然后可以读经。此法久绝，合宇内老师宿儒，谁能免此弊？刘歆初言微言，后力反其说。愿学者读汉臣刘歆书，勿用新室刘秀颠倒六经之法也。

井研庚子新修《县志》，所撰《四益丛书》，备蒙采入《经籍志》，四部共百四五十种。参用《提要》及《经义考》之例，序跋之外，别撰提要。子姓、友朋、及门分撰者，各录姓名。先曾为《序例》，志本以文繁，多从删节。又家藏本如《楚词文集》之类，续有增补。《诗》、《易》二经，旧说未定，亦多删改。然庚子以前所有著述，《县志》详矣。家藏本存以待改，将来刊刻必与《志》本有同异，然“小”、“大”二统规模，《志》本粗具矣。

---

① “答”原讹作“达”，今从《选集》改。

宋、元、明理学家皆有《学案》，予于《今古学考》、《古学考》外，别撰《两汉学案》四卷。西汉主微言，东汉主大义。大义主《左》、《国》，微言则主《列》、《庄》。盖《左》、《国》以孔子为述，为不以空言说经之旧法。主持此说，必须用《论语》“好古”、“敏求”、“择改”、“并行”之说。六艺虽为旧文，孔子手定，别黑白定一尊，凡沿革与不善之条，悉经删削，盖于历代美善，皆别与定一尊。如田赋取助法，夏、周皆以公田说之，而贡彻之法不取；如讥世卿，《诗》与《春秋》同书尹氏；如行夏时，四代经文皆以夏时为正，《周礼》仍为“大统”皇帝之法，以《论语》“行夏时”及“述而不作”二章，“子张问十世”章为主。择改因革，大有经营，特本旧文，即为述古。六艺合通，全由笔削，不可如东汉“古文”说经，皆文、周、国史原文，未经孔定，杂存各代，沿革棼乱。如《诗》以为旧有撰人，可也；但既编定，则编书之意，与作者不必全同。旧本歌谣，孔修后遂成为经。《书》本多，断定二十八篇，则变史为经。其与《列》、《庄》分别之处，则微言派直以六艺皆新文，并非陈迹刍狗过时之物。托之帝王，即《庄子》“寓言”。如《春秋》、《论语》所讥，皆为新制，孔子以前，并无以言立教之事，周公旧制，未传为经。故一作一述，小异大同。亦如地静、地动，昼夜寒暑，莫不相同。二说循环，互相挽救。如“古文”专以六艺属古人，不言审定折中，以新代旧，变史为经，则其病百出，万不敢苟同者也。

尝以《春秋》、《书》、《诗》、《易》四经，比于套杯，以《书》容《春秋》，以《诗》容《书》，故旧说庄子、董子，皆以《易》与《春秋》对言。原始要终，而《诗》、《书》、《礼》、《乐》四教在其内。以《大学》比诸经宗旨，《春秋》为家，《尚书》为国，《诗》、《易》乃为天下。《诗》为下，《易》为天，以《诗》详地球，《易》言天道。盖以大一统言之，“普天之下”，乃为天下，则“国”字为中国之定解。以禹州为国，以王畿为家。《春秋》书王室乱，合六经论之，则“王室”为《春秋》标目。三千里为家，五千里为国，方三万里为天下，三十六《禹贡》九九畿，然后为天下，是“家室”为《春秋》标目。凡《诗》、《易》中所言室、家、王家、王庭、王庙，皆指《春秋》、《周礼》之《禹贡》九畿；所谓大家、富家，则指皇帝。凡国，如王国、南国、邦国、下国、四国、大邦之类，一国为一王，一王为一《禹贡》，以国属王，一定不移。二帝为后，中分天下，三皇乃为至尊。群经不言皇者，皆以“天”代之；凡言天下、言天子，皆为“大统”之正称。“小统”借用其说，遂失本义。

以家、国、天下比四经疆域，必得此说，而后《大学》之义显，群经宗旨乃以大畅。

未修《春秋》今所传者，惟《公羊》“星陨不及地尺而复”一条及《左传》“不书”数条。学者皆欲搜考未修底本，以见笔削精意。文不概见，莫不叹惜。即今日而论，得一大例，足以全见未修之文。盖孔子未生以前，中国政教与今西人相同，西人航海梯山入中国以求圣教，即《中庸》“施及蛮貊”之事。圣经中国服习久，成为故事，但西人法六经，即为得师，故不必再生孔子。今日泰西，中国春秋之时，若无所取法，天故特生孔子垂经立教，由中国及海外，由春秋推百世，一定之例也。西人仪文简略，上下等威，无甚差别，与中国春秋之时大致相同。孔子乃设为等威，绝嫌疑，别同异。“惟名与器，不可假人”，由孔子特创之教，故《春秋》贵贱、差等斤斤致意也。《论语》旅泰山、舞佾、歌《雍》、塞门、反坫，上下通行，孔子严为决别，故讥之以起义。当日通行，并不以为僭。又如西人以天为父，人人拜天，自命为天子；经教则诸侯以下不郊天，帝王乃称天子。西人君臣之分甚略，以谋反、叛逆为公罪；父子不相顾，父子相殴，其罪为均；贵女贱男，昏姻自行择配；父子兄弟如路人；姓氏无别，尊祖敬宗之义缺焉。故孔子特建纲常，以拨其乱反之正，“百世以俟”，正谓此耳。

此册作于戊子，盖辑同学课艺而成。在广雅时传钞颇多。壬辰以后，续有修改。借钞者众，忽失不可得。庚子于射洪得杨绚卿茂才己丑从广雅钞本，略加修改，以付梓人。此册流传不一，先后见解亦有出入，然终以此本为定云。

辛丑五月十五日季平自识

甲辰《四变记》成，以《易》、《乐》、《诗》为哲理之“天学”，《书》、《礼》、《春秋》为实行之“人学”。三变“大小”，亦更精确。详于《四译馆四变记》、《天人学考》、《尚书、周礼、楚辞、山经疏证》等编。此册师席本不欲存，及门以存此踪迹，以为学者阶级，因并存之。而附记于此。

受业郑可经识

知圣续篇

初用东汉旧法，作《今古学考》，“今”主《王制》，“古”主《周礼》。一林二虎，合则两伤。参差胶镕，疑不能明。戊戌以后，讲“皇帝之学”，始知《王制》专详中国，《周礼》乃全球治法，即外史所掌三皇五帝之典章。土圭之法。《郑注》用纬书“大地三万里”说之。《大行人》：藩以内皇九州。九九八十一，即邹衍之所本。故改“今古”为“大小”。所谓《王制》“今学”者，王霸小一统也；《周礼》“古学”者，皇帝大一统也。一内一外，一行一志；一告往，一知来；一大义，一微言。经传记载，无不贯通。因本《诗》、《易》再作《续篇》。方今中外大通，一处士横议之天下。东南学者，不知六艺广大，统综六合，惑于中外古今之故，倡言废经。中土误于歧途，无所依归，徘徊观望，不能自信。此篇之作，所以开中土之智慧，收异域之尊亲，所谓前知微言者，不在斯欤？将来大地一统，化日舒长，五历周流，寒暑一致。至圣之经营，与天地同覆帱。六艺《春秋》小始，《易象》大终。由禹甸以推六合者，其说皆具于《周礼》。正浮海洋，施之运会，验小推大，俟圣之义始显。时会所值，不能笑古人之愚。而缘经立说，理据章明，亦不敢因知我者希而遂自阻也。

光绪壬寅孟冬则柯轩主人序

小康王道主《王制》，大同帝德主《帝德》。二篇同在《戴记》，一“小”一“大”，即小大共球之所以分。自史公有“黄帝不雅驯”，及“删《书》断自唐虞”之说，学派遂有“王伯”无“皇帝”。虽《易大传》有伏羲、神农、皇帝，《大戴》有《五帝德》，《诗》、《书》所言“皇上帝”、“古帝”、“皇帝”诸文，皆以为天神，于是六经全为“王伯”，专治中国。《中庸》所云“凡有血气，莫不尊亲”者，成虚语矣。海外祆教，真足以自立于鬼方。各遵所闻，两不相妨。中土言时务者，舍西书无所归宿，何以为百世可法之道哉？今故别撰《周礼皇帝疆域考》一书，以《五帝德》为蓝本，经史子纬所有皆附录之。此书成，则言“皇帝”之学，方有根据，足与“王伯”之说相峙并立，亦如汉师之“今”、“古”学。以此为时务之归宗，庶几人才盛而圣道昌乎。

博士虽为儒家，间言大同，如《小戴·礼运》、《伏传》五极、《韩诗》说《关雎》、《公羊》之“大一统”。儒与道时相出入，德行出颜、闵，文学为游、夏，时有异同，则文学亦闻“皇帝说”也。《礼记》孔子与子游论“大同”，《列》、《庄》论吕梁，引子夏云：“夫子能之而不行者也，商不能而知其说。”孔子论儒，有君子小人之分：君子儒，道家；小人儒，“王伯”，儒家。故子夏曰：“小道可观，致远恐泥，君子不为。”以经师鲁齐二派而论，鲁近儒，齐则间有“皇帝”。如邹衍游齐，而言“瀛海”、“五德代谢”，皆五帝要旨。中国一隅，不可言五运也。《公羊》云“大一统”，“王伯”小，“皇帝”大。又云“王者孰谓，谓文王”。皇辐四十，大州；王八十，牧二十。四方：方命厥后，各有九州：中国，文王；西，武王；北，元王。又有汤王、平王、汾王、王后、王公及君王、侯王之称。《北山》云：天下王土，率土王臣。旧以为一王，不知一大州一王。西方为三大井，《易》以二十四子卦当之，所谓“往来井井”。非天下只一王，故曰“王于出征，以佐天子”，“王此大邦”，“四国有王”，“宜君宜王”。八伯十二牧，或六或三，皆可称王。《齐诗》言“四始五际”，即邹氏“五德运行”之说。纬详“皇帝”，《公羊》多主之。故予新撰《诗解》，改名“齐学”，以齐学宏阔，包《公羊》，孕邹氏，列、庄、董、何，凡大统说皆有之。名齐以别鲁，齐较鲁亦略有“小”、“大”、文、质之别。中国一号“齐州”，歌《商》、歌《齐》，即中外之分。

后世诸学，发源四科。儒祖文学，道原德行。《论语》“志道”、“据德”，“依仁”、“游艺”。“艺”读仁义之“义”。即《老子》“道失后德，德失后仁，仁失后义，义失后礼”，乃四代升降之说。“皇帝”道德，“王伯”仁义。政事科专言“王伯”，德行科专言“皇帝”。《论语》言“皇帝”，崇尚道德者，不一而足，“无为”、“无名”，与道家宗旨尤合。道为君道南面之学，为颜、闵、二冉之所传。治中国用仁义；以仁义治全球，则致远多泥。道家集四科之大成，用人而不自用，与孔子论尧舜同。惟道家详大同，兼瀛海治法。宋元以前，中国闭关自守，仁义宗法，谨守勿坠。道家文字虽存，大而无用。学道者，又不知道德详百世以下治统专说，失其宗旨，以至为世诟病。此非道德之过，乃言道德之过；又非言道德者之过，时会未至，大而无当，不得不流于悠谬下论。“言志”章，子路、公西华、冉求为政事言，语“王伯”之学。曾晳所言，与颜子农山宗旨全同。此章之曾晳，即农山之颜、曾“异撰”，即“皇帝”之所以异于“王伯”；“童冠”即用人而不自用；“春服既成”，即无思不服；“咏而归”，即“皇帝”褰裳而去。全为道家宗旨。司马谈《六家要旨》论道家云：“使人精神专一，动合无形，赡足万物。其为术也，因阴阳之大顺，采儒墨之善，撮名法之要，与时迁移，应物变化，立俗施事，无所不宜，指约而易操，事少而功多。儒者则不然，以为人主天下之仪表也，主倡而臣和，主先而臣随。如此则主劳而臣逸。至于大道之要，去健羡，绌聪明，释此而任术。夫神大用则竭，形大劳则敝。形神骚动，欲与天地长久，非所闻也。”“夫阴阳、四时、八位、十二度、二十四节，各有教令。顺之者昌，逆之者不死则亡，未必然也。故曰‘使人拘而多畏’。”“夫春生夏长，秋收冬藏，此天地之经也，弗顺则无以为天下纲纪，故曰‘四时之大顺，不可失也’。”又云：“儒家以六艺为法。六艺经传以千万数，累世不能通其学，当年不能究其礼，故曰‘博而寡要，劳而少功’。若夫列君臣父子之礼，序夫妇长幼之别，虽百家弗能易也。”又云：“道家无为，而无不为，其实易行，其辞难知。其术以虚无为本，以因循为用。无成势，无常形，故能究万物之情。不为物先，不为物后，故能为万物之主。有法无法，因时为业；有度无度，因物与合。故曰‘圣人不朽，时变是守。虚者道之常也，因者君之纲’也。群臣并至，使各自明也。其实中其声者谓之端，实不中其声者谓之窾。窾言不听，奸乃不生，贤不肖自分，白黑乃形。在所欲用耳，何事不成。乃合大道，混混冥冥。光耀天下，复反无名。凡人所生者神也，所托者形也。神大用则竭，形大劳则敝，形神离则死。死者不可复生，离者不可复反，故圣人重之。由是观之，神者生之本也，形者生之具也。不先定其神，而曰‘我有以治天下’也，其何由哉！”论儒道之分，精核分明。大抵儒为中国方内之治，道则地中“黄帝”，兼包四极，综合八荒而成者也。

“无为而治”，屡见于《论语》、《诗》、《易》，是为微言，而后儒顾非之。今考《庄子·天道篇》曰：“夫帝王之德，以天地为宗，以道德为主，以无为为常。无为也，则用天下而有余；有为也，则为天下用而不足。故古之人贵夫无为也。上无为也，下亦无为也，是下与上同德，下与上同德则不臣；下有为也，上亦有为也，是上与下同道，上与下同道则不主。上必无为而用天下，下必有为而为天下用，此不易之道也。故古之王天下者，智虽落天地而不自虑也；辩虽凋万物而不自说也；能虽穷海内而不自为也。天不产而万物化，地不长而万物育，帝王无为而天下功。故曰'莫神于天，莫富于地，莫大于帝王'。故曰'帝王之德配天地'。"《庄子》所谓"无为"，乃君逸臣劳、"舜有臣五人而天下治"之义。此《庄子》所以为德行科嫡派，而《诗》、《易》之大师。后来说"无为"者，皆失此旨。

初考《周礼》，以为与《王制》不同，证之《春秋》、《尚书》、《左》、《国》、诸子，皆有龃龉。因以为王刘有羼改，作《删刘》一卷。丁酉以后，乃定为"大统"之书，专为"皇帝"治法。书只五官，所谓"五官奉六牲"者，有明文。《大戴》言"五官"数十见。此"大统"以五官为主之说也。五官者，所谓五行之官。《曲礼》："五官之长曰二伯①"。皇帝有五官，亦如天皇之有五感生帝，合则五官共一统，分则每官自成一代，故每官不用官属，而用官联。惟其为皇帝治法，故外史专掌三皇五帝之书，而不及王伯。又尺五地中及昆仑与神州，是合地球言之。邹衍海外九州，或以为必有传闻。不知《大行人》之九州，实以方九千里开方，即邹衍之九九八十一州也。与《职方》、《量人》，一小一大，小为禹州与五服，大为帝辐与皇辐。经云"九州之外曰蕃国"，是帝万三千里制度。"藩"、"蕃"字通，藩以内为蛮、夷、镇三服，《大行人》合称三服为要服，郑《注》遂以为周制方七千里，大不合于海州，小不同于禹迹。八牧之地，至大于王五倍，乃战国七雄所为，非成康所有。郑君撰述，此为巨谬！又官有小大之分，《大行人》言大九州，则可知《小行人》为小九州。其以"小大"分者，即"小共大共"、"小球大球"、"小东大东"之义。"小"为"王伯"，"大"为"皇帝"。一书兼陈二统，"小"同《王制》，"大"者由《王制》加三加八以至卅五倍，所谓"验小推大"是也。特不可于禹州中用其"大统"之说。如封建，一云百里，一云五百里；疆域，一云方五千，一云方三万。则枘凿不入，以致争竞数千年之久而不能定。今据本文为分别之，则泮然冰释，怡然理解矣。

---

① "二伯"，按《曲礼》无"二"字。

道家尚黄帝。黄帝，即宰我问五帝德之首。《论语》言帝道无为无名、志道据德、文质合中、舍小取大者，不一而足。已详《道出德行考》中。《列子·仲尼篇》首，与颜子论忧乐，大约“乐天知命不忧”者，王伯也；既已乐天知命，而忧方长者，百世以下，皇帝之事，《诗》之“百忧”是也。《诗》云：“不长夏以革。”不读为丕；“长”谓“幅陨既长”；“夏以革”，变禹州为大州也。《汤问篇》之夏革，与《诗》同。五山之为《民劳》五章，今西人之谓五大州也。五山十五鳌，三番而进，谓三统。六千年一更，三六十八，《诗》之所谓“素丝三五”、“三五在东”。言钓言弋，言御言造，罕譬而喻，皆以发明《诗》、《易》。诸篇言梦言觉，以神形相接分寤寐，尤为《诗》之要例。中央，为“夙夜在公”；《王》、《郑》、《齐》，为夙兴，为行、为寤、为觉；西方《豳》、《秦》、《魏》，为夜寐，为思、为梦、为神游、为飞。凡言“飞”，皆谓过海，飞相往来。举一隅以反三，故每觉少梦多。其六梦思惧喜诸名，全与《周礼·占梦》同。《周礼》师说，乃在《列》、《庄》，又可知同为“大同”之书矣。

“小、大”二统，古今有六大疑案。以学论，则《公羊》、《周礼》、道家、今古学；以帝王论，则秦始、汉武帝。经说“皇帝”，专指百世以后，非说古之三五。故《秦本纪》博士说：古之皇帝皆地不过千里。则包海外、总六合，乃俟圣，非述古也定矣。百世之事，无征不信，博士空传其文，河清难俟，故于“小统”经传、秦汉典章勉强附会。“大统”如始皇并六国，威令不出《禹贡》外，仍小一统，而非“皇帝”。考《本纪》所有章奏制诏，全用“大统”，文辞斐然，实则羊质虎皮，非其事也。又如五帝运，本谓五大州，五帝各王其方。始皇自以为水德，当用严酷，遂以惨刻亡天下。不得不谓为师说之误。又如汉武帝征伐夷狄，北方开通颇广，然均在《禹贡》要荒内。当时经师博士，因“大统”之说无所附丽，亦遂移以说之。后世遂以秦皇、汉武真为经说之“皇帝”。一误无外，一误以“大”说“小”。如封禅为皇帝典礼，“小统”王伯不得用之，秦汉乃躬行实举。《史记》因之著《封禅书》，亦其失也。

《齐诗》“四始五际”，皆详“大统”之学。新周王鲁，故宋绌杞，皆为后世言，故曰新周非旧周。周、召分陕，即纬以十二国配律吕、十二次等条，皆为“大统”专说。邹子五帝终始，即《齐诗》之“四始五际”，为五大州言。汉师强以说尧舜、三代。《周礼》与《王制》，“大”、“小”不同。《周礼》与《诗》，皆自以“小”、“大”分：“小”为王伯，

“大”为皇帝；“小”为《鲁诗》说，“大”为《齐诗》说。以“小”说《尚书》，为今文之误；以大[①]说《诗》，则不免为齐学之误。如《周礼》本“大统”，郑君误以为中国周朝典章，欲于中国五千里内并行。《王制》、《周礼》，二说互斗数千年不休，“今古学”之宗派由是以立。“古文家”并欲强诸经尧舜夏殷之治，尽同于《周礼》。如郑《注》“弼成五服，至于五千”是也。《鲁诗》以王伯说《诗》，其失正同郑君。三派虽早晚不同，亦互有得失。

儒家为博士嫡派，以王伯为主，兼言皇帝。如《大戴》、《秦本纪》博士说，及伏、韩、董诸书所言“大统”之治是也。道家专言皇帝，鄙薄王伯，其正言庄论与博士如出一手，无有异同。今中国学派大抵宗儒家，泰西诸国皆于墨学为近。子家为合治全球之学术。风俗不同，政教亦略有损益。各家不无偏驳，然硝附姜桂，为病而设。矫枉过正，自成一家，必然之势。道家“采儒墨，撮名法”，即不主故常，因变设施之本旨。海禁未开以前，如冬葛夏裘，以无用而见轻，遂为世所诟病；海禁既开以后，乃知其书专言海外，为《诗》、《易》嫡派。取归实用，各有因宜。旧所指目之条，率由误解。今以“小”、“大”二派列为宗旨，分说六经，举古今所有争辩，出入主奴，一扫而空。于前六事，融洽分明，无待烦言，自相投契。《中庸》：“万物并育而不相害，道并行而不相悖。”天覆地载，美富具存。大同合一，先见于学问宗派，而后天下侯王随之。《小雅》先《大雅》，《下经》殿《上经》，非即此义欤？

说有宗主，言各一端，所谓“道不同，不相为谋”。《易·井》：“无得无丧。”楚子言“楚失楚得”，孔子犹讥之。“小康”之治，以城郭为固；“大统”则毁名城、销锋镝。“小统”分土分民，诸侯疆域，或得或失；以皇帝言之，合地球为一家，无此疆尔界，则何得失之足言？《庄子》云：“凡之亡非亡，楚之存非存”，即《易》之“无得无丧”。《老》、《庄》说之可疑者，证以《诗》、《易》而皆通。言不一端，各有本旨。如必攻《庄》，则亦必攻《易》矣。

《庄子》云：“六合之外，圣人存而不论；六合之内，圣人论而不议。”《春秋》，先王之志，则圣人日切磋而不舍也。《荀子》云：“《诗》不切。”纬云：“《书》者如也；《诗》者志也。”又曰：“志在《春秋》，行在《孝经》。”董子引孔子曰：“吾欲托之空言，不如见之行事之深切

---

① “大”原讹作“人”，从《选集》改。

著明。”按由《庄子》之言以分画诸经疆宇，六合之外，《诗》、《易》；六合之内，谓《书》；先王之志，谓《春秋》。《春秋》与《尚书》为述古，故为“如”、为行事、为“深切著明”，以其皆古人已往成事，故文义明白。至于《诗》，乃百世以下之书，心之所之为“志”。疆宇及乎六合，当时未见施行，专以俟圣，故曰“志”、曰“不切”。至于《易》，为六合以外，推之无极、无尽。《列子》“夏革”，即《诗》之“不长夏以革”。曰“天地之外有大天地”，即《易》合乾、坤为泰、否之说也。泰为大哉，否为至哉。日属世界，八行星绕日；日又帅行星以绕大日，释氏所谓“大千世界，恒河沙数”。《易·下经·丰》言：“虽旬无咎。”天有十日，十日为旬。《彖》曰“宜日中”，下爻再言“日中见斗”、“见沬”。《下经》十首卦为十日，《庄子》、《山经》、《楚辞》、古纬皆有“十日并出”之说。一日比一王，八方即八日，合之二伯为十日，此但为大九州言之；至于大荒十六牧，比于八州，为十六日。《易》又曰：“先庚三日，后庚三日。”“先甲三日，后甲三日。”四三日合为十二日。有甲庚则有壬丙，合四千为四岳。四岳各该四州，盖合大荒为二十日，于内为十日并出，海外不通，专言中国，则为射落九日，一日孤行。盖日虽大，不过天地中之一物，故借以比侯王。皇则如天，故曰配天。以天统日，则不可究诘，并不止十日而已。近有像片，合地球十王聚照一纸之中，即《易》之“虽旬”，《诗》之“侯旬”，即所谓“十日并出”者。合今日为十日；当中国闭关之前，岂非一日独明哉！车辐象一月三十日，内八州八日，合二伯为旬，以十干当之，所谓天有十日。外大荒十六牧，合四首四岳为二十日，为二旬。以十二支为十二牧，加以震、兑、艮、巽为十六牧，外四岳为乾、坤、坎、离，为二十日。盖干支二十二人，合八卦，共为三旬，以象一月。二十五大州，中一州为毂，外二十四州为三十日，以象三十幅。

《诗》以长寿大年为皇帝之盛事，又以疾病为灾厉，而福祸亦以刚强与弱病分。《佐治刍言》谓文明之国极详卫生，英国人民较前人年寿大有进境，较以上更加，将来进境更未可量云云。按：天王、海王二星，远或百四十年乃绕日一周，而成一岁。《列》、《庄》所谓楚之南冥灵，五百岁为春，五百岁为秋者，以本地球千年为一岁。古之大椿以八千岁为春，八千岁为秋者，则以本地球万六千年为一岁。西人天文家以八行星为日属，日又帅八行星以绕大日，则日之行度，当迟于恒星者数十百倍。即以本日绕大日计，或千年一周，万八千年一周，皆属常理。修短不同，各尽其理。

尧舜之登遐，说者以为褰裳而去。《列子》有以死人为“归人”之说。《论语》之“咏而归”，即谓死也。古者天地相通，人可上天，所谓飞行、乘云御风者也。道家言圣人不死，董子亦云皇帝魂魄在庙。故“大统”之义，以四帝分四极而王，四帝统于一皇，二后统于一上帝。郊社之礼即享二帝：所谓一上帝、一感生帝，德配天，或称“帝”，或称“天”，名异实同。则郊祀即所以受命于天、于上帝，感生八极之王，同郊上帝。分祀感生，故受享则降福，不吊则降丧乱。然则天子之郊祀，即如诸侯之朝觐。天子有黜陟，天则有祸福，天之祸福，亦考功比绩。《春秋》之书异，所以警天变，亦如诸侯谨侯度。天子于诸侯有庆赏，天亦同之。且嵩岳降神，生申甫以为方岳，则古皇帝亦必天皇所降，天皇太乙下降为普天之皇。就地球言，日降为皇，五方五行星下降为五帝，八行星为日属，此本界之事，所谓日属之世界。故生则为人，死则仍为星辰。传说之说，即可以验皇帝，故曰“圣人不死”。生死来去，皆有所属。故王者之法天，如臣之于君。人以言命，天以道命。日星有行道以示法，即王者之诰命。《春秋》“小统”，兼通“大统”，郊祀与谨天变，皆是也。

常欲撰《大统春秋》，苦无皇帝。以八王而论，中国东方震旦，恰与《春秋》之鲁相同。“小统”以周为天子，齐、晋为二伯。“大统”以日属世界比，则以日为天子，岁星、太白为二伯。纪天行以合人事，皇帝以上为神，王伯以下为人。推日为皇，推星为伯，以合天人之道，仍与《春秋》之皇帝相同。特“小统”鲁以上有二等，“大统”则王以上无二等。无二等而必求天道以实之，则记天事当较详密，不似《春秋》之犹可疏节阔目。推究其极，则以皇配天日，不过比于方伯。天中之日无穷，不过取近者十日、十六日为说耳。

日为皇，行星为伯，月为小国，比于曹、许、郐。此海禁初开，未能混一之法耳。将来“大统”至尊，配天为皇，侯牧为日。故有十日、十六日之说。二伯总统则为大日，中国直如青州一方伯，诸行省等于曹、莒、邾、滕、薛、杞。《春秋》于山东小国，别见二十一以为连帅。将来大约一行省为一连帅，诸行省之上再立七大卒正，而宰相必为天子所命。一王三监，以配三卿，则今宰相之制也。考《春秋》：天子三监与本国三卿并立，大约方伯时有黜陟，不取一姓，亦不世卿之义。盖诸侯可世，而伯牧不常，父死子不代继，故凡本国之事，本国三卿治之；方伯之事，乃三监理之。三卿、三监，合为六人，所职有公私之分。董子

《顺命篇》，首言天命须切实言之，亦如王之诰命。天不言而以道受命，道者，即天之九道。顺天布政，因时而变，如《月令》之文是也。

余初持先蛮野、后文明之说，以为今胜于古。孔子之教，今方伊始，未能推及海外，必合全球，莫不尊亲，方为极轨。与道家之说亦相符合。《中庸》云："生今反古，灾及其身。"《列》、《庄》求新，不沾沾旧学，故以古人为陈人，先王之书为刍狗，迹为履之所出而非履，皆重维新而鄙守旧。窃以古之皇帝疆宇，实未能及海外。皇帝通而三王塞，乃百世以后全球合通之事。孔子不以为新创，而以为因陈。上古本大，中古渐小，百世以下又大。初则由大而小，后又由小推大，王伯由孔子制作，而以归之三代古皇帝；亦犹王伯之制，由孔子制作，而以归古之王伯。是孔子不惟制作王伯，兼制作皇帝。如说天之宣夜、大地浮沉、三万里中、四游成四季、五大州疆宇、大九州名目，凡《山海经》、《天文、地形训》、《列》、《庄》之所称述，皆由孔子于二千年以前，预知百世以后之世运，而为之制作。西人于二千年以后，竭知尽虑，铢积寸累，合数千年、数百国聪明才智，勉强而成之事迹，孔子已直言无隐，中边俱透。不似西人之欲吐若茹，不能推尽。如"三千大千世界、恒河沙数"，释氏之说，发原《列》、《庄》，《列》、《庄》之师法，本于孔子，何等明快！所谓"慧眼"、"天眼"是也。西人仅恃远镜之力，宜其不能与神圣争聪明。初由王伯以窥孔子，已觉美富莫逾；再即皇帝以观，诚为地球中亘古一人也已！

尝举朝觐、巡狩二例以说二《南》、《鄘》、《卫》，盖朝觐则八伯至京，二伯帅以见天子。觐礼餐毕归宁。二《南》之为二伯，统八牧朝觐，各归本国。周、召为父母，八牧为八之子。四见"之子于归"，即由朝觐后归宁父母。故二《南》见八牧为朝觐之礼，二伯居而八牧行。《鄘》、《卫》则反此，为二伯行而八牧①居。大九州有九洛，二伯分巡八方，各至其国之都，为《庄子》九洛旧说。故《鄘》、《卫》以二十篇分四帝，四正三，四隅二，每方必有一洛，故二篇多言沬②、淇、浚，其原泉诸地名皆近洛。"未落"，亦然。以中国《尚书》主《康诰》"妹土"、"妹邦"③，以洛为中心，故外八大州亦翻其意，以八洛为八都会。

---

① "牧"原讹作"伯"，今从《选集》改。

② "沬"下原有"妹妹"二字，疑为小字注文"音妹"之误。今从《选集》据《鄘》、《卫》二风删。

③ 《选集》按"妹土"、"妹邦"不见于《康诰》，而见于《酒诰》，此盖误引。

九洛之制，全见《鄘》、《卫》。而《易·下经》十首，《损》、《益》居十合一，以外八卦，亦合为九洛。《庄子》书多博士典礼，“九军”与九洛，尤为明著。故定《诗》例：以赤道天中为居、为北极，二黄道为中心，外边黑道为南。四方之中皆为北，四方之边皆为南。北为衣，南为裘，南于卦为《未济》，以黑道为南，加《离》于《坎》上为火水，《未济》。故于南巡方谓之“未见君子”；于北方居所朝诸侯为《既济》，《诗》曰“既见君子”。以赤道为北，加《坎》于离①上为水火，《既济》。《既》以君为主居中，《未》以伯为主居外，若禹会诸侯于涂山、周公会诸侯于洛之义。王会图则为“既见”，乃大一统之天下也。大约《鄘》、《卫》法《春秋》，为纠会之事。二《南》则大一统，居其所而朝诸侯也。

“大统”有天下一家之例。天下大同，比于门内和合。以皇为祖，以二后为父母，以八士、伯、仲、叔、季为弟兄姊妹，附十六外牧以卒正为公孙。天下大同，为婚媾、和好、宴乐、娶妻、生子，所谓“天作之合”，“笃生文武”。至于言“小”，则天下分裂，各君其国，各子其民，彼此不相通。东北乾阳，文家主“亨”；西南坤阴，质家主“贞”。东北相合，为有父无母；西南相配，为有母无父。《小雅》言：无父无母，悲伤忧苦，为分而未合。虽亦言“宜乐”，但曰“尔”、曰“其”，则自顾其私，未能大通。必如《大雅》而后无忧悲哀伤之可言。《诗》、《易》所谓鳏寡孤独，皆谓“骞崩”。彼此画疆自守，不婚媾而为寇盗。他如“独行”、“寡妇”、“独兮”、“茕独”，皆同。所谓娶妻生子，“同车”、“同行”、“同归”、“同室”、“婚媾”，皆为大同言。此《诗》、《易》“小”、“大”之所以分也。别有《小大二雅文字不同表》。

古今天下有二局，曰战国，曰一统，分久必合，合久必分，《春秋》一经则包二局，言一统则有周王，言分争则有列国。《诗》之小、大《雅》，《易》之上、下《经》，皆以分合为起例。航海梯山，彼此往来，如今日，可谓中外相通。然各君其国，各子其民，于《易》为咎，仍为战国之局。虽曰交通，未能一统。《小雅》之鳏寡孤独，怨女旷夫，忧心悲伤，号咷哭泣，不可言宿，归复邦族云云，为今天下言之。必至“大统”之后，同轨同文，既清既平，乃为《大雅》、为大卦。然地球大，《云汉》三篇亦同，以后亦必如中国旧事，合久而分，故《大雅》言丧乱忧亡，流为割据之局。故曰“维昔之富，不如时”。“今也日蹙国百里。”《小雅》前分

---

① “离”原讹作“火”，今从《选集》据上《未济》注校改。

后合，从三《小》起算。《大雅》前合后分。《既济》之后有《未济》，《未济》之后有《既济》。大小分合，互相倚伏，故上下《经》、小大《雅》，彼此有循环往来之例。

《易》曰卦有小大，《乾》、《坤》八父母为小，《否》、《泰》八父母为大。小卦内外重复，所谓坎坎、离离、乾乾、谦谦，必内外婚媾，天下大同，乃为大卦。如《上经·乾》、《坤》、《坎》、《离》，内外卦皆同者，《小雅》分崩之世也。大卦则《乾》、《坤》合为《泰》、《否》，《坎》、《离》合为《既》、《未》。父母相配，男女观止，婚媾好合，所以为大。《易》之小大卦，即《诗》之小、大《雅》。小大分合，《易》、《诗》皆以"既"、"未"二字为标目。大同为"既"，分崩为"未"。《诗》之"未见则忧"，"既见则喜"，凡数十见。"未"、"既"，即"既济"、"未济"。未见之君子为四岳，四方分崩则鳏寡孤独，故曰忧伤；既见之君子为二伯，二伯大同则娶妻生子，故为喜乐宴好。初合《未济》以臻《既济》，复由《既济》以成《未济》。哀乐相循，亦如三统循环。必持盈保泰，方能克终。《易》顺逆两读：逆则由《未济》以成《既济》；顺则由《既济》以成《未济》。曰"始吉终乱"，示人持盈保泰之意也。

《周礼·大司徒》："以土圭之法测土深，正日景，以求地中。日南则景短，多暑；日北则景长，多寒；日东则景夕，多风；日西则景朝，多阴。日至之影，尺有五寸，谓之地中。《注》：凡日景之于地千里而差一寸。尺有五寸为万五千里。天地之所合也，《庄子》：天有六极、五常。四时之所交也，寒暑。风雨之所会也，阴阳之所和也。然则万物阜安，建王国焉。"《列子·周穆王篇》："西极之南如今南美洲。隅，有国焉，不知境界之所接，名古莽音近洋壮。之国。阴阳之气所不交，地中，则阴阳和。故寒暑亡辨；日月之光所不照，故昼夜亡辨。地中，则一昼一夜。其民不食不衣而多眠。冰海无昼夜，夜则久夜。五旬一觉，《诗》之"寐梦"。以梦中所为者实，觉之所见者妄。尚寐无觉，此西南极。四海之齐，中国为齐州。谓中央之国，即今四海之内。跨河南北，越岱东西，万有余里。东极万二千里。其阴阳之审度，故一寒一暑；南北。昏明之分察，故一昼一夜。东西。其民有智有愚。知愚即《诗》之"寤寐"。万物之滋殖，才艺多方。有君臣相临，礼法相持。中国儒家。其所[①]云为不可称计。一觉一寐，以为觉之所为者实，梦之所见者妄。以中国为中。

---

① "所"下原衍"持"字，今从《选集》据《列子》删。

东极之北隅，东北。有国曰阜落之国。其土气常燠，日月余光之照。其土不生嘉苗。其民食草根木实，不知火食，性刚悍，强弱相藉，贵胜而不尚义；多驰步，少休息，常觉而不眠。”盖《列子》所云南中北三段，即《周礼》地中之师说也。以觉梦比昼夜，南北极冰海之地，半年昼夜，不足以言梦觉。积冰苦寒，故曰“寒暑无辨”，故曰“赤道常燠”。合地球而言，惟两黄道、两温带以内乃善地；两黑道非善地，不足以为地中也。又《月令》五衣，素青黄之外，有黑赤，合为五方五色。今《诗》取素青黄，而不用赤黑，以赤黑当二冰海。《论语》：绀緅不饰，红紫不服，即不取黑赤二极之义。至于素青黄，则在纬度之分，而不关经度之地。同在黄道，纬度相合，风雨寒暑亦相同。然则三统同为一度，实本一地。因其周经长分为三段，曰东西中，素青黄。东西、素青，皆强立之名，实则一中一黄而已。故《周礼》“地中”与《列子》“中央之国”，以南北两极言。北南与东西、素青对文，故三统立都皆在地中。二昊亦中，非黄帝独为中。此“地中”之“中”，指纬度，而以日月寒暑定者。由是以推，则凡日月、寒暑、风雷①、雨露，皆不可以常解说之，皆当对二极起例。京邑居民，有寒暑昼夜风雷雨露，而地球中实有无昼无夜无寒无暑之地。《列子》云“其阴阳之度审，故一寒一暑；昏明之分察，故一昼一夜”，“一觉一寐”。“一”字实义，必须知地球中有无寒暑昼夜之地，而后此“一”字乃可贵，特为地中独有。以此推《诗》、《易》日月、昼夜、寒暑、生死，皆为地中之赞语矣。

《司服》云：“掌王之吉凶衣服，辨其名物，与其用事。”考三服之分，则吉以冕，凶以弁，齐以端，冕弁端，即吉凶齐也。按王之吉服五冕：衮冕、毳冕、希冕、玄冕、鷩冕。②《丧服传》锡衰不在五服之内，则以斩、齐、大功、小功、缌麻合为五服。《司服》云：“凡兵事，韦弁服；眡朝，则皮弁服；凡甸，冠弁服；凡凶事，服弁服；凡吊事，弁绖服。”又云：“其凶服，加以大功小功。士之服，自皮弁而下，如大夫之服。其凶服亦如之。”又云：“其齐服，有玄端素端。”今就《司服》之文分为三门：吉五冕，凶五弁，齐则言二端以示例。三《颂》以素青黄起例，各五服以合为三十服。《禹贡》“弼成五服”，而《丧服传》有五服之文。盖缌麻、小功、大功、齐、斩，共为五服，与《禹贡》五服同文，《诗》素冠、

---

① 原脱“雷”字，今从《选集》据下文数言“风雷雨露”补。

② “五冕”，“衮”原讹作“兖”，且末脱“鷩冕”，从《选集》据《周礼》改、补。

素衣、素韠，旧说皆以为凶服，是素统，方万里，为凶服，五服之比例无疑矣。东方《缁衣》、《羔裘》，即《乡党》“羔裘玄冠不以吊”，是缁衣、青衿全为吉服无疑。《诗》于《羔裘》云“逍遥”、“如濡”，合为东方吉服之五。中央五服为黄统，兼取吉凶，以《周官》言之，当为齐服，齐服有吉有凶，兼用二服，故《司服》齐服有玄端、素端。玄端吉服，素端凶服。大抵中央以朝服三服居中，左取玄端，右取素端。故《诗》“狐裘以朝”，又曰“狐裘在堂”。车辐图三十幅，三统三分，而借用吉、凶、齐之十五服以实之。此以辐陨比衣服之说也。且实而按之，《易》之吉、凶、无咎，亦就三服言之。吉谓东邻文；凶谓西邻质；咎从卜从各，各君各子为“小统”，分裂合好则为无咎。无咎即合吉凶，即无妄、无疆、无邪。《易》之吉凶无咎，亦以三服为本义，而托之筮辞之吉凶无咎也。

《易》“元亨利贞”有四德之训，旧以分配四方。不知“元亨”皆属东《乾》，“利贞”属西《坤》。“元利”为德行，“亨贞”为性情。《下经》以《咸》比《乾》，《恒》比《坤》。《咸》即亨，《恒》即贞。乾坤有男女君臣之义，亨贞故可互文。迨二门平分，则男亨女贞，亨则志在四方，贞则“无非无仪①”、“无遂事”之说。故《乾》主“元亨”，至“利贞”则指“变坤”。《坤》主“利牝马之贞”，至“元亨”则主“承乾”。“亨贞”为权经行居之分，亦即中外文质之标目。《乾》之“利贞”为“泰”，《坤》之“元亨”为《否》，故“大哉乾元”为《泰》，“至哉坤元”为《否》。“元”于《乾》为本义，于《坤》为假借，故“乾元”曰统天，“坤元”曰顺承天也。《乾》以亨为主，不亨则贞；《坤》以贞为主，变贞则亨。诸卦爻之亨、贞，皆从《乾》、《坤》起例，亦如用九用六，以《乾》、《坤》起例也。诸卦皆托体于《乾》、《坤》，阳爻主行为亨，反之则为不变之贞。阴主居为贞，而贞动则亦为亨。《书》曰：“用静吉，用作凶。”大抵“亨贞”即“作静”之义。以《乾》、《坤》为起例，诸卦皆同之者也。

言经学者必分六艺为二大宗：一“天学”，一“人学”。“人学”为《尚书》、《春秋》，行事明切，所谓“祖述尧舜，宪章文武”；“天学”为《诗》、《易》，当时海外未通，无征不信，故托之比兴。后世文体有诗、文二派，文取据事直书，诗取寄托深远。《尚书纬》曰：“《书》者如也；

① “仪”原讹作“议”，今从《选集》据《小雅·斯干》改。

《诗》者志也。”又曰：“志在《春秋》，行在《孝经》。”志行之分，即诗文之别。孔子之所以必分二派者，人事可明言，六合以外地舆、国号、人名、事迹，不能实指，故托之草木、鸟兽、卦图、阴阳。自微言一绝，学者遂以孔子所言皆为《春秋》之天下而发。不知“天”、“人”之分，即“古”、“今”之别。即以《论语》言之，为百世以下天下言者较多。于当时海禁未开，共球未显，以百世以下之专说，附会时事，勿怪其然。特先入为主，积非成是，非有明著晓鬯之专书，不足以发聋振聩。故别辑《百世可知录》，专明此理。

三千年以前，不必有轮船、铁路、远镜、显微诸仪器；非有能合群力以格致，如今日泰西之事者。而瀛海八十一州与四游等说，乃远在数千年上，不得其说之所本。且西人自明至今，言五大洲而已。而邹子乃以为八十一，合于礼制，比于经义，较西说最为精密。此又何从得之？从可知天纵之圣，不学而知，不学而能，至诚前知，先天不违。且今日“大统”未成，诸经预设之文，已如此明备，他日实见行事，烂然明备，不知其巧合，又当何如此等识量？若徒推测预知，能者多矣，所谓因时立制。数千年以前，因心作则，以定鸿模，天地、鬼神、名物、象数，必曲折不违，密合无间，略窥一斑，已识梗概。宜子贡、宰我之以为天不可阶。呜呼，尧舜犹病，而谓维摩足以方物乎！

邹子验小推大，即化王伯为皇帝之法。方里而井，可谓小矣，推之小九州而准，更推之大九州而准，六合之内，取譬于方里而已足。此与富家，一牧为一家。京师地中为公，如“公田”、“颠倒自公”、“退食自公”、“夙夜在公”。以八州为八家。“大田多稼”，即谓八王为八家，合车辐图为终三十里，象月望三五盈缺。左右前后为十千，所谓“十亩之间”、“十亩之外”、“十千维耦”、“岁取十千”是也。《诗》以公田比天下，为一大例，言耕即井。《乾》“见龙在田”，有禽无禽，酒道食德，饮食醉饱，皇道帝德，隰、畛，主、伯、亚、旅，强、以，二徂六侯，当即八伯名目。皇祖即上帝，多稌为并家，饥馑为骞崩。《礼记》礼耕乐耨，亦借田以比治天下之一说也。

《齐》、《商》为“文质”标目，如今之中外华夷。《论语》“文质彬彬，然后君子”，是以“君子”二字为文质相合之称。“君”为君臣之君，为东邻，为文家，尊尊，故目“君”也；“子”为父子之子，为女子，为子姓，质家，亲亲，故目“子”。《周颂》合“文质”，则君子当直指《周颂》监于二代。《论语》：“君子质而已矣，何以文为？”专以为质，所谓子而不君者也。考二字平对，又如父母、君妇、尸且、漆且、君子、“民之父母”、“恺悌君子”、“君子偕老”是也。又：二伯四岳，皆得称君子，八大州君子为二伯，大荒君子为四岳。

《列》、《庄》言六经非陈迹刍狗，全为特创百世以下新法、新理，作而非述明矣。故于《诗》以《雅》翻译为名，专言俟后维新，非真言古人内地。则凡帝乙、高宗，即高尚宗公之高宗，故以配《震》。文王、武王、商王、玄王、平王、汾王、成王、康王、氐羌、荆楚、淮夷、豳营等字，固皆翻译托号也。如箕子、穆公、周公、庄公、皇父、南仲、尹氏、家伯、巷伯、孟子，亦皆为托号矣。《诗》述周家祖孙父子，如后稷、公刘、大王、王季、文王、武王，与大任、大姒、大姜，文义相连，不能谓非古人名号。不知托古以译后，亦如山川、氐羌为翻译例，亦无不可。经既云“周虽旧邦，其命维新”，又曰“本支百世”。详其文义，为翻译无疑矣。不如此则古帝命武汤、帝谓文王，文王“在帝左右”，皆不能解。即如《大明》：“挚仲氏任，自彼殷商，来嫁于周。”仲任与《燕燕》“仲氏任只”，同任姓国女，何以直目之曰殷商？又加之以彼二经古人、古地，按实求之，文义多在离合之间，故旧说于平王、文王、箕子，多有别解。必望文生训，则《鲁颂》真鲁僖公作矣。[①] 以此立说，又多可疑，则以变异旧文，不合己意，先师改写之事，亦知所不免耳。即如后稷、王季、公刘，周之先祖也，经则托之为二后、八王之父行。故以大妊为殷之女，文质合为父母也。又如文王、武王，父子也，经则东文西武。二王平列，实指文、质二邻，东西大牧。定以父子说之，亦时形龃龉。知经非刍狗陈迹，则必非真古人、真古事。以《雅》之翻译读之，亦如淮夷、氐羌，“物从中国，名从主人”。借古以喻后，亦无不可。特言在此，意在彼，不专为古人古事而言，则固一定之例也。

《尚书》七政，古皆以日月五星解之。自八行星之说明，则七政当数天王、海王，不用日月明矣。惟西人之命名曰“天王”、“海王”，则可异焉。以王命星，是十日为旬，八州八王之说也。“天王”之名，直同《春秋》；“海王”之名，兼主海外，则如《商颂》矣。中国旧说，五星配五行，今加入二星，合地为八，以配八方。八风则可以配四方。五行则取五去三，不可也。然古人五星之说据目见，久成定论。地球自为主人，则不能与诸曜比，亦一定之比例。今因侯甸例拟于日属世界中，

---

① 《选集》校云：《诗序》以《鲁颂》诸篇皆“颂僖公”，不谓僖公作，疑或于“鲁僖公”前脱“颂”字。

以日为上帝，为《周颂》；天王如《鲁颂》；海王如《商颂》。一主文，一主质，天王为文王，海王则为武王。《诗》所谓“文武维后”之比。以《小雅》言之，则《小弁》日，天王《小宛》，海王《小旻》，《节南山》水。《正月》木兼土。《十月》火。《雨无正》金。地球为主人，不入数焉。天王大于地球八十二倍，海王大于地球百二十倍，道家所谓“大者居外，小者居内”。又海王最远，今以居中小者为四岳，以在外者为二后。日为天子，天王、海王帅五星以绕日，五行星又各有小星，如方伯卒正之职。古人无事不法天，则二伯、八伯、卒正，知法八行星及诸月而定。是即《左氏》伯帅侯牧以见于王，而侯牧又帅子男以见于伯之义。八行星自外而内，海王、天王为二伯，次土、中央京师。次木、东方，“帝出乎震”。次火、次金、次水。四时顺行，始于春，终于冬。自内而外为逆行，自外而内为顺行。亦顺逆往来之说。

邹子海外九州之说，至今日始验。学者求其故而不得。余以为经说引《大行人》九州为证，或又以孔子先知为嫌。案先知乃圣神常事，“百世可知”、“至诚前知”，古有明训。宋元以下儒生乃讳言“前知”。然所谓“前知”，不过休咎得失、卜筮占验之琐细，非谓大经大法、先天后天之本领也。如以为孔子不应知，邹子又何以知？他如地球四游，瀛海五山，海外大荒，与夫纬书所言《河图》、《洛书》之事，何以与今西人说若合符节？谶书占验之前知，如京、郭之流，固不足贵。若夫通天地之情状，洞古今之治理，何嫌何疑，必欲掩之乎？

《列》、《庄》推尊孔子以为圣神，其书为《诗》、《易》师说，学者汇能言之。顾道家之言不尽庄论，设辞讪讥，遂为世诟病。推寻其旨，盖一为抉微，一为防敝。近代“古文家”说孔子直如钞胥，如书厨，墨守诵法，去圣人何啻千里！故二子著书，极言刍狗陈迹之非。所谓“迹而非履”，正以明孔子之为作而非述，以抉其精微也。他如《诗》、《书》发冢，盗亦有道，设为恢诡，以立圣教之防，不使伪儒佥士假经术以文奸；又以见圣道自有所在，非诵其言词，服其衣冠，遂得为圣人之徒。大抵知人难，知圣尤难！《列》、《庄》能知圣，遂举后世之误疑圣人之俗说误解，极力洗抉，以见圣人之至大、至高，非世俗所知，非微藐可托。故其诟厉之辞，使孔子闻之，亦相识而笑，莫逆于心，以见其卫道之严。世俗顾以为真詈讪孔子，使所讪辱者果真，则“有过人必知”，孔子当引为诤友矣！尚得以讥讪斥之乎？正当借其所讥讪，以见吾心中之孔子，非真孔子耳。

道家诸书全为《诗》、《易》师说。《诗》、《易》之不明，不能读诸书之过。其宗旨不具论，佚典坠义，有足以通全经之义例。如“夏革”篇为《诗》“不长夏以革”之说，大块为《诗》“大球”、“夙夜”、“寒暑”之说，四极、地中、九军为天子军制，九洛为上皇、六极、五常、九土，各有一中，《鄘》、《卫》两风专详此制。非是不能解《诗》、《易》。以六情为例，哀乐未既，层见叠出，非《列子》记孔、颜论忧乐之故，无以起例；《易》“月望”、“轮辐”，《诗》“幅幁”，非《老子》“一毂三十辐”之象，二十四州伯牧，合二伯、四岳、六首，为三旬。无以立图；《诗》“思服”、“寤寐”，非《列子》地中一梦一觉，与《庄子》梦觉神形之说，不得其旨。《乾》、《坤》之龙、朋，《剥》之“贯鱼，以宫人宠”[①]，非鲲鹏之论，可以知蜩鸴之指，《周》、《召》蟭虫之即《椒聊》乎！博士亦传“大统”，由子夏知其说而不能行，而推颜、闵、仲弓之主皇帝，亦由称述而得。十日并出，为“侯旬”、“维旬”之训；南北二帝报中央之德，乃“冥升”、“冥豫”、“幽谷”之解；《秋水篇》为“河海”二字之起文；《齐俗训》为“颠覆厥德”之作用。大抵道家说必深入其中。诸凡非常可骇，皆读为常语。然后二经可通也。

《中庸》云：“万物并育而不相害，道并行而不相悖。”并育万物，人所能知；道之并行，世所罕论。间尝统天下诸教而合论之：道家本于德行，是为大成；释出于道；天方、天主，又出于释。不惟杨、墨并行不害；天主释迦，是亦大同。中国夷狄之弱，由于崇尚佛教，谈时务者类能言之。夫蛮夷狂犷，如冒顿番酋，非文教之所能遽化，又谈时务者之常言。古之善医者，因病施方，其术不一。针砭按摩，祝由汤药，苟缺一长，不为名医。近世专尚汤药，习医者遂专擅一门，鄙屑他途。亦如言圣学者专习儒家，非毁异教。考释氏出于老子化胡，由道变释，因地施教。按其宗旨，实出《乐经》。“定静安虑”，《大学》之教，观其初旨，大略相同。戒杀所以化夷俗之凶残，贵贞所以防部落之繁庶；安坐乞食，讽诵梵咒，意在化强为弱，渐就绳墨。与唐宋以下开国大定以后，必开馆修书，所以羁縻英雄，销磨岁月者，事出一律。其中缘讹踵误，节外生枝，万派千奇，不能悉诘。然推其根原，未能大远。若夫轮回、因果，亦神道设教、无终无始之常理。若以其与圣教不合，实与今之八股、试帖、白折、大卷，其去圣贤之途，未能相远。孔子居中持

① “人宠”原讹作“化龙”，今从《选集》据《剥》爻辞改。

正，老子自任化胡以为先路，一粗一精，一终一始。至今日地球大通，各教乃会其极。天下已定，偃武修文，数百年之后，专行孔教，释法尽灭。乃古之明说，亦或留此一线，以为无告养生之途，亦未为不可。人之恶之者，不过因其安坐享厚糈耳。天下耗财事多，不止此一端。又或因人崇奉太过，激而毁之，则非平心之论。总之，佛者孔子之先锋，马上可得天下，不足以治天下。将来大一统后，存亡听之。若未能大统，则于化夷，不可谓无功也。

凡学问皆有中行、过、不及三等议论，不惟诸子，即孔孟亦然。推类至尽，以诋杨、墨，此求深之说，非通论也。中行如春秋二分，不及与过如寒暑，天道有三等。药物甘平，中行也；寒凉、辛热不能废。考《易·乾》、《坤》八卦，反覆不衰，中爻、综卦皆中，此中行，昼夜寒暖适中之谊；长少二局，则互相救，必《损》、《益》乃跻于中。故少综长，长综少，长少皆偏。救病则非偏不为功，所谓矫枉过直。《论语》言孔子进退之法：由也过，则以不及救之；求也退，则以闻斯行告之。如就二贤所闻以立宗旨，未尝非孔子之言，则偏执不能为中法。故杨、墨二家，乃寒暑、辛凉，物极必反，不可专就一面推之。必如此推求，则孔子之告二贤者，即杨、墨之宗旨。

孟子为中行，杨近始功，墨为终究。盖人方自修，则主杨氏，《大学》之“明德”也。专于自明，不暇及物，迹近自为。学业已成，推以及物，墨子之“兼爱”，乃“新民”之宗旨。以《孟子》考之，其言非“为我”，则“兼爱”；非“兼爱”，则“为我”。如伯夷之清，为我也；伊尹之任，兼爱也。《孟子》并推为圣，所谓一夫不得其所，若已推而纳之沟中者，与墨子相去几何！圣夷、尹而斥杨、墨，贵远贱近，亦以二说非中，自具利害，以利归古人，以害诋时贤。二义互通，在读者之自悟。所谓无父无君，乃推极其变之辞。推伯夷之教，可云“无君”；极伊尹之弊，亦近“无父”。诸子持论，自成一家，矫枉者必过其正，非过正则其反也必不能中，物极必反，如日之行，从黄道而黑，至于黑则必反。浮久必沈，久升必降，非永远推究，一往不反。故读诸子当知此义，欲明此义，当于《诗》、《易》求之。

从荒陬中言治法，则必先“兼爱”而后可及差等。故外夷之教，必先“兼爱”，天方、天主、佛氏，莫不以“兼爱”为主，实即《西铭》之说。西人天主之义，发其仁心，可以止杀、争先，除犷悍；示以乐群，非爱不群，非群不立，此从古中外之分也。今耶稣救世教，较孟、荀宽广，则以中国乃八十一分之九也。知“兼爱”为中行先锋，必至大同，然后示以等差，礼三本之说，所以如近人作以攻袄教者。然以从古地球初辟，人情必同，故今之天主、释氏，全同墨氏。此一定之机局，非人力之所能为也。

《易》之《损》、《益》，以三四为中，《易》六爻分三统：三、四为黄衣，二、五为缁衣，一为地中，一为中国，皆有中可言；上、初失位之卦，为素衣。中为无咎，二、五为吉，初、上为凶。反以二五之中为过、不及，如《小过》、《中孚》是也。故《下经》则以两《济》为两极，二《坎》占二黑道，二《离》占两赤道，分合不同而中边异位。经义“大统”以赤道中心为居衣，临驭四方；以两黄道及冀弇为黄裳；每边极南为裘，分为三终，以比卦之三爻。如《乾》、《坤》四初为居，二五为黄裳，三上为裘服。四方颠倒，如《周》、《召》、《鄘》、《卫》八方朝觐巡守图可见。以居为北，地于北极，周旋四边皆南，故《周》、《召》多“南”字。随向背言，八方皆同。服、幅、福音同义同。卦之三爻，《诗》之三终，皆以衣、裳、裘为起例。以赤道地球中心长线为地中，向南而背北，四方皆南流，中线最长，于中分为三段，统曰东、西、中。又以每统所居一方为中，但不言南北，故取假用地中为之三统，不用绀緅红紫。然五帝之法，南北实有帝，既有帝朝诸，则车辐图象月，每方十五服，故曰“三五而盈”、“三五而缺”。如中国之豫州，中天下而立，南极向之，北极亦向之。赤道为北居，以黑道为南行，则亦为颠倒，所谓“以北化南”、“以南化北”，为《既》、《未》，大颠倒。大与小有别，小颠倒，如初与三、四与上，于南北两极分内外卦，仍为以水益水、以火益火，此小变，非大变。必大颠倒，以北易南，以南易北，如《中孚》之以三四为中，取初二以与上五相反覆。南北球寒暑全反，二分则平，取春秋平分以为中，以一短一寒易一长一暑，先必分卦为小颠倒，赤者不赤，黑者不黑，水火既济，平其寒温二带本位之阴阳；然后合为大变，以夏冬之寒暑相易，集其大成。《诗》以“未、既”为说，今定巡守四方，分方别时者为“未”；同主皇居，朝觐会同者为“既”。四帝分方，各主一时，南无定位，分居为“未”；皇合四方王，以地中心为“既”。如此则三统各以地中为北居，而衣裘之间为裳，为两黄道及两洛，《诗》之中多取此义。考天文家说，于长短圈加一斜线，由北二十三度半至南二十三度半以为黄道，则直以赤道之界合为黄道，则不分二黄道而合为一大黄道，《易·中孚》二五为中之说。

地球中分有两赤黑道，而两黄道在赤黑中。《诗》之黄裳、黄鸟，指黄道言；赤狐、黑乌，指赤黑二道言。皇极在赤道中心为衣，由衣推裘，则以黄道为中。两黑道为南，合两赤道地中之中为居。从居至远荒，每方三分。极边之南，皆坐北向南，分三段临驭四方，莫不从同。居乃地中赤道，以赤为北极，非北方之极。所向为南，四时朝宗觐遇，四面皆可为南。故二《南》四方皆得称“南”，《鄘》、《卫》四方皆得言北也。《上经》北《坎》、南《离》，赤道中分，当反覆为二局，如九宫法。宋以下谓之《洛书》。为冬至局，《坎》一《离》九；颠倒为夏至局，《离》一《坎》九。乃全《诗》之《王》、《郑》、《齐》，《尚书》之“周公篇”，《小雅》之分方而治，则如《易》之内外卦，各三爻，以三五为中。如《乾》、《坤》、《坎》、《离》，自卦自综，则为八卦是也。分方之法，如以二五为中，《上经》以之。“大统”则南北合一，以两赤道为中。《诗》之“离离”、“忧心”，絺、绤、绁、绊。皆谓每方之南边。

《易·上经》三十，《乾》、《坤》、《坎》、《离》、《泰》、《否》六首卦，较《下经》少四卦，为禹州起例。《禹贡》较皇辐图少东荒四州，《上经》少四卦，则以《上经》配禹州八伯、十二牧，为“小统”。《下经》益以《震》、《艮》、《巽》、《兑》四卦为十首，故曰“或益之十朋之龟”。益故为大絺。《上经》法禹州，《下经》为皇辐。上、下《经》亦如小、大《雅》，以“小大”二字为标目。“小”为古之分封，“大”为后之合同。《诗》之“上下”字多指上、下《经》，言“上下”即“古今”，“古今”即“小大”，“小大”即“文质”。故上下分图，上为分封之天下，下为合同之天下。以三十卦分三统，上为夏、殷、周，下为天、地、人三皇。小大相配以分古、今，此一说也。上下各三十六宫，上有化小为大之法，所以四卦由《乾》、《坤》、《坎》、《离》综卦求之自得。既已化小为大，三十六宫与《下经》同，则以《上经》为“大统”地图。如《国风》六定局不入三统之风，又如《鹿鸣》之前，三十卦为定局。但详由小推大，不详三统，《下经》乃蒙《上经》“大统”之文，别为三皇三统循环之法。故《上经》三十为三王之三统，《下经》为三皇之三统。三皇之循环在《下经》，不在《上经》，亦如小、大《雅》之分“大统”。由禹州而推，所谓叔夏、有夏、禹甸、禹绪、禹绩，由《禹贡》为车辐，即由《小雅》变《大雅》，《上经》变《下经》之说也。《下经》三十四卦为大三统，三十六卦中分，以十二卦为一统，《咸》、《恒》天统伯，《既》、《未》地统伯，《损》、《益》人统伯。以《上经》

为案，《下经》每代以十二卦调剂之，故为三统并陈之。如用则但详一代，二后可从略。然《下经》有伯无君，君皆在《上经》。《乾》主《咸》、《恒》，《坤》主《既》、《未》，《泰》、《否》合主《损》、《益》。盖经取义不止一端，或合或分，宗例遂变。特以《下经》三统调用。《上经》定局，盖仿《国风》六定、九行之例。上下各有一三统，皇王所以不同。始小终大，则即变小为大之本例。

《说卦》方位为周都雍，故以《乾》居西北，八州合于方位。以“大统”而言，则如《下经》。以十卦分九洛，用大卦为主，此方位八卦，有小大之分。卦以综言之：长即变少，少即变长。《震》东，自西言之，则为少男；《兑》西，自东言之，则为长女。大卦合长男女为《恒》、《益》，少男女为《损》、《咸》，为婚媾娶生；与小卦内外相同者有别。惟南北冰海，无昼夜寒暑之可言。《既》、《未》反覆，仍为《坎》、《离》，故《诗》于南北言极，东西言罔极，东西曰“东有启明”、“西有长庚”。因地异名，无有定位。南北则曰“莫赤匪狐”、“莫黑匪乌”。三统定都不同，左右随方而改。于《诗》曰：“匪鹑匪鸢，翰飞戾天。”“匪鳣匪鲔，潜逃于渊。”又曰：“匪东方则明，月出之光。”皆南北有极，东西无极之说。

《下经》始《咸》终《未济》①，于四爻同言“贞吉、悔亡”，合内外为一，为六爻重覆之卦。故曰“悔亡”。“悔亡”之卦八，《乾》、《坤》、《中孚》、《小过》、《临》、《观》、《大壮》、《遁》为起例。而内变之八少父母，如《咸》、《恒》、《泰》、《否》、《损》、《益》、两《济》，亦为“悔亡”，共十六卦。外有十六卦同此例。

初说《诗》以日为天子，月为伯。据日属世界，日统行星，行星统月之说言之。不如车辐日数，比于州辐。天有十日，故八州为一旬。其外大荒十六牧合四岳为二旬。言车辐以象月，非独一日，所谓“何多日”也。以地中为主，左日右月，日月即夙夜、朝夕之义。又日月虽小大不同，据目见则无别，故至尊无上，托之于天，而以日月寒暑分主四方，东日西月，北寒南暑。又以风雨分阴阳，云从龙，龙在东；风从虎，虎在西。《小畜》“不雨”、“其雨”、“日出”，《东山》“零雨”，皆于日月寒暑外，再以风雨分方，而天乃为之主宰。夫天不言而四时行，日

---

① “未济”原讹作“两济”，《选集》据《既济》四爻无“贞吉、悔亡”之辞，疑“两济”为“未济”之误，今据改。

东[①]月西，寒北暑南。《易大传》曰：日往月来，“寒往暑来”；《中庸》“日月霜露”。以雨比霜，以风比露，故用十干以取“天有十日”之说。八首卦比之旬日，大约经以日比王，王有三十，故日亦有三十。但就中国言，则一王一日。车辐卅王，则为干支八卦卅日也。《易》之《丰》曰“虽旬无咎”，《桑柔》曰“其下侯旬”，又曰“维旬”、“维宣”。旬，十日；宣当为二十日。维旬为八州四维，宣则大荒四维，《泰》之“苞桑”为之统属。《诗》多言“桑”，以桑为日也。

《诗》以文为中国，质为殷商。《荡》七“文王曰咨，咨女殷商”。七章为七襄、七子，为以文化质、周监于殷。一文王为中，东七殷商为七州牧，以中国化海外，为以一服八。除本方不计，故为七子。一章比一州，与《民劳》五章比五大洲同。万不可以为文王谏纣。如“女炰烋于中国”，及“内奰于中国”、“覃及鬼方”，中国、鬼方，文义明白，使为殷纣言，不应外之于中国。且“天不湎尔以酒”，即西北无酒之说。“靡明靡晦”，“俾昼作夜”，非谓长夜之饮，乃谓西极与中国昼夜相反。且二、三、四章，与时下中西相诟之语，如出一辙。章首两“上帝”，旧说皆指为纣，至于“其命多辟”，即古帝命武汤之义，殷武所谓“天命多辟”也，旧解乃以为纣之命多邪僻，尤为不合。文王之于纣，不应诟厉如此。如谓召康公所拟，以臣而拟为君祖宗之言以谏君，且诬其祖宗以诟厉旧君，皆非情理所应有。似此议论，而垂为经典，以为世法，未免非怀刑之义。纣至恶，文王至圣，古来谏书多矣，又奚取此乎！

《周》、《召》以“南”为名，《鄘》、《卫》则以“北”为主。《周》、《召》不言“北”，屡言南；《鄘》、《卫》屡言“北”，而无“南”字。《柏舟》，北流、背堂、沫北，皆为北，盖四篇以居行分。二《南》为朝觐诸侯会同之法。《鄘》、《卫》为巡守八洛之法。《邶》居中，《周》、《召》南北，《鄘》、《卫》东西，合为五方五极。《民劳》五章，《邶》首五篇，《崧高》五篇，与《易》上下《经》同以五极、五元起例。此《诗》首五篇，当读为一篇。一皇二王后二大伯，《王会图》之一成王，二夏公、殷公，二周公、召公也。天有五常，地有五极，《民劳》以下五篇，皆以五起例。《板》八章，九天八极；《荡》八章，文质八荒；《抑》十二章，志言视听以三分；《桑柔》十六章，首四方中央，为谋为毖，下由南而东、而西、而北，四方十二章；《嵩高》五篇，五岳分篇，

① “东”原讹作“春”，今据《适园》本改。

一方一篇。此则合五方言之，每篇皆足。以《嵩高》之五合数五方，多至五篇，仿五帝之法，一篇一帝，合数五方，五五合为二十五，为五帝。故为大猷远谟。《嵩高》则一王之五岳五篇，尚不敌《民劳》一篇之大，所以为小也。

《说苑》言："北鄙杀伐，南方生育，王道流南不流北"；董子："阳实阴空，王者贵德贱刑之经义也"。北球以北极为北，赤道为南，东左西右；南球以南极为北，赤道为南，西为左东为右。颠倒反覆，同以所向南面赤道为中心，而背北，黑道不取。今地中海正当赤道，两冰海皆在北，是不北流之实义。所以二《南》同以"南"为名。而五带图又以长短二圈中斜线为黄道，是又合南北二南以为地中，所谓日中，又不在昆仑矣。以地中为公，所谓颠倒召令。维南北纬度以赤道正中纬线为中，东西经度则无正中线，随地可中，故地中、中国，经传已二中并见。

地球五大州，以五帝分司之，《逸礼》之说详矣。《月令》五帝五色，东青、夏[①]赤、中黄、西白、北黑，乃《诗》于五色独立三《颂》著之。素青黄即东西中，《论语》所谓缁衣羔裘、素衣麑裘、黄衣狐裘是也。南北不立《颂》，故《论语》曰"不以绀緅饰，红紫不以为亵服"。而以二《南》司之，所谓火正、北正之重黎是也。考地球南北极同为冰海，无昼夜寒暑；东西同在黄道纬度，故东西无极，特南北有之。《北风》"赤"、"黑"之下，言"既亟只且"，所谓南北极也；言无极者，"昊天罔极"、"士也罔极"、"畏此罔极"。昊天有二：东为大昊，西为少皞，"昊天罔极"，即谓东西二帝。西北无极，而中央无极，可以起矣。考五帝分司之法，以地中为都邑，则中国为震旦；西美为西极。青帝建都于中国，则西美为东，地中为西；少昊建都于西，则以地中为东，中国为西。东西左右，由三统京城而定，平时背北向南，一定不易。此东西无极、南北有极之说也。至于四朝、四巡，则以居中赤道为北，所面远服为南。东西二帝，互相左右。于《诗》为"颠倒衣裳"。《齐风》云："颠之倒之，自公召之。"《小东》："东有启明，西有长庚。"公为京师，东西为左右，左右无定，由三统京城而颠倒名之，此启明、长庚，一星所以有二名也。考《礼记》："日生于东，月生于西。"分阴分阳，一定之例也。《诗》亦以日月分昼夜，乃《齐风》日月皆出东方。又云"匪东方则明，月出之光"；又《东门之枌》"昏以为期"；与夫"不日不

---

① 按文例，据《月令》"夏"当作"南"。

月”、“靡明靡晦”、“不夙则莫”，皆颠倒东西而言之。盖素青黄京城不同，则东西左右随之而变。《风》、《雅》中平分三统，各言一朝之制，故东西之例详于南北。三统平居向南而治，非彼此相向。巡行□□□皆□。此《诗》南北二极有定，而东西无定之说也。南北有定，故《周》、《召》为小二伯；《唐》、《陈》为大二伯。唐为尧都，陈为舜后，《诗》不见尧舜，以二风为伯，犹“大统”皇为天子，帝为二伯之意也。《小雅》三《小》后平分三统，《有菀》为《周颂》黄帝，所谓“狐裘黄黄”，“行归于周”。[①]《鱼藻》为青帝，王东方。《鱼藻》为东方。《常华》之“左”“右”，则指西极为左，地中为右。《瞻洛》为西极，由《瞻洛》而《鱼藻》，由《鱼藻》而《有菀》。即《小旻》、《小宛》、《小弁》素青黄之次序。第三篇之“左”“右”，则以地中为左，中国为右，此《小雅》平分三统，各见左右不同之证。各《风》中比例尤繁，东西左右，其文至于数十见，不能折中一是。今以《邶》、《鄘》、《卫》、《王》、《魏》、《齐》、《豳》、《郑》、《秦》九风，平分三统，一君二臣，三三而九，以明三统左右无定之说。君居中，所从之二国，一左一右，即《易》之一君二臣，《诗》之从两牡、两肩、两狼也。以《邶》、《鄘》、《卫》为三统之主，《王》、《郑》、《齐》、《豳》、《秦》、《魏》各风，为其左右之公卿侯牧也。

《邶》为《周颂》，如黄帝以地中为京。《王》以王见，国在东；《豳》以伯见，主西极。《鄘》、《卫》，则《鄘》东北青帝，以中国为都；《卫》如西极。《郑》与《秦》比，《郑》东左，《秦》西右。《齐》与《魏》比，《齐》于中国为东，《魏》于中国为西。三《颂》三统，东西中无极，故随在可为东西。三《颂》为皇帝、为士，所谓“士也罔极，二三其德”，“人之无良，二三其德”。《唐》为北方伯，如共工；《陈》为南方伯，如祝融。五帝五方，以东西中为皇帝，南北为伯、为女，所谓“女也不爽，士贰其行”。三统南北常为伯，所谓“三岁为妇”、“三岁贯女”、“莫赤匪狐，莫黑匪乌”。惟其如此，《唐》、《陈》主南北，故两《风》同言“冬之日，夏之夜”，为南北二极。《陈风》三言“东门”，因三统有三东三西，故两《风》连类言之。非得此说，《风》、《雅》中东西左右无以驭之矣。

《王风》“一日不见”，如“三月”、“三秋”、“三岁”。以三倍之法推

---

① 《有菀》即《小雅·菀柳》，但所引二句不见于《菀柳》，而见于《都人士》，此盖误引。

之，一秋为三月，三秋为九月，则三岁当为二十七月。《丧服》：五服始于缌麻三月，终于斩衰三年。《礼记》三年之丧，其实二十七月。是《采葛》之三月、三秋、三岁，与丧期巧合。丧服皆麻葛所为，旧说以素衣、素冠、素韡为丧服。东帝为“缁衣羔裘”，西帝为“素衣麑裘”。素衣为“麻衣如雪”。“羔裘玄冠不以吊”，以此知东西之缁衣、素衣，是以吉服凶服为起例。盖东南生育，西北肃杀，生育者乐，肃杀者哀，《诗》中哀乐实由吉服、凶服而起。《禹贡》“弼成五服”，与“衣服”之“服”同字。“大统”十五服，《羔羊》之“五纶”、“五緎”、“五总”，《干旄》之“五之”、“四之”、“六之”是也。考《礼》凶服有五，吉服有五，齐服有五，合为十五。以东服为吉，西服为凶，中服为齐。吉服五，冠昏用之，冠用缁布冠。东南喜乐，冠昏属之；西北哀，故用凶服；中央齐，《周礼》齐服有玄端、素端。东吉西凶，中央兼用之。玄端，即《论语》之“不以吊”之玄冠。素端，即《诗》之素冠。以丧服五服比疆域，则《周礼》九畿万里为缌麻三月，帝幅五千里为三秋，皇幅万里为三岁。《齐诗》以哀乐为《诗》大例，孔子论《关雎》亦言哀乐，哀乐实即吉凶。吉服用缁用缘，凶服用麻用葛。必用吉凶二服立说，而后哀乐为有根。且推之《易》之吉凶，疑皆为此例。以齐吉凶三门之十五服立说，而后“大统”，之十五服各有宗主。推之于《易》，无不可者也。裳取七幅，在大八州、八荒之中，布帛幅十五升、三十升，皆于经各有取义。

《易》上、下《经》有顺逆两读之法，一卦六爻亦有顺逆两读之法。《上经》以《乾》、《坤》为主，由中及外，则顺行至《离》；再由《未济》逆行至《咸》。如北斗、阳神之左行团团转。《下经》阴神，由外至内，则由《咸》至《未济》，顺行；再由《离》至《乾》，则为逆行。阳于阳地顺，阴地逆；阴于阴地顺，阳地逆。《公羊》“内中国外诸夏，内诸夏外夷狄”之法也。一卦顺逆两读者。《上经》由初爻顺行至上爻，《下经》由上爻逆行至初爻。此《下经》“贞吉、悔亡”之例。而《上经》之客，亦有由上逆行至四，《下经》之客，亦由初顺行至三。此互为宾主之法也。上、下《经》十卦二十四①皆同，惟《下经》多四首卦，合为十首卦，故曰“益之十朋之龟”。经六首惟《泰》、《否》相综连茹之说，由《屯》、《蒙》综，故亦有“涟如”、“邅如”之说。由《上经·泰》、《否》

---

① 《选集》按“二十四”疑为“二首”之误。

至《坎》、《离》二十卦，似《坎》、《离》为终无统属。不知《泰》、《否》统八卦，由《临》、《观》而止；《坎》、《离》亦统八卦，逆行由《噬嗑》而终。一顺一逆以示例，故中有十六小卦，与《下经·咸》、《恒》、《损》、《益》所统十六卦同。《下经》由《震》、《艮》至《未济》十四卦，共六首，《震》、《艮》、《巽》、《兑》不计，以两《济》配《坎》、《离》，各统四卦为八卦，以配《坎》、《离》。《损》、《益》居中以统三十二卦，所以为《下经》十朋大龟建侯之法也。《易》以顺逆分古今往来，上自《泰》、《否》，下为大同，为知来，《传》"知来者逆"，"神以知来"。《中庸》："至诚之道，可以前知。"前知所以为下俟之根本。《诗》、《易》之人名、事实，皆指后世以下翻译之辞，断断乎不指古人古事。故其中名字，偶与古人同，万不可以古人说之。以古立说，亦万不能通。圣人不嫌苟同者，以二经专言俟圣。宗旨既别，《尚书》、《春秋》，则所指专为古人，不待知者而决。此前贤以古人古事说二经，所以流弊无穷也。《易》之帝乙，即后世假干支作记之法，"乙"即所谓"某"。《易》之箕子、高宗，《诗》之成王、平王，明明古有其人，而旧说不无异解，特以实指其人则文义多迕，不能不别立一说。因此可悟二经必无真古人也。他如《长发》曰商汤、曰商王、曰武王，又曰玄王；《有声》既曰文王、武王，又曰王后，曰王公，又曰皇王。望文生训，左支右绌，故二经无一定说，无一通家。凡旧所传二经解义，于经则实无一明切、文从字顺、心安理得之境。所以不得不求古义，而变通其说，以求微言大义也。

《尚书》周公篇，兼言多士、多方，此从《王会图》起义。内外已通，特未大同混一耳。《王》、《郑》、《齐》为三王起例，《王》比夏，《郑》比商，《齐》比鲁。即《诗》之《鲁颂》，《尚书》之周公篇。《王风·扬之水》四篇为四岳；五《山经》。《郑风·羔裘》以下十六篇，为要荒外十六州，即《尧典》之十二州；《海内经》。《齐风》之《东方》为海外八纮八极；《海外四经》。《邶风》每方二篇，初为八殡，《燕燕》、《雄雉》、《式微》、《泉水》。次为八纮，《击鼓》、《匏叶》、《旄邱》、《北门》。次为八极；四《风》与《简兮》。《郑风》首五篇为五《山经》，《缁衣》、东。《将仲子》、南。《叔》、西。《大叔》① 北。《清人》。居中。

《帝典》二十二人为外诸侯，《春秋》不及要荒，故无外州十二牧。

① "大叔"原为"大将"，《选集》按"大将"为"大叔"之误，今正。

《尚书》八元、八恺，加入羲和、四凶，为二十二人。《下经》则全有之。十首《损》、《益》为二伯，《震》、《艮》、《巽》、《兑》、《既》、《未》、《咸》、《恒》为八伯，外有十六牧八监，共三十六[①]二十四侯监，小卦相综为十二，共为二十二，以合《帝典》外诸侯之数；特首卦一卦为一小卦，合综为二耳。然内八州，外当为十六州，《尚书》如于十二牧外，再数四凶，亦为十六。经有十二州十二牧明文，则必以东边海不立州，故外州只十二。“大统”车辐图，则内八外十六，不如中国东边不置，此《咸》、《恒》两《济》所以各统八卦，合为十六牧。《损》、《益》所统八小卦当为监，一卦监一内州、二外州，内外共二十四州，一州三监，当得七十二监，今以八卦当之。是三州设一监，一监三大夫，一监一州以示例。监为天子内臣。《易》“蛊”，《诗》作“盬”。从监，古声。盬即为蛊。故曰“干蛊”、“裕蛊”，曰“不事王侯，高尚其志”。则“蛊”字当以“盬”为正。王之卿为从王事，监则为天子臣，故曰“高尚其志”。“王事靡盬”，谓从王事者，则不能为监。《周礼》，“大统”之书，屡言立牧、设监；《诗》屡言天监、降监，皆为《蛊》卦言也。皇为《泰》、《否》，大伯为《损》、《益》。二帝二《济》，如《周》、《召》为君子，为父母卦。所以云为“浣父”、“浴母”。“盬”又作故、作胡，《易》“匪躬之故”，《诗》“胡能有定”、“胡然天帝”，“狼疐胡尾”，胡、故，皆谓为监。由天子使，故曰“天命降监”、“天监在下”也。

《尚书》以妹土为土中，推之大九州，当有八妹。故《庄子》有九洛之说，《诗》以此为大例。《豳》、《小雅》两言“予未有家室”，“未”读为“妹”，谓西方妹土立有家室。如周公曰“予未”，“未”读如“妹”，不如旧读。言“予妹”以别于中国之“妹”。他如“彼其之子”，“其”为“淇”。“姝者子”、“姝”当为“妹”。淇上、浚下，皆谓各州土中，九州有九大荒，更有十六妹土。《易》曰“见妹”、曰“归妹”，又曰“王家”、“王庙”、“王居”、“王庭”、“遇主于巷”，皆九洛之说，故不一而足。大凡《诗》、《易》之主皆以侯牧为正解，故以王比日而曰旬。《北山》：“普天之下，莫非王土；率土之滨，莫非王臣。”《易》曰：“王臣蹇蹇。”九有则八王布满天下，非一王一国故也。他如“四国有王”，“王国克生，惟周之桢”。以天下属皇帝，以国属王，国如中国，即曰王国。天

① 《选集》据《易·下经》只三十四卦，疑“六”字为“四”之误。

下不止一国，则必不止一王。又曰“王于出征，以佐天子”；又曰“帝谓文王”。故二经之“王”，虽与《春秋》、《尚书》之“王”同，而自皇帝言之，则为侯牧，如秦始皇自称皇帝，则诸侯得以王为号之制也。

《诗》以上帝为皇，所谓“皇矣上帝”、“上帝是皇”、“有皇上帝”是也。又以皇为祖，所谓“皇祖后稷”、“先祖是皇”、“皇尸载起”是也。天下一家，故以皇为祖，二后二帝为父母，八王为昆弟，十六二伯为子，五十六卒正为孙。《桧》、《曹》是也。朝廷君臣，闺门父子，不用君臣之义，而以祖父孙子言之，所谓天下一家，缩远为近，化疏为亲之法。“乐只君子，民之父母”，是以二伯为父母，八王即为民。

五帝：《颂》标素青黄，《论语》所谓“不取绀緅红紫”，郯子名亦详龙鸟云，而略水火，以二极为伯，所谓“莫赤匪狐，莫黑匪乌”，“三岁为妇”之说。郯子于北方，以为共工伯而不王；《左传》于五常墟外，言郑为高辛氏火正祝融之虚。五极，三帝二伯，故《诗》但立三《颂》，而以南北为重黎。考地球南北有极，冰海下不成昼夜寒暑，非黄中，故不入统。东西中则就黄道分为三段，皆在地中心。《诗》云“女也不爽”，“士也罔极”，“畏此罔极”，“昊天罔极”，“人之无良”，“良”读为“常”。皆为东西中无极之说。同以有极为恶，罔极为美。《北风》云“既亟只且”，“只且”为鸤雎二鸠，为南极北极，以二鸠分占冰海二极。南北经，东西纬。“泾以渭浊”，即喻经纬。东西中无极，即“中心有违”，“违”即“纬”也。如今地球纬线皆黄道，故“东有启明，西有长庚”。随地可以为中，不似南北之以极定位。今故取地中无极之三统以立法。京在赤道地中，四面四时朝。今诸侯以所面为南，所背为北。《王》、《郑》、《齐》，东皇，以西极为左，地中为右，故云“匪鸡则鸣，苍蝇之声”；“匪东方则明，月出之光”。东以西为东也。他如“匪鹑匪鸢”，“匪鳣匪鲔”，“匪兕匪虎，率彼旷野”，皆为此例。《周颂》王中央，固以西极为西，东极为东。《商颂》王西极，则以地中为东，东极为西。《鲁颂》前已详。东西左右，随所居之极而变，所谓东家之西，即西家之东。《诗》东西左右有三等之辨，故其例最繁。《大雅》、三《颂》为三皇王地中正例；《小雅》三《小》以下，则就本统分封，各详其左右之所在如战国图，以示三统平等之例。分而不合，故曰《小雅》；若《大雅》、三《颂》，则以周王土中为人皇，东西二极为二皇，后《周》、《召》为二伯，《唐》、《陈》、《桧》、《曹》为四岳，以地中为主，不似《小雅》之平列三等、不分宾主。

火木二道诸小行星，近乃测得，西人皆以“女”名之。列于《谈天表》中一百十余星，皆以“女”名。如穀女、武女、医女、王女、歌女，百二十名无异焉。中惟一星名天后。后亦女也。《诗》法天行，五际、五行为五纬星。五纬为君、为男、为士，则各小行星为女，以女配子为“好”。《诗》之以女比小国，即西人以名诸行星之法也。尊大者为士、为王，小者为后、为女。《诗》之“士女”当为此例，非真男女也。诸小行星百二十可以比于内官，以诸行星各带有月自绕，如八州牧小卒正。本地球只一月，如《诗》记曹，《春秋》之记许，实有七卒正，经只一见，举以为例耳。《礼运》言天下一家，中国一人，实《诗》、《易》之大例。《佐治刍言》深明此理。以天下比室家，男女配合，即平治天下之大纲。

董子言《公羊》诸说详矣，五行诸文，则以为子家绪说。今实考之，乃《诗》、《易》之微言，所当细心推考。盖《诗》、《易》详百世以下之事，故板土、君皆借位起例。凡地土名号，皆久而必变，不足以与天地终始，如今海国名号，分合疆宇，水陆数十年小变，数百年大变。从开辟以至毁灭，不审作何等变象。故孔子之经，欲括囊终始，不得不借天道以取象。所谓“万古不失九道谋”，言天道则一成不变，名物象数方能定。所以不言人事而详天，以人无常而天不变也。《诗》之言行皆谓五星阴阳，故阴阳五行为《诗》、《易》之专说，非子家，乃经说。

古文家专以“好古”、“敏求”说孔子，所谓“祖述尧舜，宪章文武”。《孟子》所谓“守先王之道，以待后之学者”。按《春秋》、《尚书》为行事，以述古说，二经尚可；至于《诗》、《易》，全为百世以后言之，事非古事，人非古人。“静言思之”，因心作则。后儒之说二经，亦以为述古。“血气”、“尊亲”，非古所有，事本创作。以为师法帝王，则宗旨舛失。故《庄》、《列》于诸经说，贵作贱述，至比诸经于刍狗、陈迹，其言“迹者，履之所出，而非所以为履”诸条，皆以贱述贵作。“仲尼没而微言绝，七十子卒而大义乖。”后世经说皆以孔子为述，故极言述之不足贵，以明孔子作而非述之宗旨。述于“小统”为近似；至于“大统”，断为作，而非述也。

《大学》“平天下”章，归重“絜矩”。居中为忠，前后左右皆得其宜为恕，“絜矩”即忠恕之道。《论语》由求进退，即裁成狂狷以合中行。《中庸》子路问强，孔子言南北之强，事各不同，而折中于君子，“宽柔以教”，至君子居之，“中立而不倚”，中立为忠，不倚为恕。以

《下经》言之，《咸》东《恒》西，《既》北《未》南。四首卦为前后左右，而《损》、《益》居中以化成之。东西以仁义比，南北以水火比。于东损柔而益以西方之义，于西损勇而益以东方之仁，北则损水而益火，南则损火而益水。损其本来之性情，而益以相反之学问。由也进，退之；求也退，进之。损益之后，则温而厉，威而不猛；温而厉，刚而无虐。圣人居中，调剂四方，化成万物，不必有所作为。取四方相成相反之义，去其有余，以补不足。《大学》"所恶于前"，至"无以交于右"，人情好恶喜同；柔恶刚，勇恶怯；热恶寒，寒恶热。损益之道，损其过，即去其所恶；益其不足，即进之以所喜。既经损益之后，水不易深，火不易热；柔者能刚，刚者能柔，此絜矩之道。自革纯民以化成天下，功用全在损益。推究其义，未尝不可曰：所欲与之聚之，所恶勿施尔也。但俗解"絜矩"，只能求悦于四方，不能化成于天下，乃伯主小康之属，非皇帝甄陶万物大经也。

《论语》"子张问十世"章，三统之法，专主"益损"，即《易》二卦名。今按以《上经》言，则《乾》夏、《坤》殷，《泰》、《否》为损益；以《下经》言，则《咸》东、《恒》西，《损》、《益》为损益。夏殷为《鲁》、《商》，即文质二家。《损》、《益》本兼四方，包《坎》、《离》、《未》、《既》而言。详东西青素，而略南北赤黑，故但言二代以成三统之制。犹"学而时习之"章，"时习"为《坤》、为殷；"朋来"为《乾》、为夏；"君子"，居中皇帝，时以损益为文质以成为"彬彬君子"之义。《月令》"鹰乃学习"；《坤》之二曰："不习无不利。"故"学而时习之"为《坤卦》之说。考《坤卦》二五爻变为《坎》，象二鸟子母双飞之形。《乾》、《坤》：《乾》主东北，《坤》主西南。《时则训》：春则鹰化为鸠；到秋则鸠化为鹰。因时变化，故曰时。《坎》之《象》曰"习坎"。《坤》主西，二五变《坎》，为子母双飞，如鹰之学习。"悦"从"兑"。《兑》西方，《坤·象》曰"东北丧朋"，到《乾》，"东北得朋"，《乾》居东。二五变而为《离》，二五变则上下皆从之，为"朋来"之象。阳变阴，《乾》之五曰"飞龙在天"，由《坤》化"朋"。"飞龙在天，利见大人"，即《诗》之"黄鸟于飞，其鸣喈喈"。《坤》变为"时习"、为"学习"；《乾》变为"朋来不亦乐乎"。东方主乐，"乐"为文，"悦"为质，"文质彬彬"，合二代为君子。《诗》曰："忧心悄悄，愠于群小。""知我者谓我心忧，不知我者谓我何求。"愠于群小则分崩不合，因为忧心。不知不愠，则化一为同。皆取二代以成彬彬之君子。孔子之

“学”，以皇帝为归宿。《论语》首章即言三皇，《诗》之三《颂》，非为儒生言训蒙束脩之事也。

言政有新旧党，言学有新旧派。《大学》“新民”，《诗》之“污”、“浣”，《盘铭》曰“新”，皆取“维新”之义。由开辟以至今日，由今日以至千秋万岁，初蛮夷而继文明，日新不已，臻于美善。今之文明远过古人，后来又必远过今日，一定之例也。孔子之教，创始于春秋，推行于唐宋。今当百世之运，施及蛮貊，方始推行海外。数千百年后，合全球而道一风同。“凡有血气，莫不尊亲”，乃将来之事，非古所有，而世俗之说，则与此相反，皆谓古胜于今。《中庸》言“大统”，有“生今反古，灾及其身”，亦初蛮野、渐进文明之义。乃俗解道家亦贵古贱今，如上古之“民至老死不相往来”，“剖斗折衡，而民不争”，“圣人不死，大盗不止”诸说，不知此乃道家之反言。贵大同，贱小康，道家定说也，今乃贱今贵古，必系有为而言。盖典章文物，后人胜于前人；至于醇朴之风，则实古胜于今。诸家言皇帝、王伯升降，皆以为古风淳厚，后世浇薄，故皇帝功用，典章文物，则欲其日新月异，而性情风俗，则欲其反朴还纯，至新之中有至旧之义。百炼钢化为绕指柔，新则至新，旧则至旧。由小康以臻大同，是由春秋以返古之皇帝，疆域最大，风俗最纯。宰我所问之五帝德。《诗》、《易》所谓“不识、不知”“无声、无臭”；西人所著之百年一觉。文明则极其文明，纯朴则极其纯朴，不用兵争，耻于自私，相忘于善，不知所谓恶，二者并行不悖。惟其未能文明，所以不能纯朴，文明为纯朴之根，文明之至，即纯朴之至。开辟之初，狉狉獉獉，乃未至文明之纯朴，非君子所贵。文明之至，反于纯朴，乃为帝王盛业。比如孺子执笔书写，天然古趣，有善书者所不到，然此乃蛮野之文明。必考古法，就准绳，精诚之至，神明于法度，老而合于赤子，文明与纯朴，皆尽其长，乃为尽美尽善。经传古说兼存二义，相反相成，各有妙理。学者不通其义，偏持一解，以为凡事皆今不如古。不知即纯朴一事，古来犹杂蛮野，必后世之皇帝一统大同，文明与纯朴交尽，乃真所谓纯朴，则亦未尝不后人胜于前人。

旧解《国风》，其分配近于百变矣。今以《易》勘合，于三终外，再详五九例。首五国为一天子、四上公，配《上经》六首；以下十《风》配《下经》，为八伯二小国，所谓“其下维旬”。考《王会图》，王立于中，如《邶风》。二伯周、召二公居左右，《公羊》所谓“天子三公称公”，则二《南》是也。王后夏殷二公居堂下之左，《公羊》所谓“王者之后称公”，《春秋》之杞、宋，《鄘》、《卫》二《风》配之。五方五帝，《邶风》首五篇，《绿衣》为邶；《柏舟》、《燕燕》为周、召；《日月》、《终风》为《鄘》、《卫》。《上经》之《乾》、《坤》、《坎》、《离》居四方，以《泰》、《否》居中临驭四方。一皇四帝，此为《羔羊》之中“五纶”，左右合为十千；《王》、《郑》、《齐》、《唐》、《曹》为“五緎”；《豳》、《秦》、《魏》、《陈》、《桧》为“五总”；如《春秋》之八伯二卒正。以上五《风》为王公，以下十《风》为侯与小国，《下经》之“十日为旬”也。合计全风为一天子、二王後二、二伯、八侯牧、二卒正。以前五与后十相比，《邶》中居同《桧》、《曹》，《周》、《召》比《陈》、《唐》，《王》、《齐》、《郑》比《鄘》、《豳》，《秦》、《魏》比《卫》。五王公分司五极，十牧庶邦亦分五极，于“大统”，为一皇、二皇後、二帝后、八王牧、二伯公。以配《邶·击鼓》以下十篇，则当合《式微》于《旄邱》，东北方三篇、西南方二篇。以配三《颂》，则《邶》、《周》，《鲁》、《鄘》，《商》、《卫》。配《大雅》，则《文王》十篇分三皇，《生民》、《公刘》八篇以配《周》、《召》，《卷阿》以上十八篇配首五《风》，《民劳》、《嵩高》大小五方以配侯牧之十风。《小雅》则三十辐，为五际、五极，配首五篇。《鹿鸣①》以下十二篇配侯牧，再分三统，《瞻洛》三，《卫》前四，《豳》、《秦》、《陈》；《鱼藻》三，《鄘》前四，《王》、《郑》、《齐》；《菀柳》三，《邶》后八，《唐》、《陈》。总计之，则十五国风，合为三皇：《邶》、《鄘》、《卫》。五帝：《周》、《召》、《唐》、《陈》合《邶》。三王：《王》、《豳》、《周》。五伯：《郑》、《齐》、《秦》、《魏》合《周》。

西人重公，公理、公法，皆不主一偏，原本于经。《诗》以九州比井田，京为公，八州为私。所谓“薄污我私”，“骏发尔私”，皆谓八伯之私地；所云“退食自公”、“夙夜在公”，皆以“公”为京邑。四隅颠倒，皆折中于公。公者不偏不倚，皇极居中。一贯之道，忠恕之训，即《诗》中心。“恕”即“絜矩”，所谓上下、左右、前后，所恶忽施；“忠”不与诈伪对，而与偏倚对，即西人公理之说。《尸子》言“孔子贵公”，“孔”当为字误。然“一贯”即中即公。《诗》所谓“进退维谷”；《论语》所谓“中行”、“狂狷”；《列》、《庄》之言“公”者，尤不一而足。

① “鸣”原讹作“斯”，今据《诗·小雅》正。

天主之说，不维诸教同，经教亦然。即其专尊天而薄诸神，经传亦同其义。余以为孔子未出，中国实亦如此。考《丧服传》多主天，《礼三本》所言君亲师三本，皆直刺专主天之非；《春秋》主天，《穀梁传》明云“为天下主者天也”云云；《诗经》有驳专于主天之文，如“天命多辟”，“多辟”即不专主一天；董子《顺命篇》尤为精详，所谓“臣以君为天，子以父为天，妇以夫为天”者，盖人人习闻专主一天之说，惟知尊天，故以三纲托之于天。因其所知而化一为三，以为之本，实即《诗》“多辟”之义。

汉高祖初定天下，迁豪杰于关中，以消乱也。唐、宋、元、明，初得天下，开文馆，招致隐逸名宿于其中，此师汉高迁豪杰之故智，而变其局者也。国朝崇尚黄教，蒙古、藏卫熬茶入贡，所以驭天骄、消外患，明效大验，可计数者也。老子与孔子善，孔子留驻中国，老子自任出关。一居一行，一精一粗，互相为用。孔子为老子之统帅，佛教为圣门之前锋。中国沿边所有夷狄，今悉化归孔教，皆由佛教开其先，而后徐引之，以进于圣人之道。盖四夷风尚喜争好杀，强悍出于性生，若骤语以伦常尊亲之道，势必扞格不入。必先以守贞，使其生育不至繁衍，以慈悲戒杀消其狂悍之气，然后可以徐徐羁縻之。此一定之势。考列子著书，昔人称为中国之佛，是释出于道既有明征。凡各教之盛行，皆由与其地性情风俗相宜，然后能推行不绝。盛衰存亡皆视乎此。故教通行数百年，少有窒碍，必有豪杰为之因时变通以顺人情，始能历久不绝。由道生释，由释生天方，由天方生罗马，由罗马生天主，由天主生耶稣。近今之释、道、天方、天主、耶稣，与前百年或数百年，莫不各有变通。始则立教以绳人，后乃因人情而改教，明效大验，又一定之势也。凡各岛地开创，其民情风俗不甚相远。中国当开辟之初，与今西国同。孔子未生以前，中国所尚之教，与海外亦无大异。天不生孔子于中国开辟之初，而必生于春秋之世者，开辟之始，狉狉獉獉，以能兴利除害、治器利生为要务，不暇及于伦常。语曰：“衣食足，礼义兴。”《孟子》曰：“饱食暖衣而无教，圣人有忧之。”中国必待帝王捍灾御难，人民繁庶，天乃生孔子，进以伦常之道。海外必先之以天方、耶稣，天主开其先，而后徐引之以进于孔子，此又一定之势也。海外开辟在后，以今日形势观之，大约如中国春秋时之风尚。孔子曰：“百世可知”；《中庸》曰：“百世以俟圣人而不惑”。孔子去今二千五六百年，正当百世之时。释家自云佛灭之期，亦近在一二百年内。《荀子》“礼三本”发明圣人君亲师三本，而斥异端一本尊天之非，一本即西人尊天主而不用君亲师，是孔教已行之后，中国尚有祆教一本，故荀子攻之。孔子与老子分道扬镳，六艺所言，实中国之新教；化胡所用，乃帝王之旧教。开辟之初，《旧约》为宜；新教已立，旧无所用，故移中国之旧教以化西方初开之国。孔子为生民未有之圣，世界中一人已足。神州先开，不能不特生于中国，百世以下，天心作合，海外航海以求教于中国，即如各国各生一孔子。释教与孔子所定，法灭大通，期会皆在此时。曦阳一出，星月无光，佛法绝灭之期，即圣教洋溢海外之日。"凡有血气，莫不尊亲"，此世界中，尽用孔子之教以归大同。老释旧教，无所用之，不得不烟消火灭。天方、耶稣、天主为释教之支流，佛教之灭，统此数教而言，非如今之外教攻击佛教，耶稣、天主盛行，而释教独灭也。《中庸》云："天之所覆，地之所载，日月所照，霜露所坠，凡有血气，莫不尊亲。"六合以外，道一风同。老子虽有开创之功，陈涉、吴广不过为真主驱除，然谓陈、吴无功于汉高，则非也。

中国旧所称异教：曰道、曰释。今以道为皇帝之学，归于《诗》、《易》，所统佛释，虽为圣教驱除，然谓其别为一派，不属六艺则非。考佛实出《列子》，其推测民物，谭空说有，皆出于《易》；天堂地狱，轮回一切，"游魂为变"，"方生方死"之说；其善谈名理，皆出于名家，即《论语》、《孟子》"坚白异同"之说。至于不婚、戒杀，特因地制宜，所以消淫杀之风，其精微宗旨，流为宋人道学，于乐教尤近，故宋人喜言《乐记》。盖佛书皆梵语，其宗派亦不止一端，昔人谓经由翻译，皆中人以《老》、《庄》之说参入其中。然其议论实多出《庄》、《老》之外，亦非译者所能伪造。总其会归，源出《老子》，与道家之说大同小异。《中庸》云："万物并育而不相害，道并行而不相悖。"知其为因俗立教，不必与中国强同。圣教大明，自消归无有，则又不必攘臂相争矣。

王、韩以《庄》、《老》说《易》，为世诟病。今乃以《庄》、《老》为《易》、《诗》先师，而不与王、韩同病者，盖当时海禁未开，不知《庄》、《列》专言皇帝，由德行科出，但剽窃玄言，流于空渺。以《庄》、《列》论，已失其宗旨，推之于《易》，愈见惝恍。盖《庄》、《列》所言诸经义例大同，典章制度，语语征实。亦如《王制》、《周礼》发明经传义例，精确不移。如"凡之亡非亡，楚之存非存"，即说《井卦》之"无得无丧"，惟自皇帝观之，彼得此失，皆在疆宇之内，楚弓楚得，何得失之足言？又如“夏革”篇，即《诗》之“不长夏以革”，“九雒”即《鄘》、《卫》二风八侯王之淇、沫、浚、妹之师说；“天地之外，更有大天地”，即《乾》、《坤》之外更有《泰》、《否》；“八千岁为春，八千岁为秋”，即《诗》之“君子万年”、“万寿无疆”；《逍遥游》之北溟之鲲、图南之鹏，即《乾》之龙、《坤》之朋。《书》为行，《诗》为志。百世“大统”之治，未见之实行，故托之于思梦神游。“《诗》言志”，《诗》无“志”字，以“思”代之。《诗》多言鬼、言游，即齐思神游之说；“无为而无不为”，即“君逸臣劳”，“舜无为，有五臣而天下治”之意。孔子因百世以后之事，无征不信，故托之于歌谣、占筮。《庄》、《列》师此意，故不庄语而自托于荒唐。至“圣人不死，大盗不止”，谓圣人无死地，大道长存，而后人误读“大道”为“大盗”。孔子作《春秋》以表桓文之功，孟子主王道，则斥二伯之非。《庄》、《列》专言皇帝，故尊道德而薄仁义，与孟子贵王贱伯之意同。韩昌黎不知道德仁义为皇帝王伯之分，乃以道德为虚名。王、韩之流以此说《老》、《庄》，失其旨矣！其书于孔子有尊崇者，有诋毁者，其尊崇者为庄语，其诋毁者皆隐指后世儒家不善学者之流弊。如“《诗》、《书》发冢”、“盗亦有道”，皆指后世伪儒言之，所以峻其门墙。如盗跖，岂不知其不同时，以此见其寓言。王、韩不惟不知经，先失《老》、《庄》之意。今者车辐脱，地球通，由言内之意以推言外之旨，诚所谓“无为而无不为”。与王、韩之解，有虚实之不同，其相去不可以道里计也。然亦时势为之，不得为王、韩咎也。

子家为专治海外之学，《庄子》所谓“方术”。今以太史公之六家分配五方，中国为儒家，泰西为墨学，前人皆有定论。今以刑法属北方，《秦本纪》言：秦当水德，尚惨刻；南方为礼，为兄弟，以名家归之，决嫌疑，别同异；以道家居中，辅之以阴阳家。《史记》六家要指：“道家者流，因①阴阳之大顺，采儒墨之善，撮名家之要。”道家统五家，如上帝统五帝，上天统五天。《论语》：“夫子温良恭俭让以得之”，五者为五帝德。温东、良西、恭南、俭北，让为土居中。温儒家，良墨家，恭名家，俭法家，让道家。此《民劳》五章五大洲，《周礼》五官奉六牲之说也。道家为皇，阴阳家为二伯，儒、墨、名②、法为四岳，颠倒

① “因”原讹作“采”，今从《选集》据《史记》改。

② “名”原讹作“刑”，今从《选集》据《史记》改。

反覆，以济其平。至《汉·艺文志》，六家之外再有四家，曰农、曰纵横、曰小说、曰杂家。以居四隅，合而为十。六家，为《易·上经》之《乾》、《坤》、《坎》、《离》、《否》、《泰》；十家如《下经》之十首卦：《咸》、《恒》、《损》、《益》、《震》、《艮》、《巽》、《兑》、《既济》、《未济》。

《上经》小，《下经》大。今以由小推大，例以有定，六《国风》比之《上经》，两京《泰》、《否》比《桧》、《曹》，前《离》后《坎》，左《乾》右《坤》，二公二侯，比《唐》、《陈》、《周》、《召》。六合五官为小球。一定起例，如推则《下经》十首比三统。《风》既推大，又循环，两京《损》、《益》；《邶》、《王》《咸》、《豳》《恒》；前后三内公，《鄘》《既》、《郑》《震》、《秦》《巽》；左右三大伯，《卫》《未》，《齐》《艮》、《魏》《兑》。九风所编之篇目，以配十六牧、八监，此以《风》诗配上下六首、十首之法也。六定卦九循环，《诗》六定风九循环。至于推之[①]《上经》，则合三十[②]卦为一统，《泰》、《否》为君，《坎》、《离》前后，《乾》、《坤》东西，为八伯、以一卦综算成二卦。十六牧、《乾》、《坤》、《坎》、《离》，各统八卦。八监、《泰》、《否》所统八卦。二客。《大过》综成二。以一见以明由小推大之例。以《小畜》、《大畜》、《大过》、《小过》为之标识。一小一大，借以立法，不再推三统。《下经》不言小，故平列三统之德，再以六合之法推之，《小雅》首四方三十辐三十篇，《节》四岳四篇，三《小》三，上半由大而小，下半外牧十六篇。三统平分十五篇，终以八伯，先大后小。而《大雅》三十一篇，三皇十篇，二伯八，《生民》、《公刘》统之；五极五，《民劳》以下；五岳五，《嵩高》以下；终三统，《云汉》三篇。上下二经，定局六风，循环九风。篇章爻卦，亦各有表。大约明用六合，实则三终始壮终衣裳裘之法，为读《易》一大例也。

予丁酉于资中以释球课同学，颇有切合，因汇集诸作以聚珍板印，名曰《地球新义》。戊戌、己亥续有题，合原本共三十题。罗秀峰再刻于成都。刻成仅二十题，余多未刻；急于成书，故缺略，次序亦未精审。因分小大，而有百种书目之刻。庚寅《县志·艺文志》采序跋，加提要，所录“大统”各书如《大学》、《大戴》、《逸周书》、《山海经》、《老子》、《列子》、《庄子》、《尹子》、《尹文》、《吕览》、《淮南》、《管》、《晏》、《申》、

① “之”原讹作“三”，今从《选集》改。

② “三十”下原有“六”字，今从《选集》据《易·上经》只三十卦，删“六”字。

《韩》、《河图》诸纬、《七经纬》、《史》、《汉》、词赋及释典，“大统”皇帝之说，足与王伯相敌。因取其地舆诸说，辑为《大共图》；政事风俗典章注《周礼》，名《周礼新义》；并推考义例，以注《诗》、《易》二经。辛丑春暮，草稿初毕，乃晚得一巨证曰：《楚辞》屈宋，与《列》、《庄》所学宗旨全同，《骚》为《诗》余，盖实《诗》说。先师举《楚辞》以说《诗》，亦如《诗》、《乐》诸纬，精确不移。考《山海》为地球五洲之古说，《诗》、《易》之于《海经》，亦如《春秋》、《尚书》之于《禹贡》。《楚辞》本之为说。地水、古帝、神祇、鸟兽、草木，如《天问》诸篇，吴氏诸书皆据《海经》为说。所云《远游》上下四旁，与《列》、《庄》之神游、飞升六合、置身于无何有之乡。大约除名物以外，所有章句言语，不出于《诗》，则出《列》、《庄》，本本原原，均可覆按。是屈、宋所学同于蒙庄，游心泰素，步超黄老，所著诸篇，皆以发明道德宗旨、风雅义例。如经之“求女”，即《诗》之求诸侯，东钓鱼，西弋隼，其事同。所云群小、众女，嫉妒、谗诟、怨詈、构陷，亦同于《诗》，以小言、迩言、迩猷为谗言、为忧伤、丧乱，众女为诸侯，即《诗》之“愠于群小”、“构闵既多，受侮不少”。《小雅·巧言》、《鹿鸣》四篇，《青蝇》、《柏舟》、《谷风》篇皆同。盖大同至公无我，凡自私自利，五伯攻取，诸侯并争，蜗角蚊睫，所谓申、韩、孙、吴、苏、张论述，以大人观之，所谓谗间构昏。所云内美外修中情，衣裳冠服亦同于《诗》。为中外地方言之，春秋、寒暑、日月、霜露，亦即四荒、四极之起文。木兰与秋兰分东西，木即《诗》木瓜、木桃、木李之字法；以琼佩为西，亦即琼瑶、琼琚、琼玖之佚文。赤松、王乔皆为求仙。彭咸即《山海经·大荒西经》[①] “有山名曰丰沮玉门，日月所入。有灵山，巫咸、一。巫彭、四。及即、肦、姑、真、礼[②]、抵、谢、罗，共十巫。从此升降，百药爰在”。与《地形训》所言“地中”相同。考彭、咸共五六见，经云“愿依彭咸之遗则”，“吾将从彭咸之所居”，又“指彭咸以为仪”，“思彭咸之故也”，“夫何彭咸之造思”，“昭彭咸之所闻”。按：灵山，日月所入，巫咸、巫彭从此升降，即“彭咸之所居”。经中言“巫咸作卜”，别有《卜居篇》，则“咸”即巫咸，“居”即卜居，与灵山十巫升降之区明矣。或云彭即灵芬，灵山之巫彭，“彭”、“芬”字通。屈、宋

① “大荒西经”原讹作“大荒北经”，今正。

② “礼”原讹作“衣”，今从《选集》按《大荒西经》正。

多用《海经》，则《卜居》从居，当即《大荒》灵山、彭咸，为十巫之二，盖可知矣。王《注》以为沈渊之人，经固无此意。使用沈渊事，则《列》、《庄》故事甚多，奚必用此无征之人！

《诗》专详地球五洲之事，为《庄子》“六合以内”；《易》专言天道，为“六合以外”。道家之乘龙、御风，《楚辞》之登天上征，《国语》引《尚书》“绝地天通”，言颛顼以前，人能升天，传述其说，盖专为“小统”言之。至于“大统”，则人实能登天。如西人所云日轮中通商之说。《列子·汤问篇》言天地之外，更有大天地；以《易》言之，《乾》、《坤》为小天地，《泰》、《否》为大天地。二氏登天之说，不尽虚空。其说皆发源于《易》，如《庄》、《列》及《楚辞》所云，所谓“上穷碧落下黄泉”、开天门、骛帝京、询太微者，百世后必有之事，如近西人气球，其权舆也。《易》“初登于天，后入于地”，及“上下求索”之意。日不动，地绕日而成昼夜。登天入地，本谓人事。旧说据浑天家说，以登天入地皆指为日体，不谓人事。其实非也。御风上征之说，自《楚辞》、道家以后，词赋家转相习用。所谓游仙，与海外九州之说，实足相敌。元、明以前，同以为悠谬之谈，无稽之说；乾、嘉以后，地球之说大显，四方四极，昼夜反，寒暑异，近人皆知实有其地，实有其事，古说信而有征。惟上天之说，人尚疑之。既无其事，则无稽之谈，何以人人传习？老师宿儒、通人硕辅，夙以正学自命者，亦言之不讳。盖谈天说地，皆为经学旧说。前人囿于耳目，斥为虚诬。纪文达、阮文达于中学最号博通，乃疑西人五洲之说为虚诬，此专任耳目之过。大地之说，今日大显，登天旧义，安知千百年后，游天球一周，不如今环游地球一周乎？今用《庄子》说，六合以内，统归于《诗》，六合以外，统归于《易》。将秦汉以来所有登天之说汇集一书，详其条例，据以说《易》。《列》、《庄》谈地之说，前人以为寓言者，今一一皆可指实。由地推天，其事易也。乘云上升，物理所有，圣神先知垂为典训。必推究其极，以为群经之归宿，一如朱子辑《近思录》，首卷高谈玄渺，采《太极》、《通书》之例。夫明天道，说阴阳，儒家之常语，特未能推究其旨，犹守井蛙夏虫之见耳。

孔子制作，于一定之中，立为三统之变。三统则为三王，“大统”则为三皇。三王之说，《尚书》、《春秋》详之；三皇之说，则义存《诗》、《易》。考《诗》一《风》一篇，多兼言三统，一《风》不止当一代。如《王风》始三篇言苍天，以东方为主，为天统；中四篇言四方，以中为主，为人统；末三章言留、言采葛，为素统，素统乘权为西方之伯。一《风》兼三统，如《诗》著之素、青、黄三章分三统，是三统为循环大例。以此推之，《易》每卦六爻亦当分三统，如《乾》卦三、四为六爻之中，此为地球地中黄帝，故二爻多言“无咎”，无咎即黄帝无疆无涯；二、五爻为中国之中，为天统，二、五多言吉，东方为吉；初、上为西极地中，中国为三四、二五之中，西极边远无中可言，故初、上二爻爻词多言凶。素衣麑裘为凶服，一卦六爻分三统，三、四为黄衣狐裘，二、五为缁衣羔裘。六爻分应三统，如《诗》之一《风》分应三统。实则小王统见于《小雅》、《上经》，大皇统见于《大雅》、《下经》。二经虽以大为主，亦以小配大。由小可推大，大亦可化为小也。

经学六变记

四益馆经学四变记[①]

序曰：癸未至今二十四年矣。初以《王制》、《周礼》同治中国，分周、孔同异，袭用东汉法也。继以《周礼》与《王制》不两立，归狱歆、莽，用西汉法。然“今学”囿于《王制》，则六艺虽博，特中国一隅之书耳。戊戌以后，始言“大同”，乃订《周礼》为皇帝书，与《王制》大小不同，一内一外，两得其所。“凡有血气，莫不尊亲”。盖邹衍之说大明，孔子乃免拘墟。壬寅后，因梵宗大有感悟，始知《书》尽“人学”，《诗》、《易》则遨游六合外。因据以改正《诗》、《易》旧稿，盖至此而上天下地无不通，即道释之学，亦为经学博士之大宗矣。窃以由圣人而求至神，其小大浅深，亦犹道德之于仁义，必至无声无臭，而后超变化而行鬼神。嗟呼！星纪再周，归宿四变。苟不先狗马填沟壑，或尚有进乎此。然所谊至此，其得于神明诱导、师友赞成者，实

① 据廖宗泽《六译先生年谱》，《四益馆经学四变记》系清光绪三十二年（1906年）廖氏门人郑可经所编，由廖氏口授可经笔记。1912年，由刘申叔将其摘编节本刊入《国学杂志》第六号。后又将原版挖改列入《新订六译馆丛书》。此书共叙四变，唯于前三变记述较简，仅可略见宗旨；第四变则较详，盖编写时正值四变之际，已悟《大学》人学、《中庸》天学之旨，以《尚书》、《春秋》为人学二经，《诗》与《易》为天学二经，又以《灵枢》、《素问》、《楚辞》、《山海经》、《列》、《庄》、《尸》、《穆传》，以及汉赋、佛典，并皆明于天学之书，以见圣人、人帝之外，尚有至人、神人、化人、真人，将来世界进化，归于众生皆佛，游于六合之外，无何有之乡，即天学之境。于此可见廖氏之学一至四变各变旨要及其演变缘由。

巴蜀书社1989年出版李耀仙主编之《廖平学术论著选集》选有此书，并附校勘记。

非浅鲜。颜子称“既竭吾才”，此之谓矣。近著书逾百种，恐久而散佚；又知己辽隔，或仅闻鄙说，未详大旨之所在。因属及门，条列旧文，附以佚事，编为四卷，聊以当年谱耳。

丙午季春四益馆主人自叙①

初变记

乾嘉以前经说，如阮、王两《经解》所刻，宏篇巨制，超越前古，为一代绝业。特淆乱纷纭，使人失所依据。如孙氏《尚书今古文注疏》，群推为绝作，同说一经，兼采“今”、“古”，南辕北辙，自相矛盾。即如“弼成五服，至于五千”，就经文立说，本为五千里，博士据《禹贡》说之是也。郑注，“古文”家，则据《周礼》，以为万里，此“古”、“今”混淆，以前之通弊也。至陈卓人、陈左海、魏默深，略知分“古”、“今”。孙氏亦别采“古文”说，专为一书，然明而未融。或采师说，尚未能猎取精华编为成书；即有成书，冀图仅据文字主张“今”、“古”门面，而不知“今”、“古”根源之所在。但以文字论，“今”与“今”不同，“古”与“古”不同。即如《公》、《穀》，齐、鲁、韩三家，同为“今学”，而彼此歧出；又如颜、严之《公羊》，同出一师，而经本各自不同。故虽分“今”、“古”，仍无归宿。乃据《五经异义》所立之“今”、“古”二百余条，专载礼制，不载文字。“今学”博士之礼制出于《王制》，“古文”专用《周礼》。故定为“今学”主《王制》、孔子，“古学”主《周礼》、周公。然后二家所以异同之故，灿若列眉。千溪百壑，得所归宿。“今”、“古”两家所根据，又多同出于孔子，于是倡为“法古”、“改制”，初年、晚年之说。然后二派如日月经天，江河行地，判然两途，不能混合。其中各经师说有不能一律者，则以“今”、“古”为大宗，其所统流派，各自成家，是为大同小异，编为《今古学考》，排难解纷，如利剪之断丝，犀角之分水，两汉今、古学派始能各自成家，门户森严，宗旨各别。学者略一涉猎，宗派自明。斩断葛藤，尽扫尘雾。各择其性质所近之一门，专精研究，用力少而成功多。不再似从前尘霾，使人堕于五里雾中。此《今古学考》张明两汉师法，以集各代经学之大成者也。

二变记

两汉之学，《今古学考》详矣。本可以告无罪于天下，惟一经之

① 四川国学院《国学杂志》第六号在《序》后另行：“壬子冬，将前记摘编以付枣梨，四益馆主人又识。”入《丛书》时削去。

中，既有孔子、周公两主人，典礼又彼此矛盾，汉唐以下儒者，所以有经说及《典》、《考》政治诸书。又于其中作调人，牵连附会，以《周礼》为姬公之真书，《王制》为博士所记，与《周礼》不合；又以为夏、殷制。考《左》、《国》、《孟》、《荀》，以周人言周事者，莫不与《王制》切合；所有分州建国、设官分制之大纲，则无一条与古文家说相同。或分或合，皆无以切理餍心。故说经者如议瓜，如原讼，为聚讼之场。凡学皆愈深则愈慧，惟学经者愈学则愈愚。其归宿即流为八股，深为学术政治之大害。盖当时分教尊经，与同学二三百人，朝夕研究，折群言而定一尊。于是考究古文家渊源，则皆出许、郑以后之伪撰。所有古文家师说，则全出刘歆以后据《周礼》、《左氏》之推衍。又考西汉以前，言经学者，皆主孔子，并无周公；六艺皆为新经，并非旧史。于是以尊经者作为《知圣篇》，辟古者作为《辟刘篇》。外间所传①之《改制考》，即祖述《知圣篇》，《伪经考》即祖述《辟刘篇》，而多失其宗旨。群言淆乱折诸圣。东汉以周公为"先圣"、孔子为"先师"；贞观黜周公为功臣，以孔子为"先圣"、颜子为"先师"。乃一代追崇有加，至以黄屋左纛，祀以天子礼乐。当今学堂，专祀孔子，若周公，则学人终身未尝一拜。故据《王制》以遍说群经，于《周礼》中删除与《王制》相反者若干条。

按：以上二变，事在二十年前，所有刊播各书，为海内所共见。至三变，则别有分派。然海内略窥鄙作者，其主张《今古学考》尚占多数，其余则知者更鲜矣。

三变记

以上二说，大抵皆就中国一隅言，孔子已用博士法，以《王制》遍说群经，于疆域止于五千里而已。《中庸》所谓"洋溢中国，施及蛮貊"，"凡有血气，莫不尊亲"；《礼运》所言"大同"之说，实为缺点。严又陵上书，所谓"地球，周孔未尝梦见；海外，周孔未尝经营"。亦且实蹈其弊。初次解《周礼》以为孤证者，继考《大戴礼》、《管子》，则实有明说。盖初惟据《王制》立说，与《王制》一异，而非有明文与《周礼》同者，遂漫不经心。戊戌在资中，因《诗》之"小球"、"大球"，与"小共"、"大共"对文。"共"作"贡"，九州之贡。《顾命》之"天球"、"河图"，纬说以"河图"为九州地图，据《诗》、《书》"小"

① "传"原作"祖述"，从《选集》据柏毓东《六变记》改。

"大"连文者，"小"字皆在"大"字之上。定"天球"为天图，"小球"、"大球"为地图。先"小"后"大"，即由内推外。盖当是时讲《诗》、《易》，前后十余年。每说至数十百易，而皆不能全通。于三《传》、《尚书》卒业以后，始治《周易》，宜其容易成功。以《诗》论，其用力较三《传》为久，而皆不能大通。盖初据《王制》典章说之，以至龃龉不合。乃改用《周礼》、《地形训》"大九州"说之，编为《地球新义》。当时于《周礼》未能骤通，仅就经传子纬单文孤证，类为一编。不敢自以为著作，故托之课艺，以求正①于天下。见者大哗，以为穿凿附会，六经中绝无大地制度，孔子万不能知地球之事，驰书相戒者不一而足。不顾非笑，闭门沈思，至于八年之久，而后此学大成，以《周礼》为根基，《尚书》为行事，亦如《王制》之于《春秋》。而后孔子乃有皇帝之制，经营地球，初非中国一隅之圣。庚子井研修《艺文志》，用邵子说，以《易》、《诗》、《书》、《春秋》四经，分配皇、帝、王、伯。当时汇刊所撰各书，编为《百种书目解题》，其说详于施《序》。至癸卯年而皇帝之说定，《周礼》之集说成。以全书文字繁重，"小""大"之分尤在疆域，故取《周礼》疆域，别编为《皇帝疆域考》，绘图立说，明白显易，附会穿凿庶可免矣。惟当再变之时，专据《王制》立说，所有与《王制》不同之旧文典章，如《大戴》、《地形训》、纬书、《庄》、《列》，概以经外别传，遗文琐记，徒资谈柄。及考明《周礼》土圭三万里与《大行人》之大九州，乃知皆为《周礼》师说。根本既立，枝叶繁生。皇帝之说，实较王伯尤为详备。一人之书，屡变其说，盖有迫之使不得不然者。又安知不有鬼谋天诱，以恢复我孔子"大一统"之制作？故编为《小大学考》。于《周礼》取经，去其师说谬误。故改"今古"之名曰"小大"。盖《王制》、《周礼》，一林二虎，互斗不休，吾国二千年学术政治，实深受其害；合之两伤，甚于洪水猛兽。今以《王制》治内，独立一尊，并无牵掣；而海外全球，所谓三皇五帝之《三坟》、《五典》者，则全以属之《周礼》，一如虬髯公与太原公子，分道扬镳。所有古今载籍皇帝之师说，师无统帅，流离分散，蒙晦残佚，一如亡国之人、丧家之狗，立此汉帜，招集流亡，纷至沓来，各归部属。茫茫荒土，皆入版图。上下和睦，鬼神效灵。天不爱道，地不爱宝，符瑞臻至，庶绩咸熙。与《王制》一小一大，一内一外，相反相成，各得其所，于经

① "正"原讹作"政"，从《选集》改。

学中开此无疆之世界。此书未出以前，为洪荒之混沌。“小”“大”既分，轻清者上浮为天，重浊者下凝为地，而后居中之人物，乃得法天则地，以自成其盛业，孔子乃得为全球之神圣，六艺乃得为宇宙之公言。虽然，此不过六艺之“人学”，专言六合以内，但为《春秋》、《尚书》与《礼》，仅得其半；而“天学”之《诗》、《易》、《乐》，尚不在此数也。

> 初据《王制》以说《周礼》，中国一隅，不能用两等制度，故凡与《王制》不同者，视为仇敌，非种必锄，故必删除其文，以折衷于一是。自三皇五帝之说明，则《周礼》另为一派，又事事必求与《王制》相反，而后乃能自成一家，故以前所删所改之条，今皆变为精金美玉，所谓“化腐朽为神奇”。《庄子》所言“彼此是非”，“各是其所是，各非其所非”。其中所以是非不同之故，学者所当深思自得者也。

四变记

“天人之学”，至为精微。其精微分别之数，难以言尽。今就戴记《大学》、《中庸》列表以明之：《大学》为“人学”，《中庸》为“天学”。考《中庸》动言“至诚”、“至道”、“至圣”、“至德”，于“圣”、“诚”、“道”、“德”之上，别加“至”字，以见圣、诚、道、德，有“小”“大”、“至”“不至”之分。考“皇帝”之说，每以“至”为标目。《礼记》之所谓“三无”，《主言篇》之所谓“三至”。故“人学”言“道”、言“诚”、言“德”、言“圣”。“皇”为“天学”，人用其学而加“至”字以别之，所以见“帝”之有可加。“至道”、“至德”，至极而无可复加，故谓之“至”。物极必反，一言“至”，则每与“小”者不同，如“至仁无亲”之类。大约仁则亲，仁之至尽则不亲。“至”字一或作“大”，若《庄子》所谓“大智若愚”、“大德无为”、“大孝不仁”是也。故“皇”与“帝”同言道德，而“皇”则加以“至”字。盖“皇”与“帝”皆为圣人名号宗旨，不能再加。同为一等，又有优劣之分，所以天皇则加“至”字，“大德”，以与人帝分优劣。至儒者不讲“天学”，遂以圣人为止境，于道家之所谓“天人”、“至人”、“神人”、“化人”，皆以为经外别传，无关宏指。不识《中庸》言“至德”、“至圣”、“至诚”，《孟子》已言“神人”①，《荀子》已言“至人”，《易》言“至精”、

① 《选集》按：《孟子》无“神人”一词，只《尽心篇》有“圣而不可知之之谓神”一语，当即廖氏所本。

“至圣”、“至神”、“大人”。《中庸》曰“及其至也，虽圣人亦有所不知”、“所不能”。明以见“圣人”之外，尚有进境。今故以经传为主，详考“至人”、“神人”、“化人”、“真人”、“神人”、“大德”、“至诚”、“大人”，以为皇天名号，而以《灵枢》、《素问》、道家之说辅之。以见圣人人帝之外，尚有天皇，此“天人学”之所分也。

初以《春秋》、《尚书》、《诗》、《易》，分配道德仁义之皇帝王伯，故《知圣篇》有“套杯”之喻。“大”“小”分经分代，以明各经各为一时代，以免床上床，屋上屋，混同一视之流弊。初以《春秋》、《尚书》为深切著明之史记体，《诗》、《易》为言无方体之辞赋体。一行一知，一小一大。故以《易》、《诗》配皇帝，《尚书》、《春秋》配王伯。纬云：“书者，如也；诗者，志也。”旧说以史记体为行事之王伯，辞赋体为空言之皇帝；久乃见邵子亦以四经配四代，惟以《诗》为王、《尚书》为帝不同。《尚书》首尧舜，有“帝”字明文，邵子以配帝是也。惟《诗》配王，不惟与体裁不合，与“思无邪”、“王于出征，以佐天子”、“宜君宜王”、“王后维[①]翰”，亦相龃龉。故怀疑而不敢轻改。迟之又久，乃知四经之体例，以“天”、“人”分。“人学”为六合以内，“天学”为六合以外。“春秋”言伯而包王；《尚书》言帝而包皇。《周礼》三皇五帝之说，专言《尚书》；《王制》王伯之说，专言《春秋》。言皇帝王伯制度在《周礼》、《王制》，经在《尚书》、《春秋》。一小一大，此“人学”之二经也。二经用史记体，深切著明，与《诗》、《易》言无方体者不同。亦如词赋派、史记派。“人学”六合以内，所谓“绝地天通”、“格于上下”。人而非天，故人神隔绝。至于《诗》、《易》以上征下浮为大例；《中庸》所谓“鸢飞戾天，鱼跃于渊”，为“上下察”之止境。周游六漠，魂梦飞身，以今日时势方之，诚为力所不至。然以今日之人民，视草昧之初，不过数千万年，道德风俗，灵魂体魄，已非昔比。若再加数千年，精进改良，各科学继以昌明，所谓长寿服气，不衣不食，其进步固可按程而计也。近人据佛理言人民进化，将来必可至轻身飞举，众生皆佛。予按：佛法旧以为非中国之教者，前人考明宗旨，皆出于道，故有以列子为中国古佛之说。见《子史精华·释部》佛说与《列》相比。《论语》云：“未能事人，焉能事鬼”；“未知生，焉知死”。儒者引以为孔子不言鬼神之证，不知为学之次第，不可躐等而进。未知生，不可以遽言

---

① “维”原讹作“为”，从《选集》据《诗·大雅》改。

死；未事人，不可以遽言鬼。若由今推数千年，自“天人之学”明，儒先所称诡怪不经之书，皆得其解。今略举数证如左：

一、《灵枢》、《素问》〇“黄帝”当为“皇帝”，“岐伯”当谓“二伯”。谓治“皇帝学”之专书。于其中分“天学”于“人学”，治天下、治病，为三门。已经辑出，别为一册。治天下者，为“帝学”，阴阳五行家九流之一；考九流“阴阳家”书目，当有移入此中者。言天道人身应天地者，专为“皇学”；治病者，乃为医学专书，入“艺术”门。

又案：书中屡言道，以身比天地，因修身以存道。此隐逸神仙派，所以为学道之别传。专就养生言修身，以性情喜怒哀乐能伤生，此修身之高等也。盖《容经》为普通修身；《洪范五行传》为仕官修身；修养为道德修身之大成。故前两等为《大学》之程度，后一级为《中庸》“至诚”之基础。

二、《楚辞》〇按：《楚辞》为《诗》之支流，其师说见于《上古天真论》，专为“天学”，详于六合以外。盖圣人于六合以外存而不论。《诗》、《易》之托物占比，言无方物是也。《楚辞》乃灵魂学专门名家，详述此学，其根源与道家同，故《远游》之类多用道家语。全书专为梦游，即《易》之“游魂”、“归魂”。所说皆不在本世界，故有“招魂”、“掌梦”之说。凡所称引，后人皆就中国一隅说之。即属游魂，何以尚在中土？故因《楚辞》专引《山经》，而《山经》亦因之大显。

三、《山经》〇全书皆为神灵所生，虽圣人不能知、不能行，惟神灵乃能名之。大约五《山经》即三垣、四宫恒星。《中山》，中垣；《东》、《西》各七宿；《南》、《北》各七宿。不及人民者，以太远无人民也。五篇言山川、动植、矿物，与鬼神形状、嗜好、祭品、名物最详，盖其书为“天学”之天官宗、祝、巫、史所掌。学者以祭祀鬼神讥之，实则所称鬼神，皆为彼世界之人。至其时鬼神往来如宾客，亦如今外交部与外国相交涉。

又案：《海外》四经[①]四旁，又如五行星与月球。《大荒》四经，为在下之四方，其人民即《诗》之下民、《招魂》之“四方”。

---

① “四经”原讹作“四统”，从《选集》改。

其人形状诡异，多不似人形，如《国语》以爰居、夷羊、鹫鸟为神，又如佛书之地狱变相。所称帝王卿相、子孙姓氏名，多与本世界相同。《国语》：宗祝必知鬼神嗜好情状宗族。故《左》、《国》所引五祀帝鸿氏、丹朱、鲧之类，名虽相同，实非本球古帝。

又案：或以“在天成象，在地成形”。经书所见，如麟、凤、龟、龙、长狄、防风骨；史之负贰之尸、形天氏。天之所有，下应于地，故上下相同。又或偶一降临，非常之物，终不得据为己有。

又案：老、庄皆云“至人无梦，其神不灵”。盖“至人”以上，形神俱融，能飞身往来，彼此直身相接，不用神游，故曰“不梦”。此帝为神游，如《诗》之梦境；“至人”则凌云御风，故曰“不梦”。又天地格绝，则以祭祀享神，示为灵应。“至人”之世，则直为宾客，非鬼神矣，故曰“不灵”。又往来有飞行、生化二种：鸟鱼飞潜之事，固无论矣；若岳降生申，传说骑箕上升，与佛老所谓“化身”，则往往相同。所谓“人神混杂”，《山经》神灵以外，各种人民皆为地球所无。盖五山为三垣，太远，故无人民。行星日会，乃有人民，特形状不同耳。

又案：麟、凤、龟、龙，为四宫之精，与五帝同。故五帝有以为列宿之精者，有以为纬星之精者，所以必有名号。如“曜魄宝①”之类。至于本世界所称之大五帝，颛顼以上之龙鸟火水名官者，亦托以为天神。初非世界所有，所以能上天入地。

又案：颛顼以下乃绝地天通，经所谓“格于上下”，此人帝德不及远，专为“人学”之事。《山经》实“天学”之专书，并非诡诞。所以《列》、《庄》、《楚辞》、《穆传》引据如经典，则非不经可知。

四、《列》、《庄》、《尸》〇诸书于地理最详，同以地球为齐州，屡言“游于六合以外”、“无何有之乡”，“游于尘垢之外”，皆不在本世界。故其所列地名，旧来多附会中土，今知为“天学”，其事乃得大明。

又案：《地形训》所引昆仑三十六民，与龙凤种族，此皆为“天学”诸书，所言混合不一。地球之昆仑，实则“混沌”音之转也。若以为葱岭，安得云中？又安得有神仙往来？所谓名同实异。《列子》之五神山，旧以为五大州，实则为五纬星。今考定齐州之称，则知“靖人”、“僬侥”，皆不在本世界。

---

① “曜魄宝”原讹作“灵曜魄”，据《绛史》改。

又案：《列》、《庄》南海之鹏，北海之鲲，即金火二星。

五、《穆传》〇按：此篇《列子》旧入神游之后，全篇皆为梦境。

六、辞赋〇司马《大人赋》即《远游篇》摘本，读之乃有凌云之志，则其不在本世界也明矣。当时“天学”甚明，故赋诗家尚得据以立说。去古愈远，乃不敢据以为定，亦如颛顼以后，德不及远，乃为民师而民名。

七、释典〇将来世界进化，归于众生皆佛，人人辟谷飞身，无思无虑，近人论之详矣。特未知佛即出于道，为化胡之先驱。所言即为将来实有之事，为“天学”之结果。一人为之则为怪，举世能之则为恒。

五变记笺述①

戊午之岁，改去“今古”名目。归之“小大”，专就六经分“天人”、“大小”。

井研廖氏学　乐山受业黄镕笺述

此编乃五译先生自记毕生学识之归墟，实晚年学力之进境也。前有《四变记》，经刘申叔刊入《国学杂志》，大江南北所传播之《今古学考》，不过初变，二变，萌蘖之生耳。癸丑（一九一三）之秋，先生旅居沪上，重辑四变纲要，石印于《孔经哲学发微》。今行远登高，功业益上，至鲁至道，五变有成。《易》曰：“通其变，使民不倦。”又曰：“易穷则变，变则通，通则久。”《中庸》曰：“动则变，变则化。”孔子谓老子犹龙，嘉其善变也。镕抠衣在门，得寓美富，循循博约之途，不得不请事斯语。先生本名“四益”，今因五变，更名“五译”。

“人学”三经

一、《礼经》　人有礼，乃为人。镕注：《曲礼》：“鹦鹉能言，不离飞鸟；猩猩能言，不离禽兽。今人而无礼，虽能言，不亦禽兽之心乎!”故圣人作为礼以教人，使知自别于禽兽。六艺中，六艺：射、御、书、数、礼、乐。先有小礼如《曲礼》、《少仪》、《内则》、《容经》、《弟子职》。小乐，十三舞《勺》、成童舞《象》——如今中小学校普通科。此为《礼经》，乃修身、齐家事，为治平根本。《左传》：“礼，经国家，定社稷，序人民。利后嗣者也。”如今法政大学、专门学校之学科。“修身为本”，本此礼也。《大学》：“自天子以至于庶人，壹是皆以修身为本。”

镕按：《荀子·性恶篇》：“性恶”之说，与孟子相反，考荀学实出孔门，

---

① 《五变记》为廖氏自记其学术五变之作，弟子黄镕为之《笺述》，据《六译先生年谱》，《笺述》成于1918年，上下二卷，由存古书局印行，后收入《新订六译馆丛书》。上卷述人学，以《礼经》、《春秋》、《书经》为人学三经。以《春秋》为治国学，《王制》为之传，《书经》为平天下学，《周礼》为之传，犹是前说小统、大统之旧贯，唯此时则以《礼经》乃修身、齐家事，为治平根本。特增《礼经》以为人学三经之首。下卷述天学，以《大学》十二引《书》，全为人学，十二引《诗》，通于天学，由人企天。《中庸》则全为天学。以《乐》、《诗经》、《易经》为天学三经，杂引《内经》、纬候、《列》、《庄》以述论之。议论或有为世人所难解者，且未对《易经》进行阐述，似为未完之作。

此书仅《新订六译馆丛书》一种版本，巴蜀书社1989年出版李耀仙主编之《廖平学术论著选集》选有此书。

圣道广大，殊途同归，后儒不可妄分畛域。拘木必待檃栝，钝金必待砻厉，人之性恶，孟子据孩提爱亲，以为性善。然人少则慕父母，知好色则慕少艾，有妻子则慕妻子，仍是性恶处。必待礼义而后治。天之生物，草木争长，鹰隼虎豹，弱肉强食。童子初学语，便知骂人，惟圣人以礼义化导之。故圣王当作“圣人”为之起礼义、本篇：“礼义者，圣人之所生也。”制法度，《孟子》：“教以人伦：父子有亲，君臣有义，夫妇有别，长幼有序，朋友有信。”尧时无此文明。以矫饰人之情性而正之，以扰化人之情性而导之。使不善之性归于善。始皆出于治，合于道者也。其说如此，深识圣道之作用。盖荀为战国老师，乃子夏五传弟子。见《经典释文》。所言颇有经验，实能阐明圣作礼义之本原。去圣未远，必有所据而云然者也，《史记》以孟荀合传；宋神宗元丰八年，诏以孟子配孔子，以荀况、扬雄、韩愈从祀。可见“性善”、“性恶”学派同出孔门，一本分支，无庸轩轾，乃宋儒是孟非荀，拘持偏见，况昌黎《原性》辩驳甚明，乃宋儒崇拜韩之《原道》、辟佛诸论，独于性则自恃聪明，见指失臂，津津一得，以为直接孟子之传，则逾越韩公；而荀出孟后，摈诸异端之列。夫人性果善，则必不教而成也。孔子曰“性近”、“习远”、“上智下愚不移”，是性无一定之资格也。孟子曰：“逸居无教，则近于禽兽”，是性不善而待教也。“教以人伦”，伦理乃孔经所发明，孟据《帝典》“敬敷五教”言之。是孟亦谓性善易漓，当约束之以礼教，正如璞玉顽金，必加琢冶而后成器。此义参之荀子，如出一辙。宋儒贬斥荀说，自诩认性极真，一孔之见，度量不宏，且灭没圣人制礼之功。能尊孔不能张孔，徒以“良知”、“良能”葆全太璞，不假雕琢，便以为圣贤学问。“此心同，此理同”，尧舜与人无异，东西南北，古今圣人，皆如此。天性与天道，子贡亲炙圣门，尝谓不可得闻；两宋之儒，在孔子千百年下，乃学圣如此易。噫，异矣！

《大学》：“自天子“人学”至于庶人，“天学”之“真人”、“至人”。壹是皆以修身为本。”“人学”、“天学”皆以修身为基础。“人学”正身以率物。“天学”之身形游六合，说详于后。《论语》：“其身正，不令而行。”《孟子》：“君正莫不正，一正君而国定。”董子：“正朝廷以正百官，正百官以正万民。”三说合正心修身为一。本有实形实义，并不索之隐怪也。盖圣人作经传世，阐发上下古今、天地宇宙之理，蕴奥虽深，穷年莫究。千百年而不尽。然等级标著，程功以次，惟恐晦盲闷塞，阻遏学者向往之心。故《春秋》之世，伦理不讲，即氏族主义，亦未发明。孔子吹律定姓，吹律，即翻译，故仲尼始姓孔。始撰《帝系》分别姓氏。同姓不昏，男有室，女有家，推此义以及天下，故经有天下一家之例。修身即天下一人例。正心即《书》之元首，指脑言。修身之旨，关于国与天下，最为密切。说详《疆域图》第三十一及三十三。孔经大义，灿若列星，何尝虚无寂灭，遁入鬼窟，使人迷味哉！惟宋儒倡言诚意、格致、后有详驳。去私、存理，自以为圣人再世。《阅微草堂》："隋唐以下圣人多。"然《毛诗集传》，解说郑卫之诗，发泄许多淫邪之念。说详四益撰《胡先生诗纬训纂序》。私欲未净，有触即发，真所谓太极之理，静极生动也。后有详说。按《列子·仲尼篇》曰："吾修《诗》《书》，将以治天下，非但修一身。"斯言也，正因《大学》终于修身，恐后儒误会此旨，独善其身，主敬存诚，高言希圣，则圣道眇琐纤诡，堕落禅寂，无异坐井而观也。故修身之旨，即《鸿范》"五事"例；说详《疆域图表》。齐家之义，即《梓材》"大家"例。皇为祖，二帝为父母，三十二王为子，六十四伯为孙。《吕刑》伯父、伯兄、仲叔、季弟、幼子、童孙是也。放准验推，灼然圣制，小统大统，垂范后王。彼以"民胞物与"侈谈圣量者，岂非空言揣测，门外彷徨者耶！大抵宋儒摭拾经传一二字，标帜领异，欺世盗名，当时且目为伪学。使圣经果以道学为宗，胡为纷歧杂出，莫能统一？且互相诟诋，党同伐异，究竟气质未化也。

附小乐

镕按：孔经未作以前，有世俗之礼乐，为朝野上下所沿用，西人谓之社会习惯。而由来已久者。礼则丧期吉禘、夫人大飨、同姓昏、娶母党、不亲迎、丧中取之类，皆周时通行之礼也。乐则郑声、秦缶、赵瑟、燕筑、楚歌、楚舞，皆当时各国土著之乐也。《乐记》所举齐宋卫音亦然。自孔子作经，酌宜定法，礼必合乎节，乐则期于雅，焕然改观，净涤旧染，非复前日之朴陋。凡见于传记所有小礼小乐，为及门所行习者，莫非圣作新裁也。《礼记》"十三舞《勺》，成童舞《象》"。此孔门教导小子，俾习童乐，陶淑性情之法。《论语》："子之武城，闻弦歌之声。"正是子游创兴学校，传播孔学，"莞尔而笑"，宜也。《乐记》子赣问"六歌"，因其性情所近而习之，故弦歌干扬，乐之末节也，童者舞之。艺成而下，然后用之郊庙，用之朝廷，用之冠、昏、燕、飨诸礼，无不铿锵从律。盖先由审声知音，克谐角徵，庶几由人心生，感物而动，以通于政，此礼乐之原。当明孔经之前情状，然后知孔经之礼乐由粗及精，作用深微，岂曰小补哉！

二、《春秋》治国学　地方三千里，与《书经》比较为小。王伯学，为仁为义。

镕按：尼山钟英玉鳞，诞瑞素王，生值春秋之世，蒿目时艰，上无天子，下无方伯，《公羊》说责重二伯。车马周游，得百二十国宝书，即《史记》所谓“诸侯并作语”。归于洙泗，参以鲁史，因时事，加王心，始元创制。《元命苞》：“子夏问夫子作《春秋》，不以初哉首基何？孔子曰：‘丘于《春秋》始元终麟，王道成也’。”是元年乃孔子特笔，孔经以前，纪年不如此。推之正月，亦当同例。《尔雅》“月名”、“正月为陬”等十二名词，必为孔前字母之称，至孔子作经，乃改用正二三等雅言耳。行远自迩，化成九州，疆域方三千里，此孔经之化，实际则未尝统一。立牧置监，举纲张目，以此州制，上考不谬，征信于《禹贡》。《春秋》荆、徐、梁，以州举。孟子时齐楚隔阂，言语不通，禹之州贡，安得如此广远？须知经史文野之别。推之五服五千里，四表三万里，鸿谟俟后，待人而行。故《书经》大统，《春秋》小统，空言行事，“人学”之始终以备。五译精研《春秋》学，权舆《公羊》，沟通《穀梁》，集成《左氏》，犯险攻坚，合通三《传》，化除门户，创斯伟业。著有《公羊三十论》、《公羊春秋补证》、《公羊验推春秋图表》、《穀梁纠缪》、《穀梁古义疏证》、《穀梁起废疾》、《左氏针膏肓》、《评左氏五十凡驳例》、《左氏拨正录》、《左氏汉义补证》、《左氏古经说》、《左氏春秋学外篇》、《春秋三传折衷评》等书。畿甸疆定，将相和衷，出抚四夷，岿然一统。二帝三王，武、周、成、康，莫不听命。美哉始基，弗可及已！

《春秋》者，王伯之学，以仁义为主。《论语》“依仁”、“游艺”，纬说“霸不先正，尚武力”。武力即艺，用武必托诸义。即揭明王伯之宗旨也。齐桓公存三亡国，仁也；伐楚责贡，义也。晋文践土盟诸侯，皆奖王室，义也；无相侵害，仁也。《孟子》：“三代之得天下以仁”，王学也。葵丘申五命，伯者之义也。霸者假仁，则偏于尚义。孔孟渊源，学无异辙。乃宋儒据“仲尼之徒不道桓文”之语，《荀子》亦曰：“仲尼门人，五尺竖子，羞称五伯。”遂谓孔孟皆黜伯崇王。斯言也，不但抹煞一部《春秋》，且率天下之人而祸仁义者也。何也？使学者高言王道，鄙弃伯图，矜事德化，不尚武功，坐致南宋不振，神州陆沈。晋尚清谈，致有五胡之乱。桓温北伐，望中原叹曰：“神州陆沈，王夷甫诸人不得不任其责。”南宋之世，与东晋何异！学说有差，国家受害，是不可不以纠正。夫文谲桓正，孔子正据城濮、召陵之事比较优劣。晋用诡谋以战胜，《左氏》所载蒙马曳柴等事，皆兵家权谋用奇之术。临事好谋，孔子所与。齐仅责贡以蒇事，《春秋》曰：“楚屈完来盟于师。”为齐桓讳。圣意尊晋而抑齐，《春秋》书曰：“楚师败绩”，嘉晋文也。故颠倒时代，先文后桓。宋儒主张“诚”、“正”，薄弃诡谲，既与圣评相反，又不识“九合”、“一匡”褒奖霸功之意。伸引孟说而违悖孔心，逐末忘本，是殆未谙孔孟之时局也。孔子之世，周德虽衰，王灵未泯，但有伯者出而尊周攘夷，以属诸侯，便足以匡时弭乱。故全部《春秋》，大抵齐桓、晋文之事也。孟子之世，七国称王，战争愈烈，非有王者出而统一，不克救民水火。故孟子盛称汤武，而菲薄桓文也。孔子之世，宜于伯，不可说诸侯以革命；孟子之世，宜于王，最宜说六国以保民。明夫当时之病状，乃知孔孟为良医，用药对证，厥疾必瘳。宋儒昧于时势，不解圣贤救世之苦心，徒以内圣外王概尼山、邹峄之学术。即不明《春秋》之义，又以“精一”、“执中”为尧舜相传之道统。《虺诰》始言“仁”，《汤诰》始言“性”，据伪文以为根柢，不自知其舛谬。不揣时以立言，安能通经以致用？列国皆世卿，乃谓孔子周游求仕，不知一车两马，鲁君资以适周，考察郊庙及列国政俗，归而作经。惟孟子历聘，乃有“无君皇皇”之说。当知时局不同。“克己”、“四勿”，锢蔽学者之性灵。庠序中缺少人才，前清之谚曰：“科甲官不识民情”，盖中宋儒之毒也。大都老腐败、老学究，斤斤谈性理、诩道义，而不识经国大计者也。是以在当日林栗南宋孝宗朝兵部侍郎。劾其无学；沈继祖宁宗朝监察御史。奏举十罪；刘德秀谏官。斥为伪学；胡纮、太常少卿。姚愈、谏议。刘三杰御史。等抉其猖獗，亦奚怪哉！果为圣学，谁敢摈斥？五译推阐王伯之学，谓“麟书”之成，所以拨当时诸侯之乱。商榷何、范，砭针贾、杜，别黑白，定一尊，俾学者了然大义，征诸实用。故《春秋》称道桓、文，以其能内尊外攘，托为侯伯，“衣裳”、“九合”，特嘉齐霸，于晋文、狐、赵，无所赘辞。因弟子不问，又以无可疑议，城濮、践土之功，彰明显著也。太史公曰：“《春秋》辨是非，长于治人。”观于武帝多才，根据《公羊》；宣帝良吏，幼学《穀梁》。宏我汉京，成效可睹。讵若规行矩步，终归无用者乎？章氏谓：“仲尼国老，已去司寇，其作《春秋》，亦僭也。”此以经为史之说，不足与辩。

《王制》为之传。“人学”之小标本，儒、墨、名、法家主之。

镕按：《春秋》三传，今古争执，久成水火。短长得失，为世诟訾。五译统以《王制》说《春秋》，征诸三《传》，莫不丝丝入扣。如《公羊》陕东主周，陕西主召，为二伯；《穀梁》郑、冀州之国，以起八伯；《左传》周公将左军、虢公将右军，齐称伯舅于葵丘，晋赐弓矢于践土。襄公以下称伯父。二伯八伯之制，三《传》合符，可见同出一源也。五译初辟此途，见者大骇。推考各经，犹然一贯。二伯，如《诗》二《南》；《书》羲和、禹、皋陶、太保、毕公；《易》阴阳两仪。八伯，如《诗·国风》；《书》四岳、羲和四子、伯兄、仲叔、季弟；《易》八卦。迄今人皆首肯，乐与守成。而斩荆棘、启山林者，盖苦况无可告语也。著有《王制订本》、《王制义证》、《王制集说》、《王制图表》。夫以《王制》说经者，两汉博士派也。汉以前，孟子学说，全据《王制》。镕辑有《王制孟子合证》。其"周班爵禄"一章，统举《王制》纲要，托诸闻略，实闻之孔门也。圣作《春秋》，虽据鲁史，窃取新义，桓文二伯，窃比老彭，即殷伯大彭。改制讥时，不仍周典。故《孟子》曰："诸侯恶其害己，即谓《春秋》之制，不合时尚。皆去其籍。"谓周姬典礼，无一存在。后儒以《孟》说畿内封国与《王制》等级参迕，《王制图表》考其凹凸接逗笋节，知为详略互文。又考之《周礼》，枘凿不入，直指目为殷制，章氏则以"天子使其大夫为三监"为周制。又以方伯连率为联邦。或以《王制》言东田，"东田"一条，乃汉儒训诂入正文者。又谓之为博士所集。众喙丰蔀，圣法不章。由是说《春秋》者，游荡无根，徒为雕绘枝叶，贻讥"断烂"。皆由失离《王制》，遂成无律之师，作寇乱邦，其害可胜言乎！五译泛槎寻源，深悉葱岭为中国山脉之祖，而二百四十二年之事，马迹蛛丝，确有脉络可考。"人学"植基，缁帷传习，儒、墨、名、法，各擅所长。《班志》云："合其要归，亦六经之支与流裔。"岂虚语哉！

三、《书经》平天下学　地方三万里，与《春秋》比较则为大。全球正名天下。《诗》："溥天之下，莫非王土"。"王"读作"皇"。"皇帝学"为道、为德。《中候》"皇道帝德"，为内外优劣；《鸿范》"五、皇极"，屡言皇道；《典》称尧"克明俊德"，舜"惇德允元"。

镕按：《书》叙尧、舜、禹、汤、文、武、成、周之治法，然非分代记事而已。鸿规巨制，始终一贯。上考下俟，师表万年，全由圣裁，迥殊古史旧说。"六经皆史"，近儒章氏且谓古史皆经，又谓《书》为不具之史，《帝典》为历史纪传；又有谓《尚书》四代为我国文明鼎盛时代者。黄河浊流怀襄，为患甚矣！圣道之厄也。夫尧时禽兽逼人，舜如深山野人；又舜，东夷；文，西夷。孟子所称，何等谫陋！他若《尸子》、《韩子》、《淮南子》所称尧舜，皆乔野无文，《通鉴前编》，纂辑诸说甚备。此犹可曰俭德也。《礼·明堂位》"土鼓、蒉桴、苇籥，伊耆氏之乐也"，已无八音克谐之雅。《墨子》"尧堂高三尺，土阶三等"，难容群牧群后之朝。《淮南子》：舜作室、筑墙、茨屋。《礼记》虞官五十，则与"百僚师师"不符。秦博士说古帝王地不过千里，则与五服五千不合。《礼纬》唐虞二庙，夏四庙，殷五庙，周六庙，史事。已非"天子七庙"之制。经制。《左传》"天子七月"、"诸侯五月"、"大夫三月"、"士逾月"。经制。《尸子》谓"禹之丧法，制丧三日"。史事。况禹卑宫室，恶衣服；

《论语》。尧下为巢，上营窟；《孟子》。不窋失官，窜之戎狄；《国语》。太王居邠，被侵狄人。《孟子》。草昧之象，载籍极博。以为文明者，固信经而不谙事实；以经为史者，又逐末而不识本根。谣诼烟霾，孔义不著。是当划分经史之界，而后内容外观，文野迥异，即孔经之作用亦显。

唐虞之事，实狉榛蛮野，无可为讳。正如“百家言黄帝，文不雅驯”者也。史公择言尤雅，以为《本纪》。书首明明谓孔子所传，不离古文，《史记》八引古文，皆指孔经之文。是古史之《世本》、谱牒，史公犹及见之。以为荐绅所鄙弃，故协厥经传，待人深思。后儒不察，竟瞢然合糅经史。自此以后，《通鉴》欲接《左传》，《纲目》直拟“麟经”。尤其谬者，乃谓三代以上，道在君相；三代以下，道在师儒。夫以儒生而抗帝王，固僭而不伦；即所援“危”、“微”、“精”、“一”道统之粹语，亦梅氏赝鼎，不足为典要者也。“危”、“微”、“精”、“一”，出于《荀子·解蔽篇》，引《道经》曰：“人心之危。道心之微。”又有“精于道”、“一于道”之说。枚氏续以《论语》“允执厥中”句，遂成十六字。宋儒据之以为“心传”。既鄙《荀子》之“性恶”，又宗所引之《道经》何欤？按：《道经》乃“皇帝学”，即《道德经》之所本，非尧舜时有此学术，“槷中”即《周礼》土圭法。叶公不好真龙，误据伪古文，终身谨守，以为圣学在是，实于圣经之表里精粗未能贯彻。嘻，可哂也。五译蚤年研求宋学，渐而开悟，有如伯玉知非。深识知行颠倒，知为“天学”，行为“人学”，先行后知，程功有序。终无入德之时，冥索枯想，空疏无用，乃钩考典礼、制度、政治、疆域，以方三千里为王九州，驺子所称禹序九州。方五千里为帝之一州；《谟》曰：“弼成五服，至于五千州。”万五千里为一帝之九州，为一表；方三万里为四帝四邻，为四表。四帝，如《月令》四时法天四宫；《谟》曰：“钦四邻”，《典》曰：“光被四表”。《贡》之九州，据驺子九九之说，由禹序推至大瀛海环其外，所谓“四海会同”。如此者九，即《贡》之“九州攸同”。《范》之“九畴”，即大九州，法天九野。天包全地，皇则配天统，全球为祖。天下一家例，《诗经》三见“皇祖”。帝为天子，《白虎通》说。二帝二伯为父母，四岳、八伯为子。《吕刑》“伯父、伯兄，仲、叔、季弟、幼子、童孙”。故曰：“天子帝之正称。作民父母，二伯。以为天下王。”“为”读去声，“王”读作“皇”。纬“皇道帝德”；《顾命》“皇天用训厥道，付畀四方”。如《月令》黄帝统驭四帝。《考灵曜》“万世①不失九道谋”。天有九道，皇统全球，九州法天。《帝典》尧称“俊德”，舜称“惇德”；《月

① “万世”，《古微书》作“万里”。

令》五帝五德。故皇主道，帝主德。《道德经》弥纶六合，与《庄》、《列》同为“皇帝学”之传。《道德经》本出孔门，至汉文帝尚黄老，乃托名老子、出显于世。所谓无名，万物之母①，“有物混成，先天地生”，即驺衍称引“天地剖判以来”，至“天地未生，窈冥不可考而原”之说，况《荀子·解蔽篇》已引《道经》，《列子》、《内经》等书所引“黄帝”皆为“皇帝学”，故陆德明谓《老子》在经典后。《论语》“志道”、“据德”，谓依据《尚书》二帝，以待世界开通，必有统一之皇。故《帝典》寓有《皇篇》在内。《书经弘道编》因分析之以符二十九篇之目。又《召诰》、《雒诰》开辟西、雒两京，以当两帝，分治东西两球。解详《弘道篇》。才美足观，托之公旦，作周匹休，睿圣哲思，囊括宇内。《列子》引孔子之言曰：“吾修《诗》、《书》，将以治天下，遗来世。”《荀子》曰：《诗》、《书》故而不切。”《班志》：“如有所誉，其有所试。唐虞之隆，殷周之盛，仲尼之业已试之效者也。”是以《书》为孔子所作。后儒读《书》，猥以古史目之，是瞽者无与文章之观，但耳食人言，而芴昧无知识也。秦博士曰：古者帝王地方千里，此则唐虞真史事。比之五服五千里，四海三万里，广狭县殊。若不考疆圉，而谓经皆官书，不容庶士僭拟；章太炎说。至于经中美制，则以为史官谀词。裂圣作为四代，《伏传》七观分类说《书》，不别时代。等天纵于马班，杂纂成编，后世钞胥档吏，皆可抗衡木铎，且似素王无所制作，滥竽俎豆。此废经之狂吠所由嗥也。五译主张尊孔，博采周秦诸说，证明孔学之大，充满全球，当日辙环周游，便识地球疆域之广；退而奋笔，书如天行，规模宏远。下俟百世，庶几皇帝御极，有所遵循。故公羊作传，终《春秋》而乐道尧舜，正谓《尚书》继“麟经”而作。《春秋》小统之义，尚以俟后，《公羊传》：制《春秋》以俟后圣。秦汉而下，始见施行。若《书经》大统，纯为史臣之笔，是以蛙见说孔圣，犹戴天不知天之高，履地不知地之厚也。诬蔑圣经，抑制大学，质诸司寇，能逃卯诛乎！

世之以经为史者，大抵因《史记·五帝本纪》后叙尧舜，多采《尚书》，遂从而附和之也。抑知前三帝采用《戴记》传述孔子之言、宰予之问，明谓择言尤雅，《论语》：“《诗》、《书》、执礼，皆雅言。”不取百家不雅驯之文，此为古史。以其野稗鄙陋，不足垂为国史，故采经摭传，用著良模。可见龙门作《记》，尚不肯搀杂古史；而杏坛创经，必更异于谱牒所记也。乃史公既改庐山真面，习久不悟，而《班志》遂有“左史记言，右史记事，事为《春秋》，言为《尚书》”之说。故杜氏《左传

① 按《老子》作“无名，天地之始；有名，万物之母”，此引稍异。

序》直谓“《春秋》者，鲁史记之名也”。小司马补《三皇本纪》，多采纬说。后世《纲鉴》诸书，又依《通鉴前编》，广搜古事，相矜博洽。文野杂糅，讹误相沿。而“六经皆史”之说，市虎杯蛇，群入迷雾。外人推测进化公理，尚疑《尚书》夸饰；日本那珂通世说。且谓黄帝以来，疆域广博，至姬周，而内地多夷狄，楚则鴃舌，吴乃文身，嗤笑中国人退化如此。比之子孙不肖，不能守成，如蚕自缚，无以解嘲。“入吾室，操吾戈”，中国学者何以御之哉！诚知《尚书》之尧舜，非唐虞之真尧舜，则表里贯彻，可以说经，六经皆非史旧。可以论史，史为事由，经如法律。改良合轨，办事有才。可以博古，可以通今，而才智明达，不患学校乏人才也。谓予不信，试再征之诸子：其宗旨不同，则所举尧舜亦异。兵家之尧舜战争；法家之尧舜明察；墨家之尧舜俭质；道家之尧舜无为；儒家之尧舜德隆；农家之尧舜耕稼。借古帝以明学说，皆自以为真尧舜。《韩非子·显学篇》说。其实尧舜未必然也。子家皆出孔后，立标建帜，各发明一种学说。其所以推美尧舜者，盖以《尚书》独载，孔圣大统之规托始尧舜，故诸子亦祖述二帝也。《班志》谓九家皆六经之支裔，岂不然乎？《尚书》托古垂法，以尧舜为傀儡。宰我曰：“夫子远贤尧舜”，正谓《书》之尧舜，政治文明，非若蛇龙同居之景象也。后儒不信及门亲炙之评，而从枝叶之絮论，乖离道本，徒逞机辩，违心自是，甚无谓也！《论语》：夏礼、殷礼，杞宋不足征。则唐虞之文献，必更无可据也。纬说：“圣人不空生，生必有制，由心作则，创起鸿谟。”经异于史，尚何疑义之有！《书经弘道编》说，全非旧史。

《周礼》为之传。“人学”之大标本，道家、阴阳家主之。

镕按：旧说《周礼》为姬周典礼；又以为周公所制之礼；继察其礼制，未经举行，又以为周公致治之草案。曲为之解。近儒谓《周官》非肇制于公旦，父子积思以成斯业。牵涉文王，更为无理。种种谬说，皆由误读“周”字也。不知“周”虽姬周之国号，《诗》曰“周虽旧邦，其命维新”，《金縢》“新命于三王”，《康诰》“作新大邑”，已非蕞尔之“小邦周”可比。故《周礼》为《书》传，当解作“周遍”之“周”。周天三百六十度，周地九万里，“周”乃泰皇统一全球、奄有天下之大名，非武王周公所得私为独有。《周礼》十一言“周”，知皆包全球之词。《大司徒》“周知九州之地域，大九州三万里。广轮之数”。坤为大舆，地圆如轮。如此伟议，目为姬周，何异以管窥天哉！

周公制礼之说，见于经传者，亦有据矣。然究非姬周公旦之礼耳。

《礼记·明堂位》，“周公践天子位”，“六年，朝诸侯于明堂，制礼作乐”，《伏传》说同。此《书经·立政篇》之师说也。《立政》“告嗣天子王”，又曰“继自今，文子文孙”，“继自今，后王立政”，乃谓将来之王，非姬周之王也。其曰：“方行天下，全球乃称天下。至于海表”，则四海、四表，又非姬周之土宇也。其曰：“丕训德则”，即五方五德；杙柯测日之法，则又非姬周适用之仪器也。虽职官纲要，契符《周礼》，一经一传，详略互文。然周公“若曰”，始终皆用代词“若”。直以为家相创制，则拘泥迹象，认假作真，而美玉待沽之义不著，可谓之明经者乎？

然胶执旧说者，或尚不信也。请以《春秋》事实证之：如同姓不昏，礼之大者也。《论语》，昭公取于吴；《公羊》、《坊记》说同，章氏谓僻陋在夷，皆以《周礼》为准，误矣。《左传》：晋公子，姬出也；大戎孤姬生重耳，骊姬亦姬姓。郑子产谓晋平公内实有四姬；《荀子》齐桓公“姑姊妹不嫁者七人”；《仲尼篇》。《汉·地理志》：齐襄公姑姊妹不嫁，令国中民家长女不嫁，名曰“巫儿”，为家主祠；“嫁者不利其家，民至今以为俗。”若果周公有礼，何敢改异国典？他若鄫季姬自择配，《穀梁》：“遇者同谋。”徐女择婿子南。又史传所载鲁惠、卫宣、晋献、晋惠、楚成等，上烝下报，数见不鲜，章氏谓：鲁、卫、齐、晋，皆秉《周礼》，是其疏谬。全无忌惮。故人谓周公制礼，吾敢断之曰：周公无礼也！礼制创自孔经。三年之丧，据《鲁世家》，伯禽报政曰：“变其俗，革其礼，丧三年后除。”此史公择雅言。似奉行周公之丧制也。乃滕文公欲行三年丧，其父兄百官曰：“吾宗国鲁先君亦莫之行。”且《志》曰：“丧祭从先祖。”是周先王皆未行三年丧也。《左传》：周景王葬穆后，既葬，除丧；《昭》十五年：“八月，王穆后崩”，十二月葬。《春秋》所书吉禘于庄公，武氏子当丧出使，季孙斯居丧不释官；且出聘。《公羊》：哀五年九月，“齐侯杵臼卒”；六年传云：“除景公之丧。”皆足证周无三年丧之制。故宰我守旧，以期丧；周丧期年。墨家归丧于儒者；若《春秋》所讥逾越礼法之事，不一而足。人但信周公有制作之权，而不知孔子为礼之宗。望文生训之儒，不考其实，以《周礼》归之周公，而不知为《书经》之传。表里不分，令人迷罔，此经学所由日无也。

人之称周公《周礼》者，或以为据《左传》所云鲁“秉《周礼》”，杜氏以“五十凡”为周公史法。别详《五十凡驳例笺》。“《周礼》在鲁”之文也。夫盲左作传，往往借托时事，试演孔经，左氏，鲁君子，得孔门经学，故采缀经义，作《国语》。如太史占《易》，蔡墨言龙，穆姜说《随》，季札观乐，成鲊言《皇矣》，单穆公言《旱麓》，叔孙穆子解《鹿鸣》，以及飨饯歌诗，会聘叙礼，莫不施用经说。故博士以《左氏》不传《春秋》，谓其不专传《春秋》也。其曰“周礼在鲁”，兼有《易象》、《春秋》。正谓大统典礼存在尼山。孔子，鲁人。惟注家误解，乃云鲁守先型。试问：太伯端委以治周礼，哀七年。其时文王尚幼，周公未必诞生，有谓太王迁岐，始号周公，太伯所治，乃太王之礼夫！太王乃追称，《周礼》“惟王建国”，僭越可乎？果使太伯笃守周仪，仲雍胡为断发戎俗？无忌嫁女鲁昭，征贡百牢，不从天数，子贡据礼纠正，即据孔门之《周礼》言之。皆《春秋》拨乱之通例也。读书不明大义，安得不遍地荆榛哉！

《周礼》之为《书》传，亦犹《王制》为《春秋》传言。昔之讲经者重家法，五译谓说经当依旧传。否则浮荡无根，不免郢书而燕说。《书》为“皇帝学”，《周礼》正谓“皇帝”传。外史“掌三皇、五帝之书”。皇统六官，小宰所掌天地、四时之官。《尚书》“乃命羲和”五节是也。帝制五官，《周礼》无“冬官”，则五极五官。六官止五官，犹六经止五经，以《诗》包《乐》，故“小宗伯”五官奉六牲。据帝制以待推为皇，《论语》所谓“据于德”。犹《帝典》之中寓《皇篇》。“天官”统四方，亦犹《顾命》统四岳。伯相摄冢宰。太保毕公为二伯，以统《刑》、《命》、二誓，如羲和统四子。又皇制六官也，大纲既举，再详细目：《贡》曰九州，《典》曰十二州，《职方》则内外互举。内七、外二。《书》言侯、甸、男、采、卫五服，《康诰》、《酒诰》、《召诰》、《顾命》。《周礼》乃增蛮、夷、镇、藩为九服。验小推大。《帝典》十二牧、十二师，即《职方》六裔，《大司徒》十二土壤，《冯相氏》十二辰。《帝典》二十二人，即《冯相氏》十日十二月。《范》“卿士惟月，师尹惟日”。《吕刑》“五极”，即《大司徒》五土。“五官皆言，以为民极。”《典》之“光被四表”，即《典瑞》土圭致四时。《召诰》土中大邑，即《大司徒》地中王国。《鸿范》“五刑”即《小宗伯》五帝。《皇篇》“四民”，《康诰》、《雒诰》“四方民”，即《大司徒》五民。四方加中央。《帝典》“协时月，正日”，即《周礼》“正岁”、“正月之吉”。《康诰》“大明服”、《大诰》“无疆大历服”，即《大司徒》“地域广轮”，《考工记》“轮辐三十”。《帝典》四方巡狩，即《大宗伯》朝觐宗遇。《皇篇》“宾日”、“饯日”、“日永”、“日短”，即《大司徒》“景朝”、“景夕”、“日南”、“日北”。《康诰》“时臬”，《君奭》“橛基”，即《匠人》“置槷”，《车人》三尺之柯。凡《书》中典制，全与《周礼》璧合。镕承五译先生之教，编成《皇帝疆域图表》，比栉印证；又成《书经弘道编》，发明斯谊。巍巍大统，俟后施行。既非四代史册之遗经，亦不为前朝记事。盖孔圣哲想、周遍全球，由王《春秋》。进帝，地方万五千里。由帝进皇。地方三万里。世界渐通，孔经亦渐以适用。俟百世而不惑，藏美玉而待沽。将来“泰皇”独尊，统一宇内，则《周礼》“周”字之名义显，即《书》如天行之纬说亦明。世之以经为史者，曷深思而决择之乎！

《书经》、《周礼》，经传相待。圣作贤述，水乳交融。昔之所以误解相沿者，良由世界隔绝，海外未通。驺子宏天，贻诮不经。汉代诸儒，乃于《书经》缩小范围，投合时尚；但据《王制》，但言小统。而《周礼》大统规模，束诸秘府，无人过问。及刘歆发得《周礼》，请立学官，博士浅见，目为异端。盖先师知本原，虽改小经制，尚默视其弘规。《伏传》“四极明堂”、“鸿范五行”、“越裳九译”、“天下大洽”等说是也。后师久而失实，循支忘本，井蛙入海，莫辨津涯。《移书》责其“是末师而非往古，《古文书经》。信口说《公羊》。而背传记《左传》、《周礼》。”，谓其解书不遵《周礼》也；解《春秋》不遵《左传》。又曰：“因陋就寡，分文析字，烦言碎辞，小夏侯详章句，大夏侯曰：“章句小儒，破碎大道。”学者罢老不能就一艺。”谓其丧失绳墨，漫衍支离也；又曰：“国家将有大事，举行大统大典。若立辟雍、封禅、《史记》司马相如卒后，上《封禅》一篇，天子异之。可见博士不言大统，蜀自文翁讲学，多士研经，长卿乃能言封禅。史公讲业齐鲁，乃作《封禅书》。巡狩之仪，明堂位，七会同之制，详于《皇帝疆域图》第三十五及四十。则幽冥而莫知其源。”谓博士以《王制》说经，不知《书》为“皇帝学”也。惟圣学法天无隐，时行物生，天统全地，经以“皇”统全球。《召诰》“皇天上帝”皇法天之紫宫大帝。比物此志也。《周礼》五官，本为完本，司空摄冢宰居中，司徒代地官主冬，《地官》两见司空为本职。变礼昭垂，良规遗后。补以《考工》，实为赘疣。惟其完备无缺，乃足宝贵。无论九服万里，既大逾周疆十倍；即《大行人》六服七千里，姬周亦无此版图。郑君强勉牵就，左右不安。五译以为《书经》皇帝传说，雺雾尽撤，皎日中天。证以地球，若合符节。起马郑诸儒于今日，当亦叹生不逢辰，而思舍旧谋新也。

孔经初立此二派，先小《春秋》、《王制》。后大。《书经》、《周礼》。《春秋》之“王伯学”，中国以往略有端倪。秦汉以下历代君主。至于“皇帝学”派，地球初通，中外从来未尝统一，必待数千年乃可得其仿佛。孔经空存，师表万世，谓万世帝王之师表，非老学究、老腐败之师也。待人后行，俟后。非已往陈迹。经与古史不同。

镕按：孔圣生际衰周，鉴诸侯之分裂，天子不能命，列邦无所统，人民无可诉，礼义不兴，纲维不立，因著《春秋》，笔削从心，用夏变夷，创起一王之制，以成小统之治法。又知世界由渐开通，区区方三千里不足以楷模后世，因于《谟》、《贡》增广“五服”、“弼成”，地方五千里以为一州，《谟》曰：“弼成五服，至于五千州。”内九州、外十二州为一大王。九州则万五千里，为一帝。举隅反三，四帝州则方三万里，分治四方。《谟》曰“钦四邻”，《论语》“德不孤，必有邻”。迨秦皇统一，天下一家。《皇道篇》、《鸿范》皇极。此孔经“人学”二派，验小推大，垂范后圣，新经新制，与往古之史事迥不相同者也。以《春秋》论史事，则天子下聘，经讥下聘；天子求贡，经讥求金、求车；天子弃西京，经存西京；以秦为留守伯。天子居东都，经以东者为行在；王臣皆氏旧采。诸侯不朝王，经起朝礼；公朝王所。天子不巡狩，经起巡狩；“天王狩于河阳”。郑以祊易许田。晋侯召王，经书曰“狩”；赵盾、许止不弑，经皆书“弑”；吴楚称王，经书曰“子”；楚有王子，经书“公子”；诸侯专封，经所不与；大夫专命，经所重贬；陪臣执政，经书曰“盗”；不三年丧，经讥吉禘；同姓为昏，经主异姓；书“孟子卒”。女自择配，经必用媒。书“遇鄫子”以讥。凡世卿丧娶，不亲迎，娶母党，丧中不释官等事，为旧日通行之惯习者，经皆一一讥其非礼，以拨乱而反正。以《书经》论，史事质野，经制文明；史事不雅驯，经制皆雅言；史事疆域愈古愈狭，经制疆域愈古愈广；立法于前，所以俟后。史事不知礼法，经制特创礼仪；史事丧期无数，经制考妣三载；史事文字结绳，经制书契古文；《史记》八引“孔氏古文”。史事唐虞二庙，《书》：高宗丰于昵。经制天子七庙；史事禽兽野人，《四益·伦理约编》详言之。经制孝弟慈和；史事禹治黄河水，经制禹治中国水；且推治天下水。史事禹导水入东海，经制禹导水入四海；史事中国无逆河，经制逆河入北冰海；史事中国无四海，经制全球始有四海；史事《贡》九州小，经制《贡》九州大；史事夏殷诸王皆称帝，经制改易帝号称王；史事周为小邦周，经制周为大邑周；殷亦为大邦殷。史事周之疆域不大，经制周之疆域极大；史事两周京在镐、洛，经制两雒在全球；史事东都在洛邑，经制周东都在“地中”；史事父子易姓，尧祁姓，丹朱貍姓；咎繇偃姓，伯益嬴姓；舜姚、妫二姓。《典》中诸臣，仅以名传而无姓。经制姓别统系；孔子吹律定姓，始姓孔。《大戴》推阐《帝系》。《左传》赐姓展氏说。史事黄帝以来，皆有年数，经制载尧以来略无年月。凡属经中之典制，莫非圣心所独断。哲想弥纶，不仍旧贯。《礼记》孔子答曾子、子游等问，皆属新制，非有古礼如此。后儒目《春秋》为鲁史记，目《书经》为四代史，宋芸子谓《周礼》三百六十，所掌即四代政要。好谈古事，灭没圣裁。或谓孔子为良史，秉笔记载，无以为后来进化之地。五译精翚经学，深知经义与史迥别，雅俗援证，比附表列繁夥，著有《〈四代古制佚存〉凡例》、《春秋反正表》、《书经托古表》。兹所胪举，不过百一。触类以推，可以恍悟。倘温故而不知新，入孔室而反噬主人，非子贡所谓“不知量”者乎？

当日春秋之世，侵弱暴寡；棼乱至极。尼山创立“王伯之学”，俾有纲纪秩序。而列邦竞争如故，甚至定、哀以后，田氏代齐，三家分晋，桓文业衰，周益陵替。孟、荀乃首倡王风，尊汤武，黜五伯，《孟子》“仲尼之徒不道桓文”。《荀》曰：“五尺竖子，羞称五伯。”不获一试。卫鞅少为刑名，即孔门政事学。说孝公以帝王之道，《书》、《春秋》之学。不适时用，此孟子所以偃蹇。宋儒谓孔门黜霸崇王，同一戾时。改语强国霸术，孝公大悦，遂行新法。垦田定赋，司空养民之政，废井田。变秦戎狄之俗，比于鲁、卫。孔道初行于世。李斯学于荀卿，得帝王之术，时当乱世，士皆研求治术。出而相秦，并六为一；规摹《王制》，施行郡县。秦定天下，丞相绾请王诸子，李斯议置郡县，始皇可其议。分中国为三十六郡，齐淳于越曰：“殷周之王千余岁，封子弟功臣为枝辅。今陛下事不师古，何能长久？”李斯议曰：“陛下创大业，非愚儒可知。越言乃三代之事，不足法也。又诸侯并作语，皆道古以害今，人善其所私学，以非上所建立。”此言三代封建之敝，当改行统一之制。力小易治，海内混一。初行《王制》，宜从简质。今美国分划四十九州，州伯如秦郡守，即方伯也。今民国欲行两级制，省界较秦辽阔，声息不灵，政不划一，不善学古。二世不克守成，楚项擅威，分封王侯。天下复裂。炎汉嗣兴，初泥封建之说，旧说秦废封建，所见未当，刓六国印而不果，纳张良之嘉言。然仍封功臣七王，如姬周之封诸侯。次封子弟九国，皆先后叛变。旧以殷周封建说《王制》、《周礼》，不知二书虽言封国，同以学校选举为基，不许世有其国。《谟》曰“六德”、“有邦”。唐虞皆重选举，此孔经之改良旧制也。此义不明，俗儒动訾秦废封建，并诟商君废井田，以为戾古亡国，见识违谬，施行不利。是不善读书之咎也。继乃改用郡县之制。传之后世，遂为行省。至于省、道、府、县四等，适合《王制》伯、正、帅、长之规则。《春秋》“王伯之学”，当日孔圣创法，不过理想之空文，而小统致治，久而必征实验。方今世界大通，列强角逐，已入中国战国时局。昔之战国小，今之“战国”大。中外名流，竞欲提倡“大同”学说，以安天下。五译谓“大同”之学，即《书经》、《周礼》“皇帝学”也。《书·鸿范》“建皇极”，居中统八州。《皇道篇》六相、六官，羲和二伯，即二帝，如尧舜。即《中候》之成王、周公，东西二雒。《顾命》五篇分五方，验推之，即《周礼》五官，如全球五大洲。将来一州一帝，即《戴记·帝德》之五帝。《书》

尧、舜、禹，加二高。秦皇出而一统，即《范》所谓“皇建其有极”。此孔经韫匮之美，数千年后，必见诸实行者也。顾验之往古，必先有学说发明于先，而后事迹从而践之。“王伯之学”以内夏外夷为宗旨。故秦筑长城，北却匈奴。汉世继踵，辟南越，降夜郎，通西域，征大宛。国威远播，号称“天汉”。此博士明经之功也。新莽摄政，“古学”初噪。无德用事，误引周公之圣，谬法井田之隆，收天下田为“王田”，民怨沸腾。不如井田经制，由小推大，即借根方之算术，西人得之名“东来法”，致使天下分裂。然中兴以后，国势不弱，犹纵横于葱岭东西，兵破安息，直抵波斯海湾，可谓盛矣！厥后清谈误国，渐以不竞；唐崇佛学，儒尚骈丽；宋宗道学，党派私争；明始制艺；清代八股。皆于经学粉饰支叶，咸非其本义。由是晋有五胡之乱，其卒也南北相持；唐有藩镇之祸，其终也五季倾轧；宋多内讧，而外患乘之，契丹、西夏、辽、金相继。蒙古崛起；明阿同姓之私，颁《朱注》为宪令，高谈性理，骛虚弃实；清承明敝，利用腐儒，安常守旧，杰出朴学，字句琐碎，正续两《经解》多蹈此弊。经术晦暗。迄于今日，邪说横流，甚谓“孔子毕生，海外未经游历，地球未尝梦见”。将欲废孔毁经，别求宗主。此非孔经之咎，乃诸儒解经之咎也。

夫“四海”见于《谟》、《贡》，“坤舆”言于《易传》。曾子说“地员”，《管子》有《地员篇》。① 《书纬》说“地动”，《周礼》说“地求”。“求”，古“球”字。《大司徒》“周知地域广轮”。凡诸伟义，庞然皇帝之疆宇，而《书经》、《周礼》所详言者也。版图既阔，控驭维艰，而皇道帝德，标帜开宗于是。道家发明道本，《荀子·解蔽篇》已引《道经》；《列子》引《黄帝书》“谷神不死”六句，在今《道德经》上篇。可见古之《黄帝书》即《道德经》也。“黄帝”当作“皇帝”，《内经》及他书所引黄帝之说，皆作《道德经》之旨也。无为清净，寥廓通灵，《列》、《庄》所述，胥是义也。阴阳家推阐德旨，分配五行，顺时燮理，《董子》、《班志》、《灵素》等书是也。盖道德之学，体合于心，心合于气，气合于神，神合于无。虽远在八荒，近在眉睫，莫不知之。《列子》引《亢仓子》说，非宋儒所谓“道学”也。《列子·黄帝篇》，古之神圣之人，备知万物之②情态，悉解异类之音声。以此神智，秉要执本，统御无疆。故能六合为家，安坐而理。今之世界，泯棼裂乱，轮汽舟车，已肇“大同”之基础。但全球合一，必在数千年后。而数千年前

---

① 按《曾子》有《天圆篇》见《大戴记》，主天圆而地方，与“地员”说异。又按《管子》有《地图篇》，注谓《管子》有《地员篇》误。

② “圣之人，备知万物之”八字，原作夹行小注，从《选集》据文义列为正文。

孔经，已代筹治法，如七会、四朝、明堂、巡狩、七历、三正、土圭、畿服诸大政，说详《皇帝疆域图表》。莫不详审周密，豫创鸿规。《春秋》“王学”，中国行之已著成效；《书经》“皇学”，将来施行于天下，亦必令如流水，造车合辙。大略润泽，是在后圣。此天生至圣，所以为天下后世也。

大抵孔经“人学”，本有“小大”二派。小统主《春秋》，渐施行于秦汉之世；大统主《书经》，须待行于千百世后。自泰山既颓，微言澌灭。八儒三墨，支派日歧；九流诸子，伟论滋增。上溯渊源，犹然同轨。两汉之际，乃有“今”、“古”之聚讼。“今”、“古”者，文字隶、古之别也。主今文者，为西汉博士派；主古文者，为东汉古学派。博士主小统，但言现在，不言俟后。求合时尚，后世开通世界，圣制无闻。以《王制》遍说诸经，削足适屦，概从小观。其弊也，谓方百里出千乘，方千里出十万乘。包氏说。口少赋多，民不堪命。《刑法志》：方百里出车百乘。古学主大统，胶执训故，剖析文字，而昧于经国之大体。以《周礼》、《左传》遍说诸经，泥古悖今，不利时行。其弊也，以万二千五百人一军，为军制定率，郑氏说。致两五十里小国，便足以抗天子。既援周公以压孔圣，又百篇《书序》，推崇尧舜。后儒乃谓唐虞为中国极盛时代，不识巢窟之景象。“今”“古”二派，皆有流弊。四益天聪独悟，蚤年划分泾渭，撰成《今古学考》。精进不已，芟削“今” “古”，但从《春秋》、《书经》分“小”“大”。至于《诗》、《易》分“小”“大”，别论详后。而《今古学考》之书，当如过渡之舟，已渡则弃。大江南北，犹斤斤守此初程，是敝帚自珍，见表未见里也。经学之要在明疆域、典制，“王伯”为“小”，“皇帝”为“大”。版图明察，政治乃利设施。“王伯”世局，治以《春秋》；“皇帝”世局，治以《书经》。天命制作，遗饷百王，不在今、古文字之末也。孔经未作以前，结绳字母，音多字少，如《庄子》所谓旧法世传之史，史公所读“牒记”、“谱牒”及“百家言”、“百家杂语”，皆孔前姘音字母之旧本。其字体如安息书记，画革旁行；《索隐》：外夷书皆旁行，不直下也。印度梵文，一字数音；天方文，由右而左。又如唐古忒文，近世满、蒙、西藏文，多从耳治。孔圣易以书契，“六书”、“四象”，目治见义。《春秋》地名、人名，三《传》经本互有异文，此缗译方音，以古文代字母之踪迹也。“失台”、“大卤”、“善稻”、“伊缓”，名辞扞格，改从雅驯。《公羊》：“地物从中国，邑、人名从主人。”《穀梁》：“号从中国，名从主人。”即述孔经用文言之义例。有二音译成一字者，如“甲”曰“阏逢”，“子”曰“困敦”之类；有三音译成一字者，如“丑”曰“赤奋若”、“寅”曰

“摄提格”、章太炎说：《尔雅·释天》“正月为陬”等十二名，巴比伦亦有之。“巳”曰“大荒落”、“亥”曰“大渊献”之类。《春秋》年月，《书经》大统用之。《谟》辛、壬、癸、甲，是其起例。传记所译，如“勃鞮”为“披”，“斯”为“差”，“邾娄”为“邹”，“终葵”为“椎”之类。后世反切，即其遗意。史公称“孔氏古文”、“《诗》、《书》古文”、“《春秋》古文”，实孔经初造古文之证。古文简单，一字数用，弟子增孳示意，遂成大篆。《说文·叙》：六国文字异形，至于李斯，始作小篆。汉博士用隶书今文。西汉之季，人心嗜古，谓《仓颉》古文、《史籀》大篆，浸以失真。圣为篇家鸿笔，独奋雅言正名，创始制字。邹鲁之士，所言既非黄帝百家不雅之文。况杞宋无征，周公其衰。特起隆规，以立百世继周之准则。故序《易》、删《诗》《书》之说，贬抑圣裁，不可以训。须知天纵多能，新经肇作，是以来学尼山者，日以益众。若瓦缶陈言，采拾旧史，何能倾动一时，致三千、七十及门哉！

然则孔圣作经，必先制字。良以古史阙文，字母姘音，如梵音佛书，全恃耳根功德。《左传》仲子为鲁夫人，季友、叔虞命名，皆以手文，即当日字母之形。古文六书，则与手文迥异。屈曲如绳，但可为口音之符记，不足以载道垂法。自孔经革更野史，译从雅言，凡世俗习惯之文字，一埽而空。自此以后，人文蔚起，由古文而大小篆、隶，迄于草、楷，叠次进步。外洋仍用世俗习惯之文，无圣人起而改良。焕乎其文！子史传记，著作日新。此至圣文学之赐，天下同文之基也。然文字新创，而名物名辞，仍采各国方音土语，如扬子云《方言》所记，经传中均常用之。是孔经当日，仍然言文一致，并不求诸高深。亦如白香山诗，老妪可解，孔经高深在义理，不在文字。俾国人易臻文化。故《公羊》多齐语，《楚辞》有楚语。今齐、鲁无俗语，多与《□诗》合。因地成文，因文成意。疆舆渐广，人类增多，语音烦赜，文字之混合益夥。如今“目的”、“方针”、“组织”、“改良”等词，皆已入文。故周秦诸子之文，较六经为详备；汉魏之文，古茂渊懿；晋唐六朝，骈丽繁缛；昌黎劲利；宋代轻空；至前清而文章彪炳。全球认中国为文明祖国，良以此矣！大抵涵濡风雅，道久化成，乃能取精用宏，资材丰蔚。如《九通》、《御览》、《图书集成》、《渊鉴类函》、《玉海》、《函海》、《玉函》之类。彼进化未久，富庶方兴之国，文浅语俗，既乏典雅，又愧辞华。正如乡曲寒贱之秀，欲与世家大儒竞藏书、矜识解，难矣！旷览当今之世宙，中国当以文名横行一世。乃今之职掌文教者，不为增高继长之谋，竟为下乔入幽之计。降等立学，习为白话，自甘丧亡国粹，犹以老成人而学儿童语。欲以此争存于学战时代，则惑之甚矣！

《经话》乙编：《韩诗外传》姑布子卿相孔子。谓孔子得尧之颡，《书》始《帝典》。舜之目，次《帝谟》详舜事。禹之颈，次《禹贡》。皋陶之喙。《帝谟》“稽古皋陶”。古之帝王卿相，备于孔子一身。寓言孔子作经。凡经传所说尧、舜、禹、汤、文、武、周公，《书·中候》详周公。帝德、王道、伯功，《春秋》桓文，皆属孔子一人之事。纬说孔子为素王；《论语》：“文王既没，文不在兹乎！”《孔氏古文》。《公羊》：“王者孰谓？谓文王也。”素王商后，《礼记》：“而丘也，殷人也。”《传》曰：“水精之子”，谓苍天即文王。故经传诸子之所称引，全归孔子。自王莽崇尚“古学”，创为三代鼎彝，由是孔子以前，乃有“六书”文字，黄帝、尧、舜乃有断代之书。刘歆所创古文六经，孔子以前之师说，纷然杂出。《绎史》“书契类”并列六家。文字今古之分，此为绝大关键，学者所当深思也。

镕按：天生孔圣，受命作经，托古“信好”，后儒竟以删订纂修，殽惑圣制。五译据《史记》八引“孔氏古文”，以为孔作《六经》，先制文字。新城王晋卿先生，谓必有实据，乃足征信。近数年来，竭力搜稽，确证繁夥，豁然通贯。但前说稍略，镕撰有《罗玄德先生中文古籀篆隶通序》一篇，足证此谊。附志于后：

序曰：马氏《绎史》“书契类”，古今文字异同六家：仓颉书：古之造文者三家，左行、右行、直行。仓颉书直行，即上古结绳字母。[illegible]《说文·序》：神农结绳为治，黄帝之史仓颉，见鸟兽蹄远之迹，初造书契。按此，仓颉多象形字，与“孔氏古文”相近。犹钟鼎家之托古。真仓颉书，乃结绳字母。夏禹书：[illegible]。古今从无夏禹著书之说，蜀《岣嵝碑》不为典要，昌黎所咏《神禹碑》，在湖南衡山南者，后人伪托。史籀书：《乾凿度》题曰：“包牺氏先文”，“公孙轩辕氏演古籀文”，“仓颉修为上下二篇”。又《乾坤凿度》曰：“太古百皇辟基，文籀邃理微萌，始有熊氏。”是太古已有籀文，在仓颉前。皆好古之意。[illegible]俗所谓周宣王石鼓籀文者，经俞理初考订，乃北周时所造，今以为周宣王者，误矣。〔孔氏书：[illegible]〕[illegible]孔子书不引《论语》“正名”、“雅言”、《说文》“孔子曰”等文，及所称经传等文，而据晚近所传之《吴延陵季子墓碑》，其意创造文字，与孔子无涉。不知初造书契，改易结绳，专归后圣也。李斯书：[illegible]此省大篆为小篆。程邈书：兲得一叹清，地得一叹寍，神得一叹灵，谷得一叹盈，万物得一叹生，侯王得一叹为兲下正。此隶书。①

① 以上古文字具见《绎史》卷一九九，黄氏引文有讹脱，今从《选集》据《绎史》正补。

已上列表之文，皆有形意可求，通于“六书”古文，并无蹠盭。后儒以之分隶往古者，譬之庖牺《河图》，夏禹《洛书》，《图》五方，《书》九宫，同出一时。古人虽愚，不至知五方而昧四维。伏羲“先天”，文王“后天”。文王时，殷《易》坤乾，孔子改作乾坤。文王安能用“帝出乎震”之卦位？箕子陈“畴”，“箕”读作“其”，解详《书经·弘道篇》。羑里演《易》，《易纬》“文王”指孔子，后儒误以为周文王。虞史《典》、《谟》，商周《誓》、《诰》，《书经》官制，无沿革，非历代史事。姬公《雅》、《颂》，更有《周南》、《豳风》。鲁史《春秋》，且以左氏为史官。尼山之著作，大抵剽窃前编，不如档吏之保全史策，馨香俎豆，不其恧乎！

然此等误说，由来旧矣。《易纬·乾坤凿度》云：“太古文目，托之太古，欲以征信后世。先《元皇介》，此《书纬》，言皇道。而后有《垂皇策》，《书纬》，言帝德。而后有《万形经》，《易纬》。而后有《乾文纬》，而后有《乾凿庑》，二为《易纬》。而后有《考灵经》，即《考灵曜》。而后有《制灵图》，二为《书纬》。而后有《河图八文》，《易纬》。而后有《希夷名》，希夷二字见《道经》。而后有《含文嘉》，《礼纬》。而后有《稽命图》即《礼纬·稽命征》。而后有《坟文》，三皇《三坟》。而后有《八文大籀》，纬说籀文在仓颉前，实则大篆在孔后。而后有《元命包》，《春秋纬》。一十四文大行，通行于世。帝用《垂皇策》，解说《典》、《谟》。与《乾文纬》、《乾坤》二《凿庑》，此三文说《易》者也。皆为《易纬》。太古安有《易经》？《元皇介》测问隂隮古阴阳字。术行术，路也。董子阴阳左右说。大旨也。”《书·皇篇》，羲和分司阴阳。历历纬文，概托太古。良由孔经托古，故说纬者，借语洪荒，亦如六经，皆出圣裁。《左传》以《易象》、《春秋》、《周礼》《书经》大统传说，非姬周典礼。托之于鲁，且以《周礼》托之太伯。《诗》篇托之观乐，更于享饯歌之。《易》卦托之卜占。揣“信好”之意，据“述而”之辞，相沿已久。区区“六书”古文，本麟笔游艺之事也。儒者群焉属之仓颉，奚足怪哉！

马氏号称“马三代”，亦以古文沿变剖别世代，皆鲁卫之政也。顾韫椟之美，尽被群雄窃据，久假不归，竟觉庙食虚名，家无长物。将言尊孔，何从而尊之？

窃以读书，必先识字。造字乃以作经。认定“六书”字体为宣尼手泽，则曩昔失物，皆可次第收回，故“孔氏古文”之说不可不奉为铁案也。人之称“仓颉古文”者，大抵根原许氏耳。按《说文·叙》列仓颉于庖牺后，不过溯文字之始源。然云仓颉初作书，并无“仓颉古文”之明文也。其曰：“孔子书六经，左丘明述之《春秋传》，皆以古文。”即谓孔子肇造古文。又曰：亡新居摄时有六书：一曰“古文”，即孔子壁中书也。不言籀文。又“马头人”等说，“皆不合孔氏古文”，则明明以古文专归孔子。其称《易孟氏》、《书孔氏》、《诗毛氏》、《礼周官》、《春秋左氏》、《论语》、《孝经》，皆古文也。此与《史记》所举“《诗》、《书》古文”、“《春秋》古文”、“《尚书》古文”、“孔氏古文”之说，造车合辙。许氏引“孔子曰”，即孔子初造古文、解说文义之证。然则《易·系》“后圣、书契”，谓孔子也；“上古结绳”，谓仓颉也。仓颉之书，在孔前有可考者，如《左传》仲子为鲁夫人，朱氏所拟字形，未惬。叔虞、季友命名，皆以手文。《说文》所举古文，绝与手文不类。则字形与手文相似，今天方文右行者，亦似手文。即《论语》所谓史阙文，仓颉为黄帝史。《史记》“百家言黄帝，文不雅训”是也。仓颉以音制字，百家语音各异，转变甚多，故曰“百家言”。《尔雅》“岁阳”、“岁名”：“阏逢”、“旃蒙”、“困敦”、“赤奋若”之类，二音三音，今之读音，古之书文。烦重无义，此为孔前音多字多之证。孔子改作干支，以为《春秋》书目之用，旧说“大挠作甲子”，即“阏逢”等二十二名词。又为《书·谟》辛、壬、癸、甲，《多士》有干、十干。有年、十二支。内九州、外十二州之用。《周礼》十日、十二月、十二岁，为《书经》传，非周公作。又《尔雅》“月名”：“陬”、“如”、“病”、“余”等十二名词，莫可索解。章太炎谓巴比伦有此名词，章氏考巴比伦历史，所云“福巴夫”者，伏羲也；“尼科黄特”者，黄帝也；“苍格”者，仓颉也；“知尔特亚”者，葛天也；“萨尔宫”者，神农也，促其音曰“石”耳。(《春秋命历序》亦有此名。)其他部落王于“循米尔”曰“循冀王”，于“因提尔基”曰“因提王”，于“丹通”曰“禅通”。此即《史》赞所谓“不雅训”之文也。孔子改用正二三四等名词，则雅甚矣。《春秋》三传，经本人名、地名，字各歧异，此用古文缁译方音字母之证。《公羊》：“地物从中国，邑、人名从主人。”《穀梁》：“号从中国，名从主人。”即缁译字母之例。《说文》“读若某”、“读与某同”，即孔子创始字成，审定音读之证。

“六书”象形、事、意，纯用目治。惟象声一门，为姘音之遗，后世反切之法，即缁译也。然亦不专特耳治也。至于会意一门，合数字成一字者，尤足见字母之遗迹。如“爨”字一音一字，推想从前字母，必作[illegible]六字六音。若以俗语译之，字音必愈多。此字母不如“六书”古文之简要。“六书”古文，实生民所未有，孔氏之特产也。前无古人，后无来者。水精诞降，受命制作。其时字母诘屈，鄙陋繁琐，不足以载道垂法，乃不得不起造点画，以四象、转、假为六经之首基。又工察品圣绩，崇弘六经，乃以雅言著之竹帛。自此以后，传记子纬，凡用“六书”文者，莫非孔经之支裔。即托人名在孔前者，如《内经·灵》、《素》，详解干、支妙义。《山海经》、《诗》、《易》传说。《夏小正》、《史记》孔子正夏时，学者多传《夏小正》。《管子》、六千里侯，非齐所有。《老子》、陆德明谓《道经》在孔经后。《竹书纪年》，始黄帝、二高，与《大戴·帝德》、《史记》本纪合。莫不承用“六书”古文，即皆孔经之传说也。

夫所谓“孔氏古文”者，对博士今文隶书而言也。由今文而尚论已前，皆可称古文。刘歆校书秘阁，发得《周礼》、《左传》，皆古文。因无人传习，仍然旧贯。此为孔门所传原本之书，非若隶本变易数四也。获此大统典制，博士据《王制》说经，言小统。疏请立学，不遂。弟子愤仇博士，谣诼朋兴。谓周公制作，而孔子无经；谓仓颉古文，史籀大篆，秦书八体，首大篆。而孔子无字。又征聚天下讲古文者。于是三代鼎彝，往往而出。考其铭式，要皆“六书”古文之变体。《说文·叙》驳之，以为“世人大共非訾”。故历代钟鼎款识，及尊卣敦鬲等铭，凡诸古物，百无一真。《班志》所列黄帝等书目，为仓颉时书者，多由臆造。大都今世有其书者，如《内经·灵》、《素》，《列》，《庄》所引“黄帝曰”。皆孔经传记；今世无其书者，如风后、兵法、方伎、杂占之类。乃仓颉旧文、《庄子》旧法世传之史，《论语》所谓“今亡也”。武帝罢黜百家，而后字母绝迹。总之字母语烦音赜，迁移不定；“六书”古文，择言尤雅，有形有义。特古文简质，一字数用，学者嫌其通假无别，浸孳示意，遂成大篆。即今所谓籀文。顾彼此儒增，多歧亡羊。《说文·序》六国“言语异声，文字异形”是也。李斯学出荀卿，《释文》：荀乃子夏五传弟子。得圣门文学之传，省作小篆。再变为隶。此孔子“六书”古文递变之踪迹也。秦焚六国史与百家言，不焚孔经，说见宋王氏《野客丛谈》、萧参《希通录》。即焚仓颉结绳字母。汉东方朔《客难》：“讽诵《诗》、《书》古文。百家之语。”即字母书。史公《叙传》：“协厥六经”、“整齐百家”，是西汉之世，字母尚与古文并行于世。秦焚不尽者。董子请黜百家，然后绝灭无存。刘歆弟子以谣兴之，许氏囫囵之而已。汉灵帝命蔡邕书古篆隶三体，刊为《石经》。不言籀文也。以小篆从省，不再从繁重之大篆。中文古、篆、隶，既经四变，再加草、楷，文化蒸蒸。尚有八体、八分。又隋、唐、北魏、颜、柳、欧诸家书法，皆足征文明之进步。西文则社会习惯，未经改良之字母也。试以中文比较之西文：姘音，“六书”之形声也；名辞，“六书”之象形也；动辞，“六书”之指事也；形容辞，“六书”之会意也。中国上古结绳字母，与西文相似否？然则中国孔经古文，必由结绳字母，改良进化，緐译而出。《庄子》“孔子緐十二经”；六经，六纬。《大戴》：孔子曰：“《尔雅》以观于古，足以辨言。”《艺文志》：“《尚书》读近《尔雅》”，通古今语而可知。即谓六经雅言，《论语》：“子所雅言，《诗》、《书》、执礼。”改易方音土语，可以通用于世。日本山本宪谓中国文字，他日必遍布宇内。又曰：“欧洲因音制字，故因古音讹而字形屡变，后人遂不可读。中国文虽音讹，而字不变，千百年后，亦可读。”说见《东方杂志》。诚确论矣！近有倡议废汉字及节减汉字者，皆心醉欧风，未深悉中文之美善者也。若此之辈，不足与辩。

彭县罗玄德先生，精通小学，出所编辑《中文古籀篆隶通》，付梓行世。是书纲领秩然，系传简洁。威远胡君素民怂恿成编，犍为叶君培根助资成版。盛业千秋，天其未丧斯文欤？末附西文矿学理化二种名词。读是书者，通古篆以通孔经，通一经以通群经，并于古书无不通。又可由中文以通西文，中西合通，天下同文基此矣。通之为义大矣哉！

镕幸与闻盛举，先生不弃葑菲，持《凡例》问《序》。镕赞襄国学学校，相与保存国粹，宗旨合契，爰缀所闻于五译先生者，为之更进一解。将欲大张孔帜，剖雪群疑，不觉言之长也。质之先生，庶采刍荛乎。

中华民国八年（一九一九）冬，乐山黄镕序

“天学”三经

《大学》为“人学”，十二引《书》，为主；又十二引《诗》，由人可以企天。《中庸》为“天学”。十五引《诗》，不引《书》，全为“天学”。“人学”五帝，始于颛顼。《楚语》：颛顼以前，人能登天。《左传》：颛顼以下，德不及远，故为民师。“天学”五帝，始于太皞。《月令》：春，太皞；夏，炎帝；季夏，黄帝；秋，少皞；冬，颛顼。《大》、《中》二篇，凡引《书》者为“人学”，引《诗》者为“天学”。《素问·上古天真论》，分四等级，以天上“真人”为止境。以圣人、贤人为“人学”之帝王，以“真人”、“至人”为“天学”之皇帝。名词天人之分，别立诸表以明之。

《大学》“人”、“天”学术表

明德司空封建。《帝谟》曰：“严六德，亮采有邦。”又“天命有德”。新民司马兵刑。《帝典》：流放四凶，以变四裔。即“新民”之事。此二句《尚书》“人学”。止至善，“至善”即《中庸》“至诚”。“至”即“至人”。此一句《诗经》“天学”。

知“人学”主行。“天学”主知。止《诗》：“邦畿千里，维民所止。”谓地中为“人学”之止，地中，天地之所合，上应天瑞，即《论语》“北辰所居”，为“天学”之止。故“知止”二字，乃“人天”之终始。《庄子·逍遥游》“小知”、“大知”是也。

圣人而后有定；《易·系》：“退藏于密。”《诗》：止于丘隅、丘侧、丘阿，“集于灌木”。○《列子》：“气专志一，和之至也。”《庄子》：“正形一视，天和将至。”○“天学”五等，如释氏诸天说。

至人定而后能静；《易·系》：“寂然不动。”《诗》“静言思之。”○《列子》：“用至不分，乃凝于神，木鸡德全。”《庄子》：“摄志一度，神将来舍。”

化人静而后能安；《易·系》：“子曰：‘天下何思何虑?’”“易无思也，无为也。”《诗》：“言笑晏晏。”○《列子》：华胥之民，纯任自然。《庄子》：“莫之为而常自然，无思无虑。”

神人安而后能虑；“虑”当作“虚”。《易》：“周流六虚。”《诗》：“其虚其邪”。《列子》：“履虚若实”。《庄子》：“六合以外”。

真人虑而后能得。《易·系》：“感而遂通天下之故。”“易简而天下之理得。”《诗》：“求之不得。”“不”读作“丕”。《列子》：“大同于物，无所阻阂。”《庄子》：“纯气之守，得全于天。”

镕按：定、静、安、虚、得，五等名词，即“天学”之阶级。必俟“人学”完备，世界进化统一之后，人物雍熙，恬愉自得，无竞争，无恐怖，而后学业由渐进步，可以乘云御风，游行宇内。未至其时，《诗经》托之梦境，《列》、《庄》说以神游。其实飞相往来，遇物无滞，不假修持，众生皆佛。《楚语》所谓“人能登天”是也。《大学》学说，在“人”、“天”之交。屡详《大》、《中》讲义，此从略。“人学”重在行，必俟诸百世之后；“天学”首在知，洞悉于寸心之间。《论语》谓“知不如好”；如颜子之好学。“好不如乐”；《齐诗》说“上方乐为天堂”。“未知生，焉知死。”“未能事人，焉能事鬼。”“民可使由，不可使知。”皆谓“天学”不易知，知之亦不能行。然学问之途，又不能不示人以登峰造极之境地，故《大学》以“知止”立标，而后日之程功，则又层累幽深、显豁无隐。非至圣哲想周至，孰能与于斯!

物物包天人。《中庸》，“万物并育，不相害”，“体物不可遗”。又“怪物”、“神物”皆在所包。有本末。《论语》：“有始有卒者，其为圣人乎!”事定、静、安、虚、得。有终始。《易·系》：“原始反①终，故知死生之说。”知所先后，“先后”，即定、静、安、虚，得之次序。“知”，则“天学”思想也。则近道矣。“道”，天道也。道家学说从此出。非宋儒所谓“道学”。“古之欲明明德于天下者”，至“先正其心”。下文合“正心”、“修身”为一，共计四传。可知《大学》古本以此为“人学”之纲。欲诚其意者，节“欲正其身者先诚其意”九字，“诚”统定、静、

① “反”原讹作“要”，从《选集》据《系辞》正。

安、虑、得五目，据《中庸》但言“诚”，所谓“诚者，天之道。诚之者，人之道。”“诚意”、“正心”二名词相仿，“诚意”与“诚之”无别。先致其知，即上文“知止”、“知所先后”之“知”。盖上言“人学”贵行，此言“天学”贵知。先行后知。宋儒“人”“天”颠倒，先知后行。致知在格物，“格”即《帝典》“格于上下”之“格”，“上下”者，天地也，即物。物格“格于上下”，即《吕刑》“绝地天通”，《左传》“颛顼以下，德不及远”。而后知至，惟天地扞格不通，故赖知以推测之。知至而后意诚。此解“知止而后定、静、安、虑、得”。〇“至”为“至人”，即“至善”。《中庸》详“至”字，又详“至诚”，“诚者”。此下删“意诚而后心正”句。“心正而后身修”至“国治而后天下平”。古本仅此四传。〇全球统一，乃为“天下”。

自天子“人学”之帝王。〇《诗》：“媚于天子。”以至于由“人学”上推。庶人，“天学”之“至人”、“真人”。〇《诗》“媚于庶人”。壹是综括“人”“天”。皆以修身为本。《大学》四传，首修身。《中庸》九经，首修身。据此可知：修身以上，不宜更加四条目。即所谓“诚其意者”，古本亦紧接经文而不列于传。

镕按：此《大学》纲要。五译大、中《演义》，标题明著，分划“天”、“人”二学，朗若列眉。程功次第，有径可寻。“人学”由身家以至以下，乃泰皇统一之世，即《尚书·皇道篇》之盛轨，《中庸》“百世俟圣”，待人而后行是也。“天学”知至而后意诚，即知止而后定、静、安、虑、得。乃《诗》“鸢飞”、“鱼跃”，察乎上下；《易》“精气”、“游魂”，鬼神情状之理；《中庸》“质诸鬼神而无疑”是也。五译蚤年始基宋学，继知于孔经大道，无关具体之微，徒以“诚”、“正”幽渺，令人莫测端倪，便尔信口雌黄，侈谈玄妙。无本之水，涸可立待，反覆翻澜，愈增潦浊。咀嚼蔗渣，无味也。即以《大学》论，原本与《中庸》编列《戴记》。自宋仁宗天圣八年，始以《大学篇》赐新第王拱宸等，后又以《中庸》赐新第王尧臣等。南宋高宗亦尝御书《中庸》。以其学能治国，故时王以之期望新进。程、朱继起，益加表章，是不过趋承风气，迎合时尚，以谋捷径耳。非有真传卓解，发明圣学也。二程以旧本颇有错简，明道定本，首“《大学》之道”，至“近道矣”，次“克明德”章，次“盘铭”章，次“邦畿”三节，次“欲明明德”至“未之有也”，次“此谓知本”二句，次“诚意”章，次“修身”、“齐家”、“治国”三章，次“所谓平天下”至“僇矣”，次“听讼”章，次“殷未丧师”，至末。既较注疏本不同，亦与《唐石经》次序有异。伊川定本，即今本。经一章，传十章，然无“格致”传也。朱子补传，为蛇添足，益增魔障。当日黎立武撰《大学发微》一卷、《大学本旨》一卷，立论多与朱子异。又元景星撰《大学、中庸集说启蒙》二卷，亦较朱子颇有出入。程氏门人，歧为数派。说并见《四库提要》。可见当日《大》、《中》为时王所重，士之研究者，不乏其侣，各有意见不同。是《大学》篇次，程朱本未足信也。考杜佑《通典》十三卷引《大学》篇“古之欲明明德”八句，至“欲修其身者先正其心”止。据此，则唐时《大学》古本如此。《孟子》“天下之本在国，国之本在家，家之本在身”，即总括《大学》宗旨言之。不云“身之本在心”。五译《演义》，所断与此合符。殆神助天牖之欤！惟韩文《原道》引此节，用十句，则加入“正心”、“诚意”二句。然下文云：“今也欲正其心，而外天下国家”。不言“诚意”，盖“正心”下无功夫。“诚意”为“天学”，即《中庸》所谓“诚者”，实在“平天下”后。必为改羼之文。删去“欲正其心者，先诚其意”与“而诚意”三字，便简直通贯。盖《原道》一篇，其尧、舜、禹、汤，列圣相传之说，即宋儒“道统”之根据。因举“正心”、“诚意”二句，“诚意”章即“天学”，究竟意不相连属。羼入韩文以植基础。而《通典》所引，原文具在，作伪之迹，不攻自破也。况“格致”本无传，他书亦不引用其名辞。二程误为解释，朱乃窃取其义，点窜《尧典》。鱼目混珠，伪同张霸之《百两》。污蔑经传，罪在万世也！

即以《格致传》而论，所谓“即物穷理，求至其极”者，不过小子多识，《内则》教养童蒙之事。《通典》“大学为上庠”。“大”读为“太”，乃京师帝学，何得仍用家塾党庠之学课？《尚书大传》：“古之帝王，必立大学、小学，使王大子、王子、群后之子，及公卿大夫元士之适子，十有三年，入小学，见小节焉，践小义焉；年二十，入大学，见大节焉，践大义焉。故入小学知父子之道、长幼之序；入大学知君臣之仪①，上下之位。”是大学之教，乃关于家、国、天下，政治典礼之学，不必于凡物之表里、精粗，用力穷究也。“格致”乃童蒙之学。伊川谓：“今日格一物，明日又格一物。”《全书》十九。纵令于物豁然，叩以宰相事业，而心之全体，仍归无用。乌见其“全体大用无不明”乎？唐以前，学重力行；宋以后，学重致知。当佛教盛行之世，谈理学者大抵出入禅门。又复耻与雷同，肆口辟佛，然冥心思想，徐俟贯通，莫非禅家之寂悟。戴东原曰：“朱子注《大学》，开卷言虚灵不昧，颇涉异学。”阳避其名，而阴用其实。究之学术，空玄难征实用。先知后行，实为众生颠倒。终身穷理，莫救南宋之偏安；万人致知，难恢中原之土宇。故自古理学之盛，莫若两宋，而丧邦亡国之惨，亦莫两宋。前有洛、蜀、朔党之争

① “仪”，《选集》按《尚书大传》作“义”。

执，理学之中，又分党派。器量狭隘，同类自残。置国事于不顾；东汉之季，党人与宦官争；唐牛李之党，以邪正争；清流之党，与权奸争。若同为君子而亦分党，可谓不顾大局，不知爱国。后有五十九人之党锢，以伪学而戾时。国家养士百年，所赖于君子者，欲其保治安而济时艰也。乃神宗变法图富强，而理学家拘守宗制，不与赞襄。元祐之间，理学可谓得志也，而三党内讧，无裨于国。新法既罢，党派复起。其后新旧互相倾轧，旧党无功，伪新党起而蠹国。而徽、钦北狩矣。南渡之后，淳熙、绍熙之际，亦尝以道学为美名，甚望君子之儒，起而匡救。乃朱熹上封事于孝宗，首谓“帝王之学，必先格物致知以极夫事物之变”。夫如其所言，必使人主苛察琐细，不得大体。见指失臂，国势断无富强之望。理宗初年，追赠朱熹太师；淳祐元年（一二四一），诏周、张、二程与朱子并祀孔庙，以倡天下。当时“格致”之学，可谓大行其道也。昔句践十年生聚，十年教训，足以沼吴。南宋理宗以后，三十年尊崇理学，纵不能恢复中原，当亦可以立国。乃元寇大至，瓦解播迁，元伯颜以帝及太后北去。厓山海陵，千秋饮恨。理学家成败火验，概可睹矣！明代不鉴覆辙，恪遵《朱注》，迨满清入关，犹北宋被逼于金，南宋被灭于元也。

此何以故？盖圣学由人而天，先必行而后知也。“人学”重在实行，所以立天下国家之准；“天学”不能骤企，惟当深知其理，自有卓尔而立之时。《中庸》：孔子答哀公曰：“人存、政举”，即谓行也。达道、达德，安、利、勉强，九经之目，总期于行。生知、学知、困知，皆知天之学。故曰：“诚者，天之道；诚之者，人之道。”“诚者，不勉而中，不思而得。”谓能知“天学”，自有从容中道之时。“诚之者”，择善而固执之谓；“人学”责重在行，明辨笃行，愚柔必奋。孔圣之言，分划人天，固明明告语矣。《中庸》人天合发，由中国及蛮貊。至于“血气、尊亲”，乃“人学”能行之境。其卒二章曰：“知天地之化育”，“知远之近，知风之自，知微之显，可以入德”。则“天学”但知其至而已。《易·系》：“仰以观于天文，俯以察以地理”，是故知幽明之故；知一。“原始反终，故知生死之说”；知二。“精气为物，游魂为变，是故知鬼神之情状”。知三。此三“知”字，正谓“天学”高远，虽不能行，惟贵于知。《孟子》：“知其性则知天。”可见“性”为“天学”。《庄子》：“有真人而后有真知。”《大宗师篇》。皆谓“天学”惟在于知，非若“人学”务在实行。是故孔子曰：“我托之空言，不如见诸行事。”即谓“人学”当先行于世，“天学”则暂托空言而已。《论语》孔子诲由以知，即“知生”、

“知死”、“知天”之学也。圣门之学，“人”、“天”别等，先行后知。传记之中，证据确实，并不矫为玄妙，令人钻仰无从。宋儒误谈孔学，专重“致知”，必即已知之理，益穷其极，搜神揣鬼，耗竭心思，终归泡幻。夫废寝废食，思不如学，即不如见诸行事。孔子尝言之矣。宋儒先知后行，颠倒“人”、“天”之学术，误认《大学》“格物”为“致知”之始事，欲即凡天下之物，贯澈其表里、精粗。综其流弊，厥有二端：一以童蒙之学责之君相。夫小子多识草木区别，圣门浅近之提撕，不过为童子小成之始业。至于成均国学，自当钻研絜矩，以求居中驭外之治术。此大学所以异于小学也。宋儒乐观小道，徒以黼𫄸之讲习，终身诵臧；则耄年老宿之学术，仅仅物名、物理、数与方名之事，何能为大受之君子乎？其弊一。一以天界之学行之人世。夫天堂上方，世界极乐，翼氏《齐诗说》。颜氏好学，欲从末由。正以“天学”难跻，必俟“化人”、“神人”之自得。宋学根原，始于华山陈抟。抟见太宗，奏曰：“假令白日升天，何益于世？今君臣同德兴化，勤行修炼，无出于此。”① 是抟亦谓国家天下之“人学”，不可以天道之渺茫，混杂其间。宋儒变本加厉，欲以虚冥之理学，施用于世。矜德化，鄙富强，挟持无具，将以御北狄之外患，犹雀以一叶障目，而谓弹者不我见也，国焉得不覆灭哉！其弊二。先知后行之失如此。学说有差，害心害政。自恪遵《朱注》之令，沿袭已久，不悟其非。迄今而外患益棘，若不改图，恐较宋明亡国之祸，更有甚焉者也。五译谓“人学”重行，在先；“天学”重知，在后。“人学”之《春秋》、《书经》，切用于今时；“天学”之《诗》、《易》，待用于后世。《大学》剖划“人”、“天”之界，“明德”、“新民”二公之政，可以行。“知至”、“意诚”、上天之理，在于知。《中庸》：“至诚无息”，“不动而变，无为而成”。从容中道。虽知亦听其自然，无庸勉强。宋儒欲以所知，施之治国，捕风捉影，终归虚幻。宜其无实效也。荆公尝谓明道曰：“公之学如上壁”，言难行也。将安用之哉！

《大学》十二引《书》全为“人学”。十二引《诗》。通于“天学”，由“人”企“天”。

《中庸》十五引《诗》。全为“天学”。

镕按：《大学》、《中庸》，旧在《戴记》编中。《戴记》本为六经传说，不专为一经立言也。六经有“人”、“天”二派，故《大学》、《中庸》所引

① 《选集》按此数语为抟答王琪语，非奏太宗言。又“升”字《宋史》作“冲”。

《书》、《诗》，即“人”、“天”之标目，而后儒修业之阶梯也。《大学》引《书》兼引《诗》，示学者由“人”企“天”之等级。《中庸》引《诗》不引《书》，示学者意逆上达之功。修《大学》，讲求于国学，是之谓“大”，推以治全球之天下，则尤大也。“人学”既备，进研“天学”，切磋琢磨，道盛德至，则其学大之极也。《中庸》引《诗》，始于“鸢”、“鱼”之察天地，终于“无声无臭”。其于“天学”，明澈之至也。分途致力，先行后知，学理虽深，程功有次，不容躐等而跻者也。参观《戴记》诸篇，多言“人学”，惟《闲居》一篇，始见“天倪”；《祭法》三篇，感通鬼神。均与《大学》、《中庸》之旨，互相发明。究之可行者行之，“人学”。不可行者，“天学”。知之而已。宋儒提《大学》、《中庸》，附之《论》、《孟》。以《论语》为孔子言行录，以《大学》为初学入德之门，取《中庸》卒章“可以入德”之说。以《中庸》为用之不尽之实学，实则不虚，与“天学”相反。津津斯谊，务求了解于一心，不耻躬行之不逮。或问辩析天日晦暗，以为此孔门理学之根原也。不知《史》、《汉》《儒林传》详记经学之传授，初无所谓“理学”也。圣门诸儒，亦不立“理学”之名。宋儒抛掷经旨，侈谈虚理，直如两晋之清谈误国。摭拾孔书字句，支离推阐，字句不胜枚举，是以宗派不一。惟恃口舌之争，不求功勋之树，道其所道，尽失《大学》、《中庸》之本义，颠倒“人”、“天”之次序。寅食卯粮，不留有余于后世。且使学者眯眩拘迂，终身求贯通而不得。甚矣，宋学之作雾迷人也！

五译谓先知后行，颠倒“人”、“天”，难征实用。或且为宋儒辩护，以为“诚意”、“致知”讵非圣学？窃以宋学之无效，往事之可征者，商君、荆公之时代是也。商君初见孝公，言帝王之术，即《书经》、《春秋》之旨。孝公厌听思睡；继言霸者强国之术，孝公大悦，遂行新法。其时秦无异学阻挠新政，其谓新法不便者，大抵膏粱纨袴庸碌之辈；而民间俊秀，以新法尚军功，莫不奋起效用，核实奏能。此商君之法所以卒底富强而成帝业也。荆公之世，诸儒厌注疏之烦，际六朝辞赋骈缛之后，新发明一种空言说理之学派。避难就易，黜伯崇王，结党牵制，以致新法无功，国亦不振。不知伯乃皇帝王之佐，等级尊卑，大小一贯。皇以羲、和为二伯；帝尧以舜、禹为二伯；帝舜以禹、皋为二伯；殷王以西伯、微子为二伯；成康以太保、毕公为二伯；以上《书经》说。周初以周、召为二伯；《诗·国风》说，《公羊传》说。衰周以桓、文为二伯。《春秋》说。天地一太极，一物一太极。宋儒亦讲太极，但勘理未透，故无实用。太极两仪，非二伯之义乎？《易》始“乾坤”，即二伯之象。商君专行伯术，后世可以为帝王；宋儒舍伯而言王，王以司马、司空为二伯，无伯则独夫耳。不明经义，徒事空谈，故鄙荆公新法为急功近利，欲以王道仁义感化远夷，此孝公所睡弗听者，神宗尝谕明道曰："卿所言，乃尧舜之事，朕何敢当。"能知而不能行，听天命而不务人为，有元首，无股肱，致使二宗、帝㬎北狩不还，端宗、帝昺求为匹夫而不得。学术乖谬，其害至于如此！矜语《大学》，而不知学之何以大。此荆公之不幸，亦宋室国家人民之不幸也！此宋学不行之实证。

《内经》"天人"四等名词表

"天学"　　　　　　　　　　"人学"

皇 真人	帝 至人	皇帝 圣人	王伯 贤人
《素问·上古天真论》：黄帝曰：当作"皇帝"，皆治皇帝学之专书，非古黄帝书也。余闻上古经为古之道术，"上古"指《易》而言。若洪荒之世，有何学术？有真人者，"真"从"化"，谓化人。即《中庸》"至诚"。提挈天地，《中庸》"可以赞天地之化育，则可与天地参。"把握阴阳，造化在手。呼吸精气，《列子·仲尼篇》："体合于心，心合于气，气合于神，神合于无。"独立，《中庸》"慎独"。守神，《淮南·原道训》："太古上皇①，得道之柄，立于中央，神与化游，以抚四方。"又曰"无为为之，而合于道"，"神托于秋毫之末，而大	"中古上古、中古，即"孔氏古文"，《论语》："好古敏求。"之时，《诗经》"六合"以外。有至人者，《中庸》诚者，淳德全道，《中庸》"至道"、"至德"。和于阴阳董子："天有两和，中春、中秋是也"。调于四时，《礼·月令》四时分四帝。去世离俗，不在俗世界内。积精全神，《月令》四时，春，勾芒；夏，祝融；秋，蓐收；冬，玄冥。按：鬼神学，彻上彻下，如姓氏学，下等人惟知血族之别，其终竟知鬼神之情状，如"祭如在"，包括人天。游行天地之间，《诗·周南》："周行"、"周道"，《楚辞·远游》。视听八达之表，《列子》：亢	其次《书经》，"六合"以内。有圣人者，《论语》："圣人吾不得见"，又"博施济众，必也圣乎！尧舜犹病。"谓四帝分治，不如皇之一统。处天地之和。《周礼》：地中，"天地之所合，阴阳之所和，百物阜安，乃建皇国"。从八风之理，《左传》：节八音，行八风。《白虎通》：八音配八卦。即全球八州、八正、八伯所司。适嗜欲，《大学》、《诗》"乐只君子"，说"以民之所好好之，民之所恶恶之。"被章服《书·谟》以五采章，施于五色作服。于世俗之间，居中以御四海，不能去世离俗。无恚嗔之心。《大学·天下章》，"絜矩之道"、"所恶"、	其次《春秋》学说。有贤人者，王伯方三千里。法则天地，董子四法，"主天法商而王"、"主地法夏而王"、"主天法质而王"、"主地法文而王"、"商质者，主天；夏文者，主地；《春秋》者，主人，故三等也"。象似日月，《左传》：同姓为日，异姓为月。晋楚二伯，一同姓，一异姓。辨别星辰，《元命苞》："王者封国，上应列宿之位，其余小国不应星辰者，以为附庸"。若毕星之有附耳然。逆从阴阳，董子："天有四时，时三月；王者四选，选三臣"。"春者，少阳之选；夏者，太阳之选；秋者，少阴之选；

① 按《淮南子·原道训》"上皇"作"二皇"。高诱注："二皇，伏牺、神农也。"《太平御览》引许注："虙羲、神农。"是"二皇"不误。

续前表

皇 真人	帝 至人	皇帝 圣人	王伯 贤人
宇宙之总"。肌肉若一，列子学乘风之道，九年之后，眼如耳，耳如鼻，鼻如口，口无不同。心凝形释，骨肉俱融。故能寿敝天地，无有终时。《中庸》:"故至诚无息，不息则久，久则征。"又"博厚配地，高明配天，悠久无疆。"此其道生。《中庸》:"天地之道"，"其为物不贰，则其生物不测"。	仓子曰:"我能视听不以耳目"。此盖益其寿命，《庄子》:楚南有冥灵，五百岁为春，五百岁为秋。古有大椿，八千岁为春，八千岁为秋。而强者也，《中庸》"子路问强"之"强"。亦归于真人。《王注》:"同归于道也。"	"毋以"。行不欲离于世，《尚书》:四方巡狩。举不欲观于俗，《左传》:"凡物不足讲大事，其材不足以备器用，则君不举焉，君举必书。"外不劳形于事，《论语》:舜"无为而治"。内无思想之患。《庄子》:"中央之帝曰混沌。"以恬愉为务，以自得为功。《六家要指》:道家，"与时迁移，应物变化，立俗施事，无所不宜。指约而易操，事少而功多"。形体不敝，《书·帝典》"四目"、"四聪"，《谟》"翼为明听"，《洪范》"五事"，皆天下一人例。精神不散，《六家要指》:"道家使人精神专一，动合无形。"亦可以百数。全球方三千万里，为方三千里者百，统有全球。故《诗》称"百禄"、"百福"。	冬者，太阴之选。"分别四时，一时三月三王，《春秋》三月有王。《白虎通·巡狩篇》:"时有所生，诸侯行邑。"将从上古，《春秋》年时月日，为大一统，顺时治历，与皇帝同，合同于道。取法乎上，王法皇，伯法帝。亦可使益寿而有极时。皇以万里为一州，称万寿；王伯小统方三千里，可以验小推大。

节录五译《孔经哲学发微》:

《内经》旧以为医书，不知其中有"天学"，详六合以外；有"人学"，详六合以内。故《病能篇》末有曰《上经》、《下经》者，义与此篇不相属。《易纬》文也。《上经》者，言气之通"天"，为"天学"；《下经》者，言病之变化，为"人学"。区别界限，不容溷杂。此《内经》所以为"天人合发"之书也。其全元起本所无，而为王启玄所补者，如《天元纪大论》、《五运行大论》、《六微旨大论》、《气交变大论》、《五常政大论》、《六元正纪大论》、《至真要大论》，共七篇。发明五运六气、六甲五子之说，较《诗纬》尤为精确，不可移易。当为《诗经》师说。其中惟论疾诸篇，乃为医学专书。《上古天真论》“真人”、“至人”，为《楚辞》之师说。专为道家神仙去世离俗之所本。读《内经》而后《楚辞》之本旨明。下二节为《尚书》、《春秋》师说，上二节为《诗》、《易》神游之学。为六经之纲领，故特为提出以为标帜。知此而后孔圣“天”、“人”之学乃得而明也。

镕按：此段提论《内经》之大要，乃“人”、“天”学说之交际，造诣之等级。五译列表具说，分划详明，改作孔经正传，指示界限，无所隐蔽。俾学者了然于目，灼然于心，知所致力，以励前修。家国赖其经猷，太虚俟之异日。故“天学”之皇，纬所谓天皇大帝，居太一紫宫，为《论语》之北辰、《史·天官》之中宫、《淮南》之钧天，即紫微垣也。“天学”之帝，纬所谓“苍帝灵威仰”，“赤帝赤熛怒”，“白帝白招拒”，“黑帝汁光纪”；《月令》之四帝，《史·天官》之四宫是也。不言王伯，以此例推。帝主四时，时主三月，《春秋》三月有王，天有十二次，即十二王。《春秋内事》：“天有十二分次，日月之所躔也；地有十二分，王侯之所居也。”其余列宿为诸侯。孔经“人学”典制，取法于天，故曰“知我其天”。又无言之教，“天”、“人”一贯。孔学虽高，周行示我，万不穷幽凿渺以惑来者。乃信尧舜传“道统”者，类以《内经》一书为轩辕黄帝之遗。夫草昧时代，民物睢盱，学术无所发明，世局犹然部落，安得坐明堂而观八极，问天师而阐玄言？况结绳阙文，《易·系》“上古结绳”，为字母拼音；“后圣书契”，即孔经古文。若谓书契为仓颉古文，当云“上古圣人”，不当云“后世圣人”也。数音一字，虽有“谱牒”之史记载年数，而百家不雅驯之文，荐绅先生所不道。可知其时之简牍，不过如《黑蛮风土记》，朴野谫陋，徒资笑柄。安能畅泄天地阴阳之蕴？即大挠干支，仅如《尔雅》所称“阏逢”、“旃蒙”、“困敦”、“赤奋若”之类，岂有五运六气，近于性命，性命为“天学”。上下经纬，应时觇候，说理如此精奥者乎？人体结构，筋络藏府，经西人解剖察视，诸哲家之穿求，可谓详尽矣。然形质粗顽，尚不识气化流通之妙。《内经》就人一身，发挥义绪，启符阐珍，穷理达化，既为孔经天下一人之例，又《中庸》以人合天之学也。黄帝之世，神农虽识草味，肇始医法，断不能以人身五藏为《洪范》五事之先导，《内经》出于六经之后。而喜怒哀乐，又岂能贯于中和位育哉！故《黄帝内经》当为“皇帝”之书。《庄》、《列》所引黄帝诸说及《黄帝篇》，皆合于道家之旨，即“皇帝”书也。“黄”、

"皇"古通。董子："尚推神农为九皇，而改号轩辕，谓之皇帝①。"又曰："轩辕直首天黄，他本作"皇"。号故曰黄帝云。"故《内经》一书，纯言大化，乃《书经》、《诗》、《易》仰钻之阶级，为孔门七十弟子所传述，非古之皇帝实有此丕奂之文章也。学者博览载籍，须知孔子以前无著作，六经而外无文章。诸子累累皆阐孔义，若《竹书》、纪年始于黄帝、二高，与《大戴·帝德》孔子答宰予问合。《夏小正》、《史记》：孔子正夏时，学者多传《夏小正》云。《老子》、《经典释文》道经在孔经后。《管子》六千里侯，非春秋所有。等书，世代姓名在孔前者，太抵后儒寄托，故说理莫非经支也。五译识解卓绝，引子证经，辟国万里，包孕宏多。乃以经为史之辈，甚且谓古史皆经，是好学而不深思，甘为浅见者流也。

一、《乐》：王伯之乐，中国略有仿佛；《乐记》：武王"武乐"、"六成"，为王乐；齐音，敖辟乔志，为伯乐。皇帝之乐，《乐纬》："黄帝之乐曰'咸池'，颛顼曰'五茎'，帝喾曰'六英'，尧曰'大章'，舜曰'箫韶'，禹曰'大夏'。"中国无此世局。皇一统五帝五方。其人未生，空存其说以待之。待其人而后行。〇乐有大乐、小乐之别，凡言"大"、言"至"、言"无"者，皆为天乐。

附《大礼》　礼为别，乐为和。说详《乐记》。

镕按：孔子周游以后，反鲁正乐，亲与师挚诸伶考究宫悬，审定音乐。故尧石八谐，兽则率舞；舜箫九奏，凤乃来仪。子贡谓礼乐德政，百王莫违，则孔子之乐，已与蒉桴土鼓，迥不相侔矣。后世帝王德盛化神，击球拊瑟，自能感通万类。墨家非乐，乃讥康乐淫靡，厚敛病民，荒嬉废业者流，为国大病；非讥天地之中声，盛世之元音也。《孝经》曰："安上治民，莫善于礼"；"移风易俗，莫善于乐"。《乐记》：魏文侯"听古乐，则唯恐卧；古乐，即《尚书》稽古尧舜之乐。听郑卫之音，则不知倦"。如《桑间》、《濮上》，亡国之音。子夏曰：古乐之发，修身及家均天下。以父子君臣为纪纲，纪纲既正，天下大定。此之谓德音。非若新声溺音，獶杂子女，不知父子。然则墨之所非者，必溺音也。晋师旷鼓琴，能易寒暑，召风雨，清角清徵，元鹤下舞；邹子吹律，寒黍生春；《列子·汤问篇》：郑师文学琴于师襄，以五感召五方之气，襄曰："微矣，子之弹也！"顾此皆人世之乐尔，未闻天乐也。

《庄子·天道篇》："与人和者，谓之人乐；与天和者，谓之天乐。"此足证孔经有"人学"、"天学"，故子家有人乐、天乐之别。人乐以治

---

① 《选集》按《春秋繁露·官训》不作"皇帝"作"黄帝"。

人，功成作颂，感通鬼神。《周礼》大司乐诸伶所掌，辨天地、四方、阴阳之声，六律、六同之和，人乐极为详备。《庄子·天运》以咸池之乐为至乐、天乐，则《乐纬》六代之乐，黄帝乃天帝，与《大戴》、《月令》相符。其作颂曰："听之不闻其声，视之不见其形，充满天地，苞裹六极。"其说窈冥玄远，难以揣度。惟《乐记》有曰："地气上齐，读跻。天气下降，阴阳相摩，天地相荡。鼓之以雷霆，奋之以风雨，动之以四时，暖以之日月，而百化兴焉。如此，则乐者，天地之和矣。"上段以天尊地卑为礼之别。故大乐与天地同和。大礼与天地同节。和，故百物不失。节，故祀天祭也。《礼·闲居篇》曰"无声之乐"，引《诗》"夙夜基命宥密"为证。说以"志气不违、既得、既从、既起、日闻四方"。是则太音希声，感而后动。冥漠相洽，变化自然。"故天乐者，其生也天行，其死也物化。""静而与阴同德，动而与阳同波。""一心定而王①天下。其鬼不祟，其魂不疲。""言以虚静推于天地，通于万物，此之谓天乐。"《庄子·天道》。是故大人举礼乐，则天地将为昭焉。此为大乐。"天地欣合，阴阳相得。煦妪覆育万物，然后草木茂，区萌达，羽翼奋，角觡生，蛰虫昭苏，羽者妪伏，毛者孕鬻，胎生者不殰，而卵生者不殈。则乐之道归焉耳。"《乐记》。人能直养浩气，充塞宇内，虚静恬淡，寂寞无为，与天地合德，与日月合明，与四时合序，则喜怒哀乐与穆清之气相感应。未发而中，中节而和，际天蟠地，契洽神明，穷高极远，参两太初，乐之至也！

古有秦火经缺，《乐经》独亡之说。不知秦火不焚孔经，但焚百家语与六国史。说详宋王氏《野客丛谈》、萧参《希通录》。《乐经》实尚存也。盖宫商工尺，谱记流传，人情殊尚，久必变更。孔圣虑远思深，求所以传之永祀，乃以《乐经》附属于《诗》。自反鲁正乐，商定《雅》、《颂》，《关雎》之始，洋洋盈耳。《论语》具有明文，圣言可征矣。《尚书》命夔典乐，帝曰："诗言志，歌永言，声依永，律和声，八音克谐。"可见《乐经》在《诗》，《帝典》已成定案。《乐记》师乙论乐，歌用"六诗"；《左传》季札观乐，歌遍全《诗》；《史记·孔子世家》："《诗》三百五篇，孔子皆弦歌之，以求合《韶》、《武》、《雅》、《颂》之音。"故一部葩经，皆乐章也。《仪礼》：堂上歌《诗》，堂下作《乐》。诗词音均，协律合拍。伶工按节次第，自尔声奏铿锵。此如乐府，诗章旁注工尺之符

① "王"原讹作"至"，从《选集》据《庄子》改。

记。后人歌诗用乐，亦可以五声七音，谐合风雅。故六经止五经，犹《周礼》六官止五官。“六谷”止“五谷”，稻统稷。天以六节，地以五制，化六为五，由五推六。六如皇制六相，五为帝制五方。由帝上跻为皇，故《帝典》包寓皇道。天地四方，分之为六，合则为五，经所以由人而企天也。《乐》存于《诗》，理精义确，不必取大司乐诸职，以为官存而乐自在；不必取《乐记》一篇，遗改传为经之诮；更不必河间补作《乐记》，犯拟经诬圣之嫌。则太息窦公、制氏不能传经者，可以自悟其非矣。

二、《诗》神游学。如仙家之婴儿炼魂，神去形留，不能白日飞升，脱此躯壳。《易经》则能形游。《诗》故专言梦境、托之梦游，以明真理。鱼鸟上下。庄子梦为鸟而戾天，梦为鱼而潜渊。《内经·灵枢》、《素问》，《山海经》，《列子》，《庄子》，《楚辞》，古赋，如宋玉之《高唐》。《游仙诗》，各书以为之传。当引各书注《诗》。

镕按：《诗经》之学，惟《齐》、《鲁》、《韩》三家为有师承。《毛》则大小后起，编什作《序》，颠倒次第。《国风》当从《左传》观乐之次。割裂《周颂》，增多《小雅》。不待智者而识其舛矣。班《艺文志》言《诗训故传》，“取《春秋》，采杂说，咸非其本义”。而独以《鲁》为近。《鲁诗》传自申公，后鲜述者。《韩》之《外传》专录时事，断章摘句，大义湮沈。惟《齐诗》“四始”、“五际”，屏去人事，专主纬候之说。性情律历，发明于翼氏者，说在《汉书·翼奉传》，侯官陈氏为之注释。博大精深，为浅见寡闻所畏避。盖《诗》主“天学”，翼氏斯为得之，犹《书》主“大统”，惟驺子为能言之也。圣门经学，本有精至独到之谊，寻常诵习，《书》则虞，夏、商、周历代政治而已；《诗》则鸟兽草木，小子多识而已。但行远自迩，升高自卑。由渐验推，必以《书》治全球，《诗》言天道，而后为中人语之上学。否则皮毛粗浅、不过佛学之“下乘”也。《论语》“下学上达”，阶级迥分两等。特可与言《诗》如商赐者，不可多得，故珠玉希见。翼、驺而外，言《诗》、《书》者，不啻披沙拣金，渣滓多而精液少。五译据翼氏之旨，证之《中庸》，见其引《诗》不引《书》，断《诗》为“天学”。虽非常可骇，有如《公羊》之义，然钩沈起坠，正所谓“温故知新”，圣人所望也。载籍之足证此谊者：《内经·灵》、《素》，大旨医学，然详言人之形气与天感通，即《列》、《庄》“天和”、“天倪”之旨。盖“天学”之梯航，道家之津梁也。故《营卫生会》、《九宫八风》、《上古天真》、《生气通天》等篇，抉理精玄，皆《诗经》之师说，游行六合之基楚。《齐诗》说“五性”、“六情”，即“五运”、“六气”，《内经》详哉言之，后有详说，反覆推勘，全属《诗》传。证一。《山海经》，旧以为大禹治水，主名山川，益所记载。夫东西二万八千里，南北二万六千里，禹迹不如此广远。其中山配列宿，神主诸岳，明明星象天神，非人世间所有。正如《诗》之崧高、“惟岳降神”。梁山，《尔雅》：“大梁，昴也。”与天地相印也。所有帝王卿相诸人名，当以繙译例说之。又《山经》以《南山经》始，即《诗》始二《南》，《大雅·崧高》四方四篇，首南也。次《海外南经》、《海内南经》，即《小雅》“节彼南山”、“信彼南山”也。终以《大荒东经》，《鲁颂》“遂荒六东”之义也。详记草木鸟兽，《诗》之多识也。经首尾多引禹说，因此人以为禹益之书，不知《诗》言“天学”，故禹有神禹之目，非若《书经》之伯禹、禹王、帝禹、大禹也。即《诗》“禹甸”、“禹绩”、“禹敷下土”以步地归之禹也。证二。《列子》、《庄子》，旧谓二书迂诡恢诞，等诸存而不论之列。考《列子》引穆王与“化人”游之事，又谓觉[1]有八征，“一曰故，二曰为，三曰得，四曰丧，五曰哀，六曰乐，七曰生，八曰死。”梦有六候，“一曰正梦，二曰噩梦，三曰思梦，四曰寤梦，五曰喜梦，六曰惧梦。”说与《周礼·占梦》同。即《诗》神游之境，及太卜[2]占梦之说也。《庄子·齐物论》“罔两问景”。古“影”字。景由形生，犹之神由心生也。《内经》：“心者，君主之宫，神明出焉。”谓脑海也。庄周梦为蝴蝶，周与蝶两不相知，如《列子》蕉鹿梦之境。是为物化。既说《雅诗》：“召彼故老，讯之占梦。托神游于梦。具曰予圣，《大学》：“知止而后有定”，为圣人。谁知乌之雌雄。”不知周之梦为蝶与？蝶之梦为周与？证三。《楚辞》，意义缅复，非一人之著述，乃七十博士为始皇所作仙、真人诗。采《风》、《雅》之微言，以应时君之命。史公本《渔父》、《怀沙》二篇，为《屈原列传》。后人因以《楚辞》归之屈子，误矣！考《远游》，“周游六漠”，《易·系》“周流六虚”。即《诗·周南》“辗转反侧”之义；《庄子·逍遥游》、《知北游》，亦取此意。《招魂》、《大招》，“招”即《召南》之“召”，“召”、“招”古通。“魂兮归来”，即“之子于归”。“于”篆作“亏”，近“云”。《韩诗》“聊乐我云”，“云”字作“魂”。他若“未见君子”，魂未归也；“既见君子”，魂已归矣；“振振君子，归哉归哉”，招之之词也；“之子归，不我过”，魂已

① “觉”原讹作“梦”，从《选集》据《列子》改。

② “太卜”原作“太人”，从《选集》据《周礼》改。

归去矣。全《诗》与《楚辞》吻合者甚夥，且体亦与《诗》相符。证四。古赋《高唐》一篇，发明巡狩方岳，外牧来朝之义。五译注释甚明，非若旧释之秽亵也。“薄言寝梦”，符合《诗》旨。寓言寓意，寄想遥深。不可拘迹象以求之。故全《诗》无真男女涉想淫秽者。邪说污经，最为大罪！即神女，登徒，亦《诗》余意。“窈窕淑女，君子好逑。”而司马《大人》，实因帝好仙道，摛藻陈辞，读之飘飘有凌云气，殆得于《诗》旨之遗欤？不然无因而创，自尼山以来，见亦罕矣！证五。《游仙诗》作于晋何敬宗、郭景纯。援引王乔、鬼谷、赤松、浮邱、洪崖、容成、安期、灵妃、姮娥古仙人属，高蹈风尘，放情凌霄，皆天上仙境也。李善注云：景纯《游仙》即屈子之《远游》。然则敬宗之诗，亦同调也。大凡音韵之文，肇祖二《南》。何与郭去古匪遥，殆有得于《诗》旨而云然欤！证六。五译谓此诸书，皆《诗经》之旧传，见方采拾坠绪，补为《诗注》。盛业不朽，其在斯乎！

自孔子没，微言绝，经中奥旨，寖以乖违。如往昔注家意见，《诗》采歌谣，《易》存卜筮，已等诸无足轻重。《春秋》鲁史，《尚书》古史，仅适用于中国君主时代。迄今海外大通，地广世变，政主民宪，经制狭隘，无以为法于后人。故《民约》庐梭，将起而奋俎豆也。五译以《书》为大统，包举全球，弘道成编，足供考镜。又以《诗》、《易》二经为大同以后、民物雍熙相与，合力精进，研求上达之学术。顾《诗》无方体，变动不拘。《论语》：小子学《诗》，所以立初学之根柢；“切磋”、“素绚”，譬喻又极玄微。浅者极浅，深者极深。《孟子》“意逆”数言，最得说《诗》之三昧。惟其旨义弘远，故诸家解说大抵盲猜。《韩诗》始为琐碎，《小序》尤属支离。非子夏作，乃卫宏、谢曼卿伪造。毛氏昧于渊源，郑氏从而傅会。其余自郤以下，惟解释名物。诸本尚不失多识之义耳。若朱子《集传》，三经三纬，称名“六义”，牵合《周礼》“六诗”，不知即《乐记》“六歌”也。解详《周礼略注·春官·太师》。且误读“郑声淫”一语，遂解《郑风》二十一篇，淫诗至于十之七。夫《同车》、《蔓草》，列国名卿赋于坛坫，率皆拜嘉见许，不闻贻讥。盖郑声者，溺音也。《乐记》“郑音好滥淫志”是也。《论语》“恶郑声之乱雅乐”，“放郑声”。则《韶舞》声之淫者，乃音乐过乎节度，如久雨为淫雨。非谓《郑诗》淫也。《小序》起于东汉之初，说虽支节，犹谓“《狡童》刺忽”，“《蹇裳》思正”，“《大路》、《风雨》，思君子也”。尚不敢以淫词目《诗》。朱子则先有淫意，逆志害辞，且由《郑》而殃及于《卫》。岂知圣经垂后，并不涉男女之私情，如《关雎》之三，乐而不淫，圣评较著矣。乐哀，当从《齐诗》，说上方乐，下方哀。乃《关雎》则文王思后妃，“辗转而不寐”；《卷耳》则后妃望文王，“吁嗟而有怀”。不念“无邪”之论，徒生训而望文。当日黎立武宋儒。论《诗》曰：“少读箕子《麦秀歌》，怒焉流涕。稍长读《郑风·狡童》诗，淫心生焉。怪而自省，一则生忠心，一则生淫心，何欤？解《诗》者之故也。”是《朱注》初成，当日已见讥大雅。五译撰《胡玉津先生诗纬训纂序》，辞而辟之。盖《集传》之说，文不雅驯，正史公所谓“荐绅先生难言”者也。

《翼氏传》云：“《诗》之为学，情性而已。《集传》误解“情性”，以为男女之情。五性不相害，张晏注：“五性谓五行也。”六情更兴废。六情：廉贞、宽大、公正、奸邪、阴贼、贪狠也。观性以历，历谓日也，即十日十干。观情以律。”律，十二律也。见《月令》。律历迭相治，《内经》下加上临。与天地稽。天干地支。《匡衡传》引“《传》曰：《诗经》传说。审好恶，《翼氏传》，“北方之情，好也”。“南方之情，恶也”。理情性，“好行贪狠，申、子主之”；“恶行廉贞，寅、午主之”。“东主之情，怒也；怒行阴贼，亥、卯主之”。“西方之情，喜也，喜行宽大，巳酉主之”。“上方之情，乐也；乐行奸邪，辰、未主之。下方之情，哀也；哀行公正，戌、丑主之”。此以十二支为六情。可知五行十干为五性。而王读作“皇”。道毕矣。”“人学”既终，方可进求“天学”。下引《中庸》“尽性参化”一章解之。据此，所谓“性情”，乃指天地干支而言。天有十日，记以十干；地有十二月，记以十二支。《乐纬·动声仪》：“天效以景下阙“日也”二字。地效以响，律也。《月令》十二律。天有五音，分五方，通五行。所以司日；地有六律，所以司辰。”日，十日，十干；辰，十二辰，十二支。《月令》：春，木德，其日甲乙；夏，火德，其日丙丁；秋，金德，其日庚辛；冬，水德，其日壬癸；季夏，土德，其日戊己。五德五行，是为“五性”。董子《繁露·五行顺逆篇》：“木者春生之性”，下四行不言性；《春秋钩命诀》：性者，生之质。若木性则仁，金性则义，火性则礼，水性则智，土性则信。“五性”通于十干。合则为五，分则为十。至于“六情”，则翼说已有明文：分四方上下，其情则好恶喜怒哀乐也。此六字，《诗》中屡见。天以十干下加于地，为五方；地以六律上应天之十二躔次，为六合。故天以六节，地以五制。《内经》“五运六气”之说，盈千累万，言之甚悉，即解此“性情”之义，莫非《齐诗》传说也。《论语》：“性不可得闻”，即谓《诗》学深邃；“性”，非性理之谓。不言“情”者，言“性”以赅“情”也。《诗》

之言性情者，“五日为期”、“六月月讹作“日”。不詹”，是其起例。《陈风》“洵读作“旬”，十日，合为“五性”。有读“又”。情兮。”“六情”。《邶风》“吁嗟阔兮，不读“丕”。我活兮。”活，生也，指性言。谓天地广大，有十干。在天为十日，在地为九州十子。说详《皇帝疆域图表》。“吁嗟洵读“旬”。兮，不读“丕”。我信兮。”信，通神。谓天有十日在上，地有十二律在下，郁而必伸也。此《诗》言“性情”之明文也。《白虎通》：“情者，静也；性者，生也。”《邶风》“静女其娈，地支十二，女主静。《史·律书》：十母，十二子。贻我彤管。”十二管，还相为宫。《小雅》“矧尹人矣，不求友生。”《太玄》：四与九为友，谓庚辛也，为十干之二。即情静、性生之说也。推而言之，“五豝”、“五豵”，喻十日，为一旬。在地为九服，万里。“五纶”、“五緎”、“五总”，喻十五日，为三候。在地为十五服。“十亩之间”、“十亩之外”，间之外四方，皆十亩，即三十日。在地为三万里。《老子》“三十辐共一毂”是也。《周南》十一篇，为“五性六情”之数；即《内经》“五运六气”之起文。班氏《律历志》引《传》曰：《诗经》传说。“天六地五，以干支之升降气交言。数之常也。天有六气、《内经》六气：子、午少阴，丑、未太阴，寅、申少阳，卯、酉阳明，辰、戌太阳，巳、亥厥阴。降言降即有升。生性者，生也。五味。《月令》：五味通终五行、五音、五色。夫五六者，天地之中合，干支和合于地中。而民所受以生也。人受之以为性。〇《左传》“民受天地之中以生”。故日有六甲，天气下降。辰有五子，地气上跻。十一而天地之道毕矣。”言“五性六情”、干支在天地间，终而复始。故《诗》之十篇应十日者五国，共五十篇，为五旬。《鄘》十日，《柏舟》甲己，土运；《卫》十日，《淇澳》乙庚，金运；《王》十日，《黍离》丁壬，木运；《秦》十日，《车邻》戊癸，火运；《陈》十日，《宛丘》丙辛，水运。五运在地，合为五方，五行，分为九州。即为“五性”。《乐记》“五帝遗声，五方五帝。商人识之”是也。《鄘》居中，即宋为商人。《诗》之应月者六国：《邶》二十篇①，为少阴，司天；《郑》二十一篇，为厥阴，司天；二风篇数多为有余，大过。《齐》十一篇，为太阴，司天；《含神雾》：齐处孟春之位，律中，太簇。《唐》十二篇，为太阳，司天；唐处孟冬之位，当改作仲冬。〇风为平气。《魏》七篇，为阳明，司天；魏处季冬之位。《豳》七篇，为少阳，司天。二风篇数少，为不及，以《邶》、《魏》之有余补之。六风配合“六情”，在天。有六司天，

① 《选集》按，今《毛诗·邶风》实十九篇。

尚有六在泉。《乐记》“三代遗声，齐孟春，寅；唐仲冬，子；魏季冬，丑。三正三王。齐人识之”是也。齐得夏正，为齐人。其余《周》、《召》、《桧》、《曹》为中央四风，在气交之中，言人。《周南》：“中谷”、“中逵”、“中林”、“室家”、“王室”；《召南》：“居巢”、“涧中”、“在公”、“宫室”、“屋墉”；《桧》言“中心”三；《曹》言“四国”二，又言“周京”、“京周”、“京师”，皆谓中央之内。《鄘》首篇“母也召公司空主养。天只，六国司天。不谅读作“丕亮”。人只！”四国居中〇“中河”喻地中，“两髦”谓周召之死，谓五国在泉不见。《齐》首为“虫飞薨薨，《周南·螽斯》。甘中央土味。与子六甲五子。同梦。魂游六合。会且归矣，《洪范》：“会其有极，归其有极。”谓中央。无读“怃”，大也。庶素王，大统。予同“与”。子。憎读“增”。”谓大统之素王，所增加之三才例也。四益有《大雅合易上经三才表》。然则五国在泉，为天气下降；《诗》：“匪鳣匪鲔，潜逃于渊。”六国司天，为地气上腾。《诗》：“匪鹑匪鸢，翰飞戾天。”干支升降，而后相袭于中，此三才之道也。《内经》：“夫道者，上知天文，下知地理，中知人事，可以长久。”又曰：“圣人之为道者，谓孔圣作经。上合于天，《诗》六国司天。下合于地，五国在泉。中合于人。四国居中。故天气下降，气流于地，十天降地，辰有五子。地气上升，气腾于天。六气升天，日有六甲。高下相召，升降相因，中央和合。而变作矣。”气交变说。是以《唐风》十二篇，正应十二月；《豳风》“流火”一篇，四日起八干，甲己化土，居中不见。六月即六气六合，干支备具。《纬》说有“四始五际”，“五际”即五运五性；《泛历枢》所云，别为一义。“四始”在寅申巳亥月，为四时之始，如《春秋》首时。得六情之二，加上下辰戌丑未子午卯酉，即六气六情也。《斯干》一篇，为干支起例。生男子为干；《孟子》：尧九男；《吕览》：尧十子。皆谓干也。生女子为支，《帝典》二女，《举零经》说天子娶十二女，即统有外十二州之义。举其半为六，即《帝谟》六律，《禹贡》六府，《周礼》六裔，《淮南》六合也。以上下四旁论，则为《帝典》六宗，《皇篇》六官。《内经》：“天地者，万物之上下也；左右者，阴阳之道路也。”经传以男女为干支之代词者，不一而足。《帝典》二十二人，《大诰》十夫十人，《杍材》矜寡姢妇，《史·律书》十母十二子，皆谓此也。故尧之九男二女，《孟子》。十子二女，《吕览》。为经中天下一家之符记。揆之“天学”，则十干分九天、九野；十二支为日月躔次。道通天地，上下一贯，未可以宏大不经目之也。

据《齐诗》“五性六情”，《诗纬》“五际四始”，固皆指干支而言矣。

学者由此钻仰，何以希天而入神哉！《翼氏传》：肝之官，尉曹，木性，仁；师古《注》：“肝性静，静行仁，甲己主之。”心之官，户曹，火性，阳；《注》：“心性躁，躁行礼，丙辛主之。”脾之官，功曹，土性，信；《注》：“脾性力，力行信，戊癸主之。”肺之官，金曹，金性，坚；《注》：“肺性坚，坚行义，乙庚主之。”肾之官，仓曹，水性，阴。《注》：“肾性智，智行敬，丁壬主之。”又曰：五行，在人为性；五性处内，御阳，喻收五藏。六律，在人为情。六情处外，御阴，喻收六体。性者，仁义礼智信也；情者，喜怒哀乐好恶也。五常分五方，《诗纬》以邶、鄘、卫、王、郑五国，处州之中，为五音。《民劳》五篇，为五民五极；《邶》四风，谷风，东；终风，西；凯风，南；凉风，北。《崧高》四篇，分应四方，加中央为五诗之言六情者。“《关雎》乐而不淫，哀而不伤。”《论语》已举上下矣。其他“中心喜之”、“中心好之”、“逢彼之怒”、“在彼无恶”。《内经》言人身五藏六府契合于性情者，分配干支。其文连篇累牍，皆所以发明《诗》旨也。《白虎通》：“人禀阴阳而生，内怀五性六情。”《钩命诀》：“性所以五，情所以六，何？人本含六律五行之气而生，故内有五藏六府，此情性之所由出入也。”据此，可见人之性情，本具天地干支之运气。《左传》：“民受天地之中以生，所谓命也。”修养在一己，即感通在天地。《论语》：“性不可得闻。”言性不言情，性属天，举天以包地。《中庸》：尽己之性，推之尽人物之性，可参天地化育。即兼括“六情”在内。《孟子》：“尽心者知性，知性则知天。”《中庸》：“喜怒哀乐未发为中，发皆中节为和。致中和，天地位焉。”学者涵养一己之性情，得其冲和，阴阳无愆，疵疠不作，穆然与天地合德，久而道成。则神游之境，自不虑从之莫由也。《周南》取义周游，《楚辞·远游》其传也；《召南》取义招魂，《楚辞·大招》其传也。《诗》本灵魂之学，人由性情以进修，则卷之在身心，放之弥天地。吉梦维何？自尔东西南北，无思不服矣。

《诗》有通于《易者》：《文王》、《大明》、《绵》合于《乾》、《坤》十朋；《棫朴》、《旱麓》、《思齐》合于《否》、《泰》十朋；《皇矣》、《灵台》、《下武》合于《坎》、《离》十朋；“文王有声”一章总结之。列有《大雅合易上经三才表》。《鹿鸣》十三篇[①]，合于两《济》六朋；三《小》七篇合于《咸》、《恒》十朋；《瞻洛》十八篇合于《损》、《益》六朋；《鱼藻》七篇合于《震》、《艮》六朋；《菀柳》十一篇合于《巽》、《兑》

① “十三篇”原讹作“三十篇”，从《选集》据《诗·小雅》改。

六朋。列有《小雅合易下经五中表》。此“性与天道”，子贡所以相提并论也。又有通于《书》者：《大雅·生民》七篇，配周公七篇；《凤皇于飞》六篇，配成王六篇；《嵩高》五篇，配《顾命》五篇。列有《书中候十八篇配大雅表》。此《大学》十二引《书》以明“人学”，又十二引《诗》以通“天学”之消息也。“天”、“人”之理，有交通之益，无扞格之虞。大统之世，天下一家，和亲康乐，宇宙雍熙。进研“天学”，此其时欤！

经学六变记[①]

八十自寿文代序

六译先生既号六译，四变、五变，十年前刊版问世，六译终寂默无闻乎？爰作《六变记》。开首《颐卦解》。孔子以言立教，故托始于《颐》。《春秋》、《仪礼》、《尚书》为人学三经，《诗》、《乐》、《易》为天学三经，于颐[②]一见圣讳，于二五爻两见“经”字，上九由颐利涉大川，《论语》：乘桴浮于海，从我者其由与？子路闻之喜。浮海即利涉大川之象。第二，《史记》：郑人有言曰：“东门有人，其颡似尧，其项类皋陶，其肩类子产。”尧、皋陶，《尚书》；子产，《春秋》。子贡以实告，孔子曰：“形状，末也，累累如丧家之狗，然哉！然哉！”以人学三经思先生之道，以待后之学者。第三，《韩诗外传》：子夏问曰：“《关雎》何以为国风始？”子曰：“《关雎》其至矣乎！”天学三经《诗》、《乐》、《易》，人首举尧、舜，天则阴阳、牝牡、雌雄。第四，《王制》、《周礼》，《王制》为《春秋》师说，《周礼》为《尚书》师说。第五，取《灵枢》、《素问》黄帝六相：僦贷季、鬼臾区、岐伯、伯高、少师、少俞，黄帝受六相之教授与雷公。《内经》二部，前人以为战国文字[③]，天学托始黄帝，其书去尧、舜不知几何年代。总之，孔子托始，何分优劣也。第六，《论语》：君子有九思。《坎》、《离》所统十卦，形藏四、神藏五。君子有九思，四、五合九也。三《颂》：《周颂》法天，其数六；《商颂》法地，其数五；《鲁颂》法人，其数四。第七，《论语》：《雅》、《颂》各得其所。《大雅》三十五篇，《小雅》三十七篇，《大颂》十五篇，《小颂》分上、中、下为三十三篇。详各得其所之义，既有大、小《雅》，亦有大、小《颂》。第八，《周颂》本六篇，毛本依《大雅》分为三十一篇，十八

---

① 《经学六变记》为廖氏1932年81岁时所作，惜全稿尚未完成遽溘然逝世。此书为1935年由廖氏次孙宗泽（次山）据遗稿整理删补而成，是年由廖氏家刻入《六译丛书》，并附录黄镕《井研先生七十寿序》及柏毓东《六变记》二文。廖氏晚年专以《内经》讲论《易》、《诗》，谓二经全为天学，《内经》则二经之师说，非至圣不能作，说详《易经经释》、《诗经经释》。廖撰《六变记》，亦本此意，然为未完之作，条目虽明而阐述不足，故其议论意或难明。柏作《六变记》虽前于廖作，然大同而小异，且曾附廖氏《文字源流考》行世，显为廖氏所首肯者，故本编亦选附柏文，以便读者互参。

巴蜀书社1989年出版李耀仙主编之《廖平学术论著选集》亦曾选录柏文。

② “颐”上原衍“丘”字，据文义删。

③ “战国文字”原讹作“战国文学”，据第五节改。

字为一篇，何足以为《颂》？不知《左传》“武王作《武》”，其分章六，引诗文相证，足破群疑。《六变记》草稿未终，恝然中止，学经六变，各有年代，苟遇盘根错节，一再沉思，豁然理解。爰就《丛书》分十五类，删去重复，提倡绝学，以成一家之言。翻译类四种，《史记》八引孔氏古文，以为孔氏造字根据。论学类七种，《孝经》类四种，《颐·彖辞》属《孝经》。《春秋》类十五种，《礼》类五种，《书》类八种，《诗》类八种，《乐》类三种，《易》类八种，尊孔类八种，医家类二十种，分诊脉、伤寒两门。地理类五种①，补助蒋大鸿，并证其伪。文钞类三种，辑古类八种，共一百零六种。宗泽案：此所云百零六种，兼及未刻稿，又未将未刻者全编入，非定数也。

上先大父六译先生《八十自寿文》，首尾不具，盖未完之作，以其本叙《六变记》纲要，故录之以代序。先大父治学六变，始民国辛酉，至壬申八十初度，凡十年，而《易经经释》、《诗经经释》成，乃自订《六变记》，未成而辍。未几，先大父遽弃养，所谓“草稿未终，恝然中止”者也。近取原稿加以整比，依《自寿文》次第写为一卷。第三、第四原稿阙，第九、第十则《自寿文》所未及也。取《韩诗外传》补第三而阙其说。《王制》、《周礼》为《春秋》、《尚书》传，已详《五变记》，则第四但录其目。第九、第十原稿多不具，则据《易经经释》、《诗经经释》补之，所补率原稿所已提示，不敢以臆增入也。原稿论《内经》语在《颐卦解》中，论《诗》语在论《内经》语中，并改从其类。文字重叠脱误者，详其指趣为之删节补正。乐山黄经华师撰先大父《七十寿序》，柏君毓冬更本之作《六变记》，与此稿大同而小异，并附录于后，见十年变迁之迹。

先大父草此记时，泽不在侧，致不能及时就质，俾成完书，手泽犹存，典型日远，断圭零璧，弥足珍矣。

甲戌二月九日次孙宗泽谨识

经学六变记

一

孔以言立教，《颐卦》早有明文，后世传文王作《易》、苍颉造字等邪说，不知《颐卦》一见圣讳，两见“经”字，孔子作《易》、造

① “地理类五种”原讹作“地理类五类”，据上下文改。

字，确不可移，故《内经》九卷《素问》详哉言之，作《颐卦解》。

☶☳象口形　颐贞吉，观颐，自求口实。　　《孝经》

孔子以言立教，垂空文变成实事，故曰口实。

初九剥舍尔灵龟，观我朵颐，凶。　　《春秋》

☶☳卦内柔外刚，象龟形，故曰舍尔灵龟，观我朵颐。尔我二字对文，我，孔子自称。舍尔灵龟，谓不用古史字母书，观我朵颐，谓子所雅言。

六二损颠颐，拂经于丘颐句。征凶。　　《尚书》

拂字亦作覆，颠拂义，犹颠倒，丘，孔圣讳。

六三贲拂颐贞，凶。十年勿用，无攸利。　　《仪礼》以上人学。凶。

☶☳卦上下各五画，二五合十，故曰十年。

六四噬嗑颠颐，吉。虎视眈眈，其欲逐逐，无咎。　　《诗》

视思明，视占一数，七十而从心所欲不逾矩，欲占七数。

六五益拂经，吉。居贞，[不]可涉大川。　　《乐》

上九复由颐厉，吉。利涉大川。　　《易》以上天学。吉。

《论语》：子曰："乘桴浮于海，从我者其由与？"子路闻之喜。子曰："由也好勇过我，无所取材。"即谓此海象大川，由颐，圣贤同等。

二

《史记·孔子世家》：孔子适郑，与弟子相失，独立郭东门外。郑人谓子贡曰："东门有人，其颡似尧，其项类皋陶，其肩类子产，然自要以下不及禹三寸，累累若丧家之狗。"子贡以实告，孔子欣然笑曰："形状，末也，而谓似丧家之狗，然哉！然哉！"

按人学三经：《春秋》、《礼》、《尚书》；天学三经：《诗》、《乐》、《易》。《孝经》统括六经，《颐卦·象辞》属焉。《尚书》托始尧、禹、皋陶，郑人谓其颡似尧、其项类皋陶、自要以下不及禹三寸，尧、禹、皋陶，谓孔子作《尚书》所托始也。其肩类子产，子产郑大夫。春秋人物，举子产以包之也。人学三经举尧、禹、皋陶、子产，以包《春秋》、《尚书》。孔子作经皆托古翻译而成，累累然丧家之狗，谓经典之主人已死，孔子作人学三经，若丧家之狗，岂不然哉！

《管晏列传》：管、晏皆有书行世。实则孔子乃造六书行世，群弟子从后推求，亦如《尚书》。郑有子产，子产一见例，统春秋十二公二百四十年。

《尚书大传》略说子夏读《书》毕，孔子问曰："吾子何为于书?"子夏曰："《书》之论事，昭昭若日月焉，所受于夫子者弗敢忘。退而穷居河济之间，深山之中，壤室蓬户，弹琴瑟以歌先王之风，有人亦乐之，无人亦乐之。上见尧舜之道，下见三王之义，可以忘死生矣。"孔子愀然变容曰："嘻，子殆可与言《书》矣！虽然，见其表，未见其里，阚其门，未入其中。"颜回曰："何谓也?"孔子曰："丘常悉心尽志以入其中，则前有高岸，后有大溪，填填正立而已。六《誓》可以观义，五《诰》可以观仁，《甫刑》可以观诫，《洪范》可以观度，《禹贡》可以观事，《皋陶谟》可以观治，《尧典》可以观美。"宗泽案据《古经解汇函》陈寿祺辑校本补。

三

《韩诗外传》：子夏问曰："《关雎》何以为国风始也?"孔子："《关雎》至矣乎？夫《关雎》之人仰则天，俯则地，幽幽冥冥，德之所藏，纷纷沸沸，道之所行，虽一作如。神龙变[①]化，斐斐文章，大哉关雎之道也，万物之所系，群生之所悬命也。河洛出书图，麟凤翔乎郊，不由《关雎》之至，一作道。则《关雎》之事将奚由至矣哉！夫六经之策，皆归论汲汲，盖取之乎《关雎》，《关雎》之事大矣哉！冯冯翊翊，自东自西，自南自北，无思不服，子其勉强之，思服之，天地之间，生民之属，王道之原，不外此矣。"子夏喟然叹曰："大哉关雎，乃天地之基也。《诗》曰：'钟鼓乐之。'"

旧有论《诗序》文，刊入《四益馆杂著》，极论毛本之谬，下同朱、焦之误。盖《书序》可存，《诗序》不可存。详矣。《齐》八大节，《郑》十六小节，《唐》一年一周，《邶》一年一周，盖天学阴阳传之文，全为《月令》、《夏小正》之类，以为诸国人事，岂非南辕北辙哉！

---

① "变"字原脱，据《韩诗外传》补。

四

《王制》、《周礼》宗泽案原稿阙，说详《五变记》。

五

黄帝六相

僦贷季

鬼臾区

岐伯

伯高

少师

少俞

雷公七篇

《内经》主人，全归六相，虽多少不同，理无优劣。黄帝承六相之教，传学雷公，教者、受教者皆孔氏之代言人，当时绝无六相、雷公其人者，亦《尚书》之尧、舜、禹、汤、文、武之类，皆孔门之传经立教者，当时实无其人。如《颐卦》孔子作六经，经文一见圣讳，于二、五爻两见经字，皆孔子空言立教。文王作《易》，苍颉造字，皆属谣言。

后世学者，误以雷公与六相混同之，余常撰一联：黄帝六相说《易》、《诗》，雷公七篇配《春秋》。

《内经》在先，早有成书，然后《诗》文就阴阳传依次排定，所以班氏谓就人事说《诗》，咸非其本义。

诸儒说《内经》乃战国时文字，不知孔子作六书，战国时然后大行，故战国文字。文王作《易》，苍颉造字，皆谣言也。《内经》泄天地之秘，非至圣不能作。《内经》在黄帝时，何以历代传授绝无影响。盖孔子作经，诸弟子同时作《内经》，道一风同，全为天学。王启玄《次注》补七篇，尤为玄中之玄，秘中之秘，非但医人之疾，直为《易》、《诗》二经传说。后世《铜人图经》偶尔一穴失传，绝不能补，诚《易系》曰："近取诸身，远取诸物。"日本丹波氏不信运气之说，不诚千虑一失哉。

王启玄所补七篇，合《六节藏象论》一篇，所补八篇，不惟《素问》，《易》、《诗》师说几过其半。《灵枢》旧名九卷，《本输篇》为《诗经》五运十篇、六气七十二篇之师说，《阴阳二十五人篇》为《鄘》、《卫》、《王》、《秦》、《陈》之师说，苟能通晓义例，所见字字珠玉。总之，

《内经》一百数十篇，所言莫非《易》、《诗》师说。

《素问》首数篇详天学，其人分数等：首真人，次化人，次至人，以上三等属天学，神游飞行与《楚辞》为一类。人学圣人为上，其次贤人。

全元起，隋人，著《素问注》。王冰，字启玄，唐人，著《素问次注》。二书皆有鬼神呵护，所以尚存，医书赖日本人保存。偶有脱亡，百般探寻，终不能补。宋林亿等新校正有《素问》、《肘后》、《千金》、《外台》数种，至今亦惟《素问新校正》独存。《易》、《诗》二经师说，苟非诸书尚存，无所取信。《易》、《诗》经说发明，归功鬼神呵护，岂过语哉！

六

《论语》：孔子曰："君子有九思，视思明，听思聪，色思温，貌思恭，言思忠，事思敬，疑思问，忿思难，见得思义。"

《素问·六节藏象论》：三而成天，三而成地，三而成人，三而三之，合则为九，九分为九野，九野为九藏，故形藏四、神藏五，合为九藏，以应之也。

《素问·气交变大论·上经》曰："夫道者，上知天文，下知地理，中知人事，可以长久。"

久与九同音，《上经》者《乾》、《坤》十卦，双卦二，作十二卦用，六气是也。《泰》、《否》十卦作五卦用，五行是也。《坎》、《离》十卦作九卦用，形藏四、神藏五，四五合为九也。

四双卦为形藏。逆行。

䷜坎子听思聪　　䷚颐酉言思忠

䷝离午视思明　　䷛大过卯貌思恭

六单卦为神藏。

䷘无妄丑未　色思温　　䷖剥亥子疑思问

䷙大畜辰戌　　　　　　䷗复申酉事思敬

䷕贲寅卯忿思难

䷔噬嗑巳午见得思义

七

《论语》："《雅》、《颂》各得其所。"

详各得其所之义，既有大小《雅》，亦有大小《颂》，其篇数如下：

《大雅》三十五篇由《文王》至《常武》二十八篇，加《云汉》、《瞻印》、《召旻》三大天，《节南山》、《正月》、《十月》、《雨无正》四时，为三十五篇。

《小雅》三十七篇由《鹿鸣》至《无羊》三十篇，加《小旻》、《小宛》、《小弁》三小天，《鹿斯之奔》分《小弁》，《鹿斯之奔》为一篇，附《青蝇》，《巧言》、《何人斯》、《巷伯》四谗合为三十七篇。

大《颂》十五篇《周颂》三十一篇合为六篇。《鲁颂》四篇，《商颂》五篇，合十五篇。

小《颂》三十三篇分毛本《小雅·谷风》以下至《何草不黄》三十三篇为三小《颂》，与三大《颂》相对。是各得其所之义。小《颂》配三京，每京十一篇，分上、中、下。于《易》应《巽》、《震》、《艮》、《兑》、两《济》。

八

《周颂》六篇

《周颂》本六篇，毛本仿《大雅》析为三十一篇，每章为一篇，三十一章为三十一篇，十八字为一篇，何足以为颂体？今据《左传》“武王作《武》”，其分章六，引《诗》文相证。《左传》宣十二年：武王克商，作颂曰：载戢干戈，载櫜弓矢，我求懿德，肆于时夏，允王保之。又作《武》，其卒章曰：耆定尔功。其三曰：铺时绎思，我徂维求定。其六曰：绥万邦屡丰年。

合六篇为《武》，合三十一篇为六篇。

《武》《时迈》《执竞》《赉》《酌》《般》《桓》〇《乐记》：且夫《武》，始而北出，再成而灭商，三成而南，四成而南国是疆，五成而分周公左、召公右，六成复缀以崇。

《清庙》《维天之命》《维清》《天作》《昊天有成命》《我将》

《思文》《良耜》《臣工》《载芟》《噫嘻》《丰年》

《有客》《振鹭》《潜》《有瞽》

《雍》《烈文》《载见》《丝衣》

《闵予小子》《访落》《敬之》《小毖》

上知天文，天以六为节。

《商颂五篇》

《那》

《烈祖》

《玄鸟》

《长发》

《殷武》

下知地理，地以五为制。

《鲁颂》四篇

《駉》

《有駜》

《泮水》

《閟宫》

中知人事，人以四为度。

九

《上经》首六气，次五行，次九思。

《乾》《坤》十二卦六气　顺行

《乾》《屯》《蒙》《需》《讼》

《坤》《师》《比》《小畜》《履》

《泰》《否》十卦五行　顺行

《泰》《同人》《大有》《谦》《豫》

《否》《随》《蛊》《临》《观》

《坎》《离》十卦九思　逆行

《坎》《颐》《噬嗑》《剥》《无妄》

《离》《大过》《贲》《复》《大畜》

《下经》

《咸》《恒》十卦孤阴孤阳

《咸》	《遁》	《晋》	《家人》	《蹇》
以性情言	以豕畜言	以二伯言	以人鬼言	以出处言
《恒》	《大壮》	《明夷》	《睽》	《解》

《损》《益》六卦

《损》《夬》《涣》

《益》《姤》《节》

《巽》《震》六卦上知天文

《巽》一《升》三《革》五

《震》二《萃》四《鼎》六

《艮》《兑》六卦下知地理

《艮》一《渐》三《困》五

《兑》二《归妹》四《井》六

《既》《未》六卦中知人事

《既济》一《中孚》三《丰》五
《未济》二《小过》四《旅》六

《上经》三十六卦，象上半年三十六节。《乾》、《坤》、《坎》、《离》、《颐》、《大过》，双卦六，一卦作两卦用。《下经》三十六卦，象下半年三十六节。《小过》、《中孚》，双卦二，一卦作两卦用。推之《诗经》，《大雅》三十五篇象《上经》，《小雅》三十七篇象《下经》，毛本《小雅》误以小《颂》三十三篇附入，推之上、下《经》以证其误，恰合三十六篇之数。

十

《乐记》：子赣见师乙而问焉。曰："赐闻歌声各有宜也，如赐者宜何歌也。"师乙曰："乙贱工也，何足以问所宜，请诵其所闻，而吾子自执焉。宽而静、柔而正者宜歌《颂》，广大而静、疏远而信者宜歌《大雅》，恭俭而好礼者宜歌《小雅》，正直而静、廉而谦者宜歌《风》，肆直而慈爱者宜歌《商》，温良而能者宜歌《齐》。夫歌者，直己而陈德也，动己而天地应焉、四时和焉、星辰理焉、万物育焉。故《商》者五帝之遗声也，商人识之，故谓之《商》。《齐》者三代之遗声也，齐人识之，故谓之《齐》。明乎《商》之音者临事而屡断，明乎《齐》之音者见利而让。临事而屡断，勇也，见利而让，义也。有勇、有义，非歌孰能保此。"

《周南》、《召南》、《桧》、《曹》，风诗三十三篇为一序。
《鄘》、《卫》、《王》、《陈》、《秦》，五运五十篇为一序。
《郑》、《邶》、《唐》、《齐》、《魏》、《豳》，六气七十八篇为一序。
《小雅》五行三十七篇为一序。
《大雅》九天三十五篇为一序。
小《颂》上、中、下三十三篇为一序。
大《颂》天、地、人十五篇为一序。

全《诗》二百八十一篇《乐纬动声仪》：《诗》二百八十一篇。毛本分《周颂》为三十一篇，故为三百五篇，今依旧本作六篇，恰得二百八十一篇。共为一序。

附录 六变记

先生名登廷，字勖斋，后改名平，字季平。蜀之井研人。"六译"盖先生七旬初度时之自号也。

生平笃志于经，从丙子受知南皮张文襄公，始泛滥于声音训诂之中。所作《六书旧义》，以“象形”、“象事”、“象意”为主，而论“谐声”以济造字之穷，“假借”、“转注”主用字。逾癸未而《今古学考》成，得周公、孔子诸大义。当时襄校尊经，于“今”、“古”学派，合同学二三百人专心研究，至戊子而“尊今抑古”之论立。“今”主孔子，“古”主周公。外间所传《孔子改制考》、《新学伪经考》，宗此派也。初治《春秋》，专详《王制》，历年既久，而觉《周礼》、《尚书》师说尤繁。戊戌因订《王制》、《春秋》为小统，《周礼》、《尚书》为大统。分《论语》力行、思志为二途，《中庸》所谓“知天”、“知人”。《春秋》、《尚书》为“人学”，为力行；《诗》、《易》为“天学”，为致知。岁在壬寅，而“人天”学派立，于是编为《四变记》，流传海内。继又因汉、宋二派皆谓孔子“述而不作”，本“秦火”、“同文”之说，悟六经皆为雅言，东汉古文家源流，百无一真。公孙禄每怪国师公颠倒五经，后世不得其解。不知刘歆伪创钟鼎彝器，谓尧舜以来，皆有“六书”，六经为“述而不作”。实则孔子作经，乃造“六书”文字。中国三代及东周以前，亦如今地球万国所通行者，皆字母书。惟孔子“六书”古文，乃惊天地、泣鬼神之制作。至今中国流传文字，实为至圣所独创。其有玄圣、素王、少皞、文王、周公诸字义，皆孔子作经所由缁译。于是订为《五变记》。已命乐山黄经华于壬子笔述之。

己未春，先生得中风，声喑掌挛，而神智独朗澈。优游中得《诗》、《易》圆满之乐，遂半生未解之结于《灵》、《素》，获大解脱。其论《诗》，本《乐记》歌《风》、歌《商》、歌《齐》、歌《小雅》、歌《大雅》、歌《颂》之六歌，而悟六诗之师说存于《内经》。订“四风”、“五运”、“六气”、“小天地”、“大天地”、“二十八宿”为六门，以应《乐记》。《周》、《召》、《桧》、《曹》四诗，不见日月字面，因订以《周南》十一篇，起“五运六气”例；《召南》十四篇，起二十八宿例；《桧诗》、《曹诗》各四篇，以起八风例；《灵枢·九宫八风篇》，是为传说，以应《乐记》之“歌风”。此风诗一也。

《鄘》、《卫》、《王》、《秦》、《陈》五诗，各十篇，合于《内经》之“五运”。盖五旬五十甲子，除子午少阴不司天之十年不计，所谓甲己化土，乙庚化金，丁壬化木，丙辛化水，戊癸化火。凡十干合为五行，施为“五运”，化为五旬。凡属日之诗五，所谓日属世界，以应《乐记》之“歌商”。盖“鄘”字古通“宋”，宋为商后，故“五运”诗以《鄘》

为首。此“五运”之诗二也。

《邶》、《郑》、《齐》、《唐》、《魏》、《豳》，合于“六气”之六十甲子。《内经》六气有平气、太过、不足之差，以一气主十二月分之，则《魏》、《豳》各七篇，为不足；《邶》、《郑》各二十篇，为有余；用损益法，取《邶》、《郑》之首各五篇，补入《魏》、《豳》，每诗余三篇，以象闰月。另将《郑诗》之《溱洧》一篇，补入《齐诗》，与《唐诗》皆十二篇，以应平气。《邶》、《郑》有余而往，不足随之；《魏》、《豳》不足而往，有余从之。凡地支主六气，所谓子午之上，少阴主之；寅申之上，少阳主之；丑未之上，太阴主之；卯酉之上，阳明主之；辰戌之上，太阳主之；巳亥之上，厥阴主之。一气主十二年，六十甲子，余十二月，以旬空法补之。是为属月之诗，所谓月属世界，以《齐诗》为之代表，应《乐记》六歌之“歌齐”，此“六气”之诗三也。

《小雅》为小天地，以《小旻》、《小宛》、《小弁》三篇为之代表。自《鹿鸣》至《无羊》三十篇，以应一毂三十辐，比于《易·下经》之《咸》、《恒》十朋。《节南山》至《巷伯》，是为三《小》十一篇，比于《易·下经》之《损》、《益》六首。《习习谷风》至《钟鼓》，是为《鱼藻》十一篇，比于《易·下经》之《震》、《艮》六首。《楚茨》至《宾之初筵》，是为《瞻洛》十一篇，居中央，比于《易·下经》《兑》、《巽》六首。《菀柳》至《何草不黄》，是为《菀柳》十一篇，比于《易·下经》之《济》、《未》六首。凡《小雅》之诗七十四篇，应《易·下经》五朋，所谓“五中”。《内经·六微旨大论》云，“上下有位，左右有纪”，“移光定位，正立而待之”，“本之下，中之见也；见之下，气之标也”，即其传说。是为小天地，主纪步之诗。较月属“六气”之诗为尤大，与《乐记》六歌之《小雅》相应。此小天地之诗四也。

《大雅》为大天地，以《云汉》、《瞻卬》、《召旻》三篇为之代表。自《文王》至《下武》九篇，分应天地人之道，天以六为节，地以五为制，人以四为度，故有上部之天、地、人，中部之天、地、人，下部之天、地、人。三而三之，三三而九，九九八十一，是为九天。而分八风，与《周》、《召》、《桧》、《曹》风诗相应。提出《文王有声》一篇，与《尚书·帝典》开宗之《皇道篇》相配。自《生民》至《卷阿》八篇，以应“八节”，《凤皇》至《桑柔》六篇，以应“六气”。《崧高》至《常武》五篇，分配五方。合为二十八篇。《考工记·辀人》盖弓二十八，以应列宿。故三大天为列宿外之三统，与三小天之次序颠倒不同者，所谓上下无常。而人道则居中不变。三小天，商在前，周公居中，成王居末。三大天，武王居首，周公无天下而有天下次之，孔子则主《商颂》。此小大所由分，是为大天地，主二十八宿之诗，与《乐记》六歌之《大雅》相应。此大天地之诗五也。

三《颂》：《周颂》属天，天以六为节，故《周颂》六篇；《鲁颂》居中属人，人以四为度，故《鲁颂》四篇；《商颂》属地，地以五为制，故《商颂》五篇。凡三《颂》比于《易·下经》六首之《震》、《艮》、《巽》、《兑》、《既》、《未》三朋。从容中道，无太过不足之差。四五六相加，为篇共一十五，正与十五国风相应。毛本增作三十一篇者，伪也。此素青黄三统之诗，与《乐记》六歌之“歌颂”相应，更又与《易》之三藏对起。是为三《颂》之诗六也。

其论《易经》，因《乾》、《坤》生六子为八，父母卦各生三子，三八二十四，合父母为三十卦，合老少父母共得六十四卦。《内经·方盛衰论》“奇恒之势，乃六十首”。与《禁服篇》“通于九针六十篇”之说相同。因订《上经》、《下经》为十首六首，各四朋。十首者，以十卦为一朋；六首者，以六卦为一朋。凡《上经》三朋，朋皆十卦；《下经》五朋，惟《咸》、《恒》一朋十卦，余四朋皆六卦。《六节藏象论》、《生气通天论》所谓“其生五，其气三”，三为三才之道，五主五中之情，故《上经》三朋《乾》、《坤》、《否》、《泰》二十卦，主占天地之大小。《乾》、《坤》十朋为小天地，以《小畜》为之代表；《否》、《泰》十朋为大天地，以《大有》、《同人》为之代表；《坎》、《离》十朋居中为人事，所谓“上知天文，下知地理，中知人事”。此《上经》三十朋也。《下经》五朋，《咸》、《恒》二五爻，《大过》、《小过》，所谓“奇恒”，详病之深浅；《损》、《益》二五爻，《颐》与《中孚》，所谓“比类”，主治病情。此《咸》、《恒》、《损》、《益》凡二朋也。《震》为长男，纵之则《艮》为少男；《兑》为少女，纵之则《巽》为长女。长少各别，得《损》、《益》则合乎《中庸》。《震》、《艮》六首，是为有余而往，不足从之；《兑》、《巽》六首，是为不足而往，有余从之。两朋分居《既》、《未》六首之左右，所谓“从容中道”。别为三藏，合为五中。此《下经》之五朋，与《诗》例互相起发，合之则双美，分之则两伤。

核四十年而成六变，洵张文襄戒书所谓“风疾马良，去道愈远”①者，其幸免乎。

毓东以驽蹇之乘，负笈师门，积有年岁。初治《春秋》，通三《传》，再熟《尚书》。《大统图表》，即已惊心骇目，叹未曾有！今复从侍左右，讲贯《诗》、《易》条例，卜知此六译之说，一成不变。因就乐山黄经华所撰《先生七旬寿序》，重加润色，订为《六变记》。俾与《四变》、《五变》两记合行于世，以示我师门一贯之旨焉。时辛酉冬十月上浣也。②

柏毓东谨述

① “洵张文襄戒书所谓‘风疾马良，去道愈远”，《选集》按原作“洵所谓风疾马良，去道逾远也”，后硃改如今文。

② 廖宗泽于此文末按谓：“黄文梦寐时得圆满之乐。盖指先大父曾梦上宾于帝，如佛圆满，此文易梦寐时为优游中，失其旨矣。”

经学初程*

学问之道，视乎资性，凡得力处，人各不同，不能预设程格以律天下。然臻巧入妙，不可相传，而规矩准绳匠人所共。孟子曰：大匠能与人规矩，不能使人巧。今之论著，即语以规矩之意也。

经学须耐烦苦思，方能有得，若资性华而不实、脆而不坚，则但能略窥门户，不能深入妙境，盖资性不近，无妨择选他途，不必强以学经，堕入苦趣，非其本心，不能有成也。

经学为科举先资，本无妨于科举。或有心亦好之而恐误科名不敢习者，不知果能通经，未必不掇巍科，终身株守制义，未必成名。得之不得，有命存焉，经学之于科举，有益无损也。

经学要有内心。看考据书一见能解，非解人也，必须沉静思索，推比考订，自然心中贯通。若徒口头记诵，道听涂说，小遇盘错，即

---

* 据廖宗泽《六译先生年谱》载：光绪十二年（1886 年）主讲井研来凤书院。作《经学初程》。按此书云：予己卯治《公羊》，至今七年。湘潭师来主讲，至今六载，所刊尊经课艺，皆湘潭之教。湘潭主讲始于己卯，至丙戌已七年，《尊经初集》刊于丙戌，先生此书又系对门人而言，疑主讲井研时作也。《年谱》同年又载："成《经学初程》一卷（在今《六译丛书》中），按此书署先生与吴之英同撰，疑为与吴同任尊经襄校时作，故以附此年。"然《年谱》载先生任尊经襄校在光绪十四年（1888 年），而光绪十三年（1887 年）仅在尊经阅卷、出题，未言任襄校，不审此等事是否即襄校职任？是此书成书年略有二三之差互。意此书当作于主讲来凤时，及与吴同任尊经襄校，吴氏或有所增减，虽署二人同撰，显以先生为主。先生作此书时年三十又五，甫成《今古学考》，虽识见惊人，意气风发，然议论尚称严谨，为学林所称。此书所言与先生前后诸书亦能贯通，且绝无后期幼眇恣肆之论，故至今虽已百余年，所说犹颇可供初习经者参考，并于此可见廖氏治经门径与前贤颇有异同。此书初刻于光绪廿三年（1897 年），后收入《四益馆经学丛书》，后又收《新订六译馆丛书》，皆用同一旧刻。今选自《六译丛书》，中有二字显系手民之误，径自改正，不出校语。

便败绩。惟心知其意则百变不穷。前人云，读书贵沉思不贵敏悟，信哉。

初学见识贵超旷，然不可稍涉狂妄。若一入国学便目空古今，盗窃玄①远之言，自待过高，于学问中甘苦全无领略，终归无成。不如一步一趋、自卑自迩之有实迹。

性敏者之学词章，稍知摹古，即有小效。至于治经，若非深通其意，断无近功。盖词章犹可剽窃以成篇，经学不能随意勦说以欺世。经学抉其理，词章发其华，自来经学湛深之儒，词章自然古茂。骋文蜚辩，谊愈坚则气愈雄，能先通经学以为词章，根柢尤较深厚也。

治经岁月，略以二十为断。二十以前，纵为颖悟，未可便教以经学，略读小学书可也。然成诵则在此时。二十以后，悟性开则记性短，不可求急助长，当知各用所长。

初学不读注疏，从何著手，读而不信，有何归宿。无论何经，先须将注实心体会，凡与注异者，绝不闻听。笃信注说，有所不解，乃后读疏，能将注疏融会贯通，已具根柢。盖有所遵守，则考校有方，此经学小成之候也。从此再加功力，始徐悟注说，某有未通，乃求一说以通之。或五年，或十年，由好而乐，可以自为程限。若初入大门，便怀疑虑，于注疏尚未通晓，本无宗守，安得依归。纵皓首钻研，其成效略可睹矣。

读书要疑要信，然信在疑先。读《说文》当先信《说文》，读段桂诸说，当先信段桂诸说。笃信专守，到精熟后，其疑将汩汩而启，由信生疑，此一定之法，实自然之序。若始即多疑，则旁皇道涂，终难入竟。或云二说不同，则何所信从？曰各求其理，不敢左右可也。如段与桂不合，读段求段意，读桂求桂意，不生驳斥，不为袒护，至水到渠成，则孰得孰失砉然理解矣。

治经当以注疏为主，治《说文》当以本注为主，以外枝叶繁博之书，不必早读，俟本注已熟，然后读经解诸书，取其去疑开悟，以资博洽。若初时有疑，可记存其事，不必遽捡别书，以致不能按日计功，且泛滥无归将畏难而自沮耳。

尊经初议不考课，惟分校勘、句读各门，以便初学。后以官府意定

① “玄”原作“元”，盖因避讳而改，今改还，下同，不另说明。

为课试，于初学颇不甚宜。南学及莲池书院不考课，以日记为程，最为核实。初学治经，正如窭人求富，节衣缩食、收敛闭藏，乃可徐图富有。今一入大庠，便作考辨解说，茫无头绪，势不能不蒙昧钞袭，希图了事。资性平常者，则东涂西抹，望文生训，以希迎合，不能循序用功。至于播私慧、弄小巧，一枝一节，自矜新颖，未检注疏，已诋先儒，若此用功，徒劳无益。故学者须知考课之学，非治经之道，当于平时积累，不可于课期猝办，既当改易心志，又宜更立课程。

先博后约，一定之理。学者虽通小学，犹未可治专经，必须以一二年博览诸经，论辨知其源流派别，自审于何学为近，选择一经以为宗主，则无孤陋扞格之病。且欲通一经，必于别经辨别门户，通达条理，然后本经能通。未有不读群经而能通一经者。博览群书，本学人分内之事，若苦畏繁难，苟求简便，枯守穷乡，闭关自大，不惟窘陋可嗤，（怪迂）尤多流弊。

古人治经，先学小学、算学，皆所以磨练其心、使其耐劳苦思以返朴质。盖小学释字，义理浅近，算学核计，更无词华，以易者引之，故取效甚速。《春秋》学，三传繁难，汉人犹不以教子。礼学千头万绪，更无总纲，在群经中最号难治。《春秋》文约理繁，多所况是，非心思开悟、深明义例者，不能知其变化。初学寻常数墨尚有未能，岂能解此神化之用。尝见有治此学四五年而全无头绪者，皆好高务远之过也。况三礼中《礼记》尤杂无条理，或一事而彼此不同，前后违牾，老师宿儒尚不知其要领，初学一入其中，五花八门不辨方位，终无益矣。

小学既通，则当习经。盖小学为经学梯航，自来治经家未有不通小学者。但声音、训诂，亦非旦夕可以毕功，若沉浸于中，则终身以小道自域，殊嫌狭隘，故经学自小学始、不当以小学止也。特不可遽读三礼、三传，如行远者于出门庭便入荆棘，意趣索然，恐仍还辕自守耳。

初学治经，除三礼三传外，若《书》、《诗》、《论》、《孟》，唯人所择。但治《书》须知今古文之异，不宜笃守《伪孔》之学，先儒所辟有明征也。兼读马郑注，阳湖孙本即佳，然亦须涉猎伪传，知其短浅，乃愈见马郑之优长，众恶所必察也。《诗》则有《传》、有《笺》，《传》、《笺》互有同异，各求其旨，以观其通，不宜执此诋彼、启同室之戈矛。《论》有何、《孟》有赵，旧日最称名家，及宋《朱注》出而近世学人罕读古注，然何赵时有精理，《朱注》务叶中味，各有所长，不容相掩，但能熟读注谊，将来所得必有出于三家之外、不在耳目之所及者，不必别白优绌、诋议昔人以为快也。

《书》、《诗》、《论》、《孟》固当治，已外有《易经》、《孝经》，治经家以为畏涂。盖《易经》合四圣人之论著以成书，理气象数无乎不具，各家解说最繁。今则但存《王注》，原疏本主王，故古注微耳。然李鼎祚《周易集解》实存古说，康成之注王伯厚旧有辑录，盖语其浅，则《王注》但长于理，其他故谊师说，可纲罗散佚以窥其全。语其深，则圣人假年之学也，末学无得名焉，在性近者善治之耳。《孝经》故说不见，脱误为多，今注疏中但存开元旧本，考据稍阙，礼制尤疏，漏略不可治也。而其可治即在漏略者，数旧典以为之考据，推旧仪以为之礼制，先无之社则酒黍易治，乃悟其漏略者原以待我之致力也。夫安有不可治之经哉。

《书》、《诗》、《论》、《孟》、《易经》、《孝经》皆有可治之方，唯三礼三传文博谊富，治经稍久者，乃可渐问其涂。三传各立门户，有可相通者，有必不相通者，但因注例以见传例，因传例以见经例，则三传同此经术也。既登其堂、入其室，则各有材质之强弱学力之深浅，随施引申补救之宜，则非更仆所能穷，亦有轮扁所不得言者矣。三礼相维，与三传异，其有相错者，当为曲关其理，不可听其乖违。礼为郑学，通其所通，并通其所不通，郑已先导而入，谨步趋之可矣。有谓读礼当先《仪礼》者，云篇目简少、节文易明，鄙意窃谓读《礼记》尤较《仪礼》之易，盖《仪礼》直举节目，无字不实，实处已难解悟，空处尚有繁文，不如《礼记》方言其礼即详其义，密疏相间，经纬代宣，方读其礼而罔罔者，旋读其义而昭昭。治礼者于读礼之始，自审《仪礼》、《礼记》孰晦孰明，性所近焉，工可决矣。要之，能治三传、三礼，已非疏谫之人，当知自求其安，不容以扞格者相强也。

不博遂求约，不可也。然其所以博览者，正为博观以视性之所近便于择术以定指归耳。夫深造之诣，惟专乃精，苟欲兼营，必无深入。若徒欲兼包以市鸿博，刚经柔史，朝子暮文，无所不习，必至一无所长。夫宏通之谊，代不数人，必是专门，乃能自立，心思既分，课程必懈，若此之流，初欲兼长，终归一无所长而已。

注疏无论矣，近来撰述诸家，莫不天资卓越，学力精勤，当其自负，亦自不可一时，非独自负，实亦如此。凡欲知其得失，必须究其底蕴，若先立成见，志在攻驳，则全是客气，无复细心求异，既不自安，前后亦或相反。总之，入门务在恂谨，苟或狂肆，未能有得。

学问之道，天下公同，外求合人，内必自治，乃可信今传后，垂法无穷。而治经家每多客气，或者自知依讬，辩给不改，苟立异端，便生间隙，夫泰山之高，积由尘土，若欲以护短饰非、矜求名誉，一人之手，岂尽掩天下之目，若此之伦，不怒其戆，乃哀其愚矣。

礼学繁难，入手专治一经已为躐等，乃又好大喜夸，兼治三礼，此必败之道也。况近派多不守旧，徒肆更张，治丝而棼，愈以霿乱。使如此用功，无论中材，即使天分过人，终亦劳苦无得，或欲以势力辩给，徒钳人口，赵宾说《易》，其明验矣。

躐等意在求速效，岂知循序则易悦而有功，躐等则扞格而不入。世有好为苟难，用功五六年全无所得者，此譬如登山，一人安步，一人飞行，安步者不劳而上，飞行者半途而蹶，蹶者困乏，又安有登临之乐。故升高自卑，一定之式也。

古人先入小学，后入大学，原有等次。今失学过时，自谓成人，便鄙弃小学，此非法也。夫治经之道，不能离声音训诂，学虽二名，实本一事。近来风尚，好高务远，谓童蒙占毕，成学所羞，便欲超迁、横通绝域，若此之流，不惟学有未全，亦心先失练矣。

初学最宜信古，既有遵守，不必遽用苦思，迟之三年，便能记诵，俟其精熟，然后审其得失，可以小出新意，略为改修。昔北朝大儒，世代遵用郑学，皓首研精，疏栉注说。若旁皇门外，便发难端，捡校未终，痛诋何郑。使先师果如所呵，则所注早经毁弃。或不能诵习循绎，乃抄袭浅说以相易，割裂经文以为类，人人自为著作之才，罔用心力，可不惜哉。

目录、校勘为初学入门必由之道，特目录所以识流别，为深造之初基，校勘袪舛误，本为精斁之首事。不谓风气所移，竟以二事为末，知其目而不知其蕴，校其字而不习其编，遂使初学之功，再无续效，若此之派，亦非深诣。

本经未熟而好求新异，此躐等凌次志欲横通者也。王霞举先生教人先诵读，朱肯夫先生立课亦重章句，皆学者所当遵守。若未熟经传，新解已张，不屑注疏，异文自炫，使经学如此便易，则其道已属不尊。况学业须有本末，故南人之巧不如北学之拙矣。

耻躬不逮，昔人慎言。一近勦袭，行同贩侩。若不守本分，徒炫新奇，采拾荒唐之言，以耸庸愚之耳，闻者震其玄远，未及反唇，久假不归，自忘菲薄。夫好为深语，本为浅人之技，倡者既已失言，和者尤为取噱。若此之辈，既以自欺，更后何云。特愿后贤可稍自省，屏除张皇之习，以归朴实之途。凡事无幸获，何况治经迂缓，自悟乃称心得，不谓学人全图便捷，窥伺观望，延搁岁时，岂知易成不能耐久，取巧未必万全，非宏毅自奋，别无捷径也。

三礼之服饰器物，《诗》之鸟兽草木，《书》之山水官职，《春秋》之日月爵名，近来学人最好言此，一事数说，迄无折中，苟欲研精，虽数月求通一说，亦有不能，破碎支离，最为大害，近今经学少深入之士，皆浮沉于此之误，此当先急其大者，而小者自不能外，若专说琐细，必失宏纲，而小者亦不能通矣。

读书不贵一见能记十行俱下，而贵能推究寻绎，又不贵博览泛涉矜奇，而贵能深入详考。苟不力求精深，而惟以泛滥自炫，纵读破万卷，仍无一字得力也。凡进锐贪多、好奇喜迁者，终无成就。

学问之道，出门有功，纵使异途，犹有启悟，况系同道，乃乏观摩，乃学者耻于下问。推其所由，非有不屑下人之志，则以质疑恐贻轻侮，无宁闭户自求。人欲治经，先须化气，好问美行，葑菲尚采，彼有咨询之效，此抱孤陋之伤，名实并加，何惮不为乎？或者声誉虚张，名过其实，倘过高明，恐致败露，杜门养拙，借以自全耳。

学者治经，每因难自阻，无论何经，皆有深奥难通处。如天文、地志、草木、禽兽，必求其精微，初非浅识所能。学者每欲求深，以此自阻。不知学问之道，如临战阵，先其所易，后其所难，今当专力于其易者，凡属所难以俟徐通，姑阙所疑，不为规避。苟必欲争明此类，则无论何门，有非皓首不能精通者，因小失大，固无一经可通矣。

初学《说文》，先要认得篆字，又要分得六书，事颇繁难。今立定章程，凡初看者先抄部首五百四十字篆文，并注意有未明者可摘录段注于下，每日钞十字，要认得清、记得确、讲得明，即以六书名目注于篆旁，二月毕工。可参看《文字蒙求》、《六书浅说》，即钞部首则须将全书过笔一次，以认得清为主，过笔时须订十数钞本，将部中象形、指事、会意、形声字分四本钞之，钞传不钞注，又将其中古文附奇字、籀文附大篆、篆文分别钞出，其有阙者及引经者及博采通人者，可渐次依类钞而考之。

一初学首习《说文》，须有等级，今以所闻于南皮太夫子者著之于此，学者不可以近而忽之。

篆文或体、通人说之重文，分作数本钞之，一日二百字，二月可毕。可以参看《新附考》、《逸字》之类，看时可照释例门目，择其要者十数门，就所看者依类钞之，不必求合，俟钞毕以释例所钞校正，既将全书钞过一遍，则渐熟矣。然后看《段注》一遍，笃信其言，不旁看别家，八月可以毕。

看《段注》多不解其音韵表，此音学专门之功，看《段注》毕然后考音学，看顾氏《唐韵正》、姚氏《音系表》、苗氏《声读表》、戚氏《汉学谐声》，可以参看金石钟鼎篆隶诸书，以尽文字之变，用半年功考此门可也。

下则将《说文释例》为主，照其门类分考各门，然后看《转注假借表》，以穷用字之例，每例当推至百余事，再看训诂书，如《尔雅》、《广雅》，并览《方言》、《玉篇》、《广韵》、《经籍纂诂》等篇。

分象形为一册，指事为一册，会意为一册，形声为一册，不依《说文》旧部，各从其类。

凡虚字独体者，皆讲还实字，补以近人新说，倘有不知者，便可阙疑，以归《说文》本派。

高深之言，因人而发，而近来风习，未有初工，竟菲前贤。教人之事最难，高下皆所蔽。故略定资格，以示程限，庶无陵节躐等之病，渐有迩远卑高之效。

近人韩紫汀先生讲算学，其教人不喜看书而贵衍草，衍熟一法，然后改衍，用力少成效多。今人苦算书难看，皆无下学之功，遂究高妙之说，故厌苦而无所得。使初看入门之书，则至为易解，但须记熟衍熟、方可再看，有一定程限，不可躐等躁进也。

予幼笃好宋五子书、八家文，丙子从事训诂文字之学，用功甚勤，博览考据诸书。冬闲偶读唐宋人文，不觉嫌其空滑无实，不如训诂书字字有意。盖聪明心思于此一变矣。

庚辰以后，厌弃破碎，专事求大义，以视考据诸书，则又以为糟粕而无精华、枝叶而非根本。取《庄子》、《管》、《列》、《墨》读之，则乃喜其义实，是心思聪明至此又一变矣。初学看考据书当以自验，倘未变移性情，其功犹甚浅也。

学者初治经，莫妙于看《王制辑证》，篇帙少无烦难之苦，一也。皆一家言，无参差不齐之患，二也。自为制度，纲领具在，有经营制作之用，三也。经少而义多，寻绎无穷，有条不紊，四也。有《春秋》以为之证，皆有实据，无泛滥无归及隐虚无主之失，五也。且统属今学诸家，纲领具在，于治今学诸经甚易，六也。知此为经学大宗，以此推之六艺，则《易》、《书》、《诗》、《礼》皆在所包，诸经可由此而推，七也。既明今学，则古学家袭用今学者可知，其变易今学者更易明，八也。今学异说多，既以此为主，然后以推异例，巨纲在手，足以驳变，九也。秦汉以来，经传注记子纬史集皆本此立义，今习其宗则群书易读，十也。有此十效，又易于成功，不过期月，端委皆通，故愿初治经皆从此入手也。至于古学入手之书，则别辑《古学礼制考》，取《左传》、《周礼》与今学不同专条，分类辑为此书，以配《王制》，此亦为纲领矣。

教者好以《公羊》、三礼教人，学者多无成效。去塾投贽，便言三礼、《公羊》，正如遇魅，所行不出寻丈之间，往反曲折，履袜皆穿。窃以三礼、《公羊》皆初学之迷道，又如八门阵，《公羊》、三礼为死门，初学治之如从死门入也。

金石有益于文学，如同学时迈其邦，迈为万羡文；金曰从革，革为黄误，革即从横；宁考宁人羡文；皆从金石中考出，足以为释经之助，专门之学，其精粹全在于此。

近来学者颇有凌躐之习，轻諆何郑。岂知治经如修屋，何郑作室已成，可避风雨，其中苟有不合，是必将其廊厅总櫺门户下至一瓦一石皆悉周览，知其命意所在，其有未安处、或所未经意处，仍用其法补之，必深知其甘苦，历其浅深，乃可以言改作。今之驳者，直如初至一人家，见其大门曰，此门不善，宜折使更营；至二门如此，至厅堂如此，至宫至室亦如此。外而闲厅客舍，内而沐厨牏厕，莫不毁坏，破瓦残砖，离然满目，甚至随折随修，向背左右，莫不迷乱。以其胸无成室，无所摹仿，材料不具，基址难定。吾见有折室一生，直无片椽可以避风雨者。毁瓦画墁者，尚不得食，何况治经！苟欲改作，务须深求作者苦心，此非专功十年者不能委曲周到，何未入门先发难也。

《魏略》云：人有从董遇学者，不肯教人而云：先读百遍。言读书百遍而义自见。从学者云：苦渴无日。遇云当以三余。或问三余之意，遇言冬者岁之余，夜者日之余，阴雨者时之余也。前说可以医经本不熟之病，记诵而不论说为初学要道；后说可以警推卸之弊，若勤三余则无人不有余暇矣。

讲音学，初宜看顾宁人《音学五书》，就中尤以《广韵正》为要。

学海堂未刻此种，蜀中颇难得。古音大明，全赖顾君，其书汇集韵证标举误读，初学读之最易明了。后来江、钱、段、王诸家之说，最本原顾作。因顾既有此书，故所言多后半功夫，非初学所宜，阅之不能遽解也。今蜀中诸书盛行，顾甚少阅诸书，不能解且有不能读者，皆缘先未读《唐韵正》也。欲讲古音者，须先求顾书读之。

枝叶之能敷荣乎？《輶轩语》、《书目答问》，学者之金科玉律也。经学在于得师，无师虽勤无益也。然师不过指示程向，至于高深，全由自造，非一览驿程记便能飞越关河。故无师而愤者，每有独得之境，有师而自画者，终无咫尺之效。道听涂说、记问之学，乃欲鄙薄笃志潜修之士，不知一虚一实、一内一外不能相过也。

经学有古时童子知之，至今则老师宿儒犹不能通者。如《禹贡》山川、《周礼》名物、《诗》之鸟兽草木是也。试以《诗》言，孔子教小子以多识鸟兽草木之名，就当时目见以示初学，宜无不解。如即今之目睹之飞走动植以教童蒙，其名号既所素习，其形象又为所就见，何有不知。至于《诗》之所言，则方隅不同，北有或南无，即有而或形体变异，名号纷歧，一难也。又或古今异致，古有是物，今乃无之，今有是名，乃非古物者，名实参差，沿变不一，二难也。今欲考究，又不能据目见，全凭古书，若专据一书，犹易为力，乃书多言殊，苟欲考清一草一木，无论是与不是，非用数日之力不能；且以尊经考课之事说之，如课题雎鸠、荇菜，以数百人三四日之心力，课试已毕，试问果为何物，皆不能明。故予谓学不宜从此用工，以其枉劳心力，如欲求便易之法，则请专信一书如陆氏草木、鸟兽之类。人虽指其谬误，笃信不改，以此为《诗》中之小事，尚有大者在，今欲明此小事，遂致陷没终身，岂非目见飞尘不睹泰山之大，况即使专心致志皓首于此，亦终无是处。故初学最忌从此用功，苟将此工夫用之于兴观群怨，其有益身心为何如！鸟兽草木不过传闻之细事，经学总以有益身心为大纲，舍大循细不可也。程子所谓玩物丧志者，盖谓此矣。《尚书》之山川、《周礼》之名物，同此一例。前人皆望而生畏，今为后学一笔删之，以惜精力为别事之用，可谓便切矣。

讲此名物象数之专书，《尔雅》是也。古人盖小时读此书，即证以目见，故童子能知其形状。今则无是物而空有其名，如欲求实，是扪盘指烛之见，叩虚索影有何归宿！故讲《尔雅》不可求指实，一求指实则虽老农老圃山工药师不能尽识所见之草木，何况枯坐一室欲尽穷名物之变哉？

人之读书，不能如洋药之上瘾。苟能上瘾，则将有终焉之志，其学必有大成。然其所以至此资格，殊不易到，必有精心坚力，胶固缠绵，持之又久，乃能至此。当初亦如读书浅尝无味，倦而思去，久而其味乃出，又久而后不能相离，此非旦夕之效也。今人治一书，非小有理会便自足，即稍有龃龉便自迁，安得有上瘾者而与之语经哉！

诸上所列治经之始事，而成学之理寓焉。盖神明变化不过精熟规矩之名，偭规矩而称神明，其说经必多乖谬矣。如欲分汇考订辑录成帙者，目录具在，自可任占一题，若信而好古不嫌成书之少迟，或即可采择此编立为常课，深造有得，将来自然左右逢原，盖成书迟而悔者愈少耳。此编与题纸名异实同，皆月课也，道通为一，同学诸君子择可从而从之，记其所疑，以时会讲，要以月会以岁各鞭厥后，以底大成，则此编蹄筌之力正未可忘尔。

经话*

《经话》甲编卷一

释道入门，均有戒律，儒林恣肆，无所折守，思窥精微，先立章教。

一戒不得本原，务循支派。

凡经皆有大纲巨领，为其本根，而后支流余裔，因缘而生。立说须得大主脑探骊得珠，以下迎刃而解。如不得要领，纵极寻枝节，终归无用，今之治经者多沿细碎，不寻根原，所以破碎支离，少所成就。如何邵公之日月例，可谓劳碎，然枝枝节节徒费心力，不惟人不能明，即己亦心无主见，特不能不立一说以敷衍门面，此大谬也。

---

* 廖氏《经话》共甲、乙二编。甲编二卷，据廖宗泽《六译先生年谱》载：成于光绪二十二年（1896 年），“所收为丙戌以前之说，多证郑学之误，专详博士之学”。据《年谱》该编刊于次年。皆与廖幼平《六译先生已刻未刻各书目录表》合。《年谱》又载：光绪二十三年（1897 年）“作《经话》乙编二卷，收丁酉至庚子说之语，专详帝德”。此则显然有误。庚子为光绪二十六年（1900 年），光绪二十三年何得编写后此三年之说。且现存乙编中多言谶纬，与“专详帝德”亦不合。而现存乙编共只一卷三十二条，与甲编卷一一百三十条、卷二六十条之量显不相侔，何得亦称二卷。廖幼平亦言乙编为光绪二十三年编、二十三年刻，显皆误说。按《经话》当为廖氏治经有得所写札记，随得随记，早已如此。故光绪十二年所刻《今古学考》即已指出，《学考》下卷即是“就《经话》中取其论今、古学者”。是《经话》早已存在，其内容殊为复杂，然却颇多精到论说。《经话》甲编盖先生于二变思想已完成、三变思想已萌芽，故将前此经说作一阶段性小结辑为一编。故其说多与一、二变之意合。乙编则似为未成之作，苟《年谱》所言丁酉“作《经话》乙编二卷，专详帝德”为实有所据，颇疑与今刻之《经话》乙编三十二条者显非同书。川大图书馆所藏《新订六译馆丛书》独缺此卷，无法就实物作进一步考察。本编所选系据李氏《选集》补录。

一戒以古乱今，不分家法。

东汉以前十四博士皆为今学，同祖《王制》，道一风同，与经神形俱肖。古学本于刘歆作伪，以与今为敌。然其初门户甚严，各尊所闻，不相羼杂。郑康成思集众成，乃举群经今古不同之义，悉一律解之，合胡越为一家，联南北为一辙，遂使今古蒙蔽千古。郑虽勉强敷衍，非经宗旨，故不能自圆其说。

一戒自恃才辩，口给御人。

治经须谨严，不可轻肆，《公羊传》好权词酬答，自矜不穷，品辩虽雄，经例遂混。董子与江公议，以口给取胜，所谓辞胜于理者也。此为先师精绝之弊，至于晚学，恣口衍说，欲以才辩服人，则谫陋荒谬不在此品。

一戒支离衍说，游荡无根。

说经须明白显易，如土委地。其思而得之也最难，与而言之甚易，原不以影响囫囵为高。何注《公羊》每每惝恍无据。以下诸家，至于巨难，率皆自欺欺人，敷衍了事，多以难深文其固陋，学者当务精深平实，不可作诳语也。

以上四端、高材所忌，中贤以下，其敝可陈。

不守古训，师心自用，非也。泥古袭旧，罔知裁择，尤为蒙昧。

何邵公之误用董说、刘申受之钞袭何注是也。

不识堂奥，依傍门户，非也。略知本原，未能莹澈，是为自画。

陈卓人、陈左海是也。

违背传注，好作新解，非也。株守陈言，牵就附会，是曰瞽蒙。

六朝礼学诸家株守郑说是也。

不通音训，罔识古义，非也。铺张通假，主持偏僻，更为俗癖。

如国朝诸家是也。

以上中才流弊，世所袭用，略为敷陈，至于平常所知，都不陈列。

治经如做酒，谷米曲药①，柴炭水火，汉学派也。抉取精华，尽弃

① “曲药”原讹作“面药”。

糟粕，宋学派也。宋人鄙汉学为糟粕，然其造酿不从糟粕而出，明水涚齐，不堪尊罍，故治经始于繁难，终归简易。然其泓澈樽瓮，莫不由糟粕而来，此汉宋之兼长也。治经当遵此法，不纯乎汉亦不流于宋。沧州酿法，其传固尚在人间也。

经说旧本明畅，至于误说，展转蒙蔽，其道迂歧，欲复大明，其事甚苦。故尝谓经如九曲珠，解者用心须有蚁穿之妙。东汉以来，用心甚浅，非但无七八，甚或不能三四，肤末初阶，便矜妙谛。譬如古镜本明也，尘土蚀翳，经千百年乃徐致其蒙锈，其翳之非日月之事，其磨之也自非旦夕之功。今以旦夕之力与千百年争，固不能敌已。故虽有小效，不能大明。史公云：非好学深思、心知其意，固难为浅见寡闻道。经学之要诀，其在斯乎。

国朝经学，喜言声音训诂，增华踵事，门户一新，固非宋明所及。然微言大义，犹尚未闻，嘉道诸君虽云通博，观其撰述，多近骨董，喜新好僻，凌割六经，寸度铢量，自矜渊博，其实门内之观，固犹未启也。国朝经学，初近于空疏，继近于骨董，终近于钞胥。高者如陈左海、陈卓人，然一偏之长，未瞻美富。子夫谓道咸以来著书多为《经籍纂诂》、《五礼通考》子孙，可谓善谑矣。

古人之学者如牛毛，成者如麟角，经学习者虽多，成者实少，特惜不能如弈手之高下可定耳。尝欲绘海岱图以喻经学，以岱为今学，海为古学，如游岱有跻其巅者，有历其半者，有仅至其麓者，有彷徨山下者，有左右互趋者，有反背而驰者，各题其名字以识所学，然必高才博学乃能入此品，其余置身阛阓嵩华，便自以为游历泰渤者，不知去题尚远也。

予思而不学，终岁不闻诵声，而梦寐亦相萦绕。积习已久不能改，有神无迹，所以班白少自树立者，亦以是故也，再加函咏之功，庶有自然之妙乎。

子夫常言，说经须有一定。予推衍其说云：醒时如此，醉梦亦如此，率尔如此，沉思亦如此，千百人攻之而不能破，衾影之间循之而不能改，若此境界，其于古人中求之乎！

古人言通经致用，旧以为将经中所言施于政事，非也。无论古今，时势不同，泥经败绩。试问古来经生，何曾有以功业见者？不流于迂疏，则入于庸懦。然则经果无益于治乎？盖通之难也。从来建勋业者，非由阅历深，则本见几审，举盘根错节，决断裕如。儒生平居，何曾得假手以历试诸艰。而以经喻天下，则一极乱之天下也；其中义例文句、精粗微显，参杂纷烦，万有不齐，与国家政事同也。其巨疑大难，百思不通，则国家之盘根错节，以一人之心思，穷幽极渺，揽目振纲，积以年月，参以师友，然后杂乱有序，变幻归则，终始相贯，彼此不淆，从开宗以至绝笔，无一字一句不血脉贯通。以此治经之法治天下，然后大小并包，难易合律，举王公以至匹夫妇，从大政以至一草一木，莫不得其性情，措施无弊，此乃通经致用之法也。经如陶范，心如金土，以经范心，心与经化，然后其心耐劳知几，包大含细，原始要终，举天下之大不足以乱其神，举事务之繁不足以扰其虑。周公所以致太平者，以其有制作之才，孔子所以言神化之效者，以其收博约之效。吁，难矣哉！

治经如种田，后人享先人之福。惠、戴、阮、王非不自勤时为之也，譬如辟草烧山、画疆耕耨之事，以次而成，而后来食谷者，皆前人之功也。莫为之前，虽美不彰，今日之事 ，固不敢没诸先达之勤劳也。

读经传当因所言，知所不说，因其一端，知其全体，因其简说，知其详旨，因其不言，知所宜言。卮言别义，不足以乱其聪明，精旨微言，不能当其校索。所谓目无全牛者也。

子夫云：无论注疏及诸家成说，一到课期，均无所用。著书必须到考课时服其精到，乃为完善。盖考课以数日之力解一义，以数十百人之力共一题，用心久而合力多，诚有平日成说至此莫不罅漏百出者，其论盖有为之言。余反其说云：以著书论之，若必如考课之法，则百年不能成一书。且考课之所以众说纷纷、新解层出者，多未能融会全经，仅就偶尔聪明，穿凿附会，以求新奇。若平日全未经心之事，固可因此一考而明，或义本平常、事兼疑阙者，经此立异，反致雾乱。治经如作室，其前后左右梁栋门户，所宜熟思筹划者也。至于一窗一桷，所关甚微，不必苦心经营。以窗桷而论，即至精之室，使人尽力推敲，未必不有所以易之者。总之，室之美恶，不在于此，徒尽心于窗桷而栋梁门户之事反失宜焉，此岂足为美室哉？舍大而谋细，棘端刺猴，泰山不观，此古今之大弊也，考课之法不可移以治经，以其用心不同也。子夫笑而不答。

古来学问，起初莫不精美，后则每况愈下，正以始难后易、始拙后巧，有勤苦之心，后渐归于偷惰，始心震惊，既成之后，乃视为平常。大似今洋货，当其初来，莫不精美，人亦不辞价昂而购之。后乃以为常物，其物亦遂脆薄粗恶，大逊从前。今得一百年前钟表，视如拱璧，即以十年计之，亦不啻三变。人心浅薄，日趋苟安，于货物且然，则固不必疑经学之日下矣。高云程大令尝论盐局事，谓盐局初立，上下委员莫不精明强干；至于中间，虽不及前，犹有能手；后则守成敷衍，尚形绌支。夫岂沃土之不材，亦或运会为之也。予以为上而国家、下至书院，亦莫不然，而经学其尤者也。

千古学问，真者不能传而伪者不能绝，释老医卜杂技古法莫不皆绝，传习之书，有莫知所由者，又何疑于经学。《艺文志》：《公羊》著录之书皆不存，而行汉末之何君；《穀梁》著述之书皆不存，而行东晋之范氏。学问始难而终易，人情好易而避难。今有难易二事于此，命十人治之，则趋易者十之八九，就难者不过一二人。以一二人与八九争，其势已不敌，况由八九可化作千百、由千百可化为亿万，此一二人者，或一再传而遂澌灭焉。幽兰空谷，谁甘寂寥。难者或且不欲示人，而易者一倡百和，天下风靡。后来作疏，又视传习之多寡以定去取，则安得不取晚近而废本初哉！天下喜《郑》过于《雅》，天下喜紫过于朱，阮生穷途，痛哭而返，此亦有心人之不忍闻者也。照像之法，因影留像，必须先定形体，留影镜中，当其方照之时，稍一小动，移步换形，精神全变。窃意修改旧说，当用此法，一指之动，一目之瞬，精神迥然不同。不可说一节改一节，致其精神脉络壅滞龃龉，然此非稿成数年后，精神闲暇，按日将成稿另钞一过，不能如此通贯，然以《春秋》而论，每日一年，亦须终年方及一部，安得三年余暇通改三传？况到改钞时，又未必别无见解，所以此事断难画一。孟子云：立其大者而小者不能夺。然则此事亦惟务其大而已。

宋儒言“中”字，谓凡事求“中”，义近惝恍不切实。其实经学奥妙、圣人精微，总而言之，不过一“中”字。所谓“中”者“中的”也。至求“中”之法，则又不出“智”、“圣”二字。孟子云：智譬则巧也，圣譬则力也，犹射于百步之外也，其至尔力也，其中非尔力也。孔子一善射人也，其巧圣，其力大，其持弓审固之法，全在于经。知之明，守之固，便为通人，其巧妙至于贯虱穿扬，百发百中，百变之中有一定之准，先有征鹄，以为标准，其事甚明。非谓既已持弓挟矢尚不识准则，必东西左右测量审度而后发矢，但知其处皆能自至，与孟子“时中”“智”“力”之说相反也。

古之圣贤，皆在北方，经传所言，多取喻于“射”“车”，欲仿程侍御书例，作《释射》、《释车》二篇，凡经传史子中古语谣谚说二门者，依类编次，不惟诸书可明，而经亦愈以大显也。

古人传经难，今人传经易，惟其难也故不能立新说，墨守旧训，苟一求新，则全不可通，故守而不变。后人治经便易，因其易也，则以墨守为无奇，且以历来承袭旧说无深入之妙，明敏之士，稍加综览，便已通晓，故鄙薄求新。盖人心喜变，如织坊初得一新样，勉力学之，犹恨不能，不敢改易。行之既久，人人所能，以为无奇，则别出新式。从古无积久不变之事，职是故也。经学之真本微妙难习，学者舍难趋易，后遂因其易也而思变之，变者又不能通其难者，愈趋简便，故其坏无所底止。今欲反之于难，然迟之又久，恐不免终流于浅易也。

友人欲为礼学三大表，曾与商酌条例，粗举巨纲数条相告，且云若其细目新解，非用工之后陆续补修不能。此说甚善。予撰《穀梁古义凡例》，修改近十次乃成今本。此事务须随时添改，不能先立限制，谓以后必如此用工也。又有治《论语》者，欲商酌条例，予以此告之，盖不可从门外说门内话也。

治经有数大例前人未能畅发者，今当仿《古书疑义举例》作为一书以明之：如详略隐见例以《春秋》为主，三统礼制异同循环例以礼制为主，四代无沿革以《尚书》为主，参用方言例以《公羊》为主，译改古语例以《尚书》为主，记识入经例以《礼记》为主，省文互见例以《仪礼》为主，举小数以起例以《周礼》为主，因事见义例以《左传》为主，略举其目，当详推之也。

史公云：百家言黄帝不雅驯，皆折中于孔子。当时古书尚多，史公唯以孔子为归，此巨识也。今所传秦以前书皆合于孔子，以外皆不传，如《庄》、《墨》、《申》、《韩》诸家皆主孔子，所言礼制皆同《王制》，其人皆师法孔子者也。太史公所言不雅驯者，大约如《山海经》、《竹书》之类，不与经说合者。当日此类书必多，今传者绝少，至于诸子百家皆孔子之徒，用孔子之说。

西汉以前言经学皆主孔子，不系于周公。汉明帝于学校并祀周孔，郑君以先圣为周公、先师为孔子，议者以周公为先圣作经，孔子为先师传经，此乃古学盛行之后援周公以与孔子为敌，其意以周为古、孔为今，古早于今。如《学考》今古平重，则此说可存，若考其实，有今无古。古学萌芽刘歆，诸说皆其缘饰，则周公之祀不当在庠序间。今古之辨，至今未明，而学宫不祀周公，其来已久，此其中固暗有主之者，不然，何以人皆不明古学之伪、而能去周公之祀也。

《管子》，《学考》列入古学，初以为在孔前必古学，继乃知此书皆今学。《管子》立制多改《周礼》，苏子瞻所论是也。正孔子改制前事之师，又其书非管子手订，多春秋以后名法之言，故多可为《王制》之注，当细推而收之。

西人补牙穷极巧妙，夫取金石与骨肉相联，既为地无多，又须有言、食，苟非亲见，亦必斥为荒唐。乃积思细审，卒使联合，有如生成。夫血气之事犹且如此，何况经学，苟用心能如西人，则何为不成。惜乎，务博浅尝，不能深细，因以无成耳。

子立三统循环例，以收传说相歧不能画一之制。以《论语》社树、《孟子》学校、《考工记》明堂为起例，如《祭法》与《王制》庙制不同，然皆为七庙，以为此循环变易之例。凡经中彼此参差大同小异之事，皆包括无遗矣。又立互见例，礼制门目繁多①，统集诸经所有，乃成全备制度。今一经所言，每门不过数条数十条，前人不知此为互见，各就一端言之，执此攻彼，久成聚讼，今以此为一大例，收集诸不同之条而错综之、穿插之，同归一致。如时祭，《王制》言四时，《孝经》言春秋，《左传》言秋冬，而《祭法》、《国语》乃有岁时月日之全文，此详略不同之例也。若此之类，只得从同而分别之，岂可复为立异，以致头目添多，不能料理耶！

前代之书，有后代官名、地名、人事，旧说多据以为伪作；不然，则以为古人已有此官、此地，二者过犹不及。如《月令》言大尉，或以为秦官而疑非古书，或又据纬书舜为大尉之文，谓古有大尉官，此皆不知译改之例者也。《尧典》、《禹贡》当时之文，岂能平易如此，皆译改之故。《内经》其明证也。皇字从王得声，本为王后字。三皇之世，文字未立，称王而已。春秋以后，乃有皇帝之说。本朝称王，以皇加古帝。凡书之古王皆改为皇。后人不知此意，乃疑王皇先后矣。《穀梁》二伯，汉人书说当有以二伯称者，今有五伯无二伯，以凡言二伯者皆改作五伯矣。《左传》以齐桓、晋文、楚庄、吴王、越王为五伯，而传文初年有五伯之文，则亦如陈桓公未薨而称谥，后来之称非当时已如此文，偶未检耳。

古书传写文字往往异同，能得别本相参，为益无穷。当读孙本《孔子集语》，凡互见别书而有异同详略者，皆并列之，于是乃无不可解之书。盖一本所言，皆有失检、佚文、脱句，动成疑难，苟列异同以相互

① “繁多”原讹作“繄多”，从《选集》改。

证，是较释文之功尤巨也。《月令》言四大庙，郑君以为十二室。考《大传》云：自冬日至数四十六日迎春于东堂，距邦八里，堂高八尺，堂阶八等。仲春之月，御青阳正室。又云：自春分数四十六日迎夏于南堂，距邦七里，堂高七尺，堂阶七等。仲夏御明堂正室。又云：迎中气于中室。又云：自夏日至①数四十六日迎秋于西堂，距邦九里，堂高九尺，堂阶九级。仲秋之月御总章正室，自秋分数四十六日迎冬于北堂，距邦六里，堂高六尺，堂阶六等。仲冬之月御元堂正室。按天子于城门外立四堂以顺时令，然则东堂即青阳，南堂即明堂，西堂即总章，北堂即元堂。或六里、七里、八里、九里不等，非一庙十二室明矣。又不云大庙而云正室，然则大庙正室之变文，非如宗庙之大庙矣。何以见四堂与明堂不异？曰既于东方迎春，则不于南方布令可知，推之西北当复然，一也。既立四堂以顺时令，弃而不御而攒挤于南方，必非情理。若惟四迎在其地，则不必建堂，二也。南方有南堂，又有明堂，重复不例，三也。其四迎略言方向，十二御则言堂名者，彼此互见，非有异地异名之例也。其说较《月令》为详，其名较常典为正。不然，则四大庙中何以又颁令，不几于倍祖宗耶！故知正文不作大庙也。御字亦较居字为近，又四堂下字皆叠韵，恐本一名，口音流变，如《公羊》、《穀梁》之异也。

予于错综例外，又得隐见例。著述之事有二，以言传者文字是也，以形传者图画是也。二门虽异，而其以隐见为例则靡不同。画家画宫阙，设景而见者千百分之一二耳，即单画一室，见阳不见阴，露左必隐右，窗牖户不过见十分之一，非不欲铺写，势不能也。读画者皆知为隐见例，以其所图者形，形有未备，人所易知。至于著书，其甘苦实如作画，详则伤琐，且有笔墨不能尽者，必待施行之时，然后相机审酌润色。孟子所云"大略""润泽"是也。天下虽至琐碎之书，亦有不能尽者，何况经文古质简略，经有一语非数千百言说之不能详者，如《王制》言选举事数十言耳，苟欲施行，则草注设科条例盈匧，犹恐不备。其言爵禄数百言耳，然其法至简亦当倍蓰于今搢绅。若吏户案牍，犹不必言也。古人文字简质，意中之事，十未及一。今人乃不能如读画者之考求其阳阴、右左、隐见、露藏，以为言在此意已尽于此，及到施行，有东无西，具前阙后，乃又叹书不可行，岂不误哉！书之阴阳鳞爪，本

① "自夏日至"原脱"日至"二字，据皮锡瑞《尚书大传疏证》补。

如画之可以踪迹求，惟积久不解用心习成风气，不知当因所见以求所不见，不可守所见以蔽所未见也。画家苦不见全形，读书亦苦不见全义，予因《春秋》隐见推之《王制》，因《王制》推之群经，更因群经推之载籍。以读画之法读书，则隐见之例张矣。

学以专经为贵，然非遍览诸经则一经亦不能通。唯群经熟，然后专经有所借证。如欲通《穀梁》，非通《公羊》不知《公》、《穀》大同小异借证者多也。非通《左传》，不能知二家互文见义有所补证也。不通《礼经》，不能知《穀梁》与《礼》之曲折相合也。非通《诗》、《书》，无以悟素王制作与《诗》、《书》重规叠矩也。非通《论语》，无以见《春秋》师说也。故必遍通群经然后能通一经，未有独抱一经不务旁证而能通者。

六经同出一源，其宗旨大义礼制皆相同，而其体例文字则诸经各自不同。西人全体新论，谓人之骨节因地而异。窃谓经之体例意亦如此。经犹人也，此经之骨节与他经不同，如有不察，以《春秋》之法施之《诗》、《书》必有不合，亦如人各异地，妄以为同为人即同此骨节，拘于其貌而未知神理，且其貌亦有不相似处。

郢书燕说之事，不惟汉初先师有之，即先秦诸子亦然；如以郑声为郑国之声是也。董子号为《春秋》大师，《繁露》多不得传意，学者须知此意，然后不为旧说所误。

识古今之异语，通华夏之方言，古人翻译三代所重也。自汉以来，唯辨中外、不达古今，释藏洋书同文盛典，而古书则皆用汉本，不敢改字，其故何也？笺注之兴起于汉代，周秦以上通用翻译，凡在古语，都易今言，改写原文，不别记识，意同于笺注，事等之译通，上而典章，下而医卜，莫不同然。事既简易，语便通晓，故《灵枢》、《素问》语虽浅近，而实为黄帝之书。先师世守口传积变，语有今古之分，意无彼此之别，博士所传《尚书》已多变易，刊定石经，经本乃定。史公本用今学，而所录《尚书》文多易字，或以为以注改经，不知此古者翻译之踪迹、改写之模准也。伏生《尚书》与古文不合，则由伏生所改也。后来《古文尚书》不能读，则以汉不识周语也。隶古定写本以今文准古文，是以今文翻译古文，使非由今文翻译则不知作何语也。今文以外所多之篇，或以为汉人不识古字故不传，或以为无师说。皆不然，既识其字，均通其语，何待师说乃可相习乎！《尚书》，唐虞之文，平易过于殷周，历时既远而文同一时，或且难易相反者，古人读书不如今，全篇巨帙木札竹简，每以一篇为终始，《论语》

之言《周南》、《召南》，《礼记》之言传《士丧礼》是也。凡名篇要义则习者多，僻文琐典则习者少，习者多则改本数变，故文最平常，僻篇则习者少，少则未经改动，即改而未至大变，故文多难读。《尚书》文之难易，不拘前后，而以篇之有名无名为断，正以习者有多少之分也。汉以后经尊，经尊则不敢改其字而别为笺注，自笺注既盛，后人其心读《尧典》，则以为字字皆尧史官所手订，《禹贡》则以为字字皆大禹所校阅，人心囿于所习，不能推见古昔事，宜经术之日下乎！此说最为有功，不惟有益于《尚书》，凡汉以前书皆当以此法视之，可省无数瞽说。

今古本之异同，翻译也；三《传》之异文，四家《诗》之异文，翻译也；今文与今文异，古文与古文异，翻译也；引用经字，随意改写，翻译也；同说一事，语句不同，翻译也；详略不同，大同小异，翻译也；重文疏解，称意述义，翻译也。苟能尽翻译之道，则又何书之不可读哉！

《汉书》云：《尚书》读近《尔雅》，通古今语而可知。《尔雅》者，翻译之书也。所列者，古今之异语、华夏之方言，全为六书转注假借之事。其书始于先秦，纬书子夏已引初哉首基，《尸子》又引其文。而汉师叠有增益，随时所加，初非子夏所撰，无论周孔以说《诗》语入此，亦翻译之类也。读《尔雅》谓改写之读合于雅尔。

人情莫不好辨喜新，是己非人。孔安国得古文而写定，刘子骏得《左传》而争立，苟非势穷才诎，未有俯首听人而自甘墨守者也。汉儒传经，株守师法，盖由势使，非本性生。汉人经本难得，掌于学官，其事颇似今钦天监机器局，皆由官办，穷乡贫士力不能造此仪器，又屠龙之技无所用之。故欲治经必到京师就读官本，难于自治，到学之时，都由师讲授，限于时日，拘于程式，墨守强记，犹惧弗任，苟欲求新改旧，不惟官法所禁，亦且势力交穷，先师守旧不变，职是故也。又古书简札最为笨重，一经之册，多可载车，大似今刊刻板片，《后汉书》洛阳有书肆，亦有贾售之事，特一书则盈车累箧，大似今卖书板也。惟资记识，艰于诵读。初学凭之以讲授，成材难资乎翻检，不能不笃守家法者，势使然也。今人动云汉儒重家法，有经无师不敢习，然则《周礼》、《左氏》当时皆无始师，何以刘子骏能传习之？至谓《尚书》亦因无师说故听其余篇之佚，则以所佚实皆孔子删弃之余，知其伪也。不然，《泰誓》一篇何以又传？岂以人谨于今学而勇于古学哉！

为学须善变，十年一大变，三年一小变，每变愈上，不可限量，所谓士别三日当刮目相待者也。变不贵在枝叶，而贵在主宰，但修饰整齐无益也。若三年不变已属庸才，至十年不变则更为弃才矣。然非苦心经营力求上进者，固不能一变也。

解经非文字安适不加字，迂曲非真解也。然就文敷义，虽明白如话，亦有非真解者。如《公羊》上无天子、下无方伯，何注可谓明白矣，岂知传意卸去上下二层专责中间二伯乎？此非但求老妪可解便为真谛也。其余如贵贱不嫌同号二语，何注亦似明快，而实亦非。大抵文句不大详明，当别求义证以申明之。

解经实义有证佐难，虚字有精神尤难。然虚字精神实出于实义明确之后。诗人得一好句，有所言、有所不言，言在此、意在彼，所言者少、所包者众，神悟景态，超然言表。解经亦如此，须读经如读诗，能知作者苦心佳处然后为得。《春秋》虚字，说者尚知用心。至于《礼记》，凡一切虚字皆若为累文者，即直为删节亦无不可，以此知《礼记》之精蕴尚蓄而未发也。

治经不惟当理会虚字，并当玩味虚神。壬秋师谓作时文为治经之要法。盖习经不如作时文之专而久且众也。《礼记》文多，号为大经，门户繁赜，较《左传》尤难治。学者读之，摘记其明文定说已不胜其难，何况能推考其虚字虚神。然其中之《大学》、《中庸》二书，则文义颇详尽，则以合在四子，治之者多也。今取士之法，四子陈文太多，诚能略采《大》、《中》之义以五经作考试正场，改四书文于后，如能有方朴山、王庴东诸家听题之法，则于此必别开无数法门，惜不能如八股专精。

观人一节，能知长短，此治经之切法。经传所陈义理多不具录。举一反三，因端竟委，是在善学者。若见一节仅就一节言之，不能推到全体，此非善学者，须有西人全体新论心思乃可。治经如垦辟，诸经皆有田亩可以耕获，若《礼记》则如深山大壑，怪木丛草荒秽不治，且多人迹未到之处，若欲成沃壤，则其待人力垦治者较他经为多也。

《经解》所言诸经利弊，各主一意，不相贯通，足见以一经之法推说诸经之非。余说诸经，先注《经解》一篇以为叙意，此即经学要旨也。以此足见《礼记》所包者广，故余于《戴记》立经学一门，以《经解》、《学记》、《劝学》为主，辅以《坊记》、《表记》、《缁衣》诸篇，以为经学程式。《学记》一篇，先师治经之法也。亦当详注，证以今事。甘苦备尝，症瘕立见，其斯为学人指南与。

今本《穀》、《公》二传，亦如小学之《仓颉》、《凡将》等编，非始初之本也。当时先师各有存本，详略不同，有始初本，有晚近本，同时又有各本，今所存者一本，正所谓九牛之一毛。故《穀梁传》有引“传曰”者，《公羊》虽无传曰明文，然其例可推。乃始初之本也；董刘所引有为今本所无者，同时异本也；又所引师说称“子”者亦别本也，大约称“传曰”者为大例，最初之本；称子者为小例，中间之师；不可以今传本为足以尽经，又不可以今传本为一人之言。《韩诗外传》有称“传曰”者，此亦如二传引传之例，皆先师说，非韩氏一人之言、内传之说也。使为内传之言则亦不称传，又如董子所引传也。

凡立一说，类于作画，初为圬影，继为勾勒，然后再加彩色。予之著书，莫非新说，其始也偶然得间，有圬影之底本，或加探索，或经岁月，然后首尾具备，本末皆全。又积之久而后精神虚实备到，其中有由推索得者，有由感触得者，有由终悟始者，有由始要终者，有修润已成者，有草创初具者。

初据三统之说，以《春秋》为救周敝而已，非百王之通典。救周之敝，作反文从质之《春秋》，行之数百年又当作一反质从文之《春秋》，则旧说慎矣。继乃知三统为先师救敝循环之变例，《春秋》乃斟酌百王通行之大法。何以言之？继周不能再用夏礼，此一定之明说，而先师乃有三统循环之说者，此指《春秋》以后法夏、法商、法周而王之三代，非古之夏、商、周。古者三代历时久远，由质而文，至周略备，孔子专取周文，故云用周以文。实则孔子定于周文所未备，尚有增加，安得预防其敝而反欲从质与！传记所谓三代，有指真三代者，有指法三代而王者，何以别之？大抵可以循环制度无大分别者为法三代而王之三代，制度迥异不能循环者为真正古之三代。如《明堂位》虞官五十、夏官百、殷官二百、周官三百，既有三百之周制，万万不能再返于五十、一百之制，此不能循环者也。至于社树之三木、明堂之三形、学校之三名，此制度无大异，古之三代文质悬殊必不如此，此又可以随便推行，故此为后世法三代而王托名之三代，非古之三代也。拟将经传三代制度作为二表：一三代沿革表，录真三代沿革不能循环之事。一三统循环表，凡可循环者皆入之。又举经传所不同之制，依文质之意而补之，盖孔子制作，垂法万世，《春秋》所言，皆不能改者也。至于后王易代，不能不有因革，则造此三统之变以通之，使之循而改作，此三统所以济一定之穷者也。《春秋》非从质一时之旨也。故《王制》篇中循用周礼。孔子答颜子参用四代，此因革定章之言，与三统专用一家之说不同。孟子谓孔子贤于尧舜，以《王制》制度非唐虞所及，孔子斟酌四代之礼著为《春秋》，行之万世，此为大纲，其三统损益亦但就大关有三等之变通，大端不能改，不谓三纲五常不可改。制度可改不可改者，即指制度而言。《王制》千七百国，秦之郡县大小似之，汉之郡国即其遗意，今州县即《王制》意也。选举之制，秦汉以来皆用《王制》说，汉最近制科，意稍失，然其大旨同也。秦汉建官多用三公之说，至苏绰六官之制乃同《周礼》，战国秦汉之间今学最盛，所有制度多本此意，此即《春秋》定章为后世永行之典。其中所有变通，即因革可知者也。《春秋纬》云：孔子曰：邱作《春秋》，王道成；《孝经纬》：志在《春秋》，行在《孝经》，凡此义不下数十见也。

《左氏》及诸传记言春秋时事，其与经传礼制不同者，乃真周制也。所言礼皆主于孔子，孔子不以作自居，故托于三王，而六经礼制皆同，无沿革彼此之殊，此不指为素王之制作不能也。古书传者皆主孔子，故其说同，西汉经师据《王制》以说六经，十四博士莫不相同，故当时同以《王制》为经说，而无三代不同之分。故于先秦则孟荀言制度全本《王制》，乃当时不以为孔子《春秋》改制之意而全以为周礼，他如《墨子》、《韩非》、司马、班氏莫不误袭其说，此当力反者也。

《王制》书较《周礼》少，然《王制》之说易明，而《周礼》专条之说转甚晦。盖秦汉以来，子史先儒全用《王制》说，多则易明，又其书为先师所祖，遗说甚多，故最明晰。至于《周礼》所有未备，则全出刘歆，如周爵五等，千里之地仅能封四公，即封侯只能七，封伯只能十，子只能二十五，男只能百，不审其制。盖刘意图变乱今说，至其能行不能行，所□□□□。

近人所著四家《诗》、三《传》异文，此非古法也。《隶释》所载石经每经之后同刊同学异文，不远及别家，如《公羊》严氏异文只录颜氏，《诗》用鲁异文，只言韩、齐。此见洪氏跋语中。《论语》今文则录盍[①]周、包。三经如此，推之余经皆同，不引古经以相证。今经学废坠，不能备征同学，而但引异家以为比较矣。

石经用严氏《公羊》，所录颜氏异文，有四条可考，多属传文有无，不仅文字异同小故。颜、严在武、昭之后同师而传异，是今本《公羊

① “盍”字疑为“张”字之误，指“张侯论”；或为衍文，当删。

传》有严氏所补羼，编纂不尽出于先秦。大约先秦之传别为一书，此严氏手订之故。《白虎通》引传有为今本所无者，至《穀梁》亦然，故今二传本不足以尽其学也。

二王后得用其故国礼制，亦指封国诸侯而言，非封君不用此例也。孔子世居鲁已为鲁人，又仕鲁为周人，且大夫不得祖诸侯，宋公之礼，非孔子所敢议也。《檀弓》孔子梦奠两楹之间用殷礼，君子正终，大失尊王从周之意，此盖素王之说。《诗》以《商颂》终，亦此意。《庄子》以周公孔子为元圣素王，《荀子·大儒篇》以周孔为主，故孟子屡以周孔并言，《春秋》以故宋为说，若就常义说之，孔子不得用殷礼，不得为殷人，凡此皆改制故宋遗说，不可以常解解者也。

传记所言三代异礼，有细节琐目必非夏殷所有者，此甚可疑。古礼简质，何以及此。周时又不应远征夏殷之礼。《论语》以杞、宋皆不足征，《中庸》又云杞不足征，殷礼有宋存。由此推之，是传记所谓夏礼谓法夏而王者，殷礼谓法商而王者，孔子必托二国为说者，当时夏殷典章故籍皆杞宋所掌，故必征之二国。既入周朝，文章大备，所用制度亦不能纯用古礼，如夏制桐棺而宋周厚葬，此当时礼，臣必定斟酌损益从时。《王制》中略加从忠从敬之意而已。孔子虽本自作，亦多取于二国，故三统之说托于二国以行，亦如言周公而托于观礼取则于文武之方策，故读者不可以为实出二国，亦不必以为全与二国不相干。此说本原于《论语》、《中庸》，特后人不识耳。

改正朔，易服色，是异姓兴王之事，中兴之主不能如是。孔子使见用当时，必不能全改周制，所谓从周是也。纵有陋弊，不便大改，惟天以夫子为木铎，制礼作乐托于素王，乃可自我作故，托于兴王之事。《论语》云：殷因于夏礼所损益可知，周因于殷礼所损益可知，其或继周者虽百世可知。又云：如有王者作，必世而后仁。《檀弓》云：明王不作，天下其孰能宗予。《论语》云：久矣吾衰，吾不复梦见周公。又云：凤鸟不至，河不出图，吾已矣夫。孟子云：《春秋》天子之事也。凡此皆明异姓兴王之事，何邵公《春秋》为汉制作，古实有此义。先师附会于汉，微失其旨耳。

万乘、千乘、百乘之说，是《戴记》通行之语，自缘礼制而生。天子方千里，大国方百里，只得百乘，其诸侯云千乘者，指间田言之耳。统计一州：方百里者百三十，方百里得百里者三十，方七十里得百里之半六十国，又得百里者三十，方五十里得方百里四分之一百二十国，亦得百里者三十。是封三等，国各百里者三十，三三而九，余方百里者十，以为间田，正出千乘。经传所云千乘之国正指方伯而言。八州千乘之国不过以万比千，得十分之一，故天子云万乘、诸侯得云千乘也。孟子云大国百里，指本封；云千乘者，指间田；其谓千乘之家、百乘之家，皆谓是也。方千里者十，开方得三百一十六里，《管子》从《刑法志》所言是也。实计则为三百一十六里，举成数则为四百。《史记》言鲁卫封四百里，《汉书》言齐封四百里，皆以其千乘言之。故《明堂位》之方七百里，七当为四字之误。东汉经师以百里不能得千乘，于是改为十井一乘之说，以求合诸侯千乘之称，不知千乘出于间田、不出本封百里之内，博士虽改易乘数，仍不可通。何以言之？今学只能添百里乘数，不能减[①]千里乘数，万乘千乘十分得一，此定制也。今添百里为千乘，则千里当为十万乘，诸侯数少，天子数多，万千终不能合。由此观之，则不明间田之制，千乘百乘之言不能解也。

《司马法》为今学说。郑注所引同方百里，万井三万家，革车百乘，士三百人，徒三千人。方百里出革车三百乘、甲士三千人、徒万千人者，此今学之《司马法》也。服注《左传》引《司马法》云：一邱出牛三头、马一匹，一甸出车一乘者，此《周礼》之《司马法》，方三百一十六里出车千乘之制也。文义异同与古书合。前汉《刑法志》云：方千里得千乘，方百里得百乘，方三百一十六里得千乘，则千乘出于方三百一十六里，本有明文可据。班说本于《管子》，盖古经师旧说也。东汉今学说如包注《论语》、何注《公羊》皆以百里出百乘，与万乘说自相矛盾。凡经说古多不如今，惟此则今不如古。然古学家但言百里不能出千乘，而所以得千乘之地未能实指。今学则坚守大国百里，欲辟《周礼》地五等之说，故就百里中穿凿言之。大抵此东汉以后经师失据之言，至于西汉博士则系《班志》之说，以为方三百一十六里所出不出于百里，而《管子》亦以齐方三百一十六里也。

刘歆窜改《周礼》以迎合王莽，莽举其改易之条皆见施行，《莽传》之文可考也。予初以今古并重，误于歆说，颇重王莽，虽汉之蟊贼，而实为千古一大经师。今学西汉盛，至莽而终，古学东汉盛，自莽而始。欲讲经意，在将《王制》、《周礼》之说求其细例可以见诸施行，而莽则已先我为之。凡经中制度皆悉规摹举辨一过，当时五经博士外复立六经

---

① “减”原讹作“滅”，盖形近之误，今据上下文改。

祭酒，大约皆古学，其讲封建地图至于数年之久，盖其审矣。今以王莽为一礼学大师，凡当时之事皆以归之，实则其说皆孔光、刘歆与博士祭酒之言，非莽所自作，今既不见名氏，则凡当时之说统目之为王莽说云云。经同学考校数年，乃知其说之误也。

莽制有主今者，有主古者，有今古合并者，本传谓莽以《周官》、《王制》之文置卒正云云，此即今古合并之法也。其封建、井田、置官、分爵诸大政，皆详悉可寻。《王制》之说散见于诸书可以旁证者多，《周礼》师说不如《王制》之详，东汉之说又多有出入，然考《莽传》其说固已不能通，又何以行远哉！

郑注《周礼》以乡为近郊百里，遂为远郊百里，外有都县家削三等。是乡遂仅只二百里以内，而以下三等无明文。六乡六遂又不应如此之小。而《莽传》则不然，王莽只以乡遂为等，西都为乡，东都为队，不分五等。今其文曰：分长安城旁六乡，置帅各一人，六帅；分三辅为六尉郡。颜注引《三辅皇图》注其事云：渭城安陵以西北至枸邑义渠十县属京尉，大夫府居故长安寺；高陵以北十县属师尉，大夫府居故廷尉府；新丰以东至湖十县属翊尉，大夫府居城东；霸陵杜陵东至蓝田西至武功郁夷十县属光尉，大夫府居城南；茂陵槐里以西至汧十县属扶尉，大夫府居城西；长陵池阳以北至云阳祋初十县属列尉，大夫府居城北。考《地理志》三辅共五十七县，今曰六十县，举成数或有分并也。莽又以河南为东都，曰保信乡，分为六队：《地理志》南阳前队，河内后队，颍川左队，弘农右队，河东无明文，则除河南居中、河东附隶，前后左右以队名者四见此，莽斟酌损益而为之者也。大约《周礼》之六乡即莽之六尉，六遂即莽之六队，莽于西都以城旁为乡，众县为尉，东都为州，众县为队，亦变通润色之意。故东都之制与西都不尽合，而以乡遂分东西州则一定之制也。此皆为内郡，千里以外乃曰近郡，有障蔽者曰边郡，故陇西、天水、张掖、敦煌①等不入畿内之数，因时制义，其意可见。据此是古《周礼》先师说，不以乡遂家削县都分五等，可据莽以说之矣。莽说虽不能通，然郑变其说而仍不通，则不如莽之为得也。

《书》尧舜制度全与《王制》符同，据孟子神农章所言，当时必无此等制度。如五王三帛二牲度律量衡及巡狩贡赋甸服之类，此承平数百年乃有之事，岂兽蹄鸟迹方交于中国、人方得平土而居、遂能如此详尽

① 原脱“煌”字，今补。

文备？此当为序《书》时润色译改之言，所谓祖述尧舜之事。古时制度大简略，不足以立教，故孔子以此托之帝王，当时不能有此制度也。

孔子六艺非但钞录旧文，别有新意，然既以六艺托之帝王，遂以新义亦归之帝王，此述者之事也。如孟荀以《王制》为周礼，汉初经师莫不同之，孔子于尧时已云三年四海遏密八音，故《礼记》以夏殷皆为三年丧也。

今古之分，东汉初已启其端，班书志表多胪列今古之说，今当悉取而分隶之，如《百官表》言周礼建官，又云或曰司徒司马司空为三公，《地理志》言《职方》之说，下又云周爵五等而土三等云云，此皆今古说之有明文可考者。

子夫云：近来小学最盛，段、严、桂、朱专门名家，皓首成书，或校正异同，或摭拾训故，要其用意在明文义，字诂既通，方可治经。末流之弊，小学未通，年已衰晚，叩其经义，茫乎未闻，金石专门，复为接踵，铜器古泉，搜采具备，既费资财，且伤精力，本志所存，偏旁孳乳，借证六书，赝鼎虹梁，每多伪赝，浅见倦士，侈为古本，得其一字，兼攻洨长，假金石以证《说文》，借字画以证经义，毕生株守，不知变迁。譬如农织，原为饥寒，议耒耜、计陇亩、终未得一餐之饱、一缕之被，保氏教国子，八岁之事，十五以后即入大学，今乃以童稚所业而为老师宿儒呫哔而夸张之，况古今所传，多便俗学，精善之籍，尽皆秘隐，《说文》在汉已为俗陋，托命于斯，无亦自薄！至如音均之书，钞辑之录，尤为拾坠于败簏，筑室于道旁，陇西之游、越人之射耳。大海荡荡，宜江河以道之，微者亦沟渠以浍之，胡为盂匙以测量、涓滴以蓄储哉！按此为株守小学者发，切中时弊，故取之。癸丑在晋阳欲作语上篇，以矫其弊，匆匆无暇，此编所言，颇多曩旨。

西汉博士说，以校东汉，固为精审，然其失本意者亦多。董子号为大师，然谬者亦十居二三，盖专门之言，时有过当，且经义玄远，浅求之不可，过于求深亦不可也。姑即一事以发其例，《白虎通》言：京师谓三代异名，周王城名京师。此当时博士之言，从来无异议，而实乖经义。周原不以王居为京师，称京师者《春秋》之意耳。京师犹《诗》之六师，天子出，六师从，不敢斥言天子，举王师以为天子所在之称，其例正与王所同。又周东西通畿，《春秋》存西京，不使秦主之，故王居称京师。襄王居于河阳，则以河阳为京师，河阳称京师，知京师非王城定名。《公》《穀》皆云京大也，师众也，天子所居，故以众大言之。传例诸侯言师，天子言京师，与诸侯言上、天子言大上相同。传不以京师为王城，故以众大解之，此微言大义之仅存者，乃为博士说所蒙蚀。夫传有明文之说犹如此，其他可知。今虽笃守博士说，至于失解乱真者亦不曲从之。

纬云：乱我书者董仲舒。"乱"字当读如予有乱臣之"乱"。至于传我书者公羊高，则为东汉人增损图籍之言，当是戴宏以后人所羼，捏造公羊五名，编以世系传受渊源，改古书以合于私学。《穀梁》亦以四名见，使以祖父孙子编排，亦如《公羊》之五世矣。有志复古者，当力辨之。

坊间有《公穀合读》一书，俗本不足讥，然二传相通借此可见。《穀梁》文简例多，《公羊》文繁例少，彼此互见，可相补证，当以省文互见例读之。盖二书皆答问而作，同引《大传》以告弟子，后来写本，互有详略，本传未详，正可借证别传，又多文异义同，《公》《穀》之分，在晚师引用写定，非原本有异。如《公羊》六羽传，天子三公云云，城楚邱传，春秋上无天子云云，此《大传》文也。今《穀梁》阙于引载，而子政说乃有其文，是刘本同有此传，此当取《公羊》以补之。《穀梁》葬桓王传云：独阴不生云云，夫人孙于齐传，人之于天也以道受命云云，此《大传》文也。《公羊》失于采用，而董子说乃有其文，此当用《穀梁》以补《公羊》之缺也。又如词繁不杀，即详录伯姬之意，定元年同引沈子说而文有小异，二传经说正可互相引证以见全体。然非精熟文义者不可以持此论，苟不精而好言合并，则治丝而棼之矣。

《穀梁》言正言礼，《公羊》言礼而不言正。《穀梁传》丹楹、刻桷，一非礼，一非正，初不知正与礼之分。尝欲通考传例一过，一日偶悟正即中也。天下无一定之中，《春秋》无达例，即示人以缘事求中之意。中非中间之中，中谓射中也，正乃正鹄，亦射中也。程朱言中，谓凡物之中，虚渺无据。今以事如射侯，处事如射者之求中，侯有尊卑大小，又东西远近转徙无方，射者必先熟审，然后射之，乃得中的。孔子所谓中即此意也。皆就实事取象，侯为标识，取其意明。不如旧说一国之中、一邑之中，必须测量推考，冥索于影响疑似之间，然后能定，求之甚难，操之少据，设此荡恍之局，以误学人也。礼为旧典，有一定之形，正如射中有随机之巧，本一侯也，因其东西南北高下倚侧而后定，我用矢之道，射由侯生，不能自定。故有合礼而正者，有合礼而非正者，有违礼而不正者，有违礼而得正者，故善恶表中正贵于礼。《穀梁》不言权，正即权也，正无定，权亦无定，一借射为喻，一借衡为喻，得此一解，乃知《春秋》言权言中之义皆在正字也。愿与深于义理者共明之。

或疑《春秋》为后王法，秦汉实不用之。世无无弊之法，何能以一定之制执定通行？三统之说，岂能使秦如夏、汉如殷、晋复为周耶？案此疑颇深，然非孔子意。孔子作六经，专言大纲大纪，以为万世法，当时即已尊荣，历久其道愈显，不如旧说《春秋》专以救弊，不过如书策罪言补偏救弊，以挽文胜之弊，徒为一时之书而已。至于后世改制，则别立三统之法，于六艺中一事一物别为三等名目，以通其变，如社树、明堂、学校是也。六经定制，斟酌尽善，百世不改。其小有损益变化，乃其中润色之事，即以封建、选举、职官论之，由汉至今可云变极矣，而今乃多与经制相合，虽有小变，不害大同。《论语》云：其或继周者虽百世可知也。继周即谓继《春秋》，百世可知谓大纲三千年不能出其范围。《尚书》推本帝王制度如一，后之尧舜三代亦如古之二帝三王，今之视后亦如古之视今，至于救弊补偏，大略尽于三统之说，通变不倦，固非如先儒所言欲百世以下株守之也。然则人之学《春秋》求今之制度以合《王制》，事变日新，终归围范，不徒以为古制，反谓于今有宜有不宜，或损或益，尚须斟酌。五帝不同乐，三王不同礼，谓使孔子再生，亦不主《春秋》之制如旧说所云也。《春秋》之学，全在磨炼智虑以就今之绳墨，改制之意则当合二十四史中沿革求之，看其因心之妙，移步换形，不可方物。若以孔子修《春秋》宜古不宜今，今亦不师古，则大非三统循环相救之意矣。六经为万世而作，不专主救文，学者但当循此规矩，试观历代典制及近今礼例，何一非《王制》之细注、《春秋》之详说哉！礼家述古易，知今难，学者判为二派。述古者鄙言晚近，治今者昧厥本源，皆非也。《仪礼》、《官礼》之于《王制》，不过如今之《通礼》、《会典》搢绅诸书耳，但论大纲，三年可了，然常多变少，文略事简，若见之施行，殊多缺略，后来因事草创仪注，是为润色，故《礼经》十七篇已足。盖礼家所重，全在礼意，踵事增华，一成不变。殷周既有损益，若欲于数千年后株守礼文、非斥近事，是字必用古篆、书必用竹帛，岂非笑柄耶！古无桌几，今用绵绒，衣冠既异于《玉藻》，礼节更详于淹中。大禹入裸国先自去衣，泰伯逃句吴首自被发，以古法读今书，正如用碑版于卷摺。闻康长素有《孔子会典》之作，以经包史，于近事尤详，不泥不违，卓然大备，其有益经济尤胜于三通也。

汉人引经折狱，除《史》、《汉》外，董子有《公羊决事》，今虽亡，颇欲辑之，群经各分门目，采传记子史之文补之。以传文言之，则《春秋》事实案由也，师说律例也，以决事言之，则时事案由也，传文律例也，通经致用，此亦一端也。《春秋》文成数万，其旨数千，循环见义，变化无方，汉儒引以决事。今可考者不过数十条，多雷同互见，此非经例不熟，则以必取有名之条以为据，然后人信之，如人臣无将之类是也。

斫轮以古人书为糟粕，此经学家当头棒喝。天下六艺九流杂技艺术，其可以言传者皆糟粕也。凡征实之名物象数形而下者，犹可即糟粕求之，糟粕不离乎稻粱，形质不能过远。至于形上之精华，则脱胎换骨，存液去肤，不能即形迹以求之。稻粱犹近于糟粕，糟粕遂大异乎酒，以《春秋》论之，则事实糟粕、笔削精华；以经传论之，则传本糟粕、师说精华；以经术言之，则文旨糟粕、运用精华。我之运用之妙不能告人，所笔于书者皆形迹，知先师运用之妙不能告人，而著于传者皆形迹，更以知孔子运用之妙不能告人，而著于经者皆形迹。今墨守《春秋》之文，岂遂足知孔子，株守六艺之文，又岂足以尽孔子？凡著书，其先精神才力必有十百倍于此，存之心者多，著于编者少。今于《春秋》堂奥犹不能窥，又安能不如隙中观斗，更何望其有见于《春秋》之外哉！孔子当日作《春秋》，已使续《春秋》可也，原《春秋》可也，拾遗《春秋》可也，以其意托之空言亦可也，寓之于别经亦可也，删改此《春秋》亦可也，且废此而别作一《春秋》亦可也。以运用之妙存乎一心，从心不逾变化之妙，不可方物也。正如善书者，或大或小、或长或短、或肥或瘦、或刚或柔、或真或草，莫不入妙，父不能传之于子，子不能学之于父，天下后世师之而不得其仿佛，以其糟粕在此而精华不传也。近人得一旧帖，临摹既久，遂以此帖为规矩方圆之至，肥瘦刚柔毫厘无不入妙，古人当日亦必定出于此而不能少异，实则使古人当时尽反其所摹之帖而别书之，今之学者亦必以为尽善而不能稍异，如笃信其临本之说，不能想见其运用而拘拘于糟粕，此学人之通弊也。况其所学之本不知几经翻摹钩临，其长短肥瘦刚柔之间已全失古人之意，或且与其真迹相反，而若人方自以为如亲见古人执笔书此，详道其经营结构之甘苦而刺刺不休，若以为此本乃书家自然入化之妙，古人适偶得之不能丝毫增损于其间。治经者其弊多同于此，以其心眼力量卑陋狭隘至此而止，不能别有所见。然治经能如此，学字者久不壹得，而此学字者亦非积月累年忘餐废寝不能到此境。经学既乏专力之人，其传变改异年久势异，且千百倍于字帖之坏。孔子笔削真迹，盖依稀仿佛毫无存者，既不能少窥其仿佛，又安可遂舍糟粕哉！后人误会庄子之言，乃欲尽去糟粕而别探精华，流为心学一派，名为学古，实则师心自用。今欲求一钻研糟粕者而不可得，且欲探精华非羁困糟粕中久而解脱者不能，予之为此论者，欲为十年后开此心胸，使不致以寻行数墨终其事，不敢使不求糟粕者闻也。

近于《春秋》寻行数墨之功，有十之六七，至于神悟超然文字之外，其在十年后乎！老子幼壮学礼，藤牵葛覃网罗一身，晚乃奋然舍去。呜呼，其用功自得之况，不知其在晚年欤、在少壮欤？

《春秋》之善恶，表功罪也；褒贬，表升降也。其中亦须有一部律例，当立吏刑二衙门专办此事。凡有功则交吏部，有罪则交刑部，因其功罪之大小定其刑赏之重轻。袁佑安同年尝推考捐例，谓其浅深贵贱有一定之则，无论从何项捐起，加捐至某官，贵贱莫不相符。方长孺言薛侍郎精于刑律，见罪名有七八百条辗转不合者。《春秋》之功罪刑赏，必须如捐例之精，不致如刑律有不合之条，方为精实。此说先师已有之，如《五经异义》引僖公逆祀，《公羊》以为大恶，《左氏》以为小恶，则议处之事二司员议论不合固已久矣。

《春秋》所包者广，以今六部况之，无不为其所包：吏部掌其爵禄，礼部掌其礼文，户部掌其分土居民、国入岁计，兵部掌其征讨，刑部掌其刑罚，工部掌其工程。实则今学立三公以九卿兼其事：大司徒礼官兼吏部，大司马兵官兼刑部，大司空户官兼工部，特《春秋》文案律例不全，唯《王制》与传文而已。其中琐细支节不详录者不胜录，亦以古今不同仅发其凡，而一切小事但就当代时制考之，不必冥索于古。凡欲得《春秋》细微，非熟读律例掌故不行。在郫与黄纬如兄刑席孙寿成之妻弟也。言刑名事颇有启发，知切实处故在有实用也。

荀子云：法后王。此治经之要法也。以《春秋》言之，则二百四十年事实，即当今二百卌年之影子也。笔削褒贬即当今补偏救弊之影子也。要将先王先师影子引之于今，是二？是一？然后为法后王，然后为好经学。窃欲将天下化成一大洋纸，将《春秋》经意化成一图，以留影照像之法，托照此图于纸上，今古分明，毫厘俱在，其依稀之间启人神悟不少。

小徐《说文部序》，即仿《序卦》为之，或颇讥其无理，不知此古例也。古书皆有序以说部次，不必有实理，即《逸周书》亦有序。按此说甚佳，礼官序总目见于《曲礼》，《荀子》有《序官篇》，除《易》除《书》、《礼》次序尚易循求，惟《诗》次序无古说，最繁杂。以国风言，十五国次无说，一国中各诗先后无说。近人选诗如王渔洋，其去取前后之旨，学者犹能道之，孔子之《诗》颇似《千家诗》，全无论次，为坊间最劣之本。说《书》、《礼》要知十七篇、二十八篇为全，然后其序可得而知，论《诗》则必先将《风》、《雅》、《颂》与十五国大纲分别已定，然后其中次序可以徐徐清理。必定此说，然后《诗》可治。

《公羊》为齐学，孔为素王，故宋从殷是其所主。《檀弓篇》中多殷礼，如丧礼谓与其礼不足而哀有余之类，尽属从质意。又言《春秋》事十余条：如仲遂卒于垂，新宫灾，齐告王姬之丧，战于郎之类，类次《春秋》礼制实事之遗说，别篇初无此体。又邾娄惟《公羊》乃有是称，《檀弓》称邾娄者三，是其书确为齐学所记无疑，其说皆足与《公羊》相发明。初以此为《左传》说，《左传》不称邾娄，又多以孔子新制归之成康，以为《公羊》近是。太史公云：游夏不能赞一词。今《檀弓》记子游、子夏之事甚多，可知为《春秋》先师说；曾子传《孝经》，篇中言曾子事亦多，恐不无齐学《孝经》之遗说。按纬云：志在《春秋》，行在《孝经》、以《孝经》属参，以《春秋》属商。二书并提，纬为齐学，故《檀弓篇》中兼有《春秋》、《孝经》说，亦势所必然也。〇孝以丧祭为重，故篇中多言丧礼，今取其书分注《公羊》，如取《王制》注《春秋》之制，务求推阐比附，毫无遗议。苟《公羊》中不能归宿者，则以之说《孝经》可也。

《周礼》说始见于《王莽传》，刘子骏实主其学。方望溪《周礼辨》指《周礼》多刘歆所羼，据《王莽传》发得《周礼》以明因监之文，知《周礼》撰补于歆也。移书不见《周礼》名目，所引逸礼即《周礼》原文，争立不得，后因莽将即真，乃改羼今本以为新因监，逸礼原文实出于秘府，刘氏校书时与《左传》同出，盖今学官职之说。《曲礼》云：天子建天官，先立六大，以下五官六府六工说逸礼之总名，逸礼乃《曲礼》之实事，亦如《荀子·序官》之类，此为孔子所定而弟子润色之文，惟其书六大六府六工皆别自为书，不统于五官，而五官则五卿之底本也。刘氏因其书世所不传，故改羼以迎合莽、与今学为难。《曲礼》六大为天官，大宰即冢宰，《王制》大史司会皆属宰，此如今宗人府内务府之职，专为王官，不为三公所统。刘氏承其文以冢宰为天官所司之职则有改变焉。天子之五官如今之六部，三公所统属者。司徒、司马、司空，此三公也。司士、司寇，九卿之二，《王制》所谓三官也。司士文见《周礼》，盖司马之属掌选举①者也。司寇亦属司马。《王制》以为三官，《千乘》以配

① “掌选举”原讹作“赏选举”，从《选集》改。

四时者。今刘氏于五官去司士，添入冢宰、宗伯以合六卿之数，以司马爵禄之事归之天官，如今吏部以司空土地之事归之司徒，而以司徒之职归之宗伯，司马司寇仍原文，司空所掌之事既归之司徒，遂以六工之事归之，此其所以误也。其以冢宰、司徒、宗伯、司马、司寇、司空为六卿者，则由误袭《盛德篇》之旧名也。

天子之六府曰：司土、司木、司水、司草、司器、司货，《左传》以为水、火、金、木、土、谷①，金仁山有分配之说。旧本六府连文，亦如《考工记》连叙六工三十人皆掌财物，当为司会属员，除大府、玉府、内府、外府、泉府以府名官之外，如职币、甸师、司甲、司戈盾、司弓矢、仓人、廪人，凡主财贿器用储藏者，皆当为六府之职，大约其数与六工人数相去不远也。刘氏以分隶五官，郑氏以为只六人，皆归司徒者误也。今当详细改订，以还六府之旧。

六工之文，今《考工记》是也。刘氏以司空本职，属之司徒，则冬官实无事可掌，故全以考工之事归之冬官，作序以明其事。司空不掌工，古有明说，故后来徐悟其非，马郑乃有冬官不全之说，实出于东汉末季，《周礼》初传无此说也。后人不知其故，以《周礼》缺冬官，以《考工记》补之。按除《周礼》外，无此文体，何缘缺一官即有《考工记》相补。又或以为文帝命博士作记补之，尤不通。博士既补《考工》，何不取古书冬官佚文补之，乃但说工事。且《记》亦非博士能作，此《记》与五官文同出一原，因无冬官职权以相当，而文与五官有小差者，则当其时未能改修一律之故。宋人欲据《王制》及今学家司空说取五官中土地之官群归于司空，刘氏以司空之文散之于司徒，今辑诸篇司空之文归之于冬官，返本还原，其说原不为误，特宋人尚多不合，必再加考订耳。《王制》官职以九命为实职，以九锡为加衔，差使大国九命，则凡百里之侯皆九命矣。其中所有长、帅、正、牧、伯，差使职事各有等级，共为五长，皆从加赐而定，锡命相连，合为十八绶，如今九品官分正从：今正从一品为九、八锡，正从二品为七、六锡，正从三品为五、四锡，正从四品为三、再锡，正五品为一锡。从五品为九命，正从六品为八、七命，正从七品为六、五命，正从八品为四、三命，正从九品为再、一命。兼举则锡命一也，孤文则锡大命小，《王制》图表中有此表。

《繁露·爵国篇》天子立一后，一世夫人，中左右夫人，四姬，三

---

① “谷”原讹作“教”，据《左传·文公七年》改。

良人，共十二人。大国一夫人，一世妇，左右妇，三姬，二良人。次国一夫人，世妇，左右妇，三良人，二孺子。皆九女。小国夫人世妇，小国之夫人，即世妇，小国之君如天，子大夫。左右妇，二良人，一孺子。二旧作三，一旧作二，小国当止六女。附庸立一宗妇，二妾，三人，妾当为妻。又：王后置一太傅、太母、三伯、三丞、二十夫人①、四姬、三良人，各有师傅。王后御卫者上下御各五人，二十夫人、中左右夫人、四姬、上下御各五人、三良人各五人，世子妃姬如公侯之制。王后傅上下史五人，三伯上下史各五人，少伯史各五人。大国夫人一傅母、三伯、三丞、世妇、左右妇、三姬、二良人，各有师保。夫人卫御者，上下御各五人，世妇、左右妇、上下御②各五人。次国夫人一傅母、三伯、三丞、世妇、左右妇、三良人、二御人③，各有师保。夫人卫御者上下御各五人，世妇、左右妇、上下御各五人，二④御各五人。小国夫人一傅母、三伯、三丞、世妇、左右妇、三良人、一御人⑤各有师保。夫人卫御者上下御各五人、世妇、左右妇、上下御各五人、二御人⑥各五人。附庸：宗妇有师保，御者三人，妾各二人。

戊子年李进士命三以《昏义》百二十女为三公、九卿、二十七大夫、八十一元士之妻，证之礼书皆合，可无疑义。惟说《考工》记九卿、九嫔可疑。九卿九室则百二十官当百二十室，一人一朝房，未免琐碎。《周语》云：内官不过九御，外官不过九品。窃以《考工》之九卿、九嫔即《周语》之九品九嫔，非目九卿之夫妇。盖朝房之制以品级分，王公尚侍以次叠降，非一人一室。又督抚、官厅、司道一等，府厅一等，州县一等，佐杂一等，更不能一人一室，然则九卿谓九等之王臣、九嫔乃令妇之九等矣。

《春秋》说天子娶十二女，考《公羊传》、《白虎通义》原防再娶，并非同时娶十二女。盖以国家之乱多由再娶，故圣人定为不再娶之礼，以销弭其祸乱。以人之好色，五十不衰，故当时多以襁褓者隶名所谓待年于国。以二十嫁娶计之，天子五十之年，其媵女已经年三四十，则媵女之必取年轻者可知，如今填房续昏之事有正嫡，嫁时媵女尚未生者。

① “二十夫人”原讹作“世夫人”，据《春秋繁露》改。
② “御”原讹作“卫”，据《繁露》改。
③ “御人”原讹作“孺子”，据《繁露》改。
④ “二”下原衍“孺子”二字，据《繁露》删。
⑤ “一御人”原讹作“二孺子又”，据《繁露》改。
⑥ “御人”原讹作“孺子”，据《繁露》改。

不过女家有此名目，将来如嫡薨或老病，则女国乃重送媵女，如《左传》所称继室。如无事故，则婿家不请，女家亦不必再媵，以致徒恣烦扰。经意专在不许再娶二嫡，实非当时已有十二女同行也。一男三女已足相匹，必执定十二人毋乃乖色荒之戒。又考十二女名目，《繁露》详之，又各有保姆、师傅、史役，人数如民间之仆妇使女，其人多选寡居有贤行及良家女子为之。亦有品俸，是为内官，虽掌燕寝之事，天子礼不得下淫，不如后世宫女随主者所喜皆得召而御之。其官既有升降，其人亦随时放遣，不如后世入宫则不得再出也。考《宋书·后妃列传》：后宫通尹为一品，列叙为二品，司仪、司政、女林为三品，都掌、治职等为四品，通关、参事等为五品，中台侍御、执卫为六品，合堂帅等为七品。《文献通考》庄宗时后宫之数尤多，名号不可胜纪。明帝以后又有司宝、司赞、司膳、司饰、司酝、司衣等名，皆封夫人，或郡夫人，小者县君，亦宫官。八品九品之文不见。其名目职掌与《繁露》相合。汉晋以下以妃嫔分配品级俸禄者不在此例。即《周礼》之九御，考工之九嫔。《周礼》有内外命妇之文，历代史志多有之。九御即内命妇，百二十官之妻即外命妇，内外命妇皆官，非天子之妾媵。考之宋制犹如此，则经礼更可知矣。

《曲礼》天子有后、有夫人，公。有世妇，大夫。有嫔，以《昏义》推之，二字当在世妇之上，九嫔九卿妻。有妻，士。有妾。庶人在官者，此有嫔专指王臣言。又云：公侯有夫人、有世妇，大夫二伯如天子之公，则下有卿嫔一等，此无嫔而言世妇，则公侯指方伯言。有妻，士。有妾。庶人。又云：天子之妃曰后，诸侯曰夫人，大夫曰孺人，亦曰宗妇，不言卿曰嫔，略之。士曰妇人，亦曰御妻。庶人曰妻。亦曰妾。《昏义》以夫人配公，嫔配卿，世妇配大夫，御妻配士，名目不同，盖由内外异称。今据《昏义》推之，考《繁露》天子之妃无嫔、世妇、妻、妾名目，后以外四夫人、四姬、三良人。诸侯亦无妻、妾名目，夫人外三世妇、三姬、二良人。又附庸立一宗妇、二妾。是天子诸侯大夫嫡媵名目，上皆只包下一等而言。如天子曰后，下一等名同诸侯之夫人；诸侯曰夫人，下一等名同大夫之世妇；附庸曰宗妇，下一等名同士之妻。除一等以下，名皆改变。又后、夫人、姬、良人与夫人、世妇、姬、良人合之，正嫡只四等名目。《曲礼》天子乃有六等，知天子有夫人，以下指助祭公、卿、大夫、士、庶之妻言之。诸侯世妇下之妻妾，亦指助祭之大夫、士、庶言之，不谓后宫有此名目。纵谓《曲礼》、《昏义》、《爵国》名异实同，然亦决非以三辅一两两相对之二十七世妇、八十一御妻，不得借此以为莽歆百二十女之证也。

百二十女者，百二十官之妻也。郑君承莽歆之误，以为天子妾媵，曾于《周礼删刘》中详论其事。西昌吴清渠光源拟《代百二十女讼郑君表》，亦袁子才麒麟鸣冤之意也。表云：三公臣妻三人，九卿臣妻九人，大夫臣妻二十七人，元士臣妻八十一人，由内小臣转上内宰引奏：臣妾闻：乾坤定位则尊卑之象已呈，日月相从则辅佐之义斯起，故《易》严天泽，《礼》别嫌疑，《书》戒朋淫，《诗》美有齐，《春秋》讥宗妇觌币，盖所以别上下、异内外、顺阴阳、成教化也。《昏义》云：天子后立六宫、三夫人、九嫔、二十七世妇、八十一御妻妾等百二十人，本三公以下百二十官之妻也，膺从爵之荣，荷锡命之宠，有助祭之勤，佐躬桑之瘁。《祭义》曰：卿大夫相君，命妇相夫人。诸侯如是，则天子可知。是以揄阙鞠展与鹭毳同辉，《鹊巢》、《采蘩》继《雎》、《葛》而咏。臣妾等虽别尊卑，实皆正嫡，自有家政，体法坤闱。《周礼》明文曰外命妇，西汉已前典礼明著，乃郑君注经不从师说，肆为矫诬，以百二十女统为王后妾媵，攘窃臣妻属之天子。窃考天子十二女：王后一、世夫人一、中左右夫人三、四姬、三良人，礼加九女，媵从三国，名号甚章，人数盖寡。王莽居摄以前，纳女汉平，犹云十一媵家，足见本无百二十女之说。刘歆颠倒经制，迎合王莽，依托礼文，创为邪说。莽当末路，曾见施行，是乃新朝之荒淫，并非先王之旧制。郑君自号通儒，即当纠正，岂可承讹踵谬，攘臂助奸，不谓祖述伪制，归狱周王，侪命妻于嬖私，乱君臣于鸟兽，乃又臆造进御之法，一月再周，十五而遍，强为分夜，据何经典？矧万几余闲，宜益珍养问夜，何其敢耽淫乐，此固下愚所不道，鄙巷所羞称者也。上则污滓圣经，下则流毒宫闱，乃儒生坚谓为师承，后王窃喜其便已，千年沈冤，无从昭雪，切肤之痛，难缓吁呼。且娣侄之礼，专防再娶，长者已衰，少者乃进。《春秋传》曰：叔姬归于纪，明待年也。是法月之数先具虚名，继室之来尚须更请，何有同时数逾十倍。又考伪说之与本原，《昏义》全以阴政归之王宫，不知王后既为夫妇，臣下自系匹耦，事定一尊，礼嫌并嫡，婢妾嬖贱，于礼无专。由此推之，则十一女尚须禀命，况合百二十人而听之。不惟名目巧合，事无可疑，祭飨时主者既为夫妇，乃以宫妾耦配外官，比例以观，成何政体！往者新制备和、嫔、美、御百二十人，皆佩印韨、执弓韣。篡乱之徒，洵不足论。后世大选良家，掖庭盈牣，多则万计，少亦数千，禁锢如长夜，怨思变灾祲，点汙臣妾，恨已难言，流毒后宫，害更何极！差罪浮于民田，论祸烈于国息，岂止大裘郊夏、麟皮冒鼓之琐琐者欤！臣等辱侍袆衣之仪，本主外臣之家，乃以被服之僮僮，下等抱衾之肃肃，虽事君致身忠臣之义，而臣妻群御从古未闻，武断同于指鹿，诲淫几于聚麀，离经畔道、乱伦败化，未有如此之甚者也。昔蒙庄非圣，见摈异端，扬雄拟经，戡名太学，而郑罪甚于拟经，直为非圣，犹窃食两庑，垂声千载，漏彼卯诛，大乖孔法。恭维陛下握阴阳之符，立教化之本，别内外之嫌，严上下之分，日月昭灼，雷霆震詟，造言者有诛，乱经者夺祀，更请下郑诸书，俾博士详议其乖圣经、违典礼者，悉令删除。

春秋见经之国百余，旧说茫无统绪，予乃分州以卒正之目归之。据《王制》，州七卒正，《春秋》鲁只见六国，疑不能定者五六年矣，甲午二月以《易》一卦变七卦，与《春秋》合，始定州一方伯七卒正。内江陈奎光其昌为之说，文曰：六经皆圣人手订，虽微言奥义各有宗旨，大制鸿纲往往一贯，盖圣人因天地之自然而定其法度，百变而不离其宗，《易》虽得于殷人，然《乾》、《坤》由翻改而始定，故规模制度隐与《春秋》相通。《春秋》统以天子，分以二伯，参以方伯，佐以卒正，而鸿规举；《易》始太极，分为阴阳，立为八卦，错为六十四卦，而巨制垂。名目虽别，理数则同，天子即太极，二伯比阴阳，方伯视正卦，卒正如五十六错卦，两两相当，不爽毫发。盖《春秋》与《易》虽有天道人事之不同，渊源一贯，非偶然相合也。经师各拘家法，往往守本师之言不观会通，故《易》就画明理，以为通《春秋》则骇矣；《春秋》因事举例，以为通《易》则惊矣。别户分门，不能浑一，今考《春秋》之疆境，以九州为度，四裔必加戎狄之名，错处内地之夷狄，则言地以系之，立州、国、氏、人四例，荆、梁、徐三国称州，英、甲、潞三国称氏，吴、越、留吁、廧咎如称国，皆收入版图，以备卒正之任。其淮夷、山戎、姜戎、北戎、伊洛戎、陆浑戎，不离戎狄者受其朝贡，不责以伯帅之职。经见国百十余，传见国二百余，惟青州见一州牧、七卒正、二十一连帅，一尝见之附庸；余州从略者，盖备书则书不胜书，故举内以概其余也。冀、兖国少，以甲、潞等备卒正之选，不多见国，恐不识诸国以为夷摈之也。雍不见国者，王臣旧采也。今本《说卦》震巽离坤兑乾坎艮之序，分震离兑坎为四正，而以青荆梁冀配之，分巽坤乾艮为四隅，而以徐杨豫冀兖配之，雍为留都，今以豫代雍，相配为图，而圣人作经之旨了如指掌矣。

言汉学，尊许郑者固囿于刘歆邪说，然考史传，虽两汉经士皆有流弊，谨立二十四目，引史传以证，然后知学当靳于是，不但尊汉师已也。

增益师说：

山阳张无故子儒、信都秦恭延君。无故善修章句，为广陵太傅，守小夏侯说文。恭增师法至百万言，为城阳内史。《张山附传》。

《夏侯胜传》：胜从父子建字长卿，自师事胜及欧阳高，左右采获。又从五经诸儒问与《尚书》相出入者，牵引以次章句，具文饰说，胜非之曰：建所谓章句小儒，破碎大道。建亦非胜为学疏略，难以应敌。建卒自颛门名经。

东京学者，亦各名家，而守文之徒，滞固所禀，异端纷纭，互相诡激，遂令经有数家，家有数说，章句多者或乃百余万言，学徒劳而少功，后生迷而莫正。

乱经私作：

世所传百两篇者，出东莱张霸，分析合二十九篇以为数十；又采《左氏传》、《书叙》为作首尾，凡百二篇。篇或数简，文意浅陋。成帝时求其古文者，霸以能为百两征，以中书校之，非是。孔安国下。

《儒林传》：韩婴推诗人之意而作内外传数万言，其语颇与齐鲁间殊，然归一也。

立学势力：

霸以能为百两征，以中书校之非是。霸辞受父，父有弟子尉氏樊并。时太中大夫平当、侍御史周敞劝上存之，后樊并谋反，乃黜其书。孔安国附。

上使江公与仲舒议，不如仲舒。而丞相公孙宏本为《公羊》学，比辑其议，卒用董生。于是上因尊《公羊》家，诏太子授《公羊春秋》，于是《公羊》大兴。

不通政事，迂疏寡效：

博士选有三科，高弟为尚书，次为刺史，其不道政事以次补诸侯太傅。《汉书·孔光传》。

昭帝时，选博士通政事补郡国守相。《萧望之传》。

阳朔二年，诏[①]曰：儒林之官，四海渊源，宜皆明于古今、通达国体，故谓之博士，否则学者无述焉，为下所轻，非所以尊道德也。《成帝纪》。

---

① "诏"原讹作"传"，据《后汉书·成帝纪》改。

粗习师说，以意推衍：

山阳张长安幼君先事式，后东平[①]唐长宾、沛褚少孙亦来事式，问经数篇，式谢曰：闻之于师具是矣，自润色之。不肯复授[②]。

苟求利禄，射策取科：

《东观汉记》徐防上疏曰：试《论语》本文章句，但通度勿以射策。冀令学者务本，有所一心，专精师门，思核经意，事得其实，道得其真。

各异其师，党同伐异：

扬雄曰：譊譊之学，各习其师。

刘歆说：犹欲保残守阙、挟恐见破之私意，而无从善服义之公心。或怀妒疾，不考情实，雷同相从，随声是非。又今则不然，深闭固距而不肯试，猥以不诵绝之，欲以杜塞余道、绝灭微学。

《班志》曰：安其所习，毁[③]所不见。

《陈元传》：今论者沉溺所习，玩守旧闻，固执虚言传受之辞，以非亲见实是之道。[④]

末流迁变，齐不如鲁：

《儒林传》：宣帝即位，闻卫太子好《穀梁春秋》，以问丞相韦贤、长信少府夏侯胜及侍中乐陵侯史高，皆鲁人也，言《穀梁》本鲁学，《公羊》氏乃齐学也，宜兴[⑤]《穀梁》。《艺文志》：汉兴，鲁申公为《诗训故》，而齐辕固、燕韩生皆为之《传》，或取《春秋》采杂说，咸非其本义，与不得已，鲁为近之。

别参异说，诈托传受：

京房授《易》梁人焦延寿。延寿云尝从孟喜问《易》，会喜死，房以为延寿《易》即孟氏学，翟牧、白生不肯，皆曰非也。至成帝时，刘向校书，考《易》说，以为诸《易》家说皆祖田何、杨叔、丁将军，大谊略同，唯京氏为异党，焦延寿独得隐士之说，托之孟氏，不相与同。

高相治《易》，专说阴阳灾异，自言出于丁将军。

《艺文志》：又有毛公之学，自谓子夏所传，而河间献王好之。

---

① “平”原讹作“半”，据《汉书·儒林传》改。

② “授”原讹作“报”，据《汉书·儒林传》改。

③ “毁”原讹作“繇”，据《汉书·艺文志》改。

④ 原讹作“今学者沉溺所习，玩守旧文，固执虚言传授之言，以非概见实是之道”，据《后汉书·陈元传》改。

⑤ “兴”原讹作“与”，据《汉书·儒林传》改。

自矜巧慧，变乱师法：

孟喜好自称誉，得《易》家候阴阳灾变书。诈言师田生，且死时枕喜膝，独传喜，诸儒以此耀之。同门梁邱贺疏通证明之曰：田生绝于施雠手中，时喜归东海，安得此事。后博士缺，众人荐喜，上闻喜改师法，遂不用喜。

蜀人赵宾好小数书，后为《易》，饰《易》文以为箕子明夷阴阳气亡箕子。箕子者，万物方荄兹也。宾持论巧慧，《易》家不能难，皆曰非古法也。云受孟喜，孟喜为名之。后宾死，莫能持其说，喜因不肯仞，以此不见信。

徐防《疏》曰：伏见太学试弟子，皆以意说，不修家法，私相容隐，开生奸路，每有策试，辄兴诤讼，论议纷错，互相是非。孔子称述而不作，又曰吾犹及史之阙文，疾史有所不知而不阙也。今不依章句，妄生穿凿，以遵师为非义，意说为得理，轻侮道术，寖以成俗。

互持意见，同源异流：

眭孟弟子百余人，唯彭祖、安乐为明。质问疑义，各持所见。孟曰：《春秋》之意，在二子矣。孟死，彭祖、安乐各专门教授，由是《公羊春秋》有严、颜之学。《前汉书·儒林传》。

章帝诏：汉承暴秦，褒显儒术，建立五经，为置博士。其后学者虽曰承师，亦别名家。孝宣皇帝以为去圣久远，学不厌博，故遂立大小夏侯《尚书》，后又立京氏《易》。建武中，复置严氏、颜氏《春秋》，大、小戴《礼》博士。此皆所以扶进微[①]学尊广道艺也。建初四年。

分习篇章、不能独尽：

《刘歆传》：当此之时，一人不能独尽其经，或为《雅》、或为《颂》，相合而成。《泰誓》后得，博士集而读之。故诏书称礼坏乐崩，书缺简脱，朕甚闵焉。

喜谈灾异，蒙蚀经谊：

高相《易》，无章句，专说灾异。

《夏侯胜传》：胜少孤好学，从侄昌受《尚书》及《洪范五行传》，说灾异。

《京房传》：焦延寿其说长于灾变，分六十四卦更直[②]日用事，以风

---

① “微”原讹作“征”，据《后汉书·章帝纪》改。

② “直”原讹作“住”，据《汉书·京房传》改。

雨寒温为候，各有占验。

《李寻传》：寻治《尚书》，与张儒、郑宽中同师，宽中等守师法教授，寻独好《洪范》灾异。又学天文、月令、阴阳事，丞相翟方进亦善为星历。

《眭①两夏侯京翼李传赞》：察其所言，仿佛一端，假经设谊，依托②象类，或不免乎，亿则屡中。

附会异端，乖离本意：

汉兴，鲁申公为《诗训故》，而齐辕固、燕韩生皆为之《传》，或取《春秋》、采杂说，咸非其本义，与不得已，鲁最为近之。

《夏侯胜传》：胜少孤好学，从侄始昌受《尚书》及《洪范五行传》，说灾异。后事蕳卿，又从欧阳氏问，为学精孰，所问非一师也。

《艺文志》：辟者又随时抑扬，违离道本，苟以哗众取宠，后进循之，是以五经乖析，经学侵衰。

畏繁苦多，以求便易：

孟卿善为《礼》、《春秋》，授后苍、疏广，世所传后氏《礼》、疏氏《春秋》皆出孟卿。孟卿以《礼经》多、《春秋》烦杂，乃使喜从田王孙受易。《前汉书·儒林传》。

枝叶繁杂，雕绘竞哗：

古之学者耕且养，三年而通一艺，存其大体、玩经文而已。是故用日少而畜德多，三十而五经立也。后世经传既已乖离，博学者又不思多闻阙疑之义，而务碎义逃难、便辞巧说、破坏形体，说五字之文至于二三万。后进弥以驰逐，故幼童而守一艺，白首而后能言。

秦近君能说《尧典》，篇目两字之说至十余万言，但说曰若稽古三万言。

《刘歆传》：往者缀学之士，不思废绝之阙，苟因陋就寡，分文析字，烦文碎辞，学者罢老且不能究其一艺。

扬雄曰：今之学者非独为之华藻，又从而绣其鞶帨，夫书理无二，义归有宗，而硕学之徒莫之或从，故通人鄙其固焉。

口辨自雄，不求理胜：

董仲舒通五经，能持论，善属文；江公呐于口，上使与仲舒议，不

---

① “眭”原讹作“睦”，据《汉书·眭两夏侯京翼李传》改。

② “托”原讹作“说”，据《汉书·眭两夏侯京翼李传》改。

如仲舒，于是上因尊《公羊》家。

宾持论巧慧，《易》家不能难，皆曰非古法也。

依附图谶，迎合风习：

以为前世陈元、范升之徒，更相非折，而多引图谶，不据理体。《后书①·儒林·李育》。

朱浮五书云：语曰：中国失礼，求之于野。臣浮幸得与讲图谶，故敢越职。《本传》。

蒙混今古，不守家法：

郑康成师事京兆第五元，先始通京氏《易》、《公羊春秋》，又从东郡张恭祖受《周礼》、《礼记 》、《左氏春秋》、《韩诗》、《古文尚书》。

建初八年诏：五经剖②判，去圣弥远，章句疑词、乖离难正，恐先师微言将遂废绝，非所以重稽古、求道真也。其令群儒选高才生受学《左氏》、《穀梁春秋》、《古文尚书》、《毛诗》，以扶微学，广异义焉。

章句渐疏，浮华相尚：

自是游学③增盛至三万余生，然章句渐疏，而多以浮华相尚，儒者之风盖衰矣。《后汉书④·儒林传》。

樊准疏：今学者益少，远方尤甚，博士倚席不讲，儒者竞论浮丽，忘謇謇之忠，习諓諓之词；文吏则去法律而学诋欺⑤，锐锥刀之锋，断刑辟之重。《本传》。

伪撰源流，以冒授受：

徐防疏：伏见大学试博士弟子，皆以意说，不修家法，私相容隐，开生奸路，每有策试，辄兴⑥诤讼，论议纷错，互相是非。孔子称述而不作，又曰吾犹及史之阙文，疾史有不知而不肯阙也。今不依章句，妄生穿凿，以遵师为非义，意说为得理，轻侮道术，寖以成俗，非诏书实选本意。改薄从忠，三代常道，专精务本，儒学所先⑦。臣以为博士及

---

① 原脱“后书”二字，语不明，滋补。

② “剖”原讹作“割”，据《后汉书·章帝纪》改。

③ “游学”下原衍“之”字，今删。

④ “儒林传”前脱“后汉书”三字，今据补。

⑤ “忘謇謇之忠……而学诋欺”原讹作“忘蹇蹇之忠，习浅浅之词；文吏则学法律而学诋欺”，据《后汉书·樊宏传》附樊准传改。

⑥ “辄兴”原讹作“辄与”，据《后汉书·徐防传》改。

⑦ “先”原讹作“光”，据《后汉书·徐防传》改。

甲乙试策试，宜从其家章句[①]开五十难以试之，解多者为上第，引文明者为高说，若不依先师义有相伐，皆正以为非。五经各取上第六人，《论语》不宜射策[②]，虽失或久差可矫革。书上，公卿皆从防言。

私改经字，以合私文：

党人既诛，其高名善士多坐流废，后遂至忿争[③]，更相言告。亦有私行金货，定兰台漆书经字[④]，以合其私文。《儒林传》。

好博兼通，无所裁决：

张元专心经书，方其讲问，乃不食终日。及有难者，辄为张数家之说令择所安。诸儒皆伏其多通，著录千余人。《儒林·张元》。

删除章句，以便观览：

光武召见问经义，应对甚明，帝善之[⑤]，拜郎中，稍迁左中郎将。诏令《春秋》章句去其复重，以授皇太子。《儒林·钟兴传》。

中元元年诏书：五经章句烦多，议欲减省。至永平元年，长水校尉儵养言：先帝大业当以时施行，虽使诸儒共正经义，颇令学者得以自助。

王晋卿大令，莲池书院名手也，著作甚富。壬辰晤于凌云，敦嘱《今古学考》启人简易之心，则经学不足贵。犹刘介卿所言经学不可如白香山诗，原贵同异依违，使人钻仰无尽之意。然推考既久，门面丕焕，虽似简捷，实更繁难，既立一法，便有得失通蔽，急须考究从前之难，门外与门内相纷拿，今日之难，一家之中务求和协，统括六艺，折中子史，大纲既分，细事毛起，不见其易，反嫌其难，如以三传合通，即此一事已不易矣。

前刊《学考》，于康成小有微词，为讲学者所不喜，友人遗书相戒，乃戏之曰：刘歆乃为盗魁，郑君不过误于胁从，今由流溯源，知歆为罪首，乱臣贼子，人品卑污，谁更为之作说客，贾马以下，可不问矣。说详《古学考》。

己丑在苏，晤俞荫甫先生，极蒙奖掖，谓《学考》为不刊之书。语以已经改易，并三传合通事，先生不以为然，曰俟书成再议。盖旧误承

---

① “宜从其家”下脱“章句”二字，据《后汉书·徐防传》补。

② “《论语》不宜射策”原讹作“《洽语》不宜射节”，据《后汉书·徐防传》改。

③ “忿争”原讹作“侈至”，据《后汉书·儒林传》改。

④ “漆书经字”原讹作“麦书金字”，据《后汉书·儒林传》改。

⑤ “帝善之”原讹作“辛善善”，据《后汉书·儒林传》改。

袭已久，各有先人之言，一旦欲变其门户，虽荫老亦疑之。乃《辟刘》之议，康长素逾年成书数册，见习俗移人，贤者不免。

广州康长素，奇才博识，精力绝人，平生专以制度说经。戊己间从沈君子丰处得《学考》，谬引为知己。及还羊城，同黄季度过广雅书局相访。余以《知圣篇》示之，驰书相戒，近万余言，斥为好名骛外，轻变前说，急当焚毁。当时答以面谈再决行止。后访之城南安徽会馆，黄季度病未至，两心相协，谈论移晷。明年，闻江叔海得俞荫老书，而《新学伪经考》成矣。甲午晤龙济斋大令，闻《孔子会典》已将成，用孔子卒记年，亦学西法耶苏生纪年之意。然则《王制义证》可以不作矣。孙公说法，求之顽石，得此大国，益信不孤。长素刊《长兴学记》，大有行教泰西之意，更欲于外洋建立孔庙。《中庸》云：天之所覆，地之所载，人力所通，日月所照，霜露所坠，凡有血气者莫不尊亲。于今皆验。长素或亦儒门之达摩，受命阐教者乎？

王仲孺同年请立国朝十三经，列有书目，未刊行之。《周礼》、《左传》二种，亦曾见稿本，大抵不出小学窠臼，多仍古学误说。初欲群经各著注疏，以张西汉之学，见成三传，《书》已及半，《诗》方征逸说，意在再作《佚礼》、《诗》、《书》三种，余皆听之能者。故刊《群经凡例》以示宗旨，不再事撰述，既以精力有限，务广者荒，且难者既通，易者固不必书成也。戊子以前，尊经友人撰《王制义证》稿已及半，后乃散失。盖课卷不能装订，随手散佚。继闻长素《会典》即是此意，乃决意不作；亦以《王制》无所不包，难免挂漏，否则《义证》重杂，难于去取。凡例已刊，拟但撰辨疑、异义二门，专考其异，以同者太多不能尽也。

《左传》旧以为古学，与二传异。丙戌曾刊有凡例，专主此义。己丑以后，专力治之，五年以来愈觉其水乳交融无一不合。旧说异处，多由于杜，非在传文。难莫难于君氏一条，今将隐五年传王使尹氏、武氏助曲沃句，移于隐三年君氏武氏下，知《左氏》经本作尹，作君之声子，乃传事不见经者。取五年之尹氏以证经，退君氏声子说于传中，则事迹全同矣。又叔服、王子虎以为二人，而《穀梁》中已存有二说，新使指叔服，执重以守则别为一人，同《左传》说，非叔服矣。《大事表》中所有异同今皆一贯，不惟不相歧异，且愈见合通之妙。至于晋栾施蔡侯东与东国为一人，则由字误因而说异，又不在此例矣。

余三传皆作注疏，三书各为一家，不能彼此互文见义，全录又嫌重复，如采《史记》之事、《王制》之礼、全经之例，三书不能不重复，每与同学商其并省之法。顷得一说，先作单经本，将三传事、礼、例相同之文并入此本，三传本经下不注，但注传以存三家门面，而通其说于经。经可通而传不必尽同，请乐山李子凡、光珠帅秉均、镇华纂录，不惟可省刻资，愈见通经之妙。

《禹贡》五百里侯服，百里采，二百里男邦，三百里诸侯，按文例与下三服不合。百里采三字当为上五百里米下三字之衍文，米又误采。当作三百里男邦、二百里诸侯，方与下文合。《尚书》侯、甸、男邦、采卫之文数见，按甸乃内服，不应数在侯下，《左传》曹伯甸也，郑伯男也，甸乃男之隶变。力作勹，即为甸。则《尚书》甸男邦者，甸为隶古，男乃先师记识混入者，当作侯、甸、邦，甸下小注男字，采卫采字与侯字对、卫与男邦对，则采当即绥服绥字，彩亦作宾，宾古作寅，与采形亦近。《王制》千里之内曰甸、曰采、采当读为绥服之绥，指九州。曰流，指要荒。如此则各经皆通矣。

丙子科试时未见《说文》，正场题狂字，余文用猘犬之义得第一，乃购《说文》读之，逾四五日覆试，题不以文害辞，注文云作《说文》之文解，乃摭拾《说文》诗句为之，大蒙矜赏，牌调尊经读书。文不足言，特由此得专心古学，其功有不可没者，姑存于此，以资谈笑。文曰：诗无达诂，不求甚解可也。夫说诗自识字始，及识字而诗更难说，辞害矣。何以文为，今夫《周易》无达占，《春秋》无达例，学贵变通，无取执一，于诗何独不然哉！盖四始兴观，不尽学人之所制，六书精奥，岂仅点画所能包？文字有限，辞义无穷，以无穷之辞，穷有限之文，此其势不至于交病而不止。且夫依类而文生，理罪而辞出，文非辞不属，辞非文不立，固并行而不相害者，然而难言之矣。史籀作篆，文章丕焕中兴，而汗简残编，已改钟鼎彝盘之旧，经篆所以多异文也。况竹漆鲜传，经师多由于口授，必求通于穿凿，则郢书燕说，何与于举烛之文，比兴陈辞，篇什最多通转，而长言永叹，不同鲁史笔削之严。传笺所以少定解也。况《白华》无辞，乐府但纪其铿锵，必牵就于形声，则太史辅轩已不胜征文之苦，但曰文也甚矣害。且夫文有在体者焉，有在音者焉，有在义者焉，文有体，体必精，靁改作靈，时雨岂由巫玉，祃原作马，祭祀别有祻名，贼改从戎，赖乃作负，是不但禘之讹，禓乃为不辨字形也，其害一也。文有音，音必谐，求福不难，易傩而言语方合。饮食之饫，变饇而义训始通。毁不谐火，风不殊风，是不但好读为好，乃为不识古均也。其害一也。文有义，义必确，参昴称嘒，小星乃能有声，钟鼓歌鷟，乐器乃有行步，鸦即是雅，颂以代容，是不但剪训为断，乃为有乖古训也。其害一也。以象形言之而文害，牛象头角三封，马象髦尾四足，采象兽爪分别，而西之象则鸟在巢中，创造取飞鸟情态，而式廓衣服制句，独不类夫虫鱼。彼夫东为木日，北为背人，辨方位之阴阳无殊营室，而此乃独取依声之例也。一字附会，遂使人以西眷西人之句法，皆为难字而莫通，是以文害一句之辞矣。且以方言考之而文更害：朝鲜谓儿泣不止曰咺，楚谓儿泣不止曰咷嗷，宋谓儿泣不止曰喑，秦谓儿泣不止曰哓，豳岐为雍州故地，而《斯干》、《生民》矢音独不谐夫土俗。彼夫谓他人翼[①]，及酌我罍，操土音于井鬼，无异楚囚，而此乃独蹈忘本之愆也。一字舛误，遂使人疑呱矣，喤喤之啼声，皆为他州所拟作，是以文害一章之辞矣。害深矣，不塞不可。能为走兽，于本飞禽，及尔女之为，乃若古甚而不古者，亦不可泥。秽留彤管，目静女于城隅，绳束白茅，称吉士于龙吠。甚至缡巾为处子所服，而聊可与娱寡欲者，亦思逾墙而搂，文字曾可据乎？所以人又多，又不可据为指在掌中，惠而爱，而不可定为毛在颊上。我观西河为说《诗》之主，而素绚存疑，致劳请益，犹觉读书未免过拘耳。襄为解衣耕，刑为刀守井，及威困之为姑庐，深甚而不深者，亦不可胶。窈窕无与心容，宫阃歌幽闲之女，蒙戎非关草蔻，泥中叹流离之臣。况乎文昭皆史册所传，而则百斯男，太姒亦不胜生育之苦，文义果可信哉！所以菀为宛而麦为来，谐其声而义别，康为苛而苦为快，反其用而文同。我观玄公著训诂之篇，必另本单行，不相比附，正恐据注以疑经文耳。中心为忠，扶苏与北山同调，即狂犬童仆他说可征，岂可以别解相绳，遂罪其不伦。以为拟夫古字，孳生未繁，经典别有通用之例，而书传六体，保氏亦备载而不删。况本书之训多非本义乎？故河上筑台，不妨以鼆绳例其父，墙歌扫茨，亦可以鹑鹊比其君也。不然，莫本为茻中之日，而臣子作歌反用之，终苦其不典，是子所引之诗文已难解也。而况其他？老子为孝，《小弁》与《北山》同情，即不离不属，省文相苞，岂可以辞旨未详，遂责其不经而难训？夫古人烦冗不事，史记亦为错举之名，苟极力张皇旁观，反讥其繁而不杀，况造句之例，不无参差乎！故有周称

① “谓他人翼”，见《诗·葛藟》，“翼”作“昆”。《说文·弟部》翼，《段注》：“昆弟字，当作此，昆行而翼废矣。《释亲》：‘晜，兄也。’‘晜者，翼之误。’”廖原刻作“晜”，当亦字误，今正。

显，诂义未尝与令闻通，帝命歌时，取义终觉与厥德异也。不然，非本为飞鸟之形，而臣子歌谣引伸之，转觉其过晦，是子所引之语文已难通也，而况夫诗！亥豕皿虫点画皆存精义，苟字学精贯，则存真正讹，不妨因时作干禄之书，氿、汾、砅、厉，字体未易详求，苟识见胶粘，即载酒问奇，翻嫌泥古，失史皇之意。子之所害，固不在文，然文辞一也，如曰不然，子何疑《北山》而不疑《云汉》也耶！

周公成王事，为经学一大疑。武王九十以后乃生子，成王尚有四弟，何以九十以前不一生？继乃知成王非幼、周公非摄，此《尚书》成周公之意，又有语增耳！武王克殷后，即以天下让周公，《逸周书》所言是也。当时周公直如鲁隐公、宋宣公，兄终弟继，即位正名。故《金縢》称余一人、余小子，下称二公，诰称王曰。《檀弓》：文王舍伯邑考而立武王，盖商法兄弟相及，武王老、周公立，常也。当时初得天下，犹用殷法。自周公政成以后，乃立周法，以传子为主，周家法度皆始于公。欲改传子之法，故归政成王。问何以归成王？则以初立为摄；问何以摄位？则以成王幼为词。一说成王幼则生出襁褓，不能践阼；或以为十岁，以为二三岁不等，皆《论衡》所谓语增，事实不如此也。

《春秋》始于隐公，《左》以为摄，隐即周公，周公即舜，舜、周公、隐公，即孔子皆从摄字立义。《公羊传》：吾立也欤哉，吾摄也。周公事正如此，本立也，而自以为摄，实非摄，故成王以鲁为王后，以与商比，成其让志，故但称周公，不称王。《荀子》：周公有天下而无天下，成王无天下而有天下。周公立，则成王为臣；成王立，则周公为臣。孟子所云尧帅诸侯北面而朝舜者，由周公之事推之，周公实有朝成王之事。成王已立，周公已退，乃封伯禽。董子《三代改制篇》言：殷立弟，周立子。即由周公改定。周公本为天子，不传于子而传于武王之子，后世乃疑周公不尽□[①]道，不当称王，鲁不当用天子礼乐。不知周公有天下而不居，王莽无天下而窃取，以王莽拟周公，冤矣！若宋宣、鲁隐生称君，死称公，何尝因其有让志而削夺平日之尊？《尚书》于周公称王诸条是也。直称之则曰周公者，此成周公之志，《春秋》隐不有正月之意也，然则周公可曰周文公、亦可曰周文王也。

《尚书》末四篇最难说，以为四岳是矣。而二王曰，二公曰，二在西京，二在东迁，不审二公曰，果当属周公、秦（为）公采邑教士之

① 原为墨钉，疑为“臣”字。

晢？抑或费为东岳、统南方、属周公，秦为西岳、统北方、属召公，二晢即《诗》二南之意，二晢反统二王曰之命刑乎？北曰命，南曰刑，亦中外之分也。《书》王道终于成康，以下详于《诗》，《书》之终即《诗》之始，三颂周、鲁、商，即《春秋》之大纲，《春秋》又继《诗》而作也。

《诗》风、颂皆以国名系，唯两雅不系地、国。今以大雅配三颂，小雅配风，风行草上，待治者，颂则功成作乐，转枢作用全在雅。《诗》四体当以南、风、雅、颂为主，刘歆加入赋、比、兴，改南入风，而四始以大雅小雅分为二矣。《诗》以雅以南，以雅包颂、以南包风，如《春秋》错举四时之名，《左传》以《采繁》、《采苹》为风，与《易》称《周易》，当是古文家所校改也。

王鲁之说，非《春秋》说，乃《诗》说，是也。亦非以鲁为王，直谓周公天子，鲁为王后耳。殷亡，周公作。周公反政，而后成康之化行。《周颂》者记成康事，《尚书》之《顾命》也。以鲁继之，此周公之后，旧为天子，故与商同称颂。《雒诰》之王宾，即指伯禽，一王二公，观《鲁颂》公车千乘，仍用侯礼。可见《春秋》以鲁、宋同在青，鲁之滕、薛、郳为宋役，宋之萧叔亦来朝公，则二国初皆王后，以王后兼方伯，如齐以太师兼大伯、方伯，此升降黜陟之事。直以鲁为王，说《春秋》不可，即说《诗》亦不可。

四川戊子乡试首题大师挚适齐一章题义难解，己丑在粤陶心云先生濬宣拟刊广州闱墨首题，余亦效颦，拟蜀闱题，破云：使八佾于八州，广鲁乐于天下也。此题上下无断语，事又不见经传，故用《乐记》广鲁乐，与《书》封四凶以化四裔，意以为孔子定乐于鲁，若推广于天下，则当使八人分驻八州，如舜使四凶化四裔故事。齐、蔡、秦、楚则《春秋》之四岳，蔡当为晋字之误，读如字亦通。四正方，故言适，齐楚东南，秦晋西北，中分天下也。先言齐晋、后言楚秦者，中外之分也。四隅州以水地记，河当指兖①，汉当指雍，徐扬皆以海为界，八人分主八州，皆以广王化。当时无此事，孔子亦未尝使之，不过心有广鲁乐之意，则当使八佾于八州耳。末段点八州处，学董子山川颂，颇有点化欲刊之，而稿为人所窃，亦不爱惜，今特记于此，以资谈笑，非以为定解也。

王仲章者，壬秋师仲子也，开敏有知略，善承家学，为壬秋师所

---

① “兖”原作“衮”，但此处言水地，当为“兖”字，形近而误。

喜。尝语余云：欲仿《郑志》作《王志》，将师所有改易旧说者汇辑为书，为家学提要，未成而卒。余亦欲自为此书，将所有改易旧说不得已之故辑成一篇，然此事非盖棺不为定论，又以《古学考》、《凡例》等篇皆已言之，不愿重复，如继起有人，听其为之可也。

孔子以匹夫制作与周公同，故《诗》、《书》皆以周公为主，周公即孔子前事之师也。周公本为天子立传子之法，乃让成王，自托于摄，亦如孔子为天子事而托于帝王。《帝典》为《书》之主，尧为天子，所详皆舜摄政之事，成王为天子，所详皆周公摄政事。《左传》隐公元年公不即位，云摄也。通其意于《书》，实则《书》与《春秋》皆孔子摄为之也。

《书》于《周书》四篇言文、武、成、康，《戡黎》但见西伯二字，并无文王一语；《坶誓》仅为誓师之辞，《顾命》但详丧葬即位之事，可云极略。而周公独占十二篇，典章制度，大经大法，皆在于此。盖周公立为天子，功成制作，而托言于摄，即《中庸》云：周公成文武之德，成康继治之休，皆周公成之是也。臣不尸大功，周公本自立，故不可归于成王，所以如此者，周公本有天子而托于无位，为玄圣。孔子庶人而制礼作乐，故称素王。此孟子所为周孔并列、庄子所以云玄圣素王也。

《诗序》之见于经者惟《鸱鸮》，所以必见此者，通《书》之意于《诗》也。《书》、《诗》皆周公为主，故鲁为颂。《金縢》周公居东一语为《诗》主宰，居东非避祸，非讨管蔡，盖用夏变夷、开南服以成八伯之制。《诗》云：周公东征，四国是皇。孟子东征西怨，南征北怨。不曰西北而曰东南，功用专在东南也。由雍州以及梁、荆、徐、扬，皆在南，以东都言，则在东。《诗》言《周南》、《召南》东征，《书》言居东，皆谓周公开平南方、营东都，朝诸侯，文武天下止于西北，周公乃弼成五服、中天下而立，如以居东为避祸、讨管蔡，则小矣。

经传之言西周指文武，言东者皆指周公，孔子所云吾其为东周乎，盖将法周公也。周公封鲁，其诗乃系之《豳》，《左传》歌《豳》云：其周公之东乎！歌《王》云：其周之东乎！歌《秦》云：其周之旧乎！言周旧者，谓为周之亡地。诗云：赫赫宗周，褒姒灭之。周之东指东都，今以《春秋》推《国风》，公①为周公，王即成康，东西通畿、《豳》为先王，《王》为周京，《秦》为留守，郑为从行，齐、晋、陈、卫，《春

① “公”字原为墨钉，“公为周公”与下句“王即成康”之义正相对。或以为当作“豳”，然与下文“《豳》为先王”相矛盾，兹不取。

秋》四称侯之伯为四伯。邶、鄘为亡国，魏、唐亦亡国，以卫推之，则魏唐可以起晋。二公二卿分开通南服，四州既通之后，存亡继绝，以邶、鄘、唐、魏封之，为存国四伯一卒正、亡国四伯一卒正，两相对比，以北方四国移封外州四伯，故《邶》、《鄘》多说南方事，《春秋》初如《国风》，庄以下乃开南服，《周南》、《王》、《豳》所言行役、东征归，皆谓周公开南服、营洛邑，终归于西京，与《春秋》存西京相通，不使秦有周旧地也。

《金縢》一篇为周公总叙，初言武王崩、周公代立，末言周公卒、成王以天子礼葬之。皆详记西京事。至于居东所有行事，皆见于十一篇中，至十一篇有有序者、有无序者，其简编错乱，必须考订。

或疑二十八篇不全，不知经贵简要，如必百篇则《书》与各经不类。实则《尚书》之义，《帝典》一篇已足，其余二十七篇不过发明《帝典》，取其详尽，略备四代之文而已。《禹贡》为《帝典》分篇，九州、五服，命禹平水土，与四岳、十二州之传说也。《咎繇谟》直为《帝典》作传，君为典，臣为谟，二篇尽之。《甘誓》征伐掌于司马、士师之职，录此篇以为天子亲征之典。《汤誓》、《坶誓》纪二代所以兴军礼，亦统《甘誓》。《盘庚》迁都、安民、立国，司空之事，以周公用其法录之。《高宗肜日》敬天之变，义已包于钦若。《洪范》同于《咎繇谟》。《微子》、《西伯戡黎》，纪殷所以亡、周所以兴。《顾命》则即月正元日受终文祖之仪注耳。周公十二篇，凡所为居中而治。制礼作乐，用贤讨罪，其义皆具于典。且周公之摄政，亦舜之代尧也。《甫刑》纪司寇之详文耳。《费誓》见诸侯三军之制，与《甘誓》相配。《文侯之命》九锡作伯，即舜之命三公也。《秦誓》教士用人义不能外于《帝典》。《易》曰：易简而①天下之理得。此经之所以为经也。

经精传博，圣作贤述，一定之例也。《易》、《春秋》简略，《十翼》、三《传》则详也。《礼经》简略，而《记》、《说》则详矣。孔子作五经，经皆全在。以为经秦火有残缺者，刘歆以后之邪说，西汉所无也。近人言《礼》与《书》、《诗》皆全，最为详明，足证刘歆之误。春秋以后，除经以外，古书流传者甚多，如《戴记》、《左》、《国》所引，尝欲□②辑编为《三代艺文志》，太史公以为未经孔子所录者其③文不雅驯，然

---

① “而”下原脱“天”字，据《易·系辞上》补。

② 原字迹模糊不清，颇似“钩”字，无据暂缺。

③ “其”字原为墨钉，据《史记·五帝本纪》补。

《五帝德》、《帝系姓》亦不得为经，即如血流漂杵文不雅驯之《武成》，孟子亦以为二三策可取。是有六经以后，不能谓所传古书遂毫无所取，亦不能因有六经遂使诸书废止不行。且孔子暨及门孟荀所言，亦多有在六经外者，古书与圣经并行，本不足怪。张霸因其名目相似者采辑成篇，并分析二十八篇以为百两篇，作伪显然，当时废黜。今之百篇《书序》，本由霸书而出，流传至今者。以霸书录文，其伪易见，《书序》不录文空有序，藏其所短，虚列篇名，使人无从指摘。传于马、郑，又与所谓《连山》、《归藏》、《邹氏》、《夹氏》、《逸礼》、赋、比、兴、豳、雅、颂、《周礼》同出，皆托于古文，《周礼》又实有其书，遂使人疑六经皆有阙文，博士所传乃焚毁之余篇，惟壁中冢中所藏乃为全书，遂使圣道不尊，经学蒙混，东晋伪书，汨没圣道，皆古文家之罪也。伪书篇数虽多，试问典礼制度义理事实有能出此二十八篇者乎？

学人是古非今，久为通病，不知以忠厚古朴言，则今不如古，以文章详备言，则古不如今。三代以上远矣，证以近事，改土归流，诸州县初诚忠朴，渐摩以久，乃近彬雅。如闽广古称荒狉，士大夫有罪乃放其地，今则比于内省。论民风纯驳，诚不及前，以政化言，则古实远不及今。川省初遭兵燹，县不过数十百户，人与鸟兽争地，鬼魅横行，粮食栖野，相率以鸡布易田土，比今诚为浑噩，然不知《诗》、《书》，争械相杀，婚嫁尤为简略。今则文教兴隆，比于汉宋，然而斗尺锱铢，争较必尽，制度事理，推考精详，古今一大比例也。必欲尊古，岂非愤激一偏之论。盖三代风尚如泰西诸国，专以兴利捍灾、致用便民为主，□[1]事犹有蛮夷风。周之疆土，只内四州，吴越之间，即须文断。孟子以禹文为夷言，尧舜之民几不聊生可见矣。详见《知圣》。孔子乃丕变之。如今泰西人兴利制器之事已尽，则内附求圣人教化之事。六经虽托之帝王，实为孔子新制，不惟三代，即春秋时亦无之。如《左传》所载吴、楚恶事夷俗，地在九州，化由周文，岂宜有此！盖孔子虚文垂教，两汉后乃渐发挥，唐宋方极详。故近来制度典礼曲折合经，以至今经始尽推阐。《论语》云：百世可知。今二千五百余年，泰西轮车、轮舟、电线、开河、越海，正《中庸》所谓人力所通也。《禹贡》小九州，地球尽辟为大九州，将来一统，再推广五服，是孔子蕴火尚□[2]未发，中外成一统，天

---

① 原为墨钉，无据暂缺。

② 原为墨钉，不补亦通。

覆地载，凡有血气，莫不尊亲，乃为畅发无余。三代未有孔教，秦汉初见遵行，至今行而未畅，必俟地球内皆立孔庙、奉六经，回教、耶苏，不去自熄，道一风同，专尊圣学，斯为尽其能事。孔学与此地球相终始，以数千年为盛衰，今天下较秦汉文备，前人所谓盛衰者乃以一年一日计，孔经则以千年百年计。不然，则杞人之忧，伊于胡底之说，不知屋上架屋若干重矣。林和靖云：后世当为不鬼魅，真为名言。如婚嫁一事，周以前无论矣，春秋时父纳子妾、同姓为婚者，几为常事。汉以倡为后、醮妇歌女，毫无忌讳。唐六宫多秽德，宋以下乃内政修明，至今而大备。同姓为婚之事，虽乡里①亦羞为之；父纳子妇，不惟女家不能听定，即媒②妁乡③里亦骇闻听。可见六礼，春秋时犹无之。至今仪礼大行，古人丑恶之事天下遂绝。即此可见今胜于古，余讲《王制》六艺典制，或疑其与今制相似，必非古法，岂知今之典礼其④不合于古不可以为二帝三王之泽远，遂湮没也。

近学《公羊》者，以起文二字尽《春秋》之学，弃礼废事，惟言例而已。夫说经不言事礼⑤从何说起，苟⑥舍三传之事礼而臆造事礼，古说与己不合不能不去之，意之所在臆造事礼以自文饰⑦，则可由我去取。其说《春秋》如《封神》、《西游》，由心而造，又如奇门六甲⑧，使人射覆，春灯雅谜，割裂牵扯，倡其说者，以便于臆造，从之者亦以不须用功考古。初一浏览，便可立说。牛鬼蛇神，自矜奇妙，动谓经皆⑨孔子笔削，惟其全出孔子，愈当言条理，岂孔子信手涂鸦，毫无论语，一经孔修，便□□幻耶！□⑩

说《公羊》者以经人事全由孔子所臆造，窃取曾文正汉高祖不知有是人否之言，以为十二公不知有是人否？予笑应之曰：名谥由孔子笔削，即年岁亦孔子派定，何以言之，隐桓与定哀对比而年洽相同，隐十一、桓十八，共二十九年。定十五、哀十四，亦二十九年。文、宣、成在中，

---

① “里”字原为墨钉，兹据意补。
② “媒”字原为墨钉，兹据意补。
③ “乡”字原为墨钉，兹据意补。
④ “其”字原为墨钉，兹据意补。
⑤ “礼”原讹作“过”，据下文言“事礼”改。
⑥ “苟”字原为墨钉，兹据意补。
⑦ “意之所在”与“事礼”间为墨钉，据上文“臆造事礼”补“臆造”二字。
⑧ “甲”原讹作“千”，兹据意改。
⑨ “皆”字原为墨钉，兹据意补。
⑩ 此处三□原皆墨钉，前句疑为“便无变幻耶”。

三公均十八年，庄、僖与襄、昭对比，四君皆三十二，惟一三十三年。天下岂有如是巧合之事。至于闵之二年，此如闰月、土季在其中为变例。十二公如国风之二南、八伯、二卒正，且应十二月、二百四十二年，一公合得二十加倍之数，则年岁岂非天造地设乎？相与一笑而罢。

治《公羊》者莫不攻《左传》，深恶痛绝，不可终日，若有深仇积怨者。然窃以《左传》之书，何至背理伤教若是。盖《公羊》流弊，颇有梦幻惝恍①之境。《左传》事迹明白，与《史记》相同，心害其明白，故恨之深。若刘申绶、龚定菴者，实则于《左传》未尝用心，畏其繁剧②，不能综治，惟有驳之，可以钩销一部巨书。且去其害，然后得自由。其攻之者，全以其文多其事明耳。至于所有诸条与《公羊》不合者，则杜氏误说，传初无是也。至于求之深，则《左传》所言乃无一不与《公羊》合，即《公羊》之所称为微言大义者，莫不具于传中。有《三传同例》二卷。且缺义真解，足以补足二传者不少。有《左传长义》一卷。实无所见，相率号呼，聋瞽之人，多者狂态。不谓高才亦染此习也。

话一终

① “惝恍”原作“憪悦”，“憪”字不见于字书，当为“爣”字之讹。但“爣悦”不辞，当为“爣怳”之讹，“爣怳”又可写作“惝恍”。

② “剧”原讹作“钜”，当因音同而讹，今正。

《经话》甲编卷二

学礼以大纲为主，须以苏子赡读《汉书》法求之：凡天时、舆地、职官、选举、礼乐、食货、丧祭、军兵诸门，务求详细以为稿子，先立间架，则心胸开阔，再求所以实之，所谓观大意不求甚解。如此则功少效多浅深皆有得，先具规模，闻见有归宿。近今风尚不蔽文字则求琐细，一衣一冠考校累月，一草一木说以数万言，梦梦为之。倘遇丧祭仪节，或考兵农今古，则茫然失措。张盟荪欲治《周礼》，疑名物难讲，周润民治《尔雅》，于动植求实指，积久无成功。予故以为经学之要，在制度不在名物，必俟大纲已明，然后讲求节目。或以制度为躐等，初学当先讲小节、说细事，不知井田、封建事本易明，非如义理精微，难于领悟，故欲撰《王制义证》，以《王制》为经，将《通典》及《秦氏通考》所引经传子史证之，初学观此，先具规模，不惟经学之本，经济亦有裨益，与拘于名物者，得失何啻天渊。

名物多识，古为小学，别有远大，何必涸者终身？如欲讲求，则专守一家。苟欲博通，愈多愈乱，皓首亦无究竟。前人专门之书，熟读笃守，可省工夫，以为别用，学问即有效验，犹当择术，况无效耶！

《周礼》无论其他，即三酒五齐，求之经年，亦不能明。今酒名目不下数百，我所知者几何？《禹贡》山川，多难实指，但就古说，略知大概而已。欲深求，即身居成都，是否古城故址，武担、摩诃，皆难指实。人生长之地，沿革山川，亦徒传闻，何况数千年前、数万里远哉！经济之学，总以熟于今图为主，非专门名家，不必苦钻故纸。近人长江图，说论古处，直如《封神》、《西游》，有何益处？即使确考古迹，亦无所用。古人衣冠，纵能裁缝，亦技艺技俩，为士夫所鄙。百千年后，以知今之制度为贵，抑能缝今之冠裳为贵耶？如以冠裳为贵，则予将从纱帽街肄业，不入尊经矣！

辨等威、著沿革，礼学总要，不出二端，欲理繁难，莫如立表，将其异同横为五等，竖为四代，二表综稽巨细、无所不包，其有四代五等不全者，则援例推补，附于其后。至于尊卑通礼，今古所同，别为一册，不必入表。若夫夷狄之俗，与夫僭越之端，更附二表，以存支节。四代与三统相通，统宗分划，固胜于《五礼通考》也。表集录犹易，补阙为难，以一反三，由端见委，别为说以附于各表之后，礼家类书，近推《五礼通考》，其书博而不精，三表既成，便当分别部居，汰除浅说，更标新旨，整理纲目，庶足为完书乎！

《祭义》屡言孝，文多与《孝经》同，初疑为《孝经》说，后阅《大戴》，《祭义》文在《大孝篇》，乃知《曾子》十篇皆《孝经》说，费隐至示诸掌皆《孝经》说。舜、文、武、周公，乃天子章传说，所云春秋禘尝皆与《祭义》同。《中庸》前说礼乐，中说孝，后说易，篇中中和皆指礼乐。《曲礼》若夫坐如尸立如齐，乃《曾子篇》文，屡言[①]为子之义，亦以《孝经》为主，以此相证，殊免割裂、牵合之讥乎？

《戴记凡例》有传、记错简之说，远同宋人，近似高邮。然三传则以义理为主，不专整比句例，王、俞精粹，说似有理，但学人皆用此法，则改来改去何所底止。好引用僻书，岂僻书不误，经传独误！不求本而循末，误矣！

《王制》有佚文，见《白虎通》，逸礼有《王度记》，度与制对，岂《王制》外别有《王度》？如《坊记》与《表记》，《闲居》与《燕居》与！《别录》以《王度记》为淳于髡等所撰，未审何据？《王度》有记，《王制》有记明矣，岂《王度》即《王制》偶变其文，记即《王制》之记与！

诸侯一娶[②]九女，此今文说，为孔子新制，拨乱反正，大有功于政治，防再娶，锄乱源，创造新义，不必师古。当时实以续娶为常，如《左传》是也。因再娶酿乱，故改制以救之。今人讲《左传》，以再娶为疑，非也。《春秋》书媵立不再娶之制，《诗》与三传有娣侄之说者，缘经言之。

子夫笑宋人说《论语》半为乡曲教学事，盖乡僻寒儒，自谓抱道隐居，故不出村学本领，相习成风。似孔子真为馆师传心法，汉博士乃多说官话，闻见较阔也。然不免儒生气，不能包揽九流、纵横六合。说经要略识圣人心胸，置身三代上，汉宋皆有未尽。

子有益经学文字，事实外，议论意旨尤要。非兼通九流，岂知圣人作用！九家皆圣人支派，欲治经，先明子。尝欲就《艺文》旧目存亡继绝、辑为成书，各为之注，并著《子话》，以明其意，志在因子明经，不专为子计。

子家多传经之士，因其性近，流为别派，秦汉以来传经者皆其后辈。故经学莫古于子，孟、荀无论矣，名家由《春秋》出，墨本从质义，吴起曾子弟子，《司马法》乃礼书，韩非亦说《春秋》，道家全由礼

---

① “言”字原为墨钉，从《选集》补。

② “娶”原讹作“记”，据《白虎通德论·嫁娶》改。

出，儒法亦本周礼。知此，则启人神智不少。

廿分工夫，写之简册，不过十分，此谓开创，如孔子经。五分工夫，写之简册，便有七八分，此谓摹勒，如子夏传。传以经为的，持已审鹄，形迹可寻。不知者可以缘经起意，颜师孔，班学马，以形求影，可人力为。开创无所依守，劳于择审，格于形势，千头万绪，著录难于称心。作谓圣，述谓贤，求贤易，求圣难，求圣不言之意则尤难矣，谁得未言之隐耶！

辛巳院课，考酒齐，所用题最繁难，精思旬日，大得条理。壬秋师以为钩心斗角，考出祭主仪节，足补《礼经》之阙。旧说庙祭惟飨尸，无祭主之仪，至谓祊为明日之祭，今考《礼记》祊祭诸文，定为谓迎尸前杀牲荐血、献齐焚膋，皆祭主求神事。先迎主于堂，然后索祭于堂、于室、于门，三索已毕，反主于室，然后迎尸。此时牲已熟，用酒不用齐，全用人道。祭以主为重，今人祭主不用尸，是亦古礼。若如郑说专飨尸，不以鬼神待之，与礼意不合。祭主仪节，可补《礼经》。同时著《转注说》，旬月专精，五花八门，头头是道。子夫谓年中工夫不过长，一二次形迹可验，若此□□力争而得，非自然通悟也。

《礼记》仪节名目歧于《周礼》，郑必求通，牵就附会，不惟《礼记》不明，《周礼》因以大乱。《记》有制度、通论、经记，经师专说异义。今欲合通胡越一家、水陆一辙，必不可通。故说《周礼》不定求合于《记》，《周礼》礼节多在十七篇外，《仪礼》互文，安知非其传记。记多言迁变，如今各部例文歧出难于画一，虽全文具在，非专门不能通。若篇目散佚，仅就一端欲通全体，此必不可得之势也。鄙意于诸篇各自立说，不求通贯，苟其意旨难明，则零金碎玉存而不论，不以可疑之文乱久定之说，如郑因王居门中终月改庙寝之制。各就本经说之，不求相通，义证显明，乃以相附。本经则必求相通，虽有阙失，所关者小。《礼记》篇各为说，勤加功力，庶乎礼学有可明之时。

《别录》于《礼记》有通论一门，如宋人语录，其中赞美咏叹，说《诗》引《书》，罕喻借证，与典制诸篇不同。大约先须分别制度、记事、议论、训解四种：如《内则》、《玉藻》、《杂记》等篇，制度礼节；《郊特牲》、《檀弓》，记事；《儒行》、《哀公问》，议论；《坊记》、《表记》，说经[①]《内则》诸篇，训诫童子，专为《孝经》说，足证《礼经》

① 审上下文，此“说经”二字疑为“经解”之讹。

者，诸记为要。议论、训诫、说经、记事诸门，皆师说，要在多分门目然后可通。

《记》篇中多有传，并有传中传，盖大传在先，弟子传之，后之弟子又加注解。同在一简，此简不尽，或写别简，前后不一。定其始当有分别，后来抄录，或传注在先，或先注后传，或传注相失，凌乱如满屋散钱。加以错简误夺，彼此错杂，非厘定本，不能读也。《王制》定本已刊，《礼运》三□篇有定本，当由此推。□□记识误入正文，除《尚书》外，以《礼记》为多，大约传注参半。《记》有连用数故字者，篇首即故字者，不能指为承上辞。疑故即训故，别于本文，故上无所承而屡言故。《丧服》经传人能分之，以其易明。《记》非正经，记识不纯用传例，故人多不悟。同学作《释故》，题以故为书名，备举《记[1]》中故字释之，大约作承上语不过一半。一俟审定，则天然传传，并不勉强，亦如《王制定本》，岂非快事。

《左传》言凡者五十，杜以为例。《隋志》有《五十凡义疏[2]》，杜得失不足论，然凡可为书则定说矣。东汉后书名例者以百计，古无此字，盖凡、例古今字。内江魏楚珊正湘作《释凡》一卷，取《礼记》百二十凡释例，予易名《礼记百二十凡考》。《左》有十六凡专言礼节，于书法无干，《礼记》凡多与出入。《礼记》大繁赜，凡故二门亦清厘之一法也。

《周礼》四时[3]间祀、追享、朝享，其说不一，《公羊》说禘为五年大祭，于时祭行之，数年一殷盛其礼。先郑以追享、朝享为禘祫，谓于时祭别行。按数年一举大祭，不当目为间祀，既曰四时间祀，必与时祭相间而出，为岁行之典，间者相间而行，与时祭杂出之谓也。追享于远庙，追远、追王，皆有远义。朝享每月一祭，后郑说是也。但以朝为朝朔则非，朔但言朝以明受朔，非必行此繁重之礼而后班朔。且受朔在祢庙行事，窃以为当以《祭法》说之，所言祭祀与诸书不同，而唯与《祭法》、《国语》合。《祭法》云：王立七庙、一坛、一坛，曰考庙，曰王考庙，曰皇考庙，曰显考庙，曰祖考庙，皆月祀之。远庙为祧，有二

---

① “记”原讹作“祀”，审上下文改。

② “凡义疏”原讹为“九考”，《隋志》春秋类有《春秋五十凡义疏》二卷，此处所引《五十九考》中的“九考”显为“凡义疏”之误，兹据改正。

③ “四时”原讹作“四旨”，缘“时”字古文作“旹”，形近而误，下文数“旨”字同，据《周礼·小宗伯·司尊彝》改。

祧，享尝乃止，去祧为坛，去坛为墠，坛墠有祷焉祭之，无祷乃止。去坛曰鬼，按以疏数考之，祧以下主时祭，五亲庙皆月祭，坛墠有祷焉祭之，谓一岁一祭也。月祭、岁祭之名与时祭间用杂出，故名之曰四时间祀，非谓禘祫也明矣。朝祭五庙，不止祢庙，故知后郑以为视朔朝庙者非也。月数于时，时数于岁，以时居中，加月岁于其上下，所云凡四时之间祀追享、朝享者，举时祭以包二事也。凡《祭法》、《国语》说与《周礼》合，别书少见，是为《周礼》专证，郑注不引《祭法》，引《春秋》诸书说之，非也。

先儒言礼，每刻舟按图，必求一律，少见参差，便生疑难。是不知《礼经》简略，互文相省，且待传记补足，不可专执经文。如《左氏》之先配后祖、冠无见母之文是也。朝廷功令法律，颁之天下，当定一尊，以便遵守。然律例时有修改，前后间有不同，又载有边省专条，是律例中不无歧出龃龉，引者据本事引本条，非律例执一、毫无异同。至于儒生之建言，名臣之献策，诸侯各君其境，建尚不能无殊，故《曲礼》有从宜从俗之说，今欲说成一律，岂有此理。唯其必欲求同，故牵强附会，百弊丛生。今分经传，经略传详，大纲一定，节目不必执一也。

《董子·爵国篇》据四选之说，以爵为四等，公、卿、大夫、士是也。初因《王制》言诸侯卿分三等，欲就此推其禄，不能合；后以二等分之乃合。九十三国之数，而《董子》则已明言禄八差矣。盖其法上卿、中卿、上大夫、中大夫、上士、中士从同，下卿、下大夫、下士各降本班一等，故合二四为八也。天子百二十官，为国九十三，除二十七下士不封列入附庸之内，所余正九十三人，人封一国，数目全合。《孟子》云：天子之元士视子男，上士中士也。《王制》言：元士视附庸，下士也。秩有参差，各言一面，《孟子》卿视侯，谓上卿、中卿；《王制》视伯，谓下卿、下大夫。亦仿此推之。此千年未析之义，不知《董子》固已明言之，可见其书之古。

褚先生曰：臣为郎时，与太仆待诏为郎者同署。言曰：孝武帝时，聚会占家问之：某日可取妇乎？五行家曰可，堪舆家曰不可，建除家曰不吉，丛辰家曰大凶，历家曰小凶，天人①家曰小吉，太乙家曰大吉。七家。辨讼不决，以状闻。制：避诸死忌②，以五行为主。按一日吉凶，

① “人”原讹作“文”，据《史记·日者列传》改。

② “避诸死忌”原讹作“诸死吉”，据《史记·日者列传》改。

至有七说，窃以礼家不同，实亦如此。今就所见，标其目焉：曰经文家，经文简质。传记家，传记详，多为经所无。经说家，各据本经为说，与大礼不同。新学家，莽歆之伪制。阴阳五行家，如《明堂月令》为阴阳家说，近术数占验。义起家，不必古典，自以义起。沿变家，礼本如此，后来改变，如改制及失礼诸说。今古同家《周礼》不改之文，今古所同。今学小变家，今学所无之文见于古学，则说者必变之，如博士以方十里出十乘。古学小变家，本是今学相同，必求立异，如《异义》所引，说有小变。混合今古家，马郑牵合，唐宋调停。内学家，主纬说者。训诫家，教童子诵读之书，与子抄相似，但录警句，不详终始，如劝学之类，及诸子杂篇是也。子学家，各有宗旨，其原文不无增损。此流派也，至于一家之中又有歧出，经传相杂，或互文见义，或详略脱误，或传习偶异，如《公羊》与《穀梁》、《左传》与《国语》是也。或文异义同，或书史佚文，如《文王官人》、《明堂位》皆《逸周书》，《祭法》乃《国语》类是也。除去伪新，皆当力求其合；门目欲其分，不分则不能各尽所长；流派欲其合，不合则支离而歧出。一分一合，皆当依类列表，使其融洽分明也。

汉初治《诗》，一人不能习全经，数人合治一经，或为雅，或为颂，班盖误袭刘歆邪说，《诗》本文虽较诸经为多，然不过三万余字，汉人说《尧典》曰三字尚三万言，岂于《诗》不能全治？为是说者，以见三家杂驳，不及古学。如以《尚书》本文残缺，伏生老不能见客，晁错不知齐语，又使女子口授之说，皆以攻击今学经师耳。然《诗》不必分治，独于《礼记》为宜。《礼记》大经，号为繁难，今别为目，五六人分治，为制度，为六礼，为通论，为经说，为子史阴阳，为余论，各专一门，易于成事。书院资属习礼者多，倘共为之，三年可成。隋唐《志》：《中庸》、《月令》、《丧服》皆有单行，此亦古法也。

《月令》一篇，《吕览》传其文，盖《尚书》命羲和叔仲与视朔班令之传。《大传》尝摘录以说《帝典》考《大传》西成朔易所引传曰文见《月令》迎寅日出。又以为天子迎日东郊，非羲仲在嵎夷迎日。近撰《备解》，乃引以为说。不全录其文，但引据之，以其文过多也。其言天子十二月异居。礼疏引《月令书》说明堂四堂十二室，郑君误解终月句，用先郑之说以为明堂实有十二室，每月居一室，闰月无室可居，故《周礼》闰月王居门中。终月后并改庙寝，亦如明堂十二室，是为巨谬。《月令书》说明堂十二室者，谓城门外近郊之四堂也，天下岂有一堂为十二室而可以居人之事，一月必迁一室，亦非情理所有。且其所居之室共有四名：曰青阳，曰明堂，曰总章，曰玄堂，既异四名，必非一地。且四室之中皆太庙，一地立四太庙，此何所取。且十二室周围环绕，说有户牖，不言门制，此庙从何而入。不言其室之向背若何？岂皆外向耶！若外向何以又有太庙、太室？旧注以长夏居太庙、太室，则何以不居门中？若果如此，闰月又何以不居太室？既有四名，以一明堂名之亦非矣。《考工记》言明堂五室，凡室二筵。《大戴礼·盛德》言明堂九室，其制均不作十二室。虽非说《月令》，亦可见明堂古说各异，非有一定说也。谨按明堂与玄堂对文，青阳与总章相比，窃以此四堂即《尚书》之旸谷、昧谷、明都、幽都也。《尧典》所言迎宾寅饯，即《月令》春迎秋饯之文。专指天子敬天顺时，非指四子在荒陬测量天日，此明堂决非以朝诸侯，亦决非屋十二室。《大传》所言与《月令》相得益彰，乃四门外视朔之屋：南郊曰明堂，北郊曰玄堂，东郊曰青阳，西郊曰总章，四地同制，四方异名。西南隅立之太庙，则曰太庙而已，不别立名。闰月视朔，不出城门，立于门中，《玉藻》所谓之阖左扉，王立于其中是也。曰居太庙、太室，居犹立也，与闰月王居门中居同。天子顺时颁令，凡一切服色车数器物皆取应时象。故春三月于东郊之庙颁其制：仲在中，孟在左，季在右，一季三易，凡下律命皆著于庙前。夏如之，秋冬亦如之。闰月言天子不出门，则以前之出门可知。《月令》明言天子还赏于朝，是四庙惟驾车一游、班令而反，非于其间居一月也。天子尊居九重，一月一迁，又须居门僎，果何所为？况妃嫔宫储，岂能在门中塞绝出入？且年复一年，是天子终身在明堂十二室中老矣。朝寝宫室，何用以庙为居，人鬼交杂。又别立七庙，何用一庙之中又分四太庙或五太庙？长夏又夏太庙不知所享何人？岂一人四主耶？又或四亲庙皆可曰太庙耶？种种不通，不审何以后人不悟？乃并改寝庙为十二室。试请郑君仿此明堂长居其中，并在门中一月。盖误深知其诬，误以扆为居，以四庙为一庙，□而避之廓如也。

《左》、《国》言禘郊，禘在郊上，禘主帝，郊主天，禘大郊小。鲁禘郊并见，《春秋》书郊不书禘者，以禘僭天子，不可言，故不书。《大传》不王不帝，即《春秋》书郊不书禘。《论语》或问禘之说章，言知其说者之于天下云云，即谓不王不禘。治天下者，王之事也。天有五天，帝只一帝，王后降礼得郊天而不可禘帝，此礼所以不王不禘，《春秋》所以不书禘。《春秋》之禘，系于太庙，皆为时祭，非大禘。古礼说名同实异者多，后儒以大禘之禘说《春秋》，误矣。

祫字，先儒皆与禘字对举，以为大祭名，此亦误也。据《王制》祫与犆字对，谓时祭，时或合或特耳。礼三昭三穆，亲庙皆统于太庙，一时一祭，祭于各庙为犆，合祭如今之春秋，故有祫犆之分，此说唯《王制》、《穀梁》最显，《左》、《国》、《祭法》之说明堂与亲庙异地，其祭疏数以大小为分，由日月次及时岁，远则三年一祭，而四时合祭群庙之礼不详。此当合观，乃得其通。后来讲《左》学者，据《左》、《国》以为各庙有等差，升降一定，祭时各庙用各庙之礼不相谋，故无祫祭之说，以致与今学小异。《公羊》歧出二者之间，说禘同《左》、《国》，说祫同《王制》，窃欲调剂二说，使之合通于一。《公羊》中补日、月、时、岁之说，而于时祭中补用《王制》祫犆之说。盖日月之祭于各庙分献，时祭皆合于太庙，有毁庙之主为祫，无毁庙之主为犆，时祭如今之春秋二祭，月享如今之朔望行香，日祀则为宗祝洒洒香火之事。礼缘人情，今不异古，日月行祀则大数，时岁一举则过疏。按其日期而无疏数之弊，则今人通行之典，即古人行习之事矣。又《孝经》言：春秋祭祀，以时思之。举春秋以包冬夏，亦如鲁史四时具而以春秋为名。《祭义》、《中庸》为《孝经》说乃专就经文霜露立义，亦若一年只二祭者然，不知四时之中又以春秋为重，隆杀略有差等耳。今人用春秋二祭，似以《孝经》说为主，然冬夏二时何遽无祭事，不过仪节差杀。以此见读书说礼、不可刻舟求剑、寻行数墨也。

明堂古有五说：《大戴·明堂篇》：明堂者古有之也，至上圆下方，此一说也；明堂者至北狄西戎，此《明堂位①》说周公朝诸侯之明堂也；明堂月令至三十里，此月令明堂之说也；或以为明堂者文王之庙，此《孝经》宗祀于明堂之说也；朱草生至出其南门，此《晏子春秋》之说也。此外，《韩诗》、《尸子》亦有异同。窃以诸言明堂皆经说派也。按《尧典》之嵎夷、南交、西朔，《方言》：宅者谓可平土而居，即《禹贡》之四隩既宅，非窜放羲和于四裔。所言旸谷、明都、昧谷、幽都，则近郊之明堂。《大传》言之甚详，即《月令》之青阳、总章、玄堂、幽堂也。《盛德》记明堂书说云：明堂高三丈、东西九仞、南北七筵，上圆下方，四堂十二室，今记本误作九室十二室，不可解矣。四户八牖②，宫方三百步，在近郊。此云明堂书说者，即说书之明堂也。四堂立于近

① “位”字原为墨钉，经查“周公朝诸侯之明堂”乃《礼记·明堂位》之说，兹据补。
② “牖”原讹作“庸”，据《大戴礼记·明堂》改。

郊，各有里数，明此为《尚书》说颁朔之明堂，分立于四郊，每方一堂三室，合为十二室，以颁十二月之令。《月令》、《大传》之说是也。郑君不知制作本意，妄据《周礼》穿凿为一屋十二室之制，四堂即明堂、总章、青阳、玄堂，十二室则兼左右个数之也。如此作室，不能居人，且误解《周礼》终月谓在门中居一月，必不可通。□[①]予溯明堂历代异名，黄帝曰合宫[②]，此朝诸侯之称。唐曰衢[③]室，虞曰总章，即用《月令》之名，此四时颁朔之庙。夏曰世室，此宗祀文王之庙，商曰阳馆，此颁朔之名，周曰明堂云云。按诸书以明堂为通称，考颁朔之庙虽分立四郊，然制同事同，实则四方皆名明堂，因分在四门故以青阳、总章、幽堂异其称，然字异音近，则仍以明堂为定称。《尸子》之说阳馆当即青阳，其曰衢室不知即玄堂否？其言黄帝尧舜有明堂，则是缘经立说，上以通于黄帝，多出后人之译改也。

《孝经》言：郊祀后稷以配天，宗祀文王于明堂以配上帝。以《祭法》校之，不言禘尝，不言宗武王，非异礼、乃省文互见之例。又言：春禘秋尝而无夏冬二祭，今制春秋二祭，盖用《孝经》说，特知其原者少耳。以校《王制》，则亦为省文互见。先师以为异义者，以禘为时祭。又有雨露秋霜之说，似不能同于《祭法》。然《春秋》书郊，《左》、《国》皆以为祀后稷祈谷，是《孝经》与《左》、《国》、《祭法》不异，《孝经》言郊稷而不言禘尝，言祖文而不言宗武者，亦省文互见之例。六艺定制，岂容相歧。以此推之，其义自见。时祭杂于疏数之间，一年二祭不言夏冬，亦为互文可知，此经说家门目之分，初不敢合之，持之又久，乃得大通，莫不丝丝入扣。又《公羊》说以禘为大祭，郊以稷配，然以明堂主文王，是宗文王、郊后稷之说，亦同《孝经》，而禘又用《祭法》说，特不以为禘帝尝，而以为禘文王耳。

予言《礼记》文多凌乱，有传、记，再试征之《明堂位》，《大戴》明堂者，所以明诸侯尊卑。外水曰辟雍，南蛮、东夷、北狄、西戎，此说《明堂位》而入《盛德篇》者。考《周书》明堂全与《记》同。《记》先言周公朝诸侯，然后言纣脯鬼侯以享诸侯，《周书》则此段在先，然后接周公朝诸侯一节，先后不同。文字亦有小异。《明堂位》后段，《周书》所无。按《明堂位》当是《召诰》之传，所谓攻位、位成，皆明堂

① 原为墨钉，不补亦可通。

② “宫”原讹作“德”，据《尸子》改。

③ “衢”字原为墨钉，据《管子·桓公问》补。

之位，乃《尚书》传，说与《五帝德》、《帝系姓》等篇同，本原传说，后来又加注解。今是以鲁君下皆先师解说之文也。《礼记》凡独□一事者，多《书》、《诗》传记，当归还之。

《戴记》从别书采入可考者，《乐记》、《劝学》、《礼三本》、《哀公问》、《五义》，出于《荀子》；《月令》出于《吕览》；《明堂位》、《文王官人》见于《周书》；《保傅》出于《贾子》。其中儒家类如《曾子》、《子思》书尤不少，特无原书可考耳。以此例推，《荀子》入《记》者不止此数篇，先师偶举此数篇，非独精也，于全书当一例视之。

禘祫年数，诸儒所言皆非也。经不言禘年数，诸家所据以为说者，《公羊》、《礼纬》耳。按《公羊》言祫同《王制》，《纬》亦同。《王制》云：诸侯礿则不禘，禘则不尝，尝则不烝，烝则不礿。是禘烝间岁乃一行也。又云：诸侯礿犆，禘一犆一祫，尝祫，烝祫。是禘又一祫一犆，天子禘祫皆诸侯降于天子。五年乃得再祫禘。以《王制》推之，一、犆、禘。二、不禘。三、祫、禘。四、不犆。五、犆、禘。六、不禘。七、祫、禘。八、不禘。九、犆、禘。十、不禘。皆连本年起数以为式，如从三式祫祭数到七式，为五年而殷祭，是为再殷祭，合本祫数之也。此《公羊传》之式也。又从一式至三式为三年一祫，再数至五为一犆禘，祫谓祫禘，禘谓犆禘，互文见义，此《礼纬》三年一祫五年一禘之数法也。非谓祫与禘为二祭之别名也。今以为天子一年一祫禘，诸侯从祫禘年起数则五年再殷祭，而祫从犆禘年起数，则三年一祫禘，五年一犆禘。一切讲祫禘异同年数之说皆删之。一说以为祫于闰年行之，每闰则为一祫祭，与此说稍异。

《周礼》于专条苦无征引《大戴》说，《朝事篇》全与《周礼》相同。郑注《周礼》四时朝异名，及十二年巡守世朝之类，宜当引之，郑注乃不见引，所疑此为魏晋下古文家所羼改。不然，则卢注用《周礼》而误入正文者也。《大戴》六朝以后甚微，今本尤多误脱，其非原文可知。《艺文志》有《周礼说》四篇[①]，此亦羼改。如邹、夹《春秋》，不必有此书，或乃以今大小《戴记》同《周礼》之《玉藻》、《深衣》当之，此又误中误矣。

四代礼节，由质而文，由简而详，至周乃少备。孔子曰：郁郁乎文

---

① “篇”字原为墨钉，《汉志·六艺略》礼类有“《周官传》四篇”，旧《周官》、《周礼》通用，在书名中“说”也与“传”意义相同，此处原作“《周礼说》四篇”显即据《汉志》“《周官传》四篇”，兹据补“篇”字，书名不改。

哉，吾从周。此以较夏殷言之，实则《经礼》由孔子踵事增华创作者多。又人事变异，礼缘情生，故多新事新礼，凡历朝晚季史册莫不十倍国初，皆事变所致踵增之效也。素王新作礼乐，大纲已定，细节未详，圣作贤述，专赖及门补足，以《檀弓》一篇言之，其证不下数十见。故礼家有以意起义之事。如刑名之比例，似书吏之援案，其初但有大纲，节目未详。如《曾子问》所问皆变礼，孔子所答皆从心之言以意起者。又如曾子、子游裼袭而吊，曾子初非子游而终是之，此亦全由义起，因事变而意乃见，使礼节原有此言，则曾子早见之矣。凡事行之既久，莫不曲折巧妙、百倍于初，皆由习者补苴，故礼家有心造意起一派。在礼经之外，仁智异端，各随所见变幻曲折难以言罄，此其数十年行习所得之精华，求佐证则无佐证，求原委则无原委，故予特立意起一派也。礼者原宜从俗，不能方拘，故三王不同、九土异制。即以目前考之，如一昏礼，南北迥然不同，一派中分无数小派，此土俗之异也。成都老成俭朴，不如今日繁华，然相习成风，即为宜俗。苟欲考《会典》，讲古礼，岂不冤诬！故春秋以后，礼家所录、《戴记》所言，有意起，古无此礼，以意相起。有乡俗，有沿变。《左》、《国》所言，诸子所记，土地不同，仪节互异，此乡土之说也。又如家臣事大夫礼，古大夫不专国命，后来攘夺国权，仪制乃异，礼书所言事大夫礼，皆末流事。孔子就春秋时事为之，《左传》言晋、楚制度，亦据侯国典礼而言，并非流变。记云：某事某为之也，自某始也，或以此为记失礼之始，非也。此兼记沿变，尊行既久，便为成例，别书引之，遂为典要。故礼于定制外，须另立此三门，一收末流歧出之事，不可以定制求之，如今礼不能合《会典》，苟据《会典》以说世俗，岂有合乎！

《礼记》有杂篇一类，体如子钞格言，或为教童蒙，或自作箴铭，故凌杂无叙，又系摘钞，故语多不详，缘录时不用全文，但取精语。如《曲礼》、《少仪》等篇，其言颇似子书中之杂篇，此类不必有经传之别。《曲礼》首数语出《曲礼》，乃作此篇者引之，非此篇名《曲礼》也。

《记》文似史者多为《尚书》说：如《明堂》、《文王官人》之传《召诰》、《立政》；《五帝德》、《系姓》、《月令》之传《尧典》是也；如《践阼篇》、《文王世子》之传《无逸》、《金縢》。撰《尚书备解》，采古传说五六十篇，《戴记》、《周书》为最多。

《大戴·保傅》出于《贾书》，《礼察篇》汤武秦定取舍一则尽出谊《疏》，《公冠篇》又羼入昭帝冠辞。盖汉初经说诸书，有传记，有解诂。

传记出于先秦，乃传授秘本，非其自作，各篇多有记识语。如《王制》古书，今东田一节则明为汉师加入。以此例推，《韩诗外传》、《尚书大传》、《石渠论》、《说苑》、《新叙》、《白虎通》之类，可与记文同观。又记文杂存子书史书二类，以礼实包此二家也。《弟子》、《保傅》、《胎教》、《容经》数篇最要，记偶遗之，《内则》、《曲礼》、《少仪》皆此例也。《大戴》有《保傅》、昭帝冠辞，《保傅》则以汉师说为记之例也，冠辞则以汉事附入古书之例也。以此推之，恐不止此，惜不尽可考耳。《礼三本》又见《史记》，《礼察》一篇后半与《汉书》同，当亦如《礼三》《乐记》之比。

予以《王制》说《公》、《穀》，或以此《左传》所无，不知皆有明文，作《左氏天子伯侯牧小国附庸十九国考》以明之①：

天王：王为周天王者，天之臣。天子者，天之子。王者事天，有臣子之义，王姬姓，有本纪。

右天王一，《春秋》以天统王，以王统二伯，以二伯统八州牧，以八州牧统五十六小侯，而天下诸侯皆在是矣。传曰：王合诸侯，则伯率侯、牧以见于王是也。归权于天，归正于道，《春秋》之大义也。

齐：太公所封。传云：太公之后，与周公夹辅周室。盖周初周公与太公为二伯。春秋初不为伯，因旧为二伯，贵，间在宋上。后郑有乱，因桓有功，乃命牧伯代郑为左伯。经二记灾，早见经。公早如大夫，称子一，不名。礼待较晋为最优。故传天子称伯舅，称国、高为二守。又云大国侯伯、元侯。至成二年，因鞌战贬为方伯。故灵公命，传称舅氏。公不如齐、如楚。至昭二十七年以后，晋衰，天下分为四伯，又见公如齐，有从国。《史记》有世家，在同盟，言戎狄侵伐。

晋：传云：周之东迁，晋郑焉依。又云：晋文侯与郑武公受平王命，夹辅周室。是东迁初，晋与郑为二伯。因曲沃之难失伯，王以虢代之。齐桓受命以后，虢犹为伯，虢为晋灭，王因晋文之功，复命之为伯。晋为右伯，统夷。礼待不如左伯。故晚见。经不记灾，初用平礼。晋悼以后，乃纯用二伯礼。故传天子称叔父，与齐国隆杀不同。襄以后乃称伯父。传文襄之伯也，又曰我于姬姓为伯，又以为盟主，大国侯伯元侯，霸主，文世始同盟。昭十三年同盟止。诸侯遂乱，齐晋争于内，

① “制”上缺三字，兹以意补“予以王”三字，“不知”下缺五字，兹以意补“皆有明文作”五字。系据意补，故字外加一方框。

楚吴争于外，为吴伯之辞，黄池与吴并叙，皆不叙从国，礼待又不如齐、楚。《史记》有世家，在同盟，言戎狄侵伐。

右伯国二。《曲礼》、《王制》所谓二伯，亦本传所谓二公也。本传无二伯明文，凡单称伯者，皆谓此也。天子统二伯，二伯统侯牧，侯牧统小国。二伯仪制为大国，所异于州牧者，会盟通主天下，战伐通及天下，州牧以朝礼事之，讨得为伯讨，不如州牧以下国。二国为经意之二伯，至于郑、虢、楚、吴、越，则随时升降，然经则以齐、晋为主。

宋：传：宋先代之后也，于周为客，天子有事膰焉，有丧拜焉。经宋子哀称子，传以为萧封人，与蔡仲同是王后，有监如管蔡三叔之制也。据传，宋有属国，经则以王后为客，不纯用臣礼，亦不统诸侯。传不以宋襄为伯，故言求合诸侯，天下无伯。经常以书诸侯先，故传以求霸言之。本传说五霸不数宋也。在同盟，言戎狄侵伐。

右王者后大国一，于周为客，州牧，不以礼朝事二伯，不相摄位，次二伯下。

四州见八伯之制，《春秋》则实衍其意用夏变夷，以成三千里九州之制。八伯与《诗》四同四异，二小侯与《诗》一同一异。春秋封建八伯，四本封、四异地：鲁、陈、楚、吴，中国夷狄各二本封，卫、郑、蔡、秦，中国夷狄各二异封。又八伯中四正称侯，二子，二伯，又卫、蔡以迁文异封，郑、秦以称伯从畿内例也。

鲁：《春秋》本鲁史，于鲁为内辞，经见汤沐朝宿邑，有监者。传天子称鲁君为叔父，是州牧之证。有世家，在同盟，言戎狄侵伐。

卫：卫正称侯，在豫州。僖公时迁帝邱，在兖州之境。是内早治平。经一记灾，有使聘之文。传天子称卫君为叔父，又云取于有阎之土以供王职，取于相土之东都以会王之东搜，有汤沐朝宿邑。又传：诸侯无伯，天或者欲卫讨之乎？是州牧之证。有世家，庄以前无伯，统于郑，虢、齐为伯，则卫主兖州，齐为方伯，则卫主[1]豫州。

陈：经二记灾，见二监，称使言聘，称侯，不言迁，故仍旧为豫州伯。文以下不言同盟者，外之也。齐为二伯，则卫为兖州、陈主豫州。齐失伯，升楚为伯，则荆牧无人，以陈摄之，故楚伯则同盟，不叙陈公如楚不如齐。定、哀以后本从楚，见经，不如卫郑者，以不与中国同盟外之于荆州也。帝舜之后。传以陈为三恪，内方伯四，三国同姓，惟陈

① “主”字原为墨钉，据上文语例补。

异姓，是尊为三恪之义，有世家。

郑：传云：周之东迁，晋、郑焉依。又云：受命夹辅周室。是东迁初同晋为二伯。传曰：武庄为平王卿士是也。春秋初，晋有曲沃难，失伯，郑专为之。后王以虢代晋，郑为左伯，虢为右伯，故隐桓传文言郑受王命事甚详。后因齐桓受命复伯，郑乃退为侯牧，事在庄十六年。晋未为伯之先，则晋为冀州伯，故言灭国，既为伯以后，则以郑为冀州国。故《穀梁》以郑为冀州国例应称侯，以伯称者，从天子大夫例，称字与秦伯同。且以见旧为伯，郑伯犹吴伯也。方伯比天子卿，大夫则下等。故传累以伯子男为说，得为方伯者，上大夫可摄卿事。传云入为王朝卿士是也。经一记灾，见监，大夫汤沐邑。称使聘，是为州牧次国之证，有世家。

右内州四侯牧，青、兖、豫、冀，皆《诗》国风所有之国，二传皆以为中国国，是故皆记灾也。

蔡：蔡笃心事楚，《春秋》夷之。故楚盟会以蔡亲楚、常十数年不记一事，不记灾，不言来聘与大夫如蔡，汤沐邑、监者皆外之，同于夷狄。初封在豫州，定公时就吴，迁州来，晚治夷狄之意。其地当徐州，故经以为徐州侯牧，与卫迁于帝邱以为兖州牧同也。有世家。

秦：本在雍州，春秋存西京，不使秦有雍，故称伯，与郑同，如天子卿在西京为留守者然。秦为居者、郑为行者，故王臣仍氏旧采。雍州不见一小国，以为王畿，天子返跸，当以食王臣也。又因灭梁之文托之于梁，不记灾。文以后乃卒，有名不葬，后葬不名。有聘，一见不氏大夫，不卒与盟会。或以秦为五霸，按传云其不遂霸也宜哉！又云遂霸西戎，则不以霸许之明矣。文以后乃卒葬，不常会中国。传云遂霸西戎。明为夷狄之长，此狄之之例，有本纪。

楚：芈姓，熊绎所封。传以为子、男，经称荆，起州牧也。称使言聘，此侯牧之证。经后因齐搴战失伯，乃以楚主夷狄，与晋分主天下，故公不言如齐、言如楚，文同齐晋，因其为夷，非正伯，故出入皆月，以明非正，故楚为伯，故以陈代为牧。中国同盟，不言陈、秦、吴，大夫皆不氏，楚有名氏大夫，夷狄中以楚为大也。三传皆以吴、楚、秦、徐为蛮夷，吴、楚称王，经乃称之为子，引而进之，绳以先王之法度，此《春秋》用夏变①夷之大例也。有世家。

---

① “变”原讹作“蛮”，《春秋》只有“用夏变夷”之例（见后），“蛮”以形近而误。

吴：泰伯之后，姬姓。经不记灾，言使聘，只一见。不氏大夫，盟殊会，记卒，无谥，不葬。传：吴，周之胄也，而弃在海滨，不与姬通，此吴为扬州牧之证。与楚同称子者，《曲礼》：夷狄虽大曰子，传以伯言之者，定以后晋失伯，中外分裂，齐强与晋争，吴强与楚争，故传屡以二伯为言，是时无正伯，四国争长，二中国，二夷狄。然中分天下，经以二伯为正。故襄昭之世言公如楚，而不言公如吴。又大楚小吴，如内二伯，隆齐杀晋也。传只四伯，经之纯待以二伯之制者，则惟齐、晋而已。有世家。

右外侯牧四，此不见国风。国初为夷狄，《春秋》化之，乃成三千里九州之制。《春秋》夷狄与中国异辞，计卒者，地计为方伯也。楚因齐失伯，曾摄为之，经以方伯之劣等待之。不葬者，夷狄也。秦葬者，非真夷也。

许：许，外小侯，本爵侯，太岳之后也。初近郑，后迁荆，是许间于中外之间，言许而中外之卒正皆举也。许如国风之《桧》，传自《桧》以下无讥焉，以此见为小国也。称男而叙在伯子之前者，明伯子男号非实爵也。无世家，年表不列。

右外小侯一国，叙在郑下，不与内属小侯溷也。不言来朝，外小国不朝鲁也。卒则书葬者，借以示例，见小侯礼待也。独号男者，以别于内之小侯。《春秋》小国称伯、子、男，经许男、曹伯、莒子三国连叙，即伯子男一也之定制。地近郑，与国风之《桧》相同。

曹：为内小侯之首，以下六国皆朝鲁，传云小国朝之是也。传以曹为伯甸，甸当为男，与郑伯男也同。本侯爵，称伯为托号，为鲁属国。《诗》有《曹风》，与《桧》相起，以同姓居莒、邾先，爵有定，盟会大夫称人，经见不氏大夫，有师，以下国通不记灾。有世家，列年表。同盟十三。

莒：传以莒为夷狄，经不葬、无谥者，与吴、楚同，夷狄不葬也。称子者，夷狄正称子，大小同也。爵有定，经传皆有大夫氏名，有师。《春秋》用夏变夷进之同中国。无世家，不列年表。同盟七。

邾：传云：邾为蛮夷故称子。初未王命，故不书爵。以附庸升小侯，从字升子，有见经不氏大夫，有师。在鲁南，居上等之末，故以小邾附之。八方伯：四中国，四夷狄。六卒正：三中国，三夷狄。用夏变夷，与方伯同意。无世家，不列年表。同盟十一。

滕：以同姓居鲁，属国下等薛、杞之上，再见。本爵侯，常号称子。经传皆无大夫名氏，传于大夫会言滕人、滕大夫而已，无师。传滕、薛、郳、宋属役，故与上三国别为一等。《春秋》以王后不为牧，故以属鲁。无世家，不列年表。同盟五。

薛：传以为庶姓，因后于滕，一见，本爵侯，称伯，托号明非方伯。经传皆无大夫。传于大事言薛人、薛大夫、薛宰而已，无师。鲁与宋同为王后，六卒正各占三国，《春秋》以鲁为牧，故以属鲁。无世家，不列年表。同盟四。

杞：传：杞，夏余也。迁近东夷，故云即于夷。《春秋》因其微弱，以子伯殿诸侯之末。与宋称公先诸侯者，对文见义，古经有称侯之文，异号伯子，与纪子伯同，明伯子非爵。经传皆无大夫，传于大夫会言杞人、杞大夫而已，无师。有世家，不列年表。同盟七。

右鲁六小侯。《曲礼》：庶邦小侯，下于方伯一等，今用其称，《王制》所谓卒正是也。会盟外州惟叙许男，内录此六国，详鲁而略外也。本州鲁统二百一十国，常唯录此六国者，举小侯以包之也。至襄世乃详录，三传或称小国、微国、卑近国。

附庸一。

小邾：曹姓，颛顼之后，本名郳，经称黎来是也。正辞不能以其名通，故附于邾，称小邾，本为宋役，《春秋》绌杞，故以杞殿诸侯，而以郳为附庸。《世本》为邾别支颜所封，故附邾。附庸不见会盟，常一见小邾，以见起不见。盟会附庸皆来，而经不书，见小邾则天下附庸皆在是也。不记卒葬者，卑也。事卒正如卒正事方伯之仪。

《春秋》惟此一天王、十九国独记事，余皆不记。事无明文者四条。狄灭邢，狄即晋也。梁亡记秦灭，以州名见。徐侵萧为蔡迁徐，以州名见，与梁亡同。皆在十九国内。惟介人侵萧，二国皆附庸，特见此例明附庸经亦特言之，余不书者削也。凡外七州小侯以下通不记事，内一州连帅以下通不记事，而独于附庸记一条者，如盟会列小邾之意，此为一见例。不记此一条，不见诸侯，史皆记事，录此一条以明《春秋》以此为断，凡非十九国之文皆削之也。

《记》有重出篇名目者，两《投壶》、《哀公问》是也。有重出一正、一附者，《大戴·曾子大孝篇》、《小戴》附于《祭义》，《仪礼》、《冠义》、《昏义》附见《郊特牲》，《诸侯衅庙》附见《杂记》是也。又如《内则》言养老与《王制》同，《大戴》哀公问于孔子见于《小戴》。盖当时转相抄录，字句异同，且或合治，或分治，因而篇目亦改，学者类而叙之，不敢取此删彼。又《仪礼》有《昏记》一篇与《戴记》同，又别有《昏义》而《冠礼记》则同，足见取采甚博。

《祭统》、《祭义》、《礼运》，皆言求神祊祭，而文各详略出入。《大戴》之《投壶》、《哀公问篇》亦然。可见误写脱字省文互见之外，尚有详略不同之例，若专就文字求，则寻行数墨、望文生训之弊必所不免。

《记》有五行阴阳家说，《月令》、《夏小正》、《易本命》、《盛德》、《用兵》、《诰志》是也。五行本《洪范》，阴阳本《夏小正》，本为经学。五行流于术数，阴阳入于子家，经学不能缺此门，故于礼外别立二家，本于经子而推及史志。同邑胡哲波好是事，因与相约为之，既有专门，则经中此门有所归宿矣。

《戴记》皆七十子所记，《夏小正》虽名古书，实孔子绪论，《礼运》化得夏时说是也。然则自六艺外，西汉以前经传子史皆与《戴记》源流同贯，正如宝山，触目琳琅，苟能全通，经学必可重光。然《王制》尚难，何论全书乎！

《戴记》门目繁极矣，以今考之，犹繁杂见端，当举一反三，充类至尽，其烦尤且倍蓰。市中杂货，千奇百怪，无不蕴藏，初疑其滥，卖时乃嫌其少，欲穷其变，不能简略也。

《王制》：天子三公、九卿、二十七大夫、八十一元士，以三辅一，此定说也。又大国三卿，皆命于天子，下大夫五人，上士二十七人。次国小国文同。按当云：大夫九人，以二十七人参九大夫，以九大夫参三卿。今作五大夫，则上不配三数，下不合二十七数，此必有误。董子作九大夫是也。其云五下大夫，有四上大夫也，上下分二等，而下数多上一人。考《董子》：天子于三公属官以外别有七通大夫。诸侯则大国、次国、小国皆有通佐大夫五人。诸书所不言，《董子》说本《王制》，无通佐大夫之文，则比附此下大夫以见义者也。诸侯见五人，不见天子七人者，可以相推，此省文例也。至于小国言二卿，下又言二十七大夫。此当云小国三卿，一卿命于天子，二卿命于其君，下大夫九人，上士二十七人，郑君以一卿命于其君句为脱误，不知此亦省文例也。

《董子》通佐之官，不见职守，初以为后世冗散之员借以通补实任者。其有差使，亦其职事，正员如今之实缺，通佐如今之候补，国家不能于正额之外不置一员。此通佐之义，为制官命职必不可缺之典，古今所同，不得谓今之所必有，在古可全无。近乃以六大当通佐，天子七通佐。云六大者，司会不数也。通佐人数亦定制，若冗散候选之员，不可以数定矣。

《考工》，旧以为失《冬官》，取以补其缺。按记序云：国有六职，百工居一。并不以冬官为缺，则此篇不得云补。且汉时古书尚多，何记外绝无此体。□博士撰补，何不取司空散见之文，乃别记工事。窃以《周礼》即《佚礼》，其书藏秘府未通行，歆校书得之，争立不得，莽即真时，迎合莽意，羼改原文为今《周礼》，取为新制作之意。《曲礼》六大、五官、六府、六工，即《周礼》之旧目也。《佚礼》不出周公。《王制》职官之传，如今之会典搢绅，其书出弟子，皆经制与周制、周公实不相干。博士说六艺皆祖孔子，六经新制，素王创造，微言不能宣布。歆与博士成仇，思败之，改周礼，乱经制，国史诸说因缘而起，以周公敌孔子，以国史敌贤述，于是群经皆归周公国史，挦摭孔子殆尽，六朝后甚行，二千年来沈蔽愈甚，道咸间大师硕学间发端倪，丁亥作《今古学考》，戊子分为二篇：述今学为《知圣》，论古学为《辟刘》。庚寅晤康长素于广州，议论相合，逾年《伪经考》出，倚马成书，真绝伦也。

刘歆羼改五官，与《考工》小异，《考工》全同今说，文笔亦有参差，以《考工》终非《冬官》，疑歆改窜方毕司寇，遭功显君丧，迫不及待，忽遽上进，因《考》不类《冬官》，乃作叙以属之。五官均有润色，不及修《冬官》，如修则必不直录记文而已。然因《考工》可见五官之旧，五官则已修之《考工》，记文则五官之原稿也。以《考工》为《冬官》，终属破绽。如□冬官不能不别有添补。《考工》所以全同今学者，所改制度于工无干，故不变改。太宰有掌百工明文，则工本属太宰。在《佚礼》原不以天地四时名官，亦不以司空掌工也。名曰《周礼》，实非周书，亦与经中周制不合。歆但求立异《王制》，与博士为难。所改新说不惟孟荀诸子不见引用，即《左》、《国》亦与相反，西汉以前毫无明证。惟古书《毛诗》相同，《毛诗》古书乃《周礼》子孙，非《周礼》说与之同也。

乡保之法有数说：伏生《唐虞传》八家为邻，一井。二十四家为朋，三井。七十二家为里，九井。此《尚书》先师说也。皆依井田八家分限之制推之。《周官》大司徒职云：五家为比，二十五家为闾，百家为族，五百家为党，二千五百家为州，万二千五百家为乡，此佚礼以五起数之说也。《鹖冠子·王铁篇》言：楚法五家有长，五十家有里司，二百家扁长，二千家乡师，万家县啬夫，十万家郡大夫，与《国语》同。《国语》、《管子》定民五家有轨长，五十家有里司，二百家有连长，二千家有良人，军则万家。制鄙：三十家为邑，三百家为卒，十卒为乡，三乡为县帅[①]，十县为属[②]，此又小变。居民当以井田为断，以五起算者乃营制，不然则以易田之制，每井八夫，大约折半可得五家，故以五家起算，五家方一里，二十五家五井也，百家二十井也，以此推之。

《周礼》乡、遂有异同，《齐语》、《管子》居民乡、鄙制各异。盖《齐语》即《佚礼》详说，《周礼》之制多缺，当以《国语》、《管子》补证之。如居民有士、工、商之不同，《周礼》但详农事，《管子》齐有二十一乡，《周礼》王只有六乡，均当以《国语》为正。据齐推王畿，十倍当得二百一十乡。

《墨子书》称三月之丧为夏制，据此推之，则殷当期、三年乃周制也。高宗三年不言，本有是事，《无佚》录之为经，故疑之者众。若古制通行三年，则高宗所行，仍是常事，弟子不得设问。丧服四代本有损益，孔子翻绎《诗》、《书》，四代若有异同，后人将何遵守？三载，四海遏秘八音，以为帝时已如此，所谓古之人皆然也。宰予欲短三年丧，本指天子国恤而言，国恤必如《帝典》，三载不用礼乐，真有礼坏乐崩之惧。揆之时势，亦难通行，天诱其衷，斟酌尽善，乃六经言外之意。汉文以日易月，宰我以天子服三年，天下从服皆得三年，难行。意欲改服期，推诸侯绝旁期之法以尊降，明目张胆改为期年。天子期，臣民从服亦期，孔子则以期年亦太久。文帝以日易月，至今不改，较期为少。明知三年难于通行，特不可大声疾呼。天子期以尊降其父，则诸侯大夫将援以为例，且示天下父亦可以尊降。《公羊》实与文不与正与此同，实则以日易月，不及期十分之一，不必禁其短，丧必三年，特不可明许其短。堤防一开，必至全溃。孔子云三年天下之通丧，明指宰我专为天子，言通则上下同，天子不可以尊降父。且由文帝之制推之，臣民可以短，天子自尽可以不短，如晋武帝是也。若如宰我说，是因臣民而天子自短也。且自孔子定论后，天子不能三年，犹有自歉之心，儒生犹有非礼之论，若开此关防，则变乱不可问矣。然实与文不与之说不能明言，故孔子不与论礼而与言情，若非为天子事，则直据礼以答之足矣，奚为不正言而游戏之耶。且子生三年然后免于父母之怀，亦为微言，非实责

① “帅”原讹作“居”，据《国语·齐语》改。

② “属”原讹作“卒”，据《国语·齐语》改。

宰我。夫至亲以期断，既皆有三年之爱矣，何以父在为母期乎，以鞠育言之，则母过于父，母既可期，则知孔子故留破绽以示此非正语，庶不至以不仁疑宰我耳。礼乐崩坏本天子事，非臣下所得言，如宰我自欲短丧，方且矫情饰貌以欺人，此商量制作之言，后人乃以为宰予自欲短丧，当函丈前为此病狂语，不惟宰我不堪，且置孔子于何地？宰我身列四科，数见称许，非丧心病狂不为此语也。至孔子答子张，亦是难于措词，故统曰古之人皆然、何必高宗。其实古人无此事，若三年不止高宗，子张岂独不知古人皆然耶！

改制为《春秋》大门，自来先师多不得其意。凡《春秋》所讥“非礼”皆周制。《春秋》斟酌四代以定一尊，故即事见讥，以起改制之意。如世卿、父老子代政、丧娶、丧用乐、丧祭、彻而不助、同姓为婚之类，皆周时通行典礼，诸国所同，其事时见《左》、《国》、诸子，孔子改制，讥之以见意，不可胜讥，故择其轻而介于疑似者以起之，如丧娶讥文纳币，丧用乐讥叔弓去乐卒事，丧祭讥闵吉禘，世卿讥尹崔氏，代政讥武氏子，事皆轻。讥必于其重者，方为明著，乃微事见意者。微者讥，重者可知，文省而义愈明。旧说不得其解，以为讥失周礼，经义遂晦。推之税亩、邱甲、田赋，皆起用助改彻之意。至其事于周礼合否，皆在所轻。周助托以见义，故书之。税亩、田赋、邱甲，皆讥其不合新制，以新制托之先王，故以鲁为不用周法。据孟子周实用彻不用助，故云其事桓文、义则窃取。传于诸条不能详其制，但据经讥其不合，实则周家自有制度，安得据《王制》驳之，此《春秋》所以为《春秋》、游夏不赞一辞也。《论语》所讥雍彻、旅泰山诸条，亦见改制之意，旧多以僭说之，人非下愚无耻，何以僭用仪注，市井皆知其非，不待圣言，又何须著录，此皆为新制，今日以为常语，当时则如雷霆也。

《周礼》乡官虽有公、卿、大夫、士之名，与王官贵贱悬殊，故以乡字冠之也。如旧说则一乡不过百里，天子、三公、六卿只理附近六百里之事，以下九十四百里皆不详，未免非情理所有。又乡大夫职云：正月之吉，受教法于司徒，退而颁之于其乡吏。据乡大夫为卿，六卿则虽大司徒亦在数内，何以又受教于司徒。乡官称乡吏，明与王官不同见属于司徒。此乡官之公、卿、大夫、士与王官之公、卿、大夫、士号同而贵贱悬殊也。遂人与乡老所属之官皆为乡官，因其相属有七等之别，故假王官七等之名以别之，其称为乡大夫、遂大夫者，以乡遂名官明非真大夫也。博士说有命民，《大传》、《说苑》、《外传》皆详之，当即指此，汉以后之啬夫、亭长、秦之民爵是也。周礼有官多之嫌，又一家须养官家八九口，万不能行。今之保甲法，十家有牌首，百家有甲长，大约千家有保正。以《周礼》言：党正五百家已为下大夫，今以牌首、甲长为官，岂非病民，必不能行之事。王畿乡遂官不下数万，人皆命民，民爵以民级法比之，今新订官礼于乡遂官皆删出，别为乡官，不与正官相淆。《周礼·田赋考》以乡官为正官，分派食禄，大误。

东西通畿，周制明条，王莽六乡、六遂用通畿法，郑君以乡、遂皆在西京，与莽传不合。今据莽以长安畿内方八百里统名六乡，西京方八百里与《逸周书》说同乡不必万二千家。方八百里，八八六十四分六乡，是乡方百里者十有奇，则乡岂止万二千五百家。六遂为东都，畿内方六百里之名，非乡外为遂也。莽以十县为一尉，推其制当以十小乡为一大乡，《周礼》四县为都，而有大都、小都之名。《周礼》多大小为说。乡为二万五千家，大乡为二十五万家，乡大夫。小乡率六乡为大乡。二者须细为分之。六大乡共六十小乡，畿内地略于此。以六尉六十县推之，则是莽以县为《周礼》之乡，十县为一尉，即十小乡为一大乡之文也。莽以河南附郡立六队郡，师古以队为遂，宏农县十一，河东县二十四，河内十八，河南三十二，颖川二十，南阳三十六，共为百二十六县。合计六队百二十六县，亦适得方六百里之地。莽于二都之外，更割地立八州。可见六乡、六遂之为二都，即本古东西通畿之说，非谓遂在乡外也。

通畿之制，《逸周书》：西京方八百里，雒阳方六百里。方千里为方百里者百，今东西合计八八六十四、六六三十六，得方百里者百，非雍州方千里也。惟雍州方八百里，故梁州地兼有华山，以华为梁镇，则古之梁州兼有今陕西之半也。即夏殷不以雍通畿，以华当正西，则渭以南皆当属梁州矣。九州本井字，截长补短，不拘一定，故西方只立雍、梁二州，而于青、扬、豫、荆四州中间别立徐州，以地属膏腴，故不论里数。又于豫、冀之间截方六百里以为东京，故东京不占豫州地。《郑语》以陈、蔡、许、申诸国皆在南方，外四州之南，则在二南中，以方二千里计，二二如四，内四州之东属青、北属兖、西属冀、南属豫、不数雍州。以王畿通东京。此当为《诗经》师说，以国风专就内四州分四方。《春秋》则不如此，《左传》齐桓所云东至海、青西至河、冀南穆林、豫北无棣，兖东至海、西至河、南穆陵、北无棣。亦为《诗》说，故与《郑语》同。《诗》、《书》以陈、甫为南方国，专为此制，非《春秋》意也。

天官九赋有邦甸、邦县、邦都之文，小司徒云四邱为甸、四甸为县、四县为都，以任地事而令贡赋凡税敛之事。天官之邦甸、邦县、邦都，即小司徒之甸、县、都也。天官之九赋敛财贿，即小司徒令贡赋税敛之事也。甸为方四里，县为方八里，都为方十六里，此井牧、井田、野中之小名，非二百里以内为甸、四百里以内为县、五百里以内为都也。远近之分，当用《禹贡》说五百里一服，内三百里为近，外二百里为远。百里之国亦当三十里为郊、二十里为遂。

《费誓》三郊、三遂，则与王莽六郊、六遂同，本封当为三郊，间田当为三遂。莽乡遂乃东西畿之分名，不关一畿内外，西京为六乡，东京为六遂，各有内外。郑君以百里为乡，二百里为遂，三百里为家削，四百里为县，五百里为都，不惟不合古说，并不合莽制。莽说犹师古，郑说乃真臆造矣。

《管子》齐方三百余里而有二十一乡，然则方千里当为二百一十乡矣。大司徒五州为乡，乡万二千五百家，六乡七万二千五百家。又大司马万二千有五百人为一军，三军共四万余人。据《爵国篇》言之，此小国五十里之制。五十里小国军四万口，以三分之，每军万二千五百人，余二千五百人不计。天子地四百倍于五十里国，以九军计之，每军得百七十七万七千七百七十七口，故经称京师方百里、国四军、地四倍五十里，合得十六万口。次国七十里，得百里之半，合得七万九千二百一十二口。人数由田亩而出，《周礼》以二万五千人为一军者，据小国以起例，方千里、方三百一十六里、方百里、方七十里，数各不同，举一小者起数，无待烦言。马郑不知此旨，遂以万二千人为军制定数，无论国之大小一定如此。天子九军、六军，小国三军、一军，以地言之，则小国地只天子四百分之一，而出军则三分之一，少亦六分之一，苦乐不均，莫此为甚。《爵国篇》明文朗在，以其为博士说而不之用，马郑至今二千年，无人翻此案者，岂不哀哉！

旧说以六军为皆六乡所出，以家出一人，三[①]军正合六乡之数。按王畿千里，不应只此二方百余里出兵，而九十七方百里遂皆豁免。以为王畿内皆出车，则军数目太少，六乡与六军数目巧合，一乡一军不能立异，此旧说所以误人也。按东西京通畿共方千里，使就地考之，《爵国

① 据上文，此“三”字当为“六”字之误。

篇》云：天子地方千里，为方百里者百，亦三分除其一，定得田方百里者六十四，与方十里六十六，定率得千六百万口。九分之一，军各得百七十七万七千七百七十七口，大约口数多于小国四百倍，当九军。今但云六军者，此就出车言之，天子出，一公守，二公从，二公各统二乡，共六军，此兵额也。至于出军，则多以千乘为率，盖军事十万人已不为少，兵多则乱，所费不资。大约平事十家限出一人，六十乡出六军，如今之一成队。以车马刍牧既多，而尽出则无备，故常制以千乘为率，兼制节有数，则十万人已不为少。周时兵制颇与汉近，起役若干，皆临时定数而诏发之，皆就近起征，如南方有事则从南近处起军，不必远征，骚及他方。任兵之人，正副各有名色，故一军已起，有从后补发征调之事。其详见于钱文子《补汉兵志①》。汉人皆仿古所为，不能如俗说拘泥。苟如此则滞碍太多，不能行。

郑君说：不拘天子、诸侯、大国、小国，皆万二千五百人为一军。按天子六军，诸侯三军，二百里国便与天子相敌，四国且倍于王师，如此威令何以能行。考《公》、《穀》说京师皆云：京，大也；师，众也。天子之师，当以众大言之，诸侯称师，天子称京师，明与诸侯有别。必如董子所云，天子百七十七万人为一军乃为京师，与诸侯有别，经传有起数之例，郑君多误。《左传》：鲁、郑待晋六卿以三命之礼，此亦举小者以起例，非六人同待以三命也。郑三卿，受楚马八匹、六匹、四匹有差等，郑三卿有分，岂晋六卿不分，难于详言，故举小者以起数。细言之：则下军佐三命、将四命，上军佐四命、将五命，中军佐五命、将六命。天子之卿六命，故二伯卿从之，难于细数。举下卿之三命示例而已。《周礼》多同《管子》，郑注引内政寓兵于农。又莽为《周礼》始师，郑亦引《莽传》为证，予说多本二书，郑已言之，特未尽其妙耳。

经传所言大略也，至于施行，必须更有润色，此大例也。古今讲经学而必欲见之施行者，惟王莽一人。如封建之制，《周礼》、《王制》言之未尝不详，而欲实辨，则须别有补润。莽定诸国邑采之处，使侍中讲礼大夫孔秉等与州部众郡晓知地理图籍者共校治于寿成朱鸟②堂，图簿至于数年不定，故到临行之时，其琐细处多与大纲相反。一事之细，以天下财力，至于数年不能定，可见儒生一人通全经之难。而治经但能明大略，至于临行又须别有变通，皆可由此而悟也。

---

① “志”原讹作“制”，据《二十五史补编》改。

② “朱鸟”原讹作“未央”，据《汉书·王莽传》改。

莽诸侯未授封，有月钱之事。《周礼》畿内封国无明文，司禄之制又阙，然当如《王制》所言。沈彤《田禄考》杂用公田说不足为信。大司徒五等封，指五长而言，又云诸公其食者半，侯伯三之一，子男四之一，旧注说可疑。先郑以食为本封之君所食，余为附庸，后郑以易田说之，按附庸名不见经，封地爵尊地多，又不应独得上地。窃以封者为诸侯，食者为王臣，畿内不封国，但食其禄。诸侯为二伯，封方五百里，王臣公只食方四百里，弱方伯封方四百里，卿食三之一，卒正封方三百里，大夫食其封三之一，连帅封方二百里，上士食方百里者，一属长封方百里，下士食五十里，以侯比卿，以大夫比伯，下大夫比子，元士比男，其有封而未受地亦食其禄，如月钱故事。五等说疑原文不指封地，乃说间田事，公为二伯，侯为方伯，伯为卒正，子为连帅，男为属长，各有间田，食奉多寡不同。当是原文如此，歆乃少加润泽，如一州封四公、十一侯之牵拘是也。

公侯伯子男乃五长正称，凡经传五等之称指小国言者，百中不过一二。今以《左传》人有十等证之自明。礼九锡、九命，分为十八，合则为九，历代官品皆同于此。由天子至九品，由一品至未入，皆十等也。《左传》上五等用王、公、卿、大夫、士之名，下五等则用皂、舆、隶、僚、仆、台之号，初读《左传》，疑下五等相臣之说近于诬。舆台以下，何必细为分别？细读《孟子》、《王制》，然后知《左传》为十等人名目全文，他处皆有假借，遂疑为创出耳。考《孟子》天子、公、卿、大夫、士凡五等，下又云君、卿、大夫、上士、中士、下士凡六等，侯视卿，大夫视伯，元士视子男，是以公侯伯子男为五长之正称也。下数之君，即子、男亦在内。《孟子》就其本国名曰卿、大夫、士，此下五等借用上五等之号也。若十等必见本称，不相假借，则必为《左传》之皂舆隶僚仆台全出十号，不可两见卿、大夫、士之称矣。以今制言之，大夫①五品以上为公、侯、伯、子、男，五品以下为皂、舆、隶、僚、仆、台。五等爵禄既已先见于五长，贱者不能与相同，势不得不更立名目。其所以云皂、隶、仆、台者，皆就天子言之，为天子之仆役贱使耳，非为平人当贱役也。五品为男，士臣皂，皂即男之隶变，公、卿、大夫、士只四等，皂居五等，即称爵之男也，名异实同。六品为舆，七

① “夫”字原为墨钉，据本段文字，只有“大夫”为以“大”为词头之两字组合词，且此处也以“大夫”一词最合，兹据补。

品为隶，八品为僚，九品为仆，未入为台。尊卑衔连，有君臣节制之义，马圉牛牧，不在此例。传中卿大夫皆以圉牧为称，是今之尚书为卿、为侯，侍郎为大夫、为伯，郎中为士、为子，主事为下士、为男、为皂。直隶州为舆，知县为隶，佐杂未入为僚、为仆、为台。下五等之称卿、大夫、士、侯、伯、子、男，乃借用上等之称，非正称也。如五等封地，五瑞、五贽、诸以五为节者，皆指上五等、非谓下五等也。郑君注礼不审五爵为五长，尽以百里、七十里、五十里为公、侯、伯、子、男，以近事比之，岂非就知县以下分为九等乎？如《王制》君食二千八百八十人，此本指方伯以上，如今之督抚，统计君臣所食，当在万人上下。若百里之国，如今一县，官此地者何能空养此万余人哉？一知县以下，又何有卿、大夫、上中、下士五等品级之人哉？九锡、九命本同，今制尽以诸侯归之，七品以下，是详知县。从大学士①至于道府司官，岂一笔删去，不又详略失宜哉？又考《太元》、《潜虚》九等图，以王、公、牧、伯正下合卿、大夫、士、庶人为九等，亦详于五长。大抵郑君经说以此第一大误。以五长礼制尽归之百里以下，如读《会典》道礼，七品以上皆不考详，但就百里、七十里、五十里之知县为品官之制，其于典礼岂有丝毫之合哉！

《礼经》十七篇，经略而传详，故一篇可以作数篇之用，审是何以有二《射》篇？曰举一以示例，而冠、昏、丧、祭在所不举；举诸侯、卿、大夫以示例，而天子、公、士不举；如《春秋》一见例以发凡也。即以飨礼而论，《诗经》所言，饮酒有天子礼、诸侯礼、公卿大夫及士庶人礼。以近事喻之，如一燕会，上而朝廷，次而行省，下至闾巷，莫不有之，别等差，分贵贱，特在名物，其为饮酒则一也。礼如求备，则人有十等，必须十篇，故经以一篇示例，非以一篇括尽其事，谓经外别无其礼，不见经者皆非礼也。试即《乡饮酒》、《乡射》二篇论之，自郑注以后，皆读为乡，说者虽疑飨礼不当亡，乡里礼仪、乐章、职事官司不当与燕礼、公食礼同，然无说以破之则已耳。因读《乡饮酒义》有单举乡字，与《鸡人》、《小司马》有飨射之文，以此疑乡当为飨，因《乡饮酒义》宾为三卿，《射义》卿大夫之射，疑二篇首皆宜有卿相二字，名本为卿相飨礼，饮酒二字所以释飨礼之

① “大学士”原作“大士学”。此词在此系指最高官员，但清代无此官员，而有“大学士”一官，清承明制，设殿阁大学士，秩正一品，为最高文官，赞理机务，表率百官，相当古代宰相，于此处正合，兹改正。

义，因误合为乡饮酒，乡射当为卿相飨射，《礼记》之《乡饮酒义》当为《飨义》，凡《礼记》之单言乡饮酒皆为飨礼，外如乡人士、乡射、吾观于乡，《盛德》之乡教以敬让，《冠义》、《乡饮酒》、《王制》之乡相见，《礼运》之射乡，朝聘诸乡字，皆当读为飨。余皆可以此例推之。考《祭义》飨者乡也，乡之然后能飨焉。是乡飨通用之明证。其证尚多，略举此一条以见例。在嘉州以此课试，乐山罗采臣家彦考证甚明，足备一解。采臣旋而物故，秀而不实，深可伤恸。丁酉仲冬，从敝簏中检得采臣旧稿，惜其力学早逝，诸稿零散，独存此篇，因请资中郭君景南加以润色刊附卷中。说曰：乡饮酒旧说以乡为行礼之地，饮酒乃其礼节，是举其篇目，当曰饮、或曰饮酒，方足与冠、昏、相见、丧、祭相比，不能舍其礼节之饮酒偏以乡地目之也。乃读《乡饮酒义》，其称礼也，则观于乡，《王制》、《昏义》、《祭义》亦皆曰乡。至于本经或曰乡，或曰乡乐，《郑注》：《聘礼记》飨今文作乡又云飨古文或作乡，当移注于乡饮酒、乡射之下。乡党之乡非礼名，既以饮酒为仪，则不可以乡称之也明矣。考《祭义》飨者乡也，《说文》乡与飨可通用。又《公食大夫礼》云：设洗如飨。注：古文飨或作乡，皆如飨礼注。亦同《聘礼》壹食再飨注。今文飨皆为乡，按经文三言飨皆作飨。郑君两引古文、一引今文作乡以证之。是为经文有以乡为飨而发，此注当移于《乡饮酒》、《乡射》下，何于二篇不下此注，乃以乡为乡党之乡耶！则所谓今文古文之以乡为飨者不几成虚语乎？疑郑君此语为旧说乡礼、乡射之专训，郑君引飨以证乡，后因《周礼》乡字乃读如字，不然则古今文以乡为飨三注皆无所施矣。是乡即飨，故《义》之观于乡当为观于飨。乡射，《周礼·小司马》、《鸡人》皆作飨射，纬书亦多言飨射，《王制》、《昏义》、《祭义》之乡射、射乡，当从《周礼》作飨射、射飨，《记》之乡当为飨、乡乐当为飨乐。惟其为飨，故可单称之也。此可以据《周礼》作飨，单举乡名定为飨者也。又《仪礼》经文互省之例，不悉举其文，但云如某礼，如公食大夫之礼，如燕礼，如士相见之礼。至于细目，言如宾酬主人之礼，如宾礼大夫，如介礼。凡言如者，其仪节皆在经中，篇名皆可考见。考《公食大夫礼》云：大夫相食，亲戒速，迎宾于门外，拜至，皆如飨拜①。按公食大夫以尊临卑，戒速迎拜，或以大夫主之，或宾逊不敢当。惟

---

① “拜”原讹作“礼”，据《仪礼·公食大夫礼》改。

乡礼宾主皆卿，用平行之礼，故大夫相食与卿相飨同。所云皆如飨拜[①]者，即指《乡饮酒》、《乡射》主人亲戒宾、速宾、迎宾门外，宾主平行答拜之礼。饮食礼惟二篇为平行，故大夫相食礼用之也。郑注以为大夫相飨之礼，不知即《乡饮酒》、《乡射》为卿相飨，不指大夫相飨也。又《公食大夫礼》云：设洗如飨。按《乡饮酒礼》之设洗于阼阶东南，南北以堂深、东西当东荣，水在洗东，篚在洗西。《乡射》文同。不如燕礼之洗当东溜也。又《聘礼记》凡致命皆用其飨之加笾豆，郑以为飨礼今亡，褚氏因有《飨礼补亡》之作，不知此记所言飨之加笾豆即指本篇之八豆、六豆、四豆、四笾而言。考礼家饮食礼以飨、食、燕为三大纲，而无饮酒之名。《郊特牲》以飨饮与食分阴阳，而飨与燕盖又以隆杀分，聘礼公于宾壹食再飨燕，上介壹食壹飨，大夫于宾壹飨壹食，上介若公若飨，惟公用燕礼，下公则食飨而无燕。其下有不受飨食、不飨食。又《聘义》言：飨、食、燕所以明宾客君臣之义，而不及饮酒。《周礼·掌客》有三飨、三食、三燕，再飨、再食、再燕，壹飨、壹食、壹燕，亦无饮酒之名。按《郊特牲》以饮为飨，是饮酒即飨之实事，飨为饮酒之礼名。故《周礼》飨礼九献。郑注：大飨设盛礼以饮宾也。聘礼再飨。注：飨谓飨太牢以饮宾也。《周语》韦注：飨，饮也。《诗笺》：大饮宾曰飨。考飨字一作享，虽不专为饮酒，而飨礼则以饮酒为正解。故疏云：飨用酒醴。敖氏云：饮人而用牲焉曰飨。考《射义》：诸侯之射也，先行燕礼，卿大夫之射先行乡饮酒之礼。乡即飨，当与燕礼对文，《乡饮酒义》当为《飨义》，与冠、昏、射、聘、燕六义之文相同。经本单举一字以为名，而饮酒二字则先师记识所以训飨之为饮酒礼。又以见朝廷隆重，故以饮酒名飨，乡里简杀则名饮酒不名飨，惟其如此，故乡义单称乡者凡二见，如乡句人士，吾观于乡而知王道之易易也。又《义》云：合之乡射，教之乡饮酒之礼，是以飨射为二礼，合乡与射即卿大夫之射，先行乡饮酒之礼。是此二篇乡当为飨之明证。又考二篇主人宾皆卿，《仪礼》篇目言士冠、士昏、士相见、士丧、士虞、公食大夫，士、公是其官爵，冠、昏、相见、食，方是礼仪。《礼记》之冠、昏、丧、祭、乡相见，皆举礼仪为目，不举士公官爵为目。如乡里之乡可以名篇，则士公亦可以名篇。以此相推，则二篇乡必为飨，乃与冠、昏、丧记一律成文，是飨礼固未尝亡也。经目本作

① “拜”原讹作“礼”，据《仪礼·公食大夫礼》改。

卿相飨、卿相飨射，以乡为礼名，以饮酒释飨，后人遂误以为乡饮酒而改之。郑注《仪礼》时，未能校正，后来遂以为定说耳。或据《燕居》云：射乡[①]所以仁乡党，食飨所以仁宾客。乡与飨并见。《乐记》亦有射乡、食飨之文，以旧说为长。不知《燕居》上有郊、社、禘、尝，《礼经》无其目，《乐记》之钟鼓干戚昏姻冠笄，与射乡食飨皆随文便称，不为典要。如以经果为乡字，则可言乡射，万不可称射、射乡，此一定之理也。记文射乡食飨上字为经目，下字为仪节，即由射以包飨，更由食以见飨，顾亦无妨也。如必以乡为乡，试问射乡成何语乎？惟射、飨皆礼名，可曰射飨，亦可曰飨射。或曰：《周礼》六乡，卿主一乡，三年大比，行乡饮酒之礼，每乡卿为主，虽其仪文职官诗乐有非乡里所得用者，然以卿主之，则正得其宜。六乡六卿，言乡即卿在可知，何必改经以就己说。曰《周礼》之乡老、乡大夫乃民爵、非实官，故六乡之公卿大夫同受质于司徒，即以为实官，卿行于乡则当名乡，如公行礼于朝可以名朝，士行礼于家可以名家，《礼经》之例，固以所行之礼为名，不以行礼之地也。《开元礼》以刺史为主，《明集礼》以郡县为主，乡饮酒有工四人，有乐正、有太师，乃作相为司正，乡射官同司正为司马而有司射等官，略同燕礼，其乐仪礼节官制亦略相等。乡射射前行乡饮酒礼，乡射节亦仿于大射，乐仪官制亦略相等。然燕礼官数除乡饮酒所有外，有膳宰、乐人、司宫、射人、小臣、祝史[②]，士射至庶子、甸人、阍人、钟人，此为公礼，其官愈备。大射官数除乡射所言外，有射人、司士、宰夫、司马、量人、巾车、庶正、仆人、太师、乐正[③]、太史、司宫、甸人、阍人、钟人，亦惟公备此官。然卿之饮酒犹公之燕礼，卿之射礼犹公之大射，卿大夫射，先行乡饮酒礼，公射，先行燕礼。四篇皆言公卿礼仪，乡大夫不应取裁于公。又诸官司皆为唐明仪注所不敢用，官主之犹不能用，则乡里更无其制可知矣。或曰后世乡饮酒为化民巨典，古今通行，《史记》：孔子卒，诸儒习乡饮大射礼孔子冢上。《论语》有乡人饮酒。《燕居》有仁乡党之文，安得谓乡字为误？曰：饮酒上下通礼，自天子至于大夫言飨。《周礼》大夫介无飨。是士以下无飨之名，直名为饮酒，乡人饮酒自为乡人之仪，如《明会典》之里社式，特非经之卿礼。经以卿为目别有上下等差之变，是大夫以上名飨，士以

---

① “射乡”原讹作“乡射”，据《礼记·孔子燕居》改。

② 据《仪礼·燕礼》，原刻“膳”下脱“宰”字，“司宫”误作“司空”，兹据补改。

③ “乐正”原讹作“少司乐”，据《仪礼·大射礼》改。

下名饮酒。饮食礼者，经莫先于乡饮酒，故习礼皆以为名。《汉成帝本纪》鸿嘉二年三月，博士行饮酒礼，初无乡字。有乡字自《续汉书》始。后世因乡习其礼遂以饮酒全为乡里之式，则殊失本旨耳。考《开元礼》、《乡饮酒礼》、《明集礼》、《县邑饮酒读律仪注》、《明会典》洪武十六年颁行乡饮酒图式，皆以官主之，非纯卿礼，然其仪节皆简于礼经。礼之仪节本为卿制，飨礼上下皆可由此而推。《明会典》里社之式缘经而创，《仪注》正得经意，今为此说，意在循名核实，使知明里社式乃为乡里而设，与经之卿礼轻重迥别，非敢变乱经文而有取舍于其间。考由汉至明所行乡饮酒之礼，或以天子主之，或以侯王主之，或以州郡主之，或以州县主之，或以里社主之，由天子以至庶人，因乡礼经文而缘饰之。实则惟洪武十六年颁行乡饮酒礼，里社每岁春秋社祭会饮毕，行乡饮酒仪式，乃非官主之，专为乡社之饮酒礼。以上皆官主之，别为一饮酒礼，不可专以乡名也。《论语》之乡人饮酒，与《射义》孔子射于矍相之圃，与明里社礼略同，自是乡人之事，专为饮酒不名飨，与经不相干涉也。或曰：《乡饮酒》：明日宾乡服以拜赐。《乡射》以告于乡先生君子可也。《乡饮酒记》：乡朝服而谋宾。介今读乡为飨，何以解于此三乡字？乡服，《乡射》作朝服；乡先生，《乡饮酒》无乡字；二篇本为一礼，彼此互证，知《乡饮酒》之乡服为朝字之误，《乡射》之乡大夫其乡字为衍文也。或曰：既读乡为飨，何必于篇首加卿相二字？不知全篇经目以士名者五、公名者一，而天子、诸侯、大夫礼皆有专篇，独无卿。自天子以达公、卿、大夫、士，无容独无卿篇。且以次第考之，冠、昏、士相见并士大夫礼，自燕饮至公食为公礼，觐则天子礼，二篇居其中，为卿礼。① 疑又饮食礼别篇记举变礼，或言公卿，或言卿、大夫，或言公卿大夫，公大夫之间无不言卿者。惟二篇云：若有诸公大夫宾，若有遵者诸公大夫，公三重，大夫再重，无诸公则大夫辞加席，皆于公大夫之间不言卿。据二篇全无卿字，则卿相飨、卿相飨射，宾主皆卿可知也。盖《礼经》宾主之分有平行、尊卑二例，平行者以相字为名，如经之士相见，记之大夫相见、大夫相食是也。下行如公食大夫、上行如士见于君。经例：凡尊卑相同但称宾主不以爵，惟尊卑不同宾主乃以爵见。又以平行为经者，以上行下行为记；以下行为经者，以平行上行为记；《士相见礼》正文但称宾主、不见士名，知宾主

① 李耀仙主编《廖平学术论著选集》、《廖平选集》二书皆将此下另段，当因原刻本此处为行末，且又空缺一字，误以为本段结束。经查下文所言仍为飨礼问题，所论亦与前段衔接，不应分段。

皆为士。《乡饮酒》、《乡射》二篇全不见卿字，又但称宾主，以《士相见》相比，则宾主皆为卿更可知矣。《礼经》每以一篇推见五等，如相见以士名而言士见大夫、下大夫相见、上大夫相见、士见君、庶人见君、大夫见君，所谓推士礼以至于天子也。二篇以卿为宾主正名，其言公则公相飨之礼，言大夫则大夫相飨之礼。以士名篇，则别见大夫、君、庶人；以公名篇，则别见大夫。相食礼以卿名篇，则别见公与大夫名；以一等名篇为正文，而参见上下各等之变礼也。燕与大射为公礼，而叠见卿大夫之文，以客非公，不言公相射、公相燕，其称公者，亦以客非公，此全经篇名正变之大例。经士、公名篇，举卿合之，则以官爵为名者八篇。乡里之乡，即《记》所谓庶人之礼，不当在公士之间，其仪节又不当与燕大射大同也。或曰：以乡为飨，所谓乡乐者何也？曰即《飨礼》、《飨射》二篇所言之乐也。燕礼为公燕卿大夫之礼，经正文乐笙奏唯用《南陔》、《白华》、《华黍》、《由庚》、《由仪》，工歌唯用《鱼丽》三篇、《周》《召》六篇，与飨礼、飨射同。以客惟卿为尊，故用卿相飨之乐。考《记》云与卿燕则大夫为宾；与大夫燕，大夫为宾。又云：公拜爵而奏《肆夏》，公卒爵，主人升受爵，以下而乐阕。升歌《鹿鸣》，下管《新宫》，笙入三成，遂合乡乐。[①] 按经无《肆夏》，记言《肆夏》，则以经燕卿唯用卿相飨。《乐记》言：两公相燕，宾主皆公，当用公乐，故云拜爵为奏《肆夏》。除公乐以外，遂用卿相飨乐。故云遂合乡乐。谓卿入三成以下，同用飨乐，即《燕礼》正文之乐与飨乐，非谓乡人之乐也。考《左传》襄公四年：穆叔如晋，晋侯飨之，金奏《肆夏》，辟不敢当。以《肆夏》为天子享元侯礼，仪礼之公即元侯也。工歌《鹿鸣》之三，三拜。盖燕卿惟以《鹿鸣》以下为正，鲁三卿可摄为卿，《肆夏》则公用之，《左传》多借事以明经义，此事全为《燕礼》，公乐《肆夏》、卿乐《鹿鸣》而发，惟卿乃能用此乐。以乐定礼，则非卿不能用《鹿鸣》以下之乐可知矣。考《礼》：大夫以下无乐，乐不行于乡里可知。总而言之，旧说之难通有六：官司仪物同《燕礼》，国君之乐不能下同于里社，一也；以饮酒注文夺飨礼正文，遂以飨礼为亡，二也；大夫以下无乐，《鹿鸣》乃为卿乐，三也；乡射犹可言射，乡于义不属，四也；乡人本有饮酒礼，如明颁图式，仪注简略不如经之备

---

① 据《仪礼·燕礼》“下管《新宫》”原刻误“新”为“三”，“遂合乡乐”，脱“合”字，并据改补。

物，五也；经例不举地以名礼，乡非士与公之比，六也。用今说，长义亦有八：飨礼旧以为亡，褚氏辑为《补亡》一书，今以乡饮当之，原本具在，一也。建国立三卿，三宾象三光，《射义》卿大夫之射先行乡饮酒礼，卿为宾，义有明文，二篇但称宾主不称爵，公与大夫之间全不见卿字，是以宾主皆卿，二也。《公食礼》云：皆如飨礼。又云：设洗如飨。旧皆以为亡佚，是飨礼亡而食礼亦多缺典，今以乡为飨，则皆有实证，三也。经以爵为名，士公与卿合为八篇，一律相同，四也。读乡为飨，《仪礼》正名，士以下不名飨，名饮酒，固以饮酒二字注飨，遂误为乡饮酒，饮酒非礼名，各篇不引用，又不与飨、食、燕三者对文，五也。考《大射》前半同《燕礼》，飨射前半同飨礼，单行合行相比，以见乡当为飨，六也。《周礼掌客》三飨、三食、三燕，飨在食、燕之前。《郊特牲》以飨为饮，使饮酒之目不夺飨礼之名，七也。读乡为飨，名乃可以单称，所有乡与乡相见、乡射、射乡、乡乐之文皆可通，《周礼》又有飨射之文可证，八也。初陈大概如此，其详宜再加《考订》、《改注》二篇。

《经话》乙编

《诗》、《书》多重言；《春秋》则一字一意。《诗》、《书》主文辞；《春秋》[①] 主纪事终始。《春秋》意在此，言在此；《诗》、《书》[②] 言在此，其意多在彼。《诗》、《书》必整篇说之，不可不字字解疏；《春秋》又借起文见义，不能不事事全录。故《春秋》有例，《诗》、《书》无例；《春秋》必求通，《诗》、《书》则不可求通；《春秋》字字有意，《诗》、《书》则但求词华，不皆有意；《春秋》隐见相参，《诗》、《书》则意以文见。今人好以《春秋》之例说《诗》、《书》，必失其实，此旧说之误。

纬书，经之衡线也，假梭而穿插于经线者也。孔子既著《春秋》、《孝经》，学者以《经》中制度记之以名纬，谓辅《经》而行者。其于载籍似《王制》、似《仪礼·记》文，微言要义，非此不传。盖汉以前说经要籍也。惟其书掌于史官，藏在秘府，人所希见。史官所掌，别有占验符谶之书，言颇奇怪，而又灵应，如今之《烧饼歌》、《推背图》之类。又有数术、物理之书，如今之占经、算术、博物、广异诸编者。汉初内学盛行，秘府遂将以上各类合写成册，犹托于经名，以为巨帙，凡经名以外，多其本书之名，如《雌雄图》、《钩命诀》，是其本书名而冠以经名者也。常欲将纬候诸篇者抄出另刻，以与经籍相辅，使经纬相贯，名之曰《纬》，还其旧称。外者推广其例，凡言天文、地舆、山川、草木者，别为数术家言；又将言吉凶、祸福、相卜、杂占、符命、祯怪，列为谶语。大约分为三种，上者说经，下者亦有济日用，分门别户，不使人疑为怪诞晚出附会之书，以掩辅经之作。内学，人多畏言之，苟能分别抄出，虽欧阳公不敢鄙之矣。

《艺文志》不载《纬书》最可疑者，岂中秘未尽见耶？然所载天文类之《五残杂变星》、《五星彗客行事占验》、《日旁气行事占验》、《日合食月晕杂变行事占验》[③] 及历谱、五行、杂占等类所载之事，文全见《纬》中，岂诸书未亡，杂入于纬中与？又《春秋》内有《公羊外传》、

---

① “春秋”原刻作“诗易”，按前后文皆以“春秋”与“诗书”对言，此处以“诗书”与“诗易”对言，且全句写“诗易主纪事终始”，而于常理不合，兹从《选集》改“诗易”为“春秋”。

② “诗书”原刻作“春秋”，同上条意见，从《选集》改“春秋”为“诗书”。

③ 按所引《汉书·艺文志》天文类五书，三书原刻作“五残星变”、“五星客行等占验”、“日合月晕杂变行事占验”，其中皆有字误，兹据改正。

《杂记》，《礼》有《明堂阴阳说》[1]，《诗》有《齐杂记》，《易》有《古五子》、《杂灾异》、《神输》、《灾异孟氏京房》等书[2]，亦与《纬》、《谶》相似。岂中兴以后，乃《艺文志》所载诸书，经乱残缺，好事者杂辑以为纬书，实即《艺文志》之旧典。刘歆所见谶文，则全为谶书，与《志》所载不同与？然即文义考之，纬书实即所载诸书之言，则以《纬》为西京旧籍，今所见纬书，则为东汉以后揉杂之书，未为不可。

谶为历来秘笈，《艺文志》所载《图书秘记》十七篇，即其书也。俞理初引《淮南·说山训》、《史记·贾生列传》、《赵世家》以证谶为旧有，是也。《淮南》及《史》言秦皇挟《图录》，见其传曰："亡秦者胡也"。"图录"即《图书秘记》之流。古凡占验、方技，通谓之谶，即杂占之祯祥、变怪是也。其书本全见《艺文志》，东汉后拾其残佚，因时尚统易今古，其书全从中秘出也。俞理初乃以纬为古史，谓在太史，不在秘书，故不著录，如汉令之比。按：《春秋》类《太史公》以下五家，皆汉近代太史所掌之文而载在《志》。理初谓史通记天、地、人，盖灵台所候簿占之藏书在史，比稽之天文，察之地理，知七政、五步、十二次之度、五方、刚柔、习尚、山川、险阻云云，按其所言史官所掌之事，其书皆见《志》之术数类，全为史官所掌，可覆按也，何得谓其书在太史故不著录乎？又《纬》中所言解经之人，明为传解先师之言，何与于史而裁之？若以为史无所不言，则又何所区别乎？俞氏好博雅而少贯通，近人多惊其名，故悉为辨之。

宋人最不喜《公羊》说，及报九世之仇，苟偏笃遵信，不加驳斥，按此说乃《公羊》之偏蔽，非其精粹之条，宋人驳其粹而专守此者，以其切于宋事者。故经说之偏僻处，正如硝黄姜附，乃真正救病之品，平常之药不能也。宋人好言大中至正，非薄前贤。夫复九世之仇，说殊为不中不正，乃笃信之，盖有病则病受也。

近人解经，喜言贯通，又文人敷藻，多用通假，铺张锻炼，居然修辞。意既无方，辞多过实。苟以《春秋》之例相求，比齐文句，则以无为有；推考礼制，则化虚成实；莫非附会之言，岂有贯通之乐乎？且一意数阕，是为长言。本可节删，拘于谱格，句异尾文，成为均言。调纵复繁、意归简要，既已神行，不数官节。注疏因其重言，滋为牵混，架

---

① "明堂阴阳说"原讹作"明堂阴阳五行说"，兹据《艺文志》改。

② "古五子"原作"古五子占"，"占"字系衍文；"灾异孟氏京房"原作"京房灾异"，并据《艺文志》改。

床叠屋，强作解人。是当汰除以反虚澈者也。今小曲中“十杯酒哭五更”之类，与《兔罝》、《苤苢》之例正同，长言不休，更无他意，苟以同改①相异，亦无不可，就此烦说，不嫌生事乎？

孔子曰：“志在《春秋》、行在《孝经》。”《孝经》天德，故详于门内而略于治外；《春秋》主道，故详于制度而略于躬修。二书从合观，乃全圣人之量，孔子所自作，首此二经。《尚书》则如近选之古文，《诗》则如近选之诗集，纬说以《孝经》、《春秋》相比。至于《礼》则又如《会典》，有所去取，皆为今学派矣。治经者须知宗旨。

《易》、《诗》二经，修辞立志，所言名物，半多假托，不如《仪礼》、《周礼》征实之学，最为精审，故二经亦当以礼制求之，前人于二经中言礼者是也。夫言礼之书，平实如《仪礼》、《周礼》，犹不能明，何况二经之鳞爪偶见，首尾不具者乎？故必知为天学而后可也；若取以为礼家之证据，则万不可。秦蕙田《通考》乃虚引二经以为礼证，支离惝恍，无所凭依，莫非据《注疏》以为断。《注疏》之说又岂可据？不惟无益于二经，而且有害于礼说。故予言礼制，不据天学为说也。

《易经》完备，出一人之手，颇与《春秋》相似。然多用韵语，文亦变异，不如《春秋》纲领节目明备。窃以此为今之《灵棋经》之比，所画卦、爻亦如甲乙数目。彖、象则吉凶之词，欲人记诵则用均语，或取方言，或杂谣谚，不一律也。其初编纂吉、凶，亦自有例。至于词语，随便录用，无所拘也。孔子因其成书陈列消长，足以观玩，亦为译改，此则我用我法，非原书之本意，故孔子不以《易》教人。《灵棋经》之类亦有初本，有加注，有附识，正如《易》之《彖》、《象》、《文言》之《翼》也。

纬书不独今学，时有与《左传》同者，当是《艺文志》所载经籍之残简。东汉人辑录，杂以谶说，以取信于人，本为旧籍，故不主一家。欲辑《艺文志》所亡诸书，于纬书取文义相近，依类为之，可得十余部，是纬亦如《永乐大典》矣。

近人言《尚书》，多究心于《禹贡》，如《锥指》诸书是也。一古一今，言人人殊，而实则不能有所折中，如画鬼神。然又颇似郡县志书，徒有争辨，并无实用。窃以为水土既有变迁，名字尤为淆乱，居今日而欲考明古制，无异痴人说梦。此但当心知其意，如古官名、礼制，不必强今以合古也。苟必长编巨帙，推衍比附，徒劳心神。陈氏父子主经义

① “改”原刻模糊不清，兹从《选集》作“改”。

矣，而未有贯通之才，如满屋散钱，殊乏贯串，亦可惜矣。

东汉之初，亦无“纬”名，但云谶记、秘记等名而已，所指之书，则《元命包》等亦在其中，名则东汉后来所加也。故除范氏所称外，惟《康成传》有纬字。大约古代本有此名，末师重谶推以解经。遂于纬外加以谶名，意虽甚是而名则甚非。经岂可以谶相对？使可名谶，子夏之《传》早以谶名矣。又谶中虽杂有师说，然采录甚杂，又岂可与经比？章怀注《樊英传》，引《七纬》，书名皆以三字为名，大约下三字为谶本名，与《赤伏符》、《金匮符》相同。上云加以经，皆后师所录。谶既为《艺文》之残编，末师因以经说羼入其中，改加经名，东汉之初引谶有加经名者，皆后人所补耳。《七纬》以外，有不加经名之谶，有加以经名而仍不入于纬者，则加录又在后，仿前书而稍后者也。至于曹魏宋注则入纬，不入纬之书一律注之，故章怀名目以外，宋氏皆有注也。由此推之，光武引谶以决事，当时实未附以说经之书，故言明堂、辟雍，仍是谶文；则以说经语入谶，又加以纬名者，皆是后师所为。贾逵以《左传》有刘氏之文，而《左传》得立。后之以经说[①]附入谶记者，欲假谶以自行其学，皆以谶为据，摘经语于其中，以求显贵，此当时事实也。后人不明此意者，史臣拘于后闻，不能无所修润，后人囿于前说，未能征实。岂知东汉初之谶有术数，无经说，有本名不加经名，但名谶不名纬哉？初以谶为东汉得《艺文志》书而误合之，统以今名，不如此说之得实，存此异解，以俟考定。

今《艺文志》有脱漏者，俞理初以《艺文志》不言《甘石星经》，定谶、纬与《星经》同掌于太史。按：章怀《注》言《星经》见《艺文志》，石氏为魏人。《注》必不误。是唐本有《石星经》也，后乃脱去，可借此为证。

读古书不可以求孤证。盖孤证或为字误，或为羼误，证以时事，并无其论，此可知也。如《庄子》有“十二经”之说，从古并无此言，必字误也。纬书，东汉之初犹无此名，而《李寻传》乃有“五经、六纬”之说，本谓纬星，乃强以为书名。使当时果有六纬与经并重，何以时人并不一及，惟李寻一语？东汉尊信谶记，无所不至，使纬名与经对文，何不以纬名谶？盖纬名之贵，乃东汉末师私尊其学，俾与经对；西汉并无此说也。

---

① “经说”下原衍“谶记”二字，从《选集》删。

张平子以“谶纬始于哀、平”[①]，其说非也。图谶自古有之，谶名甚古，在西汉初，纬说亦古，皆《艺文志》所录经说、数术之言。东汉重内学，末师以所学师说，羼附谶书以求胜，因与经相关，久乃有“纬”名耳。

近人知遵信纬书，但西汉大师如京、孟、翼、刘之流，皆师用其说，以灾异、神怪为主，然非取以说经也。哀、平以至建武，所言图谶，何常有说经之语？后人以先师之说羼入纬中，乃谓先师私用纬说，亦前后失伦矣。

或云纬书之名虽起于东汉中，而书实成于宣元之间。西汉经师[②]皆兼治五行灾异之说，伏生《大传》无论矣。《繁露》实即纬书之祖，他如《京氏易》，以六十四卦，更值用事，与《易纬》同。然则《易纬》，京氏之学也。夏侯始昌“明于阴阳”，此《书经·洪范》之故也。翼奉六情、十二律、五际，则《诗纬》翼氏之学也。翼奉曰：“《春秋》有灾异。”凡董、眭、刘诸家，皆以灾异说之，则《春秋纬》皆西京之书也。其书多行之私家，不尽藏于秘府，故《繁露》之书，《艺文志》亦不载。其书与《天文志》数术类相同，特数术之书不说经，此则说经为主，推以及于灾变。《开元占经》引《海中占验》，石氏、甘氏凡见于《天文志》[③]诸书，与纬并见，是纬即《艺文志》中书也。成帝时甘忠可诈造《天官历》、《包元太平经》十二卷，后事下刘歆，歆以为不合《五经》，不可施行。是其书即谶文，与纬有说经者不同。歆以为不合《五经》，不可施行，明是有合《五经》而施行之事，则纬书出在前明矣。

《中庸》“舜其大孝”以下数章，皆《孝经·天子章[④]》之传也。春秋“祭祀”又言“禘尝”，确是《孝经》师说。梁武帝有《孝传》，不知古亦有此，当辑补诸侯、大夫、士、庶人传，以见古书之体，大约《中庸》篇从首至“唯圣者能之”为说《中庸》，从“费而隐”以下至“治国其如示诸掌”皆《孝经》说也。

九家有阴阳，此经学之一小派。《书》言《洪范》，《春秋》言灾异，必不可缺。自推测家言之，凡日食、星陨皆有定数，不关时政。然《春

---

① 《后汉书·张衡传》载衡上疏：前言：刘向校书，“亦无谶录，成哀之后乃始闻之”，续称：“则知图谶成于成哀之际”。是作“始”、作“成”皆可，不必改。

② “师”字原脱，从《选集》补。

③ “天文志”原讹作“艺文志”，石氏、甘氏之书不见于《汉书·艺文志》，其事并见《律历志》、《天文志》，亦见《史记·天官书》、《后汉书·律历志》，兹据改正。

④ “章”原讹作“孝”，据《孝经》改。

秋》书之者，《春秋》以天子治诸侯，天子尊无二上，无所畏忌，故以天子治之。书天变，亦以天治天子之意，使有敬畏。故事天如父、如君，君、父有变，臣、子宜修省也。

董子《繁露》为纬书之祖，昭、宣以后，灾异愈盛，治经者莫不兼习阴阳、星历、天文、月令之术，往往依经设义，依托象类，迎合时尚。故《五经》之家，全以灾异为主：《易纬》皆京氏学，《诗纬》皆翼氏学，《春秋纬》则董子以后之附益也。董子以前说经义处多；京、翼以后说灾异处多。甘忠可伪造《太平经》十二卷，刘歆以其于《五经》不合，则但说灾异，不说经者也，纬书有此三种，皆西汉经师所为，始则说经兼灾异，继则说灾异以附经，后则全说灾异不及经。其书不尽于秘府，东汉以来续有添补，故至于八十余种。董子已有《繁露》、《玉杯》、《竹林》之名，则其名亦成于西汉。其名不见于《艺文志》者，《艺文志》多大名，不载其细目，孟、京氏《灾异》、《明堂阴阳说》五篇，当亦其书也。

讲学以通为主，然求通之道，最宜审慎，与其变易定说以求通，不如守定说而阙其可疑。不然，则因求通一念，遂使难通者不能通，即通者亦不通，此大蔽也。郑君言庙寝与明堂异制，此定说也。后因《周礼》“闰月，诏王居门中终月”① 一节，疑“闰月”何以“居门中”？必因一月一室，明堂只十二室，故闰月无室，乃居门中。遂改说庙寝亦如明堂，虽庙寝十二室，于经传无征，特以“王居门中”一语不能通，不能不改旧说。窃以当求通《周礼》以合前说，苟不能通，则宁阙疑，不可因此以改前说，何则？言庙寝与明堂不同之证多，可疑者唯一句，揆以从众之义，当以前说为准。今求通此句而改前说，此句一通，而前说诸句皆不通，是因一小不通，致数十百大不通也。喻之人事，似一孔破堤，此大害也。故定说当守之，可疑当阙之，不可因一以改百，因小以改大也。且于疑义专心求通，未有不可通者。《周礼》“王居门中”，谓王听朔时不出南门，阖门左扉而立于门中，《周礼》之所“居”，即《玉藻》之所谓“立居”，古字，从立，作立。② 今古文字小异耳。其言“终月”者，即《左传》“归余于终”之“终”，谓闰在十二月后耳，非

---

① “诏王居门中终月”，据《周礼·大史》，原刻脱“诏”字，兹据补。“中”字《周礼》原无，《注疏校勘记》引《说文》引《周礼》有“中”字，且下文皆作“王居门中”，“中”字不当删。

② “从立作立”四字，原刻为小字，自上下文审之，应为正文。

谓在门中住一月也。门者往来通衢，无可居之理，以天子之尊，在门中住一月，亦非情理所有。予之说经，唯求通其所疑，苟不通则阙之，万不敢因小而失大也。

经术如碑帖，经济如卷折，以碑帖之法施之卷折，非也。不用碑帖而用能卷折，亦无是事。此事是一是二。能碑帖而不知卷折，迂儒也，且将碑帖何用？能卷折而不知碑帖，俗吏也，其卷折亦必不工。自汉以来，此事久分为二途，彻上彻下，夫谁能之？

史公以实事求是，好学深思，心知其意，为治经之法。所谓实事求是者，糟粕也；心知其意者，精华也。礼家曰礼意，刑家曰律意，书家曰笔意，儒家曰经意，呜呼！微矣。

人有二十分功夫，写之简册，不过十分，此谓开创建始之作，如孔子之《春秋》是也。人有五分功夫，写之简册，便有七八分，此谓守成摹勒之作，如子夏之《传》是也。《传》以《经》为的，持己审鹄，有形迹可寻，可以缘《经》起意，颜子之师仲尼，班氏之学司马，以形求影，可以人力为也。至于开创之事，无所法守依傍，有择审之劳，多形势之格，心中千头万绪，著之于编，难于称心。作者之谓圣，述者之谓贤。求贤人之意易，求圣人之意难，至于求圣人不言之意，则为尤难矣。何时求得圣人之隐耶？

“尔雅”二字，不得名义，窃以此亦如转注、假借之比，必当时通语。汉人好用此二字，所谓“读应尔雅”、“文章尔雅”。又似即予译通之意，总之以二字为意，不如俗所谓近正之说。《尔雅》一书，专说《说文》之假借、转注二门，重字同训，此转注也；所列无复本义者，假借也。

《诗》称“尹氏大师”，尹称氏，与《春秋》同。《春秋》为孔子贬之，《诗》在先，不应贬，孔子又岂袭《诗》之文而氏之？疑不能通，久之乃悟，古经书皆从手写，先师各从方音而改者多，其中异字，且又多译改之，故有意改写以合私文之事，如《后汉书·儒林传》所言是也。《春秋》经学称“尹氏”谓为讥世卿贬，《左传》一本作“君”，杜以为有世卿，故不从贬“尹氏”之说，直读为“君”字。经书“武氏”亦贬也，杜《注》亦不用其说，以为以氏称其常，非贬，故改“尹氏”，不改“武氏”，此隐三年事。于五年《传》曰：“王使尹氏、武氏助之。”以经连称氏、传连称氏，同为贬也。《传》故见二氏以明讥世卿之说。《毛诗》与《左传》同师，古学皆以称“氏”为平文，此之称“君”必译改之故，齐、鲁《诗》定亦作“氏”也。其为先秦以前或汉人所改，即不能定矣。

近人喜言《尚书》，南皮谓治《尚书》最难，实则知古今之分者唯陈氏父子乃有成书。《尚书》如今之《古文渊鉴》耳，故《经解》以为有疏通知远之益，不可以求通。特先师既专门说此，乃取古今礼制附会之，实皆非本义也。当就三代异礼补救之。其中文义显明者绎改多，晦塞者绎改少，近来金石家、小学家，好以文字通假繁省说之，岂无千虑之得？然欲以此法通全经，则万无此理，或从或违，皆以便其私而已。窃以为好言古字，用功多而得效少，毕生之力不能通一编；纵使能通，亦“燕说”耳。故余说《尚书》文义，专取《史记》及汉儒说以为定，凡所疑阙之处，近人成说可取者亦附焉，不敢于金石文字望通《尚书》也。

壬秋师尝云欲将《孝经》成数十百卷巨帙，盖谓其经文少，传义微也。余治《孝经》，引《礼记·祭义》、《本孝》诸篇以为注，更采纬候，乃以汉人说补之，其详备当过于注疏本也。

《诗经》不在文辞，唯取逆志，《诗》意有本《诗》之意、有学者取《诗》之意，诵讽罕喻，大似今童蒙所诵《增广字训》。编集古语，由人引用，不必与本意相合。人有好用其语者，一日之内数十百引其说，此其取用之效，至于涵泳讽诵，使人不急迫有温柔敦厚之德，则乐之余意也。孔、孟、荀及《左传》、《礼记》所言《诗》意，则全是《增广字训》派头，又颇似今俗所谓抛文者。

余尝疑《尔雅》一书，其始如《急就篇》，皆有韵以便初学，后来之师从其训诂，加之解释，如今《急就篇》注本也。既加注文，则一字数义者，又当别出，故更分出解之。后师别解，旁注正文，后来写本，一路钞之，故训诂旁注，一同混入经文。然其韵语之迹，犹有可考，如“初、哉、首、基、肇、祖、元、胎、俶、落、权、舆”，基、胎、舆为均是也。《水经注》旧亦如此，得戴校而经、注乃分，安得有戴氏者一定《尔雅》经、注也。

《墨子》亦多《春秋》说，如云“百国春秋”及观齐社之类，不惟多从《王制》说，《非攻篇》所言“尝药”、“学问”之事，则直《穀梁》许世子传文之注脚矣。余者尚多，《穀梁决事》中，当引此为证也。墨子宋人，传今学者弟子，学于鲁，归以教授之余派也。《孔丛子》、《公孙龙子》论名家，引《春秋》“五石”、“六鹢”之说，以为名家祖。《孔丛》深得《穀梁传》意，所谓君子之于言，无所苟而已矣。先秦以前师说也，晋人不知此义，或以《孔丛》为伪撰，非也。诸说必有所本，谓王氏有所羼改，可耳。

尝欲仿阮文达《〈诗〉〈书〉古训》之例，统集先秦以前群经之说，以为博士之导，此为最古精粹，当有出博士上者。名曰《周秦群经遗说》，如《经解》、《表记》、《坊记》诸篇，及《国语》、《左传》、《逸周书》、《孟》、《荀》、《列》、《庄》、《墨》、《韩》诸子之类，皆在所必录也。再以博士以后之说为之辅佐，则又取法乎上之意矣。

群经凡例*

王制学凡例①

孔子以匹夫制作②，行事具于《春秋》，复推其意于五经。孔子已殁，弟子纪其制度以为《王制》。《论语谶》：子夏六十四人撰仲尼微言

---

* 廖幼平《六译先生已刻未刻各书目录表》载《群经凡例》作于光绪十二年丙戌（1886年），刻于光绪二十三年丁酉（1897年）。然《年谱》仅载《凡例》刻于丁酉事，而不载其作于丙戌，丙戌仅载作《十八经注疏凡例》，且引《今古学考》为证。但《学考》所载十八经为《今文尚书》、《齐诗》、《鲁诗》、《戴记》、《仪礼记》、《公羊》、《穀梁》、《孝经》、《论语》、《古文尚书》、《周官》、《毛诗》、《仪礼经》、《论语》、《孝经》，无《易经》，其名目与今《群经凡例》所载大异。廖次山谓"《群经凡例》其目今存者乃屡经改订本，或非成于一年，故与原目有出入"。此言显是。且又言《〈今文尚书要义〉凡例》作于甲午（1894年），《〈论语汇解〉凡例》作于丙申（1896年）。又《王制》、《左氏》、《容经》、《乐经》、《国语》、《易经》、《四代古制佚存》，皆不在十八经之列，是此《凡例》于写作时变化颇大，显非一时所成。然皆当成于丁酉前则无可疑也。是时先生正在二变之中，既存刘歆羼补逸礼之义，亦已有《周礼》、《王制》相补相通之意，唯书中尚鲜影响附会之言，但不时颇有惊人之语耳，故此册可见廖氏前期经学之基本观点。此册所列诸《凡例》后此多未成书，《公羊》、《穀梁》后虽成书，且亦用此册凡例，然皆各有增删改易，于此可见先生经学之发展变化，故此次选编除校正个别文字外，皆各自保留原貌。且此书不仅非作于一时，而其刻书亦非一人一时，故其版式既不统一，而总目之名称与各书前之名称亦颇不相应，今皆保留本来面目，并此说明。

① 此编《六译丛书》中《群经凡例》作《王制学凡例》，而其目录则又作《王制义证凡例》，盖廖先生原拟作《王制义证》，此篇为其凡例，故名。后《义证》中止而其名未改。民国三年（1914年）成都存古书局刊《王制集说》，以此篇为《集说》之凡例，较《群经凡例》本稍有改易，《集说凡例》下署廖氏名，《集说》下署范燮笔述，则凡例或为廖氏所改。据廖幼平称，《集说》作于光绪十二年（1886年）。本编据《群经凡例》为底本，而校以《集说》本。

② 原刻作"孔子以匹夫制度"，"制度"二字于此难解，《集说》作"制作"，兹据改。《集说》"作"下有一"其"字，按无"其"字亦可通，不补。

以事素王，即《王制》也。此篇皆改制事，不敢讼言；所谓微言，王即素王也。

孔子撰述以《孝经》、《春秋》为主。《孝经》以治己，故曰行在《孝经》；《春秋》以治人，故曰志在《春秋》。《孝经》修己之事，故不详于制度①，此内圣之学也。《春秋》专以治人，故以制度为要，此外王之学也。《王制》本专为《春秋》而作，故全与《春秋》名物制度相合也。

孔子修《春秋》已，复删《诗》、《书》，定《礼》、《乐》，终乃系《易》。《诗》、《书》、《礼》、《乐》皆素王平治之具，为《王制》之节目。四经皆孔子就旧文翻译，以为教人之本，故《诗》、《书》之经多所译改，取其与《王制》相合，《礼》、《乐》二经皆司徒所掌。《诗》、《书》又教人之书，归于学校，礼乐乃见行之事，《诗》、《书》为习古之事，《易》则多明天道，不以教人而治术之归源也。

《王制》统六经，故今学皆主之立义。《春秋》、《易》、《礼》、《乐》无足疑，《诗》、《书》经孔子翻定，已为孔子之书，首尾相合，大非四代本制矣。故今学家皆主之。今凡六经传注师说依次分纂以证《王制》，明诸经皆统于《王制》也。

今学礼以《王制》为主，六经皆素王所传，此正宗也。古学则以《周礼》为主，不信孔子素王改制之说，以六经皆旧文，归本于周公。孔子之经而以古礼说，此别派也。今博采古说经义以明《王制》，凡古礼之与《王制》异者，则附存异义，以相启发。

《王制》有经、传、记、注之文，旧本淆乱失序，今考订改写为《王制定本》一卷。

《王制》为孔子所传，自春秋以至于西汉流传最盛，以为圣人所订故也。今统辑传记纬经诸子史志之说以为长编，依定文纂入，所采之说以东汉为断。俟采录已齐，然后据此草定细章，所有长编经传为一类，子为一类，史为一类，以便写录。

以传说、纬候、长编为首，明传经皆孔弟子也。先两《戴》，次两《传》，次今《书》、《诗》、《春秋》、《论语》师说，《易纬》与马辑《七经纬》附焉。

先秦两汉子书，皆七十子流派，故多用《王制》说。今依时代编

① 《集说》改“故不详于制度”为“故于制度则不详”，两语意同可不改。

次，先据本书钞录，然后依经纂订，其有经见异文，一依孙①本《孔子集语》之例汇录之。

史志《史》、《汉》、《范书》中多用《王制》说，今并集之，其有文集中用《王制》说者亦附采入。

《王制》但言大略，节目未详，而长编所采诸说多重复并见，或零脱不全。今俟采录已齐之后，按照《通典》门户，据旧说排定详细章程，以能见之施行为准，如井田、封建、选举、学校之类是也。孟子云：此其大略，若夫润泽则在君与子。此即润泽之事也。

采录旧说，有明文者易知，无明文者难识，如八政一门，采录佚说当不下数百条，凡《王制》有节目而无详说者，当照此例推之，不可但以有明文者为限。

《王制》于制度大纲，可云包括略尽，然一王大法不能不求详备。而《繁露》、《外传》、《解诂》等书所言制度，乃有出《王制》外者，其中固不无《王制》细节为《王制》所包，而无所附丽者亦不能免。考《白虎通》所引有《王度记》，《王度》与《王制》当是同类，《王度》有记，则《王制》亦当有记，今先辑出《王度记》文。凡今学专书不杂古学者，所有制度无明文取之以类附入，其有无可归附者则据以为补编，始以《王制》统诸书，继以诸书补《王制》，采录无遗，庶乎大备耳。

《王制》非周制。即《周礼》亦古学家补缀之书，与真周制多不合。今辑群书周时佚事②，以真周礼观此，则不惟改制之意明，而《周礼》为春秋以后补缀而成之书、非真周礼，亦可明矣。

《左传》今学也，旧误以为古，不知大纲全与《王制》相同，无异说。此例不明，则与本说相迕。今凡《左传》用今礼名而文小异者，类录之以为《左传与王制同考》。

《周礼》欲与《王制》为难，故采录时制以为此书。据纬记所言，实多真周礼。然当时周礼多不可考，《王制》已行久有明说，不能易之。故其书大纲如封建、世卿、彻税、丧娶、丧祭等为《春秋》所讥者，人皆知为周礼。至于此外多不可考，则多录《王制》、《仪礼》之文以相补足，如三军朝事篇仪节分三等之类是也。又今学名义则不敢改，如三公、九卿、九嫔之类。同《王制》名而异其实，此类不明，必与本书相

---

① “孙”原讹作“孔”，按《孔子集语》系孙星衍作，原刻当为手民之误，兹改正。

② “佚事”《集说》作“供事”，显为形近之误。

混，今汇录之以为《周礼与王制同名异实①考》。

《公羊》礼多与《王制》不同，旧以为采用古学，而纬书、子书亦多同其说。又《王制》三公、九卿，而《千乘》言四辅，《昏义》言六官，《曲礼》言五官，此类固多异名同实而实为《王制》佚义者亦不少。今定采异说为《今学同实异名考》，至于确系异实，考其如与古学实系不同者，则定以为《王制》佚义，此等事固不多见也。

孔子以《王制》为后世法，秦汉与《王制》不同，世遂不明此意，以《王制》为无用之书，不知后人阴被其福而不知。如《王制》开选举，后王全祖此法，而众建诸侯即郡县之遗意，广开学校亦治化之根本。《中庸》之百世以俟圣人而不惑，今用《王制》之事多为益，倍于《王制》者多为害，习焉不察耳。况周当积弊，沿此一改乎？今取后世安危要政与《王制》相比较，汇辑一册以为《王制遗政考》。

《王制》参用四代礼，即孔子答颜子为邦之意。今辑孔子改制为素王旧说，以为《王制叙录》一卷，以明其精义。

素王改制，孔子有罪我之言，此义不能明说，谓之微言。故孟荀皆以《王制》为周礼，盖既不能谓之为孔子礼，又不能谓之夏殷礼，孟荀皆有素王天子之说，而以《王制》为周礼者，心知其意而口不能言耳②。

玄圣素王明文见于《庄子》，可见此先秦以前古义。后儒不信此义，不知古文家已先本之立说，然而究不能如今学之宏通，以此知素王说之不可驳。

《王制》仪节有为古文家所据改，今学遂佚此篇者。如周礼五官节皆多本今学旧文润色，今《周礼》有其文而今学反失之。《考工记》一篇本《王制》考工之事，《曲礼》之所谓六工也，故其中制度多与今学同。盖作《周礼》者据今书以改为古学有不尽耳。周礼本以《考工》为一官，记有明文，《班志》云六篇，并不以为缺。《冬官》以《考工》相补言缺补者，后师之误也。今凡今学所不备者，多可据之为说。

以今学诸经解《王制》，凡三传《春秋》、《今古尚书》、三家《诗》、《仪礼》七种，皆各为《王制义证》二卷附于本经之末，以见今学统宗《王制》之义。

---

① 凡例本脱“实”字，据《集说》补。

② “口不能言耳”，《集说》作“口不能言者也”。

诸书所引孔子言，间有与《王制》不合者。此由学者各以三统立说，故多参差。然文异实同，不当歧说。至于《孝经》、《曾子》之说与《王制》异者，此三统异说也，今以为《孝经》专说，不引用焉。

《王制》当立图表：今立《九州图》、《五服图》、《王畿九十三国图》[①]、《一州二百一十国图》、《九锡表》、《王臣食禄表》、《大国次国小国君臣食禄表》、《九命表》，以外由此推之。

旧说《王制》以为《春秋》专证，今既以《王制》统六经，则不专以《春秋》为主，今将《春秋》专证以归《公》、《穀》义证，至于《王制》注疏不专主《春秋》焉。[②]

① 原刻作“王几九十三国图”，“几”为“畿”之误，兹改正。

② 《集说》无凡例本最后二则，留此可见廖氏治《王制》之原计划。

孝经学凡例[①]

《纬》云：志在《春秋》，行在《孝经》。盖《春秋》为治人之事，《孝经》为自治之事，故《经解》言六艺而不及《孝经》，以经专言治术，治术以《春秋》为主，故与《孝经》对举，此素王修己治人之要道也。

《孝经》专以行为主，故经文平易，所谓知之非艰，行之惟艰。然经文虽少而仪说甚繁，传记言孝固多，而子家则几无书不有专篇，此以议论为经、而仪制传说者也。《孝经》为修治初阶，不得以平易忽之。

素王翻述六艺，以为一王之法。《孝经》引《诗》、《书》为说，此通其说于六艺也。纬亦以《诗》、《书》为言，朱子以《诗》、《书》不似经而刊之，过也。[②]

孔子以前不以孝立教，举孝以包百行，至德要道，此素王新法也。故凡载籍言孝者皆为孝经说，孔子不作《孝经》则孝道不如此广大也。释典中亦有言孝专书，凡事不合于义者皆以不孝责之，正与《孝经》同意。

《孝经》与《大学》篇略同，首章经以下为传，所以释经也。今分为经传，经本孔子自作，设为问答，传为曾子所作，或以为子思所作，非也。

《孝经》为素王撰述，而礼制与《王制》有异同，此由传《孝经》弟子缘经立说之义。又孔子制礼，弟子有所参酌差互[③]，亦所不免。今取凡与六艺不同者以为《孝经》专派。

群经之中惟《王制》与《孝经》师说最为繁多，几过本经百倍。自失此义，儒者皆以《孝经》平易而疑之，今举旧说悉为采录，然后《孝经》为一巨门，不然则亦如《王制》之若存若亡而已。

《春秋》义例繁赜，最为难治。《孝经》则平实浅近，无待钩稽。以修治异途、知行殊道也。今张明旧学，不惟切于日用，大益内行，而使旧学皆有统宗，于经学亦大有裨助。

《孝经》，《班志》经有今、古二家，其书久佚。今据刘、班汉儒旧

---

① 川大图书馆藏《新订六译馆丛书》《群经凡例》中《孝经学凡例》共二种：一种与坊间流行《群经凡例》中者相同，另一种于《孝经学凡例》标题下署廖氏姓名，文字偶有改易，或系廖氏所改。另本既为《丛书》收录，故本编选用另本，而用坊本相校。

② “朱子以《诗》、《书》不似经而利之，过也”系指朱熹《孝经刊误》删言“子曰”及《诗》、《书》之文，谓非原本所有。意以《孝经》原本不当自引“子曰”、《诗》、《书》。廖先生此处文句稍欠明白，然如今本删去“纬亦以”下“《诗》、《书》而言，朱子以”七字，则文义更不清楚，故据坊本补。

③ “参酌差互”坊本作“参酌闻说”。

说以及刘炫本定为古文本，更辑魏后张、长孙诸家以为今文本，以符旧目。虽有古、今名目，然其实则一，不如别经之义例全反也。

《孝经》礼制今、古之分，今无可考，其所以立古、今者，不过章句文字异同耳。古文晚出，为东汉末流之派，以前旧说，则归入今学。汉人晚说分派，取以为注，至于魏晋以后之说，则采入疏中，以示区别。

《孝经》汉有今古文异同，今以今文为主而兼采古文异文，以为《孝经释文》一卷。《班志》:《孝经》有《杂传》四篇，其书久佚，今仿其例，遍辑先秦以前传记子史言《孝经》者辑为旧传。①

《孝经说》今仿陈氏之例统辑汉人传注及余说《孝经》者以为《孝经先师轶说考》，其有一说重见者仿孙氏《孔子集语》之例附录之。

《孝经》诸纬皆孔、曾授受之微言，经学之根本也。今将其关于经义者钞出汇为一篇。外有别经之纬而言涉《孝经》者，并取以为注。更辑为《孝经纬说》，取《孝经》注之。

《内则》、《文王世子》、《曲礼》，此旧传仪节也。又《吕览·孝行》曾子说养有五之类，皆就事亲各立条目，为本经旧传仪节。今仿其例，将载籍所言事亲仪节汇齐分立节目，将旧说依类分入，如《曲礼》之侍坐立居处禁忌之类，悉按经目归之，略如家仪之例。

言孝专就事亲而言，则其道甚隘。又人不皆有亲，则多外视之。而《孝经》之旨，则以事亲为小孝，而归重于事君、立身，凡一言一行皆引归于孝，如战陈无勇、交友不信之类皆归之。此为推广孝道以包百行，孝所以为至德要道也。凡载籍如此之类，当依经立目分类归之，以为《孝经》广义。至于泛论《孝经》者，则归入通论焉。

《中庸》自君子费而隐至其如示诸掌，皆《孝经》旧说也。舜其大孝以下，则旧天子传也。晋陶潜《孝传》、《御览》引师觉授《孝子传》，并仿其例，今据以为主，通辑秦以前旧事，依经分例五等，以为《古孝上篇传》，凡世子附于天子诸侯。

旧孝传皆圣贤至极之则，其外有心是迹非，与夫夺情失礼之事，既不可以入于孝，又不可以为不孝，此当别为一门以类归之。凡此类统归于《孝传中篇》，其中仍分立子目以相别异。

旧孝传皆取善者以为法，所有不孝之事不加采录，不惟无以戒恶、而此类遂无附隶，非也。今更立此门以示惩创，凡载籍所称不孝之事，亦因

---

① “遍辑先秦以前传记子史……”句，坊本“遍辑”作“通辑”，显为另本所改。

五等归汇，辑以为《孝传下篇》，庶有合于创恶之意。如孟子、章子之类。

曾子传《孝经》，凡曾子言皆《孝经说》，不惟《大戴》十篇而已。即《曾子问》亦然。如屡言尝禘郊社是也。《班志》：儒家有《曾子》十八篇，今辑《大戴》、《小戴》共十一篇外，凡散见之文通辑之以合十八篇之旧目，引其切合者以注《孝经》，并引《孝经》以注之。

经文虽少礼制，而传说言礼制者多，凡《孝经》礼与《王制》仪礼同者举不胜举，今汇集其说[1]引《王制》仪礼以申明之，编为《孝经通礼》，但指其端，不加细说。

《孝经》遗说最为繁赜，依类归之，多有未尽。今更立《问孝》一门，盖孔子新立《孝经》，世人不知，故问其说，孔子各就其事而告之。凡说于经传无所归附者，统入此篇，录其问答以《问孝》名之。

传记子史所言孝事，皆依类分辑，其有余论泛说不能入以上诸门者，则立通论一门以归之。《班志》：《孝经》汇有说三篇，当即此也。今仿之作《孝经通论》。

《班志》：《孝经》汇有《弟子职》一篇，明[2]凡弟子行习之事，皆宜附入《孝经》。今于传记所言不专说孝、而为幼少仪节者，仿《汉志》之例取其专篇以附于《孝经》之后，以便诵习，如《弟子职》、《少仪》、《曲礼》之类，当附《孝经》以行者是也。

通经所以致用，凡汉人章奏驳议所引《孝经》说者，今仿董子之例汇取以为《孝经决事》。

《孝经》礼制有与《王制》仪礼不同者，此为《孝经》专礼，不同于别经，如春秋二祭之类是也。今汇其异者以为《孝经徵》，务求详明，以别门户。

孝经之学久微，学人无复研究，甚者删改疑与校书相等，今一明古义，使复沂水旧观，别撰《大义》四卷以明孔、曾传授之旨、古今渊源之别，与六经通同之义，及今所以撰述之意。

《孝经》为孔子新发明，海外尚无家学。故《采风记》云：西儒不能译孝字之义。当时中国亦同此程度，故有赤虹化玉等说，与作《春秋》符瑞相同。考孔子作经天降符瑞，惟《春秋》与《孝经》有其说，盖《春秋》为六经之始，《孝经》为六艺之归，举《春秋》以包六经，举《孝经》以包六艺，合发明此学，既以提撕中人、并欲推行海外。[3]

---

① “汇集其说”，坊本作“类集其说”，亦为后改。

② “明”坊本作“则”。

③ 坊本无此则，当为另本新增。

《今文诗古义疏证》凡例

笔削取义　诗者，志也。周衰孔子道不行，因以其志寓《诗》，垂万世法。故《史记》曰：周室衰而《关雎》作，《关雎》指全诗也。《淮南子》曰：周道亡而诗作。《孟子》曰：王者之迹熄而诗亡。亡当为亾，古作字。《诗》虽采春秋、录古作，既经素王笔削，篇章字句，机杼全出圣心，亦如《春秋》比事属辞皆关义例。非如旧说，拘文牵义，以为事非一代、作非一人，错乱纷纭，毫无义例。虽作诗人事旧说甚明，然事本桓文，义则窃取，今考《易》、《书》、《礼》、《春秋》，昔人皆有释例之书，《诗》则从无以例说者，今比之诸经，以为笔削全由圣人，句字皆有取义。

总统群经　孔子自卫反鲁，首正雅颂，群经后起，总例在《诗》。《尚书》之三代二帝，即颂南之实事，《春秋》之二伯八牧，证风雅之空言，乐不离辞，礼包仪曲，六艺虽广，旨归简要。且匹夫制作，未可明言，惟托兴微显，乃可自附殷人，宗旨既明，然后知六艺旧文莫非新义，庶人之说，不更再详。使非先通《诗》旨，则不达圣作，专归史文，势必如古文家说，攀玄圣、尊国史，捋摭尼山，竟同商隐，《诗》为总集，政出多门，殊乏伦次，以选择而论，不反出品汇三昧下耶！

主素王　经学旧有王周、王鲁、素王三说，其原出于三颂，自来说者多失旨归，今以《诗》本托兴，专主素王，周鲁在前，同于二代。《春秋》名分，取法《周颂》之篇，四事思兼，乃本王鲁之制，《尚书》说。水精为主，遵监二贤，划清界畔，各为一家。《乐纬动声仪》云：先鲁后殷，新周故宋，此本三颂之古说，凡传说言殷人、言先进、言从质，以鲁国之匹夫，自托于王后，非以说《商颂》则无所附丽，而《邶》、《鄘》、《卫》在《王》前之说，亦不能明矣。

分三统　十五国风，今仿三颂之例分为三统：二《南》为周公统，《邶》、《鄘》、《卫》为商统，《王》以下九国为周统。《周》、《召》一君一臣，《邶》、《鄘》、《卫》一君二公，《王》则二卿、二伯、二方伯、二小国。《周》、《召》如《尚书》之典谟，一君一大伯。周公为天子，召公一匡天下。经以《邶》为主而先以《周》、《召》者，即《庄子》在下则为玄圣素王之意。周公摄为天子，即孔子前事之师莫为之前虽盛弗彰也。又以王后之事更详于商者，时事于周为详，故春秋以周为主，此从周之说也。

国风三五平分　国风三统之外，以十五国平分，《羔羊[①]》之三五是其说也。《王》为周统，《周》、《召》、《郑》、《秦》四王畿国属之；《豳》为鲁统，《齐》、《卫》、《陈》、《曹》四存国属之；《邶》为商统，《鄘》、《魏》、《唐》、《桧》四亡国属之。此与三统例相似而多寡相配，存亡各别，《诗》中凡言数□多用此例。其以篇分者，如《大雅》分配三颂、《小雅》三小以后，全为孔子，两京八伯四国三公居然一《春秋》也。以章分者，如素青黄，著庭堂伐木之食、燕飨之类，其例甚多。凡三章者多此例。今取三统表中各门礼制与诗文相校，再列为表，通此三例，而后知循环无端、通变不倦，凡古今损益之故思过半矣。

中分天下　《王制》二伯中分天下，《诗传》有郏东、郏西之说[②]，究未详指。今从《禹贡》以东岳包南岳，青、徐、荆、扬属周公，以西岳包北岳，梁、豫、冀、兖属召公。《春秋》之义，以郑、秦、卫、陈封召公，四州取法于《诗》，而吴、楚、蔡、鲁四名不见于《诗》，盖以《豳》代鲁，治青外三州，移亡国治之。《鄘》即宋，治徐、魏，《唐》治荆、扬。《诗》中言三亡国、治三州之说最多。如三星小星薪刍楚之类，不下数十见。二公西北三内一外，东南三外一内，西北四国全同《春秋》，东南四国以《豳》、《鄘》代鲁、宋，而吴、楚则以《魏》、《唐》易之。季札观乐之以《郑》统《齐》《豳》、《秦》统《魏》《唐》《陈》，抑又中外之故事也。

存二帝　仲尼祖述尧舜、宪章文武，中包夏商而言。凡言四代者，《尚书》说也。《诗》则尊贤不过二代，故颂止于三，全诗不见尧舜明文，不知典谟之兴，取法二南，周为君，召为臣，自为一统，专辟南方，文如经传经义，例移《魏》、《唐》以化荆扬，《魏》有陶唐之风，《唐》存夏后之政，皋陶主谟，《诗》有说皋陶之文。尧舜继绝，首以二南合之于颂，是为二帝三王之道，开宗明义，符合典谟，如《春秋》存陈之法，国已亡而仍存之也。雅称禹甸，颂称禹绩，三代之目具有明文，而禹不列颂者，《春秋》黜杞之意也。

---

① “羔”下原为黑钉，以“羔”为首之二字《国风》篇名，唯《羔羊》与《羔裘》，审其文意，姑补“羊”字。

② 此引《诗传》之说，见《说苑·贵德》，但“郏”作“陕”。《公羊传》隐五年言：“自陕而东者，周公主之；自陕而西者，召公主之。”与《说苑》全同。《经典释文》言：“一云（陕）当作郏，古治反，王城郏鄏。”廖先生此处显用《释文》异读以释《说苑》改“陕”为“郏”。下同。

两京通畿　周之王畿，先西后东，东西通畿，义先见《诗》而后《书》与《春秋》合之。雍州故土，不以界秦，雒居中间，五州合计，故《小雅》以瞻彼洛矣，《鱼藻》起两京。他如《大雅·文王》三篇为西京，《棫朴》三篇为东京，《小雅·车攻》以下为东京，《节南山》以下为西京，郑秦两卿，亦用其义，由中央以及四方，由两京以及八伯，大纲如此，细目尚须再推也。

分四方　《诗》中四方、四国明文，至于六七十见，东西南北之文，不一而足，以南名周召，则四方其大例也。中央师四方为四岳。以章分者，如《民劳》五章中言京师，前后为四方。以篇分者，《嵩高》四篇为四岳，《瞻彼》、《鱼藻》为两京，《彼都人士》八篇为四方。《邶风·柏舟》为京师，《燕燕》十二篇为四岳，他如《王风》之《扬之水》四篇、《齐风》之《东门》八篇皆以四方为篇法。《巧言》之四国用谗，《小雅·谷风》以下之四风同《邶》，皆以四方取义。必明乎此例，然后文有贯串也。又《诗》初以冀、豫、兖、青四州分东南西北，一州占一方，如《郑语》之说，至开化南服，乃一方二州，故国风皆内四州国也。

中外例　《春秋》家说先京师后诸夏，先诸夏后夷狄，此说亦本原于《诗》。内五州见十五国，外四州但以南字目之，荒略轻贱，较《春秋》之详录吴、楚有间矣。中外之分，多以南字为界画，《周南》之《樛木》、《召南》之《草虫》、《小雅》之《南有嘉鱼》，以下为中国，以下为夷狄，即三传所谓先中国后夷狄也。又《帝典》所谓由平章以及协和、《大学》所谓由身家以及天下也。而四方例中如《扬水》之类，先举南者则又以用功尤笃，故首及之，不在此先后例中也。

南　二《南》，《左传》仍名之曰风，《王》、《郑》、《秦》俱为风，则周召二公亦为风可知。其以南为名，与《邶》对文。舜歌南风、南巡，皆此南字。王化自北及南，周时中国只内四州，以洛为中，冀西、兖北、豫南、青东，《郑语》所谓东南西北，只《禹贡》之四州，故惟四州之国乃见《诗》风。而三传以四州为中国，孔子用夏变夷乃化外四州，合之雍州、王畿成九州之制。《诗》与《春秋》大例皆在用夏变夷，化外四州以成九州之制，南包荆、扬、梁、徐四州，本兼东西，以南言者，自北而南取其正方也。

《周》《召》　诗首二《南》，系以周召，《鲁诗传》：郏东主周，郏西主召，即中分天下之制，二公虽平列，然旧说以周为王者圣人化，又《周南》首言左右二风，文义多相出入，盖周公代武摄政为天子。鲁所以列颂，正以周南之故，若颂所列，皆鲁为方伯事。召公一匡，既隐有君臣之分，故不无互见之例，《诗》二伯事专以召公主之。颇似传之解经。其诗多以三篇分段，《周》首三篇治内，《樛木》二章治南，《螽斯》与《麟趾》相同，《桃》音近召，兼与皋陶同。《兔罝》言王鲁，《芣苢》言黜杞，《汉广》东南末二章应《鲁颂》，《召》前六篇召公事，次六篇则素统，末二章分结焉，中当详外四州土地风俗也。

风例　王者之化，首在移风易俗，至必闻政。孔子周游，原以觇俗观风，以为移易之本，故诸风中必详其地士俗，《班志》所引诸条是也。王者所居，亦有风俗，国风谱九州土宜民俗，不可反缺王畿，王降为风，乃《毛诗》之误说。但十五国世代不同，并亡各异，所以必取此十五国之故，则古无明说，今订为三例：有三统例：说详上。三统各占五国，合为十五，此从三颂推之，而诸诗中具有其证者也。有中分例：从周召中分天下起法，而季札观乐用之。如二《南》，《周》《召》分左右矣。《郑》南之卿也，统东方，故次及《齐》，次及《豳》，以《豳》代鲁。而小国之《曹》附焉，此东方《周南》之五国也。次及《秦》与《郑》比，次及《魏》、《唐》与《齐》比，《魏》《唐》合为一国，实即晋与齐同为伯。次《陈》与《豳》比。小国《桧》与《曹》比，此西方之五国。而《邶》、《鄘》、《卫》为东都三监，《王》为西都，合计之则东西京、周召二伯、郑秦二卿、齐晋鲁陈四牧，未为伯则为牧。桧曹二小国，两相比对，《左传》所存之师说也。又以经意例为归宿：于诸国不拘世代存亡以意起例，成一王之全制，以《邶》为新王素统，故中言四风，以《周南》、《王风》为王后合于三颂，《召南》、《齐风》为二伯，《召南》、《羔羊》见三素字，《齐风》著见一素字，明其为素王二伯也。《豳》为青牧，以三亡国《鄘》、《魏》、《唐》治徐、荆、扬，合之《周》《召》其国七主东南两岳。《桧》为荆属，此存亡继绝之大例也。新开外州故以三亡国移封之。西北则《王》、《齐》而下，《郑》主冀，《卫》主兖，《陈》主豫，《秦》主梁，《曹》附焉，七存国主西北，恰与《春秋》封建相同，一周一王，各统六国，俨如二代，而以《邶》冠于上，以为之主。此又《春秋》之大例也。全《诗》主此，万变不离其宗，尤当留意者也。

《邶》　《邶》、《鄘》、《卫》首风者，因三监之制，托之召洛，与《商颂》殿末相起。《邶》如《周南》，《鄘》如召伯，故同以《柏舟》开首。又《尚书》康叔留守东都，《邶》、《鄘》之民迁于洛，以《邶》、《鄘》列《王风》之前，如先东都后西都也。《邶》主北，与南字对文，地系商都为素统，《柏舟》忧心二句，孟子以为孔子之诗是也，因居中为主，商周都同在一地。故篇中备言四风，周公营洛，鲁虽在洛青而周公之东则仍在洛矣。经义以《邶》为总例统十四国，《鄘》、《卫》虽相连而存亡不同，取义自别，国风有三统例、中分例、东西通畿例、经义例，一风备数义，移步换形，不可执一以求。

《鄘》《卫》《鄘》与《魏》、《唐》三亡国迁南方，故三风多言行役，三国有相通之文，不可拘泥本国说之。诗三章者又多取譬三国，如《绸缪》之薪，楚蒲是也。鄘与宋同音，经义移封于徐。卫春秋初在豫，后迁于兖，主北方。《诗》经义与《春秋》同。《鄘》与《卫》首四篇相应。《硕人》应《偕老》，《氓》应《桑中》。《鄘》以下六篇分应三公，《鹑奔》、《定之方中》，司空也；《蝃蝀》、《相鼠》，司徒也；《干旄》、《载驰》，司马也。《卫》之《竹竿》，左右二伯；《芄兰》，二王后；《河广》，北岳；《伯兮》，西岳；在西，故云之东。《有狐》，南岳；《齐》《南山》雄狐。《木瓜》，东岳。三言木东方。

《王》为周统配《周颂》《春秋》王以西京为主，东都为行右。与《诗》同三统例统畿内：《周》、《召》、《郑》、《秦》四国共五国，王命二公化南方，二伯二卿化自西而南，首三章为西周，《扬之水》四篇分四方，《采葛》以下为东周，首三章应《周颂》，《秦》末三篇应《周南》、《郑》。

《郑》 旧封雍，后迁洛，春秋与秦为二卿，因晋为伯代主冀州，《穀梁》以郑为冀州国，《诗》则因移封《魏》、《唐》于南，故以《郑》代之。南北之事郑居间转枢，如郑介居晋楚之比。其风首二篇属西京，次二篇属从行东都，《清人》言左右为总例，《羔裘》为三公，《大路》为二伯。中分例：《郑》为卿，统东而兼南，《女曰鸡鸣》二篇求东方，《山有扶苏》① 四篇求南方，《丰兮》四篇东方至，《扬之水》四篇南方至。三统例：则属王为卿，主徐州，周召开南服，郑、秦从之，四州周召主荆、扬，郑、秦主徐、梁，以王臣化外四州也。

《齐》 次《郑》者中分以《郑》为伯，统《齐》《豳》也。则《齐》为侯牧，与《魏》、《唐》对举，如春秋未伯之齐晋也。此春秋初年郑为伯故事。以三统平分言，则《豳》为天子，《齐》为大伯，一匡天下。《史

① 原作“齐豳扶苏”，据《郑风》“齐豳”当作“山有”，“山有扶苏”为《郑风》篇名，与此则讲说《郑风》正合，作“齐豳”则义不可通，兹据改。

记》云：周公使召公命齐侯为伯是也。卫、陈为北南之二牧，《齐风》屡言鲁道齐从者，谓太公奉周公之法也。首三篇《鸡》属齐，次两肩即卫、陈，《著》则总三统为一段，下八篇分四方：二《东方》，东；《南山》、《甫田》，南；《卢令》、《敝笱》，西；《载驱》、《猗嗟》，北也。经义则以齐与召公同为二伯，故《召南》云有齐季女，齐侯之子也。

《豳》 以三统平分例言：如《周南》，周公为天子，为鲁统，配《鲁颂》。以中分例言：则如颂称侯为牧，与《春秋》同。主青州，以周公为天子，升颂言之，则当以《周南》为颂，《豳》为《周南》，颂为《豳风》。特互易其文者，明风有三统之例，三统《豳》为鲁统，主齐、卫、陈、曹，一公、二牧、一小国，风中言东征，徂东与南互文见义。

《秦》 封地在雍州，于三统属周为赤统，《春秋》称秦为伯，以为留守是也。中分例以统《魏》、《唐》、《陈》，如《郑》之统《齐》、《豳》。故《车粼》、《无衣》、《黄鸟》邻于《唐风》，《驷铁》、《小戎》类于《于田》，《蒹葭》有望返跸之意，《晨风》、《无衣》、《渭阳》、《权舆》四篇，当是西北四牧也。首三篇为西京，次三篇为东都，末四篇与《唐风》四篇相似。雍为王畿，不为西岳所统，以豫代雍，故陈为所统，多说中州事。

《魏》《唐》 其地乃尧舜故国，不言晋而言《魏》、《唐》，存二帝也。以中分言，则当合为一国，如晋与齐比春秋之桓文，季札以《秦》统《魏》《唐》《陈》，如《郑》统《齐》《豳》，是以魏唐二国比齐也。经意当以二风与鄘移南方。三亡国迁封，故诗三章者多以此起例，《魏》终《硕鼠》当是代楚，《唐》言《扬水》当是代吴。二风合十九篇，与《邶风》篇数同。而迁封之制则先迁民，如康叔封卫而顽民迁洛，民迁于北，国复于南。《硕鼠》言去是南民将去南适北，《扬水》言从沃从鹄皆是民从南迁北之辞。周公左召公右，魏言左辟，唐言道左，是北国迁南，为《周南》所统。秦在西则言右。《魏》首三篇言本风，《陟岵》四篇言民迁北之事，《陟岵》从南望北，《十亩》言北善思远游，《硕鼠》明言迁徙。《蟋蟀》二篇言当复封亡国于南，《衣裳》《车马》等九锡燕享之事。《扬水》三篇民已迁，见君子见良人已至北矣。《杕杜》四篇命三国封，岂无他人同《郑风》，岂曰无衣皆招之。《有杕之杜》已至南，《葛生》则念之，《采苓》亦似《将仲子》兮，大约此二风文义多似《郑》也。

《陈》 三统例：《卫》、《陈》为《豳》所统，一主北、一主南。如首三篇言本风，《硕人》见北流，陈则云南方之原是也。为齐所统，故青青东方自伯之东指齐，《月出》之月亦指齐，《宛邱》三篇皆陈在豫为王畿之南也，二《东门》如《齐风》之属东方，《墓门》、《防有[①]鹊巢》当属南方，《月出》东，《株林》南，而《泽陂》则结之。

《桧》《曹》 小国一存一亡，亡者属于《邶》，为商统，存者属于《豳》[②]，为鲁统。中分则先为周召卒正，继代周召主荆、扬。《桧》如《春秋》许属郑，《曹》如《春秋》曹属鲁。

雅 《诗》分三体，南风中一体。作用全在于雅。《史记》曰：雅以治人。盖风者民俗，颂者成功，所以化民成俗、功成作颂者，雅之力也。雅一也，而以大小分者，《大雅》配三颂，王者成功，《小雅》配风，平治初阶。又以三小之故名之也。虽分大小而以三统为通例。

《小雅》 即作诗之主有周亡《诗》作之意，上半由治而乱，详周之所以亡，下半拨乱反治，明诗之所以作。《鹿鸣》至《采芑》配周召，《车攻》至《无羊》配《邶》、《鄘》、《豳》，《节南山》至《雨无正》配王周公襄，周道亡然后《诗》作。三小有《柏舟》、《燕燕》、《日月》之义，《小旻》至《甫田》十九篇配《邶风》十九篇。《巧言》四篇言四国之乱，《谷风》十二篇分配三公。《谷风》四篇言四风，属司徒，配《邶》；四篇其言四方风俗之坏，如《春秋》七缺。《北山》四篇言行役征徂，属司马。《楚茨》四篇言养，属司空。《北山》四篇：三篇内、一篇外，召公治西北三内州一外州也。《楚茨》四篇：一篇内、三篇外，治东南一内州三外州也。洛东都配《郑》，以下多言王臣主诸侯之事，镐配《秦》文与洛对，特详略不同耳。《菀柳》言上帝，又为总纲。《都人士》八篇配齐、晋、卫、陈四称侯之国，举四岳以包八伯，《苕华》二篇配桧、曹，与《瞻仰》二篇相起。以素王包周鲁洛之左右，指诸侯，如春秋齐晋。镐之左右指王臣，如春秋之周公、祭公。《小雅》大纲与国风相配。

《大雅》 分三统：《文王》至《有声》追叙太王、王季，应《周颂》，首三篇西周，次三篇东都，末四篇分结前文。《生民》至《卷阿》八篇应《鲁颂》，首篇言后稷，应《閟宫》，二篇言饮酒，应《泮水》。《既醉》、《凫鹥》言公尸，当系祭周公之诗，《假乐》四篇，即王鲁之正义。《民劳》至《抑》四篇应《商颂》，首篇言居中治四方，二篇言藩垣屏翰、制度大备，三篇言殷所以亡，四篇言素王所以兴。从《桑柔》至

---

① “有”原讹作“如”，据《陈风》改。

② “豳”原讹作“幽”，按前“国风三五平分”条，“《豳》为鲁统，《齐》、《卫》、《陈》、《曹》四存国属之”与此合，是“幽”显为“豳”字之误，兹据改。

《召旻》又历言厉王、宣王、幽王事，明周之所以兴亡。《大雅》本以分应三颂：《文王》十篇言其盛，《抑》以下再系周事，原诗之所以作，数篇隐括《小雅》全部、宣之中兴、幽之覆灭，且《大雅》以旻终，故《小雅》以旻始也。

三颂　《乐纬》云：先周后殷、王鲁故宋，即三颂旧说也。《周颂》主文武，其诗分篇太多今合并之。《鲁颂》主周公，《繁露·改制篇》主天法商指周，主地法夏指鲁，又云主地法天而王，祖锡姓姬氏谓姜原生后稷，其说合于《閟宫》可见。鲁用夏教，《商颂》主素王孔子，殷人用殷礼。《中庸》吾学殷礼有宋存焉、三统文质循环转变，所谓鲁商者继周之夏殷，非已往之夏殷。《论语》：其或继周百世可知，即谓此也。全《诗》以三统立法，又以素王总括之，纪纲制度由乱而治，秩然不紊，所谓质鬼神而无疑，俟百世而不惑者也。三颂又自有中外先后之例，《周颂》详内，《商颂》乃详夷狄。

三公　《诗》中多以三公分章、分篇，如《郑风·羔裘》指三公，《鄘风·定之方中》言作室为司空事，《蝃蝀》言昏姻、《相鼠》言礼为司徒事，《干旄》言旟旌良马为司马事，《大雅·大明》言昏礼为司徒事，《绵》立室家召司空有明文，《棫朴》言六师为司马事，《笃公刘》一篇三公备具，其他散见之文，皆类集之，大约政事多为此例所包。

二伯　《诗》中二伯如《南》之周召，风之《齐》、《魏》、《唐》，《雅》之吉甫、方叔，皆确实可凭者。其余元戎、元老、一老大邦、睢鸠鸤鸠，与言左右，皆二伯之秋。凡二伯典礼事实，类辑为一例。凡《诗》二章一篇者多取二伯之义。

四岳八伯　四岳以《嵩高》为明文，他如《彼都人士》八篇《邶风》四风皆岳牧分司，而《无羊》、《斯干》是其典礼，经意存亡继绝合为八牧、四同。春秋四为亡国，《豳》代鲁，《鄘》代宋，疑《鄘》本为蔡叔所监，春秋以蔡封徐，与《诗》以《鄘》居徐同。《魏》、《唐》治荆扬，《桧》、《曹》则为小国附之焉。凡《诗》四章一篇者多取四岳，五章平列多兼中央而言。

卿大夫　国风如中分《郑》、《秦》为卿，东迁《郑》、《唐》为卿。鲁统《卫》、《陈》为卿，《曹》为大夫。商统《鄘》为卿，《桧》为大夫。两雅所有官名人名王臣多、侯国少，故职掌衔称皆当就王臣考之。而列国之卿大夫，尊卑有等，秩位有差，亦附考焉。

行人　诗中行人典礼，如《仲山甫》、《四牡皇华》之类，有人有职有诗，各分为类。《诗》中言行役，除迁国以外，多行人之辞，亦分别立表以统之。

六大　凡王畿侯国，其君庶事皆为六大所掌[①]。曲礼天子之六大[②]：大宰、大宗、大史、大祝、大士、大卜是也。冢宰、宗祝、史、卜、莫不见于《诗》，其他典礼事实，依六大钩考而汇集之，使散见之文有所统宗。

职官　《诗》之官制，奇零散见，异说颇多。今先录出官名证之《王制》官礼，有不见官名、但有爵号氏字者，从《春秋》例推之，更立《职官表》，所有异同职掌详焉。

注《王制》《诗》中制度全与《王制》相合，《毛诗》以《周礼》说之，非也。封建、朝聘、征伐、锡命、礼乐、井田、选举，皆《王制》大纲也，但《书》与《春秋》制度详明，《诗》与《易》错见鳞爪、难于贯通。今以博士说为宗，别引《诗》文作《王制疏证》，使散见之文有所统归，再为《周礼专条与诗不合表》，使刘歆之说不得诬经焉。

通《易》《易》与《诗》同为用韵之文，而例最精细，《易》多例说，《诗》则无焉。今推《易》以说《诗》，《诗》之天王、二伯、四岳、八伯、五十六卒正，亦如《易》之无极、阴阳、四象、八卦、六十四卦也。《春秋》五十六卒正，实通其义于《诗》，除十八国名之外，凡草木鸟兽诸名多托比诸国，今当分别求之。又《易》文句多与《诗》出入，如白茅、苞桑、鹤鸣、鱼潜之类，当为义例所关。凡二经交涉之处，务观其会通焉。诸经惟《易》与《诗》体例相似，错见鸟兽草木，用韵、见知见仁、语无方物，所用文句不无记识，托比诸例，《诗》明而后《易》可通。

先《尚书》　素制先寓微意于《诗》，后乃显托其制于帝王，故《书》与《诗》重规叠矩、纤巨皆同，二南存二帝，三代在三颂，而以周公五诰配国风，四岳篇配齐、晋、秦、陈，以孔子师周公，即《商颂》继鲁之意也。今文二十八篇合为十八篇，与诗十八国数目相当、体裁相仿。今列《诗通尚书表》。

通《春秋》　凡《春秋》名义不外制度褒贬，应全见于《诗》。大约《春秋》大义数千，《诗》未尝缺，空言行事，互相表里，制度如公田、尹氏、亲迎、名分，褒贬如贞淫得失美刺之类是也。别立《相通表》因事实以窥寓言，相得益彰，庶不至扞格影响之失，不然摘句寻章、望文生训，势必彼此矛盾、肥瘠各殊，故说《诗》必通《春秋》。

---

① 原作“其君□事皆为六大所掌”，□为墨钉，补为庶、诸、众、百诸字皆可，今补“庶”字。

② “天子六大”出自《礼记·曲礼》，原作“典礼”疑当为“曲礼”之误，据改。

通礼乐　《雅》、《颂》之《诗》多与《仪礼》、《容经》相合，凡属专篇，皆足为礼仪之证，以此同出圣作也。零章断简，通贯为难，必须深思推引，乃见异辙同归。乐出于《诗》，尤相表里，征之乐府，微义益张，更立专名，再为钩核。乐之五音、八风、六律、七治，忽之类诗，当全有其义，所当通贯者也。

《孝经》　孔子于四教外立《孝经》、《春秋》，一内一外，《诗》既与《春秋》相通，于《孝经》内行之事亦不可缺忠孝，大纲远迩，君父内分，天子、诸侯、卿、大夫、士、庶人，各就其类立表以合经旨。

锡命　礼文锡命，《诗》中其事杂见各篇，最为详备，苟非类辑立表，大例不昭，然明其尊卑，多可推见，经义如马称四五、衣名六七，秬鬯、彤弓，证明制度，内外降升，可以起例，今将礼制器服类钞而考之，更作表以明其尊卑，使经有借证之妙。

经本　三家经本早亡，今依毛本改还三家经文字句，据陈辑本以义长者为正文，兼采三家，余者附存各条之下，如《释文》例。次序亦用先秦以前旧说，所有分并之篇，先录原文，附存考订，仿宋人审订《武成》之例。至于各家旧说，亦并附焉。

序意　经本自有序，不待别加序文，多以数篇为一篇，首尾多序意，凡起结处多与常文不同。三家本无序，谢氏作序，与百篇序同误。今不用序名，所有旧说俱立注中，亦如三传分别事、礼、例三门：先事，次礼，次例，旧诗事说先列之，再为礼说新义，加于其后，自相终始，有同新说，则以圣人笔削，事桓文、义窃取，旧事新义两不相妨，故全诗比属见例，直同《春秋》。《毛序》一篇一序、杂凑割裂，毫无义例，相比自明。

训诂　《诗》以礼例为本，训诂为末，今于典礼古说务推其详，训诂则多从略，新城王氏云，《广雅》多三家说。盖声音通假近人论述已详，故不更赘焉。

采古说　以《左》、《国》、《戴记》为主，参以陈本《三家诗遗说考》，至于无明文者，前人多失采录，今辑之尤详，又凡所立新义，必于古说有征，方敢用之，非有古言，不敢滥列。别为《诗说求原》一卷，使知无一说无来历，不敢望文臆撰也。

辑《诗传》《诗经》本有大传，与诸经相同，自三家经亡，传亦随佚，今其佚文散见者尚复不少，采辑原文以还旧目，立事、礼、例三门，依类编纂，凡传有明文者列于前，无明文者附之外辑附篇，如《佚书》、《外传》、《繁露》、《解诂》、博士之说皆录之以取证焉。

订《诗谱》 郑氏《诗谱》揭领提纲，详著其地，考列其时，多与新义相合，其有小异者，今细为审订，别为删补为《诗谱新编》一卷。

序《诗》《易》有《序卦》以编次其上下经，故历久而篇次不乱。《诗》无序篇，故次第之说不显，今仿《序卦》例先序《诗》之大纲，次序《诗》之篇目，庶免前后参迕与分裂篇章之弊。

《诗比》《易》有《说卦》以明取义，在《易》多为占验之言，不关微旨，《诗》则名物繁赜，难于统摄，且托比起兴，关系尤严。今因《说卦》起例，举《诗》之三统十五国，凡其所托比之禽兽、草木、鱼虫、山水诸门，仿《说卦》辑为《诗比》一卷，其在十五国外者附之。

编《释例》《诗》门目繁赜较《易》、《春秋》尤甚，诸经皆有释例之书，《诗》独无之，故致经义蒙晦。今作《诗经释例》一卷，专以发明义例，比类以观，然后宗旨大显。

编《诗说》《诗》中微言大义、巨领宏纲，不为编录，则宗旨不明，今纂辑《说诗萃语》，与《释例》相辅而行，所有佚闻雅事，亦并附焉。

托音 凡实赋以外，多同音借喻之例，如薪、楚、蒲之喻申、甫、许，鲂鲤之喻姜子，《鸿雁》之喻公旦，以《诗》有明证者为主，推广引伸，触类旁通，当列《鸟兽草木山水地名同音借喻表》。

同类相连 如荆棘、榛栗、鸿雁、鸡雉之类，当列《鸟兽草木山水地名同类相连表》北多言山，南多言水，北多为鸟，南多为鱼。

纲目宾主 《诗》引用名物，数章重复，其名杂出，取义不远。今立为纲目宾主之例，如《汉广》以错薪为纲，刍蒌为目，《鸤鸠》以桑为主，梅、棘榛为宾，《东门之池》以麻为纲，苧菅为目，《破斧》以斧为纲，斨锜銶为目、《王风・扬之水》以申为主，甫许为宾，《采葛》以葛为主，萧艾为宾，举纲张目，借宾定主，或拈首章，或挈首句，此例甚多，最宜详考。

本典引识 全诗所见名物，有本典引用之分，全诗自为首尾，尤宜合读，通考不可如毛，分篇立序，文同而作非一人，篇连而别为一事，分篇立说各不相谋。如《皇华》、《四牡》、“载驰”、“载驱”为本典，《卫・载驰》、《载驱》与《齐・载驱》为引用[①]，言福禄天保为本典，凡言天佑者为

---

① 《皇华》、《四牡》为《小雅》之二篇，篇中叙使臣为王事奔劳而“载驰”、“载驱”，为本典。《鄘》之《载驰》、《齐》之《载驱》则为叙他事而用及“载驰”、“载驱”二词，则为引用，如此乃符合廖先生“本典引识”之意。则文中“《卫・载驰》、《载驱》”之句，“卫”当为“鄘”之误，“载驱”二字当为衍文。谨说于此，不改原文。

引用，引用与记识皆同，如今人诗赋中之用事故，欲说其事，文已别见摘用一二字句以引用之，如《大雅》之言莫莫葛藟、施于条枝、则以包二《南》是也。《黍苗》八篇为八伯，凡言四方者即用其事，《嵩高》四篇为四岳，凡言四国者即用其义，他如《鲁颂》四言牡、《皇华》四言马，皆为本典，而凡言四牡、四马者皆为引用，大约专咏一物者为本典，摘用字句者多引用，凡非数十言不能明者，引用只一二语便已显。如词赋之用故事，又如史书文见他纪传之例，以一二语引起之有通贯之妙。实字①如鸠鸡雉狐风雨，虚字如绸缪既见，得其主例，余则迎刃而解。

篇章分并　《诗》中多数篇连文见义，如《关雎》、《鹊巢》、《鹿鸣》、《文王》，皆以三篇合为一篇是也。又如《郑·扶苏》四篇合一篇，《扬之水》亦四篇合一篇，《小雅》三小合一篇，《邶风》合《绿衣》于《柏舟》为一篇，至于《周颂》三十余篇当合为十余篇是也。而篇有当分者，今于《小弁》相彼以下另分一篇以配《东方》，姑发此例，宜再详审。

详东南略西北　《诗》同《春秋》中分，东南夷狄，西北中国，二《南》治南，《豳风》详东，互文见义。孟子云：东征西怨，南征北怨，不见西北之文，亦略于西北也。

总篇杂引　《诗》有本篇分咏、总篇杂引之例，本篇专咏一物一事，不见别辞；总篇则时令、山水、禽兽、草木、高下随意征取，如《四月》、《七月》之类是也。《诗》中本篇数篇中，定有一总类杂引者以间之，说总篇宜与分篇有异。

详略问答　详略如《嵩高》、《黍苗》，问答如“岂曰无衣”（《无衣》）、“岂无他人”（《褰裳》、《杕杜》）、“无田甫田”（《齐·甫田》）之类，彼此相通，不专一国之事。

风雅颂同见　三颂之周、鲁、商，《大雅》应之，风之《王》、《豳》、《邶》应之，是一国三见矣，而鲁则更见《周南》焉。《周礼》有《豳雅》、《豳颂》、《豳风》之文，《豳颂》即鲁，《豳雅》即《生民》八篇，《豳风》即兼指《周南》。《周礼》之说虽不必确，然可见古诗有三统同见于风雅颂之说。言周公事者，当与《周南》、《豳风》、《生民》八篇《鲁颂》合考之也。《周南》、《豳风》周公摄政为伯生前事，《生民》八篇《鲁颂》周公薨后事，四处合三十篇。《周南》十一，以《豳》合《鲁颂》亦十一，

① “实字”原讹作“实去”，显与下句“虚字”不相对，兹改正。

然则当以《豳》加于颂之前。

国风兼见别国事　《诗》虽以国分篇立名，然不可过于拘泥，如《豳》与《鲁颂》、《周南》合为一，《鄘》与《魏》、《唐》合为一，《诗》不见吴、楚而《桧》、《曹》多详二国事，又《邶》、《齐》皆兼言四方，此必先破拘墟之说、精心推之，而后其例可大明也。

删例表　《诗》之误说最多，使不明著条约，则阅者不能割然。今仿《左传删例表》之意，将自来诸家旧误列于表中，以明删削之旨，如王降为风，变风变雅，六义赋比兴，国史诗序孔子子夏作，孔子不删诗，删篇、删章、删字之类，一切删汰以清积霾，所有新立诸例则详于释例中。

《今文尚书要义》凡例

经以今文二十八篇为主，分为四类：曰帝，曰三代，曰周公，曰四岳。诸书所引逸文有可省并者省并之，篇目分合次序，博考古说详论于各篇之首。

国朝《尚书》之学最盛，王、孙以前无论矣，陈左海《先师遗说考》可云详尽，但所录过于繁琐，既经刊入《经解》，今取其精要者，至传记中实系书说而无明文者，暨非《尚书》先师而说与经文切合者，陈氏漏于采入今悉补之，凡陈本所有不更注所出。

古今之分在礼制、不在文字，所有今古文字异同诸家已详，非关要义者不录。今以礼制古说为主，训故之平易者及文异义同者择要录之。又事小而说繁不能折中者则不加解释，如六宗及《禹贡》今地之类，若欲综考别有专书。

古学以训故为主，今学以师说为主，训故可以望文，师说必须传受，此今古难易之分。今采说义取先秦以前者十之六七，汉以后不过二三，晋以下不用博士说、不必本经先师，乃用马、郑说，不关今古异同者择要录之。

六经各立门户，《经解》及《庄》、《荀》以下所言各经学教不同，今附纲领一卷详论其事。至于制度事迹与各经相同者，采取经文为证，详其沿革变通，《戴记》、《左》、《国》师说之古者采之尤详。

古学以《周礼》为主，《周礼》与经大纲制度不同，马、郑强经文以合《周礼》，皆为误说。经只二十八篇，百篇序乃古学摭拾张霸百两篇而成，并以羼入《史记》，今别撰《古学证误》二卷，专明《书序》马、郑及今文二十八篇不全之误说。

荀子以周公、仲尼为大儒者，《尚书》师说也。《尚书》详于周公、略于文武成康，俨然以周公自成一代，与王鲁玄圣诸说相通，今取《绎史》、《古史拾遗》周公事迹以注之，《金縢》为总序，五诰为正篇，以下五篇为分篇，用史说以分先后。自孔、孟以下以周公为天子，及摄政事迹皆附焉。

《尚书》以二帝三王二伯为主，别撰《帝王伯表》一卷，凡诸书言帝王伯升降及事迹不同之说皆附之。

《尚书》备四代之文，所有各书言四代三代礼制文质异同者，皆

《尚书》专说，旧有《四代礼制异同表》稿本，再加补证编为一卷。

《尚书》有礼制、行事之分，如《帝典》、《禹贡》、《咎繇谟》、《顾命》及四誓之类，典礼制度皆与诸经相通，故文义明白，至于《盘诰》杂有方言古语，故语多不可解，又其中篇目分合多脱误，能考订者说之，余则从略。

《尚书》皆自有序，无序者为分篇，不必如《书序》再加序也。总核分合共二十八篇，分为四类，于各类之首列其篇目，详考其分合所有各篇大纲宗旨，亦采古说附之。伪古文不能废，又多本于古书，今悉取以附于各条之下，如《左传》引书说以解经也。

《尚书》与各经互文见义，制度行事二十八篇已足，此孔子删定经本也。古书尚多不废传习，诸书所引佚文有为今文传说者，有隐括经文句者，又有非《书》误以为《书》者，至于《泰誓》、《武城》之类，则为古书所谓孔子所删之篇，张霸取为百两篇，东晋本因之，别撰二十五篇，皆误也。《史记》中羼有序文，今附录全用史文，伪序各辨于本条之下。

帝四篇：《尧典》、《禹贡》、《咎繇谟》、《洪范》附焉。依《大传》之次，三代夏《禹誓》一篇，殷《汤誓》、《盘庚》、《高宗肜日》、《西伯戡黎》、《微子》合一篇，共五篇。周《牧誓》、《顾命》二篇，从成康而止，凡传说言文武成康者，皆《尚书》专说，悉取以附于《顾命》、《康王之诰》篇目之下。

《书》政事、制度，《帝典》尽之矣，而行事得失则详于《洪范》。《洪范》又为全书之纲领，今据《洪范》作表，如五福、六极，书中言及者皆依类钞之，如无佚言、先王长寿、短札、永保休命、剿绝其命之类。又如三德：总数。峻德为天子，九德为三公，六德为诸侯，三德为大夫，凡经中言德者皆汇钞为表，据此推之。

《书》者，如也。略如史说经尤贵事明。今取《大戴礼》、《周书》为主，附以《史记》三帝三王世事实，各附本篇之末。始二帝，终成康，成康以下则详于《诗》矣。列国封国则详之，由《书》而《诗》，由《诗》而《春秋》，本末详备。

四岳篇以王曰公曰分为二类四篇：《文侯之命》与《吕刑》南北相比为一类，既为岳又为周之二伯。《费誓》、《秦誓》二公曰以属周公焉。四篇无序，即以为分篇亦可。

《尚书》经也，传记篇章佚在各书，旧失采入，如《五帝姓》、《明堂位》、《作雒》、《文王官人》之类，是或佚在《礼记》、《周书》，或佚存先秦师说中，今并收入五十余篇以为完璧，仿《左传》先经后经之例。

附录　今文尚书二十八篇序例

以二帝、三王、周公、四岳为纲。

帝篇四次序从《大传》七观。

《帝典》君道包括全书以下二十七篇，略如传说皆以发明此篇之义。

《禹贡》《帝典》分篇，详禹为司空事故，文见于典谟。

《皋陶谟》臣道谟犹摹也，发明《帝典》之义，如传之于经。

《洪范》范谟范也，包君臣言之，帝尧舜也、禹夏也、箕子殷也、武王周也，此篇兼二帝三王言之，言义不言事，为全书之总例，故《大传》附之典谟后。

三代篇八五言三王三、二伯二，各有分属，不重见。

夏《禹誓》夏禹见誓一篇，明天子出征之制。

殷《汤誓》殷周各见一誓，盖以征诛得天下。

《盘庚》殷中兴

《高宗肜日》殷再兴，孟子云：贤圣之君六七作是也。录盘庚高宗二君，与周录成康相起。

殷周之际《西伯之黎》[①]、《微子》

周《牧誓》三代各录誓一篇，武王伐纣事经只一篇，余皆传。

《顾命》成康相继即受终文祖之详文也，周道盛于成康，故录《周书》至成康而止。

周公篇十二《书》略于三代详于周公，以周公为主，周公为一代，以玄圣素王相起故独详之。〇周公似舜，舜摄尧之天下而让之禹，周公摄武王之天下而让之成王。

《金縢》此周公总序，以下十一篇皆其细耳。较之《帝典》具体而微，其文详略互见，《金縢》所不详，当于《帝典》中求之。

《大诰》五誓分说王伯，五诰则全为周公书。孟子：周公思兼三王，以施四事。一人兼王伯，故诰与誓数目相敌也。

---

① “西伯之黎”，按《尚书》作“西伯勘黎”。勘，《说文》作戏，无作“之”者。

《康诰》

《酒诰》

《多方》周公书当以五诰篇名为正，凡此之类皆五诰分篇子目。

梓材

《召诰》

《君奭》

《多士》

《雒诰》五诰皆言中州王畿与下四岳相起。

《无逸》

《立政》

二伯篇四《顾命》最详二伯四岳之制，故以伯继王。〇《费誓》东岳，《文侯之命》北岳，《甫刑》南岳，《秦誓》西岳。

《甫刑》《谟》：天命有德，五服五彰。天讨有罪，五刑五用。命刑对文。

《文侯之命》以上二篇皆王命。

《费誓》以下二篇皆公曰，此二誓与三代誓共五篇。

《秦誓》四篇以王曰公曰分为东西南北，相对成文，兼举则为四岳，单称则为两伯。

《公羊春秋补证》凡例[①]

余既分注三传，使门户不严则三书直如一书，无烦三传同注。今故于本传中自明家法，二传虽有长义，不更取之。惟鄙人一隅之见，不免雷同，故三书分撰，年岁不同，意见小异，今亦各存其旧。惟大纲抵迕者，则不得不改归一律。三传本同自学，人不能兼通，乃闭关自固，门户既异，盾矛肇兴，先有自异之心，则所见无不异矣，今于三传同异化其畛域，更为异同表评以明其事，疏中于此事颇详。

传不言事，因其事易明，故弟子不发问。今按经上下文义可以意起者，于疏中用《左氏》、《史记》说以补之，至于与左氏异者，亦于疏中论之，又传说非出一师，文又不无脱误，其有未安者，皆于疏中立说以明之。其有本传义未安者，则但于疏云二传以为云云，以示其意，不加驳斥，其途虽殊，其归一也。

旧注《穀梁》，专守本传，《公羊》则以博通为主，凡《穀梁》、《左传》说与《公羊》异者皆采用之。及《礼记》说经大例、《繁露》、《白虎通》引传，亦皆采入。别为补传、补例。今改定以《公羊》为主，成一家之学，凡《左》、《穀》与《公羊》异义，虽二传义长，仍守本传，旧补传及注中所引诸说，精要者悉作中字单行，余文与所下己意始用双行书写，删补传之名。旧本补例大字提行，别注双行，今移补例归入注中，其别注双行易名为疏。

自来注不破传，旧本采用二传，但取义长，多违传意，今改定正注，一以本传为主，若先师异说与本传相违，及移传就经不与本传相次者，别为校义附于每卷之末，有先师误说本传无文者，则仍存注中，正其得失，既非破传，固不相嫌，旧有误问、误答二例，今概归校义中，注中不斥本传之误。

事实据《左传》为主，参以《国语》、《史记》及哀平以前经说，汇辑以附本条之下。凡《左氏》后师微说与经例小异之条，及《穀梁》与本传不合之条，皆不敢用。

凡经有其例而传未详，及传有其说而文未备者，别为补例一书，今

① 凡例前原刻有潘祖荫《〈公羊补证〉叙》，因本书收录《公羊春秋经传验推补证》（选录）潘序已在其中，此处专言凡例，故删去潘序。

悉分条补入注中，称为补例，以便省览。昔何、杜作注，皆自引别书，今仿其事，所有解释、例语则入疏中。

传有误问随答二例，别据正传为说，其有误附之条，则移归本传，如三世内娶不言晦之类是也。补正之例，附存注疏。

今合注三传，《左传》别出微说解经之语，凡详事实之左氏原文，为三家所同用。

今以补何为主，凡《解诂》未备务详之，其所已明则概从略。

《公羊》与二传异礼、异例二事，先师多主分说，遂至歧异，今立参差、详略二例以统之，悉归一律，至于异事一条，则如《释文》例附记各传之下。

《春秋》改制以文备为主，三统循环本《春秋》以后法，三代而上之事非周制以文备，孔子一意简陋为救时之书，先师误以三统为《春秋》以前三代，故主改文从质，如此则须又立一改质从文之《春秋》矣。今不取之。

汉师所有遗说，采附经传之下，殊嫌繁琐，今不尽采。仿陈左海例别为《先师遗说考》四卷，以取简要，将来收入疏中亦可。

《公羊》日月例为唐宋以后所诟病，在讥者固不知本义，而说者亦殊失修理，穿凿游移，何以为定。今分为三表：一《不为例表》，一《有正无变表》，一《正月正时表》。去前二表则以例说者不过百条，事既简明理亦精审。

《春秋》有托古一例，所言皆托古礼，所谓考诸三王而不谬者也。故《春秋》足以总统六艺，凡与各经相通及须取各经以证明《春秋》者，悉于各条粗发其例。

《春秋》有质文一例，凡后世所行政事莫不本之于《春秋》，合之则治，背之则乱，所谓百世以俟圣人而不惑者也。今于诸史所有制度，间引据以相证，至于祸乱之原，亦皆列之，通经致用亦一端也。

《春秋》礼制尽本《王制》，今但引《王制》经传原文于各条下，别撰《王制疏证》二卷，录《王制》文而引《春秋》经传证之，即以附于经传之后并行焉。至于《王制》详说别见辑释中。

经学以素王为主，受命改制乃群经大纲，非《公羊》一家之言，惟《公羊》盛行于汉，故其说独详耳。今以此为微言。凡制度之事皆以复古为主，以孔为择善而从，经所改易皆古法也。

《春秋》义例有必须图表方能明悉者，今于卷首将图表汇为一卷，凡笔削、善恶、进退、一见、中外之类统归之，先读图表，则其纲领可寻矣。

《齐诗》、《韩诗》、《尚书大传》、《檀弓》、《春秋纬》均为齐学，今引用独多，凡孤文僻证鲁学之书，亦在所采，至于真周礼，亦在所采。凡刘歆所羼见于《周礼删伪》者概不引用。

三世、王鲁、三统诸例，《解诂》说殊芜杂，今或改或删，务求简明切实，以副传义，凡衍说支语，概从删节。

经以明制度为大例，孔子定礼，于《春秋》见其事，如亲迎、三年丧、不内娶、讥世卿之类是也。今以《白虎通义》为主，再加以徐、秦《通考》，逐一详备，以复旧意。

《春秋》以谨祸乱、辨存亡，所有安危祸福、旧说多阙，今悉采补，以明得失成败之数。

王鲁亲周，王为文王，周召分陕而治，皆《诗》说也。先师以说《春秋》，多所不合。今不用王鲁例，主以二伯，亦以《春秋》事例说之，不全用《诗》家说也。

属词比事，《春秋》之教。今于百二十国本末、即《比事表》中所有义例备一检校，庶使义不空立，以免断烂之讥。

传义出于授受，实为孔子所传，唐宋诸儒好出新意，号为弃传从经，实则私心自用而已。其风半开于《范注》，所有攻击二传皆范倡之，今汇为一表，凡后世盛行之说录之间于注中，明其谬误，以端趋向。

此编推广《春秋》以包举百代，总括六经宗旨，与汉唐以下《春秋》多所不合，故不尽采用，其有同者亦系偶合，不敢攘人之美，至于师友旧闻，亦录姓氏焉。

《公羊》旧多可骇之论、影响之说，今力求本义，务归平实，凡旧为诟病与义未安者，十不存一焉。庚寅五月四日季平改订。

《榖梁春秋经传古义》凡例[①]

《榖梁》先师《章句》、《微》、《故》，著录《班志》，魏晋犹有传本。《范注》新学，不守旧训，今志在复明古学，以专以旧说为主，至于《范注》听其别行，不敢本之为说。

《左传》与《公羊》同说一经，不须求异，唯汉以后已经别行，今既别解《公羊》、《左传》，三传各立门户，不取苟同，务就本传立说，然于本同而后来误说以致歧出者，则必化其畛域，以期宏通。

何氏《公羊解诂》，与《榖梁》传说多同，传文各本，自有详略，非取二传相推，反不明著。何君之说，是为推阐本传，非窃取异说，今注间有与《公羊》、《左氏》同者，亦由本传推得之，非用二传也。若传中所存异说与《公羊》同者，依义解之。

《春秋》为万世之经，《公羊》先师误以为救文从质为一时之书，与本书经义不合，今不取之。至于三代之说，皆后王三统之义，何君于注中多所引用，今用其例，于一定之中详其通变之法。

陆氏《释文》及本传异文，诸书所详，今不暇及。至传中字误，新所考订，皆为标识，有所据改，说见疏中。至于训诂人所易明者，不更赘及。

《春秋》据文，弟子本礼制文句并用，说《春秋》者用文句而略礼制，多与传意相迕，今注中据文，半主礼制。

三传礼制，多各言一隅，必须合考，方成完说，许、郑讦争，皆失此旨。今于异同处、据参差互见例以说之，务使彼此相发，合于礼经为主。

三传旧例，文异义同，先师门户过严，彼此相激，不惟不能取益于人，白马非白，主张太过，反于本传有损。今于实不相通者，立《三传异例表》、文异义同者立《三传同例表》以统之，传中详略所不计焉。

三传事实，末节细端间有差舛，后人吹毛索瘢，察及秋毫而不见舆薪，今将事实确有不同者，别立《三传异事表》，其他详略参差、文实诸说可通者，于注中详之，以见异者千百中之一二，而同者固大且多也。

注以《王制》为主，参以西汉先师旧说，从班氏为断，凡所不足，乃下己意，注所不尽，更为疏之。以疏附注，故与唐人注、疏别行者体

① 原刻此凡例前有《〈榖梁古义疏〉叙》，本书《〈榖梁〉三种》已收，此处删去。

例稍异。

《王制》为《春秋》旧传，千古沈翳，不得其解，以《穀梁》证之，无有不合。今作《王制义证》一卷，以附经传之后，引经传及师说注之，以相印证。

《国语》为左氏本孔子六艺旧说采辑事实而成，为经作传。《史记》本纪世家又本《春秋》、《谱牒》而作，至《左传》、《史记》说事解经与传异者，皆《左氏》无本，弟子推考而出，文皆见《说》、《微》，非《左氏》原文也。今除《说》、《微》舛异之外，疏中引用实事，《左》、《史》皆用之。

《春秋》立八方伯，存西京，收南服，以立九州。中国国则早封之，边徼国则渐引之，夷狄在九州外。《春秋》不治夷狄，凡所称夷戎狄多为托辞，旧说多以吴与楚夷狄戎为真夷狄，今并正之。

属辞比事，《春秋》之教，事有本末，前人已详。至于属比殊未尽其义，张氏《辨例篇》裒录此例甚详，今悉取而推本传例以补之。

董子治《公羊》，礼制与本传实同，凡微文孤证本传先师无说，今悉取之，如制度及军制黜陟之类也。又杜氏《公子谱》本于刘子政《世本》，是本传师说，今亦用之。

《春秋》新义，不惟损益礼制，名教纲常实亦在焉，制度以三统通其变，至于礼义百世不变，传中礼制义理多本此意说之，至传义与经小别者，于经下注明本意，传下则就传义解之。

孔子先立四教托空言，后修《春秋》为实事，举空言而实之，是六艺本一贯也。先师说相关之处多引《易》、《诗》、《书》、《仪礼》为说，今仍其义以明六经相通之实。

《春秋》改时制，人多不明此意，今于各条间辑周制遗文轶事以见《春秋》改变之迹，而后素王木铎之意乃明。

何君《解诂》引用《京易》、《韩诗》，尊博士之说，本同一家，固不别异。今仿其例，凡本传佚义取博士说补之。

《春秋》之作，上考三王，下俟百世，今立古今二例，上征六经，下统诸史，政治典礼，悉考其源流焉。

附录 《穀梁春秋经学外篇》叙目

《穀梁》师法，汉初甚微，建武以后无博士，唯显于宣元之间，不过三十年，佚传遗说殊堪宝贵，今辑孟荀及宣元间本师旧说。仿陈左海例作《穀梁先师遗说考》四卷，故注中引用不复更注所出焉。

诸经皆有旧传，今传文乃汉师取旧传以答弟子问者也，故传中有引旧传之文，今仿其例凡传与《礼记》、《公羊》传文确为旧传者，集之以为《旧传》一卷。

《穀梁传》有孔子素王一语，今佚，见《枚福传》颜注引《王制》所谓素王也，注中详之，更作《穀梁大义》一卷以素王为主，其中如改制、三世、亲鲁、故宋、黜杞、尊周、二伯、八方伯、六卒正、外夷狄、进退诸侯中国皆从之。

孔子修《春秋》因鲁史，其著述之义如正名、加损、传疑传信、尚志谨微、本末之类，别为《穀梁大义》第二卷，专明著录之义。

《春秋》制义，如奉天正道、贵民贵命、重信、亲亲、尊尊、贤贤、利贵让、仁义、五伦、权谋、终始、有无、谨始、复仇、明时、法古之类，作《大义》第三卷，专明制义之事。

先师传经渊源本末，如佚传、异说、传受姓氏、阙疑之类，别为《穀梁大义》第四卷，专明传经之事。

二传之例，与本传大同小异，今作《三传异例表》一卷，专明此事，故注中不必详。二传例礼事二表同。

《范注》中采用郑君《起废疾》，按郑未有深解，旧作《起起废疾》一卷，以明本义而驳何、郑，故注中不更存何、郑说。

《范注》采用何、杜两家，全无师法，注中不加驳斥，别取其反传倍理者为之解说，作《集解纠缪》二卷，至其驳传之条，则别为《释范》一卷解之。

传有总传，当分之；有数传，当别之。有一见，有累言，有相比见义，有数传方备，有不发传为省文，有不发传为别义，有传不在本条下，有无所系而发，传有文同而意异，有文异而意同，有传此包彼，有传此起彼，注外别作《释例》二卷，专以本经依传比例条考焉。

天子二伯、方伯、卒正，微国尊卑、仪注，一条不苟。说《春秋》者略焉，注中最详此义。别为《十八国尊卑仪注表》以明之。

《春秋》有一见例，以明见界画，旧说皆误，与正例相比注外，别作《一见表》以明之。

中外异辞，最为要义，说者略焉。注外别为《内外异辞表》、《中外异辞表》以明之。

笔削、等差共四五十类，注外别取传文作《笔削表》一卷，传所不详，依例补之。

进退次第共四五十类，注外别取传文作《进退表》一卷，传所不详，依例补之。

功罪大小共四五十类，注外别取传文作《善恶表》一卷，传所不详，依例补之。

爵位等差最为繁杂，今取传中州国名氏人字不系作《爵禄表》一卷。

传于日月例最为详备，注详于本条下。更别作《日月时例表》三卷，如《公羊》之例。

《穀梁》久微，今取定传议驳本于《穀梁》者，仿董子例作《穀梁决事》一卷。

刘子政说有《外传》逸文，今取之作《外传》一卷，以符《艺文志》旧目。

三传有师说同而所说之事不同者，如缓追逸贼、同盟用狄道之类，注中不复胪入，别作《三传师说同源异流表》一卷以明之。

《春秋》琐事孤文，三传各异，无所是正，此在传疑之例，孔子所不能信传者，乃不能不说之。注外别作《三传传疑表》一卷，以平三传之狱。

属辞，《春秋》之教也。今将天王及十八国事纬本末分国编之，即取《史记谱牒》之说以为之注，作《春秋属辞表》四卷。比事，《春秋》之教也。注外别作《比事》二卷以见比义。

会盟列叙诸侯，皆有所起，苟无所起，则不见旧说，皆略注详说之。别作《中国夷狄争伯表》一卷，专明会盟列数之义。

方言异称，华夷翻译，孔子云：号从中国，名从主人。传举方言异称，盖大例所包甚广。注外别作《中外①名号异同表》，而以方言附之。

诸国地邑山水名号最为繁赜，传中详其四向，并详道里数目，此非据图籍不能。注外别据刘班之说更推传例作图一方，并疏解言号于后。

《左传》因《国语》加章句为今本，今凡《国语》所略而于经例可疑者，则皆误解。今将注疏异说标出，为《左传变异今学事实表》，凡

① 原刻“中外”后空一字。检廖宗泽《六译先生条谱》光绪十一年（1885年）手载：编定《穀梁春秋内外编目录》三十七种，其中有《穀梁名号中外异同表》，当即此表是此空格当为误衍，今删。

表以外则皆合于二传，今取其事实与本传合而为《史记》、《国语》所无，则命成鉴疏之，以补疏标题示区别焉。

今学以《王制》为宗，齐、鲁《诗》皆鲁国今学，刘子受《鲁诗》从之。今于先师外，凡今学各经师说统辑为《王制注疏》，凡本传礼制不明者取之，已明者但详出于注疏。

传有从史一例，旧传解多失，今取经文从史之例，先立一表而后依事解之，如赵盾、崔杼、陈溺、楚卷、郑髡之类是也。

今学《王制》外，有佚文佚义不传于今本者，将据今学各经传师说汇辑之以为《王制佚文佚义考》，凡传文义不传于《王制》者，皆就此说之。

春秋古经左氏汉义补证

潘　序

《春秋》三传，《左氏》立学最晚，因出孔壁，汉儒谓之古文。然其礼制大旨同于博士，《异议》义崇尚古学，引与《周礼》同类，非也。《左氏》授受无人，《移大常书》亦不言其有师，则《汉书》所有《左氏》传授与曾申六传至贾谊云云，皆后人伪选渊源，未可据也。从来言《左氏》者，皆喜文采、详名物，引以说经者少，治二传者疑解经为刘氏附益，辄诋諆之。案博士谓《左氏》不传《春秋》，《左》与《史记》文同者，凡解经之文《史》皆无之。《史》、《汉》皆以《左氏春秋》为《国语》，则解经为后人所增无疑。然《鲁世家》鲁人共令息姑摄位不言即位，正用隐元年传文，《陈世家》桓公病而乱作，国人分散，故再赴，正用桓五年传文，如此者数十条，则史公所见《左氏》已有解经语，疑不能明也。门下士廖季平进士，精敏赅洽，据《汉书·五行志》于《左氏经传》后引《说》曰有释经明文，在刘氏说前。又《艺文志》有《左氏微》，谓《左氏》事业具于传，义例出于《说》，今传事说杂陈，乃先秦《左氏》弟子依经编年，汉时《国语》通行，传与《说》、《微》藏在秘府，独史公得见之。《年表》为《春秋》而作。故仿其式与传文叠矩重规，因仿二传之例，刺取传中经解释例之文附古经下，引汉师旧说注之，为《春秋古经左氏汉义补证》十二卷，与传别行。意在申明汉法，刊正杜义，更为外编若干种，说详首卷。观其钩沈继绝，著于长义、补例二门，至异礼异例诸表，不蹈争门户者专已守残之故智，以本传为主，亦不至肤引二传。又据《史记》以左氏为鲁君子，在七十子后，不用国史史文之说，其书乃尊，以解经皆为师说，与二传一律，尤足释刘申受附益之疑。至以《左氏》礼同《王制》，归还今学，不用汉说，其论虽创，其理则易明也。季平谓史公引董子说是汉师说《左氏》不求异于二传。余谓史公治《左氏》实兼通《公羊》，其论述大旨主《左氏》而间用《公羊》，如《宋世家》赞推美宋襄公，与叙传引壶生所述董子《春秋》说是也。《孔子世家》所言素王义，与据鲁、新周、故宋、笔削、加损诸例，又季平所云《左氏》与《公羊》同者矣。今古相争，势同水火，皆在刘歆以后。西汉十四博士，道一风同，诸儒多兼习数经。小夏侯采欧阳与诸经义自成一家，与大夏侯同立学官，其明验也。刘文淇《左传正义》伸明贾、服，抉择甚严，其言曰：《五经异义》所载《左氏》说皆本《左氏》先师，《说文》所引《左传》亦是古文家说，《五行志》刘子骏说，皆左氏一家言，《周礼》、《礼记》疏所引《左传注》不载姓名而与《杜注》异者，亦是贾、服旧说。今阅是书，多所甄录，惟刘书于古注所无皆以杜注补之，此则不用杜说，推传例师说以相补，惟杜氏用二传说者乃引之。句辑之功，无愧昔贤。季平谬以余为知《春秋》，挟书求序，略为述之，恐不足张之也。案此书期月已成，加十年之功，当必有进于此者。改官广文，正多暇日，季平勉乎哉！

光绪庚寅四月吴县潘祖荫

宋 序

唐人设科，以《左氏》为大经，固以卷帙烦重，亦因晚出师法阙亡，贯通者稀，故与载记同号难治。范升谓左氏授受无人，孝平以后乃暂立学，不如二传师说详明，其难一也。太常指为不传《春秋》，传中义例间说史事，与经例不同，二也。史称左氏《春秋国语》，刘歆传云引传解经由是章句义理[①]备焉，近人遂疑解经为歆附益，三也。古文博士各立门户，传为刘立，《异义》引为古学，而礼说不同《周礼》，或古或今，疑不能明，四也。三传同说一经，自异则嫌于左经，随同又疑于反传，五也。全经要例，《公》、《穀》文详，本传多仅孤证，欲削则疑于本有，补之则近于肤引，六也。古先著作，惟存杜氏，通塞参半，高下在心，未可依据，七也。汉师根据《周礼》，间乖传义，一遇盘错，皆没而不说，八也。六朝以来，辨难皆在小节，不究经义，无所采获，九也。《公》、《穀》既已纷争，攘臂助斗，更形轇轕，十也。积兹十难，久为坠学。季平素治二传，近乃兼治《左氏》，庚寅成《经说》十二卷，舟车往反，相与辨难，因得尽悉其义。季平经营《左氏》已久，仓卒具草，固无足奇，然巨经坠学，隐义难通，卒能犯险攻坚、拾遗继绝，不可谓不伟矣。综其长义，凡有廿端：传为解经而作，以经为主，经例著明，则三传皆在所统，一。先成二传，洞彻异同，补治《左氏》，故举重若轻，二。以《左氏》归还今学，理古学牵引之失，考《王制》合同之妙，一贯同源，门户自息，三。以编年解经，出于先师，非《左氏》

① “义理”原作“理解”，据《刘歆传》改。

之旧，则传义与博士旧说皆明，四。据《史记》为始师，则传非古学，说非刘羼，不待详辨，五。于传中立异，经见义一，例传不合经者可借以见笔削之旨，反为要例，六。据传不以空言，说经为主，推考事文，多关义例，虽同二传，非由窃取，七。三传大纲皆同，小有参差，不过百一，别立异同诸表，既喜大同，又不嫌揉杂，八。取《戴记》为旧传，六艺子史莫不同条共贯，辟国百里，如日中天，九。无传之经，说多详于别条，钩沈摭佚，具见详备，十。杜氏通塞相防，周孔错出，尽刊新旧之误，不遗断烂之讥，十一。据《五行志》所引刘氏诸条，皆不见传，知刘无附益。庄公篇宁阙毋补，尤见谨严，说皆旧文，乃足尊贵，十二。于传中推出新例，确为授受微言，传专传经，不为史文，二传不书诸例，皆得证明，十三。别出经说，附经而行，与二传相同，则传本三家，可以共用古经，易于诵习，二传事实易明，十四。据《移书》不言授受伪撰渊源，无从附会，十五。同盟、赴告、公举诸例，旧皆以为史法，今据本传，证为经例，然后知传非纪事之史，十六。三传事礼例旧说以为不同者，今考证其互文参差隐见诸例，不惟不背，反有相成之妙，十七。传例不全，今就传文为之推考，等差正变作为补例，每立一义，皆从传生，不苦残佚，又无嫌肤引，十八。笔削为《春秋》所重，二传但详其笔，说削则略焉，今将不见经事，依经例编成一书，删削乃详，因其所弃，知其所存，十九。贤者作传，祖述六艺，故不独传《春秋》，凡所引用多属六艺微言，今搜考群经佚说，并可由传以通群经，廿。有此廿长，故足以平兹十难，余初学《公羊》，用武进刘氏说，以为《左》不解经，今观所论述，凡余之素所诟病者，皆非传义，且旌旗既改，壁垒遂新，不惟包举二传，六经亦借以愈显。吁！何其盛也。自来说三传者，皆有门户之见，入主出奴，不能相通，季平初刊凡例，亦属分途，乃能由疑而信，深探本原，礼乐政刑，本属故物，为诖误者所蒙蔽自绝者二千年，一旦归依故国，复睹冠裳，此非季平之幸，乃传太幸也。郑庵师既为之序矣，时余方治《周礼》，力申本经，与季平宗旨小别，然通经致用，详制度而略训诂，同也。二经皆为世诟病，归狱刘歆，今正前失，搜佚义弥缝御侮，以期存亡继绝者，又相合也。既叹季平之勤，自感著述之苦，故论其难易之故以归之，殊未足自尽其意也。

光绪庚寅七月年愚弟宋育仁撰

《春秋古经左氏说汉义[①]补证》凡例

《史记》云：七十子口受其传，左氏惧弟子人人异端各安其意、失其真，故因孔子史记具论其语，成《左氏春秋》。是左氏作传，特记事实，以定口受之真，非立异与二传相反。旧来说三传，不务大同，专兢小异，弟兄阋墙，久为诟病。今于三传大纲宏例，以经为归，所有后师异说，归入传疑，务期同源共贯，以息入主出奴之弊。

今立意合通三传，或以为破坏家法，非博士专门授受之意。按此乃专已守残之故智，不深考其源者也。以二传论，前后自有异同，每一经列数传，且多不敢质言之说，博士各有传本，今本特为一家之传，不足以蔽其学，如《穀梁》言夏田，《公羊》不言夏田，先师以为异而董子言夏田，《说苑》言夏不田，是本同也。州不如国数语，《穀梁》与《公羊》不同，而董子所引传同《穀梁》，独天不生数句，人之于天也以道受命数句，《穀梁》有其文，《公羊》无之，而董子有其说。天子不志葬一传，《穀梁》无此文，而《说苑》引传则言之甚详。且《公》、《穀》定元年传同引沈子说即位，是同师也，意虽同而文则异，是不可因文字偶异遂斥为异说也。又《穀梁》葬桓王引传曰改葬也，《大传》文也，而《左氏》同，是《左》与《公》、《穀》同引传说，门户之言，势同水火，岂知同源共贯，皆是江公所传。必破除拘墟之见，然后见其会通，知二传之会通，则无疑于《左氏》矣。或云：二传可会通，《左氏》不可合于二传，此亦先入之言未暇深考，凡传中与二传同者，姑不具论其不同者，莫如赴告史文、同盟书名数例，然《公羊》云卒告而葬不赴，且《檀弓》云：齐谷王姬之丧，郑误谷为告，是有赴告例矣。又云：《未修春秋》，《春秋》之信史也，《穀梁》云：从史文也。是以立史说矣。而《穀梁》宿男卒，未同监，故男卒也。则更为同盟书名之师说。通考五十凡中说经之条，直无与二传相反者，且如诸侯卿经称大夫，二传无说，而《左》云唯卿为大夫，二伯、晋常在齐上，曹先莒，邾滕先薛杞，二传无说，《左》则云异姓为后。郑称伯，二传无说，《左》则云入为王朝卿士。晋不记灾，不见贵，大夫僖以下乃见经，二传无说，而《左》则初称叔父、后称伯父，以见外之统夷狄，伯、故略之也。华督

① “汉义”原讹作“后义”，兹径改。

不氏，华耦称孙华孙，与仲孙同，鲁三家称孙，亦此例，二传无说，《左》则云督名在诸侯之策。二伯分统之义，见于晋镇抚东夏与风马牛之言，闰皆在终，特明归余之善。凡在《左氏》长义，仆数难终，实为口受真传，二传所佚，而仅存者又当据《左氏》以补二传，三传有相济之功，无相反之迹，若片皇小节，动求立异，则自生其荆棘矣。

《艺文志》：《春秋古经》十二篇，服氏解传不解经，以传合经始于杜氏，于传文有割裂之嫌，段[①]本专录经文以为古经十二篇，洪氏《春秋左传诂》分经传为二是也，今用其本与传别行，以复《艺文志》之旧。

班《五行志》于《左传》后刘歆之前引《说》曰有二条言：凡说不书为解经明文。考诸经皆有大传后逐条章句，皆晚师说。今《丧服大传》子夏作，后师乃有《服问》，《服问》之后乃有今《仪礼》中逐章解释之本。今定《左氏》为大传说，为后师引传推例以解经文之书，今据此以解经之语为《说》，为先秦《左氏》弟子引传解经之本。今将解经之文摘附经下，仍《五行志》旧目曰《春秋古经说》，体例略同二传，其有事与二传不同者附录说之。至传记之文则三传所同，不独可以说《左氏》也。

近儒据《史记》称《左氏》为《国语》，《汉书》言歆引传解经，博士以《左氏》不传《春秋》，诋《左传》解经出于刘氏，刘氏甚尊传，《五行志》引刘氏《左氏说》与杜氏所引者数十条，传皆无其语，而解经明文《史记》已多，传本成于先秦，汉师始于司马，范升、王充争辨《左氏》皆以《史记》为说是也。盖汉儒习传不习说，传说藏在秘府，唯史公见之，后刘氏校书乃得大显。今以传本成于先秦，司马氏为始师，东汉之说尽用之，故名汉义，晋以下不用。

《公》、《穀》非一师所作，续有附益，故颜、严五家各本互异。今本犹有传曰、或曰、一曰、一传曰明文，于本传间有出入。《左氏》亦非一师，其言且者即多异说。旧撰《公羊通义》，以经为断，凡后师附传有乖经义者，则引佚传师说附订于后。《左传》亦同《公》、《穀》，说不一师，除且字例外，如成传《春秋》之称数语，称族说族之传，与以女叔为嘉之不名，君氏为声子之类是也，今于本经条下注明，正说所言旧说仍推本传例解之。

---

① “段”原讹作“叚”，兹径改。

二传多以经例解经，所谓空言也，而亦间用事实，如宿男卒，《穀》云未同监故男。天子葬，公云我有往则书。书尹氏卒为鲁主，书王子虎卒，为新使乎我，书齐、宋灾以及我之类，皆据事实不空言立说。《艺文志》[①] 云：明[②]夫子不以空言说经。凡二传笔削例外事，书不书本传皆以赴告言之，笔之则传以为告，削之则传以为不告，不拘事实，于内夫人大夫卒葬则用仪注为书法也。至于二传加损例，本传则多以书曰例当之，或以事实立说，或以经例立说，同于二传，特二传言事实多在释例之后，以例为主，以事实之，其说易明；本传则言事实者多，不更言例，故易滋疑耳。诸侯三等、二伯、方伯、卒正旧义，贾、董以下治《春秋》者失其传，本传例具言其说，足见说出于先秦以上，与今《公》、《穀》传本著录先后不远，故能相同，今别为诸侯三等、尊卑、仪注，取传文及《说》以注之。

刘、贾以下，古学也，治别经力求与博士异，至于《左传》则引据二传为说，非为风习所移，诚以口受本于孔子不能自异也。杜于汉师难通之条则驳之，《春秋》无达例，言正言变，杜氏胶刻常例，不知变通，凡于难者皆以为经仍史文，并无义例，史官人有文盾[③]、语有详略，皆本旧史，且多阙略。按经本经，人何得更言史旧，且变例不明，正例亦难自立，今于诸例先明正变，既知为变，则不复以正疑之矣。

先师引传解经，改分国为编年，时有差误。如僖公葬传在僖公篇，齐桓迁邢封卫说在闵二年之类。惟为旧文，故误跳在此，使本编年则当附经矣。杜以跳写为说，或乃就其误处望文生义，非也。所言时日支干钞写易误，既非大旨所关，不足深计。

传有而经不书，则为隐避例。如交质，纳子妇之类，经讳不书。传多而经少，则为特笔例。如晋楚郏迁不书，则书卫蔡许王国迁为特笔，皆各有所起，非常文也。二传不言外迁不书，据此可补。又二传言外事不书无实据，本传皆有明文也。诸侯独详十九国，记十九国事又有详略，今以此立笔削例。凡传与经异者，分类表出，各为细例，以补二传所不足。

庄公篇七年传不及经事，十二公传前后详略迥殊，刘申绶，据此以为伪羼之证，按解经果出刘氏，何以七年不立一说，盖左传本出于屋壁

---

① “夫子不以空言说经”一语出《汉书·艺文志》，此处“艺文”下原脱“志”字，兹据补。

② “明”原讹作“夫”，据《汉书·艺文志》改。

③ “文盾”不辞，疑为“文质”之讹，汉儒喜言文质，下文亦言“事有文质”。

不免残佚①，刘氏不敢补羼，正见谨严。今《晋语》一君一篇，可知原文甚备。《国语》、《史记》庄以上事详于传，可知《左氏》原本甚详。考《五行志》引传文与今传本有详略不同者，是刘氏后亦有脱佚，故《左氏》有逸文为今本所无者。孙渊如《春秋集证》意在补传事，今仿其例凡传文脱略悉据《史记》补于各条下，如曹沫劫盟之类是也，事不关经者则补于《国语》中。初补于传中，嫌文过繁，后注《国语》乃移于《国语》，不敢变传文之旧。

《春秋》，子夏所传之传，以丧服例之，当名《春秋大传》，《公》、《穀》当名问，故《服问丧服传》引大传之文称传曰。今《左氏说》、《微》所引大例皆出大传，三传同祖一书，故多相同。本师间有由本传推考而出之例，如以钟鼓分侵伐、中国不献捷之类，今略为分别观之。

《公》、《穀》应对词命，多为事实。《左氏》之文则不为经例即据礼说而撰，全与经例礼经相同。治他书词命应对皆在所轻，《左氏》则无一不本礼制，故于应对词命皆本经例礼说以说之，尊卑同异，其大纲也。

《五经异义》有引左氏说，《左氏》无其文，文见《国语》者二条，是汉师以《国语》、《左传》为一，合而不分。今合考其例，盖传本为《国语》，所有异同，特秦以前异本耳。今凡《国语》中所有经例礼制事迹，悉引以证经焉。如侵伐有无钟鼓之例，即本《晋语》伐宋事而出，当仿其例类推其余，经例为重、礼说次之。

杜氏说先儒肤引二传，宜其不用二传矣，乃于本传无说之条直用二传，治《左氏》与二传立异始于杜氏，乃不能自坚，足见汉师引据二传之不误。今于本传无文而杜氏引用二传之条，从汉师例一律取入，更据此以为补例篇之证。

师说义例与二传同者，皆本旧传，以外多从传文，推考传为旧文，礼例乃其新得。如庄三十一年齐侯献捷，凡义例本成二年单襄公语。庄公二十五年日食，凡惟正月之慝未作，本昭七年季平子语。隐元年非公命不书，公弗临故不书，本庄二十四年君举必书与王命勿藉之语。桓二

---

① 原作“盖〇传本出于屋壁不免残佚”，从上下看，此〇当为“左”字。《左传》出屋壁事唯见《论衡·案书》：“《春秋左氏传》者，盖出孔壁中，孝武皇帝时，鲁共王坏孔子教授堂以为宫，得佚《春秋》三十篇，《左氏传》也。”然《史》、《汉》鲁共王传皆无得《左传》事，《汉书·艺文志》虽言共王坏孔子宅得“《古文尚书》及《礼记》、《论语》、《孝经》，凡数十篇”，亦无《左传》，故学者皆不信王充之说。然此处既有《论衡》为据，故径补“左”字。

年送女礼[1]，本少姜逆违其班、与卑聘卑逆之语。启蛰而郊之，凡本孟献子语之类是也。故除大传之外，皆从传文推考而得者，非如俗说传文全出左氏之手也。

传记事有二例，一缘经立说，一异经见义。凡传有而经无者为削例，传详而经略者为略例，传与经不同者为加损例。杜氏于经传不同者多指为阙误，不知借此可以考见制作之意，凡传与经异者皆纪实事，如《未修春秋》之原文也。至于缘经立说之条，则圣作贤述，道一趣同。就经立说不必求合本事，异者可以见经旨，同者可以明传意，不可以一端求之也。

三传经例同出旧传，《公》、《穀》先师引传说经乃成经本。然或引用失据，则违其真。《左氏》惩空言说经之弊，凡有义例皆托于时人之言，具其首尾，例由事生，不能移易，此《左氏》不以空言说经之大例也。如《公羊》言伯子男一等，而《左氏》则有郑献伯子男加等平礼之说，二传叙次先后以为经例，而《左氏》则有滕、薛、卫、蔡、晋、楚争长之事，二传以高子为贵，而《左氏》则有管仲天子之守之言，凡此之类，仆数难终。实为真正古师遗范，秘在传中，伏而未发，尽力推求，可以补证二传。自来皆以传文为出国史，不知《左传》本七十子之徒，特为六经作传，语无泛设，而于《春秋》尤切。故二传说时可以移易，而《左氏》本文则不能，此不以空言说经之效也。三传义例同出旧传，为口受之真，其有异同以说不一师，有先有后，以未陈为败，此先师常例也，而后师引以说鲁事则误以常例说内外例。以不名为嘉说高子季子，此先师说也，而后师误以说陈女叔；先师知根原，故与经合，后师据文例，往往失真。今于原文中立此一例，凡后师不安之说，则提出别为一册。

传本意不专为《春秋》，故所说礼制经意多不在见经之条，而附于无经之传。如说妇人见兄弟不逾阈云云，不在夫人会齐侯下，而附于不见经之事及执行人事是也。汉师及杜氏皆引此以补经说，今仍其例，凡不系经之师说礼制，悉取以补录于经文之下。

---

① “桓二年送女礼”，按《左传》在桓公三年，此“二”当为“三”之误。

《春秋左氏传汉义补证》简明凡例二十则

用洪氏本经传别行，仿《公》、《穀》例将说例解经之文摘录经文下，中字写加○以别之。传本不更注释，分传用林氏本有经之传加黑○以别之。至不见经之传所有解释不书于经文例者，则详于传，续经亦同此例，以归画一。

传文下引经传及汉本传师说者，仿汲古阁注疏体中字居中，写古说非本传先师及自下己意皆双行写，余意不尽及异说别录疏中，但以说例解义为主，所以平常训诂地理人所易明者，各书已详，不再登录，以省繁重。

孔子作《春秋》，证明《诗》、《书》、《礼》、《乐》之道，传亦不专说经，兼综六艺，是其巨功。传中所言《诗》、《书》、《礼》说，今悉据以解说诸经，中多微言大义，足为全经纲领，较大传、外传尤为精要。因解传兼《诗》、《书》、《礼》三经彼此发明，相得益彰，乃知传兼六艺，不独为《春秋》而发也。

《国语》与传本为一书，其中沿变，后人之说皆误，本当悉取其文以补传义，惟其文多又自为专书，当存其体，故别加补释，附传以行，传中但云《国语》同异有亡而已，不举其文也。

近人洪氏林氏皆志在补传事，洪书未见，林本所补仅二传、《史记》数事而已，未能详备。今先以马氏《绎史》为主，仿斐注《三国志》例补之，有补录其事而注释可省者多不同也，加考证。又仿李①氏《系年要录》之例，但此事殊繁，以后再有所补，别自为书，恐本传过于烦重也。

史公为《左氏》始师，又所见传本较今本详，借以补证传义订正杜注者最多，故取之甚备。且既录《史记》则注释可从省，若《史记》全与传同者，则于疏中云从某至某《史记》与传同，则不更录《史记》。

《国语》用本末例、不编年，先师引传解经订为此本，其中仍多本末例，以数年数十年事载于一年之中，杜氏多误，今据《史记》为之注，明年岁以明其例。至于杜氏分年每以追叙之文附于去年之末，割裂

---

① “李”原讹作“季”，此《系年要录》当指宋李心传著《建炎以来系年要录》，“季”显为“李”字之误，兹据改。

犹甚，今悉正之，于追叙之文概归入本年，于前添注年数，加圈以别之。

元年传言十四事，见经不见经各半，传于不见经七事皆说所以不言之故，皆为笔削大纲，盖发凡起例，故二年以下遂从略，今推补其例，于不书之事必为之说。二传但详见经之事，削例不甚详明，本传兼录不见经事，愈以见经之所书皆有所取。据补经例甚多，如据晋、郑迁不书，知卫蔡书迁有别义，交质子臣执君皆不书，为不足为训讳之之类是也。

二传解经直引师说礼文，如出胸臆，全书无一称引当时名卿大夫者，传于二传经例礼制之文皆托之时人议论，此不以空文说之，故今于传中闲文琐事皆以解经之例求之，则大义微言多为二传所无，传为《左氏》自撰，非史官史文愈明。

二传经说随经附见，传则多不见本经下而见于他传，庄僖以上文虽缺略，然见于文宣以下追述者不少，二传解经之外，说事之文质实简朴，全与经说无干，传仿经文缘经说起，引经据典，九流枝术，无所不包，故经文不可以史说之，今就传中闲文佚事著其意在于经，则《左氏》不解经之说可息矣。

传由先师续编，故文有失次者，杜氏谓之跳书，师非一人，故经说有复出文见数处者，亦有彼此小异者，更有说不附经者。至叙事之文，有本一事中间以别事割截两伤者，有删削本文残文未尽者，有犹存本国纪年称号之语者，至于前后详略相反、尤为易见。使果《左氏》一人手定，未必如此，今以二传之例说之，以为出于先师则诸疑可释矣。

三传大故事、大典礼，无一不同，后人不能兼通，自生荆棘，今于旧说所称异事异礼皆能一贯，多合之两美、经义乃备。凡《异义》、《膏肓》诸书皆可不作。小有异同，皆经无明文及传写歧异者，归入《传疑表》，不过十余事，又皆小节，余则无不同也。

旧说以二传不详事实，非也，弟子不问事则师不言耳。故二传所言事实，乃多为传所脱佚及载而不详者，今悉取以补证，使知三传皆必先明事实，而后可以说经，二传不详事、《左传》不详例之说，可以破矣。

二传之笔削，传以告赴代之，名字进退，传以仪节代之，至于内外、尊卑、三世、日月诸例，莫不相同。特二传为空言，传必以事实代之，恐其衍说失真故耳。今据此立说，救正杜误甚多，将此例摭拾汇为一编，曰《左氏不以空言说经长编》。

治《公》、《穀》者畏言《左氏》，惎其言事多与师说不合，不知加损笔削本传原有明文，惟其事异，经义愈显，必须钩斗乃见合同。三传正以不同为要，使因循苟同反不足取，他山攻错，两有所益。

昔人不喜二传空言，务以史说《左氏》，郝氏非《左》，动以附会薄之。不知借事寓言，古书通例，《春秋》为经，正在拨乱反正，垂训万世。《左氏》大功，在于发明六艺、皆包九流，兵刑枝术、莫不兼综，使但录淫乱之遭、狂瞽之言，有何可贵？今将《艺文志》所有学问全包于传，六艺以外，九家为详，兼采各书，以证明本始支派，文以上详于经例，昭以下说此事为详，著书明圣，固不以钞胥为能事也。

传有说事实例，有说经意例，如经以齐、晋为二伯，传则于楚、吴、郑国皆有伯义。郑为卿士，以齐、宋朝王，此事实郑尊于宋、齐；又云齐大非耦，则就经言之、事为桓文义。则孔子三传说经异同，多不出此二例，今于传中意旨务求分别，以各安其意。

传文与经同异，杜氏立依经、错经二例，是也。有为二例不能包者，如克段，二传以为杀，《左》以为出奔；戎伐凡伯于楚邱，《穀梁》以为卫，二传以为戎。今立事原、经说二例以统之：事原者经虽如此书，而事实不如此，经说者但就经解经、不更探考本事。有此二例，则不惟本传可通，合之三传皆可通①。

经传义例、名号、事实，有非图表不明者，今别为图表一卷，加于经传之前。

杜氏有《释例》，今将其本并马氏《释例》详加驳正，别撰《释例》一书，合通三传，兼包六艺，除杜氏旧目外，添补要目数十，悉本传义，此书一成，巨细皆举矣。

---

① 原作“合之三传皆□□”，据上文“不惟本传可通”，则此二空格宜为“可通”二字，兹径补。

《左氏春秋学外编》凡例

三传同说一经，本属兄弟，毛里既分，自各有面目。然全书同异不过一二十条，皆属微末，至于大事宏例，三家未有不同，特为旧说所蔽耳，学者苟于立异自谓家法分明，实系畏难苟安、不求甚解，今于素来争执不能一尊之条，立《三传合同表》以统之，凡古今纷争辨讼不划一者，尽归此表。《合同表》。

三传初本相同，末流渐异，今于其异说中立《同源异流表》，如用夷礼则夷之，二传以为滕、秦，《左传》以说杞，然而相传事此例则同也。诸侯同盟于是书名，《穀梁》以说宿，《左氏》以说滕，然其同盟书名之例则同也。枝节虽殊，本根不异，今故立《同源异流表》，以见其异中未尝不同也。《同源异流表》。

传例有专条，有通例，通例可推于他条，专条则专说本事而已。二传如三世内娶、外灾及我乃书，贤者不名是也。本传如妾者因不赴不祔、不称小君，内战有二，未陈曰败，诸侯卒同盟书名之类是也。自来师说皆张皇所短，推说他条，汉师已多误说，杜氏尤甚，每诸侯卒必言同盟，夫人葬下必言三礼是也。推补之例必皆精实通例，不敢主张专条，以致疑误。作《三传专条表》。

传例五十凡，前人有专书，皆隋修籍志，今补之。凡已具者不必论，其不备者补之。有凡例仅言其半、就传例补全者，如传例言弑君称人君无道、称臣臣之罪，同二传，而不言杀大夫，据此可补。凡杀大夫称人以杀、臣之罪也，称国以杀、罪累上也。凡君不道于民、诸侯讨而执之，则曰某人执某侯，不然则否，此同二传也，而不言执大夫，可据补。凡臣无罪、诸侯讨而执之，则称行人，不然则否。入归凡四语，诸侯大夫互文各有其半，当补之。五十凡旧说多蒙混，一事凡不能清晰，如同盟赴名二凡，分之一为内例，一为外例。去国凡四句，二为诸侯，二为大夫。赴告二凡，一为内，一为外。其有字误则证之，如称君君无道，上君字当为人，得用焉，曰获用焉当为牛马之类。所有礼例十七凡，并为分别考证，皆引经传以证之。又为补二凡，如《五行志》引凡雹皆冬之愆阳、夏之伏阴；本传凡物不足以讲大事、其材不足以备用则君不举，君举必书；二凡是也。作《五十凡补证》二卷，上卷为经例，下卷为礼例。

左氏晚出，《说》、《微》多亡佚，汉师、杜氏皆引二传相补，今不能不仍因其例，惟分门已久，一意合通，难免坏乱之讥，补例篇采择尤宜详审。今立十例以严门户：将《三传同例》、《同源异流》二表冠于首。一补师说与二传同者，再加扩充，如素王、三统、义同文异之类。二补五十凡例，五十凡与二传同者皆见同表，然多未备，宜采补之。故《五行志》引说曰有雹凡一条、《郑兴传》说齐小白入一条，皆为传所无，今据以补其全。三补传例，传中散见，文多未备，如有君无臣，有内无外，有正无变，有纲无目，今悉补之。四补阙例，传文汉师、杜氏同有之例，而文不全备者，如内外、中外、尊卑、日月、隐见、笔削、加损、轻重、详略之类，为治经要例，而三者皆略而不备不足用，今悉推广之。五补新例，传有古义师说为二传所无，本师阙而不说，新传推得者，如异姓为后，宋王后有监，唯卿为大夫长义诸条是也。六补细例，郑君于自外虐其君曰戕条，补细例；颖[①]氏于邑曰筑，凡下补细例；今仿其例于旧例中补之。如未陈曰败，皆陈曰战，当补内外、尊卑、中外、大小诸例是也。七补汉师例，如贾既用《穀梁》桓无王之说，则隐无正、文无天、昭无正终、定无正始，当用之矣。既用《穀梁》言桓十年有王以正曹伯，则诸侯卒皆言正不正可知矣。推补其阙佚。八补杜例，杜氏号为简二传以去异端，实则其取二传者十分之三四，其所不通不敢引用，或立异求新不肯因仍之条，有为要例不可少者，今悉仿其例取之。九补史例，凡传文与经异者，此为笔削加损例，今悉取其异文以补经史不同之例，终为补例表。凡不见《三传同例表》为今所补者，统为一表居后，志在以《左氏》言《左氏》，当不致有乱家法也。[②]

汉儒旧说，臧氏、李氏、洪氏、马氏、刘氏诸本久已刊行，今补证中采录汉说，其出处详于疏中，其有新得者亦同此例，一俟采录已齐，当别为《左氏汉师遗说考》补证诸家，以为定本。师说于《史记》郑君采之尤详。又汉师说，间有误解。[③] 附录证之。

---

① “颖”原讹作“颍”，当为手民之讹。《左传·庄公二十八年》载：“邑曰筑，都曰城”。《正义》在文下引“颖氏说”，当即廖氏所指，唯廖作“颖”，与《后汉书·儒林传》载颖容合，《传》称容善《左氏》，著《春秋左氏条例》，当即《正义》所引，兹据改。

② 本则上文言：“立十例以严门户”，但全文已毕共九例，不知系文章有脱漏，抑或字句有讹误，希读者审之。

③ 本则中之“《左氏汉师遗说考》”，原作“《左氏汉师遗考》”，此脱“说”字。下文“又汉师说，间有误解”，“又”字原讹作“文”。并径补改。

传传于刘氏，汉师因其晚出，归入古学，说者遂以《左氏》与《周礼》同为古学。今考传文礼制全同《王制》，博士绝无《周礼》专条，今故归还今学，所有旧说以《戴记》为宗，至汉师误用《周礼》说者，随文驳正之，别立《左氏与伪周礼不同表》。

三传礼说不同，见于《异义》者三四十条，旧说立意求分，不知异同，每为起数参差，互见诸例。今考传记，靡不通贯，所有旧以为异而实同者，为《三传礼制相同表》。

春秋制作，但存大纲，所有细节，七十子之徒各有己意立说，所谓此其大略、尚待润泽者也。传中所为三代之制，多为三统例，盖《春秋》百世不易，而易代兴王不能不改，故孔子别撰三统之例以通其变，今立《礼制三统表》，凡诸经传与传参差者，则统归之三统，务使同源共贯，不致纷歧，亦以贾服原有三统说也。

近人以传为刘歆附益，刘申绶有《考证》一卷，今驳之。后人考《左氏》者京山郝氏有《非左》二卷亦驳之。凡本传旧说之阙失、前人所諆诋者，务别求实义以说之。

旧撰《公》、《穀》二经皆不用旧注，别撰《商榷》、《纠缪》[①] 二书驳正之。今仿其例作《集解辨正》四卷、《释例评》四卷、马氏《左传例评》一卷，所有误承汉师说者并为正之，别为《删例表》，凡旧说之误者悉入此表，以便观览也。

旧撰《穀梁古义》，作《起起废疾》一卷。[②] 今从其例别为《箴膏肓评》[③] 一卷，郑君要义摘录之以归简要。郑说《春秋》多本《左氏》，故《起废疾》、《三礼注》、《诗笺》及郑氏佚书中凡说《春秋》者悉采之。左氏为今学，以《王制》为归，旧以为古学者误，今以《王制》为主，取传文注之，以明其义，作《左传王制注》二卷。

《左氏》渊源，《史记》不详，刘氏遗书不举，先师范升云师徒相传又无其人，古学弟子颇有异说，魏晋以下尤为荒诞。刘申绶《左氏考证》下卷尝攻伪说，今作《左氏渊流考》，以《史记》为主，所有《释文序录》、《隋经籍志》等伪误，悉为考证，以祛伪说，唐宋以下则不复

---

① 《商榷》指《公羊解诂商榷》，《纠缪》指《穀梁集解纠缪》，二书名并见廖氏《年谱》，但皆不传，“商榷”原讹作“商碓”，当系手民之误。

② 《穀梁古义》即《穀梁春秋经传古义疏》或《穀梁春秋古义疏》，《起起废疾》即《起起穀梁废疾》，皆廖氏时自变之名，不必统一。

③ 《箴膏肓评》，未见书，今有《再箴左氏膏肓》，或即其后定名。“肓”原讹作“盲”当系手民之误，兹改正。

论及焉。

说经取二传以补未足，然传中所有真古师法与经切合不可移易而为二传所遗者，编入《左氏长义》，并于《公羊》、《穀梁》传中补入此例，以见三传同源，若有异同之条，则惟各存其实，不必淆乱也。

董子云：拨乱反正莫近《春秋》，汉师皆主此义，《春秋》固为万世法，切要尤在救时弊，今据传文作《反正表》，凡传文时事与《春秋》相反者列于上方，以《春秋》礼制拨正之，如世卿、不亲迎、同姓昏、不讨贼、诸侯再娶、不三年丧、丧中祭之类，悉录事实以《春秋》救之。

近人于二传皆有礼征之作，《左氏》善礼，乃无专书，今于师说之前辑经传《戴记》礼制之说以为《左氏礼徵》，其中详于二伯、四岳、方伯及国、器服、名号以补江、秦诸家之阙。

六艺传于孔子，同源一贯，董子所谓《春秋》明三王之道，《中庸》所谓考三王而不缪者也。今以《春秋》通群经，如二伯、四岳、方伯之制，群经皆同，在《诗》为周、召，在《书》为太保毕公，在《曲礼》为六官之长是也。又如方伯之制，在《书》为四岳、为东方诸侯、西方诸侯，在《诗》为《邶》、《鄘》、《卫》、《郑》、《齐》、《唐》、《魏》、《豳》、《秦》、《陈》，在《礼》为州牧、侯牧、九州之长是也。春秋讥不亲迎，而群经皆主亲迎，讥不三年丧，群经皆主三年丧，《左氏》经传以通群经作《春秋法古表》以通经学。

《春秋》上以法经、下以征史，百世以俟圣人而不惑，继周百世可知。《春秋》立一王之法，百世皆入其范围而不能异，又后世祸变，经传实已先设其防，今立《春秋俟后表》，一为因法，见秦以下事故，百变不出《春秋》，以通经史之声气。一为鉴戒，见乱子贼臣所依托之事，圣人皆已为立防，此《春秋》成所以惧也。如开选举、改郡县，即本不世卿之意，礼乐兵刑固无不本于经传也。

《礼经》凡例

《经解》所言礼教即指《仪礼》，与《诗》、《书》、《乐》、《易》、《春秋》合为六艺。《礼记》为传记，出于先师。至《周礼》则为官职，如今搢绅。中多制度，非仪注，以《周官》之名为正，当为《王制》立官传说。或以《周礼》为经礼、《仪礼》为《曲礼》者，误也。

《王制》：司徒所掌六礼，即今《仪礼》，专详仪节，为上下日用行习通行，凡非司徒所掌者，于《别录》属制度，不得以礼为名。《汉书志》、杜氏《通典》专以仪节为礼，最得古义。自朱子误收王礼，近人更毫无区别。《仪礼经传通解》误收《王礼礼经通例》，《五礼通考》遂以典制之事概名为礼。今以仪注为礼，不用伪《周礼》五礼名目以合司徒之义。凡军制明堂皆不取之。

《礼》与《乐》类，与《诗》、《书》为四教，《论语》称执《礼》，《诗》、《书》属讽诵，《礼》、《乐》属行习，不易之论也。庠序立教，故于士礼为详，取其切近，兼以用之者多，若天子诸侯礼节则有司存，故详于卑而略于尊。

经传庠序贵于简易，十七篇录要起例本末已备。邵氏《通论》言之甚详。以礼书论，若《开元礼》、《会要》、仪注等书非不详尽，然何能人置一编命之肄业，且与各经多寡悬殊，三年通经，岂能过为烦重，既已通经，经之所无，缘经草创，后世礼官职掌千百，经文固不出其范围，何尝苦于缺略。以十七篇为不全，乃古文伪说，惟之别经，其事自明。

礼有五等差别，经则但录一篇，传记补其异同，此一篇可作五篇，于《相见》、《觐礼》、《少牢》、《特牲》更即等差以示推比，经言大略，润泽在人，因不以不收《公》、《冠》为疑。

礼有异名同实，朝聘、会盟、燕享、饮食，名目虽有区分，节仪无大改变，举一反三，由显推隐。传记或示异同，亦如五等差分之例，一篇可作数篇之用，端由善悟，使备录其文，则重复杂沓，反生厌倦之心矣。

经不但篇目不备，且每篇亦多互见之例，此篇已详，于彼从略，既始已详，则终可推，不可拘无明文指为缺典。如《冠》无见父及兄弟之文，《昏》无初见庙及舅姑宾客之类。《春秋》之例，贵于比属，又因疑惑，乃为明之。凡所易明，皆不再见，各篇文一例，即各篇文不全录也。

经从简贵，传务详明，《诗》、《书》、《春秋》，其例可推，除本经记传以外，凡杂见两《戴》及他书，皆取附各篇之下。以《丧服》而论，《大传》、《小记》、《闲传》、《服问》、《三年丧问》、《丧服四制》合之本经之传，是经一传记问共有七篇，以此推之，是传记之文当过于经文五倍也。其非全篇者，亦依类采入，至于事迹，亦仿《经传通解》之例于篇末。

《左传》有先经之例，今取吴氏所补《逸礼篇》补篇前以为先经起义。如衅庙、迁庙补于祭礼之前。

《左传》有后经之例，今取吴氏所补逸礼篇目补于篇后，以为后经终事。如绎祭之类。

存附篇：凡事与经不属者，则依类取其仪节附存之。

补仪节各篇所有阙义万不可缺者[①]，则为补录于后，如祭礼但详享尸，而祊祭迎主于堂，荐毛血之仪皆无之，有终无始，万不可缺，则取《礼记》诸文补其仪节，昏礼先祖后配，则据《左传》补之。

《礼经》但录纲礼常文，至于临事不能拘泥，《春秋》借行事以明《王制》，多有变化，无一板执。如《王制》、《左》、《国》借行事以明礼经，亦如《春秋》之作，《春秋》无一不本《礼》而发，特事有常变，文有差互耳。当实引据之，不可斥为异己。

贾子《容经》所谓《曲礼》威仪，但说一事不相贯串，先习《容经》后通《仪礼》，以《仪礼》由《容经》凑而成，《容经》如小学释字，仪礼则经说。今既别注《容经》，凡单说一节者归《容经》，不入此门。

后世仪注诸书，多为礼臣草创，事虽新出，仪可类推[②]，惟识者不非之，以为但得礼意，不外人情，然其草创皆由经推例而出，故十七篇足以尽天下万世之变礼，叔孙通草朝仪固不必出旧文也。

孔子所作以《春秋》为大纲，所谓天子之事，其文皆见《王制》、《仪礼》，皆司徒所掌之仪节，在三公为所掌一事。凡《春秋》所讥失礼者皆为周制，如丧祭、丧娶、丧中用乐、不亲迎、丧不三年、与世卿、税亩之类，在周为通行，在《春秋》为失礼，而《仪礼》所言皆与《春秋》合，此为制作无疑。

---

① 原刻作“各篇所有关义万不可所者”，“关义”及“不可所”两词语皆不可解，宜有讹夺，“关”疑“阙”之形近而讹，“不可所”据下文“不可缺”审之，“所”当为“缺”之讹，兹据改。

② 原刻作“事虽新出，仪可类”，“仪可类”三字不辞，显有脱误，据下文“类”下当脱“推”字，兹据补。

《仪礼》但说六礼，其有此在外者皆系别经说，非《仪礼》之文，如明堂、月令，《尚书》说；《弟子职》、胎教、《礼论》之类，则《孝经》说；皆不在六礼之中。由此推之，总之司徒所掌六礼仪注乃入此，仪注甚繁、举一以示例，故举十七篇以统之。

《仪礼经》以互文为大例，凡仪注之文重言则嫌琐，不详则阙略，经则专以互文相起，凡见于此篇者，则彼篇可略，又凡人所知者，皆不言之，如昏之见庙、冠之见母非无其事，文不备耳。如祭祀，经但有享尸之事而无祭主之仪，而记则多言祭主，此当由存记文以推补之。

《丧服》为经中要篇，前人多专门相传，其记最多，今汇辑附以便考寻，凡同者别附存之，以为异义焉。

孔子修《春秋》据百二十国宝书，则《仪礼》亦从周礼出，《礼运》言得夏时、殷易，盖以周有文征也。孔子适周问礼，即录其底本而归，文则周礼，献则老聃，《论语》所谓夏殷不足征，周郁郁吾从周，《中庸》今用之吾从周。孔子周之臣子，从周何待言。以吾与周对文，明此继周之义，本可参用二代礼以相损益，而无征则不得用周礼为底本而加损益。纬以孔子为周殷礼，亦据周礼册而参以殷意，非参以殷册诸书，所云吾从周者，谓定仪礼皆由周会典作蓝本，于他事不相干也。

《礼经》有记有义，记以推仪节，义以详义理，如《戴记·乡饮》诸义是也。凡专属别经者归别经外，如《祭义》属《孝经》之类。说《仪礼》者通辑之。《士冠礼》已取《郊特牲》一篇，今从其例悉为补入，其中有明文篇名者少，经凡无明文篇名与零篇脱节悉依其例归之，以记附经，以义附义，凡《仪礼》说皆当类辑，如《经传通解》之例。

《周礼》专条与《王制》异，而仪节则多用《仪礼》，今于《周礼》仪节细为推详，凡与《仪礼》不背者，悉取附记义中。

礼家议礼，异说最多，俗宜各有所从，文质自随所近。今凡异说皆辑之，以为《礼家与仪礼礼制不同表》。

孔子翻定六经为一王之制，《仪礼》与五经实相通，今凡诸经仪注之事有与五经相通者，汇辑之以为《仪礼与五经通礼考》二卷。

草定仪注，凡记文佚传残脱不全、或重文复见参差不齐者，则推类援例草定仪注以复旧观，兼以收拾残零。

后世典礼仪注如徐秦《通考》所采，通书皆《仪礼》之支流也，今当朔其源于《仪礼》，故治《仪礼》者宜通考历代仪注节目也。

容经学凡例附《仪礼》后

《班志》、《儒林传》云：汉兴，鲁高堂生传《士仪礼》十七篇，今之《仪礼》为经者也。又云：鲁徐生善为颂，师古曰：颂读与容同。孝文时以善为颂为礼官大夫，传子至孙延、襄。襄其资性善为颂、不能通经，延颇能未善也，襄亦以颂为大夫至广陵内史，延及徐氏弟子公户满意、柏生、单次皆为礼官大夫，而瑕邱萧奋以礼至淮阳太守，诸言为颂者由徐氏。《苏注》：引《汉旧仪》有二郎为此，颂貌盛仪事有徐氏。徐氏后有张氏，不知经，但能盘辟为礼容，天下郡国有容史皆诣鲁学颂。按颂即贾子之《容经》，为礼经之纬者也。

徐氏所传之礼，与高堂生所传，一经一纬至今其书存于《新书》，犹有经名，欲习仪者，当由容始。今以《容经》传记附于《仪礼》之后，同为鲁学。

容共十六门，志色、容、视、言为四经，立、坐、行、趋、跘、旋、跪、拜、伏坐车、立车、兵车为容之节目。四经又分四目：曰朝廷、曰祭祀、曰军旅、曰丧纪。立坐又分四目：曰经立经作、曰共立共坐、曰肃立肃坐、曰卑立卑坐，而末以总禁统之。皆经文有韵，以便诵习，后八节皆总论此事，如《仪礼》之义也。

《容经》又名曲礼，所谓曲礼三千者也。经以志、容、视、言为纲，以下详于容而略于三事，当是以容包三事。然佚容只四字，定有脱文，考之《戴记》于传阙节尚多，今先就此十六门刺取记传为之注说。凡有此经未备而见于记传者，依例补目，附于本经传记之后，大约其旨亦数千也。

经首志色，志在中、色发外，实一事也。今分朝廷、祭祀、军旅、丧纪四目，分取传记之志色。其有言志色不入四门者，汇附于后。

《容经》既分四目，今作为四巨册以归之，而下文言容之事复有十一门，则为志容一门子目，大约此条为详。然有出于四目十一门之外者，如饮食、馈献、洒扫之类，则仿其例附于巨册之后。

视经依例分四目，所有以下十一门之视，亦依例分收其有不入此目者汇附于后。言经仿此。

立、坐分经，共肃、卑四目，而以经坐为纲，下三目皆由经而小变，经立微罄微折，又为下诸门之纲领。今依汇钞附传记焉。坐以经立为宗，余亦同例。

行、趋、跸、旋、跪皆以共立微罄之容为本，而小有参变，各依类纂附同上例。

拜以肃立罄折之容为本，而小有参变。跪礼有脱文，然传记之言跪者亦依例分入。

末三门皆车事，坐、立依经礼，兵车则变之。今亦依例分类纂辑附入。

总禁统说失礼者，凡传记禁止、勉励，及一切总论节目皆附之。

容事所有五等不同之制总为一类，立表以明之。又一人之事，因人之尊卑而变者，别为一类，亦立表以明之。前一例如天子穆穆云云，下一例如孔子于乡党云云是也。

孔子制礼，故弟子及时人问礼多主新制，而言非旧有之文，问者不知翻检，徒渎烦取巧便也。今立此一门，凡问答之词皆入焉。此为仪、容二经之凡例，非数旧典而已，此当以《礼运》三篇为首。

孔子制礼，故乡党兼记仪、容二经之事，此孔子草定之佚文，与弟子法圣之身教，仪注犹多据旧典，至于《容经》则尤多以意起也。

传记所问答词命之节，旧无所统，今以归入言经，汇为一册，如《曲礼》、《少仪》应对诸条是也。

《新书·礼容语》皆《容经》之传义也，取以附《容经》之后，所阙上篇，依例辑补，更广辑旧事以为附篇。

《别录》有通论子目，今依其例，凡《戴记》所有说仪、容专篇，取为通论附后。外有散文脱节，凡系说礼与仪、容者通辑之。

此经专以仪、容为主，所有制度之事归入《王制》，乐事别为一经。至于妇女礼、少仪礼、胎教、保傅、学礼之类，统附《孝经》后，以示区别。

两戴记分撰凡例

《分撰凡例》已刊，今所见与前说有异同，别订为此编焉，篇章义例无所更异，丁亥六月八日识。

六艺皆孔子一家之说，改制之文全在《王制》，故以《王制》为首，凡下十四门皆为《王制》所包，兹不取以为说，惟言经济制度者乃入此门，立《王制记》。一

《王制》有佚文，制度不全，其说往往见于传记子史，兹于《王制凡例》中立此一门，取今学说礼之书以为证，并于记文中立此一目，凡与佚礼合者附采之，立《王制佚记》。二

《易》为六艺之首，《本命》、《易本命》、《中庸》用惠说前后皆《易》说。皆《易》说专篇，《礼运》、《乐记》亦多《易》说，兹立此门收录全篇，凡散见者亦采之。立《易记》。三

《周书》出于东汉以后，杂采诸书而成，与《书》近，如《践阼》、《明堂位》之类是也。兹立一门凡散见者皆附焉。立《书记》。四

子游习礼见于记中者，《礼运》三篇今分订经、传、记以为《礼说记》。五

《乐经[①]》早佚，刘歆以《周礼》大司乐章为经，俟考。《乐记》一篇乃其大纲，今立乐经一门，其详见于乐例，于记中取《乐记》以外，散见者皆取之，立《乐记》。六

《春秋》因以《王制》为旧传，既立《王制》统今学，兹不取之。凡记文之散见说《春秋》者，汇辑之以为《春秋记》。七

《仪礼》记义多见《记》中，于仪例立此一门，取《记》文及《仪礼记》文立《仪礼记义》。八

《仪礼》外传多见于记中，于仪例立此一门，取记逸礼立《逸礼记》。九

《仪礼》为经，《容经》为纬，所谓三百三千也。《容经》今在贾子，兹于仪例中立此一门以收记文，立《容经传记》。十

丧服为仪礼大门，兹收传记并散见者，凡与《丧服》不合者归入周制佚存，立《丧服记》。十一

---

① “乐经”原作“乐礼”，据本则所言皆《乐经》事，“礼”字当为笔误，兹改正。

曾子传《孝经》，《大戴》十篇皆《孝经说》，经少而传记详，兹立为《孝经》一门，凡全篇之外，散见者亦附焉。立《孝经记》。十二

《论语》，六艺总汇。兹取《哀公问》等篇孔子言归入《论语》之下，立《论语记》。十三

三代不尚学，学礼皆孔子所开，特为选举而改，所谓三代共之者，皆推本三王，与译改《诗》、《书》同意，所谓微言也。兹立学礼一门，凡教学事师之事皆入焉，立《学礼记》。十四

妇女礼无别本，兹立此门，尽收礼文编类成帙，以便讲习，内官百廿皆外官之妻，天子十二女①名见董子，今考妇职与外官相配，立《妇女礼》。十五

小学所传，朱子本多割裂经文，不善。兹除归入仪、容二经外，凡单言弟子礼者归入此篇，《弟子职》亦附焉，立《小学礼》。十六

纬书为治经要秘，兹单钞出纬②学说一门，立为纬学，并取记文合者以相印证立《纬学考》。十七

记文《别录》有通论一门，兹立此目以符旧观，凡属通论礼制者尽附之，立《通论》。十八

记有经学一门，先师说经之书也。兹专立此门，《经解》为主，《丧记》、《坊记》、《孔子闲居》入焉，立《经学记》。十九

记有孔子家说录入者为儒家言，如《儒行》、《本命》之类，集为《儒家说》。二十

记有阴阳五行家说，此亦《洪范》五行之流也，《夏小正》、《月令》、《盛德》之类是也。汇辑之以为一门，立《阴阳五行记》。廿一

自七十子以至哀平，传习皆今学，久则不能无异同，记有异说异劳者，多为互见例，是必求同，凡有不能同者，以为三统说之文，立《三统表》。廿二

《左氏》，汉人以为古学，欲与今学立异，然传本为今学专派，不能遂以为古，如《曲礼》、《檀弓》所有《左传说》，兹仍归之今学。兹立此一门，如《祭法》专篇收入之以外，散见者亦采焉，立《左氏记》。廿四

---

① “天子娶十二女”见《白虎通义·嫁娶》，十二女名目见《春秋繁露·爵国》，此处“女”原刻作“名”，应为笔误，兹改正。

② “纬”原刻作“经”，按上句为“纬书为治经要秘”，下句为“立为纬学”，“经”字当为“纬”字之误，兹据改。

《周礼》为逸礼旧文，《曲礼》六大、五官、六府、六工即其原目，除刘歆羼补，余皆今说，《朝事》、《盛德》、《玉藻》、《深衣》、《内则》文多同《周礼》是也。今既删去臆说，更辑录诸篇以证《周礼》[①]，立《周礼考》。廿五

记有古史一类，如《五帝德》、《帝系姓》是也。此为《尚书》传说之文，兹立《古史记》。廿六

六艺皆孔子所定，当时行礼佚事乃有与《王制》、《仪礼》不同者，此为真周礼。兹汇辑之以为《周礼佚存》。廿七

当时礼论有不为弟子所传，或古人所说多与今学不合，与《异义》有别，此为时论异说，立《礼说佚闻》。廿八

旧以记有今古派，兹并归入今学，其有异义者，立异例四门收之，不以为古。古学成于东汉，皆晚近之说，记中无之也。古书《毛诗》，汉人推《左传》、《周礼》以说之者，古《易》、古《孝经》、《论语》所出尤晚，又汉人推古学四经以说之者，皆为汉派，记无此义，又不能成家，故古学中不立《诗》、《书》、《易》、《孝经》、《论语》五经说也。

---

① 原刻作“今既删去□说，更辑录诸篇以证□礼”，两□为墨钉，此则为论《周礼》，据廖氏《周礼删刘》常用词审之，上空格补“臆”字，下空格补“周”字。

《周官考徵》凡例

《周官》终西汉之世末立学官，传习者稀，师说甚微，源渊不具，实出孔壁，即刘歆《移书》所称之逸礼也。《艺文志》：《礼古经》者出于鲁淹中，及孔氏学七十篇文相似，三十九篇。汉师因此三十九篇厘为六篇，乃为今本。

《周官》，汉儒以为周公作，称为古经，以为古文学本源，据《周官》以说各经，乃成为今古门户之说。今考订《周官》原文，制度实与六艺相同，并无龃龉，无论果否出于周公，但六艺折中孔子，既经论定，统为经学而已，不再立今古之目。

《周官》详于制度，如今之政要，搢绅旧说虽有七名，当以《周官》为正，《仪经》为礼经，乃司徒所掌之六礼，官中称五礼，礼本可兼制度言，但各有正名，宜从其朔。又官系以周，亦如《易》之称《周易》，孔子有从周之言，官系以周以为从周而损益之也。

自来驳《周礼》者，代不乏人，皆未就经文实力推考，其所考驳多为先师误说，非经之过。今将旧有郑、贾误解并流衍诸说改入《古学考》中，以明其误，本经疏义力申本旨，务与诸经制度符同，无古今之异。

《曲礼》之六大、五官、六府、六工，当为《周官》旧题，逸礼在秘府者数十年，元始后乃厘为今本，不无参差失次之病，故冬官迄无定说。古书脱简失次，各经皆有，不足为嫌，今于经文不改旧次，但于经末附《曲礼》旧题统属各官，一表以不没其实。

《艺文志》有《周礼说》四篇，今其书不传，盖已附入经文之中，如《左传说》之附入传文，六官首之序与序官下之府史胥徒是也。以外皆属古经，亦如《左传》并无刘歆羼补，但歆说经好立异同，后人因其误解，遂攻及经文耳。今别出误解、力申经义，以还旧观。

旧刊有《周礼删刘》一卷，以九畿九州五等封为刘歆所羼补。原约能讲明一条则刊去一条，今已将三事说通，全为经制，故将旧名刊去，改入《古学考》之末。缘经虽不误而郑贾师说则误，解经文力求与博士相反，辨明师说异同，当即《古学考》改易以明此例。

旧于九畿、五等封、九州诸条，以十二证删之，今既考证明白，则十二证皆可不立。今因讲明三条，故收回三条，删去刘氏羼乱经文一说。六官分合尚有疑难，今姑以为残缺，一俟已后讲明再行补正，实事求是，不得不慎重也。

《周官》官名职事本有佚缺，如司空、司禄其明征也。今将先秦以前诸书官名职事悉为采辑，然后就本经考其异同，如系名异实同，则取以作注，如为本经所无，则依汇补于各卷之末，如后稷、田畯之类①，补入农官是也。

侯国官职，考经传诸侯官职与王臣名目职事全同，特品秩有异。王三公：司马、司空、司徒，诸侯三卿：亦司马、司空、司徒，以今制言之，京师有六部，下至州县亦有六房，王臣之职掌明，便可推于侯国，非有二事也。今考定王臣后，即由王臣以推侯国，立大国、次国、小国三《职官表》以明之。

军制将佐，本即公卿用兵之时随而命之，非常职，如今之养兵也，考之《左传》、《国语》可见。所有差使，亦多非常职，皆为摄官，今立摄官一门，使不与正官相淆。

政治之学，官礼为近，以所载职事最为明确也。时务之学，莫切《周官》，昔人多以此致误家国者，非经之过，用者之过。今务求平易可行，所有农政、工政、商政、军政、财赋等项，分门考之。

五等封地专指五长而言，《王制》之地三等，则为本封，二者相合，乃为全璧。至所称公、侯、伯、子、男，皆为五长，郑君误以九命之小国说之，今别为《五长名号、封禄、器物、仪节表》以明之，详大略小，与诸经相同。

本经制度实同《王制》，如作伯、作牧、立监、冢宰制国用之类，莫不相同，其大者既已伯牧监皆同，则小者可知矣。今取相通之义，《周官》未备，以《王制》补之；《王制》未详，亦用《周官》相补，合为一家，不立今古门目，以收大同之效。

地志仍用《禹贡》九州，周非无梁、徐，略而不言耳，外州见幽、并，互文相超，《尔雅》之见，幽、营亦同此例，以幽、营属燕、齐，非实指燕、齐也，后师误解之。如《职方》之并多内地山水名目，甚至以北岳之恒归之，此亦由后师误解经文译改校补遂至于此，非经之过也。今于二州皆以要荒解之。

九畿即《禹贡》之五服，《禹贡》每服五百里，又以三百里、二百

① 原刻作“如后稷、田田畯之类”，两“田”字系误重，兹删一“田”字。

里分界，大纲师为五服，细目则为九服，名目里数皆同，是经本同《禹贡》师说，万国、万里皆误也。详《王制图表》。以国蕃属九州，使如师说则蕃在四千里外，何尚以九州之目耶！惟其属要、荒，固可以侯、绥说之也。

经说一门，旧刊《古学考》以为全由羼改，意主攻击博士，今既改订条例，凡旧说此例悉以为经外未经传译之书，如有别解，再行补正。

《乐经》凡例

《乐经》或以为亡，或以大司乐当之，大司乐乃《乐记》逸篇之窦公也。纷纷陈说，悉非的解。窃以乐备六艺，殊无亡理，声容工度，久无不变，《礼记·乐记》为说乐专篇，由记考经，如因影求表，今立经为主，以记附之，大司乐以下论乐教、乐器、乐舞之文附焉，总为一书，附《诗》而行。《论语》正乐，雅颂得所，继绝钩沈，乐教复显，亦庠序盛事也。

《礼经》乐章有二《南》、《小雅》六篇明文《乡饮酒》以二《南》为正歌，《闲歌》、《鱼丽》三，《大射》、《鹿鸣》三，终但言二《南》、《小雅》二门。《乐记》言歌《风》、《齐》、《小雅》、《大雅》、《颂》、《商》，共六门。《左传》季札事言歌二《南》、《邶》、《鄘》、《卫》、《王》、《郑》、《齐》、《豳》、《秦》、《魏》、《唐》、《陈》、《小雅》、《大雅》、《颂》，共十六门，又闲见《文王》之三、《鹿鸣》之三、以例推之，是凡《诗》首三章为乐，故歌《诗》以三为断，又有《闲歌》三篇之例，然诸言工歌者，皆不出此三篇之外，是《诗》首三篇为《乐经》之切证。

诸经传记言工歌者为诗为乐章、言奏者皆乐声工尺之名，非诗。如奏《肆夏》，奏《驺虞》，以此例推，则《貍首》非诗，《采繁》、《采苹》亦与诗名同实异，与笙奏《由庚》、《崇邱》、《由仪》为一类，奏谱铿锵，歌传文字，声律无百年不变、文字终古不磨，谱湮而经存，由经可以反本原、制器声，此经所以不记铿锵而寓之于诗也。

诸经文皆不过二万字，惟《诗》篇帙繁重，据经记《诗》中有乐之文，皆首三篇，今别录为乐经二《南》、十一国风，除《桧》、《曹》二国不用。共三十九篇，大小《雅》、正歌、闲歌共十二篇，三《颂》当属全文。《周》三十篇，《鲁》、《商》九篇，共三十九，合为九十篇。再补以《小雅》之《车攻》三、《庭燎》三、《小旻》三、《瞻洛》三、《鱼藻》三、《泂酌》三，共百零八篇。于《诗》中分此百八篇别为乐，经寓于《诗》而乐存，《诗》分乎乐而诗备。

荀子云：歌《诗》三百，诵《诗》三百，舞《诗》三百，诵属诗，歌舞属乐，全数三百。是《诗》皆可为乐，乐亦可同名《诗》。惟《礼经》传记言工歌者皆在首三篇，是《诗》、乐大同之中正不无小别，又《仪礼》①、《乐记》、《左传》言乐歌详略不同，故不得以一书为据。《左》、《国》于首三篇亦有言赋者，如昭元年穆叔赋《鹊巢》，二年北宫文子赋《淇奥》，襄二十六年子展赋《缁衣》、《将仲子》，二十年公赋《南山有基》。是乐亦可赋，明证《乐记》言六门、《左传》工歌以首三篇为断，此乐《诗》不合之故也。

今立《诗》中百八篇为经，刺取各经乐事为附，经取《乐记》、《大乐正》为记，取诸传诸乐为传，再取子史纬之文以为义疏，大约将陈氏《乐书排纂》别为一书，秦氏《通考·乐门》所引亦颇采之，但门目前后不同耳。至于经文亦就其中推考义例，与《诗》义相关及出入之处，一俟已定，再行补入《诗经》例中。《乐记》分段略用《纂》言之例，考《乐记》逸篇有季札、有律吕、有窦公，按季札即用《左传》，律吕当是《国语》史志之文，至窦公篇则《周礼》大司乐也。是取诸书为记乃《乐记》旧例，《乐记》逸而今补之也。

新周、王鲁、故宋，三《颂》旧说也。文见《乐纬》，知《颂》全为《乐经》。又《乐纬》之文中有门目义类，今悉表出以为大门，于以《诗》为经之说尤三致意焉。

律吕之学最重，缘工尺久则必变，量数则终古不磨，律吕专书，始于经传，迄于近今，官私撰述，可云详备，如有作者可由此制器，由器得音，以合古乐，是作乐之事复古以律吕为根原。

乐德，考大司乐以乐德教国子，即《帝典》夔教胄子之事。中和祗庸孝友，简言之，则为中和、中庸索隐以上，中庸、中和皆为乐德，专说三《颂》，言乐最详，以其为乐经，故于乐事无所不包，古法乐以养德，当与后人不同，宋以后之心学，未免近于禅宗。

大司乐以乐语教国子，兴道讽诵言语。盖乐语即《诗》，所谓诵《诗》。《诗》可以兴，不学《诗》无以言之教也。今于《诗》中分歌、赋二门，歌为乐、赋为《诗》，既分以后，又有相通之义。

乐舞，大司乐以云门、大卷、大咸、大磬、大夏、大濩为六舞，与《左传》说同，诗中虽不立舞专门，然其文杂见各篇，雅颂尤详言之。今以传记言舞之条比附说经，详其义例，务使经中足以包乐。

乐器，据《乐书·八声考》，八州一音化一州，各有所宜，今就

---

① “《仪礼》”原讹作“《仪记》”，兹改正。

《诗》中所言各标宗旨，《诗》惟颂中乐器甚备，乃王者之制也，以下单见者各有取义，务就经传切实推考，不取泛说。

《乐记》，按照原目分篇、依次登列，今据记以定经文，故取诗文以证记，如六歌之风、雅、颂、商、齐，今依次序定齐为《齐风》，商为《商颂》，至歌诗一门、舞乐一门，证以诗语、周召、左右六成，缀崇皆在诗中。又八音钟鼓琴瑟，诗中乐器皆全，所有金奏虽非诗，可由诗推考其义。又郑、卫、宋、桑间濮上，亦可由诗而推，立诗为经，以记为传，以后条目皆求与经传相通。

大司乐以下属官，如乐师、大胥、小胥、小师、瞽蒙、眡瞭、典同、磬师、经师、笙师、镈师、韎师、旄人、籥师、籥章、鞮鞻氏、典庸器、司干共十八职，人皆属伶，书皆为传，大司乐乐师总统。以下为分曹，或掌学、或掌器、或主声器、或司舞具，各分门说之。

子史中论乐之文有言声器、有言名义、有言创作者，今依《乐书》及《五礼通考》所采，再加排比，凡此皆先师遗说钞入子史，多非诸家自撰之文。

传记说乐，除《乐记》全篇外，所有《左》、《国》、两《戴记》以至博士各师说，除陈、秦已采之外，再为补正，所有门目，更加审定。

乐中品级，有天子至于大夫之分，今为立表，乐中又分三事：曰祭，曰祀，曰享，取经传以证之，所有变例隆杀，亦附于后，以别其等差异同。

三代以下乐章，见于各史乐志及乐府诗集各门，言其体例于传记之后，所有文辞亦附于后，作为《乐书汇函》。

古王者除历代旧乐以外，兼用四裔之乐，《尚书大传》所陈是也。《周官》鞮鞻氏掌四夷之乐及其声歌，旄人舞夷乐。又中国八州每州一音八风八佾，每州各主一音，旧说甚详，《乐记》广鲁于天下，《论语》太师挚适齐一章，即王者居中以乐化成八州。旧说一卦一音，主化一州之风教而言之也。

功效同礼。《孝经》以安上治民归之礼，移风易俗归之乐，礼乐乃平治之要道，王者之首务，《乐记》言乐皆与礼对举，文义重复，不便观览，今别为《礼乐原流功用同异表》焉。

立《原流功用表》，《乐记》以外，补以传记子纬，汇萃其文，功用愈著。后世言学术治法者，未能真实用心于此，推尽人已之量。观于此表，弥天极地，乃知见礼知政，闻乐知德，尼山片席所以远过姚姒也。

其分门一致鬼神，二和邦国，三谐万民，四安宾客。

心性之学，古出于乐，宋儒盛推《乐记》以言心性，其宗旨相同耳。窃以六艺门面功用各别，如《书》与《春秋》详政事，心性之说未见详备，惟声音之道由心而发，既闻声可以知治乱忧喜之原，可由声以却乎惰慢陵乱之病，感应之机甚速，和平之效最宏，由此治心，庶为古法，《乐记》由外治内之说甚备。

三德九德，《帝典》命夔立教，以乐立三德九德门目，古人以乐立教，以八音化八州，以刚柔正直化成三德，由三而九，人才由此出，锡命因之，乐所以为移风易俗之要也。《乐记》言刚柔正直，与师乙所言、六歌所言宽柔、正直、温良等字，皆为九德之目，乐之功用此为大宗，乐之有学以斯为准。

音声按五声由人发，八音由器出，乐器贵音而贱声，则凡响皆为声，可入乐者乃为音也。《通考》于五声八音之说最详，今悉取之，证以经传之文，并列其源流以为将来复古之用。

乐通于《易》，按《乐记》自天高地下至一动一静，天地之间也，全用《系辞》为说。以别属礼，以和属乐，由别而和，和而又别，如《易》之以别卦生和卦、又由和卦生别卦也。《易》中言乐之条，更细考之。

古人以制礼作乐为王化之极，功既有律吕可名，则由数制器，由器定音，而五声八音克谐，翕成之道可得言焉。后有作者，功成德洽，礼乐可兴，因时制宜，今乐犹古，既有程则奸蛙无自而成语，三王不袭礼，五帝不沿乐，然则创复古乐不为难事。惟为经所统，经乃圣作，后人无从参赞，至于乐乃声容歌舞之事，后有作者，信不诬也。

乐分三统，以天、地、人当之。祀属天，天神四望，当为地属，山川属地，先妣先祖属人。大司乐以辰。黄钟、子。大吕、丑。姑洗、辰。南吕酉。属天，大簇、寅。应经、亥。蕤宾、午。林钟未。属地，夷则、申。小吕、巳。无射、戌。夹钟卯属人，分三统。

奏、歌、舞三门，为乐之大纲。然奏与舞皆不能久传，惟歌一门在二者之中，可以垂久，因以为经。凡言奏者皆非诗，如《驺虞》、《采繁》、《采苹》皆名同而实异，故《貍首》亦非诗，更立《歌、奏、舞三门同异表》。

大、小《雅》主宾客，人事之乐也；三《颂》主祭祀，鬼神之乐也。于经中细考条例，统括传记，务使经体广大，包孕无穷。

《易经新义疏证》凡例

六经终于《易》　孔子传经垂教，始于《诗》、终于《易》，故经惟《诗》、《易》体裁相合，借物托比，寄怀深远，以《诗》在言志，《易》明阴阳变化之故也。盖六经专明人事。制度、典礼、道术、得失，平实显著，一成不变。方体虽有据依，枢机或昧变化，终以《易象》明示屈信进退之妙，六经稻秫，《易》则醴齐，六经营垒，《易》则兵法，以《易》视六艺，不无精华糟粕之分，然必先考典礼、明道德、详治乱、知是非，下学已精，方语上达，微言启悟，故意不尽言，非六经既成之后不作《易》，非六经既通以后亦不足以学《易》也。

以筮立经

以《乐记》求乐经，即雅颂是也。乐有器舞音律之分，而圣经惟重于辞语，以可传者在辞语，而器舞音律义既甚微、久而必变，难于立教，故取明著简易者以为经，古人龟重于筮，圣经舍龟而用筮，亦以占法微渺，不如《易》象之明著简易也。《易》以阴阳相摩而成六十四卦，商之作者不必圣人，孔子因其象而翻其辞，所云系者借钉挂壶，其妙不在钉也，不过取其简括显明，使人不穿凿于各爻之象，以便专力于所系之辞。诸家图表，汗牛充栋，虽有可观，君子不为也。

《易》出商人，经由孔修

传两言作《易》，以为当文王之时，词疑不决，其不出于文王，是本经自有明文也。记云商得坤乾，是《易》为殷末人作，孔子得而修之，亦如《春秋》之鲁史，是经出于孔修，亦无所谓《周易》、《连山》、《归藏》之说也。古学家创为三圣之说、以文王敌孔子，别为三易之名，犹是攻博士经文不全之故智，文王不已，马陆更足，以周公总之。经由孔修，事无异同，受命作述，岂如经师之为文王作传，旧说甚明，要在学者之自悟耳。

《左》、《国》引《易》，据经传立说

《左》、《国》引《易》，不但经归之古人，即文言传例亦以为全出于孔子之前。审是，则不惟经不出于孔子，即十翼亦皆古说矣。不知季札观乐，服注以为传家据已定言之。盖圣人以经义附之于经，贤者以经说寓之于传，其事其理同也。《左氏》作传，兼传诸经，所言某人筮得某卦爻者，实则卦爻即指其事以系辞，以作为述，故托于筮，其所有训诂义例，皆为汉师所祖。《左》为《易》学之始师，今就诸条推考汉法，不如旧说之以末为本。

释象出于七十子之徒

以《伪古文尚书》出于伪撰，阎氏作《疏证》遂为定案，《十翼》不出于孔子，自欧文忠、杨慈湖以外不下数十家，拟仿阎氏《疏证》体作专书以明之。盖文周不传经，孔子不作传，《大传》有子曰明文，假如孔子作传，乾坤爻辞一而已矣，奚为至于五六见，此在先师当非一人之手，今乃以为圣作可乎？《系辞》既有子曰明文，又有引子曰为断者，如子曰《易》有圣人之道四焉，此之谓也。则非孔子作可知。欧文忠《易童子问》言：《乾》、《坤》传说重复同异，非一家之言，而《说卦》之取象，多于经无干，为术士影射之所祖，诸本多寡不同，又《系辞》亦采合诸家而成，故所列多文异义同，正如《论语》季康子问政三章，同一事而记者三家，文小异并录之比。今欲尊经，必先明传，众星敛采而后日月光华也。

大传问先后不同

诸经皆先有大传以相传授，继传弟子读经疑问，师乃引传说之，如《丧服》其明证也。引传解经如《乾》上九，《文言》引《系辞》为说是其明证。别经传问多佚，惟《丧服》尚全。《礼记》之大传为《丧服》最初之说，当为子夏所作，其名则与《易大传》、《春秋大传》、《尚书大传》同，是《易》之《系辞》，如记之《丧服大传》也。大传统论大纲，不条列经文，是为最初之本。次则弟子疑经而问，师引传解之，如《服问》之引《大传》立说，此其书大约为二三传弟子所作，以其但及大疑总例，尚未依经释义，经每条皆有传。如《系辞》引经之十八条，择要而说，此《服问》之比。但论总巨余可意起，《三年问》与《服问》同例。至于《仪礼》中之《丧服传》与今三传、《夏小正传》同为弟子据经发问，师引传说解之。一经一传，此为晚近之本。以《丧服》之例推之，当名问不当名传，《丧服传》引传曰有二条，文见《大传》，引传立说，则本书不当名传。《穀梁》引传曰者八条，近人不知传问之例，以为刊本误羡者非也。《彖》、《象》一经一说，则例同《公》、《穀》、《丧服》为后师晚出之书，以《丧服》例《易》，则其先后轻重可见。旧说误以为全出孔子，故《易》例不可通也。

《彖》、《象》非一师所作

《彖》、《象》皆问也，最初之问不依经立说，如《服问》及《上系》之鸣鹤在阴八条，《下系》之憧憧往来十条是也。中不皆有问辞，如《文言》上九有何谓也。至于依经立说之书，如三传、《丧服传》、则经多无传，不似《易》之一爻必有一传也。三传虽为传授问难而作，非一师所为，其初立说不过十之二三，渐及五六，渐及七八。至于一爻一传，则更为后来补缀而成，既非孔子，亦不出于一师，所以宗旨不能一律也。

诸家意例不同

传说不出一师，宗旨固难画一，在当日作传之时，有训释象数者，有阐发卦德者，有推衍义例者，有比附人事者，有专详休咎者，其实卦爻全具数义，作传者互文隐省，所谓言不尽意也。且有正解，有反说，有比喻，有对文，使诸卦尽如《乾》、《坤》，文字将近十倍。故因其举隅，心知全体，因其一节，以推万端，由所言以求所不言，更由不言以求所言，不可胶刻，拘于行墨。又《春秋释例》之书，多不顺经作训，但分类立解，一例中神理自相启发，与上下文不必贯通，读《象》、《爻》亦当似《春秋》之法乃尽其妙。

《爻》、《象》广大，兼取诸例

汉宋说《易》宗旨不下数十种，通蔽错见，不能全通，学者每欲奉一说以为宗，而苦于所从。不知易道广大，非一端所尽，圣人当日系辞，洽人事、备王道，除传问大例外，即卦气、爻辰、消息、互体诸法，亦在所包，岂可株守一说而谢绝他术。作者既明言广大，学者岂可自囿诸法，合者取之，不合者别求义例。三传之义尚未足以尽《春秋》，况晚师一家之说，今故于成说之外，推求新例以补先师所未备，固不必专已守残以自囿也。

事、礼、例

诸经皆以事、礼、例三门为纲领。孟子引孔子论《春秋》分事、文、义是也。今就单经本先考事实，下及春秋旧说误以为文周作，故事止于周初，今以为孔修则事及哀定，如《左传》所引诸条是也。礼文博采《仪》、《戴》，而义例则旧法之外兼及新得诸条，并以是三门编为一书。

师说互文，以《乾》、《坤》示例

诸卦《彖》、《象》只一说《乾》、《文言》外，上九一条与《系辞》同。更有下也潜藏、乾元、系辞、上九四说，共六家。《坤》亦有《文言》，使无《文言》以下四说，不能谓传不全，必列五家。易道广大，非一说所能尽以广异义也。五家之说，宗旨不同，师法小异，分别列之，以明宗派，而余卦之异师异法，可由此推矣。使尽同《乾》，则文当数倍今本。大详过繁，大简则孤，即《乾》、《坤》作起例，则皆可推衍为五六说，《乾卦》详六家，余卦则六家各用一爻而文已全。则即《乾卦》六说为六爻互文隐见之起例可也。欧阳文忠以四德与性情之说必不可合，元、亨、利、贞串说与四德不同，诸家解说亦别宗旨，故余卦当以《乾》、《坤》起例，知不言之隐，不可寻行数墨也。

古本

经为孔子所修，《彖》、《象》先师就传衍说而成，三传、《丧服》通行本皆以传附经，《易》则经义多为师说所蔽。又经学以经为归，经之功当十倍于传。凡学《春秋》者莫不先研究单行经本，经义既熟，然后推考传义，以相辅助，故属辞释例诸书，皆单录经不及传，所以事半功倍。《易》则经为传所蒙乱，必先有单经本，研究既熟，然后及传，则义例分明。又《彖》、《象》、《文言》之属，由大传而出，当附大传后，庶不致先后失当。

重卦内圣外王，《孝经》内、《春秋》外

《诗经》多以潜飞起两京，《乾》之潜飞分行藏，是内外卦之分。内圣外王为重卦之分，内为自修之诚、正、修，外为治人之齐、治、平，二爻主《孝经》，五爻主《春秋》，即《乾卦》可见《易》二五为主卦，五为天子大君，二为君子。

中外例

《春秋》有中外，先本国、次诸夏、次夷狄。《易》以上卦为外，下卦为内，内三爻如春秋之鲁，外三爻则诸侯、天子、夷狄。《易》之亲疏远近、往来出入、皆由是起例。大纲如此，细目再详。

六爻分配六经

孔子作六经已，再作《易》以明其变化，借阴阳消长以明进退取舍之道，故以六经分配六爻，专以用爻属《易》。六经如六书之形、事、意、声，《易》则转注、假借，专明四书之用，《易》亦专明六经之用，顾氏《日知录》以《论语》假年学《易》合下雅言为一章，《易》言学雅言四教即此意也。不使有拘泥滞塞之敝。内三爻圣，以二为《孝经》，外三爻王，以五为《春秋》。《孝经》统《诗》、《书》，初为《诗》，三为《书》，《诗》、《书》自治，《孝经》引《诗》、《书》二经为说是也。《春秋》统《礼》、《乐》，《礼》四、《乐》上，《孝经》安上治民莫善于《礼》，移风易俗莫善于《乐》，礼、乐王者治世之要务，《春秋》统之。

通三统

《易》之三统，有前后之分。前三统黄帝、尧、舜，而庖牺、神农为二代。夏、殷、周为后三统，而尧、舜为二代。黄帝以下乃称帝，则五帝从黄帝数，庖牺、神农以氏称者，则不在五帝之数也。旧说以为文王作，则三统不全，今订为孔子所翻，然后全有三代，与诸经通三统之例相起。又一说三统之义，以父母为尧舜，长男女为夏，中男女为殷，少男女为周。

八卦配九州八风八音

《说卦》四方例之说，又以分配九州八风，一州一卦，州九卦八，不足其一，盖以《巽》统东南之徐、扬二州，《论语》少师阳击磬、襄入于海，州虽二而方同，是徐、扬属《巽》之说也。《坤》在西南不立州，则移于中州为王畿，《坤》土黄六五之黄裳与《诗·绿衣》之黄裳，同为中州王畿言之，《坤》在中为王居，四方八州以七卦配之，《坎》、《离》、《震》、《兑》为四岳，《乾》雍、《艮》兖、《巽》徐扬，凡言州地者以此。八音则《坤》磬居中，《震》鼓、《兑》钟、《坎》竹、《离》丝为四正，《乾》木、《艮》土、《巽》匏由九州之说而定，八风亦由此而推得之。

《戴记》说专篇

《戴记》之《本命》，《郊祀志》刘向引称为《易大传》，是《本命》与《系辞》同为《易大传》也。考《丧服》所引多为大传所无，是古之大传不止一二篇也，至《易·本命》则更有明文，《中庸》明诚变化亦为《易》说。

四爻配帝王周孔

《庄子》：在上则为二帝三王，在下则为玄圣素王，此《易》说也。合则五为天子，二为君子，分则初为孔子，三为周公，四为王，上为帝。《乾》、《坤》潜伏履霜，多为孔子自说。外六十二，初爻义皆同《乾》，三为周公，上不在天，下不在田。终日乾乾，余六十三，三爻多为周公立说，四王、上帝义例同此，实即内圣外王之《孝经》、《春秋》而小变其说以人实之，亦如《春秋》之行事深切著明也。

南北迁封，《既济》清平

《易》言攸往，利涉一切迁变之说，皆为《坎》、《离》而发。以性情言，则火炎水湿，《未济》之象，六爻皆失位。为《易》第一失位之卦。以经义言之，圣人开辟南服，南北迁卦，俗所谓取《坎》填《离》。阴阳互易为《既济》之象，水在火上，六爻皆得位。亦为《易》第一得位之卦。《诗》云：原隰既平，泉流既清。故《诗》多取《既济》之义为说。

六十四卦分配八伯、五十六卒正

《易》定数也，圣人封建之制法之案《王制》，天子统二伯，二伯统四岳，四岳分统八州，八方伯各统七卒正，合为五十六，加入八伯则为六十四。《易》以太极统阴阳，阴阳统四象，四象主八卦，每卦生七卦共五十六卦，合之原卦共六十四。天造地设，不得不谓封建由《易》出也。《春秋》见国旧撰图表，每州见七卒正，合之方伯为八，王畿别算。然则《易》亦当以六十四卦配八伯、五十六卒正矣。就中以《坤》居中主豫，王臣所居，太极阴阳在焉。以外一州八卦，由每州生卦以为卒正，冀《坎》、青《震》、梁《兑》、荆《离》、兖《艮》、雍《乾》、《巽》徐扬，更以各州之七卦配《春秋》之七国，《易》之取象，此为大例。

上下图

《说卦》天地定位四句，俗所谓先天图。与帝出乎震，说四方者相起，所谓上下四旁、合为六宗者也。首言天地定位，以天地为主，雷风本天，山泽本地，水火居中，水属地，火属天，炎上流下，二者中分，旧说误以为亦言四方，以《兑》次《乾》，以《震》次《离》，今改为《乾》、《震》、《离》、《兑》，以风雷居天左右，以山泽居地左右，上天下地，方以类聚，物以群分，凡经传上下诸说，皆由此推考而出。如《乾》九五变《离》，火炎上，《坤》六五变《坎》，水就下。炎上故云在天，就下故取黄裳。《文言》曰水流湿，火就燥，本乎天者亲上，本乎地者亲下，为《乾》、《坤》五爻而发，凡经传上下之例，皆由此图而出也。

四方图

《说卦》帝出乎震一节，俗所谓后天图。为四方例，《诗经》与《月令》、《尚书大传》所言四方皆本此而推，与天地定位合为上下四旁为六宗，凡经传言四方者皆由推考。如《坤》在西南，移居于中，西南旧居，东北对待，故以得失言之。一说以《乾》为天子，《坤》为王后，《艮》、《巽》为二伯，《震》、《兑》、《坎》、《离》为四岳也。

三统四岳合图

《论语》太师挚四适为四岳，齐、晋、秦、楚即《尚书》之费、晋、秦、甫，《易》之《震》、《兑》、《坎》、《离》也。四适为四岳四隅之卦，合为三统。移《坤》居中，《乾》雍、《坤》豫、《艮》兖、《巽》徐扬，一说《艮》夏、《巽》商、《乾》《坤》配周之东西京通畿，二卦合为一代。今订为鲁兖、周雍、《易》本素王，徐为留都，豫为东都，东西通畿，二卦为两京，故飞龙与黄裳文见《柏舟》、《绿衣》，是以徐《坤》属商，所谓笙磬同音，专为此例言之也。

元亨利贞例表

欧阳文忠以乾元者始、而亨利贞者性情也，与四德平列，别为一师之说，考圣经文义，以后说为长。又四字全见者，《乾》、《坤》外《屯》、《随》、《临》、《无妄》、《革》五卦，《象》释《屯》、《随》曰：太亨贞，《无妄》、《临》、《革》曰：大亨以正，皆无利字之解。《文言》曰：君子行此四德者，故曰《乾》元亨利贞，是《易》中惟乾一卦四字连文，《坤》已云：利牝马之贞，然则五卦之利字同为羡文矣。据传订经，止云元亨贞无利字，可知《乾》、《坤》四字皆全，以下借文互见，分有《乾》、《坤》之一体，今立此纲，余再推考。

《论语》

《左传》为释经总说，《论语》为诸经总例，微言大义多具于斯，以空言说之未能深切，必证以经文，义乃大明，如过不及与中正，《易》之得位不得位也，君子小人，《易》之阴阳邪正也。损益、群党比周、仁义性道，尤为明证，故《大传》所引圣言多取之《论语》，今仿其例，凡《易》中文义与《论语》切合者，备引作证，合之两美，相得不益彰哉！

卦象考补

诸卦取象旧说，有本义，有假借，有举隅，有推类，有经师专说，有经外别传，八卦之取象，至于三百余条之多，其中有字误、有夺写，今悉为考订，分别正变，不足者补之，误者删之，编为一书，大约以明白简要者为主，若过于附会支离，则概从删削。

九家

《班志》论九家：引《大传》殊途同归、百虑一致为说，《易》道广大，兼包九流，六艺之外，此为大宗。今采辑九家专书引《易》立说之条，附于经下，以标宗旨。纲领既立，子目余说更为推广，经文简略，未畅所言，证以群言，实义乃显。

属辞比事

宋元以来，说《易》诸书，多推衍图象，累牍连篇，各矜所得，千奇百怪，殊惑听闻。不知借象系辞、义重于象，既以依象立辞，则但当就经立说，不必支蔓，如《春秋》未经笔削之先，当千百倍于今之经文，既以立经，则不必穷搜远引未行之底本、删削之异闻。治《春秋》

者有属辞比事之书，专就经文推考义例，《易》反无此书。惠氏《易例略》有此意，书未成，亦未盛行。今仿《春秋》作《释例》一书，分经传为二，一字一句备列其文，实物虚字，大义孤文，悉为征引，加以论释，《春秋》有起文之说，《易》尤重之。虚字如大小、往来、进退、消长之类，共百余门。

明用

《乾》、《坤》为《易》之门，诸卦皆分《乾》、《坤》之画而成。故《乾》、《坤》为父母祖宗，特添用九用六两节，明六十二卦皆由《乾》、《坤》而生也。六经成文，以《易》用之，六爻定位，以变用之，《易》为六经之转假，用又为六爻之转假，于文中为中的用从中从卜，则用为《易》专字。卦变《乾》六十二变成《坤》，《坤》六十二变成《乾》，《乾》、《坤》各三十一变，则用九用六者专指此诸卦之体而言，不谓《乾》、《坤》六爻皆变也。诸卦分《乾》、《坤》之体而成，《乾》初九为《姤》，《姤》但明潜龙之义，《坤》初六为《复》，《复》但明坚冰之义，由此而推，生生不已，卦变但言《乾》、《坤》，乃为经旨，诸卦皆为六十三变，则不惟重复杂沓，经《乾》、《坤》二用之义，反为所蒙蚀矣。

三德

《洪范》三德：刚、柔、正直，分配知、仁、勇，三公其源出于《易》，阳刚、阴柔当位则正，天地之道，人才之德，三者足以包之。《易》之义例，尤莫外焉。阴阳除《乾》、《坤》、《坎》、《离》外，共三百六十爻，正直三分取之一，各得百廿爻，正直即在刚、柔之中，故传记所言，刚、柔、正直皆由此推之。三公：刚司马、柔司徒、正直司空，一公三卿、九大夫、二十七元士、八十一下士、得百二十人，三公三百六十人，则除《乾》、《坤》、《坎》、《离》四卦，即每一官占一爻，其视爻辰、纳甲等为切要也。

九德

《皋陶谟》九德，即《洪范》三德，由三辅一化为九也。三德之文刚塞、柔立、温直、乱敬、愿恭、简廉、扰密、宽文、强义①，固详见经传，当编录为一类者也。而九德所包之异文尚多，一德应一锡命，此

① “强义”原脱。《尚书·皋陶谟》载九德为“宽而栗，柔而立，愿而恭，乱而敬，扰而毅，直而温，简而廉，刚而塞，强而义”，原刻引此颇有倒错讹夺。然下文云：“九德所包之异文尚多”，于其倒错讹误处可姑置勿论，而脱“强而义”一德则不足九数，谨补“强义”二字。

官人之要道也。又《系词》言德九卦，即九德专条。所谓和而至、尊而光、小而辨、杂而不厌、先难后易、长而不设、穷而通、居其所而迁、称而隐云云，即《谟》九德之异文。基本柄三者为纲，以下为目，此乃全经大例，当类辑各条以说之者也。

经文互省

经互文相起，以《仪礼》为大宗，《易》亦如此。如吉、凶、悔，卦爻不皆有其文，有者或重复焉。总之，对峙之卦，义皆相起，既见一端，必有全体，有见有隐，当由所见、以推所不见，如《公羊》上天子、下方伯，则中之二伯可推，每爻必辞占俱全，但言《象》不言《占》、但言《占》不言象，此均当推例以补之者也。今于象、变、辞、占四门，每爻必求全义。

卦象六十四以释例

六十四卦为六十四天下，每卦象曰皆有以字，其中一大人、二后、七先王、五十君子，所言制度典章、道行道艺无不该，大人古帝、二后尧舜、先王三代君子，则周孔也。今立为一表，以《王制》制度、三公六大所掌，及三德九德分别条目以释之，此为大纲义例。

贞悔

内卦为贞，外卦为悔，此《洪范》之说《易》中大例也。而文与悔亡利贞之贞悔相混，而贞悔二字遂无内外分卦之解，今别立表细为考订，以还古法。

训诂

《易》文多古字，不可以俗义解释，故最重小学。如大有为、祭肉、同人、会同、随为卵之类，故尤重小学。又卦名多一爻一义，不可蒙混解之。

要义不必在本条

《左传》解经要义多不在本条，而见于无经之传。《易》亦同此。卦有对峙，多于一卦兼包别卦，如《乾·文言》火就燥为释《乾》五，而水流湿则释《坤》六五，《坤》下但言在中、并不言裳之下，义此类最多。又《左传》凡以一二字、一二句解经者，多因别有详文起伏照应，不待烦言。而《易》之简略者，文多别见。诸象曰有录经文加一二字者，有但录经文不加字者，有随文敷衍无实义者，此类皆为通例，义见他条。本可不加传说，因本经一经必加一传，故其文如此，当因所不言知其所言，通贯其义，不可亦以简略了之也。

分别家法

三传非一家之言，故不无出入，《公》、《穀》所存异义，间引先师姓氏以别之，如所称沈子、尸子、高子之类是也。其不著姓氏有称一曰者，有称一传者，有称或曰者，可谓分条流示以墨白矣。而《公羊》之说犹不免有彼此异、前后互异之处，则以师非数家所尽，未尽标其同异也。《易》所称之子曰，不尽为孔子，先师名氏如《左氏》不一详焉。今除消息、错综、卦气、爻辰诸法，凡合传总说、对文反语、引伸假借，逐条细为分别，不使蒙混，以为全传皆出于一人一时所成也。

屏绝术数

古今艺术莫不祖《易》，占卜铅汞皆假以为说，《易》道广大，物理固不能外，然异端邪说无益人生，徒乱经旨，彼虽自托而非种必锄，今于《艺文志》除六艺九家外，以下学派则不取之，恐流于淆杂也。

正《周易》名

《周礼》三易之说，乃刘歆攻博士经之伪说，《诗》之赋、比，与《易》之《连山》、《归藏》事同一例。《易》作于中古，孔子得之，翻以为经，《大传》、《礼记》有明文。古文家攻经不全，六十四卦不能加，则创为三易之说，以博士所传只三中之一，以本经专归之周，考之传记，全无依据，《左传》所称周易，亦为古文家所加，当以《易象》之名为正。

删例表

汉师家法多矣，宋元以后又有所加详，及微细大纲反在所略。今别纂新例，凡旧法过于穿凿支蔓、无与全经宗旨者，则删之别为一表，详所削删之义。

《论语汇解》凡例二十八条

微言　《论语谶》：仲尼没，子夏等六十四人撰仲尼微言以事素王。① 此《论语》专说，然则所录皆授受微隐之秘传，非《孝经》、《礼经》明白显著、日用行习者可比。盖天生孔子，祖述六经，师表万世，匹夫制作，义属非常，翻旧为新，寓之前哲，实为王者改制之事，犹托庶人不议之规，其中损益择从、受命自作之事实，弟子著之此篇，故谓之微言。使非此篇之存，古文家尽夺孔经归之文、周，国史旧文无预尼父，学者亦随波逐流、无所依据以重光圣学矣。宗庙百官之美富不能久湮、及门造膝之心传，势必更显，非常之说，专属天生，固不可终绝，亦非后人所得借口。

受命制作　经义非天子不云天生不托天命。《论语》动言天命，孟子以孔子为五百年继周之王者，又云仲尼不有天下，即所谓素王之说也。《论语》本记微言，故多非常可骇之论。斯文则统承文王，躬稼则事比禹稷，叹凤鸟之不至，商饩羊之可存，即以从周而论，鲁国大夫、周家臣子，从周夫何待言。况言从即有不从之义，本系受命，故语异常科，后人不知此义，谓圣语皆属庸言，学僮发口，便思攀拟，苟有异同，皆以俗解销灭其迹，以金科玉检之秘书，下同《急就》、《蒙求》之读本，天生至圣，见解不出三家村②学究之外，斯可伤也。须知示人行习，别有专书，庠序微言，不可轻授。六经粗通大义，方可语以精微，苟不明等级，妄欲实践圣言，则亡身丧家自罹刑网，乃归过《论语》晚矣。

分类编纂　《朱子语录》行之未久，编为《语类》，后儒虽有异同，而学者便之。六经为圣人手订，次序各有精义，属辞比事，《春秋》之学，首重编例。《论语》为弟子杂记，本无次序可言，同类错见，各篇依经排写，殊少贯通之妙。今编纂解说，预先分类，或同或异，各占一门，附以《集语》，再加新义，编纂已定，仍依本经次第钞写，以还旧观。兼取《语录》、《语类》之长，而祛其二者之弊，名曰《类解》，以示贯通之义焉。

---

① 原刻作"弟子子夏等六十四人纂孔子微事以事素王"，据前《王制学凡例》所引无"弟子"二字，"纂孔子微事"作"撰仲尼微言"，兹据改。

② "村"原讹作"材"，兹径改。

空言义理之误　孔子教人，大而内圣外王，小而日用行习，六经言之详矣。凡《论语》所记，皆弟子从后追录，非经传之要例，则制作之大纲，决不空言义理。如近世家训劝善之书，魏晋以下乃以为圣门训戒之专书，所言皆训戒学人之语，须知六艺所陈、精粗备举，《春秋》之义见者不再记录。圣贤遗言，一条有一条之用，在当日皆众人所不知，斯文不可少。如雷霆之震动，如日月之昭明，凡在常言，皆别有隐义，如但言义理，则老生常谈而已。

知圣　圣学根柢六艺，包括九流，宰我、子贡方窥美富，古学诸儒所言，皆不得其仿佛者也。"卫公孙朝"四章，汇记子贡知圣之事，《孟子》动心章发明此义，可谓深切。盖自有天地以来，一圣而已，前王因之圣，后王以为师，前不必有孔子，后亦不再生孔子也，学者必具此识力，方足以小窥宗旨，自扩心思。魏晋以来，误于人皆可为尧舜一语，莫不师心自圣，实则委琐迂腐，无铅刀一割之效，人才之坏，经艺不明之过也。须知圣人如天如海，极力追攀，不过得千万分之一二，非假托玄远，可以坐致。又圣人行事，见于《世家》，旧解多与史异，史说皆有所本，今考订异同，以史为归，自强御夷之术，固不必外求也。

群经总例

《左传》为群经之总汇，《论语》则作述六经之要秘全在焉。考《经解》一篇，兼说六艺，以一人通群经，其次第得失，各有条理，及门与闻，著之此篇，以明宗旨。今类集总说六经总例者为一类，如兴于《诗》章、雅言章是也。

《易》　群经惟《易》与《诗》多见君子明文，《诗》皆称颂之词，《论语》以君子小人对勘者皆《易》说，如周比利同及损益三说，其明切者也。外如中正、过与不及，莫不由《爻》、《象》取义。今列其文，证以实象，至于文句相同，如先难后获、不见知而无闷、得服之类附于后，推类钩考，当更有新义。至于阴阳消长、天道流行，与夫仁义性命道德之说，亦《易》之所统宗，今悉取之。

《诗》《论语》经说于《诗》独详义例篇章功效，传受各例皆有专条明说，而思无邪与兴观群怨均难得其实际。今类集《论语》以说之，庶得其详。素以为绚句非逸诗文，乃师说以释上二句，后素即《商颂》殿末解说亦用兮字者，如《易·文言》、《彖》、《象》多学经体，《关雎》兼指三篇，一成哀乐皆《诗》明文。凡此类皆删去误说，以求正义。

《书》《论语》中推详帝王者皆《书》，说尧曰章为主，论尧、舜、禹、汤、文、武、周公者附焉，巍巍乎舜禹之有天下四章为一类。书王鲁、梦见周公，则素王学玄圣，精神相通，见之寤寐，即《商颂》殿《鲁颂》之意也。《书》以政事为归，凡外王之事，如问政、安民、治国之类，悉以附于书说之后。

《春秋》 礼乐征伐自天子出二章，即《春秋》之三世例也。庶人议即谓作《春秋》，陈司败所言谓之吴孟子，即指《春秋》书法而言。凡讥刺时流，亦《春秋》改制因行事加王心之说。外如季氏伐颛臾，陈恒弑君，诸夏不如夷狄，论桓文之正谲之类，皆《春秋》宏纲巨领，后来三传祖此立说，今类集其文证以三传义例，并取《论语》以为三传例本。

礼乐 孔子制礼作乐以垂为经，孟子所谓知政德者是也。论三代而从周，别《武》、《韶》而取舜语，说礼乐或言其本原，或论其流弊，或详其等差，或说其终始，皆自取制作之礼。而大师挚适齐章，则广鲁乐于天下以化八州，所谓八风和八方平也。

《孝经》《为政篇》连记四"问孝章"，此孝经家说也。生事之以礼三句，孟子引为曾子语，曾子传《孝经》，故孟子归之。以外错出之文尚数十条，有为传说，有为通论，外如事亲事君、孝之终始，择要录之。外如子所慎齐战疾、见义不为、祭如在之类，亦附之《孝经》类也。

《容经》说 《乡党篇》全为《容经》传说，以志色视听言动为纲，非礼勿视四句为专条。九思章亦属此类。圣人以身立教，故篇首举孔子立说，实则制作之言不皆实事也。其中缁衣三句，又别为《诗经》例说，至篇中记圣贤之言貌容色尚数十条，今类集之以见为《容经》一家之学也。邦君之妻章亦入此例。

包括九流 九流为六艺之余裔，各分圣人之一体，盖同祖仲尼而性近小别，后来弟子各尊其师，张皇所短以为新异，论议歧分遂成别派。考《班志》论九家多取《论语》为说，以圣人广大无所不包，枝叶虽分，其源可溯。无为即道家之旨，仁义为儒者所宗，形法既有明文，坚白是所托祖，由从质而成农、墨，因言语流作纵横，杂家、小说亦莫外焉。今证其义，可见《论语》无所不包，一语之微遂成宗派，乃知圣无虚言、学有总汇，殊途同流，百虑所以一致也。

立教 庠序之教，《大学》、《学记》详之矣。《论语》以此为大门。雅言以四经为主，执礼包乐言之。四科以三公居前，文行忠信各有旨归，进退启发莫非妙用。君子之教何只五门，忠恕之传，统归一致。《戴记》有学礼一门，此即其纲领，类辑其文，细分子目，同源一贯，以为学人级阶。

文质　文质之说，王者大纲，二者不偏，乃为至当。《论语》或取伯子，或讥子成，盖上古简略，由质而文，孔子定礼自当从周，此一说也。孔子殷人，以商后自托，故《公羊》家有改文从质之说，《论语》一主创制加隆，一以王后自比，而野史一章折中一是，彬彬合中，是为定制。须知法久必至于敝，矫枉难免不偏，救弊之言与通行之义，固两不相妨也。

三统　诸经皆有三统义，《论语》之社主松、柏、栗，三统循环指法三代之后王而言。孔子学礼首及夏殷为邦，兼采四代择善而从，固非专已守残者可比。又孔子制礼从周加隆，空存其说，当时不能全见施行，而有文胜近史之说，此盖为百世后预计三统循环之流弊。礼家所谓文弊则救之以忠，其所谓周指法周而王者言，非当日之周也。文弊旧说未明，斯义当急正者也。

素王素臣　孔子以庶人身与制作，故先师有素王之说。孟子曰《春秋》天子之事，《论语》无臣而为有臣，即所谓素王素臣也。篇中言王道熄、天命制作，不下四五十章，后人不知《论语》多微言，圣贤自明非教人行习之书，乃学圣人先从《论语》始，于非常之论不加驳斥则创为别解，于是圣言专为三家村教学老儒而发。凡讲说者亦莫不以尧舜周孔自待，其敝至今亟矣。考《纬说》孔子三公四辅即今十哲之说，颜、仲为司马、司空，今用全其文以明古义。

商订礼制　古说以孔子惟《春秋》出于圣心，余者皆与及门商订，故《论语》此例明著。盖草创礼乐，事乏前规，函丈考详，不弃葑菲，如子贡弃朔羊、子张询损益、高宗三年推求古帝、国恤朞月模范后王，凡此之类，皆弟子与闻制度，不厌参稽，必明乎此而后知谅暗为绝世之奇闻，免怀为牛刀之戏语，国丧汉文改臣民为以日易月，奉行至今。宰我以臣民从服必如《帝典》三载四海遏密八音，则必有礼坏乐崩之惧，专为天子言之。孔子以期年亦难实行，而使天子以尊降又不可为训，其意难与明言，故答语如此，专为国恤商定，非宰我自欲短丧也。

三公　知、仁、通，三公也。食、兵、信，亦三公。孟武伯、季康子所问三人，三公也。子路、曾皙章前三人亦三公。言志、行藏二章，颜子、子路[①]则三公之二伯也。《论语》中凡三公之说不下数十章，今类辑其文互相启发，乃知非以三公为说则文嫌错杂也。

周游闻政　孔子周游非以求仕，天命有在，五十已知，惟是九州风土、四代典制，必须周游乃定取舍。《论语》开宗即以闻政标其宗旨，以见驰驱不为投贽，自卫反鲁然后正乐，此周游之效也。《禹贡》之山川、南北之风气，二千余年犹不能出其范围，非神智何能如此！俗说乃以孔子急欲求仕，又不能下人，所如不合，岂知圣人道行德和捷于影响，子禽且惊其奇，子贡略窥其奥，而俗说乃以腐儒视孔子，且以迂谬固执学孔子，天下所以无人才也。

观人　帝王之要，首在明德，《戴记·文王官人篇》即圣门选举黜陟庆削之旧章也。《论语》视其所以章文见其中，《论语》略而《官人》详，其实一也。以外凡褒讥诸侯大夫与进退及门诸子，皆为官人立法，其于君子小人义利之分，尤极毫厘之辨，学者欲求经世之务，当以此为第一义。自古明王贤相莫不知人善任使也。

及门　孔子弟子，史公别为立传，此等识力，非深明圣学不能也。孔子后儒分为五，诸经之传授、与九家之流衍，皆由此分别，不可不详考者。纬说子路为司马，与颜子同为左右辅，故《公羊》特出二贤之卒，《论语》言志，二贤与俱，子路亟见驳斥，乃深喜之故为戏言，如回也非助鸡用牛刀之比，后儒于子路动加讥讪，乃大误也。今类辑诸贤行事，证以史文，而其学派原流并加详考。

三德九德　孔子至圣，克明峻德，固非三德九德所能包。记者推测所及，言各一端，有可相证者，如温而厉一章为柔刚正直之德，三变之俨、温、厉，五事之恭、宽、信、敏、惠，燕居之申申、夭夭，皆是其例。又弟子各有德容，互相启发，其宗旨不殊，如訚訚、行行、侃侃，此亦三德。司徒柔，司马刚，司空正直也。其他散见之文，直、愿、信三德，狂、侗、悾。以[②]及乡党所言，尤不一而足。圣贤观人论世，每举此以为绳尺，立此门目以收之，《尚书》以明德慎罚为大纲，明德者用人之法也。

讥时改制　居是邦不非其大夫。《论语》多刺时之言。又《春秋》之义，每因人所惑而为之立义。至于其事明著、道路所知，则不待圣人

① "颜子、子路"，原刻作"颜子子子路"，显衍一字，兹径删。

② "以"前原有衍文"悾"，兹径删。

而明，亦不必记录为说。且春秋时贤动用僭礼比之，斯世乃属希闻，岂古人愚而今人知耶！盖周公制作之说，原属寓言，名器不假，本为新说，辨上下、决嫌疑，乃仲父之新章，非周家之旧典，就时人通行之中设立等级，指为上僭，或云违古，此乃讥时以立制，初非旧礼彰明、不辟讦上之嫌也。此等刺讥宜辟祸害，《公羊》云定哀之间多微辞，故《论语》为微言授受秘本，非日用教人之书也。

辑古说　《论语》有真古说，见于秦汉诸书中，说者不加采录，殊为遗憾。如《说苑》论子桑伯子与子路瑟声，《白虎通》说四饭为天子食四方之类，遗文坠典，一字千金，今于前人采择之外，再细搜求，文异事同，皆在所录。并仿陈氏《三家诗遗说考》之例，辑为《论语先师遗说考》，必使本经儒先微义不致零剥，其有益道①术不小，前人但就明文小事辑录，此则务须力尽其事耳。

附录《集语》　孙辑《孔子集语》为治《论语》为要要之书，盖《论语》记录圣言过于简略，多浑穆不得其旨，诸儒得各以己意立说，而《集语》则别有详说之条，在《论语》为一二语，《集语》有至千百字者，此当急引详说以证明者也。即使多寡不殊，而文字异同，起悟不少，今故依类将《集语》文全附于《论语》后，得借证之益。又《礼记》、《左传》等书孙本未辑，亦当援例将其文补入。圣言固不可散佚，以《论语》为经以统诸条，合之两美，集为大成，此固庠序不可少之事也。

类记异同　《朱子语类》，同一说而记者小异并录之，以广异义。窃以此例《论语》中已有之，如季康子问政三章，问同答同，本一事也，记者三家，其文小异，遂并存之，亦如语类之例也。其散见之条，亦有此例，学者因其文字小异遂别绝之。试观《集语》所录，同为一事而详略互省、貌异心同者，不可覼数，以此见读书当观其异同，不可寻行数墨过于沾滞也。如不患人之不已知三章文字小异是也。

以上共二十八②条，别有新义，再为补入，更乞同志加之箴砭，匡所不及，是为大幸。

丙申二月花朝日井研廖平自识

---

① “道”原讹作“通”，兹径改。

② “八”原讹作“人”，兹径改。

《国语义疏》凡例

韦氏误以《内传》、《外传》分《左传》与《国语》为一人之作，前人驳之详矣。然其叙传曰：昔孔子发愤于旧史，垂法于素王，左氏因圣言以摅意，托王义以流藻。其叙《国语》以为与经艺并陈，非特诸子之伦，盖韦以《传》因《春秋》而作，《语》因群经而作，实则《左氏》全书分国系事，本名《国语》，为群经作传，史公所称《左传春秋国语》是也。后来左氏弟子专取《春秋》一门编为《左传》，加入经说，遂与《国语》歧而为二，《语》先《传》后非先作内后作外传，固章明较著者也。

昔者圣人作经，《春秋》以外之《诗》、《书》、《礼》、《乐》、《易》，其笔削同《春秋》贤者作传，《春秋》以外之《诗》、《书》、《礼》、《乐》、《易》，其解说亦同《春秋》。圣人因事加王心，贤人即事明经制，亦莫不相同也。服子慎注传季札观乐事，以为传家据已定言之，实则不但《诗经》如此，六艺莫不皆然。六经微言大义，因事以传。左氏固古今第一大经师也。旧以《国语》编入古史，殊失其旨。

群经皆有大传，今有考者《丧服》、《尚书》、《春秋》而已。《国语》则群经之总大传也。一大传之中可以分出六七门，孔子因史事加王心，因卦爻系吉凶，《国语》之因时事托经说，其意同也。后人论《国语》之文，以为冗芜，不知意在备录礼例、籍事寓言，非有意为文。如救火一事，以奏对言之，不过数语已尽，特救火典礼别无所附，不得不备言之。必知为经说为据已定言之，方能知其用心所在也。

《国语》今惟存周、鲁、齐、晋、郑、楚、吴、越八国，以春秋名国言之，如宋、陈、卫、蔡、秦、曹、莒、邾、滕、薛、杞及燕十二国皆无之。洪氏、林氏皆有补《左氏》之例，旧撰《左传补证》，以为传文已极繁重，别补于《国语》。今用《绎史》为蓝本，所有诸子史由《国语》采入之文，仿裴氏补《三国志》之例，分国补之，除春秋诸名国以外，有事迹专属一国者悉照国名补入，补文低一格，于末注引用书名。

考《周语》、《晋语》文例，是《国语》原文乃一君一篇，晋由武公至昭公共九代，此《国语》原例。又以《晋语》论每代之文，亦为摘录，非全文。《齐语》一篇，只桓公初年谋伯事，余皆缺。《郑语》只桓公与史伯谋迁一事。是所存八国亦为残本。今据《史记》谱牒，各国每公一卷，按代补入，所有《左传》已具之事，文见别书有异同者，亦行补入。以《左》、《国》今本原有同见小异之事，《管》、《晏》、《荀》、《韩》、《商》、《贾子》、刘子政尤多《国语》佚文。

传用《国语》纪事，间截去原文首尾，又多分纪琐事，《左传》乃镕化贯串之，如晋、楚鄢陵之战、《晋语》临战言鄢之战。鄢之役凡五段。磨笄之战，《国语》亦分数段，传则补缀其文，以数篇为一篇。又《国语》一事互见二国，文不无互异，传或单录、或兼取。见经之事，今《国语》有之，传乃间以文多不录。《国语》与《传》异者为异本，或别国异文。

诸国分代补完之后，所有制度典礼、义理得失，各门按照各经分篇编为大传。如论律吕编入乐经，命官佐贤编入《尚书》，救火编入《春秋》，以外皆用此例。事兼两经者可以并存。《左氏》不空言经文义例，必因事见义者，即《春秋》深切著明，《左传》不以空言解经之意也。大传既立，然后微言隐义愈见昭明，大传之书亡佚者十之七八，得此辑录，尚可恢复旧观。

《国语》于分国之中仍有编年之意，每条之末多具断语，与其后来得失成败之微验，今传不录，但详后事。又与传年月不无差迕，或《语》有而《传》无，或《传》详而《语》略，今悉审订一是。又《国语》各国自纪年，今传易为鲁有改易未尽之条，于传下注明之。

诸经师法大义与典章旧说，其存《国语》中者，今务考证推广、扶微继绝，悉引以说各经。于《国语解》中亦详引各经原文义例以证明其义。至其事迹典礼有与传及各经传小异者，各以参差本末例推求，细心考校折中一是。如封国、律吕、职官、祭礼之类是也。

二传解经引师说，《左传》则必托之当时名公巨卿。又《左传》经说多不见本条，别出前后，实则《国语》之例，因事附见，不专在经本条。如二传刻桓公桷典礼，文见《晋语》张老对赵文子，诸如此类，旧误以为闲文，今悉引注本条之下以相印证。总之，《左》、《国》无一条不为经发也。

两《戴记》中有《国语》专篇典礼，如祭法是也。其分条解说之文[1]尤多，今悉互相印证，以收两美之效。又有《国语》纪事之文，如《檀弓》赵文子论随会事，悉互证之。

---

① “其分条解说之文”，“解”字原涉上“条”字而衍一“攸”，兹径删。

《国语》依经立说、而无解经释例之文，与传有说者异，然与传同为一家传之凡例，如侵、伐、袭、社、雩之类，原文皆出今本《国语》。又《异义》引《左氏说》董伯为尸日祭月享之类，亦见今《国语》。又《国语》多缘经立说之文，今解《传》用《国语》为详，解《国语》亦多取《传》文为证。

春秋时事，诸子以外如《史记》所纪之事，《国语》有《左传》无者为传失引，当据《语》补传。《国语》、《左传》皆无者，《史》所据全本当报《史》补《语》、《传》。《左传》有、《国语》无者，当为《国语》今本脱佚。《左传》略，《国语》详，为《左传》摘录《国语》，如晋文出奔之类。其文小异者，非别本则兼采二国之文，三书必务求贯通与所以异同之故。

圣门四科，言语居次，受命专对，古人所难，见在时艰，使才尤切，今取使命之文编为一册，分别门目，详见解说，以为达辞正宗。文有不足，取之于传，至于《国策》之文，案类附入，低一格书之。

旧以《语》属今学，与《周礼》不同，故从来两汉旧法劈分二门。今既博通，不立今古名目，道一风同，无取区分，所有《王制》、《周礼》典礼，务须贯通一是。至于官制，《国语》最详，借以考订《周礼》官属次弟，故论说尤详。

国朝治《国语》名家最多，先以校勘为主，将诸先达校本订义择善而从，凡所遵用，略注所从，不录详文，以归简要。《国语》有旧说见韦注者为古书，韦多驳之，今以为正义。所有近人义疏，凡涉训诂者，但录要语。于典礼事体得失不厌推详，务求归之实用、可见施行。《国语》传而兼史，于通经致用尤为捷要。

案《国语》凡例多与《左传》相关，今不取繁复，参悟可也。

《四代古制佚存》凡例

孔子修述六艺，其道则一，六艺皆孔子新订之制，迥非四代旧典。自七十子后，此说失传，今虽力复微言，闻者疑信参半，以素王之制，旧皆属之四代，必创立今学，欲张明此义，非备言四代轶闻与六艺不同者，不足以取信于人。今故撰为此例，务搜求四代事实实与六艺不同者汇为书，然后人乃悟六艺果素王之教，非四代旧制矣。

人读《春秋》，皆欲得孔子未修之底本，以见笔削之义。今除《公羊》所引星不及地尺而复一条，别无明证。今辑此书，即欲见未修《春秋》之意，知古制之不同六艺则修《春秋》之意见。读此书即如读未修《春秋》之原文也，必明著底本而后笔削之功可见。

《论语》云：杞、宋不足征，是二代文献残缺矣；而唐虞可知，孔子时《周礼》尚有可考，然藏之秘府，非民间所有，孔子定礼作乐，用周处固多，余者皆以意起，故《诗》、《书》所言皆孔子新制，全与王制同，则当时实事不如此可知，则但考《书》、《诗》无沿革全与《春秋》、《王制》同，而六艺之为素王无疑矣。

先师传记，四代异制，旧汇辑为一表，曰《四代异礼表》，然表中礼制有确为中古所无，六艺皆出素王，何得有此详备文雅之事。不知三代即三统，谓将来之夏、殷、周非既往之夏、殷、周也。董子云三代改制篇文。主天而王，法地而王，主天法商而王，主地法夏而王云云，皆后王之事也。盖素王定制以传百世，异姓而兴，不能不改异，若制度拘滞定于一律，则易代改革莫之适从，既不能不改，又不可以轻变，于是撰为三统之说，取已定之制分拟三品，如明堂非夏殷所有，而立三品明堂，通变以备后王之用；三代不用学校，孟子言学校之名目有三品是也。故三代制有实事，有托名，学者所当实考者也。

四代原文旧制，不惟不传，所传人亦不道，史公曰：百家言黄帝，其文不雅驯，荐绅先生难言之，然而《尚书》独载尧以来，是未经孔子润色，文皆不雅驯，学者多不传，传者皆孔子弟子所述，故举素王一人以包四代，而四代原文则人不能疑之，如《山海经》真禹制也，而《禹贡》为孔子之书，《穆天子传》真周事也，而本纪多弟子所传。今当博考群书，凡其只文孤证，汇而集之，以为六艺之印证。

四代礼制，仍以周制为主，周既无之，则以上可知。如周丧期，夏三月，殷九月，信矣。周世卿，无学校，则二代皆世卿可知矣。周人不亲迎，居丧不释位，娶妻不避同姓，则二代可知也。故周以上可详者详之，不能详者举周以包之可也。后儒说孔子功绩不过托之空言，远不及管、晏，而子贡称其生荣死哀。其传后事实不过删订六经，如今选诗编文之比，则司马公真西山优为之，而宰我以为贤于尧舜，孟子以为不阿、诚实有所见。但如旧说，则尧舜至圣，孔子纂辑其书耳，作者为圣，述者为贤，岂得比尧舜至远过之言，更为诬妄矣。此皆不知其实之言也。尧舜去孔子千余年，由质而文，中古实多简陋，至于文王周公犹有未备，孔子乃斟酌损益定为一王之制，踵事增华，去弊除害，文质彬彬而后为万世可行之政。尧舜有礼乐，孔子亦有礼乐，以尧舜礼乐较孔子礼乐，孔子实贤之远矣。故云见其礼乐而知政德也。孔子一人之事业也，分之于尧舜，则尧舜直与孔子无所优劣。其云贤者，就事实之尧舜言，不就《尚书》之尧舜言，《尚书》之尧舜即孔子，禹汤文武亦即孔子，同为一事，不能强分优劣也。

《春秋》言复古之例，所谓古者指文王而言，《春秋》托其制于文王，古即所谓文王也。盖孔子所新定之制，渺思微虑，多出胸中，但无征不信，不信民弗从。非天子不制度，孔子有德无位，如何可作，又实受命制作，故变其局，托之于文王。盖周公制礼在成康之时，孔子改周制，在当时必有执简而争以为周制实不如此，孔子则托之以为文武之政，故以所改之事全归之文王。所谓文王既没，文不在兹乎！《论语》、《中庸》皆累言文武之政，此以改制托文武而不主周公之故也。

周制不亲迎，不三年丧，毛西河有此说尚未畅。不立学校，当时本为通行之礼，孔子乃起而讥之，以为古不如此，成康以后然，而文王不然。故凡周制皆以为失礼，后来拘于其说，不复深求于真周制，皆以为后来流变，以新制为周公之制。即如此说，本无不可，惟积久遂失本意，全不见圣人之功用，今故直探本原，深祛误说，欲以见生荣死哀、贤于尧舜之实迹也。

徐、秦《通考》有变古失礼一门，半为宜俗，半为周制，以改制例之，则为失礼，不知实当时之事实也。今分门别目，就其中分出与六艺不合者，以为真四代之制，如周人之不亲迎、不丁忧去官，不论贤不肖皆如此，又有毫无便利，而人竟于违礼伤教，此必非失礼，实本时制如此。总之，旧说必以为失礼者，以为古帝圣王制度必不如此粗略，不知欲分孔子之功于四代，则孔子失其功，以孔子分主四代，四代虽简略，而孔子之功乃足以为生民一人，考三王而不谬，俟百世而不惑[①]，子贡、宰我之言乃不虚也。

孔子订制托之于古，当时弟子诵法，官府信从，合口同声，以为古制，此孔子过化存神之妙用，子贡所以叹其不可及，若使人不信，信而不能行，则便不足为圣人矣。故当时公卿大夫有事皆询问于孔子，得一言以为决，弟子如曾子、子游等所请问，夫子皆就己意答之，非有古制如此，所谓从心所欲不逾矩者也。如昭公娶同姓，本周制也，孔子不娶同姓，新制也。陈司败闻孔子言而不疑，云谓之吴孟子，谓《春秋》书法，非昭公自谓之吴孟子。据孔子以疑孔子，此正化行之妙，孔子之教在当日实已大行，如修六艺而弟子通者七十余人，欲立学校而为师授徒之风遂以大盛，其书在当时即已施行，而万世仍因而不能改，此乃圣人之真实行事，非仅一老村学究已也。

《孟子》为讲学家尊信之书，其中言周制与六艺不合者亦多，即此足以知之。如云周人百亩而彻，《诗》云雨我公田，与周彻不合。滕国云吾宗国鲁先君莫之行，吾先君亦莫之行，是周时无三年丧。《左传》、《国语》所载列国婚姻之事，多父纳子妻，是不行六礼可知。其有言亲迎者，皆传者仿礼制为之。吴楚称王，而《春秋》书之为子，晋文召王，而《春秋》书王狩，此皆与《春秋》不合之实事明证也。

此书以大纲为主，细事不必求全，如封建、职官、井田、礼制，择其大者列以证孔子改制之意足矣。不必穿凿求通。必求详备，亦分四代，唐虞为一类，夏殷二周为一类，夏事以《山海经》为大纲[②]，殷朝真书不多，恐不甚详。唯周则以《诗》国风四州为一大门。上三代事皆从周制推得之。

孔子当时，人皆从信，至于弟子以后人乃以为疑，以新制于古说无征，如滕诸大夫所言是也。弟子乃以为诸侯恶其害已去籍，孟子所言经师一大例也。

贤为圣译，皆缘孔子之意而作。盖三代真制，实有沿革，古礼荒略，不足为法，六艺于旧事多所改更，今若直录真事，文与六艺相反而

---

① 原刻作“考三王而不谬□百世而不惑”，□为一墨钉。此二句显系节取《中庸》“考诸三王而不谬，……百世以俟圣人而不惑”而成，《知圣篇》有“考三王、俟百世”之语，据此以“俟”字补此墨钉。

② 原刻作“夏事以《山海》为大纲”，前文有“《山海经》真禹制也”一语，是此“山海”下脱一“经”字，兹据补。

不相合，不惟简陋不足为法，而文有沿革亦不一律，故传者之意全祖六艺而言，不敢复存四代真制，此如孔子六艺之删润，今不能据贤者传记以为四代礼制皆如孔子新文也。

郑伯更说《楚词》不言孔子，亦不用经语，所言怪力乱神，大旨与《山海经》、《竹书》相似，是孔教未行于楚之证。按其说是也。《楚词》所言怪力乱神，皆为事实，孔子起而文饰之，不言怪力乱神，而言《诗》、《书》、执《礼》，传记折中圣人，故屏神怪之说。屈子不用经义，故皆当时事实，欲知古事之实，《楚词》其实录也。时孔子经教尚未大行于楚，故屈子所言皆不用经义。宋玉则引用《诗》词矣。

《穀梁》三种*

起起穀梁废疾

《起起穀梁废疾》序

名墨者流，正名从质，《春秋》之巨纲，王道所急务，不善学者骋辨持巧，主张白马，穷究非儒，骛末失本，道由辩息，等吴秦之自亡，

---

* 自王湘绮来主尊经，先生与张祥龄首从王习《公羊》，志甚笃，然逾年即改治《穀梁》，而立异王氏。先生以范宁浅陋，学不专门，所作《穀梁集解》多依附何休、杜预，不守家法，且又动辄攻传不遵师说，于是另启新途，首以恢复古学为事，是年（1880 年）即成《穀梁先师遗说考》四卷，古说既明，次年乃进而作注，至 1884 年成《穀梁春秋经传古义疏》十一卷，嗣又以余力成《起起穀梁废疾》一卷、《释范》一卷。《起起》以何郑所言常失传旨，书中皆驳二君之误，《释范》则以纠范氏之疑误为主，廖先生之序皆署乙酉（1885 年）。据廖宗泽《六译先生年谱》，是年（1885 年）又编定《穀梁春秋内外编目录》计三十七种五十卷，是先生于撰《古义疏》之际同时所作盖多，然除《起起》、《释范》、《古义疏》三作外余皆不传。是年（1885 年）先生友人萧藩请刻其《古义疏》，先生“谦而未遑”，仅以《起起》、《释范》二册付之，以书小旬月即刻出。《古义疏》之刻，据廖幼平《六译先生已刻未刻各书目录表》，首刻为光绪二十六年（1900 年）湖南周文焕（入民国，蜀中曾再刻），有廖先生《凡例》跋作于光绪二十五年（1899 年）。是该作始于 1880 年而定稿于 1899 年，前后历 20 年，张预《叙》言：盖“十易稿”。其间先生之学一变、二变至于三变，当有较大变化，据廖氏《年谱》光绪十九年（1893 年）明载“改订三传旧稿《穀梁古义疏》”，当为一次较大改订，故见于《年谱》。其不传之三十三种《穀梁》书，当多已合入改订中，故未传也。就书中《凡例》与 1893 年《群经凡例》所载《穀梁凡例》相较，已显有增改，较其初稿，当增改更大也。此书虽定稿于三变之初，其中但有今学、古学、改制、法古之论，尚未见伪经之说，更无大统小统之言，岂先生所谓“鲁学家法不敢稍逾”之意乎！先生此书其体例与清儒作新疏之法颇异，盖清儒皆用古注，而先生则“注”、“疏”皆为自作，言“注以《王制》为主，参以西汉先师旧说，从班氏为断”，“注所不尽，更为疏之”，所引虽为古说，然多为意取其义，而非原文，且多不言出处。但以先生他作相较，则此书犹可言与清儒之风相近，可作为先生前期作品之代表。此书现已由中华书局收入《清人十三经新疏》，故仅录《疏》叙及凡例，以示宗旨。

岂施翟之本义乎！是以汉初博士惟务自达，不喜攻人，虽石渠虎观粗存异同，然犹不相指摘，自刘歆奋立《左氏》，诸儒仇之，条其罅漏，互相难讯，掊击之风，原于此矣。何君自尊所习，乃以寻仇之戈，操于同室，郑君小涉《左》学，不习《穀梁》，乡邻私哄，何须被缨，乃谬托主人，日寻报复，驳许以外，更复攻何，生事之讥，其能免与？凡属讼讦之言，并为求胜而作，影射毛吹，有如谗慝，亦且内实不足，乃求胜语言，使或平心，都为剩语，何既制言儇薄，立义矫诬，不事言诠，乃呈嫉妒，郑则自负博通，攻坚奋诩，反旗倒戈，以相从事，客兵侨主，不复统制，甚或毁弃章服，改从敌人，欲群经皆有所作，使本义因以愈湮。东汉以来，经学破坏，学者苟设矛盾，便云立国军政本务日就沈沦，古法湮绝，孰任其咎耶！今者三传之学，唯求内理，不骛旁攻，仁智异端，取裁所见，诚各寻其指归，莫不互有依据，同者从同，异者从异，似同而异，似异而同，改谬说而各正焉。别为十表，附说其本义，不敢小有左右于其间，以祛好辨之弊，至《公》、《穀》同为今学，声气相感，神形多肖，何、郑所录，恒失本旨，今于各条之下，务申传旨，二君误说，间或正之，然惟求足明本传，不敢希胜《公羊》，少涉攻击之习，其名《起起废疾》者，郑释间有误药，恐为疾忧，故正其箴砭、以期眄眩，非云医药，聊取用心尔。

井研廖平自序

起起穀梁废疾

汉何休《穀梁废疾》

汉郑玄《起穀梁废疾》

天王使宰咺来归惠公仲子之赗。

何曰：传例不言来，不周事之用也，宰咺何以言来？

释曰：平王新有幽王之乱，迁于成周，欲崇礼于诸侯，原情免之，若无事而晚者，去来以讥之，荣叔是也。《杂记正义》。

> 案传言不周者，心不在是之辞也。传公不周乎伐郑而伐郑，公在是也。赗不及葬曰不及事，讥其晚也，来晚者，志以讥之。言来者，有是心，故如其志。言来含一事，赗一事，早晚不同一人，兼使是其来意甚轻，无志于来，故不言来也。何、郑皆误于周、及之解，故不得传意也。

仲子者何？惠公之母、孝公之妾也。

何据《公羊》以为仲子桓之母。

释曰：若仲子是桓公之母，桓未为君，则是惠公之妾。天王何以赗之？则惠公之母亦为仲子也。《隐元年杨疏》。

案仲子三传异说，以《穀梁》为长，即使短长相参，亦不得据此难彼，若此之类，例入传疑也。又传以仲子为惠母，则桓母不见，郑犹据何说以为别一宋女，不审《公羊》所指即此，今既主惠母，则不必更以仲子当桓母可也。

大夫日卒，正也。不日卒，恶也。

何曰：《公羊》以为日与不日为远近异。若《穀梁》云：恶而不日，则公子牙及季孙意如何以书日乎？

释曰：公子牙庄公弟，不书弟，则恶明也。故不假去日。季孙意如则定公所不恶，故亦书日。同上《疏》。

案大夫不日，恶，据得臣也。意如恶，日，恶已前见也。子般卒，日，有所见。传曰有所见则日，子牙亦以有见日也。又庄不卒，大夫日卒，牙不卒者也。卒则不卒，不以去日见贬绝，说别见公子牙卒条。

苞人民、殴牛马曰侵，斩树木、坏宫室曰伐。

何曰：厩焚，孔子曰：伤人乎？不问马。今《穀梁》以苞人民为轻，斩树木坏宫室为重，是理道之不通也。

释曰：苞人民，殴牛马，兵去可以归还，其为坏宫室，斩树木，则树木断不复生，宫室坏不自成，为毒害更重也。《隐五年疏》。

案苞殴者轻掠之师，为时甚浅，斩坏则旷日持久，所伤已甚。苞殴尚未至斩坏，斩坏则未有不苞殴者也。《公羊》：精曰伐，觕曰侵，精、觕即久暂轻重之分，义实相同，郑分别言之，非也。

隐公篇①

春曰田，夏曰苗，秋曰蒐，冬曰狩。

何曰：《运斗枢》云：夏不田，《穀梁》有夏田，于义为短。

释曰：四时皆田，夏殷之礼。《诗》云之子于苗，选徒嚣嚣。夏田

① 篇名署于篇末，下同。

明矣。孔子虽有圣德，不敢显然改先王之法、以教授于世，若其所欲改，则阴书于纬，藏之以传后王。《穀梁》四时田，近孔子故也。《公羊》正当六国之亡，谶纬见读，而传为三时田。作传有先后，虽异不足以断《穀梁》也。《王制》曰：岁三田、谓以三事为田，即上一曰乾豆之等是也。《王制疏》。

案传曰：四时之田用三焉，即夏不田之说也。《王制》曰：天子、诸侯无事，岁三田。谓一岁三田，去夏明矣。刘向说夏不田，同《公羊》，盖二传同主夏不田。《穀梁》文详，言夏苗。《公羊》文略，不言夏苗。先儒以为异义，失传意矣。不田，又言夏苗者，备四时之文。有事则田，无事则否。五年八月壬午大阅，传曰：平而修戎事，失正也。谓无事而夏田也。

其不地于纪也。

何曰：战无不地，即于纪战，无为不地也。在纪，何为不地?

释曰：纪当为己，谓在鲁也，字之误耳。时[①]在龙门城下之战，迫近，故不地。《桓十三年集解》。

案郑以《公羊》说《穀梁》，非也。使战在鲁，当曰公及郑伯、纪侯败齐师、宋师、卫师、燕师。不言战，不以纪侯先郑伯，据先纪，知纪为主，据言战，知由外言之。传例在鲁当言内，不当言已。又传战、盟皆地，分主客也，已明则不地，公及处父盟，不地。来聘盟、来盟，不地是也。纪主兵已明，故不地。齐将灭纪，合宋、卫、燕三国伐纪，公及郑师救之，战于纪，故不地，非伐鲁战于内也。

桓公篇

不言灭而曰大去其国者，不使小人加乎君子。

何曰：《春秋》楚世子商臣弑其君，其后灭江、六，不言大去。又大去者于齐灭之，不明。但知不使小人加乎君子，而不言灭，纵失襄公之恶，反为大失也。

释曰：商臣弑其父，大恶也，不得但为小人。江、六之君又无纪侯

① “时”原讹作“得”，从《集解》改。

得民之贤，不得变灭言大去也。元年冬，齐师迁纪，三年纪季以酅入齐。今纪侯大去其国，是足起齐灭之矣。即以变灭言大去，为纵失襄公之恶，是乃经也，非传也。且《春秋》因事见义，舍此以灭人为罪者，自多矣。《庄四年集解》。

案《春秋》以贤治不肖，不以乱治乱，以君子而灭于小人，在所讳，故言大去。言迁、言入葬二姬，不嫌灭不明，言大去乃深责襄，不嫌纵其恶，言大去重其罪于灭国也。

王人卑者也，称名贵之也。

何以为称子，则非名也。

释曰：王人贱者，录则名，可。今以其衔命救卫，故贵之。贵之则子突为字可知，明矣。此名当为字误尔。《庄六年集解》。

案郑改名为字以求合《公羊》，非也。子突乃二名耳，非突名又举子也。《穀梁》说天子大夫不名称字，子突天子下士，本应称王人，不以名氏见，因进之，乃以名见。何据《公羊》以相难，郑乃曲从之，不知传不言子为举贵，《春秋》以子易名高子是也，未有称子又称字者也。

当可纳而不纳，齐变而后伐，故乾时之战不讳败，恶内也。

何曰：三年，溺会齐师伐卫，故贬而名之。四年，公及齐人狩于郜，故卑之曰人。今亲纳仇子，反恶其晚，恩义相违，莫此之甚。

释曰：于仇不复则怨，不释屡会仇仇，一贬其臣，一卑其君，亦足以责鲁臣子，其余则同，不复讥也。至于伐齐纳纠，讥当可纳而不纳耳。此自正义不相反也。《庄九年集解》。

案《春秋》，已见不再见，庄亲与仇人和好，故讥其忘仇释怨，前讥已明，故此更别起义。且仇人已死，不追戮其子孙，若如《公羊》说则顇谷亦当以复仇为言，纳纠异事，纳之既非复仇，战亦不得托于仇子，盖纠与小白一也。

不言日，不言朔，夜食也。

何曰：《春秋》不言月食日者，其以无形故阙疑，其夜食何缘书乎？郑释之曰：一日一夜合为一日，今朔日，日始出，其食有亏伤之处未复，故知此自以夜食。夜食则亦属前月之晦，故《穀梁》子不以为疑。《庄十八年集解》。

案《班志》：云庄公十八年三月日有食之。《穀梁传》曰：不言日，不言朔，夜食。史推合朔在夜，明旦日食而出，出而解，是为夜食。案传言天子朝日，谓于朝日时见其出解，知夜食。

其不言使可也，天子之内臣也，不正其外交，故不与使也。

何曰：南季宰渠、伯纠家父、宰周公来聘，皆称使，独于此夺之，何也？

释曰：诸侯称使者是奉王命，其人无自来之意。今祭叔不一心于王而欲外交，不得王命来，故去使以见之。《庄二十三年集解》。

案不得王命，不言来聘，郑释非也。传以此与石尚比也。祭叔、石尚皆私欲使鲁，请命而行，聘非正，归脤得正。《春秋》正者言使，不正不言使。石尚虽有私而所请得正，有匡救之美。祭叔不正，有陷君于非之失。故君子夺其使，以此明人臣当导其君于道也。

秋七月癸巳，公子牙卒。

何曰：传例大夫不日卒，恶也。牙与庆父共淫哀姜、谋杀子般而日卒，何也？

释曰：牙，庄公母弟，不言弟，其恶已见，不待去日矣。《庄三十二①年集解》。

案郑君以《公羊》称弟说《穀梁》，《集解》驳之是也。春秋大夫小恶不日，大恶不卒。翚与弑不卒，仲遂卒。传曰：此不卒者也。得臣卒不日，首公子遂也。庄不卒大夫，此卒公子牙，不卒者也。不言刺，非杀也，未弑而杀，其恶未成。《春秋》成美、不成恶，故不主牙也。日之如正卒。季子不暴其罪以药饮之，如以疾卒日，以成季子之志也。

庄公篇②

桓盟不日，此何以日，美之也。

何曰：即日为美，其不日皆为恶也。桓公之盟不日，皆为恶邪？庄公十三年，柯之盟不日为信，至此日以为美，义相反也。

---

① “二”原讹作“三”，据《穀梁传》改。

② 此处脱“庄公篇”，兹补。

释曰：柯之盟固[①]始信之，自其后盟以不日为平文，从阳谷以来至此，葵邱之盟皆令诸侯以天子之禁，桓德极而将衰，故备日以美之，自此不复盟矣。《僖九年集解》。

案《春秋》无达例：孟子曰：五霸桓公为盛，葵邱之会，束牲载书而不歃血，与《穀梁》同，则《穀梁》是也。《公羊》以日为危，从以后不盟起义。《穀梁》以洮为兵车而此会以衣裳，间在兵车四会之中，故特美，亦以衰而特著其美。何如此之驳不言义例，而但据文句，开啖、赵儇薄之习，有失传经郑重之道，好辨之过也。

雩，月正也。雩得雨曰雩，不得雨曰旱。

何曰：《公羊》书雩者，善人君应变求索。不雩，则言旱。旱而不害物，言不雨也。就如《穀梁》设本不雩，何以明之？如以不雨明之，设旱而不害物，何以别乎？

释曰：雩者，夏祈谷实之礼也。旱亦用焉。得雨书雩，明雩有益，不得雨书旱，明旱灾成后得雨无及也。国君而遭旱，虽有不忧民事者，何乃废礼本不雩祷哉！顾不能致精诚也。旱而不害物，故以久不雨别之。文二年、十三年，自十有二月，自正月不雨，至于秋七月是也。《穀梁传》曰：历时而言不雨，文不闵雨也。以文不忧雨，故不如僖时书不雨。文所以不闵雨者，素无志于民，性退弱而不明，又见时久不雨，而无灾耳。《僖十年集解》。

案雩事浅行，止不见于经，故得雨乃举，此传意也。《公羊》以雩为重旱，为不雩，大旱为大不雩乎？雩而雨，与雩而不雨将无分乎？二传皆重雩，《穀梁》以为重求，《公羊》以为善应变。雩非难事，不因雩而善之。

其曰诸侯，散辞也。聚而曰散，何也？诸侯城，有散辞也，桓德衰矣。

何曰：案先是盟亦言诸侯，非散也。又《穀梁》美九年诸侯盟于葵邱，即散，何以美之邪？于义《穀梁》为短。

释曰：九年，公会宰周公、齐侯、宋子、卫侯、郑伯、许男、曹伯于葵邱。九月戊辰，盟于葵邱。时诸侯初在会，未有归者，故可以不序。今此十三年夏，公会齐侯、宋公、陈侯、卫侯、郑伯、许

① “固”原讹作“因”，据《穀梁传》改。

男、曹伯于碱。而冬，公子友如齐，此聘也。书聘，则会固前已归矣。今云诸侯城缘陵，不序其人，明其散，桓德衰矣。葵邱之事，安得以难此？《僖十四年集解》。

案葵邱不足难，郑释是也。城言诸侯，传曰散辞者，即《公羊》所谓离至不可得而序，故总言之曰诸侯，聚辞也。阳谷偏至，言齐、宋、江、黄，余会皆序，不序而曰诸侯，知散也。葵邱盟言诸侯中无间事，故凡目之，此有间事而不举，非葵邱举凡比也。

战不言伐，客不言及，恶宋也。

何曰：战言及者所以别客主直不直也。故文十二年晋人、秦人战于河曲，两不直，故不云及。今宋言及，明直在宋，非所以恶宋也。即言及为恶，是河曲之战为善善乎？又《穀梁》以河曲不言及也，略之也，则自相反矣。

释曰：及者，别异客主耳，不施于直与不直也。直不直自在事而已。义兵则客直。宣十二年夏，晋荀林父帅师及楚子战于邲，晋师败绩是也。兵不义则主人直。庄二十八年春，卫人及齐人战，卫人败绩是也。今齐桓卒未葬，宋襄欲兴霸事而伐丧，于义尤反，故反其文，以宋及齐，即实以宋及齐，明直在宋。邲之战直在楚，不以楚及晋，何邪？秦晋战于河曲，不言及，疾其亟战争举兵，故略其先后。《僖十八年集解》。

案《春秋》恶战，主客大小同，则主得及客，从以内及外，以尊及卑之例，则言及者外之、卑之也。此以宋及齐者，非内尊宋也。齐在丧而宋伐之，兵事由宋起，齐不得已应之，言宋首兵恶，伐丧之罪乃显，何据《公羊》以相难，郑说非传意也。

狄其称人，何也？善累而后进之，伐卫所以救齐也。

何曰：即伐卫救齐当两举，如伐楚救江矣。又传以为江远楚近，故伐楚救江，今狄亦近卫而远齐，其事一也，义异何也？于义《穀梁》为短。

释曰：文三年冬，晋阳处父帅师伐楚救江。两举之者，以晋未有救江文，故明言之。今此春宋公、曹伯、卫人、邾人伐齐。夏，狄救齐。冬，邢人、狄人伐卫，为其救齐可知。故省文耳。事同，义又何异。同上。

案言伐楚，则救江不明；言伐卫，则救齐明。故不言也。中国未有言伐楚者，为救乃言。伐狄不言伐，言伐亦为救文。

不言楚，不与楚专释也。

何曰：《春秋》以执之为罪，不以释之为罪？责楚子专释非其理也。《公羊》以为公会诸侯释之，故不复出楚耳。

释曰：不与楚专释者，非以责之也。传云外释不志，此志何也？以公之与之盟目之也。言公与诸侯盟而释宋公，公有功焉。与《公羊》义无违错。《僖二十一年集解》。

案专释则必先专执，主楚释则起楚执，故不言楚释为辟执文，非以论释执功罪轻重，传意本同《公羊》，据彼难此，误矣。

则众败而身伤焉。

何曰：即宋公身伤当言公不当言师。十六年，楚子败绩是也。又成十六年，传曰不言师，君重于师也。即成十六年是，二十二年虚言也。即二十二年是，十六年非也。

释曰：传说楚子败绩，曰四体偏断，此则目也。此言君之目与手足有破断者，乃为败矣。今宋襄身伤耳，当持鼓军事无所害，而师犹败，故不言宋公败绩也。传所以言败众败身伤焉者，疾其信而不道以取大辱。《僖二十二年集解》。

案中国夷狄异辞，中国伤夷狄可言，楚子是也。夷狄伤中国不可言，宋公是也。其曰射目，曰身伤，皆师说，非由经例推得之。

不葬，何也？失民也。其失民何也？以其不教民战，则是弃其师也。

何曰：所谓教民战者，习之也。《春秋》贵偏战，而恶诈战。宋襄公所以败于泓者，守礼偏战也，非不教其民也。孔子曰：君子去仁，恶乎成名，造次必于是，颠沛必于是，未有守正以败而恶之也。《公羊》以为不书葬，为襄公讳；背殡出会，所以美其有承齐桓尊周室之美志。

释曰：教民习战而不用，是亦不教也。诈战谓不期也，既期矣，当观敌为策，倍则攻，敌则战，少则守。今宋襄公于泓之战违之，又不用其臣之谋而败，故徒善不用贤良不足以兴霸王之功，徒言不知权谲之谋，不足以交邻国、会远疆。故《易》讥鼎折足，《诗》刺不用良，此说善也。《僖二十三年集解》。

案《公羊》主守正，《穀梁》主达变，言各一端，仁智殊趣。如必守正，则祭仲废君之事不愈加于襄之量敌哉！宋襄《公羊》美之，《穀梁》恶之，《公羊》五伯故美之，《穀梁》二伯故恶之，各持一解，不必强同也。

其不称名姓，以其在祖之位，尊之也。

何曰：曹杀其大夫亦不称名姓，岂可复以为祖乎？

释曰：宋之大夫尽名姓，礼：公族有罪刑于甸，师氏不与国人虑，兄弟也。所以尊异之。孔子之祖孔父，累于宋殇而死，今骨肉在其位而见杀，故尊之，隐而不忍称名氏。若罪大者，名之而已，使若异姓然。此乃祖之疏也。曹杀其大夫，自以无大夫，不称名氏耳。《春秋》辞同事异者甚多。隐去即位以见让，庄去即位为继弑，是复可以比例非之乎？《僖二十五年集解》。

案《春秋》无达例，各就本条立说，二传所同，不能据此以难彼。《公羊》以曹不名为众，以宋不名为内娶，不以曹通于宋也。何驳儇薄，执此以难《公羊》，又何以通？或以《春秋》不应曲顾私亲，不知素王之义，得顾私亲。《穀梁》故宋有二义：在国则主王后，在大夫则主先祖，不如《公羊》但主王后也。

盖纳顿子者，陈也。

何曰：休以为即陈纳之，当举陈，何以不言陈？

释曰：纳顿子，固宜为楚也，穀梁子见经云：楚人围陈纳顿子于顿，有似晋阳处父伐楚救江之文，故云盖陈也。《同上年疏》。

案举陈则其文间断，不见为一事，伐陈以纳顿子，纳顿者陈，所以使陈纳顿者楚，与伐楚救江同文，不可复举晋也。

楚人者，楚子也。其曰人何也？人楚子所以人诸侯也。

何曰：哀元年，楚子、陈侯、随侯、许男围蔡，不称人，明不以此故也。

释曰：时晋文为贤伯，故讥诸侯不从而信夷狄也。哀元年，时无贤伯，又何据而当贬之耶！《僖二十七年集解》。

案楚初会诸侯，故人之。《春秋》有三世三言之例，终始早晚异辞，以昭事难僖世，非也。郑不据三世言之，乃虚以美恶为言，非传意也。

以尊遂乎卑，此言不敢叛京师也。

何曰：大夫无遂事。案襄十二年，季孙宿救台，遂入郓。恶季孙不受命而入也。如公子遂受命如晋，不当言遂。

释曰：遂固受命如京师、如晋，不专受命于周。经近上言：天王使宰周公来聘，故公子遂报焉。因聘于晋，尊周不敢使并命使，若公子遂自往，然即云公子遂如京师、如晋，是同周于诸侯，叛而不尊天子也。《公羊传》有美恶不嫌同辞，何独不广之于此乎！《僖三十年集解》。

案此大夫初如晋也。京师在晋南，如晋当过京师，若公子遂如晋而不先言如京师，过而不聘，是叛周而京师晋也。故先言京师以及晋，与公伐秦先言如京师同。皆先言京师，实非如京师，文如京师耳。何驳以遂为非公命，非也，《春秋》兼使无尊卑则两出其事，如如陈、如晋是也。有尊卑则不得两出、以尊遂乎卑，如如京师遂如晋是也。此由尊及卑之遂、非继事之遂，不关大夫专命也。如遂盟、遂入，则专命之遂矣。

僖公篇

外灾不志，此何以志也？曰灾甚也。其甚奈何？茅茨尽矣。

何曰：螽犹众也，死而坠者众，象宋群臣相残害也，盖由三世内娶，贵近妃族，祸自上下，故异之云尔。今《穀梁》直云：茅茨尽矣，著于上、见于下，谓之雨，与谶违，是为短。

释曰：《穀梁》意亦以宋德薄，后将有祸，故螽飞在上，坠地而死。言茅茨尽者，著甚之验于谶，何错之有乎？《文三年疏》。

案《公羊》以为死螽，主异；《穀梁》以为生螽，主灾。不必舍传求合于谶，谶不一家，有主《穀梁说》者，如泓战讥宋襄失机之类。不能据以驳《公羊》。郑君求合于谶，亦以为坠地而死。又何茅茨皆尽乎？用《公羊》说以解《穀梁》，非也。《穀梁》盖谓螽多如雨，故曰茅茨皆尽。

含一事也，赗一事也，兼归之，非正也。其曰：且志兼也，其不言来，不周事之用也。

何据隐元年《公羊传》其言来何？不及事也。以为礼尊不含，卑不言来者，本不言来故不责其晚。于义《穀梁》为短。

释曰：天子于二王后之丧，含为先，襚次之，赗次之。一作襚则次之，赗为后。余诸侯含之、赗之，小君亦如之。于诸侯之臣襚之、赗之。其诸侯相施，一作于。如天子于二王之后。于卿大夫，如天子于诸侯。于士，如天子于诸侯之臣。京师去鲁千里，王室无事，三月乃含，故不言来以讥之。《文五年疏》。

案《公羊》以不言来为正例，《穀梁》以言来为正例，天王使惟此不言来，余皆言来。则《公羊》以不言来为正，于义为短。郑以三月含为讥，非传意。使不兼使，三月含不讥，兼使虽旬日含亦讥，此明礼不兼使耳。意不主早晚也。

司马，官也，其以官称，无君之辞也。

何曰：近上七年，宋公壬臣卒。宋人杀其大夫，不言官。今此在三年中言官，义相违。

释曰：七年杀其大夫，此实无君也，今杀其司马，无人君之德耳。司马、司城，君之爪牙，守国之臣，乃杀其司马，奔其司城，无道之甚，故称官以见轻慢也。《文八年集解》。

案传例，大夫不名，无君也。君卒，新君未定，则大夫不名。甗盟，传曰无君是也。今传曰：无君之辞者，有君如无君，所以讥宋失权于鲍也。盖以实无君起此为无君辞也。

秦人来归僖公成风之襚。

何曰：五年传曰：不言来，不周事之用也。四年，夫人风氏薨。九年，秦人来归僖公成风之襚，最晚矣。何以言来？

释曰：秦自败于殽之后，与晋为仇，兵无休时，乃加免缪公之丧而来，君子原情、不责晚也。《文五年集解》。

案不周事谓二事：一使心不在是，与不及事不同。不责早晚，秦人虽晚，心在于来，故不去来也。何郑皆不知周字义，误以不及解之。

文公篇

以三军敌华元，华元虽获，不病矣。

何曰：书获，皆生获也。如欲不病华元，当有变文。

释曰：将帅见获，师败可知，不当复书师败绩。此两书之者，明宋师惧华元见获，皆竭力以救之，无奈不胜敌耳。华元有贤行得众，如是虽师败身获，适明其美不伤贤行，今两书败获，非变文如何？《宣二年集解》。

案传以晋侯获、不言败绩比也。韩之战不败而获，此败而获，明未失民，力不足耳。所以辟羊斟之事也。

氏者，举族而出之之辞也。

何曰：氏者，讥世卿也。即称氏为举族而出。尹氏卒，宁可复以为举族死乎？

释曰：云举族死，是何妖问甚乎？举族而出之之辞者，固讥世卿也。崔杼以世卿专权，齐人恶其族，今出奔，既不欲其身反，又不欲国立其宗后，故孔子顺而书之曰：崔氏出奔卫，若其举族尽去之尔。《宣十年集解》。

案刘氏说《穀梁》讥世卿，许君《异义》引《穀梁》说讥世卿，则讥世卿《公》、《穀》同也。世卿则宗族强大，不世卿则无强族之祸，故传举族言之，此非崔杼也，后有崔杼之祸，使齐如举族逐之，则不复世卿之祸，与《公羊》同为讥世卿。凡传言之辞者实不如此，而虚加其辞如无君之辞，是也。实无君者，但曰无君。

宣公篇

不伐丧，善之也。善之则何为未毕也。君不尸小事，臣不专大名，士匄外专君命，故非之也。

何曰：君子不求备于一人，士匄不伐丧，纯善矣，何以复责其专大功也。

释曰：士匄不伐丧，则善矣，然于善则称君礼仍未备，故言乃还，不言乃复，作未毕之辞。还者致辞，复者反命。《襄十九年疏》。

案《春秋》决嫌明疑，常于嫌得者见不得。匄唯合善，乃责之以见义，善不可专君命，愈尊不得以求备责之。《公羊》有危事则得专命，此非危事，人臣之义例，归美于君。

专之去，合乎《春秋》。

何曰：宁喜本弑君之家，献公过而杀之，小负也，专以君之小负自绝，非大义也，何以合乎《春秋》。

释曰：宁喜虽弑君之家，本专与约纳献公尔，公由喜得人、已与喜以君臣从事矣。《春秋》拨乱重盟约，今献公背之，而杀忠于己者，是献公恶而难亲也。献公既恶而难亲，专又与喜为党，惧祸将及，君子见几而作，不俟终日。微子去纣，孔子以为三仁，专之去卫，其心若此，合于《春秋》，不亦宜乎。《襄二十七年集解》。

案《春秋》贵信，专有信者也，美之以明贵信，不责余事。《公羊》以权许祭仲，义亦如此。传曰：专为喜徒责其从恶曰去，合《春秋》唯取一节，所谓成人之美，不成人之恶。凡目《春秋》者皆非常创义，不可以一端解之。

其不日，子夺父政，是谓夷之。

何曰：蔡世子班弑其君固不日，谓之夷，楚世子商臣弑其君，何以反书日邪？

释曰：商臣弑父日之，嫌夷狄无礼，罪轻也。今蔡中国而又弑父，故不日之。若夷狄不足责然。《公羊》有若不疾乃疾之推以况此，则无怪然。《襄三十年疏》。

案夺政当作夺正，诸侯正日，蔡侯不日，是夺其父之正也。商臣夷狄，日，持谨之。中国弑则从夷狄，常例不日，传曰夷狄不日，日少进也，是也。

襄公篇

此子也，其曰世子，何也？不与楚杀也。

何曰：即不与楚杀，当贬楚尔，何故反贬蔡世子邪？

释曰：灭蔡者，楚子也，而称师固已贬矣。楚子思启封疆而贪蔡，诱杀蔡侯般，冬而灭蔡。杀友，恶其淫，放其志，杀蔡国二君以取其国，故变子言世子，使若不得其君然。《昭十一年集解》。

案称世子，如君未死，故传曰不与楚杀。非贬而称世子也。未逾年称世子，犹若在其君之年，故曰不与楚杀。

其曰晋，狄之也。其狄之何也？不正其与夷狄交伐中国，故狄称之也。

何曰：《春秋》多与夷狄并伐，何以不狄也？

释曰：晋不见因会以绥诸夏、而伐同姓，贬之可也，狄之大重。晋为厥慭之会，实谋救蔡，以八国之师而不救，楚终灭蔡，今又伐徐，晋不纠合诸侯以遂前志，舍而伐鲜虞，是楚而不如也，故狄称之焉。《昭十二年集解》。

案《春秋》二伯与夷狄交伐以求诸侯，不讥。晋自六卿强，志不在诸侯，臣下伐国以自封殖，非伯讨矣。晋卿六伐鲜虞，独此狄者，疾始也。下不狄者，一见不再见也。

昭公篇

堕，犹取也。

何曰：当言取，不言堕，实坏耳。无取于训诂。

释曰：陪臣专强，违背公室，恃城为固，是以叔孙堕其城。若新得之，故云堕，堕犹取也。堕非训取，言今但毁其城，则郈永属己，若更取地于他然。《定十二年杨疏》补之。

案但言堕，则与毁泉台同，传故言犹取，谓其邑不堕则属于陪臣，堕乃归于公室，如取外邑然。

定公篇

阳生其以国氏何也？取国于荼也。

何曰：即不使阳生以荼为君，不当去公子见当国也。又《穀梁》以为国氏者取国于荼，齐小白又不取国于子纠，无乃近自相反乎？

释曰：阳生篡国，故不言公子，不使君荼，谓书陈乞弑君尔。荼与小白其事相似，荼弑乃后立，小白立乃后弑，虽然俱篡国而受国焉尔。传曰齐小白入于齐，恶之也。阳生其以国氏何取国于荼也。义适互相足，又何自反乎？子纠宜立而小白篡之，非受国于子纠，则将谁乎！《哀六年集解》。

案《春秋》重命，阳生无父命，虽得立，《春秋》以为嫌，所以申父命也。阳生正，荼不正，乞主弑所以重天伦，明荼不宜立也。二者皆不宜立，当如夷齐故事，《春秋》常于嫌得者见不得，故并见讥，文两示其义，去公子也。阳生、小白同不宜立，小白失天伦，阳生无父命，事异辞同，明当同法治之。

哀公篇①

《起起穀梁废疾》跋

班固云：经方者，本草石之寒温，量疾病之浅深，假药味之滋，因气感之宜，辨五苦六辛，致水火之齐，以通闭解结，反之于平。及失其宜者，以热益热，以寒增寒，精气内伤，不见于外，谚曰有病不治，常得中医。《穀梁》经例完粹，远过《公羊》，内合礼经，外无激论，所谓百脉冲和，至人无病者也。何氏入主出奴，好甘忌苦，自安赘肬，乃强驼背施箴砭于平人，希要功于肉骨，真所谓以愈为剧、以死为生者矣。郑君未谙尺寸，不解和齐，厌庸医之张皇，乃检方而献技，以热益热，以寒增寒，于是血脉贲乱，关节枯落矣。窃以苟欲制方，务先审病，经络通利，则不需按摩，药石误投，则反如鸩毒，且血气周流，自能已疾，故养病之要，自理天和。况乎无因徒加刀石乎！然而方证具列，传习已久，苟不明白，恐惑庸愚，倘其不达而尝，则必求生反死。吾友季平《穀梁古义》全书已成，乃于余暇备列何郑原文而加之论辨，作《起起废疾》一卷，乙酉仲春谋刊其《古义》，季平谦而未遑，因举此册以相授，校付梓人，旬日而就，九鼎一脔，斯世当不无知味者。

光绪乙酉中秋月，姻愚弟萧藩西屏因刊毕略志其颠末于此

① 此处脱“哀公篇”，兹补。

释范

《释范》弁言

古人注经，例不破传，郑君改字，为世所讥。唯范氏《集解》，昌言攻传，观其序意，直等先生之勒帛，无复弟子之怀疑。唐宋以来，反得盛誉，纪君无识，乃欲左范右何，其猖狂浅陋，信心蔑古，为后人新学所祖，所云《春秋》三传置高阁者，盖作俑于《集解》矣。夫人之为学，所以求不足，非以市有余，凡己所昧，求决于书，一语三年，不为迟顿。今先具成见，然后治经，苟有错盘，无复沈滞，但已所昧，便相指摘。公孙龙子云：教而后学。若此者直教而无学矣！绝古人授受之门，倡后学狂悖之习，王、何之罪，岂相轩轾乎！检所驳斥，初亦怀疑，积以期月，便尔冰释，乃知所难尚为肤末。甲申初冬，条立所难，敬为答之，《起废》、《纠缪》以外得专条二十事，诚知浅薄所列，未敢必合于先师，然而小葵转日，其心无他，不似范氏恣睢暴厉，借仇人之刃而自戕其同室也。

乙酉三伏廖平自序

释范

聘诸侯，非正也。隐九年。

《集解》云：《周礼》时聘以结诸侯之好，殷頫以除邦国之慝，间问以慰诸侯之志，归脤以交诸侯之福，贺庆以赞诸侯之喜，致禬以补诸侯之灾。许慎曰：礼：臣病、君亲问之，天子有下聘之义。传曰：聘诸侯，非正也。宁所未详。

案《周礼》古学，《王制》今学，《穀梁》素王，尽从《王制》，故与古《周礼》说不合。王者改制，文质相救，周衰天子弱、诸侯强，鲁不朝周，而周屡下聘，君卑臣僭，失上下之序。故《春秋》改制救弊、讥下聘，以尊天子也。又《春秋》诸侯相聘，聘惟行于二伯，天子尊逾二等，故不聘，此《春秋》制。以周礼疑之非也。又案《五经异义》引《公羊》说天子不下聘，与此同。何氏《注》言：聘为礼与《左氏》说同，当是旧有不下聘之说，何氏偶遗耳。

其曰：遂逆王后，故略之也。或曰：天子无外，王命之则成矣。桓八年。

《集解》：四海之滨，莫非王臣。王命纪女为后，则已成王后，不如诸侯入国乃称夫人，或说是。

案前说据下称纪季姜立义，鲁逆于外曰夫人，文曰妇姜，速妇之也。此曰王后，盖因取决于我，不自制其事，故不曰逆女，而曰王后。下又曰：纪季姜者，起此王后为略之据。归言季姜，则逆时当言女，此《穀梁》正说也。或说同《公羊》，异《异义》耳。据或说以驳正解，非也。使例言王后，则下宜言王后归于京师，不应称季姜也。

或曰：迁纪于郱、鄑、郚。庄元年。

《集解》：若齐师迁纪于郱、鄑、郚，当言于以明之。又不应复书地，当如宋人迁宿、齐人迁阳，或曰之说，宁所未详。

案此在传疑之例，因言三国迁有难通之处，故此变为齐迁之说，若有于字则文义明白，传有定解，无事两存，或说以通之。二说皆有所据，而亦有可疑，故不敢独主一说，范以后说为非，岂以前说为定解耶？不言于当以所迁不一地，分散其民，故不能以一地目之，因不言于也。

传曰：改葬也。庄三年。

《集解》：若实改葬，当言改以明之。

案改卜牛，一时有二牛，有彼此之分，故言改以别于前牛。改葬同为一葬，既非一时，又非实物，故不言改，以相别异。《春秋》改事不言改者多矣，若如范说则岂但一改卜牛乎？

改葬之礼缌，举下缅也。庄三年。

《集解》：举下缅，上从缌，皆反其故服。因葬桓王记改葬之礼，不谓改葬桓王当服缌也。

案改葬服缌，礼经文也，传举下也，谓如葬先举葬、而后言王，与崩先言天王而后言崩。举上之辞不同，故曰举下也。举上、举下，传中于薨葬屡言之。缅因缌字误衍者，范以举下缅也句、为释改葬之礼缌句，非也。传惟解经不解传，改葬之礼缌，传举以明服制，下则别起，释先言葬、后言王之义，不更释服缌句。全传例皆如此，传引礼经文本谓改葬皆服缌。乃云不谓改葬当服缌，尤为失解。

或曰：却尸以求诸侯。庄三年。

《集解》停尸七年，以求诸侯会葬，非人情也。

案传言或说，存异解也。至驳之为非人情，则非也。本缓葬以求诸侯，因循至七年，亦事情之常，因其过迟，故书以见异。七年之久，本非初料所及，事故变迁，因而迟久，概之人情，类此多矣，何云非乎！

不讳败，恶内也。庄九年。

《集解》：宁谓仇者无时而可与通，纵纳之，迟晚又不能保全仇子，何足以恶内乎！然则乾时之战不讳败，齐人取子纠杀之，皆不迁其文，正书其事，内之大恶，不待贬绝，居然显矣。二十四年，公如齐亲迎，亦其类也。

恶内之言，传或失之。

案《春秋》见者不复见，复仇之义，屡见于庄公之篇，其事已明。至于仇人已死，则不复从此制义。范据《公羊》以难《穀梁》，案纳纠非以报仇，胜桓不为雪怨，谓百世不通，则《春秋》之书，数言可蔽。颊谷之会，亦为忘耻。二十四年亲迎乃讥者，桓以齐女死，庄又娶齐女，二事相同，曾无惩戒之心，婚姻之事与兵戈不同，齐有难，许、鲁救之而不许婚齐者，以其全无人子之心、哀伤之志，昧然与齐女偶荐宗庙也。

《公羊》讥必于其重者，亦此意。

曰弃师之道也。僖元年。

《集解》：江熙曰：经书败莒师，而传云二人相搏，则师不战，何以得败，理自不通也。夫王赫斯怒，贵在爰整，子所慎三，战居其一。季友令德之人，岂当舍三军之整，佻身独斗，潜刃相害，以决胜负者哉？虽千载之事难明，然风味之所期古犹今也，此又事之不然，传或失之。

案传中事实，皆有师传，故一有首尾，则全同《公羊》。如宋万、曹刿滥子长狄之类是也。其事既详，则非由推测以臆想之私废师传之证，既无所征，则言何所取。

遇者，同谋也。僖十四年。

《集解》鲁女无故远会诸侯，遂得淫通，此亦事之不然。《左传》曰：缯季姬来宁，公怒止之，以缯子不朝也。遇于防而使来朝。此近合人情。

案季姬不系缯，是未嫁缯之文也。下言季姬归于缯，是新嫁之文也。苟如《左氏》之说，则上当有缯季姬来文，本条当系缯下，不得又出归文，以内女反夫家不书也。《春秋》之法，轻轻重重，各有所施，礼谨男女之防，慎之于微，季姬在防非为会缯子，自以事往也。缯子来自以朝事，非为会季姬也。相见而悦，因起婚媾之谋，不由媒妁，幽约而成，失纳币之礼，近夷狄之俗，事本轻也。而《春秋》重书之以示坊表，非谓无事淫奔也。使无事淫奔则相与俱去耳，胡为复求婚乎？惟其过于求深，遂觉出于情理，皆不谙轻重之旨者也。《左氏》因其可疑，撰为归宁之说，而不知于经不合，无足据也。《春秋》以此坊民而民犹有男女之祸。

逆祀也。文公二年。

《集解》：旧说僖公，闵公庶兄，故文公升僖公之主于闵公之上耳。僖公虽长，已为臣矣，闵公虽小，已为君矣，臣不可以先君，犹子不可以先父，故以昭穆父祖为喻，宁曰即之于传，无以知其然。若引《左氏》以释此传，则义虽有似，而于文不辨。高宗，殷之贤主，犹祭丰于祢，以致雉雊之变，然后率修常礼。文公颠倒祖考，固不足怪矣。亲谓僖，祖谓庄。

案祖闵、祢僖，三传所同，为后为子，家国一致。范乃疑之过矣。经曰：跻僖公谓升僖于闵先也，从无有异说者，范以昭穆为嫌，遂解跻为丰，谓祭丰于僖而薄于庄。案经下言从祀先公，故此传言逆祀，以下之从，知此之逆。若但有丰、薄，则下经不言从矣。有下经之言从，则不得破此传之言逆矣。宁驳旧说曰即之于传无以知其然，案闵元年传云：继弑君不言即位正也，亲之非父也，尊之非君也，继之如君父也者，受国焉耳。僖元年传云：继弑君不言即位正也。夫般未逾年之君，闵以弟继之如父，则僖之继闵可知，般有传而闵无传者，般微而闵显，故从略也。范乃以为传无其证而轻变古说，不亦诬乎！

赗以早，而含以晚。文五年。

《集解》已殡故言晚，国有远近皆令及，事理不通也。

案传例不及与不周异解，不及者言来以讥其晚，不周者无心于来，故不言来。含早而赗晚，有五月之久，礼当以二使，今以一人兼之，则迟早不能适中，故云：如以为含则已晚矣，赗则已早矣，讥其来意不诚与不及，事全不关。考《杂记》言：受含皆在既殡之后，盖君薨初敛，本国臣子已含之，不能待外国之含。外国有远近，岂能未殡而来含？而闻丧则如初丧，归之含物，以达其意，君子不夺人之亲，不能使不含其子而含己。又诸侯皆有含，同盟数十百国，一口何能容？含则宰夫取璧以降，襚则宰夫五人举以东，凡诸侯之含襚，皆存以为送葬乘车之具，范说未审。

冬十月。成元年。

《集解》：疑经冬十月下云：季孙行父如齐，脱此六字。

案经传旧本别行，以传附经始于后汉。且三传传有异义，经文则无不同，苟或异文所差者小，从未有一家有经而二传误脱者。以传文之后附，疑本经之脱文，非也。传文先经发，传不必皆在本条，以此疑经，殊为失解。

公至自会。成十六年。

《集解》：无二事，会则致会，伐则致伐。上无会事而言至自伐郑，而言至自会，宁所未详。

案苕邱，公与季孙行父同执，执目季孙，避公在也。致公而不致季孙，举所重也。盟，公亦与季孙同在，盟目季孙，公不会大夫，故避公也。致言会，起公在盟也。会本为季孙盟而言。范氏未知互见之例，故不得其解也。

古者天子六师，诸侯一军。作三军，非正也。襄十一年。

《集解》：《周礼》、《司马法》曰：万有二千五百人为军，王六军，大国三军，次国二军，小国一军。其[①]将皆命卿。二千五百人为师，然则此言天子六师，凡万有五千人。大国三军则三万七千五百人，诸侯制逾天子，非义也。

案此传有脱误，当以《白虎通德论》所引据改为天子六军，诸侯大国三军，次国二军，小国一军。与《司马法》、《周礼·大

① 《周礼·大司马》中“其”作“军”，《集解》作“其”，义亦通，不改。

司马》文同。盖旧传如此。范据误本师军异文，遂从而立异。即使传原作师，则军师亦互文耳，非如《周礼》师军异制之比。且天子、诸侯、军师之制，全从田赋而出，范据误本以天子为止六师，诸侯为一军，全与经典不合，而不知考正脱误，遂从而攻传，盖范苦于用心，借攻传以趣便易，苟有不明，直相驳斥，则不劳而《集解》可成。

或曰：增之也。昭二十五年。

《集解》：如增言巢尔，其实不巢也。雍曰：凡《春秋》记灾异，未有妄加之文，或说非也。

案或说增义实不得其解，纬家以为巢于榆。范氏以为如增言巢，其实不巢，以经为戏，本属误解。遂据雍说以驳传，不知传义不如所驳也。洪煊云：增读为橧，谓于穴中驾巢，引《礼记释文》为证，说较范氏为安。说见《读书丛录》。

晋赵鞅帅师纳卫世子蒯聩于戚。哀二年。

《集解》：宁不达此义，江熙曰：齐景公废世子，世子还国，书篡。若灵公废蒯聩，立辄，则蒯聩不得复称曩日世子也。称蒯聩为世子则灵公不命辄审矣。此矛楯之喻也。然则从王父之言，传似失矣。经云：纳卫世子，郑世子忽复归于郑，称世子明正也，明正则拒之者非耶！

案传此说与《公羊》同，《春秋》贵命，先君所绝，臣子不能逆命迎之，此定义也。辄之所难特以所拒乃己父耳。《春秋》书世子者以父命临之，不从父而从王父，所以使父受命于祖，非灵公之逐子，《春秋》谓为可立，乃与郑世子比也。范氏但知从命之说，夫使辄迎蒯聩而立之，是蒯聩死其父，辄死其祖，孝子扬美不扬恶，信道不信邪，宁拒父申祖命以成其孝，不能从命迎以陷父于恶也。又礼不以家事辞王事，不能以私恩而废国典，亦已明矣，倘蒯聩有顺子，则灵公有逆孙，且灵公命绝之，而辄迎之，是灵之命不信于聩，弃祖命而废父道，《春秋》拒聩正以成父之尊于子，范氏知小惠而忘大道。

《穀梁》以卫辄拒父为尊祖，不纳子纠为内恶，以拒父为尊祖，是为子可得而叛也，以不纳子纠为内恶，是是仇雠可得而容也。若此之类，伤教害义，不可强通者也。《序》。

案解已见前，许卫辄拒父，《公》、《穀》所同，今以专属《穀梁》而指为巨谬，非也。

《穀梁》清而婉，其失也短，若能清而不短，则深于道者也。

案范氏所言，酷似评文品诗之语，其所云《穀梁》清婉而失在短，《公羊》辨裁其失在俗者，皆不得其旨意之所在。《杨疏》云：清而婉者，辞清义通，若隐公之小惠，虞公之中知是也。云其失也短者，谓元年大义而无传，益师不日之类，略而不言是也。《杨疏》所列于清短之意相违，盖亦求说不得而为之辞，大抵范君长于词翰，评阅文字，好作俊语，遂以此法施于经传，即以还叩范君，亦神况之言，不能举实名士一时兴到之言，遂为经传千年评定之准，实则语无实迹，不可方求。后人无从规仿，以决从违，虚存其语，遂相指斥耳。明人以文章评点经传，甚为识者所讥，而范君之语则奉若神明，异矣！范君虽作《集解》，实不知传义所长，又安得道其所短耶！

凡传以通经为主，经以必当为理，夫至当无二，而三传殊说，庸得不弃其所滞，择善而从乎？既不俱当，则固无容俱失，若至言幽绝，择善靡从，庸得不并舍以求宗，据理以通经乎？虽我之所是，理未全当，安可以得当之难而自绝于希通哉！

案此攻三传也，三传解经，同于测天，三家同源异流，各有所据，既欲废之，何必主之？既欲择善，何为专释？《穀梁》无精辟之专功，喜东西之游说，观其所言，明知未当，而务力希通，信心蔑古，尤为狂悖矣。王安石废三传，王柏删《诗》，其事乃早见于范氏矣。

而汉兴以来，环望硕学，各信所习，是非纷错，准裁靡定，故有父子同异之论，石渠分争之说，废兴由于好恶，盛衰继之辨讷，斯盖非通方之至理，诚君子之所叹息也。

案此攻西京博士也。范不通本传，乃杂引《左氏》、《公羊》以解之，故于此反攻先师以掩其迹，恶先儒之专守，倡信心之邪帜，唐宋之祸，此实作俑。

《穀梁春秋经传古义疏》凡例

《穀梁古义疏》叙

穀梁氏之学，孑然而垂为孤经也，盖二千余年于兹。自汉大司农高密郑公《起废疾》谓之近于孔子，其为卜子夏亲授与否可不必疑，然要其衷之于圣不甚相远。康成《六艺论》又曰：《穀梁》善于经，意必较《公羊》、《左氏》为优，而闻见之确、渊源之真，夫固治《春秋》者之规矩檃括焉，而莫之能越者也。东京而后，渐成绝学，尹更始等五家传说久佚，延及江左，訾为肤浅，注者张靖、程阐、徐邈诸人寖以湮没，幸范氏《集解》仅存，而采用何、杜两家，难免盭于师法，杨士勋称其上下多韦，纵使两解，仍有僻谬，信哉！然杨自为书，抑又不逮。外此如啖助、陆淳，宋之孙觉、叶梦得、蔡元定辈，雅知折中，而皆未有成书以阐明之。讫我

圣清，经师辈出，绝学于是乎复振，凡《穀梁》经传，时有条释，其散而见者不一家，而崇尚专家之学，以溧水王氏芝藻为倡，《春秋类义折衷》见《四库附存目》踵出者陈氏寿祺，《穀梁礼说》。李氏富孙，《穀梁异文释》。许氏桂林，《穀梁释例》。侯氏康《穀梁礼证》。柳氏兴思，《穀梁大义述》。钟氏文烝，《穀梁补注》。陈之《礼说》未经卒业，余皆有专刻，惟柳氏之《大义述》汇萃尤备。不意朴学如季平者，又能湛思孤诣，承诸名宿之后，时出己见，冀有以集于成。呜呼！吾恶知当世劬学之士，复有风雨闭门、覃研极精、厘然有当而竟不于昔贤相让矣乎！季平向者来谒于都门，述所撰著《穀梁古义疏》十一卷，十易稿未为定本，今邮其叙例见示，首明古谊，说本先师，推原礼证，参之《王制》，《注疏》之外，别撰大义，属辞比事，条而贯之，并缀以表，旁及三传异同，辨驳何、郑，纠范、释范，靡不加详。终之以诸国地邑山水图，外篇都为五十卷，别白谨严，一无遗漏，得其统宗，庶乎钜观，执圣人之权，持群说之平，守汉师之法，导来学之路，不朽盛业，其在斯乎！昔董子有言：《春秋》无达辞，吾则未之信也，努力订成，争先快睹，谬附起予窃自多已。

光绪癸巳八月同学友生钱唐张预谨叙于长沙使院

《穀梁春秋经传古义疏》叙

《穀梁》显于宣元之间，不及一世，东汉以来，名家遂绝，旧说虽

存，更无诵习。范氏觇其阘弱，希幸窃据，依附何、杜，滥入子姓，既非专门之学，且以攻传为能，末学肤受，喜便诵记，立在学官，历世千载。原夫素王撰述，鲁学独专俗义，晚张旧解全佚。辛巳中春，痛微言之久陨，伤绝学之不竞，发愤自矢，首纂遗说，间就传例，推比解之。癸未计偕都门，舟车南北，冥心潜索，得素王二伯诸大义。甲申初秋，偶读《王制》，恍有顿悟，于是向之疑者尽释，而信者愈坚，蒙翳一新，豁然自达，乃取旧稿重录之。戊子诠释《公羊》，继有删补。庚寅纂述《左氏》，癸巳读礼多暇，取旧稿重加修订，虽在会通三传，而鲁学家法不敢稍逾。又旧稿至今十年矣，所说多不同，非大有出入，不悉削之，以存入门之迹。经传微奥，钻仰无穷，俟有续得，拟再修补。博学君子，加之匡正，所切祷焉。

癸巳三月朔，井研廖平识

《穀梁春秋经传古义》凡例

《穀梁》先师《章句》、《微》、《故》，著录《班志》者，魏晋犹有传本。范氏《集解》不守旧训，今志在复明古学，故专以旧说为主，至于范注，听其别行，不敢本之为说。

《左氏》、《公羊》与传同说一经，不须求异，唯汉以后，久已别行，今既别解《公羊》、《左氏》，三传各立门户，不取苟同，务就本传立说。然义本相同，后来误解，因致歧出者，则必化其畛域，以期宏通。

何氏《公羊解诂》与《穀梁》传说多同，传文各古本互有详略，非取二传相推，反不明著。同者是为推阐本传，不以肤引为嫌，今注间有与《公羊》、《左氏》同者，亦由本传推得之，非用二传也。若传中所存异说与《公羊》同者，依义解之。

《春秋》为万世之经，公羊先师误以为救文从质，为一时之书，与本书经义不合，今不取之。至于三代之说，皆后王三统之义，何君于注中多所引用，今用其例于一定之中，详其通变之法。

陆氏《释文》及本传异文，诸书所详，今不暇及。至传文字误，新所考订，皆为标识，有所据改，说见疏中。至于训诂人所易明者，不更赘及。

《春秋》问辞，弟子皆有所据，然其据文本礼制文句，并用何君以下说《春秋》者，引用经中文句而略于礼制一门，多与传意相连，今注中据文半主礼制、半主文句。

三传言礼制者，每传多各言一隅，必须合考三家，方成完说。许、郑讦争，皆失此旨。今于三传礼制异同处，据参差互见诸例以说之，务使彼此相发、互文见义，合于礼意为主，不敢轻事杵击，动成龃龉。

三传旧例，多文异义同。先师门户过严，彼此相激，不惟不能求益于人，白马非白，主张太过，反于本传有损。今于实不相通者立《三传异例表》、文异义同者立《三传同例表》以统之。

三传事实，末节细端间有差舛，大事明文则无同异。后人吹毛索瘢，察及秋毫，而不见舆薪，今将事实确有不同者别立《三传异事表》，其他详略参差文实诸说可通者，于注中详之，以见异者千百中之一二，而同者固大且多也。

注以《王制》为主，参以西汉先师旧说，从班氏为断。初以本师《王制》用单行中字，班氏以下夹行小字，因与经传混改，为夹注。凡所不足，乃下己意，注所不尽，更为疏之，以疏附注，故与唐人注疏别行者，体例稍异。

《王制》为六艺大传，千古沉翳，不得其解，以《榖梁》证之，无有不合，今作《王制义证》一卷，以附经传之后，引经传及师说注之，以相印证。

《国语》为左氏作，本孔子六艺旧说，附会事实而成，为经作传，所谓贤为圣译也。《史记》本记、世家又本《春秋》、谱牒而作，至《左传》、《史记》说事解经与传异者，皆《左》所无，本弟子推考而出，其文当全见《左氏说》、《微》中，非《国语》原文也。今除《说》、《微》舛异之外，疏中引用实事者以《史记》为主，《左》亦间用之。

《春秋》二伯黜陟，立八方伯、七卒正，存西京，收南服，以九州分中外，内四州国则早封之，外四州国则渐引之，夷狄在九州外。《春秋》小统，不治要荒夷狄。凡经所称夷戎狄，多有讳避而托之旧说，多以吴、徐、楚、秦指为真夷狄者，误也。楚为南外四州，即为诸夏，内诸夏外夷狄，则夷狄属要荒，亦非真夷狄也。

属辞比事，《春秋》之教，事有本末，前人已详。至于属比殊未尽其义，张氏《辨例编》裒录此例甚详，今悉取用而推本传例以补之。

董子治《公羊》，礼制与本传实同。凡微文孤证本传先师无说，今悉取之。如制度及军制黜陟之类是也。又杜氏《公子谱》本于刘子政《世本》，是本传师说，今亦用之。

《春秋》新义不惟损益礼制，名教纲常实亦在焉。制度于一定之中以三统通其变，至于礼义百世不变，传中礼制义理多本此意说之。至传义与经小别者，于经下注明本意，下则就传义解之。

六艺取六合之义，又如黄帝六相，《诗》、《书》、《礼》、《乐》为四教，法四时、四方，《易》如天，为空文，《春秋》如地，为实事，举《孝经》而实之，是六艺本一贯也。先师说相关之处，多引《孝经》、《易》、《诗》、《书》、《礼》、《乐》为说，今仍其义，以明六经相通之实。

《春秋》改时制，所谓因监损益、择善而从。托之六艺，于时事无关。人多不明此意，流弊甚多，今于各条间辑周制遗文轶事，以见《春秋》改变之迹。六艺既定垂法百世，后人不能再言改变矣。

何君《解诂》引用《京易》、《韩诗》考博士之说本同一家，固不别异，今仿其例，凡本传佚义取博士说补之。

《春秋》之作，上考三王，下俟百世，大统之法，多由此而推。今立古今二例，上征帝王六经，下统诸史政治典礼，悉考其沿流焉。

六艺疆域以明文言之，《诗》言海外，《尚书》言五服四海之内，《春秋》则但言九州，且就九州分中外，是小莫小于《春秋》，王化由近及远，由小推大，故《春秋》为六艺之始基，帝王之起点，用算学语。先就九州推详制度，然后逐渐加增。故汉人首重《春秋》，以六艺之学《春秋》为入门首功，非先读《春秋》，不能读他经也。

考六艺以皇帝王伯分之，则《春秋》为伯统专书，故孔子云：事则桓文。虽曰伯统，治与王道无殊。故《诗》首周召，《尚书》始义和。《诗》云：为王前驱。《尚书》、《春秋》以伯王分先后，非有优于其间，以《诗》论二《南》，即《诗》之《春秋》也。旧解多混同，今略分界画以存其真。

《春秋》疆宇小，惟小故于制度记录详，且瀛海之外仍名九州，邹衍由小推大，则大统之法，即由《春秋》而出，然则《春秋》如书家之九宫法，为幼学初阶，老宿亦莫能外之者也。

旧用东汉法，于今古分划甚严。壬辰以后，化去今古之迹。丁酉以后，乃著小大之分。六艺中分天下，三大、三小。周礼归入大统，为海外通典之所本，故此本引用说一依小统，《周礼》专言海外者，一字不敢取用。识者谅之。

按凡例未刊之先，已经数易其稿。癸巳刊入《群经凡例》者，多字误。今略为补正。又加四条于后，为丁酉以后续得之说。但虽有此义，不过详于《易》、《诗》二经中。至于三传旧条已成定本，于此例殊少涉，不敢因之而有移改焉。

己亥十月季平识

何氏《公羊解诂》三十论*

予丙子为《说文》之学者数月，后遂泛滥无专功。辛巳冬，作《转注假借考》，颇与时论不同。丙戌春间，乃知形事之分援，因旧稿补为此编。叶公子义闻有此书，劝为刊行，并助以资，因检以付梓人。一知半解，本无深义，知必见嗤乎通人，藏之家塾，聊备童髦之一解而已。丁亥孟冬廖平自识。

何氏《公羊春秋》十论

何君专精《公羊》，超迈东汉颜严已渺，独立学官，隋唐以来，号为绝学。学者苦其难读，驳议横生。国朝通材代出，信古能劳，钩沈继

---

* 光绪十年（1884 年）先生成《穀梁春秋经传古义疏》，乃进而治《公羊》，因欲改注《公羊》成。故先总括大纲，是年成《何氏〈公羊春秋〉》十论，次年又成《续十论》，再次年而《再续十论》，先生于首十论一开始即提出《王制》是《春秋》礼传，即以《王制》说《春秋》，故《王制》莫不合于《春秋》，而《春秋》则与《周礼》多不合。与此同时还提出了《春秋》改制、素王主王法、孔子受命改制等新颖命题以说《春秋》。同时又指出《公羊》虽兼采古学，而与《王制》不同者少，以其本为今学弟子之故。这里又提出了个今古学问题。而在《再续十论》中更明确运用今、古之说以衡论学术，并提出：今古学之分为治经之大纲，虽然《今古学考》尚未最后完成（刻成），但这都已完全是《今古学考》的观点了。书中对何氏《解诂》多所驳正，而对《公羊》义例亦多所创发，论说考证谨严，全无牵强附会，是一部很微妙的研究《公羊》的参考书。此书虽写成于光绪十二年（1886 年），但至二十三年（1897 年）始由尊经书局刻成，刻本注明附《尊卑表》、《仪注表》，然家藏本却缺附表。而宣统三年（1911 年）上海国学扶轮社排印本，虽无此附注，然却有此二附表，然扶轮本所题书名则脱漏“三十论”三字，斯为大误。又刻本末附萧藩跋语，却又为扶轮本所无。萧氏对廖先生治经分今古学之说给予高度评价，比之顾亭林之论古音、阎百诗之攻《伪尚书》，而廖说之学术地位遂有定论，故亦取以附后。今兹整理以扶轮本为底本，而校以尊经刻本，其有讹夺，皆径补正，不另出校语，谨此说明。

绝，学乃大明。刘、陈同道，曲阜异途，从违虽殊，门户犹昔。平寝馈既深，匙钥倏启，亲见症瘕，用新壁垒。窃以《解诂》顿兵坚城，老师縻饷，攻城无术，用违其方，聋瞽有忧，膏肓谁解？《榖梁注疏》纂述初就，便欲改注《公羊》，独标玄解，用发覆藏，时月无间，工计未程，综括大纲，作此十论，岂敢比之权舆，特欲假为绳墨，倘其学思无进，则必依程图功，假或师友有闻，尚将改弦异计，岁寒书此，藏之敝簏，以卜异日之进退云尔。甲申冬月廖平自叙。

《王制》为《春秋》旧礼传论

孔子作《春秋》，存王制，《礼记·王制》乃《春秋》旧传，孔子既作《春秋》，复作此篇，以明礼制，故所言莫不合于《春秋》。先儒不得其解，因与《周礼》不合，疑为殷制。不知乃春秋制，中备四代，非独殷礼也。《春秋》制度，皆本于此，《王制》所言二伯，则齐、晋也，所言八方伯，则陈、蔡、卫、郑、鲁、秦、楚、吴也，所言卒正，鲁则曹、莒、邾、滕、薛、杞也。每州七卒正，此六者一压于方伯不见也。卫则以邢见，陈则以顿见，郑则以许、滑见，蔡则以沈、胡见，内详而外略也。《春秋》称侯者为方伯，称伯子男者为卒正，郑称伯得为方伯者，《王制》云：八州八伯，寰内无方伯。《春秋》以郑领冀州，而入为王卿士，从天子大夫称字之例也。《春秋》男不见盟，会不书卒，葬许男，序盟会，书卒葬，亦男许以别于鲁卒正也。不得此说，则郑国为方伯，许之序卒葬，不能解也。单伯，《左氏》以为王臣，从氏采推之是也。《公》、《榖》以为鲁大夫，从内大夫例推之，亦是也。而不能相合。《王制》云：天子大夫为监于方伯之国，国三人。单伯盖天子之大夫为鲁监者，故氏采与王臣同，而来往为内文也。郑之祭仲，陈之女叔，皆监者也。得此说，则三传之说可以立见，非此则不能通也。《榖梁》纯与《王制》相合，《公羊》虽兼采古学，然与《王制》不同者少，以其旧为今学弟子故也。今于《王制》同者，宜据《王制》言之，于《王制》不同者，宜有以斡旋之。如祭仲《榖梁》之例，以为天子大夫。公羊以为郑大夫，贤者不名，此与《王制》不合者也。不能无说而随文解之也。如此之类，仆数难终，谨发其例于此。又《礼记·曲礼》、《檀弓》、《杂记》三篇，为《左传》说。如《曲礼》天子不言出、天子曰崩，及二伯、州牧诸制，其明据也。今当悉取附本条，不惟《左氏》明而《礼记》亦明矣。

《礼记》一书，窃欲以读《白虎通义》、《五经异义》之法读之。予尝为《今古师说礼制异同表》，将《礼记》一书各隶各经，如《王制》

属《公》、《穀》，《曲礼》、《檀弓》、《杂记》属《左氏》，或属《周礼》，或属《仪礼》，或属《诗》、《书》。不求其合，而惟求其分，皆足与《王制》相发明也。

诸侯四等论

《春秋》制二伯之典，修方伯之法，详卒正之事，录微国之名。一州二百一十国，鲁为方伯，曹、莒、邾、滕、薛、杞为卒正，大者序盟会、备卒葬。郯、缯、牟、介、葛为属国小者，所谓微国。蔡、陈、卫、郑同为方伯，楚、秦、吴为外州方伯，与鲁共八伯。齐、晋为二伯，曰天子之老。每州二百十国，统于方伯，八州八伯统于天子，二老分主东西，此《春秋》制也。鲁与蔡、陈、郑、卫事齐、晋以事大之礼言，如与京师同行朝礼也。曹以下兖州之国，如鲁言朝，属国统于方伯，事之如君也。《春秋》外秦、楚、吴，为其地当方伯，故记其卒葬。惟秦一记葬，楚吴狄之不记葬。至于河南、山西、直隶、安徽诸国，惟录方伯，属国概略不见，序盟会者，惟许、邢、滑、沈、顿、胡以起之，有所见者，皆为大国事及之，非专录也。兖州为鲁所统，鲁为方伯，详内略外，故属国曹、莒、邾、滕、薛、杞六国记卒葬、叙盟会，而又见郯、缯以下诸国，此《春秋》详略之所主也。其往来礼节、记录尊卑，则又各异其事。以今制喻之，京师如周，南北洋大臣如二伯，行省督抚如方伯，各省道员如卒正。鲁如今四川制台，于齐、晋为上行，于曹以下为下行，于蔡、陈、卫、郑为敌体，其仪注体制，皆因此为定。如属国无大夫，无师不言使、不记灾，言朝鲁，言奔丧、会葬，见大夫不氏，公子公孙不言大夫，文以前不卒葬，襄以下乃详录，盟会爵无定，盟会序有定之类，凡数十事，皆以卑屈于尊也。鲁于外方伯平行，则仪注不同，六卒正至于二伯则全用事大之礼矣。旧有《大国、次国、小国、微国礼制异同表》一卷，专明礼制。至于笔削之事，则散见各条之下，此义传中本有明文，西汉以后遂失传说，故后儒多不得其解，今幸于《王制》中得之，使古义复明焉。

托礼论

《春秋》礼制本《王制》，此定说也，诸侯分三等，亦定说也。然《王制》之三等，则百里、七十里、五十里也。《春秋》之三等，则皆百里国之二伯、八方伯、六十四卒正也。以《王制》例《春秋》则二伯皆王臣，非外诸侯。鲁为百里大国，当有三军，曹、莒诸国皆千乘，不为小国，此必不合者也。以《王制》言之，则上而齐、晋，下而曹、邾皆百里大国，而《春秋》则独以齐、晋为大国，退方伯以七十里之制，退卒正以五十里之制者何也？春秋三等皆百里，若一律视之，则贵贱不明，而《王制》三等之制无所托以见，则改制之事托诸空谈，不能见诸实事矣。不得已而强于百里大国中分为三等尊卑，以托见百里、七十、五十之异制，假托以见意，非实事如此。苟稽其实，则齐、晋不大于方伯，曹、郑不小于陈、郑，鲁不必讥作三军，曹、郑未必无大夫也。其所以或扬或抑于其间，特欲明其意而已。然其所以强分三等，则亦因其自然之势，非故加之也。当时齐、晋主盟，实强大于方伯，方伯自广，实强大于卒正，因其本有强弱、大小、尊卑、贵贱之分，故因以托三等之制。又考《王制》八命锡弓矢、得专征，是二伯亦得命外诸侯也。七命锡斧钺、得专杀，是加命百里国为方伯，则仪注得加诸侯一等，一州之国，尽归节制，正如今督抚加衔得节制数省之例。当时诸侯有强弱大小之分，《春秋》假加命之变礼以分别贵贱，以为三等。然必求合《王制》新订之礼，则诸侯皆为同等，皆得用大国仪注，鲁既百里大国，又加命则更当用《王制》大国仪注。齐、晋加于诸侯二等，乃用百里仪注，是降二等矣。鲁用次国礼，亦降二等，卒正用小国，亦降二等。然经不能别作二伯、方伯礼制，而假借百里、七十里之礼制而用之者，以诸侯强大易为祸乱，故定制以百里为限，不能加隆，故借三等平常礼制以明尊卑、大小之分，此亦不得已之故也。借虎皮以覆羊，指鹿角以为马，苟不如此则词有所穷、毛将安附，此非深明纂述之源，不能知其苦心也。予久疑《春秋》之礼倏同异于《王制》，积思累月乃悟假托，证以假号之例，夫乃相得益彰。何君不达此义，宜其不敢笃守《王制》矣。

假号论

传曰：贵贱不嫌，句。同号；句。美恶不嫌，句。同辞。夫号者爵秩禄位之所定也，彼其器服载在典章，本有一定之称，岂容抑扬其际。详传所言，则名爵不守，故府进退，惟在素王。因嫌疑之相关，定秩命之高下，贵贱嫌则异之，不必其本不同也；不嫌则同之，不必其本不异也。故滕、薛不嫌则称侯，相嫌则称伯子。唯其辟讳，以定名称，说者不察此旨，乃以《春秋》所书为其本爵，谓郑、秦为伯，吴、楚为子，甚至纪子称侯，为因后父所加，杞伯称子，以为时王所夺。凡此之伦，悉为瞽说。又传云：天子三公称公，王后称公，其余大国称侯，小国称伯、子、男。凡传言称，皆谓《春秋》称之，不关本事也。《春秋》假公以为三公、王后之称，假侯以为方伯之称，假伯子男以为卒正之称，恐人疑之，以为王爵，故于滕、薛、纪、杞互见以起其例，明此为《春秋》假号，非诸国本爵也。苟欲言本爵，则见经者皆百里国，同当称侯，因同号无以见义，故托礼以定尊卑，假号以辟嫌疑，欲因别号，愈明异礼，此作述之穷词、爵号之大例，自汉以来，久失此旨。虽以博士专门，犹谓纪侯加爵，下至杜氏，乃详注某国为某爵，学者习闻其说，深入渊髓，枝离牵就，终昧本原。学者务先详传文，力改杜说，深悟假托之由，方知《春秋》之妙。苟拘于旧解，以名爵为定称，则无入道之几矣。《解诂》未详此义，今并正之。

主素王不王鲁论

王鲁之说，久为世诟病。申者曰：此经师旧说，俗学不知古义，不足为疑，若孔巽轩之去王鲁而主时王，则诚俗学。若今之去王鲁而主素王，则主王鲁者多年积久而悟其非，诚为去伪以存真，岂曰望文而生训。盖尝以经例推之，则鲁为方伯讥僭诸公，非作三军，则是《春秋》仍以侯礼责鲁也。讥不朝，非下聘，则是《春秋》仍君天王而臣鲁侯也。且《春秋》改制，作备四代，褒贬当时诸侯，皆孔子自主，鲁犹在褒贬中，其一切改制进退之事，初不主鲁，则何为王鲁乎？若以为王鲁，则《春秋》有二王，不惟伤义，而且即传推寻，都无其义，此可据经传而断其误矣。又《公羊》精微，具见纬候，凡在枝节，莫不具陈，而王鲁全经大纲，纬书并无其语，而言素王与孔子主王法、乘黑运者，不下三四十见，此可见本素王而不王鲁矣。尝以师说考之，司马迁云：《春秋》据鲁、亲周、故宋。论语、孝经《纬》五言素王。而孔子受命改制，作为元圣为王制者凡数十见，孟子云：《春秋》天子之事也。是故孔子曰：知我者其惟《春秋》乎？罪我者其惟《春秋》乎？惟其为素王，故孟子以天子托之《春秋》，而孔子以我为解。太史公引董子说：吾因其事而加王心，孟子引孔子云：其义则丘窃取之矣。又主据鲁而不言王鲁，皆足为素王之证，而非王鲁之比。是《公羊》旧说主素王而不主王鲁也。王鲁之说始于董子，成于何君，董子《繁露》言：《春秋》有王法，其意不可见，故托之于王鲁云云。何氏因之，遂专主其说。按董子立义依违，首改素王之义，以为托鲁之言，此董子之误，后贤当急正之者也。且其说以王意不可见乃托之王鲁，托者假托，实以素王为本根，王鲁为枝叶，因王意不见，乃假王鲁以见素王之义，是董子之言王鲁者，意仍主素王也。盖经实无王鲁义，说经者因义难见，附会别义以见之，专门往往有此小失，所谓求深失凿，当急正者也。又按素王本义非谓孔子为王，素空也，素王空托此王义耳。《论语》曰：如有用我者，其为东周乎？又曰：其或继周者，虽百世可知。今之所谓素即此。如有其或之义，设此法以待其人，不谓孔子自为王，谓设空王以制治法而已。旧有《素王证义》一卷，备录素王之证、而条驳何氏王鲁之义，拟将来撰章句，据本传、孟子、纬候之说专以素王为正义。至于董何说王鲁者附入疏中，以存异解，而其《素王证义》一卷附于《解诂商榷》之后，以与好古之士共决焉。

无月例论

正传言日时例者二十余条，惟言何以不日？何以时？无以月为正例之文。《春秋》记事，大事记之详，如君夫人葬薨、大夫卒、天王崩、外诸侯卒，大异宗、朝、灾、郊、祭、盟、战，所关者大重，录之则详，故记其日，小事则从略，如来往、如致、朝聘、会遇、外盟、外败，一切小事皆例时，大事日、小事时，一定之例也。亦记事之体应如是也。至于轻事而重之，则变时而月日焉，重事而轻之，则变日而月时焉。事以大小为经，例以日时为正，一望而知者也。而月在时日之中为消息焉。凡月皆变例，大事例日，如盟例日，而桓盟皆不日而月变也。柯之盟时者变之至也。此日为正、月为变、时为尤变之例也。小事例时，如外诸侯葬例时，月为变、日为变之甚，此时为正、月为变、日为尤变之例也。因其事之大小，考其例之详略，如朝，时也，变之则月、至变则日。用币，时也，谨之则日。因其事之小，知其日月之为变。外诸侯卒，例日，变之则月、至变则时。因其事之大，知其月、时之为变。凡变则有二等以差功过浅深，故月皆变例，从时而日、从日而时，皆变之尤甚也。有条不紊，纲目明白，何氏误以月为有正例，则正例有三等，无以进退而于二主之间，又添一主则正变不明，端委朦混，治丝而棼，故使人嗤为牵引射覆，此其巨谬也。今一以传说为据，先为一表分三卷：上卷正日而变月时者入焉，中卷正时而变月日者入焉，下卷则不入日月时例附焉。皆以时月日录其时，非有浅深之比者尽归之。何君之说，老师不能尽通，今兹之表一览可得其要，以孔子当日本如是也。而后人纷纷议此例者，可以息喙矣。

子伯非爵论

《王制》有公、侯、伯、子、男之本爵，《春秋》无是也。所见国皆百里同等爵也，其于同等之中必有尊卑之别，乃假锡命之名以为立说之准。传曰：天子三公称公，王者之后称公。其曰称者，《春秋》称之以相别异，非本爵公，而当时诸侯遂别无公爵也。又曰：其余大国称侯，小国称伯子男，大小国无差分，其分之为大小，称之以侯伯子男者，《春秋》借侯以定方伯，假子为七等之首，伯为字男又子之变文，伯子非爵，则男可知。男犹男子之称，证以托礼假号之例，则五等之非本爵审矣。按公侯男之不明，其失犹小，伯子不明其失尤大。今再为明之。传于滕侯卒称侯云：贵贱不嫌同号，此传之微言，不独为此经发。滕、薛与鲁地皆百里，例同得称侯，此定例也。既以鲁为方伯，不能改称公而仍称侯，则滕、薛之为卒正称侯，则与方伯逼，降爵则非其罪，且不足以明本爵之为侯，此笔削之穷词也。《春秋》为辟嫌改滕称子、薛称伯子，伯为侯替代字，以子在伯上知非爵也。自桓以上《春秋》正辞、盟会、丧兵，皆称子伯，恐与方伯侯嫌。然不先见本爵，且恐人疑非百里国，故借卒侯滕以不卒而卒，知见侯例，犹恐人疑子伯为贬，故于此两见滕、薛称侯，滕在薛先，则知下之滕以子先薛伯之非爵也。于朝称侯，以此之不嫌称侯，示本爵以起下之嫌则不称本爵也。传解此兼释彼，解滕、薛兼解曹、莒、邾、杞也，且兼解纪、沈、胡、顿、邢、滑、小邾也。《春秋》大国称有定，小国称无定者，为有辟而改，方伯无所辟也，此贵贱不嫌则同号、贵贱相嫌则异号之定例也。且谓之号者则虚加之词，固非号异而实不同也。此朝见本爵下不见者，一见不再见，曹、邾、杞不见者，亦一见不再见也。何君不明五等皆《春秋》之号称，非时王之爵秩，纪子称侯以为后父加爵，宜其凡遇五称皆为实爵也。

诸侯累数以见从违论

《春秋》游夏不能赞一辞，盖其审矣。二伯盟会之国列数多或至十数，少或仅二三，其详略内外之说，何氏阙焉。故文宣以后，盟会数勤而不为立说，遂使累数列国，有如赘文。故文宣以下经多而注少，此其失也。盖中国与夷狄相消长，中国主齐、晋，夷狄主楚。从中国方伯，卫为笃，陈、郑次之；从楚之国，蔡为笃，亦陈、郑次之。宋为王后，从中国多于从夷。中国大国惟齐、晋、宋。次国惟鲁、卫、陈、蔡、郑，而诸国从夷，《春秋》所伤，不可以显录，故为此互见之法。如诸侯同在，则如贯泽。大国言齐、宋，远国言江、黄，为偏至辞，不列数者，皆至之辞也。诸侯城缘陵，言诸侯而不序离，至不可序至，于常会则多不序蔡者，蔡笃从楚也；不序陈者，失陈；不序郑者，失郑。不序于此，则入在彼也。楚伐中国恒独举楚师，不序从国，凡不与中国盟会之国皆从楚伐者不言者，不忍以中国从夷伐中国也；从楚之国侵伐中国不从楚序，惟盟会从楚序，其恶从末减，亦以起中国盟会不序之国皆入楚也。旧为《中国夷狄消长表》，中国主齐、晋，卫附之；夷狄主楚，蔡附之；而陈郑间居二者之间而出入焉。以此明中外之限，故列数略见互文，皆以为此其中诸侯凡序者皆有所起，虽累数十数国，一一有义，当逐条说之。又宣成以前略序小国，襄以后详序小国，又有疾始贬退诸例，故曰游夏不能赞一辞。使如何氏，则半在可删之类，以不得此解也。

曲存时事论

《春秋》之书，因行事加王心，加损变化，以见制度，不可以时事求之者也。故齐、晋侯也，而托以为公，吴、楚王也，而抑以为子。明监者之制而出单伯、祭仲，不必当时有是制也。明改制之意。而黜杞称子，不必当时有是号也，周世卿而贬尹氏，周下聘而讥天王。其中立官、制爵、用人、建国、吉、凶、军、宾、嘉，凡私所改易处，皆设文以显之，比义以起之，故不可以时事求也。而亦有曲存时事之处，如《春秋》以鲁为方伯，定制也，十二公无异也，乃桓文有锡命之文，《春秋》则有锡与无锡不异，时事则不锡与有锡不同，此锡命之事与《春秋》方伯之事不相干也。《春秋》大国三卿，而晋同时杀同姓大夫至三人之多，此时事与经例不合，不可援单伯二伯以为比者也。《春秋》既托空王，则别起义而称周为天王，不能改而不王，此亦曲存时事与经意不合之大端也。不改则似于史而经意不明，改之则嫌于乱而行事不见，改与不改之间，本为相背之势，乃有并行之妙，不相伤而相救，不相迕而相起，此其因革沿变之间，非精思神悟不足以探其运用之妙。何君《解诂》乃全昧乎此，因者不知所以因，革者不求其所以革，蒙昧解之，经义蚀晦者久矣。积疑经年，一旦雾澈，必知此义，乃足与言《春秋》也。《春秋》时事皆周制，经意参用四代，今古相迕，枘凿不入，得此并行，乃能圆通耳。

三世论

春秋世变迭更，书法由之而异，《论语》云：自诸侯出盖十世希不失矣，自大夫出盖五世希不失矣，陪臣执国命三世希不失矣。此其世变之大纲也。初治天下，再治诸侯，继治大夫，终治陪臣，盖无卅年不变之文，传以三例总之：所谓传闻、闻、见是也。约略分之，所见不过六十年，所闻不过八十年，传闻不下百年。自襄至哀文辞数变，所谓异辞者，所见与见自异，非与传闻、所闻异也。以推闻与传闻，义亦如此。细变无虑数十大异，约分为九：所见三异，所闻三异，所传闻三异。非谓二百四十年中文仅三异，如《解诂》所云也。使仅三异，则传言所见、所闻、传闻异辞而已，何为三言异词耶！又所异以详略政治为主，因乎时变，象乎人事，不如《解诂》唯以高曾祖父恩义深浅为说也。三世为要例，《解诂》所言多不得其意，支离游衍，使人迷炫，此其失也。以孔子四世配鲁君十二世，虽本纬候，不足据也，维其不足据故纬或以八十为限、或以多少相较可见也。三世之精意不外远近二字，苟得其要，无俟烦言，今尽削《解诂》之言三世者，而别自起例以说之。哀十四年传：祖之所逮闻，祖谓隐、桓，在逮闻之世，再远则难征，不谓孔子之祖能逮闻隐、桓也。祖逮闻此世于何取义，岂谓祖闻而转向孔子述之耶？孔子少孤不闻父教，何论祖训？此可见其迂曲矣。《穀梁传》引孔子曰：立乎定、哀以指隐、桓，则隐桓之世远矣。此《穀梁》三世之例也。《公羊》真义，实亦如此。自何君失解，更为游说，亲父祖而薄高曾，亲祖父并一世人皆亲之，薄高曾并一世人并薄之，不惟迂谬无理，且隐、桓之世远在二百年以前，何所与于孔子之高曾？由此以推之，当时孔父尚在，则早在无服路人之例，又何可以缌齐说之。其误皆由误解祖所逮闻之祖为孔子之祖，遂衍为此说，最为剌谬，须知说《春秋》当就孔子一人说之，不必牵引其先代高曾作干证也，至于新分三世，更为一表，多主大纲，不循枝叶，如《解诂》之絮语也。

何氏《公羊春秋》续十论

前论作于去冬，余意未尽，缀以新解，更为此篇。昔洪稚存亮吉有《春秋十论》，初意效之，故别为编目，不与前并，古人才敏，日试万言，今经二百日所得，乃仅如此，又且从日夜劳悴神形交困而来，岂古今之不及何迟速之悬殊也。乙酉秋季平记。

嫌疑论

礼以别嫌疑为要，《礼》云：君与异姓立，不与同姓立。《明堂位》序公侯伯子男及夷狄所立之位，爵相近则异面，爵相悬则同面。此即决嫌疑、定犹豫之道也。董子云：《春秋》常于嫌得者见不得。又云：《春秋》视人所惑，立为说以大明之故。决嫌疑为《春秋》大例也。传曰：贵贱不嫌，句。同号；句。美恶不嫌，句。同辞。句。此号辞同异之准也。何氏言其同号者如滕称侯，此不嫌而同者耳，而嫌而异者则未详其例，今谨推之：如齐、晋，《春秋》托为二伯，则尊在宋公上，而爵仍言侯与方伯同，是其贵贱相嫌也。故宋、陈、卫，在丧称子，而齐、晋在丧不称子，以不称子尊异齐、晋，为其相嫌，故不同号也。郑、秦皆方伯也，不称侯而字伯，与小国相嫌，故在丧亦不称子，而言使、言聘、言来盟、言汤沐邑以起之。而何君乃以不言子为贬，则失嫌，则不同之意矣。何君言其同辞者，若继体君称即位，继弑君亦称即位，而嫌而不同者，则未详其例。今按楚庄讨夏徵舒，此嫌于美得讨，故贬称楚人。言入陈，因其嫌美，故以恶辞异之也。楚灵讨庆封，称楚子，不言人，楚灵恶不嫌于美，故不异辞也。谨发其例于此。而凡旧撰《十九国尊卑名号仪注异同表》，则皆所以分别贵贱相嫌，则异之例也。而《七等进退表》，则亦贵贱相嫌则异之教也。又凡旧撰《褒贬表》，皆相嫌则异之数也。而《善恶表》，则又嫌不嫌之准也。号辞专例，搜集不下千条，何君不长决嫌明疑之例，故于巨门，谨以数语说之，至解散见之条，则又与此义相倍，此非深明嫌疑号辞所以异同，得孔子所以祛嫌决疑之心，大为更张，尽复旧说，不能斩断荆棘、尽发覆藏也。按以郑在丧称子为讥，董子已有此说，可见经义之难，此如持平操度，稍有不谨，便失其准。观传郑忽称名，人皆知郑在丧不称子，至于郑伯伐许，虽先师巨儒亦失其说，然则治经而欲尽祛误说以荡除滓秽，又力复旧例以重理规模，岂不难哉。

本末论

《春秋》文成数万，其旨数千，单词孤句不能见义，故记事必有终始，纂词尤详本末。传言末言者二，谓纪述有本无末，又以起有末必先录本也。《春秋》经络，亦如人体，干支弥蔓、纵横匝布，学者之求经旨，亦如医家之探穴会。苟按图以相索，固投箴之无讹已。《春秋》记中外争伯为大本末，庄以后定以前，凡记齐、晋、楚、吴会盟侵伐，重规叠矩，皆以纪伯者之本末。不知此义，则有如赘文矣。苟知其例，则能推考《春秋》制作之义，惟叹其精严而不苦于繁赜。不然，则连篇累牍皆若可删。又其中单文琐事可以不见而必见者，备本末也，纪州公之如曹，所以备实来之本；纪郑詹之出奔，所以备佞来之本；纪遂人之灭，所以备歼戍之本；纪秦人入鄀，所以备和楚之本。详录桓会见伯之难，备列楚灭，见楚之强。宋伯姬十七见，而余从略。晋文公一年廿书，而余从略。何君不明本末之例，遂使详录者如赘肬，单见者如败叶，经脉壅塞，而血气枯偏。今据传文本末之例，于属词之外，别立本末一门，标题详细，务使经文单词孤句皆有所统，然后注中依此解之。列国大夫专政如齐崔陈、晋六卿、卫宁孙、鲁三家之比，记其世卿之祸亦一大门。治《左传》者有事纬本末之作，二传无闻，今斟酌二书，更加详正，凡不见经传之事，皆取《世家》、《国语》以补之，其中有大纲、有细目，经络盘结，枝叶漫布，所谓其旨数千必详端委者也。

翻译论

《春秋》有翻译之例，所以别中外，更所以存王法。传曰：地物从中国，邑人名从主人。《穀梁传》孔子曰：号从中国，名从主人。圣言大例，二传所同也。今中国翻译外国之文，凡其官名多以中官形况之，或竟同中国官名，地形、衣服、山川、禽兽、草木之比，多从中国辞言之，而后人乃解，使从夷狄辞则不能解。至于其国之地名人名，已有定名者，彼称何名，我称何名，我不能以中国之名易彼之名，盖彼已有定名，人皆以是称之，从之则能解，异之则彼与我皆失所解，此即《春秋》之例，所谓号从中国、名从主人者也。而其翻译之用，犹不止此，其大用足以抑夷狄而尊中国，如吴、楚之君号称王，从其号则当称王，《春秋》则以中国之号号之，若以为吴、楚之称王者，如中国之称子耳。其大夫称公，则号之曰大夫，称王子则号之曰公子，以为此方言之异同，而非僭妄之大号，此号从中国之用也。而凡中国之人，皆一人一名，即使异名必从一称之，而独于楚则不然，既言公子围，又言楚子虔，既言公子弃疾，又言楚子居，此即所谓名从主人；彼有定称，吾因而称之，此人名从主人之例也。又如大卤、贲泉、善稻之地，此有地形可正，亦如物则从中国言之；而于州来、钟离陉、檇李之等，则从定名言之，则又地名从主人也。何氏于此例少所发明，今逐条为之说，而粗发其端于此焉。

隐见论

《春秋》犹龙也，犹画也，龙以鳞爪起全龙，画以隐见起远近，故《春秋》有所常录，因有所不录，常录不厌乎详，不录不嫌其阙，然恐人之疑，当时事实实如此，则笔削之法不明，而著述之意愈晦，故于所削者时偶一见，欲学者循其常而惊其变，举其一而反乎三，而后隐见之制明，而推比之例起，此制作之精意也。学者苟由常以通其变，复由变以归于常，正变隐见，易明也。何君不先立其常，遂大乱于其变，姑以一二端明之：外八州会盟见方伯、不见卒正，此常也，而幽见滑，淮见邢，昭世见胡、顿、沈，苟不一见，则疑外州小国通不豫盟会，因见之以起其常在，而《春秋》不书也。《春秋》内小国唯卒六卒正，恐人疑余二百三国皆不赴，则一卒宿男以起之，宿男以连帅犹赴而卒之，则二百零三国皆来赴矣。而不卒者《春秋》削之也。见九州方伯之义，一言荆；见新制九州之义，一言徐；见附庸在会之例，一言小邾；见夷狄在会之例，一言淮夷；方伯一记灾，以见小国夷狄之卑；王臣三记卒，以见尊敌诸侯之义。尽录则苦繁，不录则嫌缺，全经一见之例不下数百条。董子云：《春秋》多所况，是文约而法明；又云：览其绪屠其赘者，此类是也。而尽推其例，则有事迹之一见，义礼之一见，经例之一见，凡一见之例如冬日而衣葛、夏日而被裘，异于常例一见而知。自何君混于正变，牵引胶葛，而常变皆失其说，今先正其常而以一见之类统归一表，曰《一见表》，别出一见者，不使混于正例，则两者离之则两美、合之亦不两伤，以视何君之揉杂蒙混，则黑白分而是非显矣。一见者多有异文，以使人知为非正，如辛亥宿男卒是也。文以前不卒小国，而宿在隐初已卒，小国初卒不日，而宿已日卒者，名而宿不名，学者或以宿与滕、薛比，或以宿与郑、秦比，有此一卒而诸卒皆乱，实则甚明，何以言之，卒非卒正百里者不卒，宿经称男不卒者也，卒必其国久长，定哀犹存者，而宿为寓公，仅此一卒。下为宋迁，此不卒者也，始卒不日、日不卒者也。卒必名日，卒而不名，不卒者也。知不卒而卒，则知为一见例。

详略论

读《春秋》而不知详略之义，不能读《春秋》也。《春秋》诸国存者，以地图计之，犹千数百国，今见经者惟数十国而已。《春秋》诸国记事以鲁计之，其事当百倍于此，今存二万余言而已。鲁国之事以详书之，其文亦当百倍于此，今所书者亦惟此二万余言而已。以言乎削，则不啻千百中而录一二焉，此略之之义也。然以鲁言之，录大事耳，而小事可削，而经之小事见者屡矣。以中国言之，录内耳，而外可削，而经之外事独见者屡矣。以天下言之，录中国耳，而夷狄可削，而经之录夷狄也不一而足，以言乎笔则不啻十得四五焉。此详之之义也。夫其详略之间，必有所准，录内详，常事不书，则削者十不啻八九矣。录兖州详，举鲁所统，卒正而外，小国不录，则录者百中之二三矣。卒正举曹、莒六国，而以外二百国又从略，附庸举小邾，而以外又从略，则录者千中之七八矣。七州之大，但录二伯、方伯，而卒正之见者惟邢、滑、沈、胡、顿，则所录者万分中之十百矣。此详略之数也。知所详复知所略，然后明乎笔削之义。先师言弑君三十六、亡国七十二云云，此亦就所录者言之，实则弑者亡者不啻五倍于此，以例所不见，故略之也。就所见以求所不见，此非详略之界，则经详而苦于繁，略而苦于瘠，而无以立义，此当如算家勾股相求之法，因所见以求所不见，因所不见以求所见，因外卒正通叙许，以郑有属国起内四方伯外三方伯皆有属国也。二伯王后不见属国者，从内臣例也。方伯共千七百属国也，陈以顿二叙郑，以滑一叙卫，以邢一叙蔡，以沈、胡二叙以所偶叙起会盟之无不在也。桓之会内小国但叙曹、郳，其言齐师、曹师诸侯俱在也，其言齐人、郳人，亦诸侯俱在也。无所见则从省文，其例在阳谷之会，传所谓大国言齐、宋，远国言江、黄是也，非叙二师则只二国、叙徐人则只徐人也。《春秋》一字苟在可省必去之，必有所见乃叙之也，以此见凡见皆有说也。

重事论

传中言事，皆详记终始言论。如晋取虞、虢，鄢陵战、通滥、战鞍之类，凡数十见，举一反三，谓必先明事而后言义也。后来经师重义而不重事，不知《春秋》褒贬有如断谳，必先事明而后义审。孔子云：其事则齐桓晋文，其义则丘窃取之矣。董子云：《春秋》贵义不贵事。谓不以二伯之行事混素王之制义，学者不明斯旨，又以传略行事欲取《左氏》，又乖师法，故尽祛故实、专言经例，或以善恶甚著，褒贬无方，亦遂以为假迹立说，不据美恶，不知本事未明，经义何附？其弊至于天王失崩，经天王不书崩者有三，旧说以为无之。诸侯失卒，方伯不卒者有三，旧说皆无之。弑君失数，楚卷齐阳生曹伯不言弑，郑忽弑不书，旧说皆不以为弑。以秦康公为秦穆，何氏以莹为穆公。本末不详，则笔削之意不显，得失不著，则进退之法尚虚，不知《公》、《穀》义例有异，而事迹从同。虽《左氏》别派，凡所立异，皆欲求胜，二家由例生事者，可以指数。如单伯事全因单伯而异，仲孙湫子氏之类，不过数十条，皆小事，《国语》所无者。至于大事，莫不从同，苟求其要，固非宫徵所能乱其聪者矣。董子云：《春秋》尝于嫌得者见不得，苟求转语，是尝于嫌不得见其得。楚讨有罪贬之，而后外夷狄之义明，祭仲废君贤之，而后行权之法立。董子云：《春秋》每因人所惑为之立说以明之，故其制义多在嫌疑之间，唯其本事详明，而后经义显著。倘不求其事而虚衍其义，有如空存谳判，而不立事由，学者追寻何所依据，其弊必至于变形幻态、浮荡无根，况圣言幽远、经制渊深，有异庸言，非可臆测，必探其美恶之端，乃定乎从违之正。其中嫌得不得、嫌不得而得，正如晋文之赏功，先礼而后功。

汉臣之定狱，先杀子而后劫盗。若不激切，不足发启。今不审原委，而使学者以私意测之，以常人而言圣制，其不轻重失平者鲜矣。故《春秋》之法，先须明事，事已明矣，而后言其褒贬之所由，正如事明而案定，不惟冤狱不兴，设有非常之义亦可因缘而见，其功不甚巨乎！凡《春秋》直书者曰讥，谓不加贬绝而罪恶见，故凡平文皆讥也。必其本事必待褒贬然后义显，乃加褒贬，故不必以取舍不合本事为嫌，唯本事明然后经义愈显耳。何氏以下，恶言本事，非其胆弱，乃其识昧耳。今据司马迁说谱帙则用世家，事实则用《国语》，所定之议，言皆有征，不为影响射覆之谈，庶有平实之效乎！

据证论

《春秋》例有正变，文有异同，必确知其常，然后能尽悉其变。先师设为问答以明经义，礼制为主，文句为末，苟非礼制不以不见为疑，既遇正条，不更以其变相难。如隐何以不言即位，此据礼继君元年即位、以承先君朝群臣，不言即位为变，故问。即至文公言即位，正得礼，不复以言即位为问，以得正也。即继弑君不言即位，亦但以为继弑而言即位，则是与闻乎弑，而不言继弑君，何以言即位？以礼有即位不以即位为嫌故也。然则隐何以不言即位？下注宜云：据礼继君元年即位、以临群臣云云，不当云据文公言即位也。何氏不言礼制，惟据文句，然则传于文公何以不云：此何以言即位？礼制有常，而文句无定，不言其礼，不惟使传意不明，学者不先识正变，故变者据正为疑，正者亦据变相难，正变不明，而是非淆乱。正如日月例，有日例，有时例，无月例，不知孰为正日例，孰为正时例，其于纷纭之间，遂以正日为例时，正时为例日，轻重无准，则正变失序，正变一失，而《春秋》不可治矣。何君《解诂》据文句而不据礼制，循末忘本，知其然而不知其所以然，流弊无穷，今欲学者先据礼制而后以经例为证，其于正变之故，必使明若观火，灼然如指诸掌，夫而后比事属辞之教，乃可得而尽。苟惟比齐句例、整理文字，而不先心知其异同正变之故，此寻行数墨之学，不足以语于宏通之诣也。

加损论

《春秋》有有其名而无其实者，有有其实而无其名者，其中事实诡异，名号虚立，不可不察也。有名无实如筑馆于外，未至而复，赵盾、许止是也。传曰：不知《春秋》之义，身被恶名而不得辞者，此之谓也。有实无名，如赵穿、栾书、弑隐、伐郑、庄会飨齐襄之类是也。变实之先后者，如无麦禾书，在筑微下，致君而后卒，首事念母之类是也。避实不见者，如公执而以季孙主之，文如齐而以夫人主之是也。有辟其实而易之者，如召天王而曰守，楚、吴称王而曰子，楚臣称王子称公而曰公子大夫，夷狄执而言以归、获而言败是也。有书其事而不出主名者，周田而系于许，仲孙而系于齐，邾邑不系以国之楚丘、而不出系其国之类是也。其有书之以明乎削者，如葬原仲以明其不葬，卒宿男以明乎不卒者是也。有辟文而与实者，齐、宋之实与而文不与是也。有因例而变者，谓外会为如，外薨为卒，内灭言入，内杀言刺之类是也。故循名而核实不难，循名而知其非实为难，有实而加以名不难，无实而虚加以名为难。故我欲见其人，则借事以见之，不必其人之实有是事也。我不欲言其事，则假法以掩之，而不必其人之实无其事也。董子云：《春秋》书事，尝诡其实，以有辟也。其书人时异其名，以有讳也。呜呼！能知《春秋》加损之实者，其惟董子乎？春秋时乱混浊而不可以书见，孔子欲假以立法，不可显言，又不能已于言，于是乃创为加损之法，以成美善、掩逆乱，又不能纵大恶而肆姑容，故其文约事明，皆有所见。名家之学，循名以核实，名在先，实在后，《春秋》之教，先有实而后有名，观其加损之文，因以见制义之准，苟拘文以考事，则《春秋》之道晦矣。何君之解不能尽通斯义，今特为之表出焉。

从史论

《春秋》据史而作，笔削之例，专明详略，加损之例，变易事实，正名之例，依物肖形，从史之例，仍而不改。凡春秋事实，其有史书不然而可起例者则变之，如许世子弑、归父如京师之类。苟无所起，则仍因旧文，不敢改作，《论语》所谓阙疑，又云述而不作是也。如楚卷、郑髡弑而以疾赴，而《春秋》不言弑，陈溺疾而见弑，《春秋》不言弑，陈杀太子禦寇不言太子，宋庶子成称世子，外如齐阳生遇弑之类，皆依史旧文不相加损，特于别见、以起其实而已。盖事实从史，史既不言，则无从指录，虽有闻见，岂可据一己之传闻改百国之宝书，故不能以大恶之名虚加于人，而但于别文隐见其义，使人读而悟其主名。弑君不名，而弑贼可以起而见，弑不言弑，其弑亦可起而见，此《春秋》之大旨，所谓未有不前见者也。赵盾、崔杼史有旧文，《春秋》乃能目之，苟非旧文，不敢直指。许世子自责，《春秋》如其意而与之，亦成善之意，使许世子无此言，《春秋》亦不能虚加之也。凡弑皆有主名，经或不言其人，则以明君之罪，是曰累上，如栾书之类，故隐讳者多而虚加者少，此罪疑维轻之意也。何君不详事实，未悟从史之例，凡有明文者，略为说之，一不发传，则苟比文字、不通义例，遂使弑君之贼不足三十，而亡国之数不及五十，大失《春秋》之旨，后人犹复以史册所言于经无据而一概删之。夫赵盾、许止苟无传文，岂可据经为断？齐阳生、楚卷、郑髡经不言弑，原从史文，传偶不言，是当推类，今不能以传言则信之，不言则不信，凡此之类皆宜详考，事详而后从史之例明。经不言弑而传言弑者多矣，且传明以赵盾、崔杼为说，而解者犹不知此义例，岂师说有不明，盖不用心之过也。

涂乙论

何君精专，见于史传，其作《解诂》至于十七年之久，按积劳累功，乃成巨帙，其长在此，短亦寓焉。《春秋》义例烦难，不能纲目同举，故其载笔纂作，先定门目，而后次序施功，其始也略采师说，草创规模，首尾粗具，然后考核礼制，依类补入如朝聘、祭祀、丧葬、军政、食货之类是也。典礼既备，然后续考诸例，如卒葬、往来、盟会、灾异、侵伐之类是也。既定经例，然后再考日月时三例，三世、三统、内外、尊卑诸大纲，既已如此，然后考笔削、褒贬、善恶诸大义，有常有变，有从有违，初则因事分写，后乃随意钞合，其十七年删改涂乙、补识旁记，不知凡几，其中颠倒脱漏、失删误笔，亦不知凡几。至于初作之例，晚年不从，隐桓之文，定哀不记，所有失于画一改正之处，更不可胜记。所谓铢积寸量，未有不失者，故其为书，前后违反，刑赏失平，一事之说，彼此有不同，一传之解，文义不相贯，旧意新解，蒙乱杂陈，剩句累文，饾饤失序，初学既苦繁芜，成人亦乏平准，则此其失也。盖纂述必须积累之功，至于晚年义例详备，必毁弃初稿，别编新作，然后精神流注，气脉贯通，首尾相衔，正变符节。今仅录缮草稿，吝惜书刀，弦未改而调难成，形既拘而神不鬯矣。

何氏《公羊春秋》再续十论

《解诂》商榷已成，将为《古义疏》，因再罄所怀，作此十论。昔刘申受作《何氏解诂笺》已多补正，特其所言多小节，间或据别传以易何义，今之所言，多主大例，特以明此事亦有所仿、不自今始耳。丙戌仲春季平记。

取备礼制论

刘子骏讥二传因陋就寡，保残守缺，若立辟雍、封禅、巡狩之仪则出幽冥而莫知其原。钟太傅亦谓《左氏》为大官厨，《公》、《穀》为卖饼家，此以多少为说者。古者人习六经，经各有教，不取兼收，亦无有专业，《经解》所言六经之教是也。拨乱反正责之《春秋》，习礼为颂，别有仪学，六经比之味声，必以相合为功，不求专一之效，故汉初博士不囿专经。《班志》云：三年一艺，三十而五经通也。汉末专门遂成孤立，深固闭绝，不与外通，刘钟所讥，是其切病。何君不思兼营别业，乃欲求备一家，观其《解诂》，繁征礼文，广列异制，传一有其字，则必详其制，如一堂一阶，必推天子以下，一税一乐，备引史子之文，甚至传本不言其事，亦附会礼文。如传言隐贤，而泛及连帅，传言临民，则推列屏帷之类是也。意不过欲包括礼制于《公羊》，以免残缺之讥，不知繁文琐义，于传无当，学者观览，莫不迷惑。初以解经之作例当如是，后乃知言各异端，不必强合，使一经可尽天下之事，则六经无容并存矣。此乃分门别户之私见，非通经致用之大法，今欲平其竞心，维在务明本意，既不以单弱为嫌，更不以宏富自骋，适耳之乐，不只一声，悦口之甘，岂独一味，苟欲以一声兼律吕，一味括珍馐，非但无功，必且败绩。《左氏》宏富，自其所长，制作精微，全不在此。何君既以古文为俗学，何又与之争此浊富也哉。

袭用礼说论

汉人虎观、石渠，五经诸儒合订仪制，是乃礼家之书，殊非《春秋》之教。又先师引经决事，多取断章，是为润色，迥非正传，如《白虎通义》、《五经异义》所引《春秋》以证礼制诸条是也。孔子素王作经，与《诗》、《书》删定不同，《春秋》自为终始，未可牵合他家。如《白虎通义》说五不名，三引《春秋》与《诗》、《书》为证，礼家取《春秋》以证明其说则可，《春秋》引礼说以为据则不可。何以言之？礼家有五不名之说，谓君于五臣宜有加礼，优隆不名，自谓其君召对册命耳。不施于宗庙，不通于外国，《春秋》假名字以定尊卑，为品级之则。凡所见诸人孰不在五等之例，若孔子曲体时君之私意，袭用称对之旧号，则《春秋》大夫无一例名者矣。故礼家之说不可以证《春秋》，即此可见，特此义西汉以来已多失解。如董子以纪之称侯为因王后之父进爵，祭仲之字为因贤而进，按祭仲与单伯同例王臣为盟者，传以为贤者不名已失其义。今作《七等表》，一以《春秋》进退为法，不曲顾时君，不牵引行事，以为褒贬之准。又凡先儒所言别义，何君误引者悉为辨之，详见《商榷》中。诸经唯《春秋》、《孝经》为孔子自作，与别经体制文字不同，家法尤为远别，学者不先为之区分，窥见纂述之旨，说愈多而愈远也。

图谶论

纬者，先师经说入于秘府，与图谶并藏，哀平以来，内学大盛，侈言符命者，猎取纬说以求信于世，故凡纬说艺术家言，并为图谶所混，今其书冠以七经名，则纬书之本名也，其下之名则皆图谶及术数家言，如《雌雄图》、《钩命诀》之类是也。其书皆藏于秘府，写者含混写之，遂成定本，然解经者当引纬说图谶之言，不可用也。又东汉诸儒好增损图谶，君无口，为汉辅，建武已然，末流愈甚。有识者莫不非之。何君《解诂》，多用纬说是也。至乃杂引图谶矜为奇怪，谓孔子为汉制作，逆知秦将燔其书，夫子素按图录，知庶姓刘当代周，见采薪、获麟，知为其出。又言：卯金刀，天下血。书鲁端门，圣汉受命云云。虚诞无理，骇人闻听，盖何君囿于风气，移于俗染，既以献媚时君，并欲求合时尚，坐此之故，见黜庙堂，非不幸也。今之改作，但征师纬，悉除符谶，不使讹诈之言、汗滓圣作之籍。并将纬谶辑本，悉为分别，纬为内篇，谶为外篇，于内篇之文，更为之注解焉。

衍说论

初学治《公羊》，莫不苦于扞格炫惑，而不得经传之本旨，甚者皓首为之，而所去愈远。非经传之诡幻而无实迹，实何氏之衍说，悠忽支离，使人失所依据。今欲大明《公羊》之学，非尽祛此游荡无根之说，而一归于平实不可。何以言之？如元年，元者一之别名耳，注以元为气，以配五始扳隐而立叙事耳。而注言不治大夫之义，叛者九国，本例不见经之国，而注以为不言叛者，为桓讳云云。使不讳当如何书？齐逢丑父微者，例不见经，而注以为不褒之者为绝顷公，使不绝当如何书？又传言谓文王也，文王不过周字之变文耳，说见《商榷》。而何君云不言谥者，法其生不法其死，与后王共之，王道之始也。遂使人疑传真为言文王正月矣。传因可褒而褒之，可褒本有别义，而以为王鲁之例，鲁如齐、晋曰如，卒正来朝曰朝，此二伯、方伯、卒正之仪注也。而何君以此为王鲁例，读者遂以王鲁二字了之，再不寻求如为朝文，为事大之礼，唯齐、晋、楚三国言如，余不言如。朝，唯山东小国以方伯事鲁，故言朝，齐、晋、楚、宋、陈、蔡、卫、郑、邢、滑等皆不言朝，如此之类，仆数难终。何君之注，大约凡所难通皆归于王鲁、三世等例，迷离恍忽，使人入其中而不能自主，今于王鲁、三世悉加删改外，凡其节外生枝、无中生有、一切烦词琐义破碎支离之处，悉为改正，使传意复显。其文略见于《解诂商榷》中。何君于《春秋》大例多所遗阙，如《繁露》所有，多未尽取，乃独雕绘枝叶、铺张烦芜，说愈多而愈晦，今为之剪锄荆棘，呈露精微，不惟便于学人，亦且弥严师法。

传有先后论

纬书云：孔子以《孝经》属参，《春秋》属商，子夏传《春秋》为作传，因以氏其学，所谓《卜商春秋传》。正如刘向《别录》、郑元《诗笺》之比，古人质朴又名氏，所以尊经故称《卜商春秋》也。其余先师称子不名者，皆弟子私尊其师，故不以名见，余师称子，卜商称名不子者，以始师氏其学，不便改称子，故仍其旧称《卜商春秋》，此其最初之名也。后来学者既不便改称子，又不便直斥名氏，口音传变遂有《穀梁》、《公羊》之异，称既由方音，又因今古汉初学者昧其本原，以例余师，遂加子字，于其下承讹踵误，至以《穀梁》、《公羊》为二人覆姓，此末流之误也。子夏所传之传，今尚有可考，传所引传曰是也。如《穀梁》所引，《公羊传》无引传曰者，姑借《穀梁》所引以为证。常事曰视，非常曰观，言伐、言取、所恶，以此推之。则凡天子曰崩，君将不言帅师，入不言围，将尊师少称将，内不言取，外大夫不卒，天子不言出，诸侯不生名，州不如国，内败言战，为尊者讳，讥父老子代政常事不书，四时具而后为年，其礼制之传，则如天子三公、王者之后称公，其余大国称侯，小国称伯子男，讥世卿，通三统之类，文例简质，数语连文。又为大例者，子夏笔之于书以教授者也。后来先师继有所作，多专说节目小事，如沈子、北宫子、高子、鲁子诸条是也。至于今传本条说问难，则又在其后，晚师续有所增，大约在六国时，汉师亦有所附补。其始子夏之传别为书，但有大纲、更无条说，又不附经文下，后师依经作传，乃剌取其传以附经下，多因弟子发难，有所感触，乃引旧传为证，故师引传多在发难之后，弟子亦读旧传，特不知即说此条，故因问以告之，迨此传既行，旧传遂废。今《王制》之言礼，《曲礼》之言例者，犹借可以想见旧传之体，故凡今传本所有问难之词、引据之说，皆后师之作，是以有存疑之词、失据之处。尝欲抄辑说例说礼为旧传以示其例。何氏不知源流，昧于先后，以《公羊》为覆姓，以传为皆胡母生作，以孔子畏罪远害不著竹帛，于传之说不分早晚，无论纯驳，一律解之，此大谬也。作古义时，拟别辑旧传以见本原，其后师之传有与经义不合者，则低一格书之，其正条别据传文为之，补注务使先后厘然，不致迷误，后学乃为可耳。

口授论

《艺文志》本之刘歆，其言《春秋》谓有所贬损大人、当世有威权势力、其事实皆形于传，是以隐其书而不宣，所以免时难也。末世口说流传，世故有《公羊》、《穀梁》、《邹》、《夹》四家之传。此左祖《左传》以攻二家之言，非实事也。胡母生著竹帛，《史》、《汉》不言，必当时实无其事。《公羊》、《班志》不著其名，《人表》列《公》、《穀》先师，亦无名，必定当时实无可考。惟东汉戴宏序用刘歆说，乃以为汉初始著竹帛，并详《公羊》世系名号，且言胡母生以《公羊》授董子。按《前书·儒林传》言：胡母生治《公羊春秋》为景帝博士，与董仲舒同业，仲舒著书称其德，年老归教于齐。又云：言《春秋》于齐则胡母生，于赵则董仲舒，并不言董子受学于胡母生，则戴宏从何而知其受业于胡母生？且董子著书累引传文，使为胡母生所撰，则何以尊守若此。《尚书》伏生口授之事，后汉以为无书口授，《史记》则云伏氏有壁中藏书二十九篇。大抵经学源流，《史记》得其真，《汉书》犹较近，至于后汉之说全不足据。《汉志》虽有口传之说，犹谓当子夏时，不谓后师不著竹帛，至汉初乃著录也。《人表》列公羊子高、子鲁子、沈子、公扈子等，于战国时使非诸子有所著录，从何引据？戴氏生东汉末，乃伪撰名系，臆造授受，证之《史》、《汉》，其谬自见。董子授《公羊》于赵，与胡母生不同师而已，尊守传文，则传文非胡母生所撰明矣。何君去戴氏不远，不能考证其谬误，缘以《班志》之言罔据，戴君之说遂以为景帝以后《公羊》乃著录，不亦谬哉！秦火焚书，实未尽绝，诸儒尚皆传习，其云坏宅得书者，皆古学之言，假此壁藏之文以与今学为敌耳。实则五经皆未亡也，其有所残阙者，或以当时专习数篇，或以脱亡之故，不如俗说书全亡也。《春秋》之说，杂见于诸子《礼记》等书，不容不早著录，若以《公羊》未著录，则《穀梁》何以又著录乎？若以《穀梁》亦未著录，则江公何以不闻著录乎？刘歆以事实皆形于传，所谓不待贬绝而可见者也。二传口说不本史册，而专主笔削以空言说经，流为异派，意将尊《左氏》以废二传也。二传具存，何尝不用事实，乃遂指二传为口说，无事实亦无著录，而说《公羊》者不察其意，遂承其误而助之焰，亦独何心哉！

参用《左传》论

《公羊》齐学，在燕、赵、邹、鲁之间，初本同师子夏弟子，传习既久，杂用乡土之说，遂间采《左氏》。古学为《周礼》派，皆周末史册之文，古文《易》、古文《尚书》、《毛诗》、《周礼》、《左传》皆其学也。今学为《王制》派，皆孔子改制之作，汉京博士所传，今文《易》、今文《尚书》、三家《诗》、《仪礼》、《公》、《穀》、《春秋》是也。考许君《五经异义》所列异同，皆今学与古学相异，未有古学与今学同者，划然中分，各为一派，此古今学术之分、治经之大纲也。说详《今古学考》。何以见《穀梁》在先，以其所言尽合于《王制》，知其先传，今学笃守师说也。孟子学《春秋》，今七篇中所言二伯齐桓、晋文、葵邱会之类，与《穀梁》合，而与《公羊》不同，又孟子所言礼制多出于《王制》，《穀梁》尽合《王制》，而《公羊》有不同。《左传》为古学专门，所言全与《穀梁》相反，而时与《公羊》相同，学问未有久而不变者，公羊传学在鲁燕之间、又著录稍晚，传习渐染，人思兼取，其杂用《左传》古学，盖在秦火以前，非必汉初弟子所为也。旧为《三传异同表》，以《穀梁》居上，《左氏》次之，《公羊》在下，以二家皆专门，《公羊》则附于二大之间，唯命是听，故于《公羊》但注其同《穀梁》、同《左传》而已，不详录也。今取其大者著于此。今学二伯，古学五伯，《公羊》以宋、楚、吴为伯，是倍今而从古也，《公羊》变此说移动今学，不下百条，此其大证也。他如《异义》所载，《穀梁》妾母不得为夫人，《左氏》说妾母得立为夫人，母以子贵礼也。而《公羊》则从《左氏》说，母以子贵。《王制》言天子至于庶人葬不为雨止，从改订本引。《穀梁》葬既有曰，不为雨止，与《王制》合。《左氏》说葬为雨止，庶人乃不为雨止。《公羊》则云：雨不克葬，谓天子诸侯也，卿大夫臣贱不能以雨止，此《公羊》改今从古之证也。又以经例考之，凡经言不者皆可以辞，谓言不则非礼，言弗为得礼，此今学之说，古文无之。雨不克葬，言不克可以克也，讥在不字，《公羊》以鲁当为雨止，此改今例以从古例也。经例言用者，不宜用者也，凡言用皆讥，《左氏》无此说，经用牲于社、于门，门、社皆在用下，《穀梁》以为非礼，从用言之也。《左氏》以为正阳月礼用币于社，此不以用字为例。而《公羊》误袭其说，此用古变今也。今学之禘为时祭，《公羊》从古学以为殷祭之名，凡此之类，既变师言，不能不迕经例，其中弥缝补救，必当另立条目，巧为斡旋何君旧解，失于区别，蒙昧解之，不理舛合。今于此类别立一门，疏其更张之由，连其非族之异，庶于今古流派，有所区别焉。

防守论

今学祖孔子，古学王周公，二传为春秋之正宗，左氏乃史家之别派，然而西汉以来，古盛今微，学者制言多好左袒，其故何也？盖今古传本左学晚兴，抵隙伺瑕，更立条例，迄乎两汉，亦博士在先，二传衰微，左乃倏起，习尚所趋，天下风靡，故今学遂以绝焉。《左传》既为攻《公羊》而作，而后来左学家又攻《公羊》先师，一死一生，一强一弱，势力所在，工拙遂分，正如纵横立说，纵胜于横，苏秦先亡，仪得暴其恶，世人才力不能与之相角，遂右仪而左秦，后止者胜，一定之势也。然《左传》所异《公羊》之条，多为有隙可乘之事，此当善为弥缝，不可听其冲击。考《艺文志》:《孝经》下云：凡诸家说不安处，古文皆异，物腐生蠹，穴空来风，此当责己不劳尤人矣。古文《左传》学本晚兴，既删笔削之言，阴以周公为祖，彼所抵伺，皆须防备，如记诸侯卒葬也，一笔一削，初无凭准，书外国灾异也，或远或近，不足遵守。至于时日之纷繁、名号之淆乱，说者即高下之在心，听者遂疑为舞文以乱法，乃愤树异帜，诋为口说，一改前例，不主仲尼，慢藏诲盗，冶容诲淫，在始师已有此失，乃后起愈不自反，岂知人之所异皆我之短，惟当自达，不必旁攻。王臣为监之制明，则《左传》不以单伯为王臣、祭仲为郑卿矣。名字并见之例显，则《左传》亦不以内史为叔服、文公为王子矣。叔服之为王子虎与仪父之为邾子克同，《左》不异克者，其说明也。恶三世之诡异，而一断以史官，厌进退之纠葛，而一断以实事。如郕世子称郕伯之类。仲孙名湫，不明内外，季姬未嫁，不解重轻，周礼有世卿之子，故改尹氏为君，口说多凭虚之谭，故以即位皆实，然其所改变必琐细小事、更无明据者，使其事稍大，传闻有征，纵经义诡奇，亦不敢改。如赵盾、许止之事，楚卷、郑髡之文，并非常辞而不敢改者，以其事明也。故《左传》之事，立异可以指数，苟非立异，莫不从同，使原无可疑，亦不敢立异，可见非《左传》之相攻，乃本师之自败也，注家于《左传》变易之条，必当心苦分明，备列义证，开解异端，使自皈礼，乃不克规过，愈见效尤，凡属难端，更加棼乱，初犹有所墨守，今乃自坏堤防，非今学之忠臣，是敌人之内间矣。兹者通治三传，深知左氏之用心，敢不防守之早备，虽函矢相值，矛盾一屈，然有灵锥便有灵槌，各极理致，自可平章，五行相胜，不害流行也。

用董论

赵之言《春秋》者祖董子，齐之言《春秋》者祖胡母生，然则胡母齐学、董子燕、赵学矣。燕、赵学颇与齐、鲁殊，如《史》、《汉》之说《韩诗》是也。汉初经师已喜参杂师说，《汉志》讥三家《诗》或取《春秋》采杂说，咸非其本意。而翼氏之传《诗》，孟喜之传《易》，其尤著见者也。董子说《春秋》好杂引五行阴阳家言，并及图谶悠谬之说，如《重政》、《二端篇》之论元年，《官制象天篇》之论十端，《楚庄王篇》之论三世，《名经篇》之论王君，支离失据，咸非本旨，凡此之类，言之迷误，后生删之，澄清尘雾，不以遗漏为嫌。而何君笃信此类，悉编注中，使人炫惑浮词，不见精切之义，此其误，乃董子至精要义则多所阙略，如《爵国篇》论二伯、方伯、卒正三等之制，文字精实，确为先师遗说，乃略不留意，《考功名篇》之考绩为《春秋》褒贬进退之程式，所当精考详审，定为准则者，亦无所究心，其大例如见得不得，大八夷之分，轻轻重重，好志贵微，合通缘求，伍比偶类，览诸屠赘之类，且其中所引先师之说，及《春秋》特义，以今本考之，亦不下百条，皆为何君所无。大约喜录空言，厌收典记，质实难于考详，虚词便于摭拾，故凡讥论之词，则连篇袭取，义例所在，则择便乃存，去液存肤，还珠买椟，因此之故，人愈不知尊信董子，等其书于《潜夫》、《论衡》，谁之咎耶？且亦自害。《解诂》之浮词衍说，半本于抄袭而少所征实，使当时小易其道，其得失为何如耶？故今者之作，悉删繁文，独探朴说，钩潜鳞于深渊，驱螯虫于荒野，此其转败为功，固一假手之劳已。

不待贬绝论

《春秋》明善恶、申褒贬，以为后世法，然美恶有隐显，而取舍有常变，苟其功罪明著、人所易知，圣人又无别义，《春秋》则直书其事而罪恶见，以其事明无待于贬绝也。惟众人之所谓可而有否焉，众人之所谓否而有可焉，是非难定，从违莫决，《春秋》决嫌疑以解人之惑，乃加褒贬以明之，所谓贬绝而罪恶见也。董子云：《春秋》尝于嫌得者见不得，故善而嫌于恶，有所疑者则褒进以明之，恶而嫌于善有所疑者，则贬绝以明之，是则《春秋》之所褒、贬、绝，皆孔子之微言。解庸人之大惑，所谓必待贬绝而后见，则贬绝以从之，故不可以常解解之也。至于不待贬绝者，如杀世子不加贬绝而易树子之罪明，郑伯杀段乃讥之，大夫专兵不加贬绝，而专兵之罪明，至始灭乃贬之。他如宣之逐嫡母而赂齐，季孙之结齐、晋而逐君，无贬绝之文，以罪恶明也。又如楚庄之讨陈，嫌于得乃贬之，吴子之覆楚，嫌于得乃狄之，以此推之，褒进莫不相同，初则难知者，有传而易明者，无传继则有传者易知，而无传者难知，故《春秋》之学首在综核时势，洞悉本末，原始要终，形迹自然显著，若不知此而惟就有传者言之，则有变而无正，举一不反三，非善学《春秋》者也。传于经有所褒贬进退者则有传，有传者则何君有注以说之，凡无所褒贬进退者则无传，无传者则遂以无注，此何氏之所短也。可疑者有传以明之，无疑者则注不可阙焉，变者易知，而常者难见，变者常少，而正者常多，有传者易解，无传者难言，是以有说者少不说者多，今注于不注之常事，据其终始，原其美恶，考其行事而细为训解焉，则庶乎《春秋》无累文，常辞有实义矣。

《春秋》天子、二伯、方伯、卒正附庸尊卑表

天王

右天王一，《春秋》以天统王，以王统二伯，以二伯统八方伯，以八方伯统五十六卒正，而天下诸侯皆在是矣。归权于天，归正于道，《春秋》之大义也。

齐

晋

右为二伯，天子统二伯，二伯统方伯，方伯统卒正。二伯仪制为大国所异于方伯者。会盟通主天下，战攻通及天下，方伯以朝礼事之。讨得为伯讨，不如方伯以下国。

宋

右王者后，大国，方伯不以朝礼事，不相统摄，次二伯下。

鲁，《春秋》本鲁史，于鲁为内辞。

卫，卫笃心于中国，《春秋》有内卫之例。

陈

蔡，蔡笃心于楚，《春秋》有夷蔡之例。

郑，本侯爵，以伯称者，畿内诸侯称字与秦伯同。

右五内方伯

秦无大夫。文以后乃记卒者，狄之。卒一葬者，明本非狄《春秋》狄之，称伯者在畿内。

楚称荆，起州伯也。同小国例者，夷之也。真夷不葬，绝之也。

吴同小国例者，夷之也。真夷不葬，绝之也。

右三外方伯，《春秋》夷狄与中国异辞，记卒者地计为方伯也。楚伯中国如二伯，外之以方伯之劣等待之。不葬者，夷狄也。秦葬者，非真夷也。公如楚、不如二国者，楚为大夷，吴为小夷，楚僭用二伯制也。

许、郑居方伯末，郑有属国，则以上皆有以起之也。亦如郳有附庸小郳，因小以见大也。

右外卒正国，在郑下，类从不与内卒正混也。不全卒者，小国也。全葬者，外卒正优礼之，叙在郑下号男者，以别于内卒正。

曹，卒正首，犹以正言，犹于远世。葬爵有定，有见经大夫，有师。莒，夷狄也，故不葬。以中国待之，故入曰爵有定，有见经大夫，有师。莒本夷也，《春秋》进之同中国。

大国仪注表齐晋二伯	次国仪注表内四方伯	小国仪注表内六卒正
大夫贵称子称字	无	无
有三卿	有大夫	无大夫，非使鲁、非贤不见
有三军言师	有二军言师	有一军不言师
有使	有使	不称使
言执	不言执	不言执
无天子监大夫	有天子监大夫	无天子监大夫
常事不见卑者	常事见卑者	所见皆卑
各统四方伯	各统二百一十国	各统三十国
不言汤沐邑	言汤沐邑	不言汤沐邑
与小国不言战	与大国言战	与大国不言战
常记卒葬	常记卒葬	文以后乃正记卒葬
卒以日言正不正	卒以日言不正	不日略不言正不正
常卒	蔡卫一不卒贬	常不卒
常葬	贬则不葬	不葬，文以后乃毕葬
弑言大夫有不氏者	弑言大夫无不氏者	弑不言大夫称人
鲁君惟二伯言如	于方伯不言如，至其国言会公	于卒正不言如
大夫会称名氏	大夫会称名氏	大夫会称人
记灾	记灾	不记灾
本爵侯，托礼于公	本爵侯，号有伯子	本爵侯，号侯伯子并见
号有定	号有定	莒以下号无定
序次无定	序次称侯，三国无定	次序有定
有来盟	有来盟	无来盟
有聘有盟	有聘有盟	有盟无聘

续前表

大国仪注表齐晋二伯	次国仪注表内四方伯	小国仪注表内六卒正
鲁君至其国言会盟	鲁君至其国言会盟	不言至其国
称大国	称诸侯	称小国又为近国
战遍及诸侯	战及卒正	与方伯战言及
会盟遍及	会盟及卒正	与二伯方伯会盟言及
言次	言次	不言次
于鲁无来文	于鲁无来文	于鲁言来
不言来朝	不言来朝	言来朝
公言会	公言会	公不言会
主天下兵	主一州兵	主一国兵
言救	言救	不言救
内大夫言会言如	内大夫言会言如	内大夫不言会言如
君不言同葬奔丧	君不言会葬奔丧	君言会葬奔丧
不言来会公	不言来会公	言来会公
言灭国	言灭国	不言灭国

萧跋

国朝经学超绝古人者，得二事焉：顾亭林之论古音，阎百诗之攻《伪尚书》是也。季平专精《王制》，恢复今古旧学，虽原本汉人，然其直探根本，分晰条流，规画乃在伏贾之间，西汉以来无此识力。以之比于顾、阎二君，未审何似！近谋刊其《穀梁注疏》，季平以巨帙不易成，又以续有删订，未敢付梓，乃以此册相授。语藩云：予之治经以分今古为大纲，大纲未善，何论细节，然旧说蒙蚀已久，近论颇嫌新奇，欲求正师友，殊劳钞录，请刊以代写胥，非敢云刻书也。此事博大，一人精力，疏舛必多，然使能成此一家。未尝非后学之幸。刊行便于求教，倘蒙先正加之绳尺，正其步趋，闻过知非，当即改正。若其根本失据，无以自立，便当毁弃，绝此顽想，别寻途径，庶不致罔耗神思。凡季平所云，非徒谦抑，学人才力既竭，瞻前忽后，每有此况。伏愿海内名公，不惜余论，加之教诲，使得弥缝，归诸完善，则非独季平一人之幸，余小子亦与有荣施焉。季平撰甚富，巨帙大部未肯付梓，因汇刻其小种以为四益馆经学丛书，皆与此册相发明焉。

光绪十二年十有一月朔日西平萧藩跋

公羊春秋经传验推补证（选录）*

潘序

季平作《春秋左氏古经说汉义补证》，余既为之序，又以所著《公羊补义》请。季平三传之书，乙酉成《穀梁》，戊子成此编，乃续作补证。自序欲以《公羊》中兼采《穀》、《左》合通三传以成一家。继因三传各有专书，乃刊落二传，易以今名。言《补注》者，谓补何君《解诂》也。自来注家，依违本传，明知其误，务必申之。是书以经例为主，于传分新旧，于师分先后，所有后师误说，引本传先师正说以证之。进退取舍，不出本师，与范武子据《周礼》以难《穀梁》者有间矣。季平未作是注之先，作《三十论》以为嚆矢，又作《解诂商榷》二卷，以明旧说之误。是书大旨具于《三十论》然新得甚多，较为审慎矣。季平喜为新说，如《春秋》不王鲁，三世内娶为鲁事，言朔不言晦为日食例，离不言会为致

---

* 1884年先生《穀梁春秋经传古义疏》既成，遂进而拟注《公羊》，于是仿洪亮吉作《何氏〈公羊春秋〉十论》，总括大纲，以为作注阶梯，次年成《续十论》，又次年（1886年）成《公羊解诂商榷》，专驳何注，二月又成《再续十论》，而《三十论》毕。1887年，始注《公羊》，初拟贯通三传自成一家，后以二传既各皆有书，乃刊落二家，专以说《公羊》为主。作此书时正先生之学二、三变时期，值海禁、言禁渐开，洋务之事大盛，革命之说悄然渐起于东南，而先生改制之论亦由春秋改时制进而为素王为万世立法，“改文从质”之说亦由改周从殷，进而释为中为中国质为海外，更进而循张之洞之说倡“西艺不如西政”，故于书中改制之论颇多。然先生又以改制为微言，但可隐喻，不可公言，故其言晦滞，义多不显。先生喜读西书，又喜谈西事，然蜀中偏居西南，交通不便，能见之西书实鲜，而先生又未必尽能理解，于书中常以西事与中学相轇轕搅扰，遂致其书有如何休所谓“多非常异义可怪之论”。但其精深微妙之论颇在其中，明为释经，隐实论政，实为先生阐述其改制思想集大成之作。读者苟不拘泥于文字而感“其辞难知”，但能“不求甚解”、“心知其意”，则其高论宏议亦不难探知也。本编仅摘其议论若干条，以见先生是时之思想，不重在解经也。

例，祭仲不名例同单伯，纪履緰不言使为小国通例。如此者数十百条，为从来治《公羊》者所不敢言，至于月无正例，伯子非爵、见经皆侯，与二伯、八方伯、七卒正、一附庸，则以为三传通例。立说虽新，悉有依据，闻者莫不惊骇。观所论述，乃不能难之，以其根本经传、得所依归故也。季平年方壮，其进未已，愿深自韬敛，出以平淡。又其推比文例，颇尽能事，诚为前贤所未逮，然《春秋》义理之宗，王道备、人事洽，董子著书多道德纯粹之言，少考据破碎之语，形而上者谓之道，其以义理自养，一化刻苦之迹乎！《公羊》、《穀梁》、《班书》无名遗姓绝少，季平据三传人名异文以为齐鲁同音异字，本为卜商。是说也，本于罗万而小易之，非观其全说鲜不以为怪也。

光绪庚寅三月，吴县潘祖荫序于京师南城寓庐

《公羊验推补证》凡例

六经象六合，《易》为天，《春秋》为地。《三统历》以《易》太极、两仪、四象、八卦比《春秋》元年、春秋、四时、八节。以《易》与《春秋》为天人之道，人事属小统，为王伯；年月属大统，为皇帝。传以元年春王正月为大一统。小中见大，借年、时、月、日以明天道。《三统历》盖本传说。

传曰：《春秋》拨乱世反诸正。今之世界说者比于大统。《春秋》、《诗》、《易》，皇帝之说，皆柢升平以后，文明程度未能及此，惟《公羊》借方三千里之禹迹以寓皇帝规模，与今世界情形巧合。拨乱反正，小大相同，欲考全球学术政治，故莫切于《公羊》也。

经学传于齐、鲁，鲁学谨严，《穀梁》、《鲁诗》，笃信谨守，多就中国立说。齐学恢宏，《公羊》与《齐诗》多主纬候，详皇帝大一统治法。《公羊》多借用《诗》说，郑君所云：《穀梁》善经，《公羊》善讖。皇帝说于《诗》为本义，于《春秋》为假借。然本传就时令一门推论皇帝如三统历，则《春秋》本自有大统义，专明本传天道，并非假《诗》、《易》以立异。

邹子游学于齐，传海外九州之学，与《公羊》家法同源，由中国以推海外，人所不睹，由当时上推天地之始，所谓验小推大，即由伯以推皇帝，由《春秋》以推《诗》、《易》，《公羊》以伯王为本义，故凡推衍皇帝、商榷实事者，悉见于疏，正注多同《穀梁》，推验之说实与《诗》、《易》相通，以验推名书，齐学家法本来如此，所以与《穀梁》

并行不悖。

《公羊》旧有新周、王鲁、故宋、黜杞、通三统、改文从质诸说，中国无所谓质家，所云亲亲尚白、凡事与中制相反者，惟泰西为然。故以中西比文质。又泰西文明程度，与中国春秋以前政教风俗曲折相同，诸国会盟征伐尤为切合，《春秋》拨中国之乱反之正，中国不足以为世界，传所谓乱世者正谓今日世界。春秋之际，天生孔子，由《春秋》推《诗》、《易》为万世法，今日世界但以拨中国小统旧法，施覃全球，进退维谷，其基础不外《公羊》矣。

古文家以史读经，刍狗糟粕，为《列》、《庄》所预防，古难治今，小不可治大，故废经之说中士亦倡言不讳。本传特表《春秋》之作，非乐道尧、舜，特为后之尧、舜作，与西人先蛮野后文明进步改良诸说符合。知六经专为俟圣而作，非古皇帝王伯之旧文，所有讥世卿、不亲迎、同姓婚、丧娶、君臣上下名分混淆、弑杀、奔逐不绝于史，古为中国言者，今乃为西人言之，推方三千里之制于三万里，此《春秋》所以为六经托始也。

《论语》论因革损益百世可知，先儒以《春秋》为救文从质，质敝之后必再作救质从文之《春秋》而后可。盖《春秋》所言典制纲常，皆百世不改者，所有交质循环皆在其外，立《春秋》以拨乱，名教昭著于禹州。以《春秋》统全球，三万里中为《春秋》王国者百，诸侯家者百万，卿大夫身者不可缕数。由中推外，其王伯各用一《春秋》以自治，修身、齐家、治国，一以《春秋》收其功。所有大学裁成损益、颠倒反覆，乃皇帝无为无不为以道德为平天下作用，必世界九十九禹州皆如中国，用《春秋》改良进步方足以尽《春秋》之量而跻太平。

学堂古分小大，皆治平事。王伯为小统，属小学，故《春秋》以内州为中国、外四州为夷狄，疆宇不出三千里，推之《尚书》三王五千里，皆为小学。至皇帝四表《诗》、《易》土圭三万里为大学，平天下事。诸经年代最久惟《春秋》，仅二百余年，故古学堂以王伯为小学、蒙学。至于修身、国家、治人之法，皆属小学。皇帝乃为大学。学堂立法，宋人误以大学为入德之门，今以《王制》、《春秋》为小学，《诗》、《易》、《周礼》为大学，必小学已明然后可读大学，先详小近，然后推之大远，故孔子经说惟《春秋》最详，汉儒经学亦惟《公羊》独盛。

以皇帝王伯分配六艺，则齐、晋属伯，然未出皇王、先详二佐，齐、晋早在三王之先，周公已详《尚书》之末。皇统之周公，即《春秋》之齐、晋。《春秋》人事详伯王，而天道属皇帝。《尚书》详三王，而及尧、舜、周公皆帝也。往来行志为小大之分，而《尚书》周公篇闲居以通其意，据周公以读《诗》而后托比有准则，据周公以读《春秋》而后德力有比较。所有皇帝王伯之说，或错出，或蝉联，或属专篇，或备本末，此旨明群经迎刃而解。

天下：天子为大统正名，小统借用其说，久假不归，每多蒙混。如中国，对海外言为禹服定名，非指鲁。旧说每以中国为天下。又传之诸夏指南方四州，内本国而外诸夏为《春秋》说，内诸夏而外夷狄则为《尚书》说。凡属此类，悉于疏中分别解明，以还各经师法。

《春秋》礼制，尽本《王制》，与《周礼》小大不同。由《王制》以推《周礼》，务使皇帝之学可借《公羊》考见，以为读《尚书》之先导，使学者以《书》、《礼》包括海外，非西说所能逮。废经之说，庶可以息。将来学堂以王伯为小学，蒙学万人中入小学者不过五百人，小学五百人中入大学者不过二三人，故西书详于蒙学，小大二学王伯皇帝皆在中学，循序以求，学半功倍，故学堂章程必须改良。

《春秋》主桓文，为伯统，以《春秋》立名，即乾坤、阴阳为二伯之义。由是以推，合一年为皇，四首时为四岳，月日为诸小国，《洪范》以岁、月、日属王与卿士、师尹。纬：皇法太乙，帝法阴阳，王法四时，此传以年时月日为大一统之师说。六经于历法无所表见，惟《春秋》编年序次二百四十二年，故《史记》论《春秋谱牒》以为凡历人取其历法也。经以《春秋》名书，见比月日食皆为明历法，皇帝大统六历，全球十二小正，借天道以明大统，兼有皇帝王伯之学，亦如《诗》之兼有兴观群怨。公羊名家多不详此义，初开此派，未能详备。

汉师以传为今学，《左氏》为古学，今以《王制》为王伯，《周礼》为皇帝，不用今、古，但别小、大。据《王制》以说人事，据《周礼》以详皇统。《公羊》于天时寓皇统之义，必求典制灿明，传文多借用《诗》、《易》师说，如大一统、王者无外，王谓文王、二伯言周召，乐道尧舜之类，皆为皇帝之学。又《春秋》以天统王，天子、天王皆归本于天，所有郊祀及记日食、星孛、灾异，皆奉天之事，正如《顾命》之言皇后。小中寓大，所谓大道不止、道不可须臾离，皇帝之法未尝一日绝于天壤。

皇帝统天下，王伯统国家，春秋王为主，详其成败为治国立法。诸侯各有社稷人民，备五长体制，由盟主世守，以及弑、亡、灭、入、奔、走、执、囚以为法戒，所谓有国家不可不知《春秋》。内而公卿、大夫、士，外诸侯之卿、大夫，其贤才保家世守，与杀身覆宗，昭明法鉴，即《大学》齐家、修身事。《春秋》为小学，兼明王、诸侯、公卿、大夫、士得失成败，凡仕宦学取材《春秋》无不足，皇帝专详大学，庶人专详蒙学，蒙学统于容经，以修身为主义，凡农、工、商、贾、伎艺、实业，自谋其身，不与治平者，皆属蒙学，故蒙学宜多，大、小学宜少。必千蒙学始得立一小学，合天下惟京师立五大学而止，故仕宦之学，全在《春秋》。

谶纬之说，专为微言俟圣之作，不能不言符应，所有诸谶皆为百世以下全球皇帝言之，《春秋》小九州不能言五帝与三皇。近贤于纬说已通其义，皆知尊奉，唯于谶则未得本义，故说者皆欲存纬去谶。先师所引谶纬，凡切合《春秋》者，细为证明，凡为《诗》、《易》专说于《春秋》无干者，皆不引用。王吉言《春秋》大一统，《驺氏春秋》即《公羊》驺衍之皇帝说。

三传本同，自学人不能兼通，乃闭关自固。门户既异，矛盾肇兴，先有自异之心，则所见无非异矣。今于三传同异，化其畛域，凡本传文义隐者，时取二传以相发明，旧解互异者，亦取印证，以见汇通。至于差迕之条，更为《异同表》以明其事。疏中于此例颇详。

先儒有《公》、《穀》详例，《左传》详事之说，实则二传事实为《左传》所无者甚多。盖古有事传，传不言事者因其事显著，故弟子不发问。今按上下文义可以意起者，于疏中用《左氏》、《史记》说以补之，至于与《左氏》异者，亦于疏中详之。又传说非出一师，文字不无脱误，其有未安者，皆于疏中立说以明之。其本传有义未安者，多属细节，则但于疏云二传以为云云，以示其意，不加驳斥。其途虽殊，其归一也。

自来注不破传，旧稿采引，但取义长，多与传立异同。今辑录师说以为正注，一以本传为主，其先师异说与本传相违，及移传就经不与本传相次者，别为补例附于注中。其有先师误说、本传无文者，则于疏中正其得失，非为破传，固自不嫌。

三世例：旧有三科、九旨、乱世、升平、太平诸说，今审订三世例，隐桓为一世，定哀为一世，自庄至昭为一世。九旨例则于有伯百八十年中分为七等，以前后皇帝王伯为经，隐桓为古三皇世，庄为古五帝世，僖为古三王世，文为古二伯世，宣十八年为所立世，成为俟后伯世，襄为俟后王世，昭为俟后帝世，定哀为俟后皇世。九世异辞为全经大纲，今于卷首立九世异辞表、隐桓六合图、定哀六合十二次图、庄僖襄昭八伯图、文成二伯中分图，世居九变，文义各有异同，其中以《周礼》官府、邦国、都鄙为之纬，旧解全用邦国一例，于官府、都鄙变文少所究心，必分九世而伯王帝皇前后之故可明也。

今以《补证》为名，凡佚传则补传，师说则补例，《解诂》未备者务详之，其所已明者则概从略。自注、自疏，以自信精粹者为注，余文为疏，疏义别出，不定解注，与古注疏体小有异同。

《公羊》与二传异礼异例，二事先师多主分说，遂至歧异。今立参差、详略二例以统之，悉归一律；至于异事，一条则如释文例，附记各传之下。

《春秋》义例有必须图表方能明悉者，旧刊有图表二卷，今于本传大统独有之说别为十图、五表，列之卷首，先读图表，则纲领易寻，又改制大统利益问题，及大统《春秋》凡例，皆附于卷首。

中外开辟情形，大抵相同。中国至春秋，文明略同今西国。孔子作经以明制度为大例，于春秋时事进以新礼、新制，如亲迎、三年丧、不内娶、讥世卿之类是也。今以中法推之全球，亦引《春秋》以讥西人之等亲迎事、三年表不立庙，人皆主天之误。《春秋》如良药，中国病已愈，则药可废，故中外有废经之议，不知留《春秋》以医外，证昔止一人服之，今则九十九人专望此药，非惟不可废，且当广行。

《春秋》以谨祸乱、辨存亡为要义，所有安危祸福旧说多阙，今悉采录以明得失成败之数。《春秋》为外交之基础。

传文出于授受，实为孔子所传，唐宋诸儒好出新意，号为弃传从经，实则师心自用而已。其风半开于范注，所有攻击二传，皆范倡之。今汇为一卷，名曰删例，凡后世盛行之说，间于疏中明其谬误以端趋向。

此编推广《春秋》以包举百代，总括六经宗旨，与汉唐以下多所不合，故不尽采用，其有同者亦系偶合，不敢攘人之美，至于师友旧闻，亦录姓氏焉。

通经致用为立学本根，近今文学愚人害贻王国，大抵经说不能折中一尊，明白切实，人才所以日卑。今以中外分画，典制务求切实详明，间列异同以相印证，使不至采异说以相难，言此编者须于此三致意焉。

董子之说，精美过于邵公，又详于阴阳五行，即《公羊》大一统师说，文义深奥，未能详细征引。又传善于谶，今亦从略。拟约同人专撰董子及纬说，盖非著专书不能深入推阐，此本门汇既繁，不能再详二学，亦势所必然。又传以大统归之年时，推尽其义文，当与人事相埒。此学新起，亦如西人化电，非百年后不能美备，大羹元酒，将来大明精进，以此篇为识途老马可也。

汉师所有遗说，其明条散见史传各书者，多至数十百见，如悉采附经传之下，殊嫌琐碎，今不尽录，仿陈左海例，别为先师遗说四卷，以取简要。

《公羊》日月例为唐宋以后所诟病，讥者固不知本义，而说者亦殊失修理，穿凿游移，何以为定？今分为三表：一不为例表，一有正无变表，一正日正时表，去前二表则以例说者不过百条，事既简明，义亦精审。

《公羊》旧多可骇之论影响之说，今立求本义，务归平实，凡旧有为诟病与义未安者，十不存一焉。

近来学派：守旧者空疏支离，时文深入骨髓，尤难涤拔；维新者变本加厉，废经非圣，革命平权，三纲尊尊不便其私，尤所切齿。不知礼失求野，专指生养而言，至于纲常名教，乃我专长，血气尊亲，文伦一致，舍长学短，不知孰甚。卷中于诸条详加驳正，趋向必端，方足言学。

孔子翻经创制，以空言垂教。自乱法者依托传义，海内因噎废食，群诟《公羊》作俑，甚至以为教乱之书。今于卷首刊《改制宗旨三十问题》以明旨趣，旧刊春秋图表、大统天道、地球皇辐帝域，与配岁月、官府、六合、都鄙、十二风、九旨异辞之类，既为新义，非特表不明，故别以大统专图十附卷首。又拨乱世反之正，于今日时务最为深切，既以政治范围、中外伦理、教宗风俗、性情凡足以引导外人开通中智者，亦发皇帝学补救利益百问题，先得全书纲领，庶得迎刃而解。

校雠之难，昔人比于扫落叶，此本仓卒付梓，钞胥之误未尽厘正。思误书是一适，维乞高明加以校正，并纠其谬误，所切祷焉。

素王制作宗旨四十问题

伯王帝皇皆由时局而定，秦汉以前只能为伯，唐宋以前只能为王，元明中外通乃开帝局，数百年后乃能为皇。使孔子为政当时，不过为桓，又因有王帝皇之别局，故以言立教。使只伯局，则躬行其事，而不著经，不能立功，乃以言传。

因有四等之异局，故立言以俟后，托之古之皇、帝、王。非俟后不立言，非有等差不托皇、帝、王。不著六经，但《春秋》一经已足。每经一时局，数千百年乃一变，六合一统，六艺之事备矣。

仅王伯，中国古人能之者多，必合全球方见广大，真为生民未有。孟子盛推孔子，终无实迹，故子贡以为不见美富。由今日下推数十万年，方见孔量，就中国王伯以推孔子，及肩窥见世家之好。

《春秋》为基础，故五州未道以前，可见者皆有及君子，所不及者人之所不见，即海外人所不睹之明以前不见美富。如益梓夫子庙碑，不足以知孔子，由地球开随，隐见微显，生居今日，学人之幸也。

六经俟后数千年，世局一变而一经用，旧有三万年之说，六合内外，血气尊亲，今日虽不能见全量，所谓日素王又当读为素皇，伊尹告汤以素皇九主之说，即《商颂》之方命厥后、奄有九有，以王法皇，九主即九洛。

受命制作以为万世法，生民以来一人而已，六经尽美尽善，孔子以后无须再改。

匹夫为百世师，天命木铎，惟孔子一人，乃言改作，近七十子、远之孟荀，亦不敢以此自号于众，何论余子！

参用四代以成一家之言，非孔子自述微言，后人几不得其踪迹，与指刺时事、忿争嚣辩者不同。

素王兼用四代以成一统，如与颜子论时辂冕韶。

制即《王制》、《周礼》，非寻常文质过不及之殊。

论语文质，即今中西。即《诗》之鲁商二颂、《乐记》之齐商二歌。

改制为圣人微言，自明心迹，非教人学步。后儒以己律圣，己所不能，以为圣人必有敢为。

译改之制，全在六经。空言立说，非干预时政。

雅言即翻译，翻译即改制。述而不作掩其创作之意，故以述自居，翻如西人以拉丁文译古书。

翻经自托好古敏求、闻见择善。

周无公田，《诗》有公田，即素王新制，于三代取善而从。公田中国实未曾行，海外大同学贫富党其归究为公田，非数十百年后地球中亦不能行。

浮海居夷，指今时局而言，从周从先进即今中西，非谓姬周，以新周为大统，皇周公即皇之伯。

论语行志，行为王伯，小统；志为皇帝，大统。

《诗》为志、为思，即今泰西思想家之说。王伯不重思，将来大统亦不重思，但求力行。

饩羊、亲迎、阴暗、短丧，即弟子商定改制之事。

孟子诸侯去籍，所闻即孔子之制。

孟子见礼闻乐，即孔子之制。

《春秋》讥不亲迎、讥灭国，托始以为作俑，所以贯通各经始《春秋》。

古之三代，后之秦始、汉高，著之律令，行之当时，乃真为作者。因时立制为史，与垂法百世之经不同。

贾《治安策》、董《天人策》，良法美政，献之时君。孔子则为后世立法，非为一时一代立言。

黄《待访录》、顾《日知录》指陈以备采择，孔子托之帝王以为古人陈迹，但为好古敏求，并不显言改作。

后世开国元勋、中兴名佐，垂为典章，行之当世，与孔子以庶人翻经立教情事迥殊。

开创帝王因时立法，后来修改，多失本意，故尧、舜、禹、汤其初立之制，皆为后人所乱，使孔子王于当时，必不能流传百代。

后世私家论述，一知半解，多为后王所采用，无位无德，与孔子契于尧舜、道贯百王、师表中外，其相去不可以道里计。

公羊春秋经传验推补证第一（选录）

隐公

元年，春，王正月。

［疏］旧说有文家质家之分，皆三统例。既有《春秋》以后之说，则不可以说《春秋》。孔子本主文，如学校、选举、不世卿、亲迎、三年丧之类，皆于古制力求文备。盖三代真制实皆简陋，孔子润泽乃称详明。以庶人不作，故托权于先王，非周公订礼既以大明，孔子一意质朴、因陋就简。又三统循环之说，本谓后王法夏、法商、法周而王，于孔子所改制外，别立三等，如学校、养老、明堂之类，皆孔子所改而立三等之制，非古三代有此循环变通之法。说详董子《四代改制篇》。

三月，公及邾娄仪父盟于眛。

［疏］《解诂》云：世愈乱而《春秋》之文愈治。此《春秋》大义

也。《春秋》寓新王之制，隐桓之世治诸夏，庄闵以下治近夷，襄昭以下治远夷。隐桓以下治诸侯，文宣以下治大夫，襄昭以下治陪臣。始于封邾娄，终于文成致麟。秦、吴、楚、梁、扬、荆，方伯也，而远在南服。由州而国，国而人，人而君，始为小国，终为大国，皆渐进之义。至为大国然后全待以方伯礼，而用夏变夷之功始成。以世变而论，则以次叠衰。以《春秋》而论，则累变愈上。《论语》云：如有王者，必世而后仁。又云：苟有用我者，期月而已可也，三年有成。以期月计，则以十二公为十二月也。以三年计，则以二百四十二年为再期。以世为计，则约以《春秋》十年为一年也。过化存神，非待二百四十二年乃臻上理也。

二年，夏五月。无骇帅师入极。……疾始灭也，始灭昉于此乎。

《春秋》始于隐世，此为鲁灭国始，故言始灭。［疏］《论语》：天下有道，则礼乐征伐自天子出。天下无道，则礼乐征伐自诸侯出。自诸侯出，盖十世希不失矣。自大夫出，五世希不失矣。陪臣执国命，三世希不失矣。《春秋》隐桓以下初治诸侯，继治大夫，再治陪臣，以反于天子。所谓世愈乱而文愈治。大夫专权，擅兵灭国，圣人之所深恶也。

［疏］春秋以前，强凌弱、众暴寡，弱肉强食，灭小国以自封殖。如晋地多数畿，汉阳诸姬楚食殆尽。如泰西未兴公法以前，小不事大，大不字小，蚕食鲸吞，小国不能自存。据《王制》，九州一千七百七十三国，《春秋》经传存者不及二百国，皆为大国所吞并。

［疏］春秋以前，大国以吞并小国为事，律以中国无王法，律以西事无公法。《春秋》乃彰明王制，见二伯、方伯、五长统属之法，小事大，大字小，共保平和。九伐之职掌于司马，诸国有罪，奉王命以讨之，抗则威之，服则宥之，虽有灭国，其地皆归天子，听天子别封诸侯。平时以巡守黜陟之法，庆赏黜削皆归于间田，尺寸之土非诸侯所敢专擅，王法明则灭国自广之事可以绝迹，古无此制，《春秋》乃初建之。如亲迎，古无此礼，为《春秋》新设。孔子述而不作，翻经立教，以庶人之议托之古帝王，不曰不许灭国之制由《春秋》而兴，乃以为灭国之事由《春秋》而始，以作为述，以新为古，书法与事实相反。正如季子出奔，经书来归，文姜反鲁，经曰孙齐，讥如始灭者，谓古者帝王法度昌明、绝无诸侯灭国自广之事。春秋末世乃由无骇作俑，后来诸效尤其事，盖用列庄微言之义，以六经皆为新典，则与托古之义相妨，必反其辞以为古迹文明，后乃流为蛮野。如《左》、《国》所称先王法度本极休

明，后来强大不守其法，故以灭国由春秋而始，春秋以前绝无其事，故曰春秋之始。然传明言不始春秋，为托始例。则《春秋》为新经，拨乱反正之义可以微会矣。

［疏］六经由孔子制作，西汉以前无异辞。虽刘歆移太常博士书，初亦主其说，绝无所谓文王、周公。刘歆与博士为仇，挟王莽之势以攻博士，因创一古文派，缘文王、周公以敌孔子，引国史以敌贤传，以《周礼》、《仪礼》为周公所作，《春秋》、《诗》或为周公义例，或为国史所采，《易》为文王作，《书》为历代史册，乐为帝王之旧，下至《尔雅》亦以为周公作，群经孔子唯占《孝经》一席而已。创为后蛮野先文明之说，六经皆为史，刍狗糟粕耳。正当列庄所讥，博士《公羊》家法一扫而空。由东汉以至乾嘉，儒林宗派不出刘歆窠臼。《公羊》以《春秋》为俟圣而作，托始改制，说极详明。加以海禁开通，地球初蛮野后文明之证据明白昭著不可掩。六经不惟治中国，兼治全球。经传美善制度，专为百世下师表，非古所有之陈迹糟粕。如日中天有目共睹，然后知经与史别，《公羊》师说不惟《春秋》六经皆当从同，六经全为俟圣新作，绝非糟粕刍狗。《史记》称庄子著书诟厉仲尼之徒，据今言之，庄列所言实似专为古文家而发。西人喜言进步改良，数十年前之政治学术，皆已视同弁髦。中士习闻其论，废经之说遂遍中土。五六千年前史事陈迹，万不可行于今日。推之海外，虽下秦始焚书之令，偶语《诗》、《书》之禁亦不为过。惟废经以后，中士何所依归，将来大一统政教何所凭借，实无术以善其后。今表张《春秋》俟圣之本旨，与齐学大统之主义，然后知百世师表王伯学，至今中国尚未尽其蕴，皇帝事亦待千百年后乃能见之行事。则六经更当行之海外。中儒固当钻研泰西君相，尤宜讲求以为师法，废经宗经之机关，要在审乎往来新旧而已。

九月，纪履緰来逆女。……讥始不亲迎也。始不亲迎昉于此乎？前此矣。前此则曷为始乎此，托始焉尔。

冠昏礼实为孔子新定，乃讥不亲迎，实则春秋以前从无亲迎，非至春秋乃变。

此为改制维新，当以新法立说，乃始定亲迎礼，非始不亲迎。

孔子述古以经托为古，故以非礼托于此。

三年，夏四月，辛卯，尹氏卒。……其称尹氏何？贬，曷为贬，讥世卿，世卿，非礼也。

世卿，父死子继也。［疏］春秋以前，世卿本常事，故周时多见世卿之祸。《春秋》改制，豫绝专擅诛邪，意绝乱原，析及秋毫，推而至于兼之。二名皆在所讥贬，圣人杜渐防微之意深矣。

春秋诸大国无不败亡于世卿。

《王制》：内诸侯禄也，外诸侯嗣也。诸侯世子世国，大夫不世爵。

［疏］孔子五十知天命，实有受命之瑞，故动引天为说。使非实有征据，则不能如此，受命之说，惟孔子一人得言之。以下如颜、曾、孟、荀皆不敢以此自托。故反鲁正乐删《诗》，非待获麟乃然。群经微言皆寓于《诗》，《春秋》已不能全具。特孔子绝笔获麟，后师以《春秋》为重，遂以微言附会《春秋》而《诗》反失其说。世卿三代所同，欲变世卿故开选举，故立学造士，使非欲开选举则亦不立学矣。作《诗》本为新制，子贡、宰我以孔子贤于尧舜，缘文明之制由渐而开，自尧舜至于文武，代有圣人为之经营，至周大备。天既屡生圣人为天子以成此局，不能长袭其事，故笃生一匹夫圣人，受命制作，继往开来，以终其局，而后继体守文皆得有所遵守。又开教造士以为之辅，故百世可以推行。或以秦汉不用春秋之制，不知选举、学校、礼乐兵刑，无一不本经制，虽井田、封建、礼制仪文代有改变，然或异名同实，或变通救弊，所有长治久安者，实阴受孔子之惠，且循古今治乱之局，凡合之则安，反之则危。

四年，冬，十有二月，卫人立晋。

［疏］《卫世家》：石碏杀州吁，乃迎桓公弟晋于邢而立之，是为宣公。今天下学术趋重贵民轻君之说，孟子民为贵、社稷次之、君为轻，得乎丘民为天子，与土芥、寇仇云云。按此乃经传常言，非孟子所独传，考《左》、《国》诸子俱有其义。《尚书》以天民为功用，归宿钦若昊天、敬授民时，即孟子天视民视、天听民听之宗旨。《春秋》记异以敬天，记灾以重民，凡弑称人为君无道，讨贼称人为众辞，君无道许复仇，记溃为许下叛上，重民之义与泰西同，非许君专制于上，不奉法度，苛虐小民。春秋时局初在诸侯，次大夫，终陪臣。上拥空名，下操政柄，与今西人所谓下出令、上行令，君相为奴隶相同。如君若赘旒，政则宁氏，祭则寡人，孔子请讨陈桓公曰告夫三子。非得议院许可，君相不能自行其意者乎？窃以三代晚季，实同民权。西人新改压制，民气勃伸，国势遂盛，行之既久，朝气涣散，百弊丛生，不可胜言。说者谓以西人之强由人皆崇实，非尽法良，使中西苟异地而处，成败亦必相反。《春秋》立王法以贵治贱，以贤治不肖，以大夫治民，以诸侯治大夫，以二伯治诸侯，以天王治二伯，以天治王，尽夺下权以反归于上。

二伯、方伯、诸侯、卿大夫、士、庶民各有职分，无相侵夺，下非凌上，上亦非专制，盖上之专暴，下之攘挩，皆不容于大同之世，民权有蛮野文明之分，宪法亦有精纯驳杂之别。总之，大同不识不知，忘帝力于何有，固不以嚣陵争竞为止境也。

五年，九月，初献六羽。

《论语》言僭礼者数章，以大夫歌天子之乐，非丧心病狂何至于此？且僭礼之说不恒见于今世，何古人之多？其事知之者众，又何劳孔子笔秋？盖诸人本为从俗从众，如西人奉天，人人皆称天子，《春秋》改天子为尊称，乃讥歌雍，如朕字古人通称，秦立为尊号，后世遂不用之。季氏旅泰山，管仲三归反坫之类，皆为改制而讥僭分之事，稍知自爱者不为，况在名卿乎？［疏］初者，记始也。孔子前由皇帝而王伯，此俟后法。谓孔子后由伯而王、而帝、而皇，古今不能两大，以后之实知前之为托辞，又效尤之罪小，作俑之罪大，春秋以前名号仪节上下混同，《春秋》定新制，乃始严为差等，决嫌疑，别同异，故正名之说子路犹以为迂，然谓六羽为效尤，则从众而行，难以立法。惟以为作俑变古异常，自外于礼法，然后褒贬讥刺可施。

九年。

见当时世界进步，无论工艺各有进步，即学术亦当更新。故旧日考据之支离，理学之空疏，皆须改良进步。大统之学以道家为主，兼采中西之儒墨、南北之名法。旧日儒学言心言性、高谈阴阳五行天道变化者，群归入道家。道为治天下之大本，司马谈《六家要旨》论道家云：使人精神专一，动合无形，赡足万物，其为术也，因阴阳之大顺，采儒墨之善，撮名法之要，与时迁移，应物变化，立俗施事，无所不宜，指约而易操，事少而功多。儒者则不然，以为人主天下之仪表也，主倡而臣和，主先而臣随，如此则主劳而臣逸。至于大道之要，去健羡，绌聪明，释此而任术，夫神大用则竭，形大劳则敝，形神骚动，欲与天地长久非所闻也。人拘而多畏，夫春生夏长、秋收冬藏，此天地之经也，弗顺则无以为天下纲纪。故曰四时之大顺不可失也。又云：道家无为而无不为，其实易行，其辞难知，其术以虚无为本，以因循为用，无成势，无常形，故能救万物之情，不为物先，不为物后，故能为万物之主。有法无法，因时为业，有度无度，因物与合，故曰圣人不朽，时变是守，虚者道之常也，因者君之纲也，群臣并至，使各自明也。其实中其声者谓之端，实不中其声者谓之窾，窾言不听，奸乃不生，贤不肖自分，黑白乃形，在所欲用耳，何事不成？乃合大道，混混冥冥，光耀天下，复反无名。凡人所生者神也，所托者形也，神大用则竭，形大劳则敝，形神离则死，死者不可复生，离者不可复反，故圣人重之。由是观之，神者生之本也，形者生之具也，不先定其神而曰我有以治天下也，其何由哉！此即《公羊》大一统之师说。［疏］泰西言大同之学者著有专书数十种，大抵皆出于教宗，本于墨子兼爱，与张子《西铭》之旨相同，推博爱之指归，固有天下一家中国一人识量，然《大学》格致之要首在知本末，天下之平由于国治，国治由于家齐，其中远近高卑、层累曲折、事故甚繁，初非一级可升。如西人格致详于名物，为经传童蒙初功所谓多识鸟兽草木之名，属在技艺，为《春秋》记异一门始阶，不关平治。说者乃以格致为大同指归，难矣。泰西国度正当，童稚锐意善进，其言大同乃主尊敬，无论学术政事皆以争胜为进步之本，不知皇帝专务化争，贤贤亲亲，乐乐利利，各适愿无争，性情嗜好，寒暑阴阳，各得其平。美恶贤愚，浑然相化。以求争与无争较，不可以道里计。乱世何遂言大同。以教化言，父子之亲，君臣之义，婚姻之礼，丧纪之仪，未能修明，各国朋党社会弑君杀相，较春秋繁多。诸国称雄，志在并吞，铸兵造船，求工杀人之具，分争战伐，颇近战国，何以遂言大统。且天下平自国始，各国奉一《春秋》为指归，讥贬诛绝之事，不见于史，褒奖称许者，比户可封，大德役小德，大贤役小贤，化兵戈，讲礼让，重道德，后利权，而后可言太平。《春秋》为治国之事，《诗》、《易》乃为平天下之学，先以《春秋》自治其国，有神圣出，就《诗》、《易》所言，心摩力追而后可以言太平大一统。按传与《春秋》言大一统，与西人就今乱世言大同相合。

十年，夏，翚帅师会齐人郑人伐宋。

［疏］泰西重民轻君，结为无君党，弑君杀相以为国事犯，但与君相仇。以平等论，说者艳称之。不知此乱世事，春秋时中国臣民实亦如此。盖开辟草昧，一人肆虐，民不聊生，汤武之事，经未尝不主革命。若隐公何所失德，而桓弑之，又如美用总统，非君矣，虚无党既非美臣民，乃亦谋弑，虽平等且不可，何况君相，君相多关系一国进退，杀害于本国利益大有防碍，故俄亦设警察以伺察乱党，君相既已进步改良，乱党日宜严加禁绝，周礼三国不同，故典有轻重。

十有一年，春，滕侯、薛侯来朝。

［疏］《春秋》小统，方三千里，以姬为同姓。《诗》、《易》则以同

种为同父同母兄弟，异种为婚媾家室淑女，《春秋》立三千年，政教极轨、等级精粗，因时改变，二十纪不可行，于五十纪后十五纪不可行，于十纪前，博士传经，君相润泽，见之行事，中史人才同为孔子功，苟各史表志同为六经传记，至今可谓洋溢中国。合数《春秋》成《书》，数《书》成《诗》，数《诗》成《诗》成《易》。皇辐百国各奉一《春秋》而天下平。王伯将推海外，与《诗》、《易》并行中国，未及其半，必皇帝乃曲尽其妙。旧以为古史刍狗陈迹，不待西人废，中国自已先废，不知经俟圣之义所致也。孔子立新经为帝王师，俗儒多骇，证西事尤明确。泰西政教失所依据，每以私议奉为国典，如果鲁士西亚虎歌等公法，百国通行如宪法。政治法律财政出于卢梭、倍根、笛卡儿、康德、达尔文、斯宾塞尔，私议时会所趋，遂据以革旧行新，致今日文明不能不谓诸氏改制，诸国行之。儒垂空言，君相见行，事亦孔子改制之说也。然诸氏精神范围不过数年、数十百年，数国数十国。若通古今、括地球、详世界分合之局，度为性情向背之转轮，独归生知安行，孔子至诚前知，先天后天，迥非一材一艺所及。天文学西学合千万年数百国之推测，不过得其仿佛，以地球论，书纬升降四游，体国经野，辨方正位，土圭尺五寸，九畿大九州之法度，远在数千年前，虽专门绝学，以较经传，犹嫌简陋粗略。以历法论，浑天盖天宣夜与六历，于大地中各因时节用，三法六历非再历千年不能详美如此。西历称精绝，闰日以节候为月，与月体乖违，远不及闰月曲合天体。经传简略，古法沈废，已精美如此。西人专心讲习，学堂林立，合众力日新月异，文献不过如此。由天地以推法律政治，犹为草昧，非不合时局，然别有新理，不能保其不改，更何能与地球相终始。西人善用思，移貌取神，思想学乃与《诗》、《易》梦觉卜筮宗旨旧印，然无标准师心自用，其所得亦终为西人思想而已。

冬，十有一月壬辰，公薨。……何隐尔？弑也。

［疏］三纲之说曰：君为臣天，父为子天，夫为妇天。中国本如袄教专奉一天，《春秋》由一天推三天，因知进所不知，经表忠孝，故乱贼惧。西学倡废纲常，盖恶奴隶卑贱可非礼致死，失平等。考君仁、父慈、夫义，皆属平等。传人臣无将以治弑逆，非叛逆则否。妾媵制以内职，非一人任，内臣外臣相埒。昏礼，天子诸侯亲迎。君夫人同称薨称君，敌体平行。《左传》师旷论卫侯，与孟子贵民轻君同，上下一视。禁奴隶，新莽且为之，因末流偏胜，遂以噎废食，过矣。以奴隶言，妇固有之，夫亦何尝不有。反常不足计。盖见西国强胜，遂谓三纲弱我平等强西，

不知美法民主强，俄西专制亦强。我用绿营败，购器仿操亦败。西方诸雄角立，常虑危亡，自强以救亡，其强也在于忧勤简朴，日求精新。我偏处自大，粉饰蒙蔽，日近衰微。正当尊君亲上，众志成城，方今不致鱼溃，全赖纲常维持。旧新两约，主仆父子，尊卑令从，详矣。男女平，然使臣无女子，非纲常国无与立，特未标襮科条耳。盖法必顺情，爰有差等，世界万有不齐。至平中尊卑智愚仍有不平者在，今号召于人曰平等，其家婴孩平，父老仆隶平，主人婢妾平，家主何可施行。民主统一，国发号出令，何能与农工商贾皂隶藏获等量齐观。记曰野人知有母而不知有父，凡地球初开，人禽不远，率皆贵女，虽立女主，百不得一，盖已进文明、论平等，贵男非贵女，亦非因尊卑贤否判以差等自然之势。虽西律名分不及中法昭著，隐隐区别，初非混同一视。通商后，自改者多矣。当倡明中教，奖进使从围范，彼方学我，我乃弃长就短，不亦误乎！名家目之曰人，以别于禽兽，既分别君臣、父子、夫妇之名，而西方亦不能混同。盖差等正所以求平，至平中不无高下尊卑之别，至人别类而三纲之义即寓其中矣。

公羊春秋经传验推补证第二

桓公

十有四年，秋，八月，乙亥，尝。

［疏］西人专用宗教说，尊天一本，必正名以后惟帝王乃得称天子，卑者卑称，详姓氏，尊祖父，然后庙祭人鬼可兴。

［疏］《荀子》礼三本云：礼有三本，天地性之本，先祖类之本，君师治之本。无天地焉生，无祖焉出，无君师焉治。三者偏亡，无安之人，故礼上事天、下事地、中事先祖，而祖君师是礼之三本也。《穀梁传》：独阴不生，独阳不生，独天不生，三合焉然后生。故曰母之子也可，天之子也可，尊者取尊称焉，卑者取卑称焉。案中国多以天地君亲师为主者，即荀子三本之说也。西人专奉天不祀别神，是一本之说也。中国当圣人未出之先亦同泰西，以天为主，即六经宗旨亦仍主天。如《春秋》以天统王，以王统伯，以伯统牧，以牧统诸小国，终归本于天。诸经亦同。是主天之义，中西所同，不能以是傲中人者也。惟圣人立教，于天外别立等差统制之法。《董子·立官象天篇》所谓以三辅一，不能以一天子居上，总统万几而废百官诸侯也。欧州为全球一隅，立数

十国，每国一王而王之，以下仍立百官诸侯。试以州县论，官之下执役者或数千百人，以一乡论，亦有保甲诸民级，又一定之势。中外所同者也。故圣人以天不可不主，又知等参之不能不分，于是创为三本之教，推广天主之义而为之说曰：君为臣天，父为子天，夫为妇天，既于天之外别立主宰，而君父与夫仍袭天号。盖君父与夫所以代天宣化、分任其劳而仍主天事。《尚书》工曰天工，讨曰天讨，命曰天命，以人代天，不使熙熙攘攘之众得直隶于天帝，而惟天子一人得主天。此即孟子辟墨教爱无差等之说也。以人比天，其事自明。中国于天之下再立等级曰地、曰君、曰亲、曰师，亦如象天立官，皇帝之下有王、有公卿、有大夫、有士。故《穀梁》以天子主天为天之子，然惟天子得主之，以下皆当各祖其父母，不得称天子，此即礼三本、王与诸侯大夫士分等级之说也。天子中外古今皆同，而三本则惟中国独精。以人事比天道，即西人不能自解也。旧袄教不奉祖先，今传教者不禁人奉天地君亲师之神，此西人欲中人奉其法，而先改从中法是师而后教，西教未行中法已习，亦即三本之说也。考天主教初入中国，贵童贞与佛同，居中国久耶稣教遂改为夫妇同行，又不能自坚其说，此改西教以合中法之实证也。

十有七年，春，正月，丙辰，公会齐侯、纪侯于黄。

［疏］孔子曰：礼失求野。盖经传为俟圣之书，六合以内所有舆地人民及节侯风俗皆在所包。海禁大通，皇帝之说，故多借外事证明。考邦交一事，《左》、《国》所言，如子产、叔向动引先王之法，以为交涉之准。西人所以辑春秋时事古时公法一书，皆取之《左》、《国》而已。至于大统交涉，其说皆在《周礼》，如大小行人及六方官，由一年以推三十年，其典章制度迥与《左》、《国》所言不同。盖《左》、《国》为春秋小统之书，《周礼》则皇帝之学，为今日环球言之。泰西所推行公法出于西儒之手，与圣所作优劣悬殊，近日讲外交者数有增补，以私意为典要，名公而实私，拟取《周礼》邦交二门补其私说，再引公法为之注释，同者证明之，西书所阙者补之，公法宗旨谬误引经说以裁正之，灿然明备，可见施行。用夏变夷，引而进之，中国享太平之乐利，或者其早发达于世界。

十有八年，冬，十有二月，己丑，葬我君桓公。

［疏］《公羊》三世大一统为升平，今日天下纷纷，三万里中分裂，各地自相雄长，如春秋之局，所谓乱世。考现在各国等级，有帝，有王，有总统。有独立自主，有保护半权，有属国，有殖民地。盖中西言语各别、文字不同异者，各以己意读之，故不足以为典要。然大旨不出

强凌弱，众暴寡，弱肉强食，所谓权利世界而已。名不正，言不顺，公法虽倡为息兵平祸，有名无实，徒为强国鱼肉之助。按古今时势相同，春秋之齐、晋、秦、楚、吴侵灭诸国，横暴寇虐，大抵与今时势相同，初无所谓典礼道德。孔子欲为万世图长治久安之策，乃尊天扶王以立极，托诸强国为二伯，尊二伯以申王法。列邦有盛衰，又定为二伯黜陟之例。其次等之国，因其土地立为各州牧，再次则以为卒正，再次则以为连帅属长，迄终之以附庸。变易弱肉强食之春秋，为尊让礼乐之天下。若齐、晋、吴、楚，其僭越王号，地大数畿，不合经制之事迹，则讳避之，起尊王守约之想像，直表章而惩劝之，各小国之统属强国，不曰畏其势力，以为天子所立之二伯，例得专征统属。列国尊二伯，即所以尊天王，其会盟侵伐，不曰私利便已，以为明天子之禁戒。约诸侯有罪，二伯方伯专征杀得，致天王典礼以讨之。诸侯之有功德者，奉天子命得以间田褒进之。凡一切不可为训、不合典礼之事实，皆讳莫如深，以为有天子宪法，绝无此事。王法所当创设之典礼法度，或因事表著之，或特笔创制之，名正言顺，天道洽，人事毕，拨极乱之禹州，成休明之中国。所谓拨乱世反之正者，为《诗》说，非今日之时局不足以为世界，非大一统之天下不足以为反之正。就大一统之义言之，以今之帝国为二伯，将来如有盛衰，随时升降，以王国为方伯，以保护国为卒正，以半权国为连帅，以属国为属长，再以诸小国比于百里、七十里、五十里，合天下而立二伯，则二伯为帝矣。崇天以为皇，皇德配天。未能一统，以天代之，大二伯为天子，大八伯为天王，大十六牧为天牧，大三卿为天吏，再以春秋之会盟，礼乐征伐，组织之易变，势利之世界为升平文明之世界，小事大，大字小，小大相维，各有经义典制，以道德仁义为依归，易变权诈阴谋之陋习，方伯以下各据一《春秋》以为典礼行事之楷模，二伯奉天道燮理阴阳、损益调和于其上而皇道平，帝功成。《春秋》为治天下之基础，《公羊验推》之法可以包含皇帝之极功，《诗》、《易》由太平以后立说，犹不若《公羊春秋》原始要终合当今之时局也。

公羊春秋经传验推补证第三

庄公

四年，六月，乙丑，齐侯葬纪伯姬。

仇不在今纪侯而在其远祖，今但报其远祖之仇，迁徙其国足矣。于子孙无怨，无论伯姬之丧，妇人不与外事，宜葬。虽为纪侯之殡，亦当葬之。言伯姬者，国亡无谥也。宋共姬有谥。［疏］泰西各国虽兵事，公法不能非理伤害，所谓杀人之中亦有礼。

十有九年，冬，齐人、宋人、陈人伐我西鄙。

［疏］鄙如今泰西属地，与本封不必相连属。

闵公

二年，十有二月，狄人入卫，郑弃其师。

郑者，狄之也。曷为狄之？国以民为本，弃师，亡国之道。

［疏］天下治乱，原于经术。西人言自由，以心想、身体、宗教立三纲，师心自用，无所依归。思想家之言曰：圣人，人也。我亦人也。圣人为教主，我亦可以为教主。推立其说原因：一在不知圣，二在不知制作，三在不知时局。按《孟子》人皆可为尧舜，中人餍闻，乃自标新理，以为泰西所独有，岂非自欺欺人。孟子偏主性善，使人不自弃，实则孟子何如尧舜，然孟愿学孔，一步一趋，不敢肆无忌惮，蹈非圣无法之愆。八股盛行，以村学究为至圣，毫无所表见，少年内无所主，叱西说新奇，使稍明俟圣宗旨，师表万世，皇帝《周礼》，兼包海外地球学术，由今日改良，再加数千百年，终不能出围范。近西国名家议论，不过如宝塔初级，一砖一石，因不知圣，故放言高论。一也。又经传典制，因人情，顺时势，由公理而出，初非压制天下。如《春秋》讥世卿，讨贼，娶同姓，丧祭不如礼，绝乱原，消隐患，进野人以君子。中国文明程度，至春秋时人心厌乱，皆思改良从善，孔子起而应之，行之数千年，相习成俗，并不以为苦，久则不免小弊，与儒生偏胜之说，在主持政教者随事补救，不得因噎废食，以野变夏。西人喜精进，朝立夕改，夕立朝改，彼方谦让未遑，我乃以为古今之极则，不亦惑乎？西人有何政事能久行不改，盖法之拂情乖时者必不能久。若经术由春秋以推今方七千里中国，且由中国进推海外，但论是非出于好尚，且以久暂别其坚脆，自由流弊甚大，何能久行。西南开辟晚，经传程度未能遽跻孟子所谓子倍子之师而学之，亦惑甚矣。二也。盖诸人误以为民智已开，圣愚同等，不必师法圣人，不知人品资格万有不齐，《春秋》以尊治卑、以贤治不肖，天地不变、道亦不变，时移世易，情形不同。圣人前知，原始要终，订为条教，若但据目前寸量铢称，遂欲非圣灭古，推论数千万年之政教，必不可得之数也。《春秋》九世异辞，前后有两皇帝王伯，一成不改。中别立九等因革损益，董子所谓九而易。传曰所见异辞，所

闻异辞，传闻又异辞，三三而九，由三部以推九候始终，别以九等。五帝不沿礼，三王不袭乐，义昊异尧舜，尧舜异汤武，汤武异桓文，后视今如今视昔，地球今为大战国，《公羊》所谓乱世、《周礼》所谓乱国，诸雄角立，处士横议，更与战国同。秦皇一统世局变，文景平治又一变，始皇烧百家独尊博士，武帝黜百家独尊孔子，欧洲六大国，今日韩赵魏也。著书于时，诸西士孟尝珠履三千客也，谈经术，崇圣学，今日孟、荀、邹、尸，博士之祖师也。始皇一统，用皇帝道德典章，黜策士功利横议，故本纪师法《公羊》大一统典礼，凡一时杂伯功利权谋，坑其人，火其书，惟今盛行之书，除政典宪法、医药术数树植外，皆大祖龙之火。具今日言经义，亦如齐鲁之士流离困苦，为君相所厌，闻数十百年之后，孤行天壤者固在此不在彼。三也。又秦汉京师齐鲁，有经本未能通行。齐鲁即今中国，经传六书之文，为中国所独有。西蜀文翁遣张宽等受经，郡国立学蜀占天下先，今则乡校村塾皆抱孔孟之书，泰西尚少流传推行，与秦汉事同一律。欧美文明最盛，必先遣人受经，然后推之南北，更由侯绥以推要荒。《劝学篇》每忧经废，然战国纷争用人多，游说立谈取卿相，鸡鸣狗盗亦列上客，汉高马上得天下，韩、彭、英、陈倚为左右手，一统图长治久安，诛武臣惟恐不尽，叔孙、陆贾、张苍半皆弃之。武帝以后更尊经术，自中视经传为古事古典，如夏鼎汤盘无济实用，徒资赏玩。近乃知为大统典章，今中外通行各书，若补苴一国、敷衍一时者有之，至大统后，亦如始皇汉高，佽佽然无所适从。盖档册旧案皆归废物，上尊号，销锋镝，毁名城，巡守祭祀，水德建亥，皆取之邹衍遗书与博士议论。汉高用叔孙通草朝仪，然后知天子之尊，西汉明历法，改正朔，建辟雍，修明堂，正祀典，议政决狱，皆取则经术，其尊经也，因其有用，足以销除祸乱，勷赞太平，既用其书，不得不用其人。非如唐宋博崇儒虚名，上无为，下有为。无为详《诗》、《易》，有为详《春秋》、《尚书》，合小以成大，由齐治以至太平，道德之事具毕也。世界不能易合，或九分、五分、四分、三分、中分，王有大小，帝亦有小大，详合略分，则一统有用，分治无用，详于中分，略于三分、四分、五分、九分、十二分，则行于一时，而不能推行万世。经传于地球，亦如几何于方圆，分合层累曲折各种程式，无不立标本以为后世法。世局百变，经术随之，使地球一旦犹存，则经术究不能废也。六合之外存而不论，六合以内以六官分统，法天地四时，故凡政教无所不包，现在西政西学，乃其中百年一日、九牛一毛。盖六经者皇帝王伯之会典也，由孔子托始中国，秦皇、汉武由王伯之学，心摩力追。地球之五帝三皇，亦必规行矩步。旧说误以《周礼》为周公废稿，而不知实大统会典，外史掌三皇五帝之书，即《诗》、《易》也。孔子生民未有，绥来动和，天不可阶，后生小子未尝履戴，曷知高深，故学者必先知圣、然后可以言学，必先知经、然后可以言政，圣道大同之功，万物平等至平之中，别见高卑远迩之等级，折中一尊，以范围天下后世之人心，所谓畏天命、大人、圣人之言，乃万世之公理，初非压制尊仰所得言。昔子贡初见孔子，自以为过之，久乃知不如，又久乃心悦诚服，发种种不可思议之论说。河伯自以为大，见海若而自沮。语曰：初生之犊不惧虎，不游至诚之后，何得惧然尊仰也。圣道如天，任人挹取。西人善思，徒恃风疾马良，去道愈远，惟得所依归，庶得早成。若以自由为宗旨，一入其[①]国反以不迷者为迷，倒行逆施，学人之大患，不惜缕覙，愿与有志之士一决之也。

公羊春秋经传验推补证第四

僖公

五年，冬，晋人执虞公。虞已灭矣。……灭者亡国之善辞也。

称灭者为亡国正辞，梁亡、执虞公皆非正辞。

灭者上下之同力者也。

虞公自取灭亡，与力不足者不同，故不以正灭与之。［疏］此句后师记识，所以解上句者。中国春秋以前与泰西同，上下无别，弑杀之事不绝于史，《春秋》立其则，防微杜渐，以消乱萌，大平之世，当更改进步。

九年，冬，晋里克弑其君之子奚齐。

此未逾年之君。

春秋嫡庶争国，每祸流数世，晋献、齐桓其最著者。《春秋》乃改为不再娶，拨乱反正所以绝乱原，使乱臣贼子无所凭借以为乱，故曰《春秋》成而乱臣贼子惧，非惧褒贬，谓绝乱原也。

二十年，夏，郜子来朝。

伏董说皆云：诸侯初封有采地，后国虽灭，子孙犹食采地。郜亡已

---

① “其”字原为墨钉，今据文意补“其”字。

久，犹称部子，食采之君也。今外洋诸侯，凡灭国不灭其主封之数邑，食其所出故国。有灭数百年而犹有国主，正此例也。朝一见不朝者也。［疏］此所谓灭人之中又有礼焉，今泰西所灭诸国不绝其嗣，与春秋相同。

二十五年，夏，宋荡伯姬来逆妇。

《白虎通义》、《春秋传》曰：讥娶母党也。当为本传佚文。今西人种学，以为凡血气相同，所生子女常有废疾愚昧，久必绝灭。即《左传》所谓男女同姓，其生不殖。《春秋》于二千年前已禁同姓相娶，并禁娶母党。考《日本国志》：初制尊卑不相为礼，男亲王与女亲王匹耦，再从与再从匹耦。今叔侄从弟兄相娶之风犹炽。以此见神明之制早见于三千年前，固非今世所能及。

二十九年，春，介葛卢来。……冬，介葛卢来。

礼：五年一朝。一年而再朝，非礼也，诸侯不言一年再来，介言者夷狄礼略也。此夷狄也何为国之，合于中国者也。凡中国夷狄皆国之。纯于中国者则中国之，不离乎夷狄则夷狄之。

三十有一年，夏，四月，四卜郊，不从，乃免。犹三望。

［疏］当时未有典礼，经立此标本以为后圣法。今日名臣宿儒震于泰西维新之说，革旧改良日新不已。前数年称新者，今日已不用，今所称新，不能保日后之不改。若六经在三千年前，古不可治今，小不可治大。若经学不厌精，固以为经在可废例。即《劝学篇》与东南士大夫，亦倡言中人好古、不如西人喜新，尼山之席必为基督所夺。盖诸家误从古文说祖周公，谓经传为古史，谓中国古盛于今，黄帝以前大同，尧舜以后疆宇虽不及前，政治休明，每况愈下。故经传如禹鼎汤盘，徒为骨董家玩物，摹挲把弄，不过资行文之点染。以为信如是说，则经之宜亡也久矣，何以至今存也！列庄刍狗陈迹切矣。王不袭礼，帝不沿乐，经百年数十年已为废物，况远在五千年上之档册诰令乎？必知经为孔子俟圣而作，小统指中国，大统包全球。如《周礼》土圭三万里，车毂三十辐，大行人九畿九九八十一州，与《诗》海外有截，九有有截，固为古所未有。即以《禹贡》言，至今五千年尚未能尽其美备，兽蹄鸟迹相交之中国，典章文物不过远过汉晋并在唐宋上。即以春秋论，去禹二千年，疆宇日辟，教化宜日新，乃禹九州半为夷狄，断发文身，筚路蓝缕，三传同以南方四州为夷狄。以典礼论，诸侯雄长，妄称尊号，射王中肩，执君，君臣相质，以臣召君，不得不称为乱世。以伦礼而论，上

烝下报，不行三年丧，居丧不失官，同姓婚，凡人皆称天子，世卿，并嫡，弑杀奔亡，史不绝书。凡春秋所讥，皆为当时通行之公法通例，直与今泰西相同。故必知春秋中国文明程度适同今日西人。孔子作新经，拨乱世，由九州以推海内，由海外以推大荒，大抵经义由《春秋》起点为六经基础，由是而《书》、《礼》，而《诗》、《乐》，而《易》，自堂徂基，自羊徂牛，时至今日，小统之中国可称及半，大统之海外，尚当再用《春秋》拨乱世之法，以绳海外诸侯。隐隐如《公羊》大一统春秋之势。今日小统初终，大统攸始，西人求新不已，不过如凌空宝塔初级之一砖一石，非种数百千万年、数千万亿名君贤相、鸿儒硕士不能完此宝塔之功能。故六经者非述古，乃知来，非专中国，乃推海外。以《王制》、《周礼》为中外立一至美至善之标准，君相师儒层累曲折，日新不已，以求赴的，其任重，其道远，今西人尚在乱世云泥霄壤，一时不能望其门墙。以后视今，则所称新理新事者，诚为尘羹土饭，刍狗糟粕，不转瞬已成废物。经则日月经天，江河行地，万古不失，与地球相终始，世界必大同，尊亲必合一。世之谈士汇能言而折中儒术，少所发明，不知经，故以经为势在必废，苟芟锄莽、歆邪说以读经，则必不作此瞽语。

……犹者何？通可以已也。何以书？讥不郊而望祭也。

［疏］西人专主天，不祀别神，盖本此意。然天神、地示、人鬼通不祀，惟祭一天，非三本之义。《荀子》有《礼三本篇》，由一本以推三本。《董子·立元神篇》云：何谓本，曰天、地、人，万物之本也。天生之，地养之，人成之。天生之以孝弟，地养之以衣食，人成之以礼乐，三者相为手足，合以成体，不可一无也。无孝弟则亡其所以生，无衣食则亡其所以养，无礼乐则亡其所以成，三者皆亡，则民如麋鹿，各纵其欲，家自为俗，父不能使子，君不能使臣，虽有城郭，名曰虚邑。是故肃慎三本；郊祀致敬，其事祖祢，举显孝弟，表异孝行，所以奉天本也。秉耒躬耕，采桑亲蚕，垦草殖谷，开辟以足衣食，所以奉地本也。立辟雍庠序，修孝悌敬让，明以教化，感以礼乐，所以奉人本也。三者皆奉则民如子弟，不敢自专，邦如父母，不待思而爱，不须严而使。

三十有三年，十有二月，李梅实。

［疏］经记灾异，自儒者附会经义遂为世所诟病。西人精于步推，以日食彗星皆出于一定，山崩地震别有因由。或疑中古未精步推所致。考纬书为群经秘钥，乃言灾异者十有七八，此经传大疑不能以言语争者也。且就《月令》考之，五害皆有一定占应，然人事与天灾不能截然相

应，少一参差，动为笑柄。则不独《春秋》可疑，即《月令》亦可疑矣。因考《诗》中义例，始悟五害专就政令立说，由政事而言，不必拘以天象实事，考弧矢三角为测天要法，《考工记》辀人：大车四方三十游，上为弧弓枉矢。《诗》云：昊天不吊，丧乱弘多，神之吊矣，诒尔多福。纬云：枉矢西流，天降丧乱。盖帝王法天，政令须密合天度，如以人违天，经不以为人事之差舛而以为天行之变乱，以人不应反天而行也。如五星，应四时，春为岁星，夏行春令，即岁星犯荧惑。秋行春令，即岁星犯大白。冬行春令，即岁星犯镇星。又如孟春行秋令，即为正月繁霜，必时至繁霜乃行秋令。因行秋令，即目为繁霜。以帝王法天，万不能当春而行秋令，必系天行愆度所致。此经传之灾异所以专指政事，不必灾异瞬息相应，而日食彗星果可退舍潜消也。故纬书所言灾异皆指政令，违天，祸乱应时而至。违天即所谓枉矢西流，丧乱弘多即所谓天降丧乱也。吊（弔）字于文从弓从丨，即弧矢枉矢，为测天之仪器，密合则为吊，差舛则为不吊，合天则诒尔多福，违天则丧乱弘多，丧福之原由于天行之、吊与不吊，此弧矢枉矢所以在大车之上，而经传灾异皆指时政违天，因政祸乱，所以儆戒人君法天之制。必如此说而后群疑可通，经义愈显。

公羊春秋经传验推补证第五

文公

元年，夏，四月，天王使毛伯来锡公命。

《周礼》：锡命并见锡命合十八等。

礼有九锡。《王制》：天子赐诸侯乐，则以柷将之，赐伯子男乐，则以鼗将之。诸侯赐弓矢然后征，赐铁钺然后杀，赐圭瓒然后为鬯，未赐圭瓒则资鬯于天子。《白虎通》礼说九锡：车马、衣服、乐则、朱户、纳陛、虎贲、铁钺、弓矢、秬鬯，皆随其德可行而次。能安民者赐车马，能富民者赐衣服，能和民者赐乐则，民众多者赐朱户，能进善者赐纳陛，能退恶者赐虎贲，能诛有罪者赐铁钺，能征不义者赐弓矢，孝道备者赐秬鬯。以先后与施行之次自不相逾，相为本末。然安民然后富足，富足而后乐，乐而后众乃多贤，多贤乃能进善，进善乃能退恶，退恶乃能断刑。内能正己，外能正人，内外行备，孝道乃生。能安民故赐车马，以著其功德，安其身能使人富足。衣食仓廪实，故赐衣服，以彰其体，能使民和乐，故赐之乐，则以事其先也。礼曰：夫赐乐者，得以时王之乐事其宗庙也。朱盛色户，所以纪民数也，故民众多赐朱户也。古者人君下贤，降阶一等而礼之，故进贤赐之纳陛，以优之也。既能进贤，当能戒恶，故赐虎贲。虎贲者所以戒不虞而拒恶，拒恶当断刑，故赐之𫓧钺。𫓧钺所以断大刑，刑罚中则能征不义，故赐弓矢。弓矢所以征不义、伐无道也。圭瓒秬鬯，宗庙之盛礼，故孝道备而赐之秬鬯，所以极著孝道。孝道纯备，故内和外荣，玉以象德，金以配情，芬香条鬯以通神灵。玉饰其本，君子之性，金饰其中，君子之道。君子有黄中通理之道，美素德金者精和之至也。玉者德美之至也，鬯者芬香之至也。君子有圭瓒秬鬯者，以配道德也，其至矣。合天下之极美，以通其志也，其惟圭瓒秬鬯乎！车者，谓其有青有赤之盖，朱轮特能居前，左右寝米，庶以其进止有节德绥民，路车乘马，以安其身。言成章，行成规，衮龙之衣服表显其德，长于教诲，内怀至仁，则赐时王乐以化其民。尊贤达德，动作有礼，赐之纳陛，以安其体。居处修治，房内节，男女时配，贵贱有别，则赐朱户以明其别。威武有矜，严仁坚强，赐以虎贲，以备非常。喜怒有节，诛罚刑当，赐以𫓧钺，使得专杀。好恶无私，执义不倾，赐以弓矢，使得专征。孝道之美，百行之本也，故赐之圭瓒，使得专为鬯也。故《王制》曰：赐之弓矢，然后专征。又曰：赐圭瓒然后为鬯，未赐者 资鬯于天子。《王度记》曰：天子鬯，诸侯薰，大夫芑兰，士蒹，庶人艾。车马、衣服、乐则三等者，赐与其物。礼：天子赐侯氏车服，路先设路，下四亚之。又曰：诸侯奉箧服。《王制》曰：天子赐诸侯乐，则以祝将之。《诗》曰：君子来朝，何锡予之，路车乘马，又何予之，玄衮及黼。《书》曰：明试以功，车服以庸。朱户、纳陛、虎贲者，皆与之制度，而𫓧钺、弓矢、玉鬯者，皆与之物，各因其宜也。秬者黑黍，一稃二米，鬯者以百草之香郁金合而酿之。成为鬯阳，达于墙屋，入于渊泉，所以灌地降神也。圭瓒者，器名也，所以灌鬯之器也。以圭饰其柄，灌鬯贵玉器也。《礼纬含文嘉》礼有九锡：一曰车马，二曰衣服，三曰乐则，四曰朱户，五曰纳陛，六曰虎贲，七曰弓矢，八曰𫓧钺，九曰秬鬯，皆所以劝善扶不能，四方所瞻、臣子所望。[疏] 魏宋均注《礼纬含文嘉》：诸侯有德，当益其地不过百里，后有功，嘉以九锡，进退有节，至赐以秬鬯，使之祭祀，皆与《白虎通》同。如有德，则阴阳和，风雨时，四方所瞻，臣子所望，则有秬鬯之草，景星之应也。九锡者，乃四方所共见，公侯伯子男所希望。

命者何。

九命与锡同，见问其同异之故。

加我服也。

锡有仪物，命则册书。

公羊春秋经传验推补证第六

宣公

十年，夏，四月，齐崔氏出奔卫。

[疏] 以氏为贬，此后师之言，盖经之书氏当为氏族正称，不入贬进之例。氏为氏族，故称氏即为世卿。上云贬，下云讥，则后师说与先师小异。

[疏] 海外有世族政治法，即世卿。海外大邦文明较胜于春秋诸国，故改封建之弊，申重民之说，以大统政治风俗固当胜于小统。

春秋世卿多矣，何为独讥乎此？不可胜讥，故举一以见例。王臣言尹氏，诸侯言崔氏，其余皆从略。讥世卿者何？明当立选举之制也。立选举之制奈何？先开学校也。周世无学校选举之制，立之者《春秋》也。然《春秋》预定王制矣。后代文质损益，有此循环之制，孔子所谓百世可知。三代改制可由此而推。

秋，季孙行父如齐。

[疏] 此如今中使适海邦交涉往来属外务部。于孔教为言语科，圣门以交邻驭外属言语，春秋战国排难解纷有氏其学，唐宋以后一统，闭关自大，不贵使才，深斥纵横，故圣门四科遂绝其一，时下之谈交涉出使，要不外言语一科宗旨。

冬，齐侯使国佐来聘。

[疏]《左》云：国武子来报聘，按彼此往来，事大字小，各有盟约，春秋盟辞，即今之公法条约。《春秋》见者不再见，乃于会盟使聘重叠错见，此为史派中有。事实典章，兴衰得失，每事当著其原委，惟本传于此门甚略，谨发其例，事则详于《左氏》。

十有一年，楚人杀陈夏徵舒。

《春秋》有邻国讨贼之义。今泰西以为国事犯，专详孟子犬马寇仇之义。虽反畔亦与常罪等。甚或无君因缘谋弑邻国之君。盖草昧初开，深受封建之害，寇虐政体，不以人理待百姓，激而为此。又局将大同，所有天下积弊，例得一切蠲除，故以平等自由使黎氓得自呈利弊，以待圣王之采录。大一统后，仍改尊君亲上，师用《公羊》君亲无将，将则必诛之法。《周礼》有三国三典之分，今泰西新国，故用轻典，由新而进平，则不得不用常典。今之主持民权平等者，皆一时之言，不足与议长久也。

不公言许其得讨，亦以明王法也。未受命专征伐，有乱则辄讨之，是先自乱也。

［疏］齐晋亦非受命之伯，借以立法乃假以二伯之权。楚非受命，或以为伯，以为牧，亦《春秋》假以立法。以受命论，内外皆不得讨。

十有二年，夏，六月，晋荀林父帅师及楚子战于泌，晋师败绩。

［疏］天下大势，有分有合，《春秋》为分，《尚书》为合，《诗·大雅》为合，《小雅》为分，《易》大卦为合，小卦为分。六经以《春秋》治百世分争之天下，典章制度其文明备。今日泰西诸国文明程度，与中国春秋以前优劣相同。《春秋》拨乱世反之正，凡当日通行典礼风俗，托讥贬以改其蛮野之化而进于文明。考春秋时制不行三年丧，居丧不去官，婚姻之礼简略，君臣上下等威仪物混同无甚区别，大旨与今泰西相同。所以多弑杀、嫡庶、世卿种种祸乱。《春秋》乃严上下之分，决嫌疑，别同异，讥世卿，开选举，强干弱枝，正婚姻之礼，杜朋党之祸，以成文明之天下。故当时本狄猾夏，《春秋》乃用夏变夷，举二伯以统诸侯，明王法以统二伯，举天以统王。定制以后，秦汉之君用博士说以见之实事。泰西诸国列强角立，图富强以自救危亡，正如汉高之马上经营，时势为之。又各邦朋党隐伏，祸基将来，天心厌乱，竟归统一，图长治久安之策，是不得不取《春秋》以塞乱原、图平治。考今舆地为春秋禹州者百，百国各依据《春秋》以为立国之本，皇帝再以无为之学经营于其上，立百国《春秋》而天下平。或以礼有程度，《春秋》之法可行于中国，未必可推诸海外，不知皇帝三统五瑞之变，法所谓损益可知。至于《春秋》之纲常名教，典章制度，即百世不变，亦中外所同。凡服色、正朔、号令、时节，可以循环参差，不能齐一者，皆在《春秋》之外。万国非各执一《春秋》，不能上下相安，享大同之乐利。泰西今日正当乱世，去春秋程度尚在数百年后，每进愈上，变之不已，时会所趋，舍此无从，亦所谓困知勉行也。

十有五年，夏，五月，宋人及楚人平。

［疏］今海外政治家竞言平权自由，中士亦艳称之。考平权之说，出于封建苛虐以后，民不聊生，迫而为此。盖海邦开辟甚晚，荒陬僻

岛，酋长苛虐，通达民隐，实为救时善策。国势少壮，因之富强。然此乃初离蛮野之陈迹，与经说不可同年而语。贵民询庶，经典之常言，即以中国论，大事交议，何尝不以勤求民隐为主，唯积弊实深，未能实行民主平权之说者，以为嚣嚣然与上争权。《大学》：民之所好好之，民之所恶恶之。又引《尚书》如保赤子，赤子不能自言其痛苦，父母能曲体其状而抚育之，则呼吁之声久已息绝。持平权之说，每以人君酷虐为辞，不知大同之世，民智较今更甚文明，天生圣贤，以为君相，其德性道艺远出臣民之上，鸟兽草木咸得其所，何况同类之黎庶，夫人之圣愚贤不肖，万有不齐，纵使民智极开，其中亦有优劣纯薄之分，元首圣智，迥非聋盲所可臆度。《诗》云：不识不知，顺帝之则。康衢民鼓腹而歌于帝力，何有平权之说。不啻沧海之一滴，泰仓之一粟，或乃以海邦之说出于经传之上，甚矣本末之倒置也已。

初税亩。

周实无公田助法，《春秋》择善而从，即如龙子所云莫善于助、莫不善于贡。则《春秋》制作自应取助而去彻与贡。［疏］税亩即周人百亩而彻，《春秋》有立制之事，故以初税亩讥之。

十一之法孔子以为经制田，一时以推百世，由一国以推天下，无有改异。

什一行。

公田之法徒为经制，说始于孔子，于古实无征。或谓商鞅坏井田者，非孟子以周无井田。又疑大田之诗有公田，以周亦公田谓经制之周耳。后来言井田者皆致祸。惟今泰西各国言平等自由贫富党争，竟势不可遏，则公田行在数百年后。［疏］泰西贫富党必用公田乃齐一。

十有八年，秋，七月，邾娄人戕鄫子于鄫。

［疏］君杀于邻国曰杀，陈陀是也。杀非其杀道曰戕，董子以为支解是也。《左氏》君杀于外曰戕，亦言其大名而已。春秋诸国多以非理杀人，如以人当牲用于社、与凌迟作醢，其文明通不及今西人公法。经多以讳改其制。

公羊春秋经传验推补证第七

成公

七年，夏，五月，不郊，犹三望。

［疏］泰西宗教以天为主，《穀梁》为天下主者天也。董子亦有主天

之说。《春秋》天王、天子皆主天。推而论之，止于至善，继往开来，为百世法。经合中外立极，各洲初辟，皆属蛮野淫杀，酷虐不受绳墨，岂能遽绳以繁文缛礼。故凡异教皆为圣经前驱，先以博爱守贞，止其杀淫，不致弱肉强食，已渐文明，然后徐引大中至正之道。中土如此，西国亦然。西教利于开荒，纷争战斗，力征经营，其教固合时宜。若大统以后，长治久安，专心文教，以绝乱源而臻上理，则西教固尚嫌简陋。就人目前而论，固群奉为依归，若欲推行无弊，积益求精，则当不仅路氏之改旧教已也。恶西教者皆云西人废绝伦常，今案绝伦平权两约绝无其说，至专尊一天、不祀诸神，西士未免主持太过，然其教传于欧美，彼土外教如一物一神及土石禽兽各奉为教主，以千百数，奉一天以推荡群教，天主二字其功甚巨。《论语》：获罪于天无祷，《春秋》讥不郊三望，礼丧中废群祀，唯祭天，越绋行事，皆专崇一天之古义。西人因与弗难，故攻之不遗余力，非与孔教争也。《春秋》以天统王，《穀梁传》曰为天下主者天也。此天主二字之所本。又曰：孤阴不生，独阳不生，三合焉然后生。故曰天之子也可，母之子也可。中国以君称天子，《论语》天生德于予，庶人亦称天生，此《春秋》尊天以及天王。王臣虽微，在诸侯上，天地君亲师五字出于《礼三本》荀子之说。曰：礼有三本，天地生之本，先祖类之本，君师治之本。无天地焉生，无先祖焉出，无君师焉治，三者偏亡焉无安人。故礼上祀天、下祀地、尊先祖而隆君师，是礼之三本也。盖民生于三，事之如一，如但奉天，是一本也。考偏亡之说，是必中国古有专敬一天之教，圣人以地、君、亲、师补足三本。又《丧服传》：臣以君为天，子以父为天，妇以夫为天。孟子天视自我民视，天听自我民听。《尚书》天命、天讨、天工等说。盖孔子未兴以前，异教蜂起，故立袄教以正其趋，异教已绝，仪法宜昭，故又创立诸法。因旧教奉天，由其知以推其类，曰子天父、臣天君、孙天祖、妇天夫，由一天以化数天，即由一本以变三本。孔子改旧为新之义，往往见于《论语》。故旧教详于自修，略于政治，《论语》则以道德归之帝王，祷以实不以文，则以祷久之说正礼拜之烦数，灵魂永生，易流虚恍，则以未能事人、知生归诸实迹。泛爱易至摩放，则以尧舜犹病杜其流弊，天使复生灵迹近于诞，则不语怪力乱神。祸福之说中于人心，则归之天命，以杜忮求。人皆父天则爱无差等，故斥非鬼以示等威，奉天近于僧道，不事事则务民义，远鬼神以求治法。《春秋》以外，凡《易》、《书》、《诗》、《礼》、《孝经》推本于天，至尊无上。其奉天之学则治历明时，创为月令明堂之法，典章制度，立官发令，饮食衣服，各法天行，随时更易，趋步法象，如子于父、臣于君，不仅立庙号呼渎请罪囚自待，此中教古同西教，孔子改为三本实义也。中国旧教天生孔子以正之，西教开创不能不主天以定一尊，由粗而精，由略而详，则不必再生孔子，但入中国用礼三本之说译改旧教，则中外今古旧教新教救弊补偏同臻美富，又一定之势局也。

八年，夏，宋公使公孙寿来纳币。

［疏］董、何旧有《春秋》改文从质之说，以杞为文，宋主质。今按文质乃《诗》说，改文即《羔羊》之革，《缁衣》敝又改为《诗》，为大统，专说夏木德主文，商西金德主质。先师旧说所列质家亲亲尚白等说，中国从无此派，证以泰西，最为切合。《诗》主西皇，故改文从质，以缁为素，乃为后之夏商而言，非古之中国已有文质两派。如以《春秋》救周敝改从质，久而敝，非再作救质从文之《春秋》不可。然则《春秋》非为百世立法，乃一时救敝之书矣。今故以文质立法改归于《诗》，《春秋》则专于主文为中国小正之统。

九年，春，王正月，公会晋侯、齐侯、宋公、卫侯、郑伯、曹伯、莒子、杞伯同盟于蒲。

蒲者，卫邑也。补例：盟何以或言同，或不言同，言同者大会也。此言同何？中国诸侯皆在，是同心以外楚也。何为外之？不欲其乱中国也。晋者东伯，何为以外言之？使夷狄不侵伐中国者，二伯之职也。［疏］《公羊》旧有文质之说，文为中国，质为海外，文详道德，质详富强，二者偏胜为弊，必交易互易然后君子。见在时局，《公羊》大一统之先兆也。

冬，十有一月，楚公子婴齐帅师伐莒，庚辰，莒溃。

［疏］富强之学，中不如外，群雄角立兵战，时过古人，礼失求野，所当求益者。

楚人入运。

入运者，伐我也。言入而不言伐为内讳也。楚师及我其祸亟矣。［疏］兵学为政治之最精，大抵一统则惰，分角则勤，《春秋》亦为乱世兵战所必详求。礼失求野，此当取法外人。

十年，春，卫侯之弟黑背率师侵郑。

［疏］为晋侵。海外公法盟约，春秋尤为休明。此当别辑一书，以

明先王典制不如海外公法出于寒素，诸国取以为国际交涉之准。《周礼》为大同专书，外交之说尤备。

夏，四月，卜郊，不从，乃不郊。

卜者郊祭最大者也。补例：凡卜筮日旬之外曰远某日，旬之内曰近某日。丧事先远日，吉事先近日。［疏］泰西详于人谋，略于天命。经传重卜筮者，盖民知文明以后，卿士上议，庶人下议，与泰西同其术，尤折中于天。议院朋党诸弊不待言，当其时亦绝无诸弊。惟经以天立教，君相不能仅恃人谋、不求于天，故之卜筮。

十有七年，十有一月，公至自伐郑。

［疏］圣门四科，言语居其三。宰我、子贡专门名家，辞命之重久矣。苏张不实，为世指摘，魏晋以来，寖以微渺，四科之选，遂绝其一，岂不哀哉！国家闲暇，不需其人。今者海禁大开，万国棋布，会盟条约。軨轩宾馆，使命之才，重于守土，葛裘无备，莫御寒暑，讽诵报闻，匪酒可解。久欲重兴绝学，以济时艰，或乃狃于见闻，妄谓今知古愚，四三朝暮，无益解纷。不知探微索秘，多非言传，长短成书，乃学者程式，不尽玄微，又秘计奇谋，转移离合，急雷渺枢，成功仓卒，事久情见，殊觉无奇，因症授药，固不必定在异品矣。中国困于学究，人材日卑，当此万国交涉，时事维艰，不有言语一门，何能振作，圣人为万世立法，先设此科，以围范全球，区区西人之智慧，何能远及千百万世与孔子相终始哉?!

十有七年，十有二月，楚人灭舒庸。

［疏］舒庸，舒之别种，春秋有舒庸、舒鸠、舒蓼，三者皆其别种。如赤狄之别种并见也。凡灭亡必有所以灭亡之故，如今波斯、印度、安南、埃及，皆足以为有国者炯戒。

十有八年，春，王正月，庚申，晋弑其君州蒲。

董子说晋厉公行暴道，杀无罪人，一朝而杀大臣三人。明年，臣下畏恶，晋国杀之，又立。晋厉公诛四大夫，失众心，以弑死，后莫敢深责大夫，六卿遂相比用专晋国，君遣事之。此栾书弑也，不言栾书者，君无道，不使以弑罪讨之。名氏一见，不惟诛其身，并当绝其子孙。轻其臣之罪，所以责君也。故以不见栾氏。不葬者，贼未讨。

十有二月，丁未，葬我君成公。

谥法，安民立政曰成。《春秋》旧有文质之说，以《春秋》为救文从质，则《春秋》乃一时救弊之书，不足为万世法。质行既久，又将出圣人再作救质从文之《春秋》矣。不知《春秋》所记纲常制典在文质外，如人体骸，文质则其衣饰之华丽简朴，故《春秋》不惟中国之师法，全球所有各国宜据《春秋》为殷监，随其文质行之，有国者不可不知《春秋》，不分中外也。［疏］齐商为文质标目，如今之中外华夷。《论语》：文质彬彬，然后君子。是以君子二字为文质相合之称，君为君臣之君，为东邻，为文家尊尊，故目君也。子为父子之子，为女子，为子姓，质家亲亲，故目子。《周颂》合文质，则君子当直指《周颂》，监于二代。《论语》：君子质而已矣，何以文为？专以为质，所谓子而不君者也。考二字平对，又如父母君妇，只且漆且。君子，民之父母，恺悌君子，君子偕老是也。

公羊春秋经传验推补证第八

襄公

元年，九月，辛酉，天王崩。

《曲礼》多《春秋大传》文。天子曰崩，诸侯曰薨，大夫曰卒，士曰不禄，庶人曰死。古无此差别，《春秋》正名别号，乃如此。［疏］《周本纪》：十四年，简王崩。子灵王心立。案泰西用天视民视天听民听之说，专主贵民轻君以制法律。按以民出法，乃乱世初离暴虐之政，所谓乱国用重典。若经义则平国用中典。《论语》：天下有道，则庶人不议。听讼犹人，必也无讼。民智大通，圣神乃为君长，小民自知高远，不识不知，忘帝力何有。盖议院即《王制》养老乞言之制，世界大通，初籍其力以通隔塞，久则有弊，且时局改变，无所用之。若经则不以民治君，而以天治君，帝为天子，王为天王，法天道以出令，较民权最为精确。故《春秋》虽贵民，犹以主天为第一要义，主天则皇帝道德之说，纯粹自然，非民权所可及。盖主天非不及于民权，乃过乎民权之说也。

五年，冬，十有二月，公至自救陈。

［疏］海外兵战较古尤为精详，礼失求野，凡司空司马之学，皆宜参用新法外之法。中者独在司徒一职，以《春秋》言，大抵外事当求野、内事则守旧。

六年，春，王三月，壬午，杞伯姑容卒。

［疏］旧说以杞宋托文质，不知中国文家，泰西质家，所有仪制全

反。然因革损益皆在《春秋》以外，《春秋》所记纲常不可变更者也。杞伯于此始书名襄世，乃详录小国，《左氏》以为始同盟是也。自成五年以下，杞三见于同盟。

十有一年，夏，四月，四卜郊，不从，乃不郊。

［疏］卜者，人谋之进步，既尽人谋，乃顺天道。《春秋》以敬天重民为二大纲领，泰西议院宗旨专在民权，皇帝之学则未尝思想及之。考议院尝用《洪范》三人占从二人之说，以人多者为主。考汉朝廷议，每当大事，多由末职微员一人献议，举朝廷卿相舍己相从，即《左传》以一人为善为多之说。西人困勉，不能有此超妙作用。如英国外交，牵掣于庸耳俗目，屡见报章。语曰：千人之诺诺，不如一士之谔谔。西士高远者每苦议院牵掣，盖议院寻行数墨则有余，谈言微中则不足。以今日论，固已在功过相半之地。若皇帝首出庶物，见所未见，闻所未闻，其精神才智高出寻常万万，以寻常议院绊之可乎？《论语》称尧舜之功曰：大哉尧之为君也，巍巍乎惟天为大，惟尧则之，荡荡乎民无能名焉。古诗曰：凿井耕田，帝力于何有。不识不知，顺帝之则。当时如保赤子，数千百年后之远利无不兴，三万里内之隐害无不除。凡三千里、五千里之邦国以《春秋》、《尚书》治之，各得其所。皇帝居高临下，不思无为，法天之周游，法地之风雨寒暑无不平也，人民之好恶哀乐无不正也，鸟兽草木亦皆得所。何所用其分争辩讼？故经传亦以天为主，皇配天帝曰天子，王曰天王，牧曰天吏，故以人治之为初功，以天统人为极轨。西人生当乱世，专详名利。春秋亦当乱世，然拨乱反正以天为《春秋》之主，此固西人之望尘不及者也。西人亦有杂占，然非朝廷重典，如经传以卜筮为受天命与鬼神谋。

十有四年，夏，四月，己未，卫侯衎出奔齐。

［疏］《左传》师旷论卫侯之出曰：良君将赏善而刑淫，养民如子，盖之如天，容之如地。民奉其君，爱之如父母，仰之如日月，敬之如神明，畏之如雷霆，其可出乎？夫君，神之主而民之望也，若困民之主，匮神乏祀，百姓绝望，社稷无主，将安用之？弗去何为？天生民而立之君，使司牧之，勿使失性，有君而为之贰，任师保之，勿使过度，是故天子有公，诸侯有卿，卿置侧室，大夫有贰宗，士有朋友，庶人工商、皂隶牧圉，皆有亲昵，以相辅佐，善则赏之，过则匡之，患则救之，失则革之，天之爱民甚矣。岂其使一人肆于民上、以从其淫而弃天地之性，必不然矣。按此轻君贵民之说，与孟子同本为经义，《左传》托之

师旷耳。经传本以爱民如子为宗旨，非专用压制，借此可见尊君亲上与通达下情两不相背，说者误以中国壅隔，归咎经传，专重君权，非也。

十有五年，秋，八月，丁巳，日有失之。

［疏］传曰：失之前者，朔在前也；失之后者，朔在后也。然经书日食专以定朔，以明历法，《左传》不言朔，官失之。按《左传》言失，本传亦言失，经书日食，传以不在朔为失前失后，历法可知。《尚书》以闰月定四时成岁，以日食定朔，以明朔望弦晦，然后闰月之法可定。今泰西以中气为月，有闰日无闰月，悬象著明，莫大乎日月，既名为月，与月体盈缺不相应，不及经制年时月日曲肖天体，此当改用经制者。

十有六年，三月，戊寅，大夫盟。

《穀梁传》曰：溴梁之会，诸侯失政矣。诸侯会而大夫盟，政在大夫也。诸侯在而不曰诸侯之大夫，不臣也。［疏］由尧舜以至春秋，中国文明程度略同今泰西。古之帝王，除大难，兴大利，专言生聚富强之术。饱食暖衣，逸居无教，孔子忧之，乃设为人伦之序，五常之教，自《春秋》始。其实君臣上下名分未分，以臣执君，上下交质，政则宁氏，祭则寡人，吴楚称王，鲁公亦上僭天子礼乐，诸侯僭天子，大夫僭诸侯，因以僭天子，如季氏歌雍以彻，淆乱极矣。故传曰：君若赘旒。然据《春秋》托始之说则同。古者天下有道，礼乐征伐自天子出，浸淫而诸侯，而大夫，而陪臣。实则当时大夫、陪臣乃从众、非作俑。以为从众者，实事如歌雍、旅泰山、反坫三归、实当时通行之典，无所谓僭越。自作俑之经说立，乃以为大夫不守臣节，目无君上，凡《春秋》托始之义皆如此。君臣名分由《春秋》而始严，故孟子曰：《春秋》成而乱臣贼子惧。当日文明初开，亦如泰西以通达民隐为主义，上下一视平等，甚至偏于贵民，轻视君为奴隶。自命为出令行权之人，开辟之初，势不能不尚平等，行之既久，祸乱频兴，结党专擅，自相屠杀，人人欲平权自由，天下愈乱而不可治，弑君杀相层见叠出，如春秋之人民涂炭已然之成案。平等之效已收，不能不改良而归于统一，至乎太平。民智日进，君相皆举圣哲，在职皆贤，一二人自不能肆虐于上。论者以泰西文明出于经义外，不知草昧初开，比于春秋之世不过隐桓而已。

十有八年，春，白狄来。

礼从宜，使从俗，白狄饮食衣服不与华同，贽币不同，言语不达，故明堂位在四门之外。今泰西各国入觐无拜跪，各从其俗，不强异为同。白狄不能升降拜跪，不能行朝礼，故言来而已。［疏］天演劣者消灭无迹，唯良种永久。《周礼》五民为种学大同之世，上者自化。

十有九年，八月，郑杀其大夫公子喜。

［疏］《郑世家》：简公十二年，怒相子孔专国权，诛之，而以子产为卿。郑介于两大之间，数被兵，国几亡。子产为政，善为外交，国乃稍安，辞命之功。故近人以子产西人拉科相比论。按圣门四科，言语居其三。宰我、子贡专门名家，辞命之重久矣。苏张不实，为世指摘，魏晋以来，寖以微渺，四科之选，遂绝其一，岂不哀哉！国家闲暇，不需其人。今者海禁大开，万国棋布，会盟条约。軡轩宾馆，使命之才，重于守土，葛裘无备，莫御寒暑，讽诵报闻，匪酒可解。久欲重兴绝学，以济时艰，或乃狃于见闻，妄谓今知古愚，四三朝暮，无益解纷，不知探微索秘，多非言传，长短成书，乃学者程式，不尽玄微，又秘计奇谋，转移离合，急雷渺枢，成功仓卒，事久情见，殊觉无奇，因症授药，固不必定在异品矣。因草创凡例，分为各科，经传成事，前事之师，专对不辱，无愧喉舌，述本源第一。朝章旧志，数典不忘，古事新闻，必求综核，述典制第二。侦探隐秘，资取色求，中冓隐谜，捷于奔电，速情志第三。折冲樽俎，不费矢弓，众寡脆坚，熙献烛照，述兵事第四。忠信笃敬，书绅可行，反覆诈诅，祸不旋踵，述流弊第五。撮精收佚，先作五篇，专门全书，悉加注释，故云：继美咨谋，差得贤于博奕尔。

二十有一年，十有一月，庚子，孔子生。

颜氏说从襄公二十一年之后，孔子生二十三年，邾娄鼻我来奔。传云：邾娄无大夫，此何以书？以近书也。又昭公二十七年，邾娄快来奔。传云：邾娄无大夫，此何以书？以近书也。二文不异，宜为一世，若分两属，理似不便。又孔子在襄二十一年生，从生以后，理不得谓之闻。按二传记孔子生，《左传》经终孔子卒，互文见义，孔子受命制作，为玄圣、为素王，此经学微言传授大义，帝王见诸实事，孔子徒托空言，六艺即其典章制度，与今六部则例相同，素王之义为六经纲领，此义一立，则群经皆有统宗，宰我、子贡以孔子远过尧舜，生民未有，先儒论其事实，皆以归之六经。旧说六经为帝王陈迹，庄生所谓刍狗，孔子删定而行之。窃以作者谓圣、述者谓贤，使皆旧文，则孔子之修六经不过如今之评文选诗，纵其选择精审，亦不得谓选者远过于作者。夫述旧文、习典礼，春秋贤士与夫史官，类优为之，可覆案也。何以天下万世独宗孔子，则所谓立来绥和、过化存神之迹，全无所见，安可谓生民未有耶！说者不能不进一解，谓孔子继二帝三王之后，斟酌损益以为一王之法，达则献之王者，穷则传之后世，纂修六经，实是参用四代，有损益于其间，非但钞录旧文而已。古文家以六艺属之周公，唐时庙祀周公为先圣，孔子为先师，盖述而不作之误解深入人心，骤语以六经为孔子作，无与于周公，博雅士群以为笑柄。然圣作贤述，孔子但传周公之经，高如孟荀、低则马郑，以匹夫教授乡里，虽弟子甚多，不过如河汾湖州而已。况读姬公之书，宜崇报功之祀，唐初学官主享周公，以孔子先师配享，周公为主，孔子不过比于十哲，作圣述贤于古文说情事最合，乃唐中黜周公专祀孔子，以末为本，何异外国不祀孔子、专祀颜子，许敬宗不能知周孔之真伪，不审因何黜周崇孔，此中当有鬼神主使，不然何有此识力，祀典所以报功，主宾不容或误，今既力主古文以博士为非，综其名实，文庙当复主周公，以孔子配享，周公僚佐如召公毕公辈，宜列先贤，统计员数当在七十左右，既主周公，孔子弟子皆宜退祀于乡，明正礼典，庶使人知六艺由周公作，孔子不过如传述家。主周公，其在天之灵方不怨恫，而孔子亦免攘善之嫌，正名报功，两得其宜，若强宾压主，攘其正位，情理何安。今周公祀典，学校无人齿及，朝廷亦谨从事，名臣与萧曹绛灌比，孔子专居文庙，用天子礼乐，郡国皆为立庙，牲牢俎豆为郡祀之冠，此天下至不平之事，急宜改正之典礼，内而政辅、外而督抚学政，既明主周公，服事多年，所当奏请改正文庙主位，及从祀先贤一切典礼。周公曾摄王，居黄屋，备礼乐，本不为过，不似以至尊奉一匹夫，名位混淆，周公制作，孔子袭而冒之，鹊巢鸠居，鲁道齐翔，即孔子何以自安？中国文庙为礼典之首，何等正重，乃竟桃代李殭，岂不贻笑外国，如能请旨改正，则所有匾祝题号皆主周公，旧所颁行推崇孔子之榜题牌颂悉宜涂毁，换改周公。至圣徽号亦宜改题孔子配享神牌，但题先贤孔子，祀于殿左，或于两庑。凡乡村家塾亦题至圣周公神牌，或于奭适望毛散生之班，羼附孟子神位，亦如朱子提升十哲之比，至于经籍则《尔雅》为周公专书，当升为经，《孝经》、《论语》如禅宗语录，又为弟子所记，宜退居诸子，不当在经数。经本圣作，庙必主周公，乃不致误认主人，且不至再囿宰我子贡阿好其师、一意推崇，言过其实。至于旧榜贤于尧舜，生民未有，求其实际，渺不可得，《尚书》、《诗》、《礼》、《春秋》有在周公后，由诸史臣用周公旧法撰成者，宜详求诸史官名氏，列入配哲，周公以前伏羲画卦、文王演易、尧舜各史，亦有撰述，此当列入崇圣祠，而董狐南史，凡有名史官，皆在儒先，例从祀两庑。又七十子之祀既罢，汉初凡祖孔子诸儒失所宗主，皆亦罢黜，传则《公》、《穀》皆罢，专用《左氏》史法，《诗》则幸三家早亡，毛独一尊，《尚书》以杜郑为首师。并请专设一局，专办改周公一切章程事实，典正则学校正，学校正则人心正，如能力主此事、改正祀典，方足以驳素王之说。如不敢上此折，不能改此祀，则当王者贵朝廷既专尊孔而绌周，则必主周公，是反与朝廷为难，愿与天下之议祀典者熟商之也。［疏］《年表》孔子生。《鲁世家》：襄公二十二年孔丘生。按泰西以耶苏降生纪年，孟子推孔子为生民未有，庄子以为泽流万世，窃以中国纪年当以孔子降生与国号改元并行，但言纪元则其前后不一，中国教化由孔子一人而定，先孔子而圣者为孔子之托辞，后孔子而王者非孔子无所法，由伯而王，由王而帝，由帝而皇，历代之君相皆师法孔子，踵事增华，必以孔子与年号并行，日积月累，继长增高，然后百世师表踪迹方可按年而推。初蛮野后文明，古之由皇而帝，由帝而王，由王而伯，是为知来，非述古，以孔子纪年则上下古今数千百年之时局学派乃有统宗，礼失求野，此当从西学行之。西人专用耶苏纪元，不用国君年号，今既并行，两不相妨，而生民一人之义，乃得昭著。

二十五年，冬，十有二月，吴子谒伐楚，门于巢，卒。

《邹衍传》其曰：由中国推之，至于人所不睹，所谓不睹，即《大》、《中》慎独之不睹不闻，故《大学》三言慎独，皆归君子。盖地球诸国为古所不睹不闻，君子慎独即皇帝经营天下。惟《诗》、《易》君子学，乃言慎独独行。然独皆谓海外，《中庸》莫见莫显，又君子不可及，为人所不见，孔子立德行科，皇帝学，其实用远在百世，学者不免有厌倦意，故以见显进之古为隐微，今则见显慎独为《大学》要旨，必有有天下一家襟期始可入大学，所有皇帝功用，慎独二字包括无遗。说者乃属之影，以为不愧屋漏。天下大经大法，流于空虚，今已共睹共闻，故表彰本旨为大统规模。盖不欺暗室，乃行事小节，何足为大学特旨。圣贤学术，专在家国民物，不似禅宗，高谈性命，以明心见性为绝诣，心学趋英贤同入宗教，不涅不释。今彰明古学，凡五性六情、天命道德，皆就全球推考。《周礼》、《诗》、《易》本旨，复古先师说。西书心灵学，牵涉陆王，坠落宗门，盖养心养气，古属容经，于五事为思、六仪为志，思志即平治根原，与外道不同。或主西方圣人之说，用佛为教主，孔子为哲学，不知因胡立教，为经术前驱，袄流别格致家，攻之甚力。至圣兼包众家，政与教合，以经传担负平治，各教宗仰迷信，因缘士风，《周礼》统以十二教，并行不悖，并育不害，圣道如天灯火，涓滴各具一体，不推崇，亦不禁绝，特将来大同，圣道中天，诸教必托依归，随事改良以十二门维系民心，辅翼德化。

二十六年，夏，晋侯荀吴来聘。

行人反国，必以闻见告王，使知天下之故。《周礼》五书是也。［疏］《周礼》小行人五书，凡此五物者，每国辨异之，以反命于王，以周知天下之故。按今使臣多有著作，即五书遗意，王必周知天下之故，而后知所以驭外，特近著盛称外人康乐和亲，四门少及，不可谓善于觇国。盖非有深识，匈奴诱汉，必为所欺，五书首利害，所欲与聚，所恶勿施，兴利除害，王政大端，礼俗政事，礼治刑禁之逆顺，略同万国。新志详其政治、民俗、风气、性情、宗教、学堂、律例，惟经陈得失。今不免谀词悖逆，暴乱作慝，一条如虚无革命，公行弑逆，议院掣肘，各分朋党，不计是非，曲突徙薪，功在不赏，惜不多觏。至札丧凶荒□贫，西方力求富强，善于谋生，目前略少此弊。五书□分五方，分门别类，所包者广，今使游记，未能出其□□。

公会晋人郑良霄、宋人、曹人于澶渊。

［疏］《春秋》为仕宦学，经统属《王制》、《周礼》，官制如《尚书》，以命讨为宗主，末四篇为官制大纲，天命五服，如桓文升为二伯，主诸侯盟会、为五长。讥世卿，开选举，建学造士，见卿大夫士，即为选举造士法。王与诸侯侵伐兵战盟会为司马，九攻如《费誓》，诛贬绝杀大夫与出奔为司寇，五刑如《吕刑》，君臣父子夫妇与冠昏丧祭盟会巡守朝聘，司徒七教六礼所统。又姓氏宗族史法皆属六太，国计出入太宰掌，宗族姓氏太宗掌，卜筮祭衣卜祝掌，经见司马、司城与宰周公为三公。又见宰渠伯纠、宰孔与诸侯、卿大夫、士行人，各因官见其职。蒙学实业之农工商，经所不言。《周礼》官制，大抵皆具，文繁不能毕载，计官考事，其得失表见不虚，盖《春秋》主治，非官事不见。他如盗阍、戎狄、蛮夷，由政事推及，非为盗阍夷狄法。又水旱、有年、饥馑，与城筑、修作，亦关国政，非为农工。古小学齐治，各因才性专学一官，契司徒、稷稼穑、皋陶为士，下者如祝鮀、宗庙、圉宾、客贾、军旅，既精其业，终身不易官，故事半功倍。学堂法，凡不入仕途，统归蒙与实业行事等，中学堂比古小学，凡仕宦学乃入，仿六太、五官、四岳、九牧、牧令，分门学习经传子史中外政治，皆分官编纂，别其深

浅，始习经为普通专门，不必旁涉住学，久闻见多，普通之效可收，不必先学，虚耗时日。盖西长在专，中害于博，考西人富国，始于分工，造针之喻，工艺之学，深明其理。至于学堂，乃与制针说反，有明有蔽，故学堂职任当如针匠之分工。

二十有八年。

《春秋》明王法，以贵治贱，以贤治不肖。近有新中国浙江朝等报以为非革命不足以存中国三纲之说，论之详矣。中政人民涣散，过于自由，仇视其上，不如乡愚，仇教之深，奏实拳匪，情形本与革命相同，不教而战，虽不畏死，血流标杵，究竟何益？为今计，当法藤辟博文诸人之智深勇沉，各于乡邦兴学造士，换欺许私心，除浮嚣气习，各直省同志由十百至千万，政府每当棘手，辄思广揽以济时艰，与人可亲下问，造膝而言，未尝不可作白衣宰相。中政本自和平，于会议求言，实力举行外国议院民权，不必有议院民权之名，而可收其实效。诸人立学宗旨，以去奴隶性根为第一要义，不知守旧奴隶，维新亦奴隶。外国有灭国新法，收其实，避其名，今宜别求新法。故国衰弱，实原无臣，使在官皆伊、夔、萧、曹、姚、宋，则一人独立，何能违众孤行。今不知改计，但欲去君，然民政亦必立总统。既曰国家君相万不能废，有人即用旧法，固亦可自强，否则立总统亦如祖师大师兄，徒为笑柄。外国群雄角立，瓜分中国，尤虑其难制，而别求新法，二三少年，逞其血气，遂欲流血以成大事，同类相杀，伏尸百万，蹂躏其乡邦，祸延于宗社，计其结局，小则如唐才常，大则如拳匪，况外国虎视耽耽，承继其后，初敌官军，继战外国，万无胜理，徒速国亡。既以热心祖国为题，自当计成败、图终始，一身不足计，覆宗灭族，断送国家，何苦为之？又《春秋》进夷狄为中国，以吴楚为伯牧，《公羊》并非袒中恶外，鄙夷狄不得等于人类，乃后儒之邪说。地球大通，民胞物与，日本表彰同种同文之义，亟相亲爱，诸人或已入仕途，或身列科第，祖宗世守，已数百年，今小不得志，即自命为皇（黄）帝子孙，如皇域冀州，丧心狂病，设为迷局，蛊惑少年，不知《春秋》之义，今之川湘江苏皆为夷狄，文为东夷，禹为西夷，皇（黄）帝子孙降居若水，泰伯断发文身。尧舜以前，中国皆夷狄，今则亚州皆中国。《春秋》人中国则中国之，将来大统，亦皆为中国。范蔚宗入宋身居显要，因事谋逆，以子房仲连自比，为世诟病。若皇域冀州，尤堪耻笑。孟子于求分内外，愿诸人不必务外，专心致志求在我之事而已。

秋，七月，叔弓如宋。

鲁如宋，即上下往来之义，春如《鲁颂》，秋如《商颂》，自中下外交通，皆由通商互市。孟子：子不通工易事，则农有余粟，女有余布。《周礼》地中为阴阳风雨四时之所交会和合，《系辞》：神农日中为市，交易而退，各得其所，阴阳变化，寒暑颠倒，《易经》之所以名易，即交易通商。地球诸国，以其所有易其所无，海外以商立国，下方名商颂者，初以通商易财货，后以颠倒易性情。鲁古文作旅字，行旅皆愿出于其途，商旅皆愿藏于其市，上方曰旅人，下方曰商人，以地中为市，彼此往来，交易而退，以有易无，各得其所。经名《春秋》，以鲁商行旅通商，所以合为大一统也。[疏]《周礼》地中交合和会，《诗》之辗转反侧，颠倒反复，皆取周游往来，寒暑昼夜，以其所有，易其所无，各得其所。即《诗》之爰得我所。故通商为开化地球之一大问题。周易曰：为地中，故三书，日中综旅。即鲁商易之行人，先后之号咷以笑，亦交易其性情，《诗》、《书》之丰，皆为地中而言，《易经》之所以名易者，亦专取商旅往来之义。

三十有一年，冬，十有一月，莒人弑其君密州。

董子说莒不早立嗣，莒人亦弑君而庶子争。孟子民为贵，君为轻。《春秋》之义，弑君无道称人，所以伸民气、孤君权也。立君以为民，若酷虐以害民，则许臣下得仇之，孟子所谓寇仇。《春秋》所以许报仇，泰西力信民权，与《春秋》之义同，盖称人以弑，贼本可称名，不目贼而称人，人众辞，不可讨，且称人以见其失众心。

公羊春秋经传验推补证第九

昭公

十有二年，春，齐高偃帅师纳北燕伯于阳。……子曰：我乃知之矣。……其辞则某有罪焉尔。

孟子引作其义则丘窃取之矣。纬云：孔子曰吾因其事而加王心焉，假其位号以正人伦，因其成败以明顺逆，故其所善则桓文行之而遂伯，所恶则乱国行之终以败。王充论孔子得史记以作《春秋》，及其立意创义、褒贬赏诛，不得因史记者渺思自出于胸中也。[疏]未修《春秋》则史学也，既修则辞义别有所托，乃为经教，因不尽因，革不尽革，此《春秋》之大例也。云有罪者，《春秋》有改制之文，不尽从旧史。孟子云：《春秋》，天子之事也。是故孔子曰：知我者其唯《春秋》乎，罪我者其唯《春秋》乎，谓此也。孟子为《春秋》大师，去孔子时未远，居与孔子邻近，所言《春秋》为得真实。此传作于沈子、高子、公扈之后，世远传闻，小有流变，不如孟子所言明切。今故就孟子所言以解之也。阳者何？燕邑也，何为纳于阳，不得入燕也，与入栎纳戚同。北燕伯卒于阳，何以不名燕，不记卒之国故不名，从生辞也。《左传》齐高偃纳北燕伯款于唐，因其众也。亦此意。

十有九年，冬，葬许悼公。

［疏］经与史不同，史以记事，经以立义。孟子引孔子说事则桓文，义则窃取，是经必异史，乃足以见笔削褒贬。后儒不明此义，专以史该经，以据事直书为止境，依口代笔为圣作，创为舍传从经。故有三传束高阁，独抱一经之瞽说。如陆啖以下，直乃无知妄作，至宋以下尤为梦呓。如欧阳氏《春秋论》者，诚聋瞽人语，学者所羞称，故治《公羊》宜详考博士说，《繁露》、《白虎通》尤为专家，范宁以下火之可也。近贤通义、释例、义释例、义疏①，融而未明，择观可也。

二十有二年，六月，王室乱。

［疏］《大学》格致本义谓欲平天下必先治天下之国，欲治一国必先齐一国之家，欲齐其家必先修其一家人之身，故治平之功先从修身起。谓国与家中所积之身，非皇帝一人之身，一身正而天下国家自平治，如八比家所有感应话，皆宋人误解。天下古今不惟无此事，并无此理，必使人各修其身，此中大有作用，如学校、选举，彰善瘅恶。孔子筹卫，所谓庶、富、教缺一不可。古书所详，莫如管子说齐桓创伯事业，全为经说，积伯成王，积王成帝。宋人则鄙弃事功，以此等琐屑，为不足为，但抱道在躬，天下自化。使世界果有此事，未尝非简便之捷径，无如绝无此理。《大学》之各其字，通指天下国家，不指圣人之本身。宋贤本由禅入手，窃以经传皇帝说颇似禅宗，因取禅道二质合为所谓宋学，亦如化学家言水为淡养二气所化合一，宋学则如炭气有毒，中者非死则病。皇帝无为，其要在无不为，无不为养气也，可以生。宋学之尽性至命，则误合不可合之气质以至变为杀人之物。故自宋学盛，除八比之外，儒生别无长技，所称性命学全为误解经传，非果出于圣人。今分

---

① 此处当指孔广森《公羊通义》、刘逢禄《公羊何氏释例》、陈立《公羊义疏》、凌曙《公羊礼疏》、庄存与《春秋正辞》诸书，唯文字疑有衍误。

化宋学各还原质，庶黄种不至靡有孑遗。

二十五年，九月，齐侯唁公于野井。

［疏］古者修己之道专在礼容，容经尤为切要。今学堂章程首以修身、伦理，终以体操，实则皆为容学。今天下竞言西学、谈新理，童蒙性质未能坚定，遂不免流于狂悖，讲革命，废三纲，用夷变夏，其风甚炽。一二主持名教之老宿，思挽其弊，计无所之，或于学堂定半日静坐之章程，或扬八比之死灰。近来西士喜谈性灵伦理，中士翻译其书，乃以陆王流派白沙戢山之唾余，衍为图说。中国庠序八比之流毒深入骨髓，所有顽固党，贻误君国者，半出于讲学家，尤高自位置，以为独守圣人之道，不知所谓道者八比之高头讲章耳。与圣人之道不惟霄壤，并且反道而驰，高谈性命，合黄冠缁流别成一空疏无用之学派。窃以当今学术，非力辟空疏之伪学，章明古法。日以顽固党之风潮提倡后学，万不能有人才。当今世界进步，凡学术无不改良精进，如经术儒学，不得再行沿讹踵误，以陷溺人心。昔圣门子贡，身列十哲，犹曰性与天道不可得闻。今入学投贽，遽举性命道德之误说以为指归，纵学堂林立，终亦不出高头讲章之窠臼。今为此说，非如毛西河喜与朱子为难，特欲成全宋学，去伪存真，由中推外，勃然大行。考宋人言心言性，无济时用，久已见讥于世，今举其派归之皇帝学，化虚成实，字字皆为平治天下之要领。地球未出，其说无所附隶，别成一不释不老无用之学派，不足为诸贤咎。地球即显，百世之运会，其时已进皇帝大统之政治典章，损益裁成之妙用，不能不深切著明，以为后来之取法。天心人事，机括张明，所有性命玄远之学归属皇帝，言王伯，言齐治，均可不必过问，惟庠序杜其歧趋，始得专心致志于①学，所有修己治人之道，专责之容经，精切简要，虽在童蒙期月之间，亦可尽通其说，不必苦思深索，专力实行，其于修身规行矩步，较宋人尤为谨严，而无宋人拘束繁苦之弊。则化宋学为二派，下学属容经，上达属皇帝，庶得一洗劳寡要博鲜功之耻乎！

二十六年，冬，十月，天王入于成周。

传美恶不嫌同辞，《春秋》存西京，此何以有国辞，东周也。天子巡狩，东都故有国辞。《春秋》正君臣父子夫妇之伦，极为详明，近或乃以《公羊》为教乱之书，误甚。［疏］今学官注疏，惟《公羊》尚传

---

① “于”下原衍“不”字，今删。

古法，自谬托《公羊》以为变法宗旨，天下归咎《公羊》，直若反书，遂云凡治《公羊》皆非端人。呜呼！何以解于董江都，且西汉其学盛行，议礼断狱莫不宗主，由《公羊》而仕宦者几半天下，尊君亲上，绝乱锄奸，多得利益，当时何不为毒，至今毒乃大发。宋人自欲直跻孔孟，鄙夷汉师为不知道，久为笑柄，若以《公羊》为毒药，则非但不知道，且为乱阶。岂两汉师儒君相悉皆醉生梦死，又岂当时读《公羊》者皆痴愚瞽聋，不知其味，莽歆为汉贼，《周礼》、《左传》实由其表章，其事明著，犹不得以莽歆废二书，何况《公羊》。

三十有一年，冬，十有二月，辛亥，朔，日有食之。

［疏］先师多据纬立说，庄子记孔子翻十二经以教世，六经六纬合为十二，盖六经为大义，六纬为微言，微与纬古为一字，六经如造成之室，纬则其经营构造之墨法，非先有墨法不能造室，读经不先纬则不知经为何语。故西汉以上经纬并重，《艺文志》所言各家内传，大抵多纬，故董子《春秋繁露》即古纬之一种。纬者圣门授受之宏纲巨领，又所谓口说，博士据以说经，如《尚书大传》、《春秋大传》、《左氏微》，皆纬也。自刘歆创为古文说，据字解经，望文生训，不必有师，但能通《尔雅》、解《说文》即可为经生。西汉家法，今所存者惟《公羊》一家。所有六经，皆为古文书，用纬不用纬，古今之家法所以分，以《公羊》言学，《公羊》者为读经之先师，须详考经为何人作，因何而作，此经与经中义例，如三科、九旨，通三统，明九缺，其文字之博大，例之繁重，较经为尤甚，故学必有师，非口授不能言学。《公羊》之所以独为孤经，别为一派，以《公羊》独守师说，他经皆用古文望文生训之法，其分别得失之故，皆在用纬不用纬。郑君解经，先从博士，后习古文，古文本不用纬，郑君遇非纬必不能通之条，不得已而引用纬说，虽与古文家法不合，而不能不用纬者，莫可如何。虽倍家法，而不能辞。各经师说因此尚留千百之十一，据此可悟经非纬不能孤立，故读经必先读纬。唐宋以后，歆莽之说孤行于世，加文周而护马许，几不知有孔子，何论博士？如欧阳修者，愚暗无知，上书抽焚注疏中之引用纬说者，其事与秦始焚坑同。今注疏本纬说犹存，亦如焚后之六经复出，当为鬼神呵护，非尽人力也。以《公羊》言《春秋》，则圣经炳如日星，世界所以文明、人民所以乐利，皆赖《春秋》之力。经方足为圣作。宋胡之解说《春秋》，则经直同文中《元经》、朱子《纲目》，童蒙不须有师，初识之无并可高谈，独抱一经、三传束阁，经遂不明，人材萎琐，中国之

弱，未必不由于此？盖经之有纬，比于人之有脏腑，如程朱之解经，号为远绝谶纬，考其论说，窃用纬候者不一而足。阳避其名而阴取其实，盖亦如郑君之无可如何！唐宋以后，说者皆以谶纬为汉儒伪说，非圣门师弟所传。至今西人所称独得之奇，如地动天静，地球四游，大地三万里，周游九万里，与夫历法日月星辰之轨道，中土所叹以为绝业者，乃其说皆见于纬，果为汉人伪造，有此精义，亦未可厚非。况其早出秦汉以上，博士所传，明文确凿，后儒于浅近名物人事，固可自我作主，凡遇深奥典礼、天文星象、经传精义微旨，其说皆见于纬，如日月轨道、四时，岁次历法，周天度数，北辰斗极，璇玑玉衡，五声八音律吕，汉人论说，何一不出于纬，果能舍纬谈经，未尝不可自成一派，无如无此情理，所以至于轻古说而用野言，谶纬之说孤危已极。近虽有集本，芜杂少所发明，欲明经必先治纬，亦如中国欲强，必先变法。故别撰内篇，分经分门，详为注释，以为初学入门之准绳，以复孔子十二经之旧说。以《公羊》比《穀梁》、《左传》，纬之于经既已如此，其切要至于《书》、《诗》、《易》、《周礼》，经既不如《春秋》之深切著明，非就纬以明师法，势必如唐宋以后梦中说梦，无一明切之论。经意恍惚晦塞，毫无益于学术政治，郑君云《公羊》善于谶纬，愿学者由《公羊》以扩充之，经术明，人材出，中国自强之道，未必不由于此也。

公羊春秋经传验推补证第十

定公

元年，九月，立炀宫。

［疏］东汉以后，用古文说以《春秋》为史，《左氏》为史官，寖淫至于六经皆以史立说，不知经为圣作，为后世立法。如以史论，正如列庄所讥刍狗糟粕，所以老师宿儒皆有废经之议。考西汉以上，有经学无史学，后来精微始著，以续添之史比圣作之经，知史不知经，学术之所以坏也。夫初蛮野、后文明，中外所同。孔子以俟圣之美备，托始古之皇帝，世之称法尧舜者，亦就圣经言之，使经果为史，当尧之时，天下未平，兽蹄鸟迹之道交于中国，当时疆域皆不出千里，茅茨土阶，太羹元酒，死陵葬陵，死壑葬壑，桐棺三寸，服丧三月。果以史为经，实录其事，草昧简略，适起后人轻薄古帝之心，且由夏殷降及春秋，诸侯称王，断发文身，筚路蓝缕，弑杀囚执，不绝于史。至于肆无等级典礼，

诸侯僭天子，大夫僭诸侯，上烝下报，齐桓姑姊妹不嫁者六人，晋平同姓姬妾以六七见，世卿专政，并无学校选举，居丧不去官，不行三年丧，使春秋不用拨乱之法，实录其事，几如《黑蛮风土记》，徒资笑柄。窃以孔子改经，如今西人用拉丁文翻译古书，春秋以上一切蛮野侏儒、淫乱不可为训者，皆消归无迹，而特见尽美尽中之典章制度、风俗政教。中国自有孔经，而古事不传，学者每欲求尧舜禹汤文武之历史以研究其根底，中国古事不传，正可借鉴于泰西西人所辑古史，石世代，铜世代，铁世代，与夫旧约、新约、罗马、希腊诸古史，即近今诸国列史。凡地球开辟，中国情形不异于欧美，欧美不异于非澳，盖愈古则愈蛮野，愈近则愈文明，故西人谓中国三代以前皆为铜世代，其所称罗马、希腊、埃及、拿破伦、华盛顿之君相，即中国之尧舜禹汤文武周公也。自孔子六经出以王伯之学，拨中国之乱而反诸正，以皇帝之学拨全球之乱而反之正，祖述宪章，继往开来，匹夫而为百世师，一言而为天下法，以一人统往古来今、海内海外同跻文明，故宰我、子贡以为生民未有，是古今地球中只有孔子，别无圣人，只有六经，别是史传，如欲求中国古史，则泰西历史，汗牛充栋，此经史之分，述古知来之所以别也。

冬，十月，陨霜杀菽。

［疏］今地学家于各国经纬、四时、节候、寒暖之故，言之详、辨之审，即《春秋》书异之遗教，盖多详节令寒暖，而后皇帝政令顺之而布，此经术之本也。

四年，冬，十有一月，庚午，蔡侯以吴子及楚人战于伯莒，楚师败绩。

［疏］春秋以前，专主一天。孔子因其所知以推所不知，《礼经记》曰：臣以君为天，子以父为天，妻以夫为天。《白虎通义》所谓三纲之学也。泰西宗教偏主一天，中人煽其说，遂昌言废三纲，以为三纲之义有违公理，凡君、父、夫可以任意苛刻臣、子、妻，皆求平等自由以放肆其酷虐，经义之说三纲为人父止于慈，君使臣以礼，不敢失礼于臣妾，小事大，大字小，初非使君、父、夫暴虐其臣子妻如俗说，君、父教臣、子死不敢不死者也。抑废三纲之说与放释奴隶同。考以奴隶待臣、子、妻，经传绝无其说。如《春秋》杀世子，目君甚之也。弑君称人，为君无道，父不受诛，许子复仇。夫人与公同言薨葬。就其大端而论，实属平等，并无偏重于伦常中横加以奴隶之名，非宋以后之误说，言西学者过甚之辞也。按经传以尊统卑，于平等大同之中衡量轻重，君

与臣平也，父与子平也，夫与妻平也，而其中究不能无尊卑区别，乃文明以后之区别，初非奴隶苛刻之比也。即以西人论，主仆同也，而仆不能用主之名；父与子同也，而拜天者必称天父；妻与夫同也，而各国使臣并无以女充其任者。盖其平等之中必有智愚贵贱，以智统愚、以贱下贵，天理人情之自然，不惟中人如此，西人亦万不能离也。即流俗或有偏重之说，当引经传拨正以杜其弊，无使滂流。如因噎废食、激于一偏之说，溃决堤防，变本加厉，不惟显弃中教，实亦大悖西俗。且纲常名教为文明之极轨，尊卑上下之等级，在西人方且潜移默化、日就绳墨，身居中土，久近圣教，乃反戈相向，不求平允，只务新奇，即为吾人之败类，终亦为西士所耻笑也。总之，蛮野之区别有弊，平等亦有弊，文明之平等乃善区别尤善。

［疏］许复仇即孟子犬马寇仇之说，泰西所谓公理平等。

孟子：君之视臣如手足，则臣视君如腹心，君之视臣如犬马，则臣视君如国人，君之视臣如土芥，则臣视君如寇仇。

可也。

《异义》、《公羊说》：凡君非礼杀臣子，可复仇。故子胥伐楚，《春秋》贤之。《左传》说：君命天也，不可复仇。《曲礼》：父之仇弗与共载天，兄弟之仇不反兵，交游之仇不同国。

［疏］《春秋》许臣复仇，即平等公理。《左传》师旷所以告晋平公者甚详，不止孟子独传此义。《春秋》之义，以贵治贱，以贤①治不肖。凡为君者宜皆贤，如有失道，许下得仇上。故弑君称人以弑，为君有罪，恕弑者不名，所谓不使一人暴虐于上，以肆其凶淫。泰西平等之说，即《论语》公则悦也。

庚辰，吴入楚。

按齐以鞍之败贬为牧，楚为南伯，吴入之几亡国，自此失伯，与吴同为岳牧矣。入者灭辞，不亡者赖秦救之耳，不言秦救者，略之。［疏］凡文明之国，军族战陈皆有法度。泰西战阵公法条约，号为修明，适则经传早已详于数千年前。如《司马法》及传所详，皆灭国公法。

六年，夏，季孙斯、仲孙何忌如晋。

周无三年丧，孟子有明文，载籍所言，除从经说外，皆无实行之事。孔子定礼，加隆三年，故墨子因三年丧痛诋儒者。《论语》宰我短

① “贤”下原衍“不”字，今删。

丧、子张高宗之问，皆商酌丧服之制。即《春秋》考之，则鲁大夫见经者，如隐公之武氏子去年六月隐如卒，斯今夏即为使如晋，则必服阕可知，几乎不及期年。盖周不行三年丧，仕则略如今武职，穿孝百日，实不去官。如据礼言，衰麻不可以据冠冕，季孙斯之出使国，明在期年内，三年丧君不呼其门，春秋新制。

十有二年，夏，季孙斯、仲孙何忌帅师堕费。

［疏］说者以为大一统必用民主，不能家天下。按孟子云：天与贤则与贤，天与子则与子。其说早定。说者盖因桀纣遂欲废弃君纲，不知首出庶物，元首万不可少，民智大开，群进升平，由卿相以至庶人，必公正廉明，一人在上，何能肆其暴虐。盖有桀纣之君，必先有桀纣之臣，帝王非有辅佐，则一匹夫耳。大之则如汤武，小之则如伊尹、霍光，故论者但当自责，先于学堂求修身立品之相材，学术端，经义明，不必忧暴君流毒天下之事，朝廷无佞臣佥人之逢迎，则一人不能独逞于上，且比户可封，天下皆贤，何以君主独恶，以乱世之所虑推之太平，抑不思甚矣。

十有三年。

《春秋》非史传，非史论，自师法绝，晚近以史读经，不知史一朝往事，经乃俟后典章。史无论中外文野，少知文字者即能作，经则惟孔子一人旧以《春秋》为史笔，左氏为史官，据事直书为绝诣，是依口代笔狱吏，与感麟而作圣经，无优劣矣。盖传皆经说，自经传出，古史遂绝。所传古史子书，皆经支流。若求孔子以前之古史，地球开辟，中外所同。泰西古史，希腊、罗马即中国古史，泰西八大帝王即尧舜禹汤文武。春秋之风俗版土伦常政教，尚不及今西人，则以前可知。《春秋》由内推外，以成九州，改革恶俗，以兴礼教，如求古史古事，则西人汗牛充栋，由外推内，古今一也。

［疏］史记儒者章句繁多，博而寡要，劳而少功，西汉博士流弊也。由唐宋至今，《班志》古书虽亡，然晚出空谈，琐屑繁重，学者苦之。今中外开通，必兼读西书，欲求简法，因欲删经。按董子《春秋》文成数万，其旨数千。《劝学篇》拟撰群经大义，因师其意，以《白虎》为蓝本，别撰一书。《白虎通》古今绝作，如《春秋》见大义百余条，纲领具备，以推别经，义例亦同。入蒙学，不必专经，读此可也。经为各学根柢，专详修己治人，章程中史学、政治、掌故、外交，下及修身、伦理、体操、文字，皆出于经。经学晦塞，说者非迂腐则固执，其不废

者，徒供行文点染，近来尤为八股蒙晦，公卿略有事业，其得力皆别有所在。无经术治天下之事，盖视为圣贤事业，非可攀跻，或以为刍狗，不宜于今。且马、郑、《王制》、《周礼》，互相构难聚讼，盘鼎玩好，不可见之施行，如井田、封建、九州疆域，诚如议瓜，经书无用，经生乏才，此大厄也。其时盖因大统无可征验，误解《周礼》为周公书，与《王制》事出两歧，故以《王制》出汉儒，典章制度且不能言，何况行？特《诗》、《易》皇帝大法，俟后而作，《易》为卜筮，等圣经于小数，《诗》为朝廷民间歌谣，与乐府才调同，不知《春秋》人事为小、天道为大，视同断烂朝报徒讥贬，故人敢作书拟经，其少得意，不过以史法读经。今申明《公羊》俟圣之旨，王伯皇帝即道儒之不同，别今古，通中外，深切著明，中学在经，西政尤当范围，学堂当仿汉博士专经，不许兼道。由经推经，本余事耳。枝叶能通一经，仿博士弟子例，即可受职宰辅牧守，内治外安，不事他求，经正则庶民兴，天下平矣。

冬，晋赵鞅归于晋。

［疏］泰西议院，通达民隐之善政。考《王制》养老乞言，八十以上者有事问诸其家，盖养老乞言，即议院之制。养国老于上庠，养庶老于下庠，即所谓上下议院。《洪范》：卿士从，庶民从，卿士为二伯贵官，庶民是乡里所选，他如询于刍荛，不废乡校，周爰咨谋，议院之制，著明经传，人所共知者也。泰西革命，因压制激而成。西报议院流弊，分党贿成，牵掣阻挠，流弊亦可概见。窃以压制甚深，议院固救时良法。若神圣在上，视于无形，听于无声，如保赤子，不待讼言，于此时言，议院不诚无益，徒滋繁扰乎！《诗》曰：谋夫孔多，是用不集，不识不知，顺帝之则。《论语》曰：天下有道，庶人不议。盖知愚贤不肖万有不齐，纵民知大开，终不免有等级，使知慧皆在议院，必不选择愚不肖以为奴隶之君相，治平固全操议院，君相知慧高出庶民之上，涓涘何补高深。故议院为初通文明之要务，若世界进步，尚有深远者，西人困知勉行，铢称寸量，全恃人谋。聚数千百初通文墨之人以为君相耳目腹心，久行弊著，固已明矣。今为此说，非废议院，盖议院外别有深远作用。《洪范》稽疑尤重蓍龟，庶民人谋也，蓍龟神与天通，鬼斧神工也。泰西草昧，专恃人力，不言卜筮，道德法天，尤重蓍龟，以民与天比，巧拙不言而知，况议院为草创，卜筮为止归，其中偏全相去甚远。

城莒父及霄。

既已毁邑，何以后言城邑？隳其不如制者。及者何？以大及小也。

方毁又城，以公私之别，毁私家以培公室，强干弱枝之道。量人建国，营国以为民居，辨方正位，体国经野之事也。［疏］近来外国工程律法，各有进境，中所当仿以为工职进步。英于制造局历来不便章程全除，许各国贸易任便往来，不分畛域，内外货物俱归一律。因食物材料不加进口重税，则价廉。又砖瓦玻璃纸前征重税，一律蠲免，工艺之旺，出于意外。行船法律，废海面营连，因大盛，为别国所不及。但英虽除各不便律法，添设律法约束工艺，如管理煤井矿洞、幼童诵□。制造厂用人赔偿受伤损害是也。律虽有益，但令不更所以制造，难与无拘束之国争。又商部管理铁路、河道、海口。经委员详定务必照章。另有数大公司亦甚严肃，如保海险、定船尺寸比例及时样等事。保火险限定房间锅炉排列法。锅炉公司限定铁料坚固稳界以上。俱本国工程家应遵之例。

十有五年，二月，辛丑，楚子灭胡。以胡子豹归。

定篇三灭国，皆言以归。如泰西灭国，其田产皆当入公，降为属国。无论公私，各归原主。

［疏］定哀无方伯卒正，故列盟会之曹许沈顿胡五国，皆以一国灭入以归。胡，中国也，故曰二伯相争，夷狄数灭，中国悯之也。定哀灭国皆以归，以者大国左右之，归者反其国辞。礼：封国有采，国亡采不亡，可以世守。隐桓亡国见经者世采也，定哀亡国以归则合众国以小附大为易富，以其邻诗洽比其邻。世局合则富喜，分则悲伤，古之皇帝地不过千里，推行至三万里，愈闭塞，愈蛮野，愈开通，愈乐利。故分合小大乃世局之要例。

夏，邾娄子来奔丧。

［疏］日本近学西法，国有大丧或大臣丧，则半悬国旗以示哀，他国官署兵船亦下半旗以示吊。葬日，鸣丧炮随其官等级加，一等官十九声，二等官十五声。会葬者皆大礼服如吉礼，惟佩剑蒙以黑纱。

九月，辛巳，葬定姒。

［疏］外国葬不以礼，然可借以考见文野之分。中国中古亦如外国，经乃定制，故墨据以讥儒。借证外洋乃见圣人之功。法兰人死，入殓即入礼拜堂受礼，来神甫念经，出殡时堂内按人年纪鸣钟，以青车乌马运至乡间，无论何人皆葬礼拜堂后，立石碣，有功者书其生平事迹。俄国凡国君、君后皆葬教堂，葬则悬棺下窆，砌石椁其上，椁之上置画像、金十字架，凡其生平所珍爱物器用，悬之壁间。又按美细恒街市南，有围在山上，大数千亩，造广厦以储尸。椁室内空洞无他物，列穴于墙，

四面皆是，西人棕低小墙高一大，可叠五具，已藏者石板封之，题名于上。豪于财者，于园内造小室，或在檐廊造龛，置石像路旁山壁，亦如墙上之穴。

［疏］孟加拉土蕃有数种，一曰明呀哩，一曰夏哩，一曰吧蓝美。吧蓝美死，则葬诸土，余则葬于水，有老死者子孙亲戚送至水旁，聚哭，各手抚其尸而反掌自舐之，急趋归，以先至家者为吉。明呀哩间有以火化者。更有伉俪敦笃者，夫死妻殉，锡兰人亦同。

公羊春秋经传验推补证第十一

哀公

十有二年，夏，五月，孟子卒。

考古籍，周时天子诸侯娶同姓者多，西周穆王已有之。盖周初本与夏、殷同娶同姓，《春秋》乃申明师说，以为周礼其实不然。《论语》陈司败盖据《春秋》书说以驳孔子，谓之吴孟子，谓经书孟子师读系吴耳。传记所言皆据《春秋》礼为说，实则当时娶同姓不以为讳也。［疏］今人姓氏不如古之亲切，乃春秋时伯主贤君率娶同姓，而今之同姓婚者几绝，非今人胜于古，盖未立其制。穆王去成康未久，乃有盛姬，盛国见春秋传，以为同姓。既立其制，即乡僻亦知辟讳，以此见《春秋》之功非古帝王所及。

十有四年，春，西狩获麟。

……拨乱世反诸正，莫近诸《春秋》。

以六经比《诗》、《乐》、《书》、《礼》，王分占四时为四教，《易》则六合以外，居皇。惟《春秋》言三千里以内，以时言或百世以后，或数千年。惟《春秋》二百四十年小与近莫《春秋》若。孔子本先为四教之书，欲以见之施行，后因获麟知道不能行，以空言不切实，故托之《春秋》，谓托之空言不如见之行事之深切著明也。《春秋》皆改制治人之事，与四教意不同，故其言如此。

……末不亦乐乎尧舜之知君子也。

谓知来派。尧舜谓后圣法尧舜而王者，考诸三王而不谬，百世以俟圣人而不惑。［疏］六经之作，意不在鲁国、在天下，不在当时、在万世，后儒误解孔子，撰《知圣篇》上下卷。旧说主删《书》断自唐虞，六经有王伯无皇帝，撰《孔子皇帝学考》。又以今日时局为非孔子所知，别撰《百世可知考》。既明宗旨，再进以周礼，以明地球皇帝典制归宗于《诗》。无疆无涯，终以《易》。则所谓游于六合以外，《公羊》大一统之说乃备。

制春秋之义。

孟子其义窃取，壶遂云孔子作《春秋》，孔子有知我罪我之言。孟子云《春秋》天子之事，《春秋》为素王新订一王之制度，非徒删定史文、徒示褒贬而已。

［疏］《董子三代改制》：《春秋》曰：王正月，传曰：王者孰谓？谓文王也。曷为先言王，而后言正月？王正月也。何以谓之王正月？曰王者必受命而后王，王者必改正朔，易服色，制礼乐，一统于天下，所以明易姓、非继亡，通以已受之于天也。王受命而王制此月以应变故作科以奉天地，故谓之王正月也。王者改制作科奈何？曰当十二色，历各法而正色。逆数三而复，绌三之前曰五帝，帝迭首一色，顺数五帝相复，礼乐各以其法象其宜，顺数四而相复，咸作国号，迁宫邑，易官名，制礼作乐。故汤受命而正，应天变夏作殷号，时正白统，故亲夏虞绌唐，谓之帝尧，以神农为赤帝，作宫邑于下洛之阳……

以俟后圣。

传大一统说本于邹子，邹子之说本《周礼》，《周礼》之说归宗《诗》、《易》，《中庸》百世以俟圣人而不惑，文王之诗曰：本支百世。百世三千年，今去孔子二千六七百年，后圣之兴旦暮可遇，六经皆为俟圣，不止《春秋》，即小者以立法，大统可知。

［疏］《列子》：告颜子曰：曩吾修《诗》、《书》，正《礼》、《乐》，将以治天下、遗来世，非但修吾一身而治鲁国而已。而鲁之君臣日失其序，仁义益衰，情性益薄，此道不行一国与当年，其如与天下来世矣。吾始知《诗》、《书》、《礼》、《乐》无救于治乱，而未知所以革之之方。此乐天知命者之所忧，虽然吾得之矣。夫乐知者、非古人之所乐知也，无乐无知是真乐真知，故无所不乐，无所不知，无所不忧，无所不为，《诗》、《书》、《礼》、《乐》何弃之有，革之何为？

以君子之为亦有乐乎此也。

孔子修六经以为万世法，此说为正义。帝王早出以平巨难，至周而文明渐启，宜于古者后世不可尽行，古所无者后来宜有补作，然帝王之法行于当时，易代必改，无百世不变之定制。天生孔子使之在庶，无所施行，集群圣大成以为百世师表，损益四代，则帝王之制与素王合而不能分也。后圣有作，因不能改其局则变其法则掌故。秦汉以来，所以学校、选举、封建、礼乐、政刑诸大政，莫不师本《王制》合于《春秋》也。纵易代有异同，不过小有沿革，所谓损益可知，子贡、冉有以为贤于尧舜者此也。

［疏］按凡行政必因时立言，可以总括。使孔子为政于春秋，尚不能比桓文，以其时中国多属蛮野，九州尚不足三千里。方今海禁大通，中外一家，智慧制作，日进文明，虽假以天子之权，彭老之寿，亦有所不能。惟不行而以言立教，则汉唐以下，中国固在所包；即由今日再推行数千万年，亦不过五土五极而已。若夫与天通，则游六合外，固早已以《易》包之矣。

公羊春秋补证后序

学堂私议以尊经分官为指归，《贾子》：帝入五学所上不同。《贾子》引《学礼》曰：帝入东学，上亲而贵仁，则亲疏有序而恩相及矣。帝入南学，上齿而贵信，则长幼有差而民不诬矣。帝入西学，上贤而贵德，则圣智在位而功不遗矣。帝入北学，上贵而尊爵，则贵有等而下不逾矣。帝入太学，承师问道，退习而考于太傅，太傅罚其不则而匡其不及，则德智长而治道得矣。《学记》：春秋教以《诗》、《书》，冬夏教以《礼》、《乐》。是援六艺立六大学堂：东《诗》上亲，南《乐》上齿，西《书》上贤，北《礼》上贵，太学分左右，上《易》、下《春秋》。所以必立六学者，上下四旁，情性不同，好恶相反，各因所短以施教，每学分经，各立宗派，亦如六家旨要。《易》为道，《春秋》为阴阳，东儒，西墨，南名，北法。分六学专门独立，事半功倍，其教易行。若一学兼包六艺，事杂言庞，教学皆困。《王制》左学右学有互移法，盖左右分经异教，性情才思不合于此、必合于彼，使两学重规叠矩，何必互移，此立学分经之说。今以七经分立五学：蒙学：《孝经》、《礼》、《乐》、《容经》；小学：《王制》；中学：《春秋》；高等：《诗》与《周礼》；大学：《易》、方言、实业；别立专学：听资性相近者学之，不与各学相嬲。蒙学修身，凡后秀士农工商之子弟皆入焉，《孝经》标宗，《礼》、《容》治身，不但仕宦齐民皆必学。小学以上为仕学，立官治人属焉，主《王制》，统典考，中外政治律例学属焉。《王制》为普通，专业则分择一门，如司徒、司马、司空、冢宰、乐正、司寇、市，择性所近为专习。蒙学详，不再立课程。盖考典章如识字，记识功多，用思事少，于小学相宜，卒业后入中学，以《春秋》课之。《春秋》如会典、律例、先师决狱皆所取入。中学治身掌故所已明，就《春秋》以推详当世成败，全经为普通，《王制》官事各就本门推考得失，治国齐家，上而天王二公，下而卿大夫士，就行事推论经权，君臣父子夫妇，邻国外交，分门求之。《王制》如阵图，《春秋》则操纵变化在乎一心。古无史家，《班志》附《春秋》，中外史书读不胜读，然精华全包《春秋》，或分书，一人专治一史。分官事，取史书所有本官事汇钞阅之。既已贯通，余力可以涉猎，凡国家以下综揽无遗。《春秋》治法基础，董、刘、公孙，专经文章，事业熛炳史册，春秋既通，治术思过半矣。然后升之高等，时局合通，不似汉唐，但治《春秋》已无余事，故必进以《周礼》、《尚书》，《周礼》大统，《王制》、《尚书》小统，《春秋》验小推大，简易易行，借证大统，家国因天下而益显，故虽任小亦必知皇帝宗旨。又道家君逸臣劳逸者，天下劳者家国，积家成国，积国成天下，知人善任使，其要领也。学问于此观止，补吏授职不再入学。京师泰学，专为《易》教。皇帝法天调济损益之至功，每因事故如学饰饬，《盛德篇》有狱则饰。不孝之狱则饰丧祭之礼也，弑狱则饰朝聘之礼也，斗辨之狱则饰乡饮酒之礼也，淫乱之狱则饰昏礼享聘也，故曰刑法之所从生有源，不务塞其源而务刑杀之，是为民设陷以贼之也。六官分司，冢宰之官以成道，司徒之官以成德，宗伯之官以成仁，司马之官以成圣，司寇之官以成义，司空之官以成礼。又曰危则饬司徒，不利则饬宗伯，不平则饬司马，不成则饬司寇，贫则饬司空。分职任事，尊法无为。又六仪有礼乐，帝学亦有礼乐，六仪为治身，帝学为化民。《孝经》曰：安上治民莫善于礼，移风易俗莫善于乐。宗旨不同，取效自别。以蒙学万人计，入小学不过百，入中学不过三十，入高等不过五，入大学不足一。蒙学成、散归实业之农工商贾，中学成、皆补吏。考汉博士多补吏郎，后由吏郎至宰辅，不仕而任教职者或为博士，或教授乡里，当时儒吏不分，《秦本纪》：凡学者以吏为师，吏即博士之入仕者，人才由阅历而出，学成必先为吏以练其才识，印证其学术。既有登进之路，又无学识之患。后世儒生初得科弟，遂授以民社重任，国身两害。故小学以上皆为仕宦学，分官分学，终身不改，人才多取效易，后世数易官，官如传舍，故相率不学，权归书吏。由学仕分途，于事功外别有所谓道德，以致儒吏分途，所当厘正者也。今以《春秋》立王伯之准，又以年时兼皇帝之说，原始要终，其道毕矣。方今中外交通，群雄角立，天下无道，政在诸侯，然小大不同，迥异前轨，所谓拨乱世俟后之尧舜者，固为今日言之也。读是书者先通《王制》，考悉国家巨细之政，故推衍经传以观其变化与等差，经常应变方略，所有京师、国都、邑野、山川，即今之万国地法也。王侯卿大夫如地球千名人传，征伐胜败，灭国取邑，世界大事表三百年中战夺攻取也。朝聘盟会，各国条约会盟、国际公法也。所褒之忠臣孝子、名士烈女，立纲常以为万国法，孝教也。诛绝之乱臣贼子，拨乱世以为当世法，乐教也。世卿，同姓婚，三年丧，不亲迎，郊祀宗庙不以礼，立新制、革旧弊以改良，《礼》教也。彰王法，严讨贼，明适庶，辨等威，强干弱枝，谨小慎微以绝乱原，《书》教也。内本国外诸夏，内诸夏外夷狄，用夏变夷，民胞物与，天下一家之量，《诗》教也。张三世，别九旨，通三统，明六历，随世运升降以立法，循环无端，百变不穷，《易》教也。大之体国经野，设官分职，小之一家一身、一言一行，无所不具也。举廿四史典章制度、成败得失，大无不包也。地球百《春秋》之地，兴利除害，革故鼎新，损益裁成之法，不啻叠矩重规也。《春秋》据鲁史为王、伯、方伯、卒正、连帅五等之中，五学以《春秋》居大学、高等、小学、蒙学之中，蒙学、小学修身之礼容、治国之典章始基来源也。高等大学，皇帝之大同推验其归宿也。举《春秋》以括终始，得其中而首尾备，故中者握要之图，身家细小不求详，皇帝高远所不迪，一年纲领条流可以大通，再以二年仿董刘旧法，涉猎普通，据一经以应万事，左右逢原，泛应曲当。始终三年，上下俱达，大高各以一年，化小为大，取效不难。小学之功，宽以三载，蒙学以后，统计八年。平治修齐，通可卒业，得所依归，效可操券。且诸学蝉连，事同一贯，提纲挈领，成效自速，庶可洗寡要少功之耻，存此私议，以张旧法。野人食芹而甘，愿共同好，易危为安，转败为胜，其机括或在是欤！刊成用志鄙怀，愿与同志商之也。

光绪二十九年立秋后一日，则柯轩主人自识宣汉讲舍

群经总义讲义*

群经总义

第一课　雅言翻古

今学堂竞言译学，通行大地之外。别有以今翻古，如泰西所谓拉丁、罗马、希腊字母同而读法异，亦如吾国之古音今音，字同而音不同。《论语》子所雅言，《庄子》翻十二经以教世，《公》、《穀》物从中国、名从主人，与《尔雅》所列诸经字诂，皆以经由翻译而成。

盖横翻《周礼》象胥之职，《王制》：东方曰寄，南方曰象，西方曰狄鞮，北方曰译。国家置舌人以通四方之情，《方言》之名曰輶轩使者绝代语，古之方言，即今之译局，学堂各种语言学，皆为横翻。《公》、

---

* 此册系家藏本，书内未刻书名，中缝亦未刻，既无叙跋，亦未署作者姓氏，然开卷即知其为廖氏书，故搁置久之。近读廖宗泽《六译先生年谱》，载光绪三十二年（1906 年）先生在成都，受补习学堂、选科师范、高等学堂、成都府中学、客籍学堂、成都县中学堂等校之聘讲经，《群经总义》二册疑即作于此时以应讲授之需。廖幼平《表》载此《总义》，年代亦合，并云未收入《六译丛书》。年谱所录《总义》第一册子目与家藏本全合，是此册为廖著无疑。缘清政府于庚子八国联军侵略大败之后，年底下诏变法，令废科举、兴学堂，但并未实行，于光绪三十一年（1905 年）始令次年科举考试一律停止，于是学校大兴，廖氏被请上讲坛，先生在书中除论其四变学说外，对清代主流学派——汉学和八比之学进行了尖锐的批评。又先生近年颇泛览译籍，故论说时对西方学说有所引证亦有评论。虽杂有四变后天人小大之说，亦不乏暮年深邃之洞见，非尽为悠谬之论也。且可略见廖氏后期对经学之自我概述。

第二册据廖《谱》载其目为《尊孔》（宜即后之《尊孔篇》）、《世界先野后文》、《教化由小而大》、《论知行之分》、《立德立功与立言之分》、《俟后新说》，后附《左氏春秋十二要》、《左氏春秋十论》、《左邱明考》，自题目视之，亦皆可参考，因校馆未藏，谨附于此，幸读者留意焉。

《穀》所谓名从主人、物从中国，是其大例。

竖翻则为通古今语，诸雅为其专书。如《尔雅》之训诂，后儒之笺注，皆为翻译，孔安国以隶古定起家，改古文为隶字。《三朝记》孔子告哀公，欲知辨言，当学《尔雅》。《尔雅》即古翻译之名，或训为近正，非也。《班书·艺文志》：《尚书》类云：《尚书》读近《尔雅》，通古今语而可知。古今音训不同，《尔雅》即翻译古语之专书。《论语》：子所雅言。《诗》、《书》、执《礼》，皆雅言也。《学记》：《诗》、《书》、《礼》、《乐》，为乐正四术，四教不言乐者，乐经附《诗》，别无文字之本，故专以三经为孔子翻古文而成。亦犹西人之以拉丁译古书，其文义与通行者不同。孔安国以隶古定写经为翻字，以隶字改古籀。

孔子所翻各经，皆有古文原本，时代已久，音训有变，此一说也。又古者结绳而治，结绳即字母学，形同绳结，非果结绳，如环球各国所有文字，皆同用字母。中国春秋以前，文明程度略如欧美，则亦同用字母可知。窃以六书文字与经书，同为环球所无，则必由孔子而始发达，使孔子以前果通行六书，则虽谓六经已通行可矣。文字同出孔经，知由至圣推行，且六艺文义必用此文，乃能载此义。如《春秋》每举经文一条，与上下文比属，各自一义，与同类异类相比属，又各自成一义，如天空日球，千变万状，不可端倪。西人曰：孔经诚善，惜文义太深，如能用白话别编为书，则善之至矣。不知经为道体，难以名状，即传记所解，已落言诠，如《大全》串讲合讲，尚未至如白话之浅陋，已为识者所不齿，况可演成白话乎？如关关雎鸠，在河之洲，元年春王正月公即位，郑伯克段于鄢，传记解说十数家，各有发明，不能尽其义，试用西文翻之成何语，即用白话编之又成何语，圣经必用此圣文，万不能以字母翻、白话演，二者相依为命，合之两美，离之两伤。此种文字，盖专为圣经而制，除经以外，皆可以字母行，经则必用此文字。中人读西书，必学西文，以中文翻之，尚有不达之隐，若西人读经，则必用中文，若翻为西文，则书成而经早亡。此西译中经，万分不能得其七八，此固一定之势。中文中经，盖亦如梵音为天语天文，为天神地示相通之官文官语，与别世界可以通行，字母之学，则为方音土语，东西不惜字，任其污秽，施之字母则可，中文则为天文，万不可视同一例。吾国新造字母，将来亦同西文，可以不惜者。

《易》　《大传》。作《易》者其有优患乎？其当文王与纣之时耶！亦以《易》作于殷，与《礼运》合，言当文王与纣之时，则决非文王周公作，《大传》固有明文矣。作《易》者其当殷之末世，周之盛德耶！

《书》 说。孔子得黄帝以来之书。以十八篇为中候。按十八篇当为二十八篇，百篇书序，古文家伪撰。

《孔子世家》序书传，上纪唐虞之际，下至秦缪，编次其事。曰：夏礼吾能言之，杞不足征也。殷礼吾能言之，宋不足征也。足则吾能征之矣。观殷夏所损益，日后虽百世可知也。以一文一质，周监二代，郁郁乎文哉，吾从周。故《书传》、《礼记》自孔氏。

《艺文志》：《尚书》读近《尔雅》，通古今语而可知。

《礼运》：吾欲学夏礼，是故之杞而得夏时焉。《论语》：行夏之时，别有《夏小正》，按礼以夏时与坤乾对比，是夏时别为一书，今案皇帝学专言岁时，《尚书》乃命羲和五节为皇篇，《月令》为其传说，故全与《大传》同。古有六历之说，今采《夏小正》、《周月解》、《月令》、《管子幼官》、《四时》、《王居明堂》六篇以配六历，则合为一书别行焉。

又吾欲学殷礼，是故之宋而得坤乾焉。原当为坤乾，孔子乃翻为乾坤。

《诗》、《乐》 《孔子世家》：孔子语太师，乐其可知也，始作翕如，纵之纯如、皦如、译如也，以成。吾自卫反鲁，然后乐正，雅颂各得其所。古者诗三千余篇，及至孔子，去其重，取可施于礼义，上采契后稷，中述殷周之盛，至幽厉之缺。始于衽席，故曰《关雎》之乱，以为风始，《鹿鸣》为《小雅》始，《文王》为《大雅》始，《清庙》为《颂》始。三百五篇，孔子皆弦歌之以求合《韶》、《武》、《雅》、《颂》之音。礼乐自此可得而述，以备王道成六艺。

古诗三千余篇，孔子取其合《雅》、《颂》者为三百篇。按《尔雅》之训诂于《诗》、《书》最详。

《春秋》 孟子引孔子曰：其事则齐桓、晋文，其文则史，其义则丘窃取之矣。

《公羊》说孔子得百二十国宝书。

《孔子世家》：乃因史记作《春秋》，上至隐公，下讫哀公十四年，十二公。据鲁，亲周，故殷。运之三代，约其文辞而指博。故吴、楚之君自称王，而《春秋》贬之曰子，践土之会，实召周天子，而《春秋》讳之曰天王狩于河阳。推此类以绳当世贬损之义，后有王者举而开之，《春秋》之义行，则天下乱臣贼子惧焉。孔子在位，听讼文辞，有可与人共者弗独有也，至于为《春秋》，笔则笔，削则削，子夏之徒，不能赞一辞。弟子受《春秋》，孔子曰：后世知邱者以《春秋》，罪邱者亦以《春秋》。

《礼》 公息邮之丧，哀公使孺悲学于孔子，于是《士丧礼》以传。

《王莽传》：选举天下能识古文者数百人。

按微言派，以六艺全出于至圣，故为圣作，以皇、帝、王伯之事迹皆非草昧所有，然非谓古皇帝无其人，亦非谓古无其书，不过原书皆为古文。结绳字母。孔子乃以六书之文字翻之而成今本，亦如玄奘[①]之翻梵叶，译局之翻西书耳。其古书之分文义不尽相同，亦如西人之用拉丁文、罗马文，虽同译一书，而彼此文义有别。与今译本《化学鉴原》、《化学原始》、《化学□□》同译一书，三本迥然各别。

孔子当日亦如《春秋》之取义，《诗》之逆志，《易》之得意，古不必古，今不必今，凡出新意与众不同者，自托于通古今语，时人不通古文，不识古音，故多误解，不得原书之本旨。就其有原本从翻而出，则不能不谓之述，亦如严氏之译《天演论》，不必尽属原文，时多新意，则不能不谓之作。亦作亦述，亦述亦作，《论语》以《诗》、《书》执《礼》，皆为雅言，所以特发孔子翻经译改之大例。

又翻书有二例：随文解释，字模句范，如水之在盂，冶之于陶，丝毫不敢出入者，谓之直译。有但用其旨趣，不拘泥其字句，如古书引用经史，或总括其字句，或但详其旨趣者，谓之意译。孔子不敢自作，故托之古帝王，《春秋说》言孔子于《春秋》，笔则笔，削则削，游夏不能赞一词。又云：孔子凡事与人商酌，至于《春秋》则微思渺虑，自运于心，此说作《春秋》之法，即译各经之法，大抵以意译之而已。

第二课　论作述

作者为圣，《孔子世家》赞孔子布衣，传十余世学者宗之，自天子王侯中国，言六艺者，折中于夫子，可谓至圣矣。以六艺全归至圣，创业垂统，为百世不祧之祖，故立言与立德、立功，当分为三门，帝王为德、功，孔子乃专为立言。

立德　皇帝如五帝政治。古书相传。

　　　帝典帝谟之政事。

立功　前之夏殷周三代，后之秦始汉高。身为王者，自下敕令，史籍所载，皆为作。

立言　道家之老子，墨家墨子，兵家之孙吴，农家许行。自我作故，不相依附。

---

① “玄奘”原作“行装”，显误不可解，兹以意径改。

以上作者三门。

述者为贤，臣于君，弟子于师，随声附和，不能自专自创。

五臣之于舜。

伊尹、莱朱、散宜生、太公之于汤、文。

七十子之于孔子。

孟、荀之于六经。

《十翼》之于《易》。

三传之于《春秋》。

杜、贾、许、郑、服之于经传。

以上述者。

缵绪中兴，亦同开创，但克复旧物，不得言作。

宣王之兴周道。

光武之复汉室。

此以述为作者。

事属新创，居然作者，惟依托前人名号，究与自树旗帜者有别。

道家之书，依托黄帝。 《庄子》之《寓言》、《渔父》、《桑庚丈人》。

《周髀算术》，依托周公。 《国》、《左》以解经释例，全属古人。

此实作而托名于述者。六艺作而曰述，托之帝王，不如秦皇汉高身为王者，发号施令。

作	作者为圣。经为圣作。经为新经。述者为贤。史籍旧文皆可为陈迹糟粕。	
	先圣。	先师。
	一人独倡。	群相附从。
述	君父师主义。	臣子弟主义。
	自我作，无文王犹兴。	因人成事。附骥名章。
	独立主义。	附从于人。
表	元首心，一身之主。	百体四肢，听命于心。

第三课　先后文野

春	幼稚。	少壮。	精进。
	洪荒。	近古。	近代。
	上古。	铜。	铁。

据衰而作。昏髦老死之说。

秋　皇降帝。　降王。　降伯。　降君。

就少壮分前后。

以上无人。　初生人。以上无文字。　古专制。　古无教化。　古共和。

以　以上成劫之始。

经托光景三皇。经托光景五帝。经托光景三王。经托光景二伯。

前　先大后小，先文后野，据成劫少稚世代言，绝无此理，知经为托词，如光学之倒景。

经为据衰世而作，于毁劫为实形，于成劫为反比例。

西人讥中人法古。　西人后来思想。

愈上古愈蛮野。　愈后愈广，先小后大，一线到底。

经据衰而作。　佛说为毁半空劫之始。

以上帝王周公皆属酋长部落，

孔子以后世新经依托之。　教化由春秋始创。

由上古至春秋，当成劫之始一。　由春秋至今日，当成劫之初二。

以光学言，形立于此，景皆由足反倒，足小则形景皆小，头大则形景皆大。经传屡言光照上下，形景学取此义。

战　进伯。　进王。　进大伯。　进帝。　进皇。

国　梦游百年。　千年。　万年。　亿万年。　无极。

以　毁运。　四小劫。　大劫。　人小地缩。　地毁空。

后　以上一始一终，合为成、住、毁、空四劫。

由君进伯。　进王。　进帝。　进皇。　六合以外。

以上成劫之中。再千万年乃进住世。

实形之伯。　实形之王。　实形之帝。实形之皇。

由小而大，由野而文，为少稚进步之实形，其景则与形相对，作反比例。《易》曰：顺以数往，逆以知来，顺逆两途，即中大两边小之谓也。[①] 由毁劫之递降，则知少壮成劫为递升，据毁之形状以推成之情形，正作反比例，故自成至住至毁，则为递降之正形。

---

① 原刻作"顺逆两途，即中小两边大之谓也。"原读者批改为"中大两边小"，据下文此批为正，兹据改。

第四课①

《列子·杨朱》引杨朱说，以三皇之世，云若存若亡，五帝之世，若隐若见，三王之世，若觉若昧云云。此孔子以前之古史，所以不足观。西人石铜铁之说，为众所共认也。

世界进化退化分经表

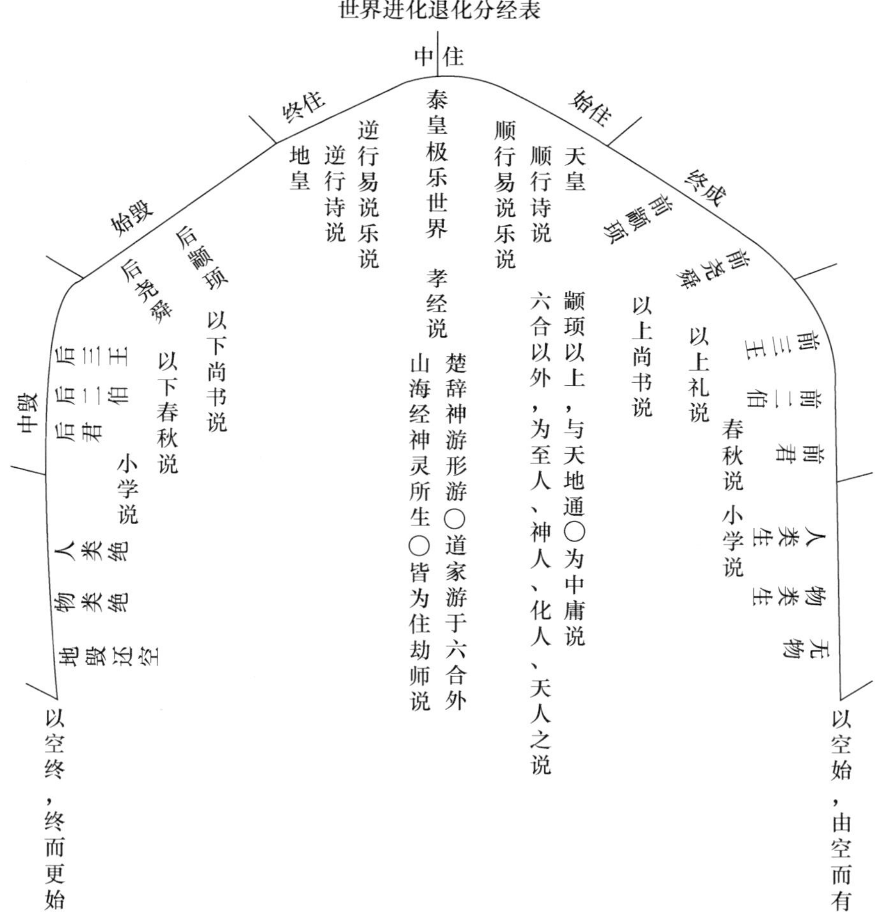

《庄子》翻十二经以教士，翻又读为翻覆之翻，六经顺逆两读，化六为十二，如《诗》两《雅》有正变之分，初由乱而治，继由治而乱，《易》顺数则《上经》在上，逆数则《下经》在上，即所谓上下无常。又《上经》六首卦可为六宗、六合、六相、六官，而亦可为五方、五

① 原刻仅有课序号而无标题名。后文或仅有题名而无序号，均按原刻不加增改，特此说明。

行、五帝，盖乾坤占东西，故一以龙名官，一以鸟名官。即鹏即凤。《坎》、《离》居南北，即北海、南海之帝，四方卦皆错不能综，《泰》、《否》以二卦居综，则合为一卦矣。自上方言之，曰地天泰，似南为天地否矣，不知南北反、上下亦反，自彼视之，仍为地天泰也。泰与大同，否即否，同为大训，所以继以《大有》、《同人》，故一通一塞就六合天地言，故分为二，以五方言同为大，即二可合一，一可分二之义也。

立此表，无论大小六艺、诸子百家，即凡当今所有文字，莫不各有位置，各有当得之所。彼此是非，全不相妨，《中庸》万物并育而不相害，道并行而不相悖，天君泰然，浑忘是非取舍。彼儒墨喜攻好辨，盖未达道不同不相为谋，攻乎异端斯害也已之旨也。

五　大小六艺

《周礼·保氏》六艺曰：礼、乐、射、御、书、数；《汉·艺文志》六艺曰：《易》、《书》、《诗》、《礼》、《乐》、《春秋》。二者同称六艺，惟礼乐互见。六经古为专门，今所传《注疏》与《大全》同号经学，《保氏》六艺，惟传元人舒氏《六艺纲目》，《礼》、《乐》二门，用《郑注》五礼、六乐，不免与经传相混。窃六艺当以大、小分，《保氏》为小，小学用之，所谓小道小节；《汉志》为古大学之教，所谓大道大节；《易》、《乐》、《诗》为思志派，西人所谓哲理，六合以外，与天地参，其大固无论矣。即以实行派之《春秋》言，本王伯学，教胄子与民之俊秀，大抵为仕宦学。今必高等以上，将入仕宦，乃系此科。若普通国民教育，即专在小六艺，书为国文言语科，数为算学科，国民教育之基础，射御为实业，学射为弓矢，御为车马，推之则可谓礼专属幼仪。如《容经》、《少仪》、《内则》、《弟子职》，专属个人修身事。与礼经安上治民者不同，乐为歌诵舞蹈，今学堂之唱歌奏乐之类。《内则》小学所习，书契舞勺舞象，二十以后，所习之礼乐，乃为经之礼乐。六艺大小之分，即大学小学宗旨之所以别也。盖普通国民教育，礼乐为德育，书数为智育，射御为实业，故凡农、工、商、贾、妇女，皆必入学而后完全国民资格。小学卒业以后，分途谋生，出类拔萃者始入大学，以备国家人才之选，如汉之博士弟子员，今仕宦政法学堂与通儒院，考汉博士弟子员选举之法，户口十万以上者岁选五人，不及十万数在四人下，以小学人数计之，不过数人，入学后，因才质所近分经入学，因德入学命官。《洪范》三德为刚、柔、正直，三三而九，为《帝典》教胄子之九德。三公配三德，则司徒之仁为柔，司马之义为刚，司空之智为正直。九锡以配九德，三德三锡之为大夫，所谓日宣三德，俊明有家。六德则六锡之为方伯与卿，所谓日严只敬六德，亮采有邦。九德兼全，则九锡之，入为三公，出为二伯，所谓九德咸事。后世九锡，即春秋之命桓文，人之性情，不出三德，人才之选，备于三公，因德以入学，分经分官，故有皋陶刚德者，无论公卿大夫士，皆不出司马之属。有契之柔德者，无论公卿大夫士，终身皆为司徒属。有禹之正直者，无论公卿大夫士，皆为司空属。用志不纷，所以人才多，不劳而理，故圣门分四科，诸子别九流，非如日本之普通，求全责备于一人。欧美各国入学之始，必量其质，分科而治，与古法略同。惟日本混同一视，以诸科学求全于一人。且进考之六经，配六相，惟皇帝乃能全备，所以《学礼》言帝入五学，必其时诸经乃皆有用，故以六经配六合，贤者识大，不贤者识小，以大包小，经乃能全见实行，非帝无此全美之制。今世界为大，王以实用言，但就《书》、《礼》、《春秋》三经立学，已无不足。又以《春秋》为切要现行之事，《尚书》与《礼》为引进改良之道，尚属西人之思想派。七年之病，求三年之艾，中国求速成。能以《春秋》一经仿三德之例，分为四学，宰辅经营天下，统筹全局者为一科，如《周礼》之夏官司马者为一科，冬官司空者为一科，司徒主教者为一科，分官立科，必可免博而寡要、劳而鲜功之弊。《班志》云：人不或为《雅》、或为《颂》，汉太后将称制，从师问《尚书》数篇，《礼经》十七篇，有以习丧服专门名家者，分经而治，是为古法，并非私言。六艺大小，尤宜区别，吾国前因科举入学，先读四书五经，改习他业，书皆无用，国民日用必需之科学，如《保氏》六艺者，反致抛荒，其最大之害，尤在四书五经入手因就童蒙之见解以立说，以致圣人穷天极地治国化民之大经大法，尽变为市井乡村之鄙言。如大学以平治为宗旨，乃颛顼以下帝德专书，或乃以为初学之门，若专为黄口孺子课本者，经术败坏，所以中国无人才。害在下流社会，习非所用，民智不开，害虽在下，而流毒甚广。害主在上流社会，白头宰辅，与村蒙见解相同，所以老大帝国种与教之几不可保。故学堂当发六艺之分，国民则应读之书、应讲之学，极力求全。六经虽不读可也。① 必入大学后专求安上治民移风易俗之学问。凡德育之

① 原刻作“六经虽不可读也”，与上下文皆不贯。“可读”当为“读可”之倒，则文从字顺矣，兹径改。

正心、修身，智育之格物、音训，皆属蒙学。大学有急务，老大宰官不得以蒙事相夸耀，此成己成物之分，大小六艺皆不可混同一视已。

六　教育史

日本　著《中国教育史》，初具崖略，惟据科学之思想与科举之观念以论中国教育，不免坠落宋元以后之议论，而于教育古法、经传原理，终觉未之能达。吾国教育，自至圣发端，战国学术之盛，由七十子各以所学立教，故科学全备，流派并陈，学术为中国发原，故后世莫之能继。战国学派，为世界标本与堆店，借诸子以自存，将来到一世界，一学发达，如今西学为墨家，五行必待五帝，道家必待三皇，详《天人学考》。西汉二百年中，各端衰谢，惟经学统一。故或以为儒学一统之时代。实则博士学术，不能概以儒囿，《班书·公孙宏传赞》极推武帝宣帝两朝人才之盛，各效所长，不名一家，盖武帝人才出于《公羊》，宣帝人才出于《穀梁》，《儒林传》于博士各详其弟子名位所至，以为通经致用之实验。其时博士皆专门授受，不及别业，甚且人不习全经，或为《雅》，或为《颂》，太后因将称制，从夏侯受《尚书》数篇，以为以经缘饰政事之用。则并分经而治，不以孤陋为嫌，不似海外必先普通，泛读群经，然后再就政治、掌故、历史、地舆以求致用。中国教育，东汉后已失孔门之真，宋元等诸自桧以下，故教育史以三事为最要。

经传　《学礼》、《大学》、《文王世子》、《学记》、《保傅》，宜编为一篇，曰《经传古学礼》。

诸子　出于四科。详考战国学术源流枝别，以见圣道之大，曰《战国诸子学术》。

先秦两汉博士　专门教授，今惟《公羊》略存古义，宜编为一篇曰《博士教育考》。

国朝胡秉虔曾撰《西京博士考》[①]，初刊《艺海珠尘》，近读《知不足斋》，又重刊之，其书意在考据，宗旨略有不同。盖学堂通行章程，全采用日本，若古者博士经传，时论颇以顽固腐败为讥。考旧史博士造就人才，既有实据，卒业年限，至多三年，不过今五四分之一，每怪其神速。盖专心致志，则通经不难，如专志求野，不再考详古法，是或一道。如欲存粹研经，则窃以生民未有之神圣，实非寸量铢称之所及。海

① 原刻作“国朝■■■曾撰《两汉博士考》”，按廖宗泽《年谱》墨钉三字应为“胡秉虔”，《两汉博士考》应为《西京博士考》，今并据补正。

外既无至圣家法，又无经学师传，仅就耳目所及，枝枝节节为之，亦出于无可如何。诸所言课程，以原富造针分工，与今工局工不兼用两器，匠不习全械者，未免成反比例，而吾国古教育之法，实与其分工、分械之成例相同。西人重思想，有怀疑派，安知非如日人所云，西详于技，中详于道，教育士民，为经传之专长，分派工匠，乃为西人之绝技乎？物莫能两大，安知中之短于彼者，不长于此乎？西之长于此者，不短于彼乎？彼此是非，必圣人乃能定。然以今学西之效果，较古博士之成绩，不免相形见绌，纵谓斯事体大，不能以口舌争，我中国盈千累万之学生，何妨提出一二学校，一用古法，一师外人，一二年较其优劣，孰得孰失，然后折定一尊。中之博士，久成绝响，西人未必研究及此，以八比资格与之相驰逐而败，若以我之上驷当彼中驷，未必不转败为功，此固吾人之胜算已。又吾国旧法，能出英俊，出类拔萃，一日千里，今之学堂，既已旷日持久，且大声疾呼，学堂不能出人才，特以善养中才，不能容英雄，特以教国民。夫至于学堂不能出人才，既已滕诸口说，定以报章，以为将来卸责之地步。吾国犹责望学堂以人才，岂非惑之甚！考之西国，如彼士麦克、斯宾塞耳，以及西乡南洲诸公，多不出于学堂，而出于自习科。西人之自习科，因以济学堂之穷，非常之士，不受羁勒，马之踶跌，乃致千里。如俾士麦克，西人何尝不以为英雄，如以非学堂所出，舍而不用，乃专恃此学堂以为自强之路，不思变计以求精良，如以西人言，则科学之教名足恃，以古法言，则成绩之要又如此。苟能兼用中西，去短取长，改为一冶，固属良法。否则自习一科，宜急为表彰，以辅学堂之不及。或谓自习一开，恐学堂解散。当今学堂官私所立，实力有限，彼但能学，即为实效，使全国皆自习，学堂虽无一人，乃为善办。所谓用人不自用，所及广被，学堂改精，似急宜用博士法，考订自习章程，使英雄皆入彀中，乃为得要之计。然非熟习三篇教育古法，未必有此措置也。

第七课　开士智

西人立宪，以开民智为先务。彼国士民无分，民智即士智，吾国士为民望，士智且不开，更何论民？大抵士之所以学而不免愚于经，约有四端：

一音训之学。

古以音训为小学蒙小之正课，至中学而止，近人如段、王，则以小学涸没终身，说经有字句，无篇章，有训诂，无义例，殊非古法。终身小学，修齐治平事业，何时问津！故撰述愈富，人才愈乏，前后两《经解》，大抵多蹈此弊。又《尔雅》、《说文》，有三四年之工已足，不可过于求深，如郝氏《尔雅》与《经义》、《释词》等书，与近人《长江图考》，皆所谓诬诳，真如梦呓。又如祁尚书以黄羊名奚之考证数十篇，直是《西游》、《封神》。故经学以典制微言为主，音训仅仅可以入门，不主典制微言，愈破碎，愈支离。当今急求人才，不可再蹈此覆辙。

一义理之学。

义理之学，历朝学案，彼此互攻，可以借鉴矣。凡学人心思务求广大公允，乃讲学者每好名争胜，妬忌偏[①]浅，若陆朱本为同类，其相攻若洪水猛兽，天下惟此为第一要务。虚养其心，不以事事，又其科目如格物、中正、忠恕、一贯、絜矩，每多惝恍，不能指实，名目犹且如是，何况精微。故所言治平功业，皆属八比感应话，《大学衍义》所以但详齐家以前，每至愈学愈愚，非不识数目，不辨菽麦，则其学不精，毫无实际，但互相标榜，目以为圣贤，似此圣贤，虽比户可封，不能扶危救亡。此八比之学所当屏绝，庶不致乡愿乱德，大抵宋元以下，皆为八比学派。

一典考之学。

典考以经为元质，经为纲，以下史书皆为目。近人以为致用之要书。《通志略》多新说，不切于事情，《通考》门目，不关政法者多，惟《通典》为近古。然每门中初引《王制》本明白，一入《周礼》便扭结互斗，每强作调人，不能切实，学人遂以恍惚悠谬为政书之性质。《礼经纲目》、《五礼通考》皆蹈此弊，故其流派如八比之考据，无一制能通，无一语可行，故凡号讲经济，其性情每浮夸骄简不能按理切脉，实事求是，盖其心思本未入理，亦以所读之书先未入理，又经济为古制度学，后人统称之曰礼，礼为司徒所掌，礼经之一门，名不符实，所当改良。

一经制。

今学制度，可谓真传，惟先师时有误解，如包以方百里出千乘，何注《公羊》肉胜于骨，每使人迷罔。至《周礼》郑注封建以王居方千里之一，每方伯得千里者六[②]，大纲已误，故学者如入迷途。即如天子以

① 原刻作“猵”，词意不明，今据文意改。

② 原刻作“每方伯得千者六”，原读者于“千”下补“里”，甚是，兹从之。

下为何等国，以百里对者，百人中有九十九，百里今之州县，其下何以有卿、大夫、上士、中士、下士五等职官九品，今从天子一落千丈，遂至州县，不知其上更有五长，此凡儒所以不如吏，盖其脑筋中皆满嵌迷药，故经学反为愚人之具，非欲攻古人，特学堂欲造人才，不得不大声疾呼以醒酣梦，故凡不能了然于心，不能实行于世者，皆为误说，所当屏绝者。

今首发明《王制》、《周礼》皇王疆域小大之分，开拓心胸，使知全球三万里，早在《周礼》经营已久，民胞物与，化其种族之偏见，排外之思想。《王制》为内史所掌之王伯，《周礼》为外史所掌之皇帝，一小一大，互相为用，王者王五千里，《周礼》以五千里为一州，故诸公封方五百里，大于《王制》者二十五倍，《周礼》所略，可由《王制》而推，照加倍数，《王制》所阙，亦可借用《周礼》以推补，二者交相为用而不相妨害。务使典制分明，钩心斗角，易于施行，就地员以推六方，以求辨方正位体国经野之精意。又皇帝囊括天下，枢秘所在，固别有精微，每州五千里为一王之制，方伯固仍用《王制》，此大营包小营之法，又西书所言政法固为详细，惟是详细节、略大纲，寸寸而量，铢铢而称，用力多，成功少，不仅译文之冗繁支离，故学者欲学外国政法，当先就经传立其大纲，使胸中先有天下规模，然后考究方有位置安放之处，否则枝节繁多，苦于记忆，即能记，不能得意忘言，终归无用。《王制》为则例，《春秋》如列朝实录，一繁一简，务求贯通，非《王制》不能见《春秋》之全体，非《春秋》无以为《王制》之提纲，古人通经致用，非谓按图索骥，摹仿而行，社稷人民，美锦不能学织，先就经以学治，磨励其心思，练习其阅历，久之有得，遗貌取神，或从或违，或反或正，投无不利，此通经所以能致用，致用又不囿于经，人才之盛以此。汉博士或期年辄试通一艺，或二三年卒业，每不至五年之久者，而人才超前轶后。《平津传赞》：武帝时人才多出于《公羊》，宣帝时人才多出于《穀梁》。帝王乐儒，推奖二传，武宣之称宗以此，诸臣之功业亦以此。今之科学，年限甚久，卒业后果否可收成效，尚在不可必知之数，汉廷之神速乃尔，此所以急欲编博士考以求古法，振兴人才之效，果因亦在是也。

儒不如吏，所用非所习，巧者不过习者之门，然究非所论于博士弟子。考经制者多矣，未必皆可用，魏默深能言而不能行，盖以其入手不得法，其听言未必不虚娇，今当引《周礼》以说《尚书》，一纲一目，一案一判，苟能钩心斗角，如西人包探法，必得其情。不似从前之影响支离，能通是经，吾断其定能治国，大约弟子员选择甚严，人必俊杰，贫者官为资足，所以人才能速成。

博士弟子卒业，除文学椽、舍人、郎中与议郎，故秦汉大典大政，博士皆与议，以书生从政府诸巨公后，且议每定于微员后进，呜呼盛矣！西人之议员，在经为养老乞言之典，特西人以少壮为之，吾国方议行宪法，举乡官，设议员，能用博士法，则二三年入学者，资格皆可为议员，则宪法之成立，亦一大动力，诸君勉乎哉。

忠敬文三代循环为三等政体

《礼》说：夏尚忠，其弊也野，则救之以敬。殷尚敬，其弊也鬼，则救之以文。周尚文，其弊也史，则更循环用忠。古有是说，三尚殊难实指，窃以世界时局考之，则所谓忠、敬、文者，即西人所谓专制、民权、共和也。《易》曰：汤武革命，以臣伐君，为诛一夫。正如法之大革命，美之独立，汤武世局，正与今西事相同。则古之汤武，即今之法美，今之报局，每以吾国为专制，以求在下之反动力，及考西史，见革命国之专制，每云别无法律，君命即为法律，较土司酋长而有加，人民无以聊生，与吾国不免有霄壤之别。因以见古之汤武，其革命者，大约与今海外同，所谓蛮野之君权，尊君故谓之忠，凡人当合群之初，以与禽兽争，必立君，君者群也，初借君以合群，战胜禽兽，非君不能存立，故奉君以为圣神不可犯，积久弊生，君暴厉于上，苛政至猛于虎，民不堪命，乃轰炸以复其仇。夫欲定精进之法度，必上下皆无所偏，乃得持久。民之隐情，必尽情发泄，使无余蕴，而后有公理。当此世界所谓之民权、平等、自由，如虚无党之必欲尽去政府而后快，今之西人，正如古之汤武，孟子所有贵民轻君之说，为此时代而言，论公理不分贵贱，君民交战，正如水火阴阳，物极而反，变本加厉。如今海外之路索、孟德斯鸠等民为主人、君为奴隶各学说，为时势所造，彼此是非，不能谓其偏僻。平权以为殷之立敬，又为质家，与夏文相反、忠相反之民权也。吾国汤武以后，降为二伯之共和，则以民权积久弊生，弑君杀相，国无宁岁，人心厌乱，天意随之，视听虽取民权，不得不参用君权，合夏殷打为一治，故谓之文物相参杂，谓之文。《论语》：周监于二代，郁郁乎文哉！此又蛮野之共和，从始至终，自孔子后则周而更始，再用夏忠，故《春秋》尊君、专明王法。然此为二次之三统，原因复杂，体质不一，与前之三统标帜新异，招人指摘者不同。盖蛮野之三统，为三者特异之原质，二次之君统，早已合三质而混化之，自其外貌观，君不似君，民不似民，由春秋至今，细为分划，以千年为一局，吾国正当二次共和之时代，故不能谓之为民权，亦不能谓之为君权，盖已变蛮野而文明。欧美见当初次民权时代，或乃自以为新理，自以为曝献，不知吾国革命民权，早在三千年前已据全球上游之势，此吾国所以占文明之先步，为五州之伯兄，仲叔随行，季则更为幼稚。自后数百年共和之局又终，则当与全球合并而为大三统，从周而大夏，从大夏而大殷，从大殷而大周，三次之三统，当更文明，则固非吾辈所及见矣。大抵除初次三统后，其形迹皆隐晦，其原质皆揉杂，亦如《春秋》之三世例，事文隐微，积久乃觉其变象，不能沾沾以文辞求之也。西人乐利，实由革命而出，其推奖实出诚心，食芹而甘，欲推之世界，或乃倡言攻之以为邪说，惑世诬民，或又以孟子之说为大同之极点，崇拜者固失其原理，摧抑者又违其本义，左右佩剑，有如醉人故推阐三统之宗旨，以明进化之步骤，中外各得其主义，庶无随人俯仰之弊焉。

礼失求野

今之学者动曰新理新学，夫世界无中立之时，非已过，即未往，无所谓新，亦无所谓旧。《周礼》曰：新国新物。故凡政治、官职、机巧、制造，可以言新，若夫理与学，则固无新旧之可言。说者大约以中学为旧，西说为新，所谓中学，八比耳，所谓新理，格致耳，自新其新，自旧其旧，以八比为中旧，八比以外遂无理与学乎？西之格致工艺，与吾之格致工艺，理与学亦有异乎？若但就形象先后工拙言新旧，中与外各自有其新旧，或数十级数百级，未能以中外分也。或曰自由、革命、平等、民权，为新思想发达，夫小人乐利，汤武革命，各得其所，不平则鸣，非吾国老生常谈乎！是吾古原有此等时代，后来经传改良，别有精微，旧为新掩，遂致湮没。故战国以下二千年，学术革变，奇形怪状，亦如诗文之各求新境，西人之新说，乃从无此派。夫自由者，世界治学之一大原质，凡文明所经历之途径，以地质学言之，西人所谓新思想者，正吾国地壳之石英花冈，其上已别加数层新岩，故湮没不可见，一旦掘出岩石以相示，以为闻所未闻、见所未见。未尝不叱怪以为新，如地下陈人，大审更生，起而问之，方且旧吾所新、而新吾所旧，今所谓新，何以异此，物少见珍，少见多怪，是固常情。又讲新时务者，偶见西人政法风俗与经传载籍相同，以为凡西人物械政法皆吾古人所已行，以师道自诩，是又不然。如《周礼》土圭之法，《郑注孝经纬》最详，其法二至于两冰洋立表，由黑道以推赤道，共立十五表，千里而差一寸，以尺有五寸为地中，若以周公已实行此制，于两冰洋立表以求地中，其径三万里可乎？西人仅曰五大洲、六大洲耳，若邹衍大行人之说，则用经说三公、九卿、二十七大夫、八十一元士之例，是古将大地辨方正位体国经野，以七百二十九方千里分为皇九州，又由皇九州分为八十一方三千里之帝，又由帝八十一州分为方千里之七百二十九之王州，设官分职，奏绩咸熙，为《周礼》大行人大九洲之外，为藩国之往事陈迹可乎？又如《明堂月令》与《尚书大传》、《时则训》，皆以五帝五神，分主五极五位，为《周礼》五土例。吾国伏羲、勾萌已王东球之极之方万二千里，神农、祝融已王南球之极之方万二千里，少昊、蓐收已王西球之极之方万二千里，颛顼、禺疆已王北球之极之方万二千里，黄帝后土已王地中中央之极之方万二千里。其山川形势，皆已详载，其名号政典，皆已著为宪法，五帝各不相同，古五帝实已分王五大洲，各主一时七十二日可乎？故学经必知俟后之义，凡此之数，不必为古之实据，《论语》所以言三代为成事不说，遂事不谏，既往不咎者，即《公羊》作《春秋》非乐道人善，专为将来取法，《论语》百世可知，来者可追，后生可畏，《中庸》待人后行，百世以俟圣人，《公羊》所谓作《春秋》以俟后圣，故西学之所谓新非新，乃至旧，吾人所谓旧非旧，乃至新，能舍外人之旧，以从事吾固有之新，乃真为新思想，乃为有规则之哲理，乃能事半功倍，为全学界之主盟，以旧为新，以新为新，一转移间，万善皆备。《左传》所言鬼神、巫祝、祭享等事，皆为天学，尤为新中之至新，六合以外姑置不论，即其所言《诗》说、《易》说、《乐》说、《书》说，亦可从缓，惟专就人学王伯切于时务者列为科学，至于《周礼》大行人五书，为今世界最要之学术，凡中西时事，与古说合者，经说为世界所立空言，不分畛域，时事为实践，先立空言以为世界实践之模范，如《周礼》为空文，凡今中外政法风俗与《周礼》合者，即俟后之实验。故孔子之空言，为生知安行，西人格致精进，为困知勉行，是二是一，不可以空言为史事，而谓时局与古重规叠矩，此又言新旧者所当知。《左传》云：礼失求诸野，又云：天子失官，学在四夷。当时四夷，有何可学，此等语亦为新说，乃为今日世界言，盖其浅近者，人心气运大抵皆同，其深微巨重，则犹待吾国经教大昌，徐相引导，借经传以为师范，而后可以大进。如宗庙、祭祀、鬼神、卜筮诸门类，则非数千百年不能骤臻此境地也。

神权驳

近来报章，每以经传鬼神，为未脱蛮野神权气习。言官制者，以《周礼》祀神官太多，指为神权。甚至大学讲义，同声附和，以至诚上下位育，与蛮野混同一视，可谓误矣。凡大地开辟，人与禽兽草木相杂处，大地久为异类所巢穴，物老为妖，不得不生怪异，山魈木怪，牛鬼蛇神，与人类日相往来，以显其神怪，遂奉以为教，此西人所谓之蛮野神权也。中国繁盛之区，为人气所驱逐，久以绝响，边境蛮地，略有传闻。天主教专奉一天，盖专与奉物教为难，故《古教汇参》、《法意》、《五洲女俗通考》等书，于欧、美、非、澳所有奉物教者，详为记载，或以牛马，或以犬羊，或以猫鼠，或以木石，或以水火，或以蛇豸，或以日月，几不可缕数，专奉一物为神，各因其神，别自为教，如回之豕，滇广野人之于蛊，物之种类各地不同，教遂千奇百怪，不可究诘，由是而天主教兴焉。凡物皆不能与天比大，故奉一天而凡物皆在所包罗，又奉一天而凡物皆在所屏绝，祆[1]教与奉物教互相攻战，仅能胜之。目下尚未尽绝。故其教兢兢以拜偶像、祀他神为大戒，各教堂垂为厉禁，几若中国之谋反叛逆。奉教者不许供祖先，皆以求战胜于奉物教，本为变本加厉，教士不得其说，乃以为一祀别神遂为上帝所嫉妒，则上帝亦可谓不广矣。泰西以宗教为国法，专主一天之故，无他祭祀。吾国当三代之时，亦为天主教，春秋承其旧教而引进之，故《穀梁》与董子皆有主天之说，《春秋》以天统王，讥不郊，犹三望，《论语》：获罪于天，无所祷也。凡此皆为主天立教散见之踪迹，古今中外所同者，行之既久，奉物教因以绝迹，专主一天，未免混同一视，毫无差等，故孔子翻经，乃于一天之外，别立地祇、人鬼三等祭祀，如今教士皆称天为天父，礼拜祈祷上帝，祖先宗庙与他祭祀之典阙如，经乃别为新制，惟帝王、父天、母地可称天子，《春秋》正称天王，一称天子，乃为四时之天，以皇配天，故帝称天子，王以下不得称天子，得郊天祀地，诸侯则不得父天，因不得祀天与祈祷上帝，故定为天子祭天，诸侯祭社稷，大夫祭五祀，士则仅祀其先祖。尊者祭尊，卑者祭卑，大可兼小，小不得越大，至尊称天子，卑者则为其祖父母之子，《穀梁》所谓尊者尊称、卑者卑称是也。善言天者必有验于人，人道不能有君而无臣，则上帝亦必假神祇为之辅佐，山川、社稷、井灶、报功之典，亦不可阙，从此以

---

① “祆”原讹作“妖”，兹改正。

后，天子遂为尊称，郊天遂为隆礼，如秦始以朕为尊称，遂与黄屋左纛同为禁物，此《祭典》、《祭义》、《祭法》、《祭统》之经义，与蛮野之奉物教天悬地别，不可同日语者也。报馆喜与西人交，习闻其说，遂疑经传为蛮野之神权，亦如以中国为专制，皆未尝深考之过也。经传祭享，吾国既已仿而行之，耶教行之既久，不复畏奉物教之起而为难，异日改良精进，抑必以天子为尊称，别立宗庙姓氏学，卑者取卑称，人鬼家学明，神祇祭享，因之而起，以中推外，一定之理，惟是经传所言伯王帝皇上下数千万年各种程度之资格，其文全备中国，按图索骥，不分层次，取而行之，不免寅食卯粱。《春秋》分三世为九旨，又传曰：许夷狄者不一而足，故有州国氏人之差，礼说曰：夏三庙，殷四庙，终于五，周六庙，终于七。所谓夏、殷、周者，即后来海外改良科级之标目，太西各国，现无宗庙，必千百年而后能有庙制，其始立也，或一庙再加二，二加而三，为夏制。又必数千百年而后加四加五，为殷制。又必数千百年而后加六加七。为周制。大约三五如王伯，六七如皇帝，经传丧服，亦当同此三年，下包皇帝而言。儒家于战国之时，遽主实行三年丧，程度未至，骤用千万年大同制度，实属违于渐进之义，故墨子学于孔子，力主夏制三月之丧，而讥三年之太久。丧服夏三月，宗庙夏三庙，故夏比于春秋三世为乱世，殷为升平，周乃为太平。亦如西人将来立庙，其始亦从夏制为三庙，必皇帝之世乃立七庙、九庙，战国于丧服一级，骤行三年，于庙制一级，立七九，此不知经传大平，乃为万世以下立法，于文教初行之战国，遂将经传原始要终，万世所有差等，全行见之实事，是经传全为战国一时一隅立制度，而无以下俟万世，为将来皇帝大同进步之地位。故中国误袭大同典礼，亦如秦始地方不出五千里，而用邹衍弟子所进皇帝全球之制度，或曰经传循序渐进、不一而足之精意，幸赖墨子之说得以证明，中土所以小康而用大同典礼，盖天心正借以为全球将来之标本，非此则皇帝之学或且湮没不传，故后来共球大统，但取秦汉故事推行，亦如规矩之于方圆，工厂造大船大屋必先立标本以为程式，考《楚语》云：颛顼以后，绝地天通。又云：其时人民精爽不贰，故能感格鬼神。孔子曰：我战则克，祭则受福，以其直接鬼神，故祭可致福，程度未能至此，则不能与鬼神相接，望空拜享。故曰：祭不必受福，《周礼》如皇帝典坟，故于祀神天官甚详，《曲礼》天官六大为天学之官，五官民事民名为人学之官，是祭祀尤为皇帝之盛典，乃反以比外国奉物教之蛮野神权，岂不误之甚哉！世界进步之原理，至祀典与奉物教天悬地别，有目共睹，固不待烦言而解者矣。

宗法非世族政治

《礼经》：宗法收族敬宗，为谱系学。《国语》、《礼记》所谓之世系。《大戴》有《帝系篇》。《楚语》言：大子学世，《哀公问》亦有世学，《史记》之所谓世家，《礼经》所云：大宗不可绝，又为人后者为之子，小宗则可为人后。《论语》：兴灭国，继绝世。与孟子不孝有三，无后为大。本谓天子诸侯国统言之。礼不下庶人，凡一锡以下，如今从五品，经传皆以为庶人。《左传》：天有十日，人有十等。公卿大夫士，内官。与公侯伯子男，外诸侯五长。同为上五等，凡春秋见经之国，与卿大夫礼之所谓卿大夫士，皆指此九锡之上五等而言。若其下九命之五等，孟子虽借用卿大夫士称之，此为假借例。如《左传》上五等为王、公、卿、大夫、士，至下五等则为舆、仆、台、隶、皂，《左》之舆、仆、台、隶、皂与孟子诸侯之卿、大夫、上中下士名异实同，《左传》乃为正称，故此五等同为庶人。《礼记》：君子耆老不徒行，庶人耆老不徒食。又曰：养国老于上庠，养庶老于下庠。《洪范》曰：卿士从，庶民从，故九锡五等称国，九命五等称属，此经传典制皆详九锡以上之五长，而不及九命以下之庶人，一定之例也。宋元以下说经者多属学究，与博士有朝野贵贱之殊，故多仰井语，甚至以庶人为农、工、商、贾，凡生员与肄业学生皆冒称士，为九命以上之尊称，遂以经传朝廷治平典礼推以说乡村，如称皇考、皇妣、皇祖考、皇祖妣，经为皇帝立说，故从其尊贵之称，冠礼之士为天子世子，故冠辞有天庆、天休、天祜，寿考不忘，黄耇无疆，永受胡福，介尔景福，与《诗》皇帝典礼相同，后儒不知其例，所有碑铭墓碣，加冠祝辞，虽下至凡民，亦滥用其辞号，此为说经之一大弊。如天子以下为何等国，凡学者脑筋中无不以为百里之大国，不知经传但详上五等，百里之国皆不见于经，以言不胜言，故概从略，所以经传一切典礼，皆不能通，以致经学之人，无不迷罔悠谬，半中于此弊。宋元以下，平民亦援用国统不可绝之说，以至西人谓中国专重血统，亦如古者世族，与经之宗法天悬地别，乃亦混同。以宗法与蛮野之世族，事同一律，按世族政治，在中国为古之世卿，海外如俄之贵族，在中国如蒙满。法之僧侣，酷烈专制，酿激民族之革命，贵族政治不分同姓异姓。《春秋》讥世卿，所以革除其弊，贵族已革，乃开选举，因立选举，乃开学堂。世族与宗法不能因其名目偶似而混合之者，至于国之与家，就治国言，则家在国先，就开化言，其始皆有国无家，经传乃特立家学，以补其缺。凡人类生初，与禽兽草木相争战，无爪牙羽毛之便利，不得不合群以求胜，欲合群则必立酋长，故无论部落游牧，必先合群以立国体，下至蜂蚁，亦莫不然。匈奴贵壮贱老，胜则争进，败则鸟兽散，外国虽号富强，然通为有国无家，以其无宗庙，无谱牒，姓氏之学未能发达，三纲统系未极分明，父子兄弟每视同路人，大抵吾中国春秋以前，人民程度实亦如此，孔子乃创立家学以补其缺，立宗庙、修谱牒、丧服以别其亲疏，姓氏以区其种类，纲纪伦常，皆属家学，惟帝王得称天子，自诸侯以下，皆系之于祖宗父母，积家以成国，而后国势乃以巩固。如贵族之制，本西人以前革命所改之专制，若宗法之家学，则必改良精进。数千百年而后，乃可引之徐至于道，与神权之事情形相同，而报章皆误会其意，此欲习经学者不可不先为发明矣。

中外古今人表

自唐宋以后，儒者专言学圣，不言知圣，动云人同此心、心同此理，六经皆我注脚，专就庸言、庸行求孔子，凡己之所不能者，皆以为圣人必无其事，故孔子为生知、为前知，吴县王氏仁俊所著《政学问对》是其代表。其书成都有刻本，举西人所言新理新器，皆从中国古书以证明其事，取经传史纬先秦诸子不下数千条，其中精确者甚多，当先取此书熟看，可以借证孔子生知之义。西人最精之说莫如地圆、地动，合两大洲之心思、数千年之脑力，仅能得此梗概，乃吾国二千年前已言之凿凿，且较西人为更精美。另有详说。即如邹衍海外大九洲，于地球中取七百二十九方千里合为二万七千里以为九洲，全为《尚书》、《周礼》辨方正位、体国经野之制度，不惟当时海禁未开，并无专门科学，新创仪器不似西人之有所凭借，乃经传外杂见各书者不下数百条，求其根原，不得不归本于生知前知之至圣。考《下论》生而知之上也，学而知之次也，困而学之又其次也。《中庸》云：或生而知之，或学而知之，或困而知之，及其知之一也。又云：至诚之道可以前知，百世以俟圣人而不惑。《上论》又云：我非生而知之者，好古敏以求之者。又云：盖有不知而作之者，我无是也。不字当为生字之误。又云：上章知之次也，述而不作，作者谓圣，何得云不知，多闻择其善，多见而识之，知之次也。次即“学而知之次也”之次。《论语》、《中庸》两言生知，世界必有其人，乃为此说，故于中国求至圣不得不独推孔子，说者据“我非生而知之”一语，遂力驳生知是世界并无此等人物，生知二字成虚设乎？惟孔子为作，故自辨不作，惟生知，故自辨非生知，使非作与生知，人不以是推之，何必以至圣至诚之绝诣自相推谢，盖作与生知以皇帝为正法，孔子变皇帝德功之局为立言，将作与生知事托之帝王，古帝王为作与生知自托于述与学，知所谓好古多闻多见，即指六艺中古之帝王为古。即世界公例而论，孔子所谓之好古，非西人所讥保守主义，古读为诂，即指六艺而言，乃为后之皇帝非真古也。古字从十从口，十即东西南北，所谓方、口为圆，大圆在上，大方在下，左手持规，右手持矩，圣人为规矩方圆之至，世界先文后野，即先进野人后进君子之说。《论语》多是古非今者，今谓当时，古为俟后，经传之帝王，孔子非真以古之野蛮为尚而不讲维新。因立言与功德有别，故自命述而不作，学知而非生知，如就常解言，则与东汉以下古文家之许、郑同矣。又作经以俟后圣，必先知后来之事迹，所立制度乃能使后人遵行，非前知则无以俟后，固一定之说也。西人所著天文舆地各科学言，历来专家叠次改良，渐进之踪迹至为勤苦，所谓铢铢而称、寸寸而量，专恃耳目心思，与我孔子视不以目听不以耳之师说天悬地隔，真所谓困而学之。今就《大学》、《中庸》所有四等品级编为《古今中外人表》，仿《汉书古今人表》例。孔子为生知，为上上品，九流诸子与邹衍内经为学知，为中上品，泰西专门名家之学士为困知，为中下品，我中国人民于祖学既不精详，又不能礼失求野以兼取外人之长，则为困而不学之中下品。近人所著世界创造名家混同一视，当仿班氏《古今人表》之例，补作《中外人表》，及《中庸》所言上、次、又次、下四等，按西人学术本为精秘，此表非故为抑扬，不过对生知前知之至圣两相品题，不能不有此区别。《中庸》云：或生而知之，或学而知之，或困而知之，及其知之一也。或安而行之，或利而行之，或勉强而行之，及其成功一也。困勉有上达基础，初非故意菲薄。且生知前知之圣，所谓空言以俟后，专赖困勉者以为发明，困勉无生安，所谓莫为之前，虽美弗彰，生知无困勉，所谓莫为之后，虽盛弗传，相需为用。即如地圆地动，非西人为之发明，中国虽有古说，无人过问，或反疑攻之，此西人有功于我孔子不小。生安惟孔子一人，虽颜闵佛老皆在学知之列，日月无逾，不可摩拟，故学人但当知圣，不可言学圣，不惟生安不可学，即学力亦不可躐等。不以下民自安，则当专法西人，苦思耐劳，专门精进，以求副困勉之目的，孟子曰宰我、子贡智足以知圣人，此表不过表扬圣人生安前知，为世界有一无二之绝诣，非于学者长其矜骄，是己非人，蹈前人学圣之弊，以致为困而不学之下民也。

谶纬

至圣作六经，一经一纬，纬即所谓微言。盖六经为成书，其中精微义例全在纬候，故凡各经微言大义全在于纬。以现在术数言之，六经为其本书，纬即其起例，如铁板数奇门六壬，非通起例，但读其本书，终不能入门。即如《春秋》，使非纬说则真为断烂朝报，所以先师言《春秋》并及纬候，如董子《春秋繁露》、伏生《尚书大传》、《洪范五行传》，皆统师说，即为纬之别种。如《繁露·竹林》、《玉杯》等篇名，与纬书之《元命苞》、《钩命诀》相同，皆不能解其义，即如孟子、荀子所言《春秋》义例，其实皆出于纬，上而博士、下而《白虎通》，何、郑解经，皆必用纬，盖师师相传之秘诀，非纬则经不能立。唐宋以下，儒者专以文从字顺说经，望文生训，乃以纬为怪诞，如欧阳修者乃上书欲将《注疏》中所有纬说删除，南宋以后此风甚炽，即如朱子深鄙纬说，然如天文、度数、礼制、等级，莫不阴用其说而阳避其名。今就其全书中考其用纬者，不下数十百条，盖非纬则经万无可明之理，亦如不明起例则不能学奇门六壬，且就当今学派言之，凡西人所有之新理、新事，其专门之天文、地理、算学，乃皆为纬书所独有，当今欲考孔子生知前知立新经以为万世法者，非纬不能明。故王氏《政学问对》采用纬书明文者甚多，纬书之支流更复不少，此为中国祖宗窖藏之秘宝，欲从学界战胜于全球，则纬书不可不急讲也。纬书之为经说，国朝人已有发明，惟专取纬而去谶，以纬为经说，以谶为方术，就谶而论，自不免后人之窜补，然谶之真者则不可磨灭，凡谶皆为先知预言将来之事，与孔子俟后圣之旨最为相合，万世师表，作经俟后，不能不用谶。六艺有天学、有人学，《诗》、《易》之上征下浮，如《楚辞》之周游六漠、御风乘云，姑且不论，专就人学言：地球五大洲分五方五帝，为《周礼》之五土例，内经之二十五民，孔经传万世以后之事迹，故托之于谶。所云伏羲在东半球，以木德王；炎帝在南半球，以火德王；少昊在西半球，以金德王；玄冥在北半球，以水德王；黄帝在中央，以土德王。将来五大洲各有一帝，乘运而王，前知之圣，为百世立法，不能不预言其形状符瑞，此固一定之说也。如邹衍所传五帝终始运，本为全球百世以后而言，当时有此师说，无此疆域，先师专就中国一隅附会，所以招人指摘。知经为世界后世而言，则此等师说则平常而不为怪诞矣。且圣人为万世师表，如就西说，就今改良精进，再加数千百年，不知作何景象！故孔子特留谶纬，原始要终，由今以推再加数千万年亦在所包，故已见者知之为知之，未来者不知为不知，故今日读谶纬亦如讲《周礼》，凡所以至者为已知，后来无穷事业统归之阙疑。如电学因电报而进，无线电电话进境不可限量，知者为知，不知为阙疑，以读《周礼》之法推之于谶，今已知者为知，不能知者为阙疑，今必有阙疑而后可以下俟万世，中国儒者乃于一时一地尽谶之底蕴，岂不误之甚哉！又考今西人天文学以星辰为形器，不过为辨时辨方之用，其所言十二宫与谶纬亦同，但以形象求之，别无他意。考《史记·天官书》所有三元四宫诸星辰法象，所指皆出于纬，纬即出孔，因以知孔子前吾中国所言天文，亦如今。西人但考形体方位，以政法寓于天文，全为孔所独创，如三元为三京，四宫为四表，北斗为帝车，凡地下所有之制度，皆托之于天，故其说皆发源于纬，盖地球未通之先，以地球政事托于天文，所谓天不变道亦不变，为以天定人之学，天学则因地之所有以上推于天，合诸天星辰为大一统，如所谓北辰居所、众星拱之，则为推人事以定天，如佛书合诸世界为一大世界。为推人事以定天，所谓三千世界如恒河沙数者，皆包罗于其中，谶纬原以阙疑为本义，不使人尽知尽行，宋以后乃以一时一地尽谶纬，宜其以为怪诞不经，故欲明经学，非尽谶纬不可，欲求学界战胜于西人，亦非专心致志于谶纬不能。

阙疑

经传相传，有阙疑一派，凡学人务求精进，不可自画，弗能弗措，人一己百，人十己千，非刚强果毅，愚弱断不能明强。阙疑则阻人精进之心，使偷安者有所借口，与西人专精必求达者异。中学不能发达，皆阙疑误之也。《论语》：知之为知之，不知为不知。又曰：君子于其所不知，盖阙如也。盖见子路勇于自进，强不知以为知。又与子张言多闻阙疑，多见阙殆，吾犹及史之阙文也。史有阙文，不能妄增，示人谨慎，非心有疑义，不必求通。既可逍遥自得，至于阙疑阙殆，则有别解。盖经俟万世，原始要终，合全球由今精进求新，虽数万年不能出其范围。非就一时言，如邹衍海外大九洲说出《周礼》，今所共知，在汉史公且谓宏大不经，又如地球，妇人孺子今皆口讲指画，纪阮二文达乃疑其诬诳，今人未尝不笑古人之拙，今之所疑，安知后之笑今，不如今之笑古。故欲治经，须将经分为天人二宗，天道远，人道迩，御风乘云，固难骤行。即如《周礼》所言神怪非常之事，说者动称与格致之理不合，电报景传，声无烟药，乾嘉之人所绝不信者，无线电、电枪、气球、留声器，及咸同之年，亦且疑之，故今所疑，安知后来不见诸实事，此固一定之理也。每怪秦汉儒者不分世代，凡经传所言，急于中国一隅尽行之，非常可骇之事理不知为世界后来而言，非攻击则附会，是直以经传为一隅一世之私书，而无以为进化之地步，是直以孔子为中国一时之圣人，而不能统化世界、参赞位育，岂不惑之甚哉！故经传特留阙疑一例，以分化世代后来之事，统归阙疑，切不可如马郑之附会，亦不可如纪阮之讥刺，考六经汉魏下皆以为一隅之书，欲治中国，《春秋》一经已有余，何必床上床屋上屋。邵康节《皇极经世》，乃以《易》为皇学、《书》为帝学、《诗》为王学、《春秋》为伯经，各主一世代，乃免重叠之弊，分经而治，不可躐等，暗室一灯，思想真为绝伦。惟《诗》与《易》同派，如诗歌与筮卜书，《春秋》为别派，如文与史策。纬云：《书》者如也，《诗》者志也。故《知圣篇》改易《诗》、《书》宗旨，《诗》为帝、《书》为王，就其体裁而分知行，久乃悟为天人之分。盖《尚书》首《帝典》、《帝谟》不能以为王学，《春秋》亦有王，乃定《书》、《礼》、《春秋》为人学之皇帝王伯，《书》为皇帝，《春秋》为王伯，《礼》间居二者之间。凡世界之事，三经已备，《易》、《诗》则为天学之皇帝王伯。《论语》譬如北辰居其所而众星拱之。合诸天星辰为大一统，天学之皇也。四宫三元合为五宫，天学之帝也。昴星为西宫之一，宿口属世界绕之，天学之王也。日统八行星以绕昴星，天学之伯也。不惟天学今日不能言，人学虽近属小，六合以内，无奇不有，当今世界为大春秋，凡属实行上为《王制》派，《周礼》为三皇五帝之书已见者，为可知不可解者。必待地球五洲开化，五帝分统，而后为帝学。世界大统，统于一皇，而后为皇学。地球同时立二十一历而后岁功成，非万年不能有此局。皇世又必数万年而后乃能进于天学。上升下浮，鸢飞鱼跃，而后为神化，此但就西人少壮之说推之，由伯而进王，由王而进帝，由帝而进皇，由皇而进天，经传据衰而作，则指老耄之世界，皇降帝，帝降王，王降伯，其进化之程度即为退化之比例。不知经数千万年而后乃能终此局，故凡经传关后来进化事，乃能阙疑，若夫已见之理境，实行之政事，则必极力求通，万不可借口阙疑，不求精进。

中国一人

吾国自达摩西来以演禅宗，宋元儒者推以说经，千年以内其道孤行，制艺为之代表。明之天下，送于八比，当今中国危棘几几于不能保种，其得失之效，大可睹矣。每怪言新学者以八比为洪水猛兽，乃表彰心学作半日静坐之课程，杀其人而用其书，是面新学而实八比，岂不误之甚哉！乡村俗师解释《论语》：如先行其言而后从之，与欲讷于言而敏于行，朋友信之之类，每以都会之人相比况。成都人每言过其实，俗师因以为言。然则不生都会，乡鄙朴讷，皆可为圣贤矣。即如朋友信之一句，乡曲农工每具特别之性质，不肯妄语，是于孔子、曾子至圣亚圣已各得其三分之一，圣贤亦不如是之易，凡行谊属个人私德，一室潜修，究于世界何补？又如《论语》一日克己复礼，天下归仁。虽电报神速不能如此周遍。邑宰莅任多年，百里之内，村农有不知其姓名者，故八比之感应话头，久已成为笑柄。然八比家实出于经说，窗下所讲求，及至出任，乃知形隔势禁，皆属虚妄，变本加厉，遂专求官派，以自异于书生。以幼时所习为诳语，儒生遂成无用之别名，因此归咎经传以为无用之物，此固吾国数百年之积习也。是盖不知《论语》所言原有别义，望文生训，以成此弊。《论语》为微言，非为三家村学究立教授之法，后人专就庸言庸行言之，此中学一大害也。考《礼运》孔子与子游论礼，有中国一人、天下一家之说，《大学》四条目：治国、平天下、修身、齐家，此四条目旧以为八条目者误。经云：自天子至于庶人，壹是皆以修身为本。古本之传始于所谓修身在正其心，后人补格致物传移诚意继之，然诚意章并不言所谓诚意在正其心，又无所谓正心在诚其意之传，如欲补则所补当共三篇，经明以修身为本，不能于修身之上再加四等，本中之本，所以为学人之害。所谓《大学》者为帝王专在平治，中国一人、天下一家，修齐即所以为平治，故平治二传为实行，修齐二传为比例。以中国一人例言之，《尚书》明四目，达四聪，子曰观于五行之色，曰汝视，察五声在治忽，曰汝听、曰元首明哉，股肱良哉，曰元首丛脞哉，股肱惰哉！《诗》曰：公侯腹心，王之喉舌，此皆用中国一人例法。《洪范》之五事心居中，左右为耳目视听，前后为言行，故内经以身比官，孟子耳目之官蔽于物，心之官则思，故《论语》之心多指京师，为天君，闻见即四目、四聪，言行为南北貌言，故《家语》以四目、四聪为四岳，所谓言行即南海北海之帝，《国语》所谓南正重司天以治神，北正黎司地以治民，西学以思想皆出于脑内，经有以脑为脏之说，《尚书》元首即谓脑，脑为大心，心与胆对，为小心，经传言心为元首，为京师，为脑，所谓心之官则思也。视听言动即四方四岳，如《论语》告颜子之视听言动，子张之闻见言行，皆为中国一人。《洪范》之五事例，就一身分君臣五方五极，言近指远，专言修身，治国皆寓焉。尝就经传所有心思耳目等字编为中国一人专书。儒者不知此例，乃专就一身穿凿附会，禅宗浸入中国，与其说最相合，因其说以解经，治国之事皆就身言之，轻其所重而重其所轻，故《大学衍义》遂不言平治，八比家因之遂造帝王但正心修身、国自治、天下自平，种种悠谬，积为风气，以致成为中国之毒，今既罢去科举，使人崇尚实学，报章乃欲假禅学以乱孔子之真，故不得不发明经传之微旨、以挽八比之余毒也。

墨学出于孔辨

《论语》有从先进之说，《中庸》则云从周，二者相反，不知从周则为儒、先进则为墨，致庄子以六艺为道、诸子为方术，诸子在六艺后，九流出于四科，诸子为六艺之支流，固一定之例也。《礼记》以《诗》、《书》、《礼》、《乐》为四术、四教，春《诗》夏《乐》秋《书》冬《礼》，《六家指要》道为《易》、阴阳即春秋，二者居中为皇帝。东儒，西墨，南名，北法，四家分方亦如四经分学，后世误以六经全属儒家之私书，诸子遂别于儒，目为异端。或托春秋以前，人或虽在孔后，别成一派，如墨是也。至圣兼包诸家，故《论语》谓之无名，今之报章或以为宗教家、教育家、哲学家、政治家、理想家，以后来之科目强以名，如天之至圣，与以专属传经之儒家，皆为谬妄。《史记·世家赞》曰：言六艺者皆折中孔子，墨子主乎《诗》、《书》、《春秋》立说，其称引经传与孟荀同，固不问而可知为孔子之徒，《淮南子》明言墨子学于儒者，愤世势之浊乱，乃专言夏礼，考博士传经有文质二派，文家尊尊为东方儒者之说，质家亲亲为西方刚毅之说，《论语》：禹吾无间然章、林放问礼章、礼云礼云章、《公羊》所谓改文从质者，全为墨家所主。由质近于野，先进野人，后进君子，博士虽有殷质周文之说，夏在殷前犹专属于质，《礼纬》言夏为三月之丧，至周乃有期年，以至于三年，儒家主文，为从周之说。墨子专传孔子尚质一派，为夏礼，江都汪氏考证墨子用夏礼说详明。是孔与墨指子思为孔子，非真孔，《非十二子》有子思以孔子为至圣可见。同为孔子之学，一质、一文，儒固不能炀孔子之灶，墨亦不能自外生成，今之报界诸公不知儒墨之孔为子思，遂谓墨为孔子之敌，于六艺外别树一帜，因诵《墨经》一语，与墨子所引经或为异文，或为师说，国粹报遂谓墨子别有六经，不知墨子所引全属孔经，儒墨可以相攻，而孔墨不容并议，盖就教化言，中国占文明之先，儒家为主，墨家为客，《庄子》云：墨子之徒述《墨经》，与儒者不同，《墨子》有《经上》、《经下》篇，庄子本据墨子之经而言，故称曰《墨经》。并非谓孔子有六经，墨子亦有六经，墨遂超子思而敌孔子。盖孔子万世师表，经传所言，原始要终，非数千万年不能见诸实行，儒者子思以下，欲于战国之世将圣经全见施行，非实行则不能存，故秦皇汉武皆行皇帝之事，

《史记》所谓无其德而用其事者，墨子循序渐进，战国只能用夏礼三月，待千万年后文明程度进化，乃用九月、期年、三年，若如孟荀之说，六经之说皆可于战国实行，是六艺为战国一时而言，无以为万世师表地步，墨子则为循序渐进，小行之于战国，中国用夏礼三月之丧，大行之于全球，引导西人先为三月之丧，儒者为兼营并进以存经，非儒者则经传之全体不能存。墨子如《公羊》许夷狄者不一而足，待人后行，乃足下俟万世，一为存经而言，一为行经而设，墨家创其始，儒家要其终，墨为西方之质，儒为东方之文，二家皆为孔子功臣，原始要终，缺一不可。故在当日则如冰炭水火，几若势不两立，自今日观之，则水乳交融，非儒不足以存经，非墨不足以俟后，先进后进，儒墨之所以分，子思、墨翟可并言，而孔子与儒墨万不可并列。考东方木德其行仁，西方刚毅，所谓金主义；东方柔德，故儒教迂缓，墨家则为天水讼，讼字从公，故墨家《尚同》引《诗》云：雨我公田，遂及我私。天雨无不被其泽，所以为公。考世界进化，皆先野后文，《论语》所谓先进野人、后进君子，故质家宜在文家之先，孔子作经，正当战国，必先质后文，先行三月之丧，而后可以徐推至于三年，儒家之说所以存经，如当时专用墨子派，则经说无以自存于天地之间。二家于时局互有长短，交相为用，不可偏废，西人为墨家，中国为儒家，以俟后言之，中国所谓无其德而用其事为太过，西人专用墨派未免不及，中外交通为古今一大变局，墨家居简行简，质胜文则野，儒家一于主文，未免文胜之弊。《说苑》引孔子见子桑伯子，谓子桑伯子质有余而文不足，欲以我之文化其野；子桑伯子亦专就儒家言，孔子谓儒家文有余而质不足，欲以我之质化其文，盖以分方言，则东木西金，一柔一刚，一文一质，各不相同，大同之说则相反相成，柔必取刚，刚必取柔，二者混化为一。在《尚书》曰：柔而栗，刚而无虐。在《论语》曰：温而厉，威而不猛；又曰：文质彬彬，然后君子。此儒墨一家，一柔一刚，一进一退，一文一质，一后一先，自其分而言之，至如冰炭水火之不能相容，自其合言之，则如水乳胶漆。此至圣六经为其大成，而儒墨特其中之一小部分，古书多以孔墨儒墨并称，子思为儒，孔子固非儒，孔墨并称之孔则必以为子思，盖孔子为大宗，九流皆系支派，万不可以诸家相题并论矣。

道家

《六家旨要》言道家顺阴阳、统儒墨、综名法，集其大成。见在说者卑则以孔为儒、高以孔为道，夫以孔为道似也，而孔之不可为道则更有说。考《论语》言志章之曾晳与农山言志之颜子兼容并包，所谓道家也。老子之外，列子、庄子、尹文皆所谓道家也。若孔子则为至圣、为六经，不惟儒非孔，即道亦非孔。《庄子·天下篇》所言十子，大抵皆道家者流。以老子及己之自命，皆自托于方术以为耳目①口鼻，以六艺为心、为至神天化，是庄子虽祖述老子，而不敢以老与孔比。盖道家虽较胜各家，然既以道自名，则已落边际言诠、囿于一偏，为诸子之一，而不敢与至圣比。旧说颜子为道家，孔子自谓其偏长不及四子，四子所以事我者如回能仁而不能小，颜子本为道家而所以师事孔子，而一间未达者，则以其能大不能小、偏于一端。盖至诚如天，《论语》贤者识大不贤者识小，夫子焉不学，而亦何常师之有；《中庸》曰：大德川流小德敦化，此天地之所以为大而无所成名。如孟荀讲王学则非毁桓文、列庄言道德则非毁仁义，以大小言之，道德固可以包王，王固可以包伯，但言皇帝者则专主道德，言王伯者则专主仁义，自立限画，专门名家，不能相通。不惟儒家不敢自谓入圣人之域，即道家亦道其所道能大而不能小，所以为子学，亦如器皿虽有大小之别，然终囿于器。六艺高远，即《论语》北辰章，及无为、无名、无我、为道家所主者，不下数十章，为列庄所主。王者制法为儒者所主固多，下至齐桓、晋文、管仲、晏子，亦皆推崇辞无轩轾。不惟儒家，下至农家、纵横家、小说、杂家，亦皆祖述《论语》。《中庸》所谓万物并育不相害，道并行不相悖，故云：道不同，不相为谋，攻乎异端，斯害也已，兼容并包，不事攻击，有始有卒，所以为圣人。夫子之门何其杂？此《论语》所以兼包皇帝王伯六艺九流天人之学，无所攻击于其际，至于诸子有所从则有所违，有所守则有所攻，虽道家之庄列亦然。盖就诸子言，皆各有水火冰炭顺逆违反之事，至圣则先后本末无所不具，道家所以亦如杂家，为孔子之具体而不能以至圣域也。自来说庄列者，皆于孔子之外自成一家，或者并以为异端，而无人无我宗旨全见《论语》。道与墨同出六艺，盖道家之深者为《诗》、《易》之天学，其浅者为《尚书》之人学。旧说以庄子为子夏之门人，列子庄子所言，孔较老尤详，凡所称述皆为《诗》、《易》师说，与《楚辞》相吻合，故道家虽与小人儒者有异同，凡实则君子儒六艺之师说，不囿于儒，则道何以能出六艺范围？今所传《道德经》世或以为老聃所作，道德本为《尚书》所包，古无立言之事，凡诸

---

① "目"原讹作"且"，据《庄子·天下篇》改。

子皆出六艺后，今所传鬻熊、伊尹各书自来皆以为依托，惟《道德经》与孔同时别为一派。考道德为三皇五帝之学，必出在孔子后，列子引其文曰：皇帝之书，又其所引老聃说道德皆无之，是《道德经》为七十子所传，绝非老子自作。《楚词》为皇帝学，不主老子，惟《韩非》有《解老》、《喻老》二篇，《史记》遂以与韩非同传，谓刑名出于道德。子书每多附益，不必皆出其人，《管子》、《荀子》、《春秋繁露》是其明证。文帝尚黄老，以《道德经》为老子皆出汉人之手，今《解老》、《喻老》皆出于盖公等之手，其书藏在内府，与韩非合，校书时并以为一书，不必出自韩非。亦如《管子》"解"、"问"凡十余篇，必出原书之后，大抵为汉儒言管学者所附益。与原书有早迟之别。考《孟子》为子书之正体，无一章不有孟子，以此推之，则凡有姓名者为本书，无姓名者为古书，或为其人所传授，如《董子·爵国篇》，荀子之《乐记》、《礼论》、《三年问》诸篇，《吕氏春秋》之《月令》或为后人附益，如《管子》之《周礼》师说各篇，与其"问"、"解"各篇，《韩非》之《解老》、《喻老》亦如《公羊》、《穀梁》、《丧服传》，大抵皆出于汉师。当时子书自名一家，皆如《孟子》不能以古书参杂其中，又不能为别书所解说，此老子亦如《周礼》、《王制》为圣门七十弟子之所传，后人以为老子所作，亦如后人以《周礼》为周公所作，《王制》为博士所作，《月令》为吕不韦所作，其实不如此也。

改文从质说*

《论语》言文质而指其弊，曰史，曰野，《公羊》于是有改文从质之例。学者疑之，以为《春秋》乃不易之法，非一时救弊之书，如改文从质，久仍成弊，则数千年后，抑将再生孔子更作改质从文之《春秋》耶？且《春秋》尊君卑臣，扶阳抑阴，纯言大纲，无文质史野之可言，更无质家亲亲之明据，不得以爵号三等冒之也。又中国由秦汉以至今日，仍一尊尊之治法，二千余年积重弊生，别求一质家救其弊者而不可得，然则所谓改文从质亦经空说，在今日固无自救之术，中国将无以自立，且使尼山之席终为耶氏夺耶？夫《春秋》固百世不易之经制也，所谓文弊者不主当时之周，而二千余年后用文以治之中国也。所谓质家亦非郯、莒、滕、杞礼失而后求之野者也，质家者何？今之泰西诸国是也。考其政治法令，其得者颇有合于《王制》、周礼，至其礼教风俗多与中国如水火黑白之相反，中国尊君以上治下，西人多主民政贵贱平等，中国妻为夫义不二嫁，西人男妇平等、彼此自由，中国天子郊天，统于所尊，西人上下同祭，人各父天，中国坐次以远于主人为尊，西国尚亲则以近者为贵，中国内外有别，女绝交游，西人则主妇陪宾，携手入坐，中国冠履之分别最严，西人则首足视同一律，中国以青为吉、白为凶，西人则以白为吉、青为凶，如此之类，难以枚举。于中国制度之外，别立一教，行之数千年，牵连数十国，上下服习，深信不疑，方且讥中国君父之权太重，妇女不能自主，以祭祖为罪于上帝，以妾媵为失之公平，真庄子所谓此一是非、彼一是非者也。孔子论质之弊曰野，野者鄙陋，与都士相反，泰西不重伦常，绝于名教，极古今中外之变，而

---

* 戊戌年（1898年）作。

求一与文相对相反之质，非泰西而何？文弊不指东周，则质之不主《春秋》明矣。或曰：野人之质，直夷狄之别名耳，三统循环安用是以乱圣人之天下哉？曰：经传文质盖有二说：一则中国与中国分，从圣人不易之中别分为三等：以待后王之取用，如改正朔、易服色、明堂之三式、社树之三种，事可循环，理无二致，此经中之三统变易以新耳目，亦所以救弊，董子所云法夏、法商、法周是也。中国与外国分，如西人之无父无君，所谓野人之质，固不得与明堂、社树一例视之也。或曰以孔子之论文质为今日之切证，揆以百世可知，与莫不尊亲之义固无不可，然中国虽曰近史，安用是野人之质而救之耶？两害相形则取其轻，吾宁终守文史之弊、穷困以终而不辞，终不愿用夷变夏自居于野人也。曰是又有说。今之守旧者，于维新政事已深恶而痛绝之，如谓西教而又将舍我以相师，是直非圣无法，狂悖之谈也，请历证之。《周礼》土圭一尺五寸以求地中，非即地球三万里乎？大行人九州之外为藩国，非海外大九州以九畿八十一方千里为一州乎？大司徒五土、《王会》五种民，与动物植物非即五大州之说乎？外史掌三皇五帝之书，皇帝平分地球，中国为黄帝所司之中央之极，方万二千里，则四帝四极之地，不皆在海外乎？《左传》礼失求野，非即取法外国乎？浮海居夷，不嫌鄙陋，是毂辐版图并包海外，五会之民固未尝在屏绝之列，且夷夏之防严于宋人，六艺恶小求大正与相反，即以《春秋》传所谓荆、徐、扬、梁，传者亦称夷狄，无论滇、黔、闽、粤也，圣人化去畛域引而进之，教泽所及，乃得成全《禹贡》九州之制，今遽以华夏自居，屏西人于门墙之外，是犹方一登岸，遂绝后来之问津，我既果腹，遂御外人之学稼可乎？天心仁爱，五行缺一不可，黄种先生元子，圣教遍中国，而忍使泰西数千万之生灵不入圣国，长为不教之民乎？其来也，天启之，天又不使其轻易得闻圣教也，使之讲格致、谋资生、课农工、治战守、合海外诸国男女老幼，竭精殚思，前后相继考求，始得一定之法，以投贽于中国，束脩之仪，不可谓不厚，中国文弊已深，不能不改，又不能自创而仰给于外人，亦如西人灾患已平、饱暖已极，自新无术，而内向中国，中取其形下之器，西取我形上之道，日中为市，交易得所而退，文质彬彬，合乎君子，此文质合通、百世损益之大纲也。中外各自有长短弃取，是为交易，如曰我之师法专在质，野人虽至愚亦不至是。且吾尝就中西得失求之《周礼》，所谓冢宰、司马、司寇、司空、司徒四官者，彼皆得其精华，惟司徒、宗伯二职半为西人所略，是彼以四长易二短也。又以《曲礼》考之，三公职掌彼已精其二，惟司徒人伦之教阙焉弗讲，是以二易一也。舟车无数，凭险而求，又不敢空言挹取，竭力以求相易之术。彼处其难，我处其易，彼得者少，我得者多，彼得者虚，我得者实，彼之所得，我应之也裕如，我之所得，皆其历困苦焦劳而始获者也。则天之爱中国不可谓不厚，乃欲违天闭关自守而不生矜恻乎！以通商论，固利少害多，即以传教论，我能修明，彼将自悟，即使如仙宫禅院，钟鼓相闻，又何足按剑乎！《论语》仲弓问子桑事，《说苑》详其说，以为子桑质学不衣冠而处，孔子往见之，子桑弟子以见之为非，子桑曰：孔子文有余而质不足，吾欲以吾之质化彼之文。孔子弟子亦以往见为非，孔子曰：其人质有余而文不足，我欲以吾之文化彼之质。此中国互相师法之旧例，孔子不忍于子桑而谓能忍数千万之西人乎？此乃为中国通商之第一大宗旨，于中国利益甚巨，特税则未行列入耳。或曰西人之强如此，不胜左袒之惧，自尊其教，欲以化天下，讥贬名教为失中，何能师我！曰：通商以后，西人渐染华风，夫人而知之矣。彼见我之名教若熟视无睹，固无如彼何，乃从而加讥贬焉，则入其心者深矣。而自化固非旦暮之功也，天非假西人自强，不能自通，不授中国以弱，势将绝外，即此文质交易而后我日臻于实用，彼日肄于虚文，我既日以强，彼必日以弱，外强内弱之天下，变而用强干弱枝之天下，转移之机，要在彼此相师耳。天以文质分属中外，用夏变夷之中国，即寓以内制外之法，冒顿因难久横，吐蕃今成饿隶，是在谋国者转移之。今之讲时务者，上下通行，无虑数千百门，然皆师于人，无所谓师人者，以文质而论，彼此当互师，奈何去我所短并不张所长，举四兆人同听外人之指挥，不思拥皋比而提命之也。天以中国为长嫡，震旦文教久经昌明，泰西虽远，要不失为庶孽，天既命其开通以求教中国，若深闭固拒而不与之言，得勿伤厥考心乎？窃以时务之学，当分二途，学人之事，官吏主之；教人之事，师儒主之。古法以《孝经》治内、《春秋》治外，今当反用其道，以《春秋》政治治内，《孝经》名理驭外，百僚当北面师考其养育富强文明之治功，师儒一如该国，立校讲学，盖天下学问与政治同，困小则劣，通博则廓，中国自号文明，闭关自守，未见不足，一自通商，神州遂触其短，相形见绌，所宜修改者甚多，第彼此颠倒，互有长短，非观博通难达经旨。

尊孔篇*

此乃私家撰著，不必引为学堂课本，盖宗旨虽极正淳，而入理至为深邃，恐程度不合，反生疑怪，为中外提倡微言，发明哲理，阅者以哲学视之可也。

序

学经四变，书著百种，而尊孔宗旨前后如一，散见各篇中。或以寻览为难，乃综核大纲，立四门：一曰微言，二曰寓言，三曰御侮，四曰祛误。分二十四题，著其梗概，并附略说数纸于后焉。

今之学人，守旧者不必知圣，维新者间主无圣，不知学人之于圣、亦如沙门之于佛，其阶级相悬不可以道里计。学人之尊孔必如沙门之尊佛，斯近之矣，夫亡国必先亡教，今之尊孔者十人不得二三，所尊之

---

* 据《年谱》，本篇作于宣统元年（1909年），序略言：学经四变，而尊孔之旨如一，唯散见各篇，或寻览为难，因综核大纲以为四门：一曰微言，二曰寓言，三曰御侮，四曰祛误，分为二十四题，著其梗概。唯本稿仅存三门，独缺“祛误”，二十四题亦仅见十五，岂此文未能保存完整，抑为先生未完之作乎？末附《尊孔篇附论》十六条，今检核与前载《尊孔篇提要附论》及《寓言门》全同，且文字尚偶有讹误，故本编未收录。是年先生已五十八岁，进入四变时期，《经学四变记》已口授录就，天人小大之学早成。而本篇长逾万言，竟鲜羼杂天人悠谬之论，先生自谓本篇“宗旨极淳正，而入理至深邃”，淳正之言不诬，深邃则未必尽副。唯此篇尚能略见先生言尊孔之深意，先生明言所尊非音训语录之孔，而为微言制作之孔，并谓非此不足以当世界（文化）之冲突，非发明尊孔宗旨则爱国之效不易收。先生又言中华之“教化始于孔子”，“教亡而国何以自立”，尤足为吾人所应深思，此语与近世言吾国能两千余年为长期统一之国家屹立于东方者，特赖以孔子创始之儒家思想为中心之传统文化为凝聚力耳。此与先生之言若合符节，实为弗能移易之高见卓识。则是孔氏之当尊崇感恩，岂但以三拜致敬可以尽吾人心意乎？唯继续发扬孔子所倡导以“仁”为核心之伦理教化，为不可忽也。

孔，又音训语录之孔，岂足以当世界之冲突乎？

今之学者，未能发明生民未有之真相，而沈德符、魏源尚欲推周公为先圣，移孔子于西面，故尊孔之作，所以表扬列代推崇之至意，以挽回向外之人心。

微言门

微言秘密传心，不足为外人道，此派自西汉以后绝响，故学者专推己量人，务求平实，使如其言，则但云考据、义理足矣，微言一派可不立。

受命制作生知前知　说详《论语微言述》

进化公式，中外所同，吾国当春秋时既有外人今日之程度，渐革草昧，始可引进文明，天乃笃生孔子，作经垂教，以为万世师表。孟子云：生民未有贤于尧舜；《论语》云：天将以为木铎；又云：天生德于予；又云：如天之不可阶而升。盖前无古后无今，世界一人。故纬书详受命制作之事，后儒以为妖妄，盖以己相量，己既未尝受命，则孔子亦不敢受命。而不知贤于尧舜，固非后贤可比。

空言俟后详《待行录》

以经为古史，则刍狗陈迹，不足自存。《论语》云：往者不可谏，来者犹可追；《中庸》云：百世以俟圣人而不惑；又云：待其人而后行。盖孔子以前尚属草昧，愈古愈不足以示后人，故屏绝弗道，所垂经典，皆开化后来，六艺容经为人民普通，《春秋》立王伯之模，《尚书》垂大同之法，《礼》著大纲，《乐》存空说，至于《周易》则真人至人，六合以外，神游形陟，进化则由人而天，退化乃由大降小，初则先天而天不违，终以后天而奉天时，学者如必欲求古史，则海外四州即吾国少稚之旧式。

人天详《天人学考》　人天各有皇帝王伯之分

天人之说，制义详矣，而后儒颠倒知行，孔经遂无天道。囿于方隅，不能通天道质鬼神。凡《列》、《庄》、《淮南》指为异端，《楚词》、《山海》以为怪妄，孔经遂专为三家村课本矣。大抵六艺为普通人学，皆治世之学，《王制》、《周礼》由三千里以推三万里，世界人事毕矣。《诗》、《乐》与《易》，上下鸢鱼，六合以外。《庄子》：六合之外，圣人存而不论。即谓《诗》、《易》托之比兴，不似《春秋》之深切著明，故不论《楚词》、《山经》为其师说，虽言飞仙神化，即所谓质诸鬼神而无疑，而后人乃以《文选》比《诗》，牙牌比《易》，亦浅之乎视孔子矣。

翻雅详《翻译释例》

孔子以前皆字母，所谓结绳，中国未用古文之前必先经字母语言阶级。《庄子·天下篇》：旧法世传之史，尚多有之，古史皆切音字。《诗》、《书》、《礼》、《乐》，孔氏新经古文。邹鲁之士能言之。弟子乃能读经。《五帝赞》云：百家言《齐悼惠王世家》诸民能齐言者皆与齐王，按以语言分国，即字母。黄帝其文不雅驯《李斯传》诸侯并作语，即方言各国字母语言。是也。而《国语》及宰我所问，则为孔氏古文，彼此相反，而不离古文者为是。此孔子翻经托之雅言，据其成曰作，原其始曰翻，盖如今之译本书，言直译、言通译矣。《班志》：《尚书》读近《尔雅》，通古今语而可知者。竖译之法，与横译之方言本无不同。

《艺文志》：左氏以口说流衍，惧弟子各安其意失其真，乃作《国语》云云。就微言说经为新经，孔子出自胸中，游夏不能赞一语。然以经为孔氏私言，古之帝王近于子虚乌有，难于征信，故必托之寓言，以为古人之陈迹、帝王所通行，然后其言足以取信于当时，为古今之通义。

刘子政《战国策序录》言：孔子有德无位，六经之说，惟七十弟子信从，当时天子诸侯卿大夫皆鄙屑不复道云云。盖魏文、齐悼、秦皇、汉武始推行，乃以经传空言见诸行事。如战国先秦汉初学人之著作，及名公巨卿之奏疏使用微言派，则匹夫私言无足征信，故必用寓言派以经传为古来通行之典礼，以为帝王用之而长久，秦违之而速亡，此孔门新设寓言派取信当时，虽博士亦主其说，东汉以后古文大显，专用此派，至今二千余年，深入人心，牢不可破。

学海堂所刻《经解》与《通志堂经解》，虽不言孔子亦可。

道咸以前言经所用儒说，囿于中国一隅，今则万邦来同，当与中外共之。旧说以经专属当时，今则当以推之万世，非有哲理思想不可以为古史。外人攻之，中国亦指为无用，故儒术寡效，宋人说经至制义盛而利弊见，考据说经至两《经解》出而利弊见。

言经必先微言，微言者即素王制作，不可颂言，私相授受。《论语》为微言，故多非常可骇之论。如古史之说，则何微言之足云。

凡立教欲后世通行，则必合后来程度，故孔子经劈分人天，于二学中又分小大，以次而进，方今尚属春秋世界，必地球一统而后《尚书》之学乃显，推之至于天学，鬼神天真，则其境界非数十万年以后不能。中国有字，古书凡托名神农黄帝管晏者，皆出孔后为七十子之流传。

贬孔流派九条

东汉古文家以古史读经，立周公为先圣，孔子为先师，至以周孔并称。以下皆为贬孔派。

唐宋以后以孔子为传述，如《易》先有伏羲、文王、周公，孔子特其晚师。

六经本全，古文家创为秦火残缺之说，伪经、拟经、补经、删经，人皆可以载笔，至以孔、墨并称。

梁武敕孔子不能超凡入圣。

斥诸子为异端，专以儒术为孔教，至以孔、孟并称。

不知圣莫能名，竟加以宗教家、教育家、政治家、理想家、专制家、道德家等名辞，合诸名辞，适足以见民无能名之全相。

不求知圣、专于学圣，遂以庸言庸行村学乡愿为孔子，人人有自圣之心。

孔圣之功，在后世、不在当时，在天下、不在鲁国，妄以为欲行道当时、急于求仕。

不知经为何物，至谓古文雅正为三代后之《尚书》。

正名造字

六经为中国所独有，六书亦为中国所独有，今以六书即雅言，全出孔子欲作六经特创此文字，仓颉结绳为字母，凡今六书文字之书皆由孔始，非古所有。使果古史，则为字母书，始皇、李斯所谓百家语、百家言者，皆经秦火与汉武罢斥不传矣。汉武罢斥百家，亦非子书乃字母书。诸子皆出孔经，为四科支流。《汉书·河间献王传》以《老子》、《周礼》皆为七十弟子所传之书，旧以百家语为子书，从古无秦始焚子书之说，则百家语非子书可知。

《韩非·显学篇》言：儒墨所称尧舜，彼此相反，而皆自以为真，尧舜不复生，不能别其是非。由儒墨推之，九流、兵势、占验、技术各有学说，即各有皇帝王伯君五等之不同，就其学说中分五等资格，为上上皇、上帝中、王下、伯下、下君，危亡者不入此格，所谓言人人殊，不止儒墨二家，尝集为专书，以明各学中各有尧、舜、禹、汤、文、武、周公，此以学而分者也。古史中，帝王文明则极文明，蛮野则极蛮野，以此。

皇帝王伯则又有以经分翻译符号之例，《诗》、《易》为天学，如《诗》契稷无父而生，《楚词·天问》、《山海经》星辰同有尧、舜、禹、汤、文、武，下至五伯，即以人事言。春秋三千里为九州，秦汉以后由夏化夷资格已足，《春秋》家所谓之尧、舜、禹、汤、文、武、周公指为中国古人古史尚可也。若《尚书》、《周礼》三万里，一统至今，中外始通，谓古通后绝，今又复通，不可也。又如土圭一尺五寸之法，郑君注见《孝经纬》于两冰洋立表，万五千里至今地球，两冰洋尚无人迹，谓古通后乃冰结不解可也。则《尚书》乃百世俟后之作，其中之尧、舜、禹、汤、文、武、周公与春秋必非一人一时一地可知，此小大翻译之说也。须就此例专撰一书。以穆王言八骏日行三万里，神游化人之宫，此天学之穆天子也，六合之内不能容。《左传》穆王欲天下皆有车辙马迹，此《尚书》全球之穆王，《春秋》三千里不能容，故同此名词符号而实有人天大小之别。

孔子者，六经之主人，六经者，孔子之家产，西汉以上，此说大明，至今犹可覆案。刘歆初亦如此，至古文家乃援周公以敌孔，主古史以破经，率二千余年之儒黑暗迷罔，不识主人，历代尊崇孔庙，此有鬼神诱之，实则东汉以下无知圣尊孔之学派也。

经学自西汉以后号为难通，如汉宋法，虽百年不能通。且如其说，则经之资格直同《典》、《考》、《纲目》，刍狗糟粕，人所优为，如后人说《诗》、《易》直以为古诗选、牙牌数，则孔子何以号至圣，用天子礼乐与天无极、为生民未有之绝谊乎！今将此宗旨削尽浮蔓，王道坦荡，三年通一经，实所优为，且通经便为人才，亦如秦汉，则又何苦别寻迷途，以自困苦乎？别有《博士考》，专详汉法。

小说有《天上圣母会》云：皇帝、圣贤、师儒，均推一人之母居首席。今仿其意以尊孔子，《易》有伏羲、神农、黄帝，《书》始尧、舜，主皇则遗帝，王伯主帝亦遗皇王伯，其术既殊，其时又异，既必折定一尊，则又不能同主数十人明矣。彼《荀子》专主周孔者，则以非天子而行天子事，周与孔同，故古文家以经为古史，专主周公以为先圣，以皇帝王伯皆不可用也。今拟《周公让表》主意六道以见，不惟古帝王，即儒之周公亦不可夺孔席。

《周公让表》意见

《论语》三畏：大人与圣言，比《左氏》立功与立言，比孔子空言立教为自古之变局。

行者只合当为古史陈迹，糟粕刍狗，过时即废。

又其时皆为夷狄，资格真史事不足以垂法训，世故绝而不传空言文明，以导先路。

西汉以上无周公作经之说，东汉以下以周代孔，《尔雅》亦以为周公作，六书古文始于孔作，翻周公事为新经，史有其人，经则译本。

春秋时诸侯风俗政事犹蛮野，则春秋以前可知。

愈古愈野证

虞官五十，夏百，殷二百，周三百。 夏丧三月，殷五月，周九月。 虞瓦棺，夏堲周，殷涂次，周墙翣。 夏五十官，殷七十，周百。《礼记》虞夏不胜其质，殷周不胜其文。 夏二庙终三，殷四终五，周六终七。 不能循环为进化例，能循环者为三统例。

凡《春秋》所讥，皆旧来风俗，故讥之而已，不加贬绝也。

不亲迎。 不三年丧。 世卿。 父老子从政。 僭天子。 娶同姓母党。 《檀弓》详孔制作，《坊记》详孔以前旧俗。大抵与今外国同。孔子生知前知，先天弗违，乃能为万世师表，由人而天，由王伯而帝皇，鬼神全在所包，亦无所不可。 为立言，为后世，不为当时，为天下，不为鲁国。孔子之门何其杂？万世师表，则非一法可通行。 经之周公非姬公，其人尚未生。 孔子梦周公，凡梦皆占未来，不占已往。春秋中国尚止方二千里，其程度尚属蛮野，戎狄之俗，并无伦常、宗族、尊卑，礼制不足传，亦如今海外。 即使诚如《春秋》所言，亦刍狗糟粕不足传，世凡俟后之书，其程度必非当时所能及。

以六经论，有人天皇伯之别，《文子》：天地之间二十五人，神人、真人、道人、至人、圣人，位在弟五等，《五行大义》释之甚详，《列》、《庄》书中言天人、神人、真人、至人，至数十见，且有称孔子为至人者。至人以上为《诗》、《易》说，由圣以下五等为《尚书》说，帝王以下德人、圣人、智人、善人、辨人五等为《春秋》说。原始要终，所谓千百亿化身，尊孔而全在所包。且凡古之皇帝王伯今所传诵者皆属孔，言尊孔即以尊经，尊经即以尊各等圣神，若周公国有帝王、家有父兄，何能独主辟雍。

经统天人帝王，全有各种科级，即全若周公，于经不过伯之一小门，其职既卑，其时又晚，何能自立。 且无论周公，即使主尧舜、主文武，然有帝无王伯、有王伯无皇帝，均属一偏，若全主之，一堂数十人，事杂言哤，无所折中。载籍言古史事，文野不一，诸子亦各以学说分皇帝王伯，彼此不同，各尊所闻，各行所知，然酋长之姬公，固不堪当，伯道之周公，尤不敢当。

周公称公不举谥，与鲁公同为经传有一无二之名词。周为皇大号，公为二伯，周即泰皇，周公即泰伯，周公者犹言泰皇之伯，其人未生、其时未至，故不能称谥与已往古史同。

《尊孔篇》提要附论

今以言作为微言派，《公》、《穀》最详，《檀弓》、《坊记》尤著，孔子作经之说，凡典礼义例与《左传》相同，而《左传》托之名卿大夫者，皆以为出自孔子，与《公羊》、《穀梁》沈子传经之先师。寓言全在孔子前，微言全出孔子后，二说冰炭水火，即三传互异，乃可考见其家法。

先进野人，后进君子，即海外先野后文之师说。如《尚书》四表三万里版图，《禹贡》九州已极文明，至春秋二千余年乃版图仅三千里，且荆、徐、梁、扬，三传皆以为夷狄，所称中国者不过五州，泰伯断发文身以避水族之害，以进化言之，地方既已文明，断无复返蛮野之理，夫妇父子既已进化，不能更变夷俗。

经说由帝而降王，由王而降伯，先文明而后蛮野，前广大而后狭小，与进化之理相左。西人据此以攻经，谓耶教由一国以推全球，孔教经说乃由三万里退缩以至三千，两两相形，劣败优胜，则孔教必不能自存于天壤。

《论语》云：犹天之不可阶而升；孟子言：生民未有、贤于尧舜远矣。孔子为圣作，前无古人可知，孔庙题曰大成至圣，由贤人中推其尤为圣，由圣人中推其尤为至圣，若如贤述之说，取古帝王之政事文诰史策而钞存之，则太史公所优，如《昭明文选》、吴兰陔、路润生选制艺，虽称善本，然不能谓选者远胜于作者。

历代学校以尊孔为主，而不及帝王周公，今之说者以为尊孔则必贬古之帝王，不知物莫能两大，与其尊帝王而贬孔子，何如尊孔子而贬帝王。宰我、子贡皆以为生民未有，人若必谓孔子为述，与宰我、子贡不合。

制义家从古史说，以为周监二代至为明备。若是，则西东周皆折入于秦，是秦之袭周亦如清之袭明，所有殿阁宗庙郊坛一切典礼皆当袭周之旧制矣。乃遍考《国策》、《史记》，秦所袭取于周者，实无一物，但云参用六国以成秦制。是古周于明堂、辟雍、郊社、坛坫、天神、地祇，诸典制百无一有。《史记》于《礼》、《乐》、《封禅》、《平准[①]》各志，言帝王三代者甚为详明，一入春秋，则云礼坏乐崩，无可考核。使六经非全出孔子，周制文备，孔子且屡言之，何至秦一无所得。盖三代以前之文明，皆出经说空言，实无其事，至于入秦则为史事，故秦所行典礼皆出山东儒生方士之条陈。孔子经传空言，秦乃从而见之行事，东言西行，为一定之例。孔以前为经说，孔以后为史事，史者衍经说为之，学者苟能将《国策》、《史记》细心研究，方知经史之分、言行之别，使周果有文明，则固非孔作，若周初无典制，则虽欲不归孔子而不得矣。

今以立言二字说之。言为空言，非旧史。立为自造，非钞胥。故经书皆为后来伯王帝皇之范围，与地球相终始，如有王者起必来取法，为万世师表，开后来太平。通经致用，岁岁皆新，所以为圣经，与古史、刍狗糟粕天悬地别。

纬书言孔作事最详，《孔子世家》、《刘歆移书》全以经出圣作，独尊孔则皇帝王伯全在所包、约而能博，方有归宿。

寓言门

《庄子》之寓言，十之九不自言而托之古人，如畏累虚、庚桑是也。古帝王非无其人，而文明程度则后来居上，据微言则为新经，犹寓言则为旧史。

今以言述为寓言派，《左传》不以空言解经，以经为复古，为古帝王所已行之陈迹，孔子加以笔削，故曰非圣人孰能修之。非遂如后人以为《文选》、《诗选》之比。

《左氏》、《公》、《穀》所言后师之经义礼制，《左氏》以为皆在孔子前，为名公巨卿之陈说。

后儒必以孔为述者，大约不解《左》、《国》寓言之旨，今诚如其意以推之，就《左》、《国》言经，《诗》、《书》、《礼》、《乐》、《易》、《春秋》，固为旧书，即《论语》、《孝经》其说亦出孔前。以传记言之，如《易·文言》、《彖辞》、《象曰》，《尚书》师说，六府九歌举十六族、去

① “平准”原作“食货”，按《史记》当作“平准”，今正。

四凶，《礼记大戴》、《尚书大传》、《韩诗外传》后来师说亦多出孔前，则孔不得为作，亦几几乎不得为述矣，何以《左传》屡引圣言赞孔修，不用寓言之说，如何可通。

由分经之说言，每经各有一周公，时地不同、程度亦异、名同实不同，初非已往之姬公之定称，则周公如何可冒主大祀，周公多、帝王亦多，互相争斗，则反成讼端。

历代尊孔皆属天诱，不必作者能知其意，如今推大祀人鬼绝谊周公，则仅传心殿一祀用后儒说，则孔当与周并厕立功臣庙，与萧曹比肩。

西人文字言语相合，为诸侯并作语。中土文字与语言判而为二，乃能天下同文。

语言即文字，如闽广乡谭，随地变殊，不能相通。

文字离语言则不取乡谭，专以象形相接，如中国政府必用各行省方言，则不能治。故公共文字、通用语言利于乡，离语言而用图画则利于国与天下。使万世以下人人必学数十百种语言，岂非一不了之局，此同文之事不能不行，象形之字不能不作。

御侮门此尊孔篇提纲四门之一

欲尊孔则必详外侮，知己知彼而后可以立国，亦如战事，覆辙圮城，必须改造，使营垒一新。说者每讶为多事，不知效命疆埸，存亡所系，侦探不得不精，瑕隙不当自讳。

《列》、《庄》所讥

《列》、《庄》推六经为神圣制作，故孔事详于老聃，间于孔子有微词者，《史记》云：庄子著书诟訾仲尼之徒，则非真詈孔子矣。盖《列》、《庄》所讥以古史派为最详。《列子·仲尼篇》：孔子自云：为天下、不为鲁国，为后世、不为当时。则立言俟后之旨明矣。后世儒学如马、郑诸人，莫不以经为古史，所以大声疾呼以明孔真，以祛晚误，必免人攻而后可以自立，此古史之说所以不敢从也。

儒术一体

孔为至圣，《论语》所谓无所成名，近来学者或目为教育家、政治家、宗教家、理想家，种种品题，皆由不知无名之义。孔道如天，无所极尽，而儒特九流之一家，以人学言其中皇帝王伯论之，孟荀专主仁义之王学，故上不及皇帝、下则diss讥五霸，与孔经小大不同，乃东汉以下专以儒代孔，除王法以外皆指为异端，是六经但存《春秋》，余皆可废，道德为德行科，词赋为文学科，纵横为言语科，世所传者大抵考据语录之政事学，而余三科皆屏绝不用。故非尊孔不足见儒术之小非小，儒不足以表至圣之大，须知孟荀于佛门中不过罗汉地位，今由《春秋》以推《尚书》，由人事以推天道，时地不同，每经自成一局，故凡中文之古书皆出孔后，梵语《左书》亦不能出其范围。

西教反对

宗教攻孔之说多矣，即如经学不厌精，《古教汇参》自西徂东之类，意在改孔从耶，盖其节取孔经者半属言行小节，乡党自好者之所能，若言至圣真相，则彼所译者非八比讲章，即庸滥语录，中土且不知圣，何况海外。惟其所攻驳每据彼国新理，时中肯要，凡学术自立不足，攻人则有余，今欲尊孔正可借彼谈言为我诤友，语云善守者不知其所以攻，所备既多，则固不能拘守旧法，亦如今日之兵战也。

东方研究

外国有哲学，专用理想，时有冥悟。盖思想自由，不似八比之限于功令，梏蔽聪明。且彼国汉学专家，毕生精研经传，不似吾国务广而荒，故其所指摘大抵皆晚近儒者之误说，既有驳正，不能以非中人遂悍然不顾。又凡其所攻，固不能皆是，而精船巨炮，则不可不思辟解之法，暴虎冯河，固非善战。

中土书报

中人自宋元后，以学究乡愿为孔子，而不求知圣，八比盛而其学昌，八比盛极而其学转败。梅伯言云八比说理之精无间可入，真为名言，惟其孤行千余年，家弦户诵，至今而得失成败可睹矣。群知八比之无用，则不得不别开溪径，近来新书报章尤喜疑经讥圣，教亡而国何以自立，故凡此类博搜潜究，非者固置之不议不论，苟其中理，则必研究改图，不使自形其短，盖学堂虽标尊孔宗旨，非广大精深、毫无罅隙，何能强人崇信，使经教占世界各教最高之地步，孔子为中外有一无二之至圣乎！

怀疑中立

西汉以上，六经虽甚繁赜，专门名家，条理极为明晰。自东汉以下，黜师说而研音训，经传[①]遂成为迷罔，无论新进后生，虽老宿名家亦直如中风呓语。他且不论，即如《王制》、《周礼》、《注疏》、《典》、

① “传”原作“专”，但“经专”不辞，下文有“经说”，故改作“传”。

《考》，久成莫解之结，无人不疑，无人能解，初尚怀疑，久之自信以为定论，经不能通，何以致用，故庠序不能造美才，且沿讹承误，更以矛盾争斗为经学中天然之性质，故老师大儒皆以经说原不必明白，恍惚离奇，探讨不尽，乃见高深。今志在遍通群经，不使再同迷药，经营既广，改革又多，诚有难于索解之处，然姑妄言之，姑妄听之，久之自能彻悟，若必一见能解，则此书原与一说晓童子《进学解》性质不同。

经史之分

传世之书，分经史二派，《春秋》以前之史皆字母书，经则为孔氏古文，以二种文字分经史，《史记》每兼采二说，混合为一，东汉以后，字母之书绝迹，凡今所传古文之书，皆为经派，同出孔后。春秋时未有典礼，经乃立之标本以为后圣法，今日名臣宿儒震于泰西维新之说，革旧改良日新不已，前数年称新者，今日已旧，今日称新，不能保日后之不改。若六经在二三千年前，古不可治今，小不可治大，东西学人固多以经在可废之例。即《劝学篇》与东南士大夫亦倡言中人好古、不如西人求新，尼山之席必为基督所夺。盖诸家误从古文说，祖周公读经传为古史，谓中国古盛于今，黄帝以前大同，尧舜以后疆宇日蹙，政治典礼每况愈下，故视经传如禹鼎、汤盘，徒为骨董家玩物，摩挲把弄，不过资行文之点染材料。信如是说，则经之宜亡也久矣，何以至今存也？《列》、《庄》刍狗陈迹切矣。三王不袭礼，五帝不沿乐，凡政典经百年数十年已为废物，况远在四五千年上之档册诰令乎？必知经为孔作，空言俟后，而后小统指中国，大统包全球，如《周礼》土圭三万里、车毂三十辐，大行人九畿为九州、方二万七千里，九九八十一州。《春秋》九州六国，为八十一分之一，与《诗》海外有截、九有有截，固为古所未有，即以《春秋》言：至今进化二千余年，尚未能尽其美备。孟子云：兽蹄鸟迹相交之中国，使圣君贤相为之，试问典章文物、三年期月，遂能如典谟之完全乎？以退化言，则春秋逊于虞、夏，以进化言，则后进加乎先进。春秋去禹二千年，疆宇当日辟，教化宜日新，乃三传于禹九州半指为夷狄，断发文身，筚路蓝缕，三传同此，南方四州为夷狄。以典礼论，诸侯雄长妄称尊号，射王中肩，执君、君臣相质，以臣召君，不得不称为乱世。以伦理而论，上烝下报，不行三年丧，居丧不去官，同姓昏，凡人皆称天子，世卿并嫡，弑杀奔亡，史不绝书。春秋时事如此，则以前之蛮野草昧更可知。故凡《春秋》所讥，皆为当时通行之公法通例，直与今泰西相同，故必知春秋中国文明程度适同今日西人，孔子作新经、拨乱世，由九州以推海内，由海内以推大荒，大抵经义由《春秋》起点为六经基础，由是而《书》、《礼》，而《诗》、《乐》，而《易》，自堂徂基，自羊徂牛，时至今日，小统之中国可称及半，大统之海外，尚当再用《春秋》拨乱世之法以绳海外诸侯，隐隐如《公羊》大一统。西人求新不已，所谓过渡时代之事，不过如凌空宝塔，初级之一砖一石，非加数百千年数万亿名君贤相鸿儒硕士不能完此宝塔之功能。故六经者非述古，乃知来，非专中国，乃推海外，以《王制》、《周礼》为中外立一至美至善之标准，后来之君相师儒，层累曲折，日新不已，以求赴其目的，其任重，其道远。今西人尚在乱世，云泥霄壤，一时不能望其门墙，以后视今，则所称新理新事者，皆属尘羹土饭，刍狗糟粕，不转瞬已成废物。经则日月经天，江河行地，万古不失，与地球相终始，世界必大同尊亲、必合一世之谈士汇能言之，而折中儒术，少所发明，不知以经为古史则势在所必废，苟芟锄莽歆邪说，以经为空言俟后，从来并未实行，则经为新经，借以标示世界大同之规画，则经方如日月初升，何遂言废乎。

尊孔大旨

前贤所争学术，今古、朱陆，近则在于传作先后，尊孔与贬孔二派。自东汉以后，误读述而不作，群以帝王周公为作，孔子为述，孤行二千余年，沦肤浃髓，万口一声，无或致疑，今乃起而矫之，所以专主尊孔，曰孔作非述，闻者莫不诧怪，以为病狂，今为申其说于左。

一曰守中制

中国自汉唐以来，辟雍专主尊孔，不言帝王周公也。近因外学风潮，乃推至圣为大祀，与天地并黄屋左纛，用天子礼乐，帝王周公不与焉。耶教独尊上帝，禁绝百神，中国既专在尊孔，以后贤配享可也，若帝王周公位则君臣，时有先后，苟一相临，则孔子必辟南面之尊，退居臣民之位，周公先圣，孔子先师，必周公南面，孔子西面而后可。沈氏《野获篇》、魏默深用晚近颠倒之说，欲改主周公、退孔子，故从历朝旧制，不敢不保守国粹，以蹈非圣不敬之罪一也。

二曰从微言

经为古史之说，则孔子不过如史公、朱子，六经不过如《史记》、《通鉴》。孔子推本尧舜，至于则天，无名至矣。乃宰我、子贡则曰：生民未有、贤于尧舜者远。既独尊孔子，则不能谓尧舜禹汤文武周公人人皆孔子也明矣。盖物莫能两大，欲尊孔子则必贬帝王周公，若遍尊帝王周公，则孔子止得为贤述，无两全之道。《孟子》乃童蒙所读之书，其说发于宰我、子贡，使二贤为无知则可，若以为孔门真传，吾固不能舍受业弟子之微言，而师魏晋以下之晚说，两利相形则取其重，两害相形则取其轻，此固一定之势也。

三曰尊经

述而不作之说，《列》、《庄》刍狗糟粕攻之于前，西人文野颠倒攻之于后，闲尝考纪文达之说曰：《周礼》确为周公手书，传之既久，人非周公，续有改羼，当时不能通行，因之废坠云云。故以经为古史，则疵病百出。信如纪文达之说，则不待外人攻击，过时废物何足以自存于天地之间？夫以孔子为立言，汉宋诸儒无异辞，以其为微言之仅存者，今谨就二字推阐六经，既曰言，则非已往史迹；既曰立，则非钞录旧稿。经为孔传，专俟后圣，必非古有而后万世可师，空文垂教而后天下足法，六经生死机缄专在作述颠倒，所以排众议而不顾三也。

四曰救世

近之学人崇拜欧化不一而足，攻经无圣之作，时有发表，动云中国无一人可师，无一书可读，中国文庙既主尊孔，鄙意非发明尊孔宗旨，则爱国之效不易收，尽删古史旧说之罅漏，而后能别营壁垒，孔子生知前知，足为天下万世师表，六经中《春秋》治中国，《尚书》治全球，血气尊亲，同入围范。新推尊孔子为天人神化，迥非言思拟议所可及，若以平庸求之，则个人礼德乡党自好者类能之，即如伦理学史画界分疆，以教化始于孔子，故必尽攻圣废经之敌情，而后可以立国，独尊孔子则文明不能不属吾国，爱国保种之念自油然而生矣。

有此四大原因，而世顾出死力以相争者，以尊孔则于帝王有妨，其说出于孔门浮言，不足深计，或又以为欲灭去尧舜禹汤文武周公诸名词，更大误矣，尧舜名词有三：古史之尧舜，已往者也；法经之尧舜，未来者也；学说之尧舜，随更其所学而变异者也。典谟之尧舜，圣神功化经由圣作，尧舜即孔学之所结构，尧舜即孔子不能贤，更何论远近。此经中尧舜即孔子之所说也。古之尧舜，时当草昧，大约比于今之非奥，即如孟子所云当尧舜之时，天下犹未平，洪水横流，兽蹄鸟迹之道交于中国云云，其与典谟野文之分，人皆能辨之，此已往真尧舜也。今试以孟子所说较典谟，岂无优劣于其间，所谓孔子贤于尧舜者，谓《尚书》之尧舜贤于真正古之酋长耳。《公羊》云：乐乎尧舜之知君子。君子孔子，尧舜在孔子后。孟子云：服尧之服，言尧之言，是尧而已。董子云：法夏而王，法殷而王，法周而王，此则未来取法《尚书》之皇帝也。昔曾文正有感于史笔附会，谓汉高祖不识果有其人否？今人动以文正之言相讥，夫据孟子而言，前古非无真尧舜也，《汉·艺文志》古书多亡，出依托书为今书，人则古人，苟无其人，何为托之？即如左史必谓其言皆传史，毫无修饰，固为痴人，若文正本为戏言，鄙人固不以为实无其人，若因文正戏言而疑之，则疑者之过也。据《周礼》、《春秋》以《尚书》为圣作，剔透玲珑，固无方碍，实则虽《伪孔》、《蔡传》亦谓《书经》删润去取不能离孔子而独立，则两说相较，实亦大同小异，至于报章谓有孔前六经、孔子六经、墨子亦有六经，经比课本，人人可为，时时新出，而世顾不之怪，此鄙人所以愿为教死钺斧不避也欤！

大同学说

大同者何？不同也。化诸不同以为同，是之谓大同。凡天下之物，莫不有类有群，自近及远，由小推大，始于同，归结于不同。飞以羽为群，走以毛为类，《易》曰：方以类聚，物以群分。《左传》所谓以水益水，以火益火。《班志》所谓以热益热，以寒益寒。《论语》曰：小人同而不和。故凡人之智慧，世界之进步，皆以尚同为初级。如人之交际，其始在家庭，父子兄弟，所谓家人骨肉之亲，稍远则为乡党邻里，又推之至于邦国，更至于天下。以同姓昆弟与异姓甥舅相较，则一亲一疏，同姓同而异姓不同，与乡党较，则无论同姓异姓，皆属血族，则甥舅为同而邻里不同。由乡以推州县，由州县以推一省，更由一省以推之中国，由中国以推之黄种，由黄种以推之五种，其亲疏之等以数十计，然而五种皆同为人，是不同之中有大同者在焉，名曰大同，其实皆不同也。又由人以推之动物禽兽，由动物以推之植物之草木，更由草木以推之矿物，形状诡异，百有不齐，或有气，或无气，或有知，或无知。以天地父母言之，同在此世界中，不啻有甥舅兄弟之义焉。由人性以推物性，大同之中，各自形其不同，不同之至，即为大同之至，更由人类以推鬼神，由六合以内以推六合以外，同与不同，无可究诘，而各随人之分量以为景像。《论语》曰：君子和而不同。《中庸》云：参天地，育万物。化其同与不同之形迹，由圣贤以推至诚神化，其分量亦有数等，所谓语大天下莫能载焉者也。

又自其小者言之，由一家以索之一身，由一身以分别脏腑肢体，三百六十节，以配周天。五脏以配五宫五土，九窍以配九野九州，一日之中，呼吸一万七千，以配万物之数。庄子所谓自其异者观之，肝胆犹胡越也。我有身，万物莫不相同，蛮触相斗于蜗角之上，伏尸百万，流血千里，而蜗不知。由微虫以推至小微虫，至于形不可见，声不可闻。然既曰虫也，则仍有手足以运动，口鼻以呼吸，耳目以视听，内之九脏六腑，外之经络部节，不能不谓其与我同也。所谓语小天下莫能破者也。通其小大之故，则何亲何疏，何人何我。我之身可与天同量，微物亦为我之具体焉。

经传之所谓小康大同者，则专就政术而言，小至无穷极，举王伯以立说，大之不可究诘。举皇帝以为宗，道德行蓺之所以分，在于大小，小康大同之所以别，专在同不同。王学之七君子，自其小者较之，则大不可加，因对大同，故谓之小康。皇帝亦非无进境，自小康较之，名曰大同。合数十百千之等级，而以二等分之，二者之宗旨又专在别同异。《论语》曰：君子和而不同。又曰君子周而不比，小人比而不周。又曰君子不可小知而可大受也，小人不可大受而可小知也。盖天下之物理，皆喜异而恶同，男女同姓，其生不殖，草木接种，其子乃佳，电学之南北极，种学之血液，泰西通人著为专书，其理至为明确，无事繁引。故人生知慧之塞与通，政术之优与劣，则皆由是而分。大抵王伯已有民胞物与之量，私心未能尽去，故囿于小康。皇帝贵异而不贵同，能化诸不同以为同，所以为大同。

嗟乎！吾中国学术之所以不振者，不惟非大同，并非小康，私心所至，积成一乡之天下，所以败坏不可救药。今请譬之于医，凡大都之市，所称药室者，本草上品、中品、下品，无毒、有毒，皆求备焉，以应病者之求。欲其补偏救弊，起死回生，非毒药不为功。药室备药，而所以用药之权则在医，故病者必求名医，望闻问切，因病立方，君臣佐使，轻重生熟，丝毫不可苟。以学术言，六经六艺，如五谷六畜，人所常食之品也，九流诸子，则为药物，凡药物皆取补偏救弊，生死肉骨，当危急之时，存亡在乎顷刻，冲锋犯难，必须勇将，所以硝黄姜附，本为毒药，其所以贵之者，正取其毒，医之所以救危存亡，亦其善用毒药，如回阳之四物，救阴之承气，一岁之中，所救死所愈病以百千亿万计，虽有平常无毒久服轻身之参芪术枸杞菟丝黄荆生地，皆退居无用之地，气血不平然后病，药必毒而后能医人，此其理固易明也。毒药虽能已病，并非教人如五谷之常服，亦非使人不求医不问病，懵懵然如谷米鱼肉常服之也。即如墨子，世所称偏驳者，亦如硝黄桂附之有毒，考其《鲁问篇》，自言择术而从，世主好战黩武，吾则与之言兼爱；好歌舞声乐奢侈，吾则与之言非乐尚俭；祭祀不诚，怠惰自安，吾则与之言明鬼非命；私心太重，吾则与之言尚同云云。就墨子所自言，其宗旨各条，皆为救弊而设，因病立方，药必精良，惟恐其毒之不厚。推之儒与名、法、纵横、小说、农家，同为药物，苟非病人，则以饮食自为调养，其说皆在六经。不幸而有疾，则不能不求之药室。六艺之外所以别有九流，亦如饮食之外，别有药物，一常一变，一经一权，天地之间，不能专言饮食而屏绝药物，一定之势也。乃今之言学术、言政治者，不讲医理，不审病势，深恶诸子，以为非圣人大中至正之道，流弊甚大，不可常服。故其处方也，必求一不寒不凉、不升不降，杂凑平庸无毒诸药，倡言于众曰：吾方中正和平，决无流弊，不惟有病可服，即无病亦可服，不惟此病可服，即他病亦未尝不可服。不审时势，不论机宜，矜矜以防流弊为宗旨，方其持论中正和平，亦自托于圣人之中庸，所谓非之无可非，刺之无可刺，偶有小效，遂群推服，以为圣人复起，不易斯言。一时之业医者，喜其便易，不必详经络，读本草，言四诊，但杂凑平淡药方，改头换面，遂觉投无不利，谬种流传，牢不可破，杀人如麻。病家虽死，亦且无所怨，犹以为其方和平，绝无流弊，其死也盖原于命尽，并非医者之过。嗟乎！中正和平之医生，充塞吾中国二十二行省，日以杀戮我人民，或者有识微见远之士，大声疾呼，以为庸医杀人，必倡明医学，以挽回杀运。且此庸医者，多学而未成，生计无聊，借此谋衣食，无足深责。

一时名公巨卿老师宿儒者，抱此庸医杀人中正和平之方术，日以败坏我国家，堵塞我聪明，在彼方自以为内圣外王之学，旁观者亦以为孔子之道即在于是，日日为学术政治防流弊，试问今日之政治学术，其归根究竟何如乎？盖知流弊之害，而不知防流弊之害，且什倍千万于所谓流弊也。在此辈惑于西人之强盛，好以西学新政号召于人，就其平日之宗旨而论，所谓西政西学，其弊或且什百倍于我中国之诸子，弊且实甚，更何论流弊。故虽盛推西人，而我中国之古子，方且斥以为异端非圣。以此而言，西政西学，所谓羊质虎皮，不惟无异，而害且不可胜言。盖其心摹力追，素奉以为宗旨者，在九流之儒家，儒家者流，好甘忌辛，党同伐异，实即孔子之所谓小康，而与大同相背而驰者。窃以为闭关以前，彪然自大，崇尚小康之儒说，尚无大害，方今天下交通，中外一家，必须标明大同至公，宗以镕化小康自私之鄙吝，乃能存国粹、强国势，转败为功，因祸为福。

盖以流弊言，天下无无弊之政治学，六家九流，太史公班孟坚论其长并及其所短固矣。《经解》一篇，言善学者之所长，并推论不善学者之流弊，不善学诸子，固有害于人心风俗，若《经解》所陈各经之流弊，不与六家九流同乎？此亦如药物之有毒，端在医者之善用，苟非良医，不唯平和之药足以杀人，即饮食酒肉因之而病死者，实繁有徒。然则将并饮食酒肉而尽废之乎？故良医以毒药奏奇功，庸医以常药酿杀运，良相用诸子而得平安，如诸葛武侯教后生读申韩之类。愚者因六经而致败亡。如王莽、王安石。故药无论有毒无毒，在医者之善用，学无论诸子六经，在读者之善学，欲求世界大同，必先于学术中变大同，以六经为主，以九流为之辅，此吾中国学术之大同也。能化诸不同以为同，推之治法，乃有大同之效。

以世界所有之物而论，则大同之学，比于瀛洋，孔子六艺，分派六洋，上下四旁无所不通，化为九家，以五大洲大小分派中国之江河占其二，小洲占一，大洲占二。美苏彝士河如墨家，中国河如名家，江如儒分为八。孟与荀分占八派之二焉，以川江分占二家，则荀统嘉定以上，以孟为金沙江。古语曰：百川下海，藏垢纳污，含宏其量，不计清浊污垢，无所不容纳，所以为海。《庄子·秋水篇》以河伯与海若相见，河伯为九流之一，海若比于圣人，未至海之前，河伯自大，以为天下莫能与京，即九流各持门户。怡然自足，方自以为大同，既见海若，相形见绌，乃知自为小康，贻笑于方家。庄子借河海以形容小大，所谓观于海者难为水，游于圣人之门者难为言，谓九流不得圣人一体固不可，大抵吾中国数千年之学术，皆以江河为瀛海，亦如河伯终身未尝至海，不能以支流为天下之大观。

夫学至于江河，本自足以名家，特自以为足尽水之量，则不免诬圣人而以小康自足。中国之称圣贤，多举孟子以概孔子，所谓孔孟，亦如所谓江海，江虽未尝不大，比之于海不过得其一支流，考六艺由小推大，穷天极地，无所不包。即以《论语》论，九家不过其中之一体，与儒相反对之墨家，其宗旨载在《论语》者，亦数十条，故推论大哉孔子，博学而无所成名，天纵将圣，又多能焉。孔子之自述，则曰无可无不可，道不同不相为谋，至于儒墨，其局量褊浅，不足以登大圣之堂，党同伐异，动辄相攻，好名争胜，同为儒家，日寻干戈，著书立说，若天下至要之事，无有过于此者。三王，孔子已名之为小，若后世儒家者流，又为小中之小，故其为学，师心自用，动辄龃龉，诚所谓乡曲之见，乃犹自托于圣人，岂不大可异哉！大同之皇帝，小康之王伯，出于六艺，为至圣原始要终之全体。儒家以王自画，不敢言大同，而专言小康，是或一道也。乃又攻伯，或曰：孔门五尺童子，羞称五伯。或曰：仲尼之徒，无道桓文之事。《论语》盛推管仲之功，《春秋》专言桓文之事，凡一己宗旨之外，皆欲屏绝之，不唯与圣言相反对，《春秋》一经亦皆在屏绝之内，此等褊狭私心，流为学术，吾国儒者遂以孔子为专言王学之圣人，所谓皇帝大同，故久绝此思想，于二伯之学术，亦以为圣人所羞称，喜同恶异，于族类则中外之界最严，于学术则人我之见尤甚，谬种流传，至为国家大害。毁教堂，甚至有拳匪之事。变法维新，久不能进步者，其无形之现象实在于此。

故当今欲言变法自强，首在开士智，欲开士智，必先明圣人大同之宗旨。旧所传之儒说，为小康之小者，就其所宗法之孔子，据经立说，以恢张海涵之分量，以化其中外之防、人我之见，开拓其心智，移易其精神，使其自悟其旧来之学术乃一隅之私说，与圣人大同之学南辕北辙，如水火，如霄壤，如冰炭，而后可徐引之至于道，借以见全球皆大同之版土，众生皆大同之人民，所有海内外政治学术，皆我分内所当考究，宗法圣人，推求海外，为经传所有之学术，初非崇奉外人，有背于先圣。且进而言之，民胞物与，黄种与不同姓之兄弟异种异族舅甥，折衷一是，惟善是从，种族之见化，人我之见消，智慧开通，学问自然增长，取人之所长，以证我之经义，发旧有之所伏，以推之全球，分纛扬镳，固无所不可，若其致用之方，则专在《春秋》、《尚书》二经。

盖大同有天人，天学尚可缓，而专致力于帝学。人学有王伯之别，王学可缓，而切要者在于伯。方今中外开通，共球毕显，言疆域则土圭之三万里也，于五洲则五帝之分方万二千里，画为九畴，则邹衍之九九八十一也，编为五书，则各方之利害得失也。儒家旧说，专详中国之一隅，所谓五服五千里者，不过大同三十六州中之一州，以疆域、州国、风土、人情、政治、宗教而论，当由《王制》以推《周礼》，由中国以推外国，大小虽殊，而其体国经野、设官分职，则叠矩重规，初无二致。验小推大，不过扩充，固无所难，唯《尚书》所言皆帝学，大成一统，以后全球人民进化，道一风同，分用二十一历，所谓协和于变，欲为帝学立法，故不得不言其大成。

当今时局，诸国林立，无所统一，赤道以南，尚属草昧，各亲其亲，各子其子，会盟征伐，互相雄长，不过比于隐桓，所谓乱世，小康一统，尚属未能。若大同《礼运》大同云云。更无论矣。凡欲有用于世界，亦当切合机宜，通经致用，其要皆在于《春秋》。一帝一伯，大小本属龃龉，然三千里者未尝不可为三万里之小影，考《周礼》为皇帝之书，司盟司约，君臣往来于诸侯，外交亦如《春秋》，盖凡实据，无论大小，皆有分合二局之不同，《春秋》由分而合，五洲将来必至一统。唯见当割据时代，不能不因时立法，故以《尚书》之帝学开拓其版图，而以《春秋》之见局以求其实用，三传《公》、《穀》详于经例，而于邦交政事，不如《左传》之详明，故三传之中，尤以《左传》为切要。

《春秋》既为侯后之书，凡纠合诸侯以尊天子，中国实力举行，考其义例与今世界切合者尤多。既非述古，安知不为今日世界大春秋之陈法，故学者宜先就三千里中，外以南北中分，方伯多在豫州，数十条大义详考其与今日世局相同，然后求诸国内政、外交，以西史及政治各书，证明经传。旧事如弭兵会、维也纳之会，属地使馆盟约，不下数百条，以今证古，以中统外，而详考其异同文野之分别，凡今日诸国所已行之陈事，即将来成败得失之归宿①，皆可于经传中得其指归。《左传》文繁义杂，有天学《诗》、《易》各经说，今当分门另编为成书，凡《左传》所未详而其见于他书者，并取以补传之所不足。如内政之教育、用人、财政、兵制，外交之朝聘、会同、盟约、公法、行人辞令，以小学大，以大字小诸大纲，编为成书。《周礼》行文五书，尤当仿其例，分门编纂，以为周知天下之根本。《王制》、《周礼》为二经之传记，在所必详。至于《诗》、《易》为哲学，自愿研究，固无不可。而欲求实用者，则《周礼》、《左传》尤为切要。将来世运变迁，必不能出此程度，大约五百年以内此法尚可通行。

又二书除政法以外，西人各种学术，大约皆于其中，细心推考，编录成书，亦为当今之急务。中国旧说，多以经为空言，求实用者多治史，又当画经史之界，经非古文，乃未来之新经，以经传为主，略取中外史事，以为补证，则用力少而成功多。经传之与古史，程度相去甚远，非谓史不可读，要在有宾主轻重专博之分，以大同为精神，以小康为实用，因时制而为，此议切要，尤在化其自私自利之旧习，而以圣学大同为归宿云。

今之中西，风气礼俗相反，学者遂愿歧而二之，不知阴阳之分，文质之别，大在中外，小在一家一国一物，皆得言之。《颜氏家训》当南

① “宿”原讹作“缩”，兹据下文改。

北朝时，一人身仕两朝，于南北学术、典礼、音声、体质、风俗，皆分判之，今读其书，亦如今国使馆所记外国事宜，自中国一统以后，南北混化其形迹，不能如当时之分划之严密，中外再数千年，安知不如中国南北之分久远遂化一统。故自其异者观之，肝胆犹胡越，自其同者观之，无论中外即一隅，南北分王，亦若如水火冰炭之不相投，久而得合为一。故读外国之书，亦当以取法颜氏之意，此小大当其初莫不有分别，而终有小同大同之一日。则吾中国古者南北之分，实即今日中西之界，来者之视今，亦如今之视昔，世界大同，固可由中国之小同而决之者。庄子曰：大有大同异，小有小同异。即此之谓也。

（选录自《中国学报》1913 年第八期）

天人论

未知生而思知死，未知人而思知鬼，亦如《中庸》洋溢乎中国、施及蛮貊，未及其时不可躐等。既至其时，则又不可自画，盖皇学、帝学学之交，即天学、人学之界也。《论语》曰：不怨天，不尤人。又曰：不知命无以为君子，不知言无以知人。《中庸》曰：质诸鬼神而无疑，知天也；百世以俟圣人而不惑，知人也。自是以降，于士之稍具学术者仍曰学贯天人。夫由帝推皇，由《尚书》、《春秋》推《诗》、《易》，由人学推天学，其程度次第，即《大学》先后终始本末之说，故昭昭在人耳目。使孔子言人不言天，则王霸之制既已详于《春秋》，皇帝之制既已详于《尚书》，六合以内包括无遗。仅作《尚书》、《春秋》，已无余事，《诗》、《乐》及《易》虽不作可也。考六艺以天人分，各占其半，人学之中，既分皇、帝、王、霸四等，则天学亦必相同。按西人说日会世界者，以为八行星与小星共为九轨，轨各绕日，则日当为一恒星。虽他恒星所统行星与月皆远不可见，然行星既绕日，日又不能无所绕，西人有日绕昴星之说，虽未能大定，然日之率行星以绕大恒星，则固众人所公认无异辞者。刘歆以为西宫之一宿，西宫以七宿合为一宫，合数星为一宿，合数十星为一宿，西宫以星体计，共为一百几十国，四方四宫以绕三垣，三垣各星又绕北极之帝星，若以人学之皇帝王霸言之，北极为皇，四宫分居四方为四帝，西宿昴星之一为王，日会所统为霸，故佛说大千三千世界，自比恒河沙数，《山经》由五山以推十二篇，共为一十七篇，《天文训》九天九野，以二十八宿分配地九州，《论语》言为政以德，譬如北辰居其所而众星拱之。所区天学统系，亦如人学之以皇统帝、以帝统王、以王统霸也。就北辰四宫而言，无极无尽，不可思议。人学王霸，不过就一帝所统之一王分言其制，以为举一反三之例。以地球论，如春秋之王者有百，齐、晋之二霸者有二百，鲁、卫之八伯者有八百。以地制合天象，天球星宿或且千百倍于地球，惟是世界虽多，五宫九野之大纲则天人合一。故春秋之王如昴星，霸如日会，人学既有皇帝王霸为三经之主宰，推之天学无不相同。《易》为皇帝，《诗》为王霸，善言天者必验于人，善言人者亦必验于天，在天成象，在地成形，亦如《淮南子·天文训》据地之辨方正位以言天，《地形训》则据天之五宫九野以画地也。故天人之学，重规叠矩，如表之有影、声之有响，一而二二而一，天道远、人道迩，知人即所以知天。

或曰天道远、人道迩，学以通经致用为归，方今国事日亟，急求人材，所谓天学远在数千万年，当其时天人感应，笃生圣神，不虑而知，不学而能，所谓天学者，固无事于表章。曰经学有三派焉：学者所当因时因地自审所处而为之者也。一曰实行派，一曰哲理派，一曰天人合派。考孔子立教，以思学志行分为两大宗，《论语》所谓观志观行，学罔思殆，即今外国之所谓哲学家、实行家，哲学为思想派，凡遇实行皆先假哲理为耳目，思想家发明其理，实行家实行其事，旧学之所谓知行合一也。至圣六艺之学，原始要终，六艺平分天人，故以天学为知、人学为行，即《春秋》说：所谓与其托之空言不如见诸行事之深切著明也。言为《诗》，《诗》为志，志字经文或作思，所谓思无邪，无思不服也。《易》曰：思之思之，鬼神通之。大抵西人所谓哲学思想家，其本源即为天学之《诗》教。《书》者如也，《诗》者志也，大史公说《易》与《春秋》，《易》由隐以之显，《春秋》推见至隐，大抵皆以天人分知行，《书》与《春秋》为著明之行事，《诗》、《易》二经为隐微之思想，方今去至圣时代，尚在万年之后。学者如欲实行，则专言人学，不言《诗》、《易》可也。惟就人学之皇帝王霸言，《尚书》为地球一统之制度，先就《春秋》之用夏变夷开化南方四州，俾与赤道以北相颉颃，合地球有二十历法，而后人帝之业成。方今诸国林立，与春秋时局相同，或者以为大春秋，考孔子作《春秋》以后，所有纠合诸侯、会盟征伐，中国实无其事。又考所言九州不及要荒，惟九分九州，南方皆以州举，豫州诸侯又移封于他州，以为方伯，所有纲领条例，无不与今世界形势相合。然则春秋者小为中国之三千里，大为全球之三万里。进退诸侯，就中国言，尚为述古，拨乱世反之正，就海外言，乃为俟后。至圣生于春秋，中国之文教政治都由春秋起点，中外今日始通，海外之文教政治，亦当由今日起点，是孔子之作《春秋》，小行之于中国，至今日乃大行于天下。就现在时势而论，实行家又当分为二派，以《尚书》为知，《春秋》为行，据《尚书》之版图，实行《春秋》之政略，盖就疆域言，固已合四表之制，惟政治有三世之等差，《尚书》所言皇帝，多就太平一统立说，其程度尚难骤企，现在诸国纷争，南服各州，犹在州举之例，太平之美备，若从乱世躐等求之，必至无所依据。故疆域虽同于太平，程度尚未离乎乱世，通经致用，必先合乎时宜，学者不求致用则已，苟欲速成以挽救时局，则当专就《春秋》讲求作用。盖皇王虽有优劣，夹辅用倚二公，桓文三千里，为《尚书》之尧、舜，尧、舜三万里，为春秋之桓文，故二经有大小先后，当今学人欲求实效，则天学之专经固在所缓，即人学之《尚书》亦始萌芽，惟专治《春秋》以为拨乱反正，此六经大小先后一定之次序也。然欲求《春秋》中记事之学，以《左》、《国》为先务，盖《公》、《穀》之经义寓褒寓贬，《左》、《国》所有自治、外交公法、兵战、盟会条约四者，二传所未详，又《左》、《国》兼说六经，天人羼杂，篇册繁重，未易贯通，当先举其切于时务者，分门纂录，别本单行，如坊间所刻《左氏兵略》之类。考前人未尝不于《左氏》中求致用，而卒无成效者，则以未去中外古今之畛域，刻舟求剑，守株待兔，其结果亦终同于八股之空言，故当化去陈见，以为孔子之作经，贤者之作传，本非述往之成事，特留此篇引进中外和平进化，以臻于美善。即如外交一门，当就外史考其数百年之程度，与当今之时事，遗貌取神，辗转互证，西土所有传无明文者，当推类以求之。或辑外事以补传之所不足，传之所有而为时事所无，亦有其事而公私文野不同者，又当据传引进之，如桓公葵丘之盟辞，即为现在干涉之政策，现今各国主义多图自利，假公以济私，又所有条约，每近于战国，求如《左传》所谓文襄之治者鲜，而谓先王之制者更属少见，此当据现在形势徐徐补入引之进道。当日虎歌所作公法，不备不全，私而少公，诸国犹且奉行，遵为成宪。果能专心致志表扬中国先圣之古时公法，各国改良精进，皆有求治之精神，以此引而进之，推孔学于全球，未尝不可籍此一端以为先导。惟欲详传义，必先考求各国之史事成案，论卑而易行，欲裁成于不觉，不可高自位置，是己非人，略言一端，余可类推，所有当今经学致用之先务，不可不专心致志、早著成书，以为晚近之一助也。

则试先言天人合一之学。使天人不相关，则六经但立人学而不言天学可也，方今学人见欧美非澳开化之初，皆有拜物教，又因耶教专奉一天，于各种祭祀皆斥为神权蛮野之制，故虽中国通人亦疑《周礼》祀神之官太多，非远鬼神务民义之宗旨。考地球惟中国有天坛、宗庙、社稷、山川诸祀典，此中国所以为文教开化最早，而又得至圣之经说以为之引导，乃能独占风气之先，或乃混同一视，比于蛮野之神权，真所谓一齐众楚，不辨美恶矣。考大地洪荒开辟之初，莫不有奉物教，不惟海外各国有之，即中国当尧舜以前实亦如此。民智进化，则必举至尊无上之一神，专心崇奉，以扫除各等奉物教，西人推尊一天，专祀上帝，不祀诸神，为进化自然之阶级，非独泰西诸国为然，我中国当孔子以前，实已先奉天主教以扫除各种奉物教，如《穀梁》、《董子》，皆有以天为主之说，《论语》王孙贾问媚奥、媚灶，孔子答之曰：获罪于天无所祷。春秋讥不郊，犹三望，礼在丧不祭，惟祭天越绋而行事，此中国以天为至尊，不敢以诸神与天相比之古义也。是西人专奉一天之教，我中国春秋以前行之数千百年，西人不能独恃其强以傲我未能知、未能行，明文具在，可考而知。盖中国开辟，自占诸国之先，海外所推至精至美，傲我以不能知不能行之宗教。而我于二千年前实已实力奉行。《易》曰：帝出于震。教化在欧洲一二千年以前，欧之于亚亦如美之于欧，非澳之于美，虽同曰五大洲，而出海有早迟，文教有先后，亦如兄弟有五人，虽同父母所生，而年岁有先后，知识有壮稚，此固一定之势也。中国虽无孔子，文明已占各国之先，且天独生至圣于我震旦，改旧教、立新教，精益求精，有不得与列国相提并论者。盖中国初为神权，既主一天，行之数千百年，而后孔子生，当时人民亦如今泰西，人人各自以为天子，《论语》：天子穆穆，奚取于三家之堂，盖当时人人自称天子，季氏故肯歌此《诗》，孔子制礼，乃以天子为王者之称，即如朕字，古为上下之通称，自始皇定为尊号，后世遂无敢僭用之者。使孔子以前，天子亦如朕字为尊号，季氏虽骄蹇，亦何取乎此！《穀梁》曰：孤阴不生，独阳不生，独天不生，三合焉然后生。故曰母之子可，天之子可，尊者取尊称焉，卑者取卑称焉，此孔子经义以天子属之至尊，群下则引为姓氏谱。孔子以前人皆主天一如西人，祖宗姓氏之学，在其所略，又耶教主天，不能不拜耶苏，教皇以下司铎、神父奉教者亦不能躐等。即以泰西各国君王与总统而论，无不立官以奉职事，而谓上帝独立于上遂无僚佐，亦与其教会官制不合。故孔子作经以天为至尊，即用西人祭天之说，天之下尚有百神，尊百神即所以尊上帝，耶教专奉上帝，辄与奉物教为难，而与义实不相通，诸经祭祀除天以外凡有功德勋劳及死事，亦如教皇之下必有司铎、神甫，君主及大总统之下必有百官，经义郊天以外，祀典甚严，惟中国独有良法美意，说者不察，乃因奉物教，遂以经传之祭祀为蛮野之神权，真所谓不辨黑白也。官事各有专司，神祇五祀风雨日月寒暑不能不有神，此可因人事而定之者也，初则多神教，继乃为一天教，经义改为至尊一天，而庶祀百神，仁至义尽，法良意美，西人奉物教衰息之后，或且改从中国，此又一定之势也。使鬼神与人无交涉，则孔子亦不必重言祭祀，凡风雨寒暑之得宜、农田丰穰，皆赖神力，惟祭祀之本意，则须人民进化，其精爽不贰，足与鬼神相感格，乃能有效。大约祭祀本旨，皆在灵魂学已精之后，孔子曰我战则克，祭则受福。经书所言天命鬼神，受享锡福之说，至为详备，其说岂能尽诬。即如地球赤道热、黑道寒，欲天下均平，必须鬼神相助，非尽人力所能。又如大禹之开山导水，黄帝之百灵受享，鸟兽草木，咸皆必籍鬼神之力，方今人民程度尚未进化，祭祀之事亦援例以行之，而鬼神之受享与否，则付之冥漠不可知之数。《国语》曰：祭穷于财，而福不可知。又如春秋之救日蚀、大旱之雩祭，其中别有精意，荀子因人之精爽，未能与鬼神相通，于是遂为说曰：雩而得雨，与雩而不得雨，同也。盖谓人君大旱不得不雩，亦如现在州县以一纸文书，虚应故事，不得经义，妄自立说，以致后人疑《春秋》为虚伪矫诬。盖鬼神灵感相假，亦如人之往来，有求斯报，所以经特重祭祀，而《春秋》于郊天之牛牲食角伤口，亦大书特书，至于四五见，盖以明天意之受享不受享。《公羊传》曰：《春秋》天道备，人事浃，凡书鬼神时令皆为天道。王霸为人学之初基，因其与天学悬绝，故必记时令祭事灾异，以存天学之宗旨，故曰：人事浃于下，而天道备于上。盖皇帝平治天下，亦如今日之中国，必与外国交涉，外交得宜，而后中国安，鬼神受享，而后天下治。天学即所以助人事，使上天下地可以扞格而可致太平，圣人亦必远鬼神而专务民义，此天人合一之说也。其理至为精微，不过就最粗浅者言之，以见人学必有借于天，初不敢以为圣人之天人学义尽乎此矣。

（选录自四川国学院《国学杂志》第六号，民国二年（1913年））

《伦理约编》李序及附录*

伦理约编

自海禁开而儒术绌，海外学说，输灌中邦，拾新之士，立说攻经，即老师宿儒以名教自任者，其推论中外，亦谓希腊、罗马制或符经，由野进文，斯崇耶教，更新制，青年英俊，中者过半，心失权衡，手无规矩，既贻卑己尊人之羞，兼伏洪水猛兽之患，土崩鱼溃，岌岌不可终日。议者知穷术尽，推尊至圣，以挽已散之人心，御巨艰之外侮，然微言大义十弗阐一，虽复虚尊大祀，然德配天地之真，卒未窥睹。四译先生昔应选科师范之聘，主讲伦理一科，以为近日课本非腐则谬，不足资采用，学者请自编，先生许之。其编书大旨，在取外国先野后文之箴言，以合《公羊》拨乱反正之范围，每题次以十目，曰西俗，博采西人近俗学说。曰中证，孔子未生以前中国程度比今西人，古来轶文孤证尚有可考。曰求野，中国藩服各史夷狄传，与北魏元史之类。曰祸乱，西国无伦理，其祸乱译书多讳之，惟小说稍有真象而隐伏祸害，每多可言。曰拨正，用《公羊春秋》拨乱世反之正语，每条引经为主，孔子初作礼以拨中国之乱，今且推之全球，以拨世界之乱。曰师说，凡传说与进化宗旨相近、与尊孔切合者，引入此门。曰比较，以中外伦理相比较其得失，考其利害。曰引进，外人染华风，知自别于禽兽者入此门。曰解误，经传之说有从来误解者，如斯干之男女，指为真男女，以为贵男贱女，此解之误。曰防弊，唐宋以后语多过甚，有为外人攻击宜改良者入此门。条分缕晰，得若干

---

* 《伦理约编》据廖宗泽《年谱》作于光绪三十三年（1907年），李光珠序所言每题目次，尚有可观，而书之内容颇不能符。附录所列条目虽颇有可议论者，但又多不见于讲说，廖宗泽云先生此时极佩西人进化之说，时有引用，然又多不涉要义，故仅取李序及附录存此。

条，而《坊记》等编新解附焉。升堂讲授，髦俊倾诚，纵桀傲性成，专心外向者，言下莫不立悟。盖野文先后，作述颠倒，谊由四译诠明，从古无此奇变。故宇宙无此奇作，虽按时立说，四译不得独居其功，然以此为尊孔第一奇书，蜀学之上乘，则固不待好学深思，即某等浅谫，可与闻矣。是书初成，亦如电化各学，初发见于世界，是动天下之兵，又句奇语重，难索解人，或且据旧说以相难，不知敌情，惟好议论，巨寇当前，败衄立见，剩此孤军，独立旗帜，制胜虽不在一时，而死灰犹幸有复燃之一日。名城大将既已亡俘，敌所不能攻者，我乃攻之，籍寇兵，赍盗粮，已为非计，况乎反戈。然连军拒敌，折竿挥之而有余，若以羸卒持朽械，无端构衅，主人深居闭垒，不发一矢，不遣一卒，任其环攻，迟之日月，徒为笑资，竟何损其毫发乎！受业李光珠撰。

伦理范围，所该至广，且师说孔多，非短篇所克罄，今撰此编，粗陈梗概，引而伸之，别详专书。四译馆主人识。

《伦理约编》附录

西与经合条目

中国春秋以前，人民程度与今海外相同，孔子乃就其资格改良精进，以为经教，其特别改良之条，则归入《拨正》中，其中外所同之说，则归入此篇。盖择善而从或损或益，其有不必损益则彼此相同，近人或铺张欧美以炫彼长，又或于中国伦理秘为独得，以为非外人所及，左右佩剑，其失维钧。

先野后文	官天下
刍狗糟粕	字母切音
祆教	议院
知行合一	学堂三等等级
地动天静	重工
地球三万里	重商
世界广袤	重农
改文从质	博士
射御即放枪驾船	动物学
军乐	植物学
唱歌	矿物学

警察
医学解剖
生理学
以脑为心思

中外所同，格致原始已著为专书，条目甚多，今略举十数条以发明其例。由一反三，是在高明之推广焉。

拨乱反正条目

初因讲《春秋》编此条目，以发明据衰而作，以俟后圣之宗旨。继因讲伦理，乃举其中十数条目，编为课本，其余本未尽搜录，略举数条，其例可推，其实亦不必尽编也。故此二目附于约编之后，以明其原，倘有余暇，或悉诸目补入本编，抑或于此目外再为推广，皆不敢自定也。

三纲
六纪
三本
丧服
天子
学堂养老乞言议院以老者充之
公主
养老即为孤子之师
冠男普通学毕业后行
四教四学分经
笄女普通学毕业后行
九伐非礼灭国
宗庙
五刑非礼杀人，如春秋之族诛，烹、醢、作祭牲、筑坊
姓氏
议院
郊天
名氏
社地
公田从古未行，必待再数千年后
卜筮
位次
讥世卿
名器
绝外戚
分州
开选举
建国
严讨贼以救国事犯之弊
南方州举
讥不三年丧
移封豫州国
讥不亲迎
内州八宫八正
婚告父母媒妁
外州十二牧十二月十二历
丧服为名学之精
三统循环
丧服
二十八宿分野
朝觐
五行非以五者为原质，五为五帝，则行指学行

巡守	祯祥后来非古
男女内外之分	灾异将来非已往
闰月	六合
地球升降	鬼神
象天立法	生知前知
《春秋》从南北分夷夏	困知勉行
议院以善为众，不主从众，千人诺诺，不如一士谔谔	思想规则
议院即养老乞言	文明民权
质胜则野	体操改乐舞
文质彬彬质，野人，如墨；文，则如儒	天官事鬼神
以仁义救权利	由人谋进神谋
因德命官	孝道
学校附议院议员为耆老。孤子即学生	道
竞争害群	德
教育主经	群而不党

孔不生于草昧以前者，必有春秋时之资格，而后可以立教也。外国不通商于元明以前，亦必有今日之资格，而后可以法孔也。董子云：文成数万，其旨数千。科目繁赜，固非此区区所能尽，然而宏纲巨领亦已尽隅举之能事，太羹玄酒，聊胜于无云尔。

哲学思想论

至诚生知、前知，泰西困知勉行，一定科级也。近来研究空理有思想家、哲学家、催眠家，术亦发达焉。学者或颇讶为神奇，不知此固吾国老生常谈，特少专门研究耳。《论语》以学、思分为二派，天道远、人道迩，人事为学，天道为思，思与志同，即古诗字也。纬云在心为志，发言为诗，是志诗本为一字，乃全诗中无一志字，思与志音义皆同，字形则志为从心㞢声，思从心从囟，囟为脑，即西人脑气筋之说，于思想尤为切合，是思为志本字，志则续增之形声字。诗为思想，故思字甚多，每言思即诗，如无思不服，思无邪，读作涯。犹云无诗不服，诗无涯。《周礼》掌梦立为专官，与卜筮同为知来，且有献吉梦于王之说。占梦立官，《始皇本纪》已有卜梦博士，献吉梦于王，特为怪诞。考其六梦统于第三之思梦，旧以列子为神仙之说，与典制宜乎不合，乃掌梦六梦详于《黄帝篇》中，《楚辞·招魂》言：上帝召巫阳，告以有人在下，魂魄离散，今欲招之，巫阳辞以为掌梦之职，《楚辞》乃道家之书，《始皇本纪》言：始皇不乐，使博士为《仙真人诗》，及行所游天下，传令乐人弦歌之，即《楚辞》之类。是诗全为思想，学全为梦境，思梦全为灵魂学。故《斯干》、《无羊》同云：大人卜梦所云：吉梦维何，即掌梦献王之吉梦。他如甘与子同梦，视天梦梦，皆言梦。《韩诗》读云为魂，《卷耳》：仆病马痡、魂何吁矣，即《离骚》之仆夫悲予马怀兮，蜷局顾而不行。《远游》云：神虽去而形留。是《楚辞》之周游六虚，即为《诗》神游、梦想之师说，本为《诗》、《易》之师说，故博士传有此派，《始皇本纪》云：招文学方术士甚众，欲以兴太平。考卢生、侯生、徐市皆博士。《中庸》：鸢飞戾天，鱼跃古逃字。于渊。言其上下察也。人事专在本世界，神游六合以外，乃如《离骚》之上征下浮，《列》、《庄》所谓尘垢之外无何有之乡，离去尘垢指地球耳。

而升降，故取法鱼、鸟。庄子云：梦为鸟而戾天，梦为鱼而潜渊。梦鸟梦鱼即所谓匪鹑匪鸢，翰飞戾天，匪鳣匪鲔，潜逃于渊。又即所谓牧人乃梦众为鱼矣，旐为旟矣。旐当为兆，与众对文，兆民同化鸟而上征，众生同梦鱼而下浮，即所谓众生皆佛。庄子所云：梦鸟梦鱼，乃变化神奇之事，若为旐则与卢抱经改众为螺同为实物，非梦境变化之事矣。以此推之，则全经皆同《离骚》、《远游》，凡与为熊、为罴、为虺、为蛇、兆为旟矣，众维鱼矣。托物起兴者同为思想，即同为梦境，读《诗》如《楚词》与《列》、《庄》之华胥，化人之宫蕉鹿蝴蝶同属神游，佛书亦屡以寤梦立说。盖世界进步，魂学愈精，碧落黄泉，上下自在。鬼神之事，未至其时，难取征信，惟梦者虽属寤寐之近事，而神通肉体之分别、可借是以考鉴焉。此千万年娑婆世界飞相往来之事迹，预早载述，使人信而不疑，乐而忘倦，则惟恃此梦境以道之。寓玄远于平庸，托神奇于浅近，《诗》为灵魂学之大成，固可由《楚词》、《列》、《庄》而通其理想，若修养家之出神，与催眠术之移志，则事实之萌芽矣。又经传五帝言五极三皇，则言上下所谓游于於方之外，经传之天神地示人鬼推之，自今日言，则曰神示鬼，以别于人，自其时论之，则天地相通，人神往来，彼此同类。亦如今之中外交通互为宾主，并无人鬼之别，故以人学言，则如列子之说，以觉为真，以梦为妄，至于天学，则众生皆佛，反以梦为真，以觉为妄，故有献吉梦于王之典，所谓梦非梦、觉梦颠倒，固是平等，则掌梦一职非后来灵魂学之起点、催眠术之大成乎！《中庸》曰：道不可须臾离。《老子》曰：大道不止。道今本作盗，盗亦有道，字可通用。《易》曰：在天成象，在地成形，后来事实，昙花幻泡，偶尔一见，以为将来之印证，后来乘云御风，人人可以飞身，而神仙之佚事时有见闻。亦如麟、凤、龟、龙皆非世界所有，乃星辰之精，本世界以人为灵，四宫则以四虫为灵，自我言之，谓之四虫，自彼言之，则同为人。必上下交通而后四灵至，乃《春秋》已书获麟、获长狄，《山经》为将来祖宗神灵学，诸天星辰，各世界为五山、四荒、四柱，故《楚辞》以神魂立说，游于六合以外，凡有所闻见则必非本世界明矣。（以下略）

（选录自《四益馆杂著》，据《六译先生年谱合编》作于 1908 年）

上南皮师相论学书

冬初，晤芸子，传谕改订经说条例，保爱教诲，感愧无极！受业初以史学读表志之法读《王制》，以《王制》为经传之表志；后来取其易明，于各经制度皆以《王制》说之。实则经皆自有表志，如《公》、《穀》其尤著者也。今既奉传谕，拟于各经凡例中删去《王制》一例。所有制度，各引本经传记师说为证，不引《王制》明文，现已遵照改易。至于攻驳《周礼》一节，学宜专务自守①，不尚攻击。如今、古两涂，学派别乎两汉，专书成于洨②长。受业初撰《学考》，不分从违；见智见仁，各随所好；不是古非今，亦不信今蔑古。此书初无流弊，现在通行，可不必改议。惟《攻刘篇》③专攻《周礼》，此书见未刊刻，即将原稿毁消。盖二派各立门户，不尚主奴。特古学久经盛行，今学不绝如缕，初谋中兴，不得不画分疆域；既已立国，无须再寻干戈。公约一定，永敦交好。惟今学既不侵夺，宜谋自守。所有今学，立为自主之国，有自主之权；所有旧时疆域、政事，自谋恢复，古学不得从中阻扰。以《易》言之，古学主三易，名曰《周易》因为文王作，后儒因有可疑，再补周公，退孔子于《十翼》，此古学自主之权也。今学主孔子，以《易》作于商人，传于孔子，《十翼》为弟子传记。推之群经，家法皆同，此今学自主之权也。欧阳文忠说乍见似为奇谈，博考实为通例。今姑下其事议院，使二国使臣自辩。古使曰："《十翼》出于孔子，本为经也，以为师说，近于非圣，则《十翼》失重。"今使曰："《十翼》体

① "自"后原为空格，据下文补"守"字。

② "长"前原为空格，据上文此句当指东汉许慎所著《五经异义》，许慎曾为洨长，后世多以"洨长"称之，兹据补"洨"字。

③ 此《攻刘篇》应即为他处之《辟刘篇》，仅作说明，不改字。

例同于《论语》，必出圣笔，乃足尊贵，不并《论语》指为圣作乎？《论语》从无圣作之说，人未尝弃髦之也。且史公称《大传》，中多重复陵次，必非一人手书，以贤述为圣作，更有何据足以相难？弟子传经，引用孔子旧说，古例皆同。以此为经，则各传记皆思自圣矣，将何以分别之乎？”古使曰：“圣经贤传，旧说固然；但经既出文王，传不出于孔子，则《易象》坐中，从何位置尼父？”今使曰：“《大传》言伏羲画卦明文也；其言作《易》，以为中古，以为殷之末世，当文王与纣之时，信为文王作所，何不曰文王囚于羑里，因作《彖辞》；周公东居，因作《爻辞》乎？即《礼记》‘商得乾坤’言之，与《大传》切合，是《易》本出殷周，孔子传之，而弟子作传，与诸经一律。今子之说出于‘三易’，本于《周礼》，得失姑不具论；西汉以前言经教者，固皆师孔子，无文王、周公也，何必干与外事，夺人自主之权？”今与芸子约：分为二派，各守边疆。《周礼》之说，如能通一例，则即取用。

再禀者：受业今年杜门家居，夏间得芸子书，冬初，乃得晤于成都，传述面谕，不胜惶悚恐惧。保爱教诲，深恐流入歧涂，感涕无尽。庚辰京寓，即以“风疾马良”为厉禁；以后晋粤鄂垣，叠申前论。敢不自警，以越规矩为惧。

维受业之用功也，以智为主，以力为事余。孟子云：“其至尔力，其中非尔力。”盖尝专以中为事，而非徒但能至以为要也久矣。未讲《左传》之前，曾刊《凡例》，以《左传》为古学，事事求分，二《传》相反，如水火黑白之不可相合。考其立异之端，实即攻其主于周公孔子、史官赴告之不同。一国三公，莫知所从。盖尝经营于心者七八年之久，惟日求《左氏》之病痛而布告之，非有心于攻《左氏》，以既欲治《左氏》，非先明其要害不可也。己丑承命校考《左氏》，三年之中，遂成巨帙。或以为倚马成书，而不知前此之经营惨淡者非一日矣。惟其攻之也力，虽癣疥之疾，亦必求所以补救之，非苟且敷衍以应命而已。今之攻《左氏》者曰某某，使以受业所撰加以攻击，纵沉思三五年之久，当亦不得其破绽。则以未治之先，其攻之也不遗余力，则其治之也可以速成。或以为“风疾马良”，而不知治之非一日也。

《左氏》与《周礼》同义，故思治《周礼》亦仿《左氏》之例，先求攻之，故编十二证以求其疾痛所在。所有弊病无不尽力攻驳。以为非攻之竭其力，则其治之为不专。近年诸经已定，乃可从事《周礼》，务举平日之所攻击杂驳，万不能通者，日求所以大同之故。精思所至，金石可开。近于九畿、九州、五等封诸条，皆考其踪迹，有以通之。攻之数年之久，知其利弊已深，然后起而治之，亦如昔日之《左氏》，非攻之也力，则其治之也不如此之精。既将诸经统归一是，则不必更立今、古之名。是不言今、古者，乃出于实理，非勉强不言而已。

芸子传谕云“不可讲今、古学并《王制》”云云，当以询之，以为非不可讲，特苦其遍说群经，虽有佳肴，日日食之，亦厌而思去。受业初用俞曲园之说，以《王制》说《公羊》，继乃推之《穀梁》，推之《书》、《礼》，推之《左氏》，又推《易》、《诗》、《论语》，盖必经数年之久，乃定一说。思之深，辨之审，确有实据，又必考之先师，乃敢为之，非如俗说以《王制》可说《春秋》，遂推之群经，不问是非得失，冒昧为之也。专宗《王制》，议者久有异同，受业早思有以易之。无论何经，自有本说，虽非《王制》，而《王制》之制已在其中，不必求助于《王制》。初欲以此接引后进，今尽改之，诚为不言今、古王制，其立国也如故，非去此不足以自主也。

（选录自《六译先生年谱合编》）

与宋芸子论学书

昔者四科设教，不碍同归；二学齐、鲁。同鸣，盖由俗异。是丹非素，未得宏通，一本万殊，乃为至妙。是未可执一而废百也，有明征矣。或以讲今古学为非，说《易》以主孔子为大谬；并谓“如不自改，必将用兵”。夫用兵之道，首重慎密；未发而先声，此非兵也！将命者未悟耳。聊贡所怀，以资谈笑。

间尝考国朝经学，顾、阎杂有汉宋，惠、戴专申训诂；二陈左海、卓人。渐及今、古。由粗而精，其势然也。鄙人继二陈而述西汉学派，撰《今古学考》，此亦天时人事，非鄙人所能自主者也。初撰《学考》，意在分门别户，息争调合；及同讲习四五年之久，知古派始于刘歆，由是改作《古学考》，专明今学。此亦时令使然，非鄙人所能自主者也。二陈主于平分，李申耆、龚定庵诸先达乃申今而抑古，则鄙人之说，实因而非创也。宋人于诸说已明之后，好为苟难，占据《周礼》，欲相服从，累战不得要领，乃乞师以自重。即以《王制》论之，卢氏以为博士所撰；即使属实，汉初经师相传之遗说，固非晚近臆造者可比。其中初无违悖，何嫌何疑，而视同异类？近人崇尚朴学，于儒先佚书，单文剩句，同见搜辑，岂以《王制》完全，独宜屏绝？或曰：“非恶《王制》，恶以《王制》遍说群经耳。”是又割裂六经之说也。以为一经可以苟合，别经则不必然，不知不同者体例，不可不同者制度，此非可以口舌争也。

鄙人尝合数十人之力，校考其说，证明周、秦、西汉诸子、纬载籍，凡言制度者，莫不相同；再证以群经师说，如《大传》、《外传》、《繁露》、《石渠》、《白虎》，以及佚存经说，若合符节。又考之《诗》、《书》、《仪》、《记》、《春秋》、《易象》、《论语》、《孟子》，尤曲折相赴，无纤毫之异。东汉以下不可知，若新莽以前，固群籍制度者之一总汇。鄙人食芹而甘，愿公之同好。且现在外侮凭陵，人才猬琐，实欲开拓志士之心胸，指示学童之捷径，以一人私得之秘，显著各篇，乃反因以见尤。使如或说，今日于《诸经凡例》删削《王制》一条，别求各就本经传记为之注解，避其名而用其实，不过需数日之力耳。岂得失之数，固即在此耶？则去毁取誉，固不难矣！乃主人则实恶今学诸传，于《春秋》颇有废二《传》用《左氏》之隐衷，特不能显言耳。即以《左氏》而论，鄙人曾同坐时，请询海内所称《周礼》专家撰刻义疏之孙君，其中制度无一与《周礼》相同。此说《周礼》专门之言，又皆同为弟子。今将《左氏》提回博士，与二《传》同心，此亦深所不许者也。至于《易》主商人，不用文周，此乃据《系辞》之明文，以证三《易》之晚说，非误信欧阳文忠也。

考两汉经学之分，西汉主孔子，或作或述，一以儒雅为归，即刘氏《移书》，全列诸经，亦统以尼父。《左氏》不祖孔子，李育讥之。东汉则群经各列主人：《尚书》历代史臣所记，《诗》风国史所采，《易》属文王，《礼》本周公，而《春秋》则有周公、鲁史、外国赴告与孔子新文诸不同。一国三公，莫知所从。西汉经本皆全，故其书具在；东汉则《书》有百篇，《诗》六义，《易》佚《连》、《归》，《史》亡邹、夹。或由女子齐音口传，或以笙奏雅颂，豳雅相补，断烂破碎，侈口秦焚。西汉授受著明，传记由于阙里，义例合同，终归一贯。东汉则初只训诂，莫传义理，推《周礼》强说各经。至郑君乃略具规模，一则折中至圣，一则并及史臣；一则经本完备，一则简册脱残；一则师法分明，一则臆造支绌。略举三端，得失已见。夫孔子立经，垂教万世，自当折中一是，以俟用行，岂其秦越杂投，徒启争竞？学人治经，义当尊圣。不师一老，别求作者，则删经疑经，宜其日炽。既用西汉之学，不得不主圣人；既主圣人，不得不舍羑里。《论语》不必圣笔，义同于经，《系辞》比之，未为非圣。本传既不明言文王，则附会之说，同于马、陆。《易》分文、孔，门户则然。

夫两汉旧学，坠绪消沉，鄙人不惜二十年精力扶而新之，且并群经而全新之。其事甚劳，用心尤苦。审诸情理，宜可哀矜。即使弟子学人不绍箕裘，而匠门广大，何所不容？以迂腐无用之人，假以管窥，借明古义，有何不可？如不以玉帛相见而寻干戈，自审近论虽新，莫非复古；若以门户有异，则学问之道，何能囿以一涂？况至人宏通，万不至此。反复推求，终不识开罪之由。或以申明《王制》，则有妨《周礼》，不测之威，实原此出。按《周礼》旧题河间，毛公乃由依托。先哲事迹，本属子虚。况六艺博士，立在汉初；刘氏所争，但名《逸礼》；《周官》晚出，难以经名。唐宋以来，代遭掊击，非独小子，始有异同。使果出玄圣，亦无与素王。且郑君据此为本，推说群经，削足适履，文可复按。今以遵郑之故，强人就我，而不许鄙人以经说经，听断斯狱，亦殊未平允。

又兵战之事，必先无内忧，然后议战。请先选循吏，内抚流亡，一俟兵食已充，然后推毂。谋臣军师亦曾自审利弊，一检军实乎？恐军令一出，而四丧逃亡，民不堪命。鄙人谨率敝赋，待罪境上。惟是《诗》、《书》、《仪》、《记》、三《传》、《论语》、《孝经》，辐员既广，孟、荀、韩、墨、伏、贾、董、刘，将佐和协；封建、井田、职官、巡守、六礼、八政、五命、五刑，器食精足。一匡之盛，颇比齐桓；谋臣良将，电骛风驰。退舍致敬，开门受敌。开花炮、铁甲船、鱼雷、飞车，轰击环攻，敝塞万不出一兵、发一矢以相支拒，而强弱相悬，主客异致，一二部道以相饵，而已刃缺炮裂，支节且难理，何况擒王扫穴哉？

在未行议攻之先，必有间谍为说曰："彼虽风疾马良，不辨南北，兼弱攻昧，天命可睹。"不知风之见疾，马之见良，正以其识见精明耳，安见有心无所主，而能取速？此谓无信讹传，以伤桃李。现因议兵，愈谋自固。新将《逸礼》诸官招集安插，以《曲礼》旧题为之目，以经传各官补其亡，名曰《经学职官考》，与《王制》合之，两美并行不悖。此既益此强藩，彼必愈形孤弱，庶乎邦交永保，协言《王制》。大将旗鼓，易招弹射，自今深居简出，不涉封疆。惟是先入为主，人情之常；无端而前，每致按剑。循览未周，诟怒已发，是非引之相攻，深入重地，已固难万全，人亦鲜进理解。现今各报新开，学馆林立，必别招天下之兵，日与角逐，得失所形，两有裨益。国虽新立，固非兵威迫胁而屈服者！始之骇以无因，继之疑而自改，终之以喜，喜乎借外侮以勤自修也。

（选录自《六译先生年谱合编》）

答江叔海论《今古学考》书并序

叔海作此书在二十五年之前，邮寄浮沈，久忘之矣。六七年前，祝彦和云：有学生自上海归，得黎氏《续古文辞汇纂》改订本中有鄙人与叔海书。久之，持原书相示，方晤告者主客颠倒耳。南北天涯，未及覆答，非敢有不屑之意，语出原书。今年春于成都得学报第二册，再读校改之本，二十年老友规过订非，一再刊布，其爱我可谓至矣。行装仓卒，未及作答，忆在京师二老白须对谈，酒酣耳热，击碎唾壶，固人生一乐也。又叔海在成都时，常约聚于草堂别墅，主人张子苾，当时各有徒众，定难解纷，每至达旦连日。子苾已故，叔海不远，吾舌虽在，久如金人之三缄其口矣。到京急欲从叔海纵谈，别后十数年，甘苦以相印证，乃寓京月余，晤叔海不及半日，又生客满坐，言不及私，避嚣隐遁，今又月余，津门咫尺，飞车往还，本拟直捣大沽，流连弥月，小事牵掣，未获如愿。长夏多暇，相思尤切，由爱生愠恨，欲有所以感触之，适原书在案，率意目占，命侄子录之，以志吾二人交情，留之两家子孙，作为矜式。更借抒离情，岂非一举而三善哉！时癸丑夏六月初二日，井研廖平作于宣武门外皮库营四川馆东院，时年六十二，《四变记》刊本初成之时也。

叔海先生老棣足下：戊子大作，重入耄眸，恪诵把玩，不忍释手。老兄博采规箴，逼成四变，凡属疏远，莫不庆欢。况四十年旧交，不吝牙慧，既刊文选，又改登报章，诲我之诚，有加无已者乎！具呈数端，以当谈笑，无愠焉，惟亮之。一切繁文，皆不致覆。

《今古学考》之作，原为东汉学派本原出于《五经异义》，《驳》则出于郑氏，足下所推博大精深、两汉之冠者也。嘉道以下，学者皆喜言之。老兄不过重申其说，著为专书，周孔之分，乃大著明耳。足下谓老、墨、名、法、诸子杂家言之踳驳者多矣，而通方之士独有取焉。奈何皆为诵法洙泗，乃妄分畛域，横相訾謷，非庄子所谓大惑不解者欤！按今古之分，许郑在前，孙、陈、李、魏在后，明文具在，作俑之罪，端在汉师，足下归咎于我，《国粹学报》又以惠、庄二人瓜分之，实不敢贪天之功以为己力。且足下云，汉师皆为诵法洙泗，斥我妄分畛域。足下书中自云，马融指博士为俗儒，何休亦诟古文为俗学，是犹辞章科举，更相非笑云云。是汉师冰炭水火，足下已明言之，不能以分今古为我之妄，固已明矣。昔南皮不喜人出其范围，斥《地球新义》为过，创首祸之咎，我不敢辞。至以《今古学考》为罪，则许、郑、陈、魏之书何尝不在，《书目答问》中虽投之有北，不敢首肯。即以足下大论言之，通方之士，博取诸子，博采是也，而未尝尽去老墨名法之旧名而淆混之，《今古学考》胪列今古各师宗旨，书目亦与《艺文志》同，何尝有所偏倚。今古之分，亦如诸子，其原质本自不同，不能强合，亦不能强分，今以诸子皆原于诸经，《艺文志》乃妄分畛域，横相訾謷可乎？来书所言，毋乃类是。足下谓君子之于学也，惟求其是，譬之货殖，或以盐，或以铁冶，或以畜牧，或以丹穴，其操术有不同，致富则一也。按此为殊途同归之说，敬闻命矣，今古之分，则同途而自相违反，故除去文字异同、取舍异趣、无关门户者不计外，专以地域制度分，同出一原，自相矛盾，如一《王制》也，或以为真周制，证之《左》、《国》、《孟》、《荀》而合，卢郑师弟或以为博士所撰，或以为夏殷制。同一疆域也，或以为方三千里，或以为方五千里，或以为方三万里。如弼成五服，至于五千，经文本自详明，而《郑注》必解为方万里。《周礼》九服九千里，明文数见，与邹衍九九八十一之说相同，郑注《周礼》必以为方七千里，七七四十九方千里，王占其一，八伯各得方千里者六，一牧之地，倍于天子者五，此可见之实行乎？此非空言所能解释者。不得已乃创为早年、晚年之说以沟通之，黄仲韬同年曾疑其说，刊入《古学考》。按《列子・仲尼篇》告颜子曰：此吾昔日之言，请以今日之言为正也。则孔子且尝以今昔分门矣。同法洙泗，旨趣文字异同可解，制度之参差歧出不可解，以《王制》、《周礼》同为周制、同有孔说，使朱子之书自相函矢，如此则晚年定论奚待阳明而后作，朱子且自判之矣。仲韬如在，攻人易，自立难，就汉师言汉师，必能释此巨疑，然后可以笑我，不然则如窔室主人论今古学考云。窔室主人论刊入《亚东报》，事在十年前，至今尚不知其人也。谨陈所疑，思虑未周，特望作者之自改，今自改已有明说，负固不服，聊博足下莞尔。《王制》之可疑者多矣，足下单举二事，谓简不率教者，黜归田里可也。放流之刑，舜所以罪四凶，若庠序造士，何至屏之远方、终身不齿。考司徒简贤黜不肖，即《尚书》之天命天讨，举贤四等之法，优于后世之科举，庠序既即有选举之权，何于放流独不许之。若以历代旧制，放流例归法司，学校、选举又何尝有专行之成案。考《王制》选举之制，亦与公卿共决之，非教官专行放流，文虽未备，可例推也。《书》曰刑以弼教，实则选举亦所以弼教，贤者选举，不肖者有放流，由教育推言之，不必皆庠序所专行，若以广义言之，《鲁颂》曰在泮献馘，征伐之事，尚且干涉，更何疑放流之小者乎？又四诛不听者，所以深罪舞文弄法之官吏，庄子所谓大盗负之以趋，最为法律之蠹，附从轻赦从重，别自一义，后世赦文附十不赦，即与此同义，言各异端，不必强同也。

足下谓西汉博士，胜既非建章句小儒、破碎大道，建亦非胜为学疏略、难以应敌。严彭祖、颜安乐俱事眭孟，质问疑义，各持所见，孰为师法？按西汉博士之弊，旧撰《经话》中曾列数十条，其中不无小有异同，正如足下所列曾子、子游之前事，八儒分立，宗孔则同。胜为严守旧闻，建则推扩新义，严、彭传本偶有出入，更不足计。所谓家法，即足下洙泗二字，今古战争，端在孔子、周公，孔则为新经，周则为旧史，孰今孰古，一望而知。故古学主周公，凡涉及孔子即为破坏家法，今学主孔子，必如古学之主周公乃为破坏家法。由是以言，则一为佛法，一则婆罗门，别有教主，平分两汉。今学则东汉尚有流传，若古文西汉以上全无所见，即《白虎通义》，全书不过二三条，郑说大行，乃在魏晋以下，足下乃虑博士之家法不可考，过矣。

以汉师家法比今之功令，近于谑矣，至以利禄鄙汉师，更不敢强同。利禄者朝廷鼓舞天下妙用，古今公私学说其不为啖饭地者至鲜矣。汉之经、唐之诗赋、宋之心学、明之制义，下至当今新学，同一利禄之心，特其学术不能不有等差。武帝之绩出于《公羊》，宣帝之功成于《穀梁》，朝廷立一利禄之标准以求士，士各如其功令以赴之，同一利禄之心而优劣悬殊，不能尊王曾而鄙宋祁，以沙弥乞食为佛法大乘，史公之叹利禄，盖深慕武宣善养人才不虚掷其利禄之权，预料后来所不及。足下乃因利禄而鄙薄其学术以为不足重，恐非史公之本旨矣。原书称汉师皆为诵法洙泗，按洙泗疑当作周孔，西汉以上，博士说经，全祖孔子，并无周公。作经立教之说，谓博士诵法孔子可也。至东汉古文家以周公为先圣，退孔子为先师，《周礼》、《左传》为周公专书，下至《尔雅》亦以为周公作，其派孤行二千余年，如两《皇清经解》虽取消孔子，大致亦无所妨碍。刘歆所得以《周礼》、《左传》为主，《古书》、《毛诗》皆由二书推说之，故凡马、郑传注，于博士明著之条无一引用，故专详训诂而不说义，如《古文书》、《毛诗传笺》无一引用《王制》明说者，可覆案也。

足下谓我崇今摈古、以《周礼》、《左传》为俗学云云，案《学考》平分今古，并无此说，此乃二变康长素所发明者，非原书所有，旧说已改，见于四变记中。足下以汉师同为诵法洙泗，舍周公而专属孔子，与扶苏谏始皇同，专主孔子不及周公，此说乃与二变尊今抑古把臂入林，与郑学大相反对者也。

足下以康成之学博大精深、为两汉冠，按两汉分道扬镳，亦如陆车水舟，其道不同，各尊所闻，何足以较优劣。如谓康成后出，集古文大成，为古文家之冠，庶乎不诬。考前人谓康成混合古今，变乱家法，指为巨谬，我久不主此说。如谓康成《诗笺》兼采齐、鲁、韩云云，试问何据？则皆据文字立例，属鲁、属齐、属韩，皆是影响，不知古今异同端在制度，师说不指文字，两《经解》毛郑同异之作最多，枝离依附，枉耗神思，至于三家制度师说，郑君实无一字阑入，不得谓其混合也。案郑君一生安心定命以《周礼》为主、《左传》为用，而推广于《诗》、《书》。其说《诗》、《书》必牵合于《周礼》，故经文之五千里必强说为万里，此正其严守家法不参别派之实据。考《礼记》一书，多属博士所主，以家法言之，郑君不注此书可也，乃博遍通群经之名而牵连注之，故于《王制》则以《周礼》之故不得不排为夏、殷制，于一切文义皆必求合于《周礼》，虽与经文显悖亦所不辞，于是以《周礼》之说羼入博士，博士明条附会《周礼》，合之两伤，以致成此迷罔之世界，其罪不在刘歆之下矣。使其果欲旁通今学之书，专用博士周书传记、专详古文，离之两美，岂非两汉经师之冠，惜其忠于《周礼》之心太切，遂致倒行逆施，使其说无一条可通，无一制能行。如《周礼》封建，尤其一生著力之中心点，乃创为州牧地五倍于王之盲说，大纲如此，其余可知。此说虽骇人听闻，然不直则道不见，凡旧所条列郑误各件，如有精于郑学者实能通之、解释所疑，则即取销，此说非敢故与古人为难也。

足下又谓自王肃、虞翻、赵匡辈妄加驳难，吹毛索瘢，本无深解，不揣冒昧，以为郑君自无完肤，何但毫毛。今且以《周礼》论之，大司徒土圭一尺五寸以求地中，康成明注为三万里者也，日南、日北、日东、日西，郑君尚书纬、孝经纬《注》明以今西人地球四游说之者，九服九州为九千里，九畿九州为方万八千里，此经之明文，郑君所深解，乃因蛮、夷、镇三服合称为要之一孤证，遂改九服为七服，以七七千里立说。至诸侯大于天子五倍，非丧心病狂何至如此荒谬。窃尝推原其故，而叹郑君之不幸不生于今日、而生于汉末也，《周礼》本为《尚书》之传，为皇帝制法，《河间献王传》以为七十弟子之所传，孔子俟后圣之新经，非已行古史、周公之旧作，故经传师说与今地球相合者不一而足。古文家法不主孔子，不用立言俟后宗旨，皆以史读经，指为前王之陈迹，春秋之时，地不足三千里，用夏变夷，乃立九州。海禁未开，地球未显，就中国言中国，何处得此三万里九千里之地以立九州乎？故明知经文实指三万里，实为地球四游而言，不敢据以说《周礼》，此郑君一生致误之由，皆在以《周礼》为古史、周公之陈迹误之也。《周礼真解凡例》已详，今不具论。近代宏博，以纪阮二文达推首，二公皆不信地球周员四面有人之说，今日则乳臭童子执地仪而玩、周游地球者日不乏人，就此一事言，二文达其智未尝不出童子下，然不能因此一事而谓童子之学胜于二公。郑君使生于今日，再作《周礼注》，地球得之目见，于以发挥其旧日之所闻，必不肯违经反传，舍目见之明证存而不论，而向壁虚造此无稽之诬词，此固可信者也。郑君不幸不生于今日，然我之拨正必为郑君所深许，盖今日之形势，郑君非不知之，而无征不信，邹衍徒得荒唐之讥，故不敢不迁就当时而言，不能为郑君深咎者此也。

忆昔治三传时，专信《王制》、攻《左氏》者十年，攻《周礼》者且二十余年，抵隙蹈瑕，真属冰解，后来改《左传》归今学，引《周礼》为《书》传，今古学说变为小大，化朽腐为神奇，凡昔年之所指摘，皆变为精金美玉，于二经皆先攻之不遗余力，而后起而振救之，伍氏曰我能覆楚，申氏曰我能兴楚，合覆兴于一身，以成此数千年未有之奇作。说详二变三变，无暇缕述。每怪学人不求甚解，以迷引迷如《两经解》者，大抵谀臣媚子不顾国家安危，专事逢迎，饰非文过，盲人瞎马，国事如此，经术亦何独不然！古今学者大抵英雄欺人，一遇外邦侦探，未有不鱼烂瓦解者。琴瑟不调，必须更张。窃谓自有《周礼》以来，绸缪弥缝，未有如今日者，尝欲挑战环攻，以判坚脆，旧事已矣，再约新战，特不可自蹈不屑之教诲，量有大小，不能不愠，且并以此外交情。前呈《四变记》，即作为二次战书可也。足下云：决别群经，悉还其旧。诚一大快事。虽然吾生也晚冥冥二千余载，何所承受取信，徒支离变乱，而卒无益于圣经。又云：务胜人断断焉，以张徽志、争门户云云。群经事业，其艰巨奚啻填海移山，二千年名儒老师，其败覆者积尸如麻，欲以一人之身担负此任，真所谓以管窥天，以蠡测海，无功有罪，一定之理。诚为爱我之深，规我之切，虽至愚亦必感动。然足下所云智叟之见解，老兄所怀则愚翁之志向，一意精诚，山神且畏之，而请命于帝。昔孙公译经，知众生亦有佛性，倡立此说，而下卷未到，群起攻之，乃求之顽石，得此灵感。方今共球大显，生此时代，不似文达以前囿于中土、无世界观念，又中外互市，激刺尤多，古人竹简繁重，一册盈车，今则瀛海图籍，手握怀卷。前世所谓荒唐之虚言，今皆变为户庭之实事，此郑康成求之而不能得者也。中国历代尊孔，虽古文主周公，事未实行，反动力少，今则各教林立，彼此互攻，乃逼成一纯粹尊孔之学说，此又唐宋以下求之而不得者也。昔因《王制》得珠，略窥宗派，誓欲扫除魔障，重新阙庭，弃官杜门四十年如一日，己卯前头已白，在子苾处瞿怀亭诊脉云，不可再用心，至今日顽顿如故，又我之幸也。三传已刊，《诗》、《易》稿十年前已具，因近改入天学，未及修改，见方再改。《尚书》、《周礼》旧作，先刊有十八经凡例，至于《四变记》成，心愿小定。即使今日即死，天心苟欲大同，则必有嫠妇稚子助我负土。即使事皆不成，说皆不存，行心所安，付之天命。足下相习已久，初何尝有求名邀利之见存。所谓张徽志者不得不张，立门户者不得不立，刘申叔以我近论尤动天下之兵，风利不得泊，亦处于无可如何之势。昔湘潭师与人书，每云大人天恩，卑职该死。借以解纷，静候雷霆处分。相见不远，再容面罄。

（选录自《四益馆杂著》）

廖平年谱简编

先生初名登廷，字旭陔，后改名平，字季平。1906 年号四益，继改四译，晚年号五译，更后号六译，盖就先生学术之变而改。其书斋初名小世彩堂，继曰双鲤堂，五十前后号则柯轩主人。

1852 年（咸丰二年　壬子）　1 岁

二月初九日生于四川省井研县盐井湾。先生兄弟五人，先生其四也；姊一人。

是年先生恩师张之洞十六岁，师王闿运年二十一，师潘祖荫年二十三。

太平军于前年六月起义于广西桂平金田村，去年入永安州，建国号太平天国。今年自永安北上经湖南进入湖北汉阳、武昌等地。次年太平军沿江东下攻克南京，定都南京，旋进军北上，指向北京。其后势力益盛，四川震惊。捻军在太平军影响下发动大规模起义，活动在安徽、河南一带。

1855 年（咸丰五年　乙卯）　4 岁

魏源《书古微》与《诗古微》成。先生以源仍为伪《序》所误。明年源卒，先生谓源虽略知分别今古，然不知今古根源之所在。

1857 年（咸丰七年　丁巳）　6 岁

天旱二年，全家食不果腹。

友人杨锐生。

1858 年（咸丰八年　戊午）　7 岁

始读私塾。先后历万寿宫、盐井湾禹帝宫、小黄冲、董家寨等处，其各别年月皆不详。时先生读书苦不能记诵，父以拙，令辍学。一日，先生默祷堂前，如能捕得鱼，当复读。果得二鲤，亟以告父，父亦喜，烹鱼祭祖，偕至塾告其师，并求免背诵，师许之，乃得卒读。每读生书，必以己意串讲一过，然后乃能记。遂专从思字用功，不以记诵为事。故先生后来治学，沉思省悟者多，缜密考据者少。

康有为生。

1865 年（同治四年　乙丑）　14 岁

从钟灵读于舞凤山，父营磨坊，又兼营茶肆，诸兄各执一役，应接不暇，父命废读执役茶肆。先生偶将壶茶涴客衣，遭诟怒，先生大耻之，大书“我要读书”四字于铺板而去。遍觅之，见其方持书读于某寺后，诸兄共请于父，母雷太夫人每做饭辄别撮米一勺留置之，积至升乃献于师，得以复读。

前年，曾国藩攻克江宁，天王洪秀全自杀，太平天国亡。

1867 年（同治六年　丁卯）　16 岁

与夫人李氏结婚。李家距先生家较远，先生每与李夫人至外家，辄先疾走，既远，乃坐道旁读，俟夫人至，则又疾走，既远，则又坐读。李夫人于晚年常为子孙道之。

1868 年（同治七年　戊辰）　17 岁

自前年至此三年，读于黄连桥一族人家。

俞樾主西湖诂经精舍讲席。

1869 年（同治八年　己巳）　18 岁

王闿运始治《公羊》，作《春秋事比》、《穀梁申义》。

陈立、陈乔枞卒，二人均六十一岁。二人不被视为今文家，然先生于二人皆颇推挹，尝言“陈左海父子与陈卓人乃颇详师说，能以古今分礼说”，唯惜“略知本源，未能莹澈”。

1870 年（同治九年　庚午）　19 岁

参加院试，未中。

1871 年（同治十年　辛未）　20 岁

自前年至此三年，读于高屋基，塾师钟灵。同读有杨桢，略长先生十岁，义兼师友。

1872 年（同治十一年　壬申）　21 岁

设帐授徒于盐井湾三圣宫。

再参加院试，未中。

1873 年（同治十二年　癸酉）　22 岁

是年仍授徒，但不详在三圣宫抑在舞凤山。

六月，张之洞调任四川乡试副考官。十月，升任四川学政。

1874 年（同治十三年　甲戌）　23 岁

与杨桢同授徒于舞凤山，寺僧尝馈黍饼，塍以糖，时方读，且读且蘸食，致误蘸墨汁，离坐乃知，其读书专一如此。

《经学初程》尝言："予幼笃好宋五子书、八家文"。丙子，乃"嫌其空滑无实"，"聪明心思于此一变矣"。

是年再赴院试，先生文卷，已为阅者所弃。学政张之洞检落卷，见其破题异之，因细加批阅，拔至第一，得补博士弟子员。

在籍侍郎薛焕偕通省荐绅十五人，致函总督吴棠及张之洞请建书院，以通经学古课蜀士，名曰尊经书院。

1876 年（光绪二年　丙子）　25 岁

正月，赴成都应科试，以优等食廪饩，调尊经书院肄业。盖先生以狾犬义释《论语》狂狷之文，蜀士旧无知许氏《说文》者，先生偶得之败簏中而好之，遂蒙学政矜赏，牌调入尊经。尊经成立于前一年，蜀中旧不知学，唯治八比而已。张之洞乃以纪、阮两文达之学相号召，著《輶轩语》、《书目答问》以教初学，所课以经、史、小学、辞章为主，而尤重通经，独"不课时文"。薛焕聘湘潭王闿运为山长，王不至。乃以钱塘钱保塘（铁江）及其弟保宣（徐山）权主其事，于是吴皖之学始入蜀中。先生入尊经，博览考据诸书，乃觉唐宋人文不如训诂书学之有意，先生之学于是又一变。颇事文字训诂之作，泛览而无专功。1878 年学政谭宗浚集尊经诸生三年以来课艺刊为《蜀秀集》八卷，先生有

《尔雅舍人考》、《六书说》等九文入集，皆二钱之教，识者称为江浙派。

张之洞任满，调文渊阁校理。先生与张祥龄、杨锐、毛翰丰、彭毓嵩尤为张所器重，号蜀中五少年，交谊亦最笃。张去，先生与同学送至桂湖，张饯之而别。

先生是年改名平，字季平。登廷原系谱名，亦不废。

1878 年（光绪四年　戊寅）　27 岁

是年十二月王闿运来川任尊经主讲。尊经初始，薛焕即聘王，王不肯来，后经川督丁宝桢五次函邀，乃至。王湘潭人，时四十七岁，以治《公羊》闻于时。尝入曾国藩幕，善文章。

1879 年（光绪五年　己卯）　28 岁

湘绮来，先生与张祥龄均有志于《公羊春秋》，常就湘绮请业，每至夜深。

八月，应优贡试，得陪贡第一名，先生颇怏怏。

九月，应乡试，中第二十三名举人，同院生中试者有宋育仁、任篆甫等二十三人。

是年十一月王湘绮归湘潭接眷，院生送者相属。

1880 年（光绪六年　庚辰）　29 岁

肄业尊经，专治《穀梁春秋》，纂《穀梁先师遗说考》。先生后回忆：庚辰以后，厌弃破碎，专事求大义，是心思聪明至此又一变矣。

春，赴京会试，不第。在京日尝请业张之洞，张即诫先生“风疾马良，去道愈远”。当是先生“厌弃破碎，专求大义”之意已有表露，故招来张氏之诫。

三月，王湘绮从湘潭携妾及子女来川，是年王作《春秋例表》，先生当见其书，1905 年八月尝过吴虞，谈次称：“王湘绮于经学乃半路出家，所著《春秋例表》，王于自己亦不能寻检。世或谓湘潭为讲今学，真冤枉也。”是先生当年辍学《公羊》而转治《穀梁》亦有以乎？

1881 年（光绪七年　辛巳）　30 岁

院课考“酒齐”，最繁难，精思数日，大得条理。王壬秋以为钩心斗角，考出祭主仪节，足补《礼经》之缺。同时作《转注说》，旬月专精，五花八门，头头是道。又作《释字小笺》，主独体无虚字之说，尽取《说文》虚字而求其本义，均作实解，是先生是时犹偶事文字训诂。

二月，先生以《穀梁》范注依附何、杜以攻传为能，乃发愤自矢。在纂遗说基础之上，又就传例推比解之，成《穀梁注》八卷，为先生疏《穀梁》之始。

十月，湘绮携眷归湘潭，王以游蜀三年，失一佳儿拟不再来。王去后，仍由钱徐山代讲席。

1882 年（光绪八年　壬午）　31 岁

是年尝馆于某氏，族人嘱重修宗谱，以馆事不得分身，乃草创凡例，请族祖小楼代为纪理。

1883 年（光绪九年　癸未）　32 岁

廖宗泽《六译先生年谱合编》（以下省称廖《谱》）言：是年说经始分今古。

春赴京会试，不第。试后，谒张之洞于太原，时张任山西巡抚，仍以“风疾马良”之语相诫，并盛赞太原令德堂院长王霞举，比之伏生、王通。先生因往拜访，以治学疑难相质，未能惬意。先生后过吴虞言：“居蜀时，未敢自信。出游后，会俞荫甫、王霞举诸公，以所怀疑质之，皆莫能解，胆乃益大。于湘潭之学，不肯依傍。”

五月，湘绮三次入川。去年，王在湘代郭嵩焘主思贤书院讲席一年，兹因丁宝桢之邀再入蜀。

冬，先生师钱保宣徐山卒。

1884 年（光绪十年　甲申）　33 岁

二月，湘绮返湘，五月复携二女来蓉。

秋，成《穀梁春秋经传古义疏》十一卷，自序云：“甲申初秋，偶读《王制》，恍有顿悟，于是向之疑者尽释，而信者愈坚，蒙翳一新，豁然自达，乃取旧稿重录之。”

冬，以作《穀梁疏》余力，成《起起穀梁废疾》、《释范》，又成《穀梁集解纠缪》。

次年孟夏，成《穀梁经传章句疏凡例》。中秋编定《穀梁春秋内外编目录》共三十七种，都五十卷，然皆未传，当后咸以并入《古义疏》也。

成《何氏〈公羊春秋〉十论》，先生因欲改注《公羊》，故总括大纲仿洪亮吉《春秋十论》作此书。据此论及《穀梁疏·叙》，先生以《王制》说《春秋》当始于此年。

1885年（光绪十一年　乙酉）34岁

春以《王制》有经传记注之文，旧本淆乱失序，考订改写为《王制定本》一卷。

七月，成《何氏〈公羊春秋〉续十论》。

萧藩拟为先生刊《起起废疾》、《释范》二稿。

据《廖》谱，载有《仪礼经解备解》十卷等《仪礼》七书，疑作于本年，然书皆不存，大意具见《礼经凡例》。

1886年（光绪十二年　丙戌）35岁

用东汉许、郑法（《五经异义》及《驳》）为《今古学考》二卷，为先生经学一变之代表作。上卷表二十，较比今古学异同盛衰，下卷为《经话》，论述今古学混乱之由，并言今古学之分在礼制。

主讲井研来凤书院。

二月，成《何氏〈公羊春秋〉再续十论》。

作《经学初程》，后先生与吴之英同为尊经书院襄校，吴当有所增减，故1897年刻书时署廖吴同撰，此书略见先生教人治学之法，已揭《王制》为治经首要之书。

春，王湘绮归湘潭，不再至蜀。尊经山长由锦江山长伍肇龄兼代。

先生同张祥龄采马国瀚书专主经义者分别抄录别为一书，使不与诸谶相杂，又命子姪别录古说以补旧说，成《古纬汇编补注》六卷，惜今不存。

作《十八经注疏凡例》。《今古学考》中有目，但无《易经》。此《凡例》仅有目、凡例而无书。今《六译丛书》中有《群经凡例》适十八种，其项目与《今古学考》所列大异。疑《今古学考》所载为拟目，《群经凡例》各篇乃先后写成，至1897年乃集而刻为《群经凡例》。故书目与内容皆大不同。

《今古学考》列《左传》为古学，作《春秋左传古义凡例》，专言《左传》为古学，为史学。本年又作《刘氏春秋古经章句考证表》，已为

《辟刘篇》之嚆矢。廖《谱》以《周礼删刘》亦始于此年。

约集尊经同人撰《王制义证》，其大义作法略见《今古学考》。此书稿已及半，随手散佚，继闻康有为有《孔子会典》之作，即是此意，乃决意不作。别就《王制定本》将辨疑、证误二门编为《王制定本要注》，今不存。今《六译丛书》中有《王制集说》，其《凡例》下署廖氏名，用《群经凡例》中《王制学凡例》而稍有改易，当为廖先生所改。而《集说》则署“范燮笔述”，1914年刻，既收入《六译丛书》，当经廖先生审定。

成都尊经书局刻先生《今古学考》，以于郑康成有微词，为讲学者所不喜，张之洞亦不喜此书，尝谓先生曰：“但学曾、胡，不必师法虬髯。”又曰：“洞穴皆各有主，难于自立。”盖不喜先生所立新解。

1887年（光绪十三年　丁亥）　36岁

在尊经书院阅卷、出题，盖即襄校。

廖《谱》以先生二变之学始于本年，迄于光绪二十三年丁酉（1897年）。据《井研志·艺文·知圣篇》提要谓“丙戌以后乃知古学新出非旧法，于是分作二编，言古学者曰《辟刘》，言今学者曰《知圣》”。刘子雄日记载丁亥（1887年）八月见先生作《续今古学考》自驳旧说，以《周礼》、《左传》为伪，谓不似经生语。则尊今抑古实始丁亥，丙午本《四变记》谓始戊子，当为成《辟刘》、《知圣》之年。

六月成《王制凡例》、《周官凡例》，以《周礼》为春秋后辑群书所载周时佚事补缀而成，非真周礼。古学以《周礼》为主，不信孔子素王改制之说。今学礼以《王制》为主，为孔子所传所订，六经皆素王所传，而以《王制》统之。

同月，访刘子雄，与论《左传》作伪之迹甚悉。

始注《公羊》，“一以《繁露》为本”，又据《白虎通》引《公羊》今本所无者补百余条。

1888年（光绪十四年　戊子）　37岁

任尊经襄校。

赴京会试，荐吴之英任尊经襄校。

成《知圣篇》一卷、附《孔子作六艺考》，《辟刘篇》一卷、《周礼删刘》，是为先生经学二变之代表作。又作《六艺考》今不存。《周礼删刘》后附《辟刘篇》，《辟刘篇》易名《古学考》。《知圣篇》今存分上下二卷，下卷又题《知圣续篇》，有光绪壬寅则柯轩主人序，壬寅为1902年，是续篇作时盖晚，上篇末有先生辛丑年（1901年）跋。此书有三传本，一为戊子本，即广雅传抄本，康有为所得即为此本。一为壬辰以后修改本。一为辛丑就广雅本修改本，即今《六译丛书》本。前二本今已不可见，据钱穆《中国近三百年学术史》称："今刻《知圣篇》，非廖氏原著；原著稿本今藏康家，则颇多孔子改制说，顾颉刚亲见之。"是今本虽出戊子本，而改制之说则有修改，盖作书在戊戌之前，而刻书在戊戌甫过，不得不然也。

成《公羊补义》十一卷，后改《补义》为《补证》，端午前二日自识云："戊子作注，意在通三传之义。己丑在粤，续有《左传补正》之作，既三传各自为书，则《公羊》当自成一家，不必旁通于二传，故删去通变之言，以为墨守之学，易通变之名为补证。"

1889年（光绪十五年　己丑）　38岁

恩科会试，中试第三十二名，殿试中张建勋榜二甲七十名，赐进士出身。朝考三等，钦点即用知县，以亲老请改教职，部铨龙安府教授。

应张之洞召赴广州，时张任两广总督。偕张祥龄出都，至天津，见王闿运，王留宿谈今古学，先生意欲通撰九经学史成一家言，王谓："亦志大可喜。"南下过苏州，谒俞荫甫（樾），俞亟称《今古学考》为不刊之书。

先生至广州，住广雅书局，见张之洞，张再申"风疾马良"之诫，并命纂《左传》，以后专治《左氏》，成《春秋古经左氏说汉义补证》十二卷、《左传汉义补证》十二卷，前书后由廖宗泽整理，光绪三十四年（1908年）由成都中学堂刻印。后书见廖幼平《六译先生已刻未刻各书目录表》，是1942年此稿当存。此二书为先生将《左传》自古学划归今学后之作。《左氏古经说》实为先生一大发明，惜未能引起学林关注。

张之洞聘朱一新主讲广雅书院，先生居室与朱毗邻，一日闻朱言："讲学问须自作主人，勿为人奴隶。"因亟往问如何方能作主人？而朱所言先生则认为乃奴隶之奴隶也。

康有为时讲学于广州长兴学会，从沈子丰处得先生《今古学考》，引为知己。闻先生来广州，同黄季度过广雅相访，先生以《知圣篇》、《辟刘篇》示之。别后驰书相戒，近万余言，斥为好名骛外，轻变前说，急当焚毁；并要以改则削稿，否则入集。先生答以面谈再决行止。后访之城南安徽会馆，黄季度以病未至，两心相协，谈论移晷。次年康有为《新学伪经考》书成，廖《谱》言：“书既出，天下震动。”钱穆《中国近三百年学术史》云：“长素（有为号）辨新学伪经，实启自季平，此为长素所深讳。”“长素书出于季平，长素自讳之，长素弟子不为其师讳也，梁启超曾言之。”“长素书继《新学伪经考》而成者，有《孔子改制考》，亦季平之绪论。季平所谓《伪经考》本之《辟刘》，《改制考》本之《知圣》也。”钱氏论辩之说颇详明，此但引其结论，是康剽廖说早已为学者共认。

1890 年（光绪十六年　庚寅）　39 岁

秋，与宋育仁自广州经上海由水道返川，过苏州，晤张祥龄。时张之洞已转任湖广总督，至武昌谒张，并呈《左氏》二稿，张又重申“风疾马良”之言。《左传汉义补证》本受张命而作，张对稿不以为然，欲自为之，使先生作《左氏传长编》，明年，由李岑秋、施焕将此稿及他著数种共四十册送呈张。后先生尝言：“《长编》稿家无副本，闻南皮又续延人续纂，或为浅人所涂乙羼乱，则虽存亦失其真。”

五月，改订《〈公羊春秋补证〉凡例》。

时外来潮迫，国人改革觉悟渐兴，先生喜闻新说，著作中亦有反映。

1891 年（光绪十七年　辛卯）　40 岁

复任尊经书院襄校。四月移住尊经书院，五月，迎雷太夫人来成都。

六月，领凭赴龙安任，十月返成都。

十一月，先生父奉政卒。先生初闻病讯，奔回省视，至仁寿得噩耗，急归奉安。当先生之奔丧也，善化瞿鸿禨来任川提学使，询先生近状于尊经监院，颇有请先生主讲尊经之意，盖先生自《今古学考》出，恢复今古旧学，学者以之比于顾亭林之论古音，阎百诗之攻《伪尚书》，声誉鹊起，故招来新学政此想。

先生认为释道入门均有戒律，儒林亦应先立教章，《经话》甲编，开卷即载治经应守之四戒：“戒不得本原，务循支派。”“戒以古乱今，不分家法。”“戒自恃才辩，口给御人。”“戒支离衍说，游荡无根。”皆并有衍说。廖《谱》疑为任襄校时所拟。

是年，先生始治《诗》、《易》。

1892 年（光绪十八年　壬辰） 41 岁

嘉定知府罗以礼聘先生主讲九峰书院，二月赴嘉定，时诸生除时文而外无所知，先生提倡汉学，方有七八人从治经学，有李光珠、黄镕、帅镇华、季邦俊等从先生较久，信先生之说亦笃。

三月，仍与吴之英同任尊经襄校，时尊经风气败坏，至有“聚赌内室，放马讲堂”者，先生言其情于学政，加以整顿，颇有复兴之象，然亦以此遭忌。

与新城王树枏见于凌云寺，王谓先生曰：“《今古学考》启人简易之心，则经学不足贵。”先是刘子雄亦有此意。先生则以为推考既久，门面丕焕，有似简捷，实更繁难。

成《杜氏左传释例辨正》等书，盖先生应张之洞编书命，专心致力于经说推考，五年成书数十种。现存者除前已揭《左氏古经说》外，尚有《集解辨正》、《再箴左氏膏肓》、《左氏春秋考证辨正》、《五十凡驳例》数种而已。

1893 年（光绪十九年　癸巳） 42 岁

在九峰书院。

正月，辞尊经襄校，继任者南江岳森，先生所荐也。时尊经有朋党之争，先生乃愤而辞。吴之英与岳森亦不合。冬，二人均去职，川督仍札委先生继任。

井研知县叶桂年延先生修《井研志》，先生以旅食异方，又改订三传旧稿，乃荐吴季昌、吴嘉谟、董含章共事。

成《生行谱》二卷，此书为先生《易》学之初阶，现唯存《例言》一卷在《六译丛书》中。

1894 年（光绪二十年　甲午） 43 岁

三月，赴成都，就尊经襄校职。

先生弟子任兆麟以县丞分发湖北，因以《左氏汉义补证》及《尚书》稿数篇命代呈张之洞。

张祥龄、范熔、叶大可皆得庶吉士，先生与张书云：“得报知足下与玉宾、汝谐、楚南皆高掇巍科，欣忭无已。素志在于翰林，有志竟成，不似鄙人飘英坠溷，污苦难堪。五少年中，初有木天之人，大为同辈之光。”是先生于此亦略有失落之憾。

将《辟刘篇》改订为《古学考》，序略谓《学考》刊后，历经通人指摘，不能自坚前说，谨次所闻，录为此册。

增《周礼删刘》为十二例，以为刘歆羼改《周礼》之实例，1897年刊《古学考》时以为附录，今存《删刘》所列十二例计两段，前段十二例，后段亦十二例，标目皆同，唯后段中“自异”一目下无说。

本年成《春秋经传汇解》等四书，今并不存，一种序存。

龙齐斋至蜀，以康有为《新学伪经考》、《长兴学记》相示，康《孔子改制考》已成。先生致书康有为评《伪经考》“外貌虽极炳烺，足以耸一时之耳目，而内无底蕴，不出史学、目录二派之窠臼，当未足以洽鄙怀也”。

1895 年（光绪二十一年　乙未）　44 岁

全年襄校尊经。虽仍兼九峰，冬，辞山长职。

先生《尚书备解》创始 1892 年，成于 1898 年，据《井研志》同时当有《书》作数种十余卷，唯序存《井研志》。

康有为入都，会中日甲午战败《马关条约》割地赔款，康集公车一千余人上书，请拒和、迁都、练兵、变法。

1896 年（光绪二十二年　丙申）　45 岁

正月，聚徒讲学于嘉定水西门，从游有李光珠、帅镇华等。

六月，游峨眉山，先生以为当以华山为中岳、峨眉为西岳，乃合经义。

成《经话》甲编二卷，专详博士之学，多驳郑学之误。

成《〈论语汇解〉凡例》，存《群经凡例》中。

王牧师赠《新约》，受而读之，谓耶稣教义不唯中土不得端倪，西人亦仅得糟粕。

梁启超办《时务报》于上海，盛倡民权之说，发表《变法通议》等文鼓吹变法。

宝应刘岳云为尊经山长。

1897 年（光绪二十三年　丁酉）　46 岁

宋育仁奉命办理四川商矿，兼任尊经山长，引先生与吴之英为都讲。并设蜀学会于院，同时刊发《蜀学报》。

六月，长沙出刊《湘学报》，揭素王改制之义。张之洞同时还任湖广总督，电湖南巡抚陈宝箴及学政江标："……此说乃近日《公羊》家新说，创始于四川廖平，而大盛于广东康有为。此说过奇，甚骇人听……以后《湘报》中勿陈此义……"

张之洞通过宋育仁向先生施压，重申"风疾马良，去道愈远，系铃解铃，唯在自悟"。并命改订说经条例，不可讲今古学及《王制》，并攻驳《周礼》，先生为之忘餐废寝者累月，然后作书复芸子及张南皮，词情虽谦抑委婉，但并未放弃己见。后改今古为小统大统。

一年以来，先生作《五等封国说》、《三服、五服、九服、九畿考》、《五长礼制表》、《十等礼制表》，将五等封地归之五长九畿，《删刘》诸条至此遂得通解。

仲冬，成《左氏三十论》、《续三十论》，意在会通三传，此书今不存。《群经总义讲义》中刊有《左氏春秋十论》，而又不全，今《总义》又不存，谨录廖《谱》载所存五论之目。

辑《纵横家丛书》八卷，皆未成。《井研志》存先生序。

作《经话》乙编，据《井研志》言：收丁酉至庚子论学之语，专详帝德。所说内容与今存《经话》乙编所收者不合，且今存仅一卷，《井研志》云二卷，显非一书。

仲冬，尊经书院为刊《经话》甲编、《古学考》、《群经凡例》、《王制订》、《经学初程》、《尊经题目》，合前刊《起起穀梁废疾》、《释范》、《两戴记分撰凡例》、《今古学考》、《何氏〈公羊解诂〉三十论》、《六书旧义》名曰《四益馆经学丛书》，先生此时已进入三变，自序云："本当将旧刊诸书或削或改，以归专一，二三师友每有以旧说为是，今说谓非者，故并存之，但考其年岁，即可以得其宗旨。"

先生成论乐著作五种二十余卷，并皆不存，其文例均本所著《〈乐经〉凡例》。

1898 年（光绪二十四年　戊戌）　47 岁

资州知州凤全聘主艺风书院讲席，正月由成都赴资。

三月，张之洞成《劝学篇》，"中体西用"之说风行海内。

四月，康有为受光绪帝召见，是为戊戌变法之始，陆续发布改革措施，至七月底，西太后发动政变，光绪被囚，康有为、梁启超逃亡，参与新政重要人物如康广仁、杨深秀、杨锐、林旭、谭嗣同、刘光第等六人牺牲。凡朝臣之以新党名者，谪戍禁锢有差，悉罢新政，史称“百日维新”。是日，先生于知州凤全筵上闻北京政变电讯，归而语其子及江峰曰：“杨叔峤、刘裴村死于菜市口矣。”俯首伏案，悲不自胜。旋门人施焕自重庆急促附书至，谓清廷株连甚广，外间盛传康说始于先生，请速焚有关文书，于是新撰之《地球新义》稿亦付之一炬。

是年治诸子，先成《诸子凡例》，至1900年，嗣成老、庄、荀、列、公孙诸书十一种，命门人作七种，唯庄子书存二卷，为四变时修改本，余皆佚。《家学树坊》存《诸子凡例》提要。

成《治学大纲》，提出讲学者当以祖学为主，新学为辅，混而为一，不可歧而为二，贵于汇通中外。然先生后此言学穿凿附会之弊多源于此。

先生既将《周礼》删改诸条通解，乃以《周礼》为海外大统要籍，戊戌、己亥间，自著有关《周礼》之书六种，命门人子姓作考四种，今皆不存。其目见《井研志》。

成《致用初阶》一卷，此册所言不仅阐述六经之义，而更重在与现实相结合，惜此稿已佚。

先生及门近时作有关《孝经》著作十种，今所存者唯《孝经学凡例》。

先生以汉初经儒“习容”与《礼经》并重，意欲恢复《容经》，此为先生说经特异处之一，故先作《容经学凡例》附《仪礼》后，今又作《容经解》宜即《六译丛书》中之《容经浅注》，《凡例》亦存《群经凡例》中。

作《古今学考》二卷，此为先生三变重要著作，惜今不存，《井研志》有提要。

作《改文从质说》载《蜀学报》，先生认为中国两千余年用文为治之弊已深，不可不改。今之文质为中西，而中西各有长短弃取，以文质论，当彼此互师。

成《祆教折中》，并论及回教、释教，曾在资中排印，今唯序存。

1899 年（光绪二十五年　己亥）　48 岁

署射洪县训导，二月赴任所。

成《周礼郑注商榷》二卷，今在《六译丛书》中。

成《翻译名义》三卷，今不存。《经话》甲编中颇有言翻译义者。

作《论诗序》、《续论诗序》、《牧誓一名泰誓考》、《十翼为大传论》、《山海经为诗经旧传》、《忠敬文三代循环为三代政论》，先生力主《诗》古无《序》，除二论外《井研志》尚载在他书三种皆明《序》不足据。现三书皆不存，唯六文存《六译丛书》。

先生拟以“三统”诸作立为专科，总纂为书，然未成，诸已成者唯存《〈四代古制佚存〉凡例》、《世界进化退化总表》，在《六译丛书》中。

汇集尊经、九峰、艺风、家塾诸题编为《经学课题目》二卷，今存《六译丛书》题为《尊经书院课题目》，《井研志》有提要，谓其说数变，遇有疑义，即标题以相考，成书多而速，实缘于此。

作《重刻日本影北宋钞本毛诗残本》，论治诗宗旨。

十一月，康有为在海外成立保皇会，清廷悬赏购捕康、梁。

1900 年（光绪二十六年　庚子）　49 岁

仍在射洪任所。

秋，光绪《井研志》刊成，该《志》自置局编纂皆就商于先生，今《志》成与先生旨意尽合，先生欣然为之序。去年，翁室主人作《今古学辨义》载《亚东报》，于先生微言多所质难，门人黄熔、胡翼、帅镇华等复书答辩，疑均系先生自作。二书今存《家学树坊》。

湖南周文焕为刊《穀梁春秋经传古义疏》，本拟并刊《公》、《左》二稿，未果。

作《齐诗验推集说》二卷，先生近年讲《诗》、《易》有著作多种，皆不存。

八月，安岳聘主讲来凤书院，冬，赴安岳。

先生将历年所著书编为《四益馆经学目录》，又命门人施焕等将《井研志》所载文书提要及序跋纂为《廖氏经学丛书百种解题》，先生为自序，略言二十年来为学之变迁，今存《井研志》，《解题》未成。

义和团反帝斗争爆发，英俄日等国以此为借口组成“八国联军”向中国发动新一次侵略战争，大沽、天津、北京相继陷落，联军大肆烧杀抢劫，慈禧携光绪帝逃亡西安，被迫向联军求和，签订丧权辱国赔款之《辛丑条约》。事后为缓和人们的反抗情绪和应开明人士之要求，清廷下诏变法，陆续下令废止一切科举，改书院为新式学堂，改革官制奖励工商业等，被称为“清末新政”。

1901 年（光绪二十七年　辛丑）　50 岁

是年在安岳凤山书院，又兼嘉定九峰书院山长，往来两地。嘉定有以先生说经过于穿凿，控之学政。是年宋育仁主讲尊经，或有控之学政，学政疑先生弟子所为，适帅镇华来成都，见学政辩无其事。先生因所著多受海内名宿指摘，乃命其子师慎作《家学树坊》以正其谬，经先生审正，亦可视为先生之作。

是年上书张之洞，中云：“受业行年五十，从此不再治经，拟以余力，讲求实务。”在《家学树坊》亦言“故读经须识时务”。书中又言：“西人政学各书，川中难购，每欲致力，其道无由。拟于到任后借差赴辕，尽读新书，而领教诲。”于此可见先生欲讲时务读西书之渴求，然事亦不果。

用政事、典章、风俗注《周礼》，名《周礼新义》，又名《周礼皇帝治法考》，当亦大统之书也，至是书成，然未刻而存稿已残。

始以《楚辞》说《诗》，谓屈、宋为《诗说》先师。

1902 年（光绪二十八年　壬寅）　51 岁

仍在安岳，奉札代理安岳教谕。五月，授绥定府教授，冬，赴绥定任。

成《知圣》续篇，与前篇同刻，齐缝刻为卷上、卷下，篇首则书《知圣》、《知圣续》，《知圣》明尊今，续篇则已为三变小大之说。

《四变记》自序言：壬寅后，因梵宗大有感悟，始知《书》尽“人学”，《诗》、《易》则遨游六合之外，是为天学。因据以改正《诗》、《易》旧稿，至此而上天下地无不通。

1903 年（光绪二十九年　癸卯）　52 岁

绥定知府聘先生兼任绥定府中学堂监督（今称校长）。

廖《谱》载刊《公羊春秋经传验推补证》于绥定中学堂。检廖幼平《六译先生已刻未刻各书目录表》，此书成于光绪二十九年（1903 年），刊于光绪三十二年（1906 年），与家藏本合。按先生《后序》作于“光绪二十九年，立秋后”，则此书亦未必开雕于二十九年也。廖《谱》又载是年冬，学政吴郁生见《公羊补证》，遂以离经叛道揭参，奉旨革职，交地方官看管，则绥定当更不得于是年刻此书也。

1904 年（光绪三十年　甲辰）　53 岁

二月，归井研。五月，聚徒讲学于井研高洞寺。

三月，先生母雷太夫人卒。

是年作《群经大义》，先是张之洞《劝学篇》，虑学人倡言废经，欲掇取精华编为《群经大义》，以为兼读西书之基础，海内无人响应。先生以《白虎通》为蓝本重订目录为之，今《六译丛书》中有《群经大义》二册，为先生门人洪陈光补编，与先生所拟“凡例”不合，亦不符先生宗旨。

1905 年（光绪三十一年　乙巳）　54 岁

是年先生仍讲学于高洞寺。

八月，先生在成都时，曾过吴虞谈，纵论古今学术及学者，经子文史莫不涉及，见先生不仅堂庑宽广，且亦颇多洞见。吴虞记其事为《爱智庐随笔》，又或称《六译老人余论》。

1906 年（光绪三十二年　丙午）　55 岁

二月，尊经门人郑可经等迎先生讲席至青神汉阳坝。在汉阳坝所课共一百六十余题，除小大天人之说外，亦颇有关时事及西书者，如《辑荀子民权说》、《春秋拨乱世今证》、《泰西各国官制异同表》、《西人政治学述意》、《引〈法意〉支那诸条以释〈穀梁传〉》、《读〈群学肄言〉分篇述义》、《〈五大洲女俗通考〉书后》、《〈天演论〉书后》，惜无遗文留存，先生意旨无从窥见。

廖《谱》据《四益馆书目》，知辑有《则柯轩丛书提要》、《天学书目提要》二种，见先生立天人学后作书不少，除九种之名可考外，其他已不可知。命门人郑可经编《四益馆经学四变记》，由先生口授，可经笔记。自序云：“因属及门，条列旧文，附以佚事，编为四卷，聊以当年谱耳。”为文当不少，而今本仅存初变、二变、三变、四变，四文略七千言，并无佚事，显非原作四卷之旧。

作《〈大学〉平天下章》说，今存《四益馆杂著》中，廖《谱》载作《天人学考》，不审是否即《杂著》中之《天人论》。

四月，作《楚辞新解》，先生旧以地球说《诗》，为大统之说，今以

《楚辞》专为《诗》传，用以明天人之说。

五月，返井研家中过端午，节后赴成都，成都各校聘先生讲经，先生于是有《群经总义讲义》之作，第一册十六题，第二册六题，附录三种。先生近来颇多读译籍，故于论证中不乏取泰西政俗以为说者，时有新意。惜此书仅存第一册，未能见先生是时思想之全。

七月，清廷宣布预备立宪（九年后实行），改革官制，设资政院。

1907 年（光绪三十三年　丁未）　56 岁

本年除在原任各校授课外，并在绅班法政学堂讲《大清会典》，先生摘原百卷本为四卷，并草《会典学十要》，重在以经证典，并参考西法以为旁证，今皆不存。先生在选科师范讲伦理，以近日课本非腐即谬，因自编《伦理约编》作讲义，据李光珠序谓："其编书大旨，在取外国先野后文之箴言，以合《公羊》拨乱反正之范围"。先生于时甚佩泰西进化之论，故此编颇取西俗为说。唯选题不得旨要，所附《西与经合条目》、《拨乱反正条目》，虽有颇可议论者，而又不见先生讲授之具论。所附《坊记新解》尚可读。

1908 年（光绪三十四年　戊申）　57 岁

仍任教于各学堂。

成《左氏古经说》十一卷，即前著二卷《左氏古经说》而加注，当即今《左氏春秋古经说疏证》十二卷。原附《左氏拨正录》所论计十四事。

1909 年（宣统元年　己酉）　58 岁

上半年仍任教于各学堂。秋，学使赵启霖以先生言三传同出子夏，穿凿附会，令各学校停止先生教课。

张之洞卒，尊经同学公祭，先生独痛哭。

川学使仿张之洞在湖北例，设置四川存古学堂于成都，延梓潼谢无量为监督，招生徒百人，以经、史、辞章为课。

成《尊孔篇》一卷，序称"学经四变，书著百种，而尊孔宗旨前后如一，散见各篇中。或以寻览为难"。乃综为大纲，分立四门，一曰微言，二曰寓言，三曰御侮，四曰祛误。

1910 年（宣统二年　庚戌）　59 岁

是年春，先生携眷返井研。

撰《庄子新解》，以“尊孔”、“宗经”、“砭儒”、“六经分天人”等十九例为叙意，显为天人小大之学，是已进入五变。

1911 年（宣统三年　辛亥）　60 岁

曾培任川汉铁路公司总理，先生尊经同学也，延先生任《铁路月刊》主笔，又来成都。

清廷拟将川汉铁路收归国有而由外资修建，川绅组织保路同志会起而反对，酿成罢市罢课。八月，川督赵尔丰诱捕保路会首领数人，予以软禁，市民请愿，赵命开枪，酿成血案，清廷命端方率兵入川镇压，激发同志军进攻成都，随之武昌起义爆发，四川成立军政府，蒲殿俊、罗伦任正、副都督，赵尔丰玩弄阴谋煽动兵变，尹昌衡率兵平定兵变，军政府改组，昌衡任都督，捕杀赵尔丰。军政府设枢密院，乃一咨询性机构，先生被任为院长。民国元年，尹昌衡于元月以整理文献、搜集国史文征、编光复史为名，改枢密院为国学院，以吴之英为院正，刘师培为院副。又于明年改存古学堂为国学馆，附属于院，院迁至外南与馆在一处。谢无量辞馆长去沪，刘师培以院副兼馆长，聘先生讲经学。

十一月，孙文就临时大总统职，改用阳历，为民国元年元日。

1912 年（民国元年　壬子）　61 岁

时吴之英、刘师培皆住馆中，刘氏四世传经，颇宗江南学风，时与先生辩难，常至长夜，因而颇受影响，接受经学今古之分，先生谓古学始于刘歆，而刘氏则致力于探索西汉古学。

本年成《人寸诊比较篇》、《诊皮篇》、《古经诊皮篇名词解》、《释尺》等篇，是先生为医学著作之始，其《古经诊法·自序》言于《灵枢》、《素问》中详细推考得古诊法十二门，类经文而注之，以续秦汉之旧，在此以后，其医部著作日多，非特重者本谱不再著录。

先生以孔子前为字母书，孔子始创六书，已倡说多时，唯未出以文字，今年始由门人李尧勋写为《中国文字问题三十论》，现存为《文字源流考》（三十论）署井研廖平撰，受业李尧勋笔述，二书三十论题目皆同，题下解述则颇略，逾千字者仅一题，余多只数十或一二百字，盖未成之作也。

1913 年（民国二年　癸丑）　62 岁

先生被推为四川三代表之一出席在北京召开之读音统一会。二月由成都赴京，旅京同乡发起欢迎会，请先生讲演，所讲为孔学关于世界进化退化小康大同之宗旨，大意以经为新作，所以俟后。是年于《中国学报》第八期所发表之《大同学说》，或即所讲。

六月，作《答江叔海论〈今古学考〉书》，略五千言，所论虽《今古学考》，然亦并及二变三变之故。

八月，孔子生日，孔教会第一次全国大会开于曲阜，先生赴会，亦讲演言进化退化文野之义。会后去沪，成《孔经哲学发微》，由中华书局出版，是为先生四变之代表作。

重订《四益馆经学丛刊目录》为《四译馆书目》，今书目存《六译丛书》中，因四变已成，乃改四益为四译。

是年四川国学院停办，国学馆易名国学学校。夏，刘师培辞校长职，去上海。

1914 年（民国三年　甲寅）　63 岁

四川省民政公署照会先生任国学学校校长。

去年先生返川过宜昌遇会试同年王潜，相与谈堪舆之学，今年二月王潜来函与先生论地学并陈疑问十一条，先生答函刊入《地学问题》，入《六译丛书》，是为先生治堪舆之始。

秋，成《诗纬新解》，黄镕为之补证，多为天学之说。

作《佛学考原》，先生原以经说释老，刘师培致书质疑，今作《佛学考原》，进而明释老相同之义，文存《四益馆杂著》。

冬成《楚辞讲义》十课，以《楚辞》本天学，为《诗》、《易》师说。此书今存。又作《离骚释例》，以楚辞所述多六合以外之神游，《远游》、《招魂》、《大招》皆远游、近游之篇。

光绪丙午（1906 年），先生在汉阳坝，据《周礼》以证合《尚书》，命郑可经写为《书经大统凡例》，至是命黄镕补葺为六十八条，今存。

自先生喜医术，授课时杂以岐黄内经，是时国校沿尊经出题以教之旧习，本年所出三十二题，其十三题皆医术，故学生中亦颇有善医学者。先生今年所著以医部为多。

1916年（民国五年　丙辰）　65岁

仍国学学校校长任。兼任华西大学国文及文学史教授。

四月，成《〈大学〉、〈中庸〉衍义》，谓“今合读《大》、《中》，次第人天而为之说，幽深隐微，颇不合于时好”。今存。

九月，王闿运卒。十一月尊经同人祭奠于旧尊经书院，先生为文祭之，此文道出先生于王来院不久，二人论学即多不合，文中且有“甚至鸣鼓之命”、“屡见排于门外”之句，则不仅学术上不肯依傍而已也。

1917年（民国六年　丁巳）　66岁

仍国学学校校长任，兼成都高师教授。冬，先生辞校职，宋育仁接任。

门人季邦俊补成《春秋三传折中》，先生于三传皆新作疏注，最后乃作此书，先生尝言：“六经有大小天人之分，而三传无彼此是非，宏纲巨领，靡或不同，文字偶殊，不关典要。”季邦俊言：“要其得力，尤在以先秦诸子阐扬经术，其学似直接七十子而来者。”刘师培称先生“长于春秋，善说礼制……自魏晋以来未之有也”，其在斯乎！

先生本年医作以涉《伤寒论》者为多，今尚存者有七种之多，据近人对敦煌写本医药著作之研究，颇与先生之论相应。

1918年（民国七年　戊午）　67岁

仍任成都高师教授。

七月，复任国学学校校长。省署改组学校，更名为四川国学专门学校。

去年，黄镕就先生旧著《周礼订本》加注而刊之，更名为《周礼订本略注》，唯《天官》、《地官》二卷，为未成之作，今存《六译丛书》。今年，黄又本先生之说成《尚书宏道篇》、《尚书中候宏道篇》，存《六译丛书》。分篇次序与先生旧作《尚书备解》不同。

先生旧作《礼记识》二卷、《易说》一卷一并付刊，今并存。

先生以戊午之岁，学进五变，综三四变之说，以“天学”、“人学”亦皆各有“小”、“大”，以为小大天人之学。并以六经皆孔作，作经必造字，故六书文字皆孔造。黄镕为之笺述。

1919 年（民国八年　己未）　68 岁

仍在国专校长任。

春，先生突患脑溢血，虽经医治愈，但已右瘫，言语蹇涩，行动眠食非人不举，遍就中西医治疗，皆不能康复，然头脑思想尚犹清澈，仍不废著述，作字唯持左手，不时犹扶掖就课堂，命次孙宗泽书其稿于黑板，略作讲授，听者不晓，则由宗泽译述。

5 月 4 日，北京学生爆发反北洋军阀反帝国主义之游行示威反抗运动，引起全国大多城市响应，北洋军阀被迫释放被捕学生，将卖国外交官撤职，拒绝在“巴黎和约”上签字，运动取得基本胜利，史称“五四运动”，知识分子于此渐觉醒，逐步将运动方向转化发展为反封反帝之新文化运动。

八月，省中有延黄侃主校之说，国专学生刘慕生遂借事反对先生，先生致书省署请辞，未许。乃悬牌不理校事。

1920 年（民国九年　庚申）　69 岁

春，复出主国专校事。

秋，抄《大学新解》。

1921 年（民国十年　辛酉）　70 岁

二月初九日，先生七十初度，门人黄镕、李光珠、帅镇华、李尧勋、季邦俊、郑可经等二十余人为先生祝寿，黄镕作寿序，述先生四十年学说变迁颇详。

是年，先生以六变学成，易号曰六译老人。廖《谱》谓先生是年尝云：“为学须善变，十年一大变，三年一小变，每变愈上，不可限量……若三年不变已属庸才，至十年不变则更为弃才矣。”按此语载《经话》甲编，当是先生重申此言。是先生确重为学之善变也。冬，门人柏毓东据黄序写为《六变记》，特详其第六变。

先生自订著作之已刻者为《六译丛书》，由存古书局印行。唯《穀梁古义疏》版在湖南，未编入。以此书似已绝版，拟由中华书局印此一种，已有成议，因加重订增入后来新义，乃仍未果。

1922 年（民国十一年　壬戌）　71 岁

在国专校长任。

闰二月，作《文学处士严君家传》，文中颇言以《内经》说《诗》、《易》之故。文存《六译丛书》之《四益馆文钞》。

五月，作《伍非百〈墨辩解故〉序》，述先生《墨辩》之说，存《六译丛书》。

七月，辞校长职，骆成骧继任。四川省政府月致先生著述费100元。

1923 年（民国十二年　癸亥）　72 岁

二月二日，先生偶不慎跌伤后脑，流血颇多，数日旋愈。

孙宗泽回井研，命将《公羊补证》有关“革命”之文字录出作为《外编》，未果。

1924 年（民国十三年　甲子）　73 岁

三月，成都佛学社请先生讲演，即以近论《诗》、《易》稿为讲稿，付佛学社排为《诗易会纂》，大旨略同《六变记》。

严式诲（穀孙）为先生重刻《穀梁古义疏》。

九月，女幼平、子成劼、孙宗泽来成都迎先生回井研。

先生返井研，住县城内，甚闲适，不时由儿孙陪同漫步街头，亦偶至中学堂观看演出。

1925 年（民国十四年　乙丑）　74 岁

四川讨贼军在四川失败后，司令熊克武率部退至湖南，后又转至广东，拟与孙中山会合，参加北伐，殊知尚未抵粤孙中山去世，蒋介石、汪精卫诬熊克武与陈炯明勾结，将熊等扣留囚于虎门。先生与赵熙联名致电广州国民政府营救熊等。是知先生与赵皆广东孙中山政府之支持者。

重订《知圣篇》，《六译丛书》所收仍为壬寅（光绪二十八年）本，此重订本未传。

1926 年（民国十五年　丙寅）　75 岁

仍居井研县城，知事李先春延先生于署内讲《诗》、《易》，乃以《诗易合纂》为讲稿。

是年，蒋介石任国民革命军总司令，誓师北伐，攻克武汉。

1927年（民国十六年　丁卯）　76岁

二月，康有为卒。先生尝言："长素专讲阳明学，熟于廿四史、九通，盖长于史学，于经学则门外汉。"

十月，大病几死，十一月始渐愈。年底，友人张森楷自成都来访，相见甚欢，至明年正月始去。

四川五大公立专门学校改组成为公立四川大学，四川国学专门学校改名公立四川大学中国文学院。

北伐军攻克江浙，定都南京。

1928年（民国十七年　戊辰）　77岁

先生孙宗泽欲为先生作年谱，就先生问往事，先生语以数事，宗泽见先生语极艰难，不欲苦之而止。

1929年（民国十八年　己巳）　78岁

廖宗泽与县人李嵩高等创办六译公学于县东岳庙，并拟建六译图书馆，以遭县人之忌遂停。

七月，犍为李源澄、仁寿陈学原来井研先生家向先生学经数月，是为先生关门弟子。

犍为张荣方、黄印清为先生重刊《穀梁古义疏》。

1930年（民国十九年　庚午）　79岁

改订《诗易合纂》为《诗经经释》一卷、《易经经释》三卷，皆以《内经》为说，理益玄难解，斯当为先生绝笔之作也，今并存。

1931年（民国二十年　辛未）　80岁

冬，宋育仁卒，宋与先生同学、同事多年，然先生重治学，宋重致用，宋卒先生送挽联有"道不同不相为谋"之意。

先生以《六译丛书》版存四川大学中国文学院，久未印行，深以为憾，拟自行醵资印数十部。

1932年（民国二十一年　壬申）　81岁

二月，重订《六译馆经学丛书目录》，旧未分类，今分为十四类，仅就已刊者编定，排印者及未刊稿皆未编入。然十四类有"医类诊脉门”、“伤寒门”、“地理类”，并以列入《经学丛书》，似未安。

先生自作《经学六变记》，“草稿未终，昶然中止”。其中卷第又有缺略，综其终始，与柏毓东《六变记》又有异同，岂先生不慊于柏文而必自作耶！虽经次山先生整理补正，仍意晦难明，是先生神志衰甚，已不支矣。

年初，先生八十晋一初度，称觞祝贺者接踵，先生欢然受祝。祝寿后，先生急欲去成都谋印《六译丛书》事，四月先生至嘉定，五月四日感不适，拟急归，五日遽昏迷，行至河咡坎，已不救矣。八月十三日，葬荣县清流乡陈家山祖茔。兆乃先生自卜。

先生逝世，国民政府发布明令褒扬，并将生平学术著作宣付国史馆立传，发给治丧费 2 000 元，派政府委员前往致祭，成都各界人士于十月九日假四川大学大礼堂开追悼大会，参会者上千人，蒋中正发来诔词，国民政府五院及省市政要、亲友、弟子送挽联挽诗者数百人。

四川省政府应学界要求，将生前资助先生著作费继发，移刊遗著。

“文化大革命”中，先生陵墓被毁，1986 年由四川省人民政府拨款人民币 20 万元将墓迁至井研县城侧，重建一规模宏大之陵园。

后 记

廖先生著述甚富，据先生裔孙宗泽所撰《六译先生行述》载：先生卒年春手自编定《六译馆丛书》共143种，其中115种已刻（先生卒后又补刻若干种），七种曾排印，但已绝版，余四种拟改作未果。台湾学者陈文豪《廖平经学思想研究》考先生著作计397种，然多有目无书。四川大学图书馆藏《新订六译馆丛书》仅128种，显有缺佚，四川大学古籍整理研究所近期整理《廖平全集》，去京沪等地收罗，亦仅得102种（因分装与《新订六译馆丛书》不同故数目较少），几于海内无一完集。选编本书时即以校藏《新订六译馆丛书》为基础，而辅以校古籍所所收诸书，然仅选录经部诸书，而于医部及堪舆诸书则未选录。编辑时，又因部分作品写作时间无法确定，故未能按照写作时代编排，而大致以类为归。写作、镌刻之年代之可考者，皆于年谱载之。

本编年谱，取材于廖宗泽著《六译先生年谱合编》者不少，该《年谱》为巴蜀书社出版《廖季平年谱》之原本，颇为详明，为四川大学古籍所整理《廖平全集》之附录，有幸得先睹清样，谨此致谢。

本书编选工作得到四川大学图书馆及古籍所惠予便利支持，并承中国人民大学出版社编辑校审，谨此并致谢忱。

蒙 默　蒙怀敬

2014年于四川大学

中国近代思想家文库

方东树、唐鉴卷	黄爱平、吴杰　编
包世臣卷	刘平、郑大华　主编
林则徐卷	杨国桢　编
姚莹卷	施立业　编
龚自珍卷	樊克政　编
魏源卷	夏剑钦　编
冯桂芬卷	熊月之　编
曾国藩卷	董丛林　编
左宗棠卷	杨东梁　编
洪秀全、洪仁玕卷	夏春涛　编
郭嵩焘卷	熊月之　编
王韬卷	海青　编
张之洞卷	吴剑杰　编
薛福成卷	马忠文、任青　编
经元善卷	朱浒　编
沈家本卷	李欣荣　编
马相伯卷	李天纲　编
王先谦、叶德辉卷	王维江、李骛哲、黄田　编
郑观应卷	任智勇、戴圆　编
马建忠、邵作舟、陈虬卷	薛玉琴、徐子超、陆烨　编
黄遵宪卷	陈铮　编
皮锡瑞卷	吴仰湘　编
廖平卷	蒙默、蒙怀敬　编
严复卷	黄克武　编
夏震武卷	王波　编
陈炽卷	张登德　编
汤寿潜卷	汪林茂　编
辜鸿铭卷	黄兴涛　编

康有为卷　　张荣华　编
宋育仁卷　　王东杰、陈阳　编
汪康年卷　　汪林茂　编
宋恕卷　　邱涛　编
夏曾佑卷　　杨琥　编
谭嗣同卷　　汤仁泽　编
吴稚晖卷　　金以林、马思宇　编
孙中山卷　　张磊、张苹　编
蔡元培卷　　欧阳哲生　编
章太炎卷　　姜义华　编
金天翮、吕碧城、秋瑾、何震卷　　夏晓虹　编
杨毓麟、陈天华、邹容卷　　严昌洪、何广　编
梁启超卷　　汤志钧　编
杜亚泉卷　　周月峰　编
张尔田、柳诒徵卷　　孙文阁、张笑川　编
杨度卷　　左玉河　编
王国维卷　　彭林　编
黄炎培卷　　余子侠　编
胡汉民卷　　陈红民、方勇　编
陈撄宁卷　　郭武　编
章士钊卷　　郭双林　编
宋教仁卷　　郭汉民、暴宏博　编
蒋百里、杨杰卷　　皮明勇、侯昂好　编
江亢虎卷　　汪佩伟　编
马一浮卷　　吴光　编
师复卷　　唐仕春　编
刘师培卷　　李帆　编
朱执信卷　　谷小水　编
高一涵卷　　郭双林、高波　编
熊十力卷　　郭齐勇　编
任鸿隽卷　　樊洪业、潘涛、王勇忠　编
蒋梦麟卷　　左玉河　编
张东荪卷　　左玉河　编

丁文江卷	宋广波　编
钱玄同卷	张荣华　编
张君劢卷	翁贺凯　编
赵紫宸卷	赵晓阳　编
李大钊卷	杨琥　编
李达卷	宋俭、宋镜明　编
张慰慈卷	李源　编
晏阳初卷	宋恩荣　编
陶行知卷	余子侠　编
戴季陶卷	桑兵、朱凤林　编
胡适卷	耿云志　编
郭沫若卷	谢保成、魏红珊、潘素龙　编
卢作孚卷	王果　编
汤用彤卷	汤一介、赵建永　编
吴耀宗卷	赵晓阳　编
顾颉刚卷	顾潮　编
张申府卷	雷颐　编
梁漱溟卷	梁培宽、王宗昱　编
恽代英卷	刘辉　编
金岳霖卷	王中江　编
冯友兰卷	李中华　编
傅斯年卷	欧阳哲生　编
罗家伦卷	张晓京　编
萧公权卷	张允起　编
常乃悳卷	查晓英　编
余家菊卷	余子侠、郑刚　编
瞿秋白卷	陈铁健　编
潘光旦卷	吕文浩　编
朱谦之卷	黄夏年　编
陶希圣卷	陈峰　编
钱端升卷	孙宏云　编
王亚南卷	夏明方、杨双利　编
黄文山卷	赵立彬　编

雷海宗、林同济卷	江沛、刘忠良　编
贺麟卷	高全喜　编
陈序经卷	田彤　编
徐复观卷	干春松　编
巨赞卷	黄夏年　编
唐君毅卷	单波　编
牟宗三卷	王兴国　编
费孝通卷	吕文浩　编

图书在版编目（CIP）数据

中国近代思想家文库. 廖平卷/蒙默，蒙怀敬编. —北京：中国人民大学出版社，2014.10

ISBN 978-7-300-18878-2

Ⅰ. ①中… Ⅱ. ①蒙…②蒙… Ⅲ. ①思想史-研究-中国-近代②廖平（1852～1932）-思想评论 Ⅳ. ①B250.5

中国版本图书馆 CIP 数据核字（2014）第 219973 号

中国近代思想家文库
廖平卷
蒙　默　蒙怀敬　编
Liao Ping Juan

出版发行	中国人民大学出版社		
社　　址	北京中关村大街 31 号	**邮政编码**	100080
电　　话	010－62511242（总编室）		010－62511770（质管部）
	010－82501766（邮购部）		010－62514148（门市部）
	010－62515195（发行公司）		010－62515275（盗版举报）
网　　址	http://www.crup.com.cn		
经　　销	新华书店		
印　　刷	涿州市星河印刷有限公司		
开　　本	720 mm×1000 mm　1/16	**版　　次**	2015 年 5 月第 1 版
印　　张	39.5 插页 2	**印　　次**	2024 年 7 月第 2 次印刷
字　　数	638 000	**定　　价**	136.00 元